歷史文獻研究

總第 51 輯

中國歷史文獻研究會 編

全國高校古籍整理研究工作委員會資助項目

國家社科基金社科學術社團主題學術活動資助項目

山東大學中文一流學科建設資助項目

廣陵書社

圖書在版編目（ＣＩＰ）數據

歷史文獻研究. 總第51輯 / 中國歷史文獻研究會編
. -- 揚州 : 廣陵書社, 2023.11
ISBN 978-7-5554-2192-4

Ⅰ. ①歷… Ⅱ. ①中… Ⅲ. ①中國歷史－研究－叢刊
Ⅳ. ①K207-55

中國國家版本館CIP數據核字(2023)第228326號

書　　名　歷史文獻研究(總第 51 輯)
編　　者　中國歷史文獻研究會
責任編輯　李　佩
出版發行　廣陵書社
　　　　　揚州市四望亭路 2-4 號　　　郵編　225001
　　　　　(0514) 85228081 (總編辦)　　85228088 (發行部)
　　　　　http://www.yzglpub.com　　E-mail:yzglss@163.com
印　　刷　無錫市海得印務有限公司
裝　　訂　無錫市西新印刷有限公司
開　　本　889 毫米 × 1194 毫米　1/16
印　　張　25.75　插頁 4
字　　數　554 千字
版　　次　2023 年 11 月第 1 版
印　　次　2023 年 11 月第 1 次印刷
標準書號　ISBN 978-7-5554-2192-4
定　　價　118.00 元

中國歷史文獻研究會趙生群會長致辭

無錫市濱湖區區委副書記
賈效兵致辭

無錫市濱湖區區委副書記、副區長高揚致辭

中國歷史文獻研究會資料館李蘇華館長致辭

中國歷史文獻研究會資料館揭牌

無錫市濱湖區檔案史志館李蘇華館長受聘擔任中國歷史文獻研究會資料館館長

中國歷史文獻研究會會員代表向中國歷史文獻研究會資料館捐贈著作

中国历史文献研究会第44届年会暨2023年无锡滨湖历史文献学术研讨会合影留念 2023.5.10

中國歷史文獻研究會第44届年會暨2023年無錫濱湖歷史文獻學術研討會合影

目　録

Principal Contents

《史記》的文本特點與校勘整理

趙生群

[摘　要]　司馬遷的時代,文獻主要書於竹帛,依靠手抄流傳,文獻形態複雜,抄本衆多,篇章内容淆亂,文本處於變化過程之中。《春秋公羊傳》《穀梁傳》的流傳可以爲證。司馬遷依據的史料來源廣博,有諸侯史記,有六經異傳,有百家雜語,顯示出史料的豐富性。《史記》五體,多有交叉重疊。作者信則傳信,疑則傳疑,使得《史記》文本呈現出極其複雜的狀況。《史記》與傳世文獻並非簡單的一一對應關係。對《戰國縱橫家書》的研究顯示出土文獻也不一定優於傳世文獻。對《史記》的校理必須充分考慮其自身的文本特點和文獻流傳的複雜性。
[關鍵詞]　史記　文本形態　傳世文獻　出土文獻　校勘

古代文獻的流傳,經歷了兩個主要的階段。一是雕版印刷發明以前,一是版本出現之後。在這兩個階段之間,還有一個重要重要的環節,這就是西漢後期劉向、劉歆父子主持的大規模古籍整理。經過劉向、劉歆校理,六藝、諸子、詩賦、兵書、術數、方技各類典籍始趨於定型。漢以前的古書,在劉向父子校讎前後有着明顯的差異,校勘整理的方法也不盡相同。在此之前,文獻流傳紛亂,門派不同,書無定本,次序先後、篇章多寡尚未固定,内容、文句、行文順序不盡相同,文本經過長期傳抄,或有增删改竄,且在變化之中;司馬遷依據的材料,史源廣博,《史記》五體,多有交叉重疊,作者信則傳信,疑則傳疑,顯示出史料的豐富性。由於多重因素的共同影響,使得《史記》文本呈現出極其複雜的狀況,它與傳世文獻、出土文獻之間也不是簡單的對應關係。《史記》文本的特殊性,在校勘整理時應予以充分注意。

一、司馬遷時代的文獻流傳

司馬遷生當西漢武帝之世。這一時期,文獻主要書於竹帛,依靠手抄流傳。這一時期的文獻與後世文獻相比,有一個最大的特點,就是它的不確定性。這種不確定性主要體現在兩個方面:

(一)形態複雜

《漢書·藝文志》:

> 昔仲尼没而微言絶,七十子喪而大義乖。故《春秋》分爲五,《詩》分爲四,《易》

有數家之傳。戰國從衡，真僞分争，諸子之言紛然殽亂。至秦患之，乃燔滅文章，以愚黔首。漢興，改秦之敗，大收篇籍，廣開獻書之路。迄孝武世，書缺簡脱，禮壞樂崩，聖上喟然而稱曰："朕甚閔焉！"於是建藏書之策，置寫書之官，下及諸子傳説，皆充秘府。至成帝時，以書頗散亡，使謁者陳農求遺書於天下。詔光禄大夫劉向校經傳諸子詩賦，步兵校尉任宏校兵書，太史令尹咸校數術，侍醫李柱國校方技。每一書已，向輒條其篇目，撮其指意，録而奏之。會向卒，哀帝復使向子侍中奉車都尉歆卒父業。①

劉向校書，撰成《别録》。劉歆卒成父業，纂成《七略》。《别録》《七略》對所校各書有較爲詳細的記録，可惜這兩部重要著作已經亡佚，賴《漢書·藝文志》保存了一些相關資料。劉向所撰書録，今存七篇：《戰國策書録》《管子書録》《晏子書録》《列子書録》《鄧析子書録》《孫卿書書録》《韓非子書録》。劉歆所撰，僅存《山海經書録》。據劉向、劉歆書録及《漢志》，當時文獻流傳之大致情况尚可窺見一斑。

1.抄本衆多

當時讀書人想要得到一部書，只能靠手抄。因爲是自己抄寫，所以自由度相對比較大，在抄的過程中可以删省，也可以增加，調整次序，潤色加工，都比較方便。有意無意之中，造成了文本之間的差别。可以想見，當時的文本流傳是千差萬别，異常複雜的。

劉向《戰國策書録》云："所校中《戰國策》書，中書餘卷，錯亂相糅莒。又有國别者八篇，少不足。臣向因國别者，略以時次之，分别不以序者以相補。除復重，得三十三篇……中書本號，或曰《國策》，或曰《國事》，或曰《短長》，或曰《事語》，或曰《長書》，或曰《脩書》。"②《管子書録》："所校讎中《管子》書三百八十九篇，大中大夫卜圭書二十七篇，臣富參書四十一篇，射聲校尉立書十一篇，太史書九十六篇，凡中外書五百六十四篇，以校除復重四百八十四篇，定著八十六篇。"③《管晏列傳》："太史公曰：吾讀管氏《牧民》《山高》《乘馬》《輕重》《九府》，及《晏子春秋》，詳哉其言之也。既見其著書，欲觀其行事，故次其傳。至其書，世多有之，是以不論，論其軼事。"④《晏子書録》："所校中書《晏子》十一篇，臣向謹與長社尉臣參校讎，太史書五篇，臣向書一篇，臣參書十三篇，凡中外書三十篇，爲八百三十八章。除復重二十二篇六百三十八章，定著八篇二百一十五章。"⑤《列子書録》："所校中書《列子》五篇，臣向謹與長社尉臣參校讎太常書三篇，太史書四篇，臣向書六篇，臣參書二篇，内外書凡二十

---

① 〔漢〕班固撰，〔唐〕顔師古注：《漢書》卷三〇《藝文志》，北京：中華書局，1962 年，第 1701 頁。
② 張舜徽選編：《文獻學論著輯要》，北京：中國人民大學出版社，2011 年，第 1 頁。
③ 張舜徽選編：《文獻學論著輯要》，第 4 頁。
④ 〔漢〕司馬遷撰，〔南朝宋〕裴駰集解，〔唐〕司馬貞索隱，〔唐〕張守節正義：《史記》卷六二《管晏列傳》，北京：中華書局，2014 年，第 2599 頁。
⑤ 張舜徽選編：《文獻學論著輯要》，第 6 頁。

篇,以校除復重十二篇,定著八篇。"①《鄧析子書録》:"中《鄧析》書四篇,臣叙書一篇,凡中外書五篇。以相校除復重,爲一篇。"②《孫卿書書録》:"所校讎中《孫卿》書凡三百二十二篇,以相校除復重二百九十篇,定著三十二篇。"③劉歆《山海經書録》:"校秘書太常屬臣望所校《山海經》凡三十二篇,今定爲一十八篇。"④

2.篇章内容淆亂

《晏子書録》:"外書無有三十六章,中書無有七十一章,中外皆有以相定。"⑤《列子書録》:"中書多,外書少。章亂布在諸篇中。"⑥

劉向《戰國策書録》云:"本字多誤脱爲半字,以'趙'爲'肖',以'齊'爲'立',如此字者多。"⑦《晏子書録》:"中書以'夭'爲'芳','又'爲'備','先'爲'牛','章'爲'長',如此類者多。"⑧《列子書録》:"或字誤以'盡'爲'進',以'賢'爲'形',如此者衆。"⑨

《晏子書録》:"又有復重,文辭頗異,不敢遺失,復列以爲一篇。又有頗不合經術,似非晏子言,疑後世辯士所爲者,故亦不敢失,復以爲一篇。凡八篇。"⑩《列子書録》:"其學本於黄帝、老子,號曰道家。道家者,秉要執本,清虚無爲,及其治身接物,務崇不競,合於六經。而《穆王》《湯問》二篇,迂誕恢詭,非君子之言也。至於《力命篇》一推分命,《楊子》之篇唯貴放逸,二義乖背,不似一家之書。然各有所明,亦有可觀者。"⑪

其他典籍,如《春秋》《詩》《易》《老子》等書,情況都相類似。

1973年12月,長沙馬王堆三號漢墓出土了大批帛書,其中《老子》有兩個寫本(甲本、乙本),甲本中"邦"字出現了22次,不避劉邦之諱;"盈"字出現9次,亦不避諱。説明甲本寫定時間應在漢初。甲本篇末無尾題,也不標本篇字數,乙本篇末有尾題,標明字數(《德》三千冊一,《道》二千四百廿六);甲本在章末以圓點標示章節結束,乙本則不分章節。1993年10月,湖北荆門郭店一號楚墓出土了一批楚簡,共有三個《老子》寫本(甲本、乙本、丙本),都不分章。《老子》的兩種帛書寫本和三種竹簡寫本,都是《德經》在前,《道經》在後。

(二)處於變化過程之中

古書流傳至於漢代(特別是劉向、劉歆校書完成之前),不僅形態豐富,而且仍處於不斷

---

① 張舜徽選編:《文獻學論著輯要》,第8頁。
② 張舜徽選編:《文獻學論著輯要》,第10頁。
③ 張舜徽選編:《文獻學論著輯要》,第12頁。
④ 張舜徽選編:《文獻學論著輯要》,第15頁。
⑤ 張舜徽選編:《文獻學論著輯要》,第6頁。
⑥ 張舜徽選編:《文獻學論著輯要》,第8頁。
⑦ 張舜徽選編:《文獻學論著輯要》,第1頁。
⑧ 張舜徽選編:《文獻學論著輯要》,第6頁。
⑨ 張舜徽選編:《文獻學論著輯要》,第8頁。
⑩ 張舜徽選編:《文獻學論著輯要》,第7頁。
⑪ 張舜徽選編:《文獻學論著輯要》,第8頁。

變化的過程之中。兹舉數例。

戴宏《春秋説序》云:"子夏傳與公羊高,高傳與其子平,平傳與其子地,地傳與其子敢,敢傳與其子壽。至漢景帝時,壽乃其(引者按:疑有脱誤)弟子齊人胡毋子都著於竹帛。"① 楊士勛云:"穀梁子,名淑,字元始,魯人。一名赤。受經于子夏,爲經作傳,故曰《穀梁傳》。〔傳〕孫卿,孫卿傳魯人申公,申公傳博士江翁。其後魯人榮廣大善《穀梁》,又傳蔡千秋。漢宣帝好《穀梁》,擢千秋爲郎,由是《穀梁》之傳大行於世。"②

《公羊傳》《穀梁傳》原本皆爲一家之説,近日流行此兩傳,則多雜他説。

1.《公》《穀》稱引諸家之説

今之《公羊》《穀梁》,解經屢有標舉姓氏者。《公羊傳》行文,稱"子沈子"者,凡三處:隱公十一年、莊公十年、定公元年;稱"子公羊子"二處:桓公六年、宣公五年;稱"魯子"六處;莊公三年、二十三年、僖公五年、二十年、二十四年、二十八年;稱"子司馬子""子女子""高子""子北宫子"各一處:莊公三十年、閔公元年、文公四年、哀公四年。總計稱引諸家之説共十五條。《穀梁傳》稱引"尸子"有兩處:隱公五年、桓公九年;稱"穀梁子""沈子"各一處:隱公五年、定公元年。總計三處四條。

《公羊》《穀梁》徵引諸家之説,主要有兩種情況。一是對已有的解説加以補充。如:《公羊傳》莊公十年:"三月,宋人遷宿。遷之者何? 不通也,以地遷之也。子沈子曰:'不通者,蓋因而臣之也。'"③《穀梁傳》定公元年:"(夏六月)癸亥,公之喪至自乾侯。何爲戊辰之日然後即位也? 正君乎國,然後即位也。沈子曰:'正棺乎兩楹之間,然後即位也。'"④ 二是針對原有解説提出不同見解,這類條目共有兩條:《公羊傳》僖公二十八年:"天王狩于河陽。狩不書,此何以書? 不與再致天子也。魯子曰:'温近而踐土遠也。'"⑤《穀梁傳》隱公五年:"初獻六羽。初,始也。穀梁子曰:舞《夏》,天子八佾,諸公六佾,諸侯四佾。初獻六羽,始僭樂矣。尸子曰:舞《夏》,自天子至諸侯皆用八佾。初獻六羽,始厲樂矣。"⑥ 無論是對已有解説作出補充,還是對原有解説提出不同見解,都應出自後人之手。

2.《公》《穀》並存諸説

《公羊》《穀梁》兩傳中另有一類條目,多以"或曰""或説曰""一曰""其一曰""傳曰""其一傳曰"領起,重在羅列異文。此類條目雖未標舉他人姓氏,但同樣可以看出傳中所列並非一家之言。這類條目,《公羊傳》有四處,《穀梁傳》則多達二十餘處。

---

① 〔漢〕何休注,〔唐〕徐彦疏:《春秋公羊傳注疏》卷首,〔清〕阮元校刻:《十三經注疏》下册,北京:中華書局 1980 年影印世界書局本,第 2190 頁。
② 〔晉〕范甯集解,〔唐〕楊士勛疏:《春秋穀梁傳注疏》卷首,〔清〕阮元校刻:《十三經注疏》下册,北京:中華書局 1980 年影印世界書局本,第 2358 頁。
③ 〔漢〕何休注,〔唐〕徐彦疏:《春秋公羊傳注疏》卷七,〔清〕阮元校刻:《十三經注疏》下册,第 2231 頁下欄。
④ 〔晉〕范甯集解,〔唐〕楊士勛疏:《春秋穀梁傳注疏》卷一九,〔清〕阮元校刻:《十三經注疏》下册,第 2443 頁上欄。
⑤ 〔漢〕何休注,〔唐〕徐彦疏:《春秋公羊傳注疏》卷一二,〔清〕阮元校刻:《十三經注疏》下册,第 2262 頁上欄。
⑥ 〔晉〕范甯集解,〔唐〕楊士勛疏:《春秋穀梁傳注疏》卷二,〔清〕阮元校刻:《十三經注疏》下册,第 2369 頁下欄。

《公羊傳》以"或曰"領起者,共有四條,分別見於閔公二年、成公元年、十七年、襄公十九年。

《穀梁傳》以"或曰""或説曰"領起者,共有十二條,分別見於隱公二年、八年、桓公二年、八年、莊公元年、三年、三十一年、僖公元年、文公三年、昭公十八年、定公六年、九年。

《穀梁傳》以"一曰""其一曰""其一傳曰"領起者,共三條,分別見於莊公二年、文公十二年、十八年。

《穀梁傳》以"傳曰"領起者,共有八條,分別見於隱公四年、五年、文公十一年、成公九年、十三年、十六年、襄公三十年、昭公元年。

如上所舉,兩傳中的一些條目,以"或曰""或説曰""一曰""其一曰""其一傳曰"領起,重在羅列異文,察其辭氣,觀其内容,即可一目瞭然。而以"傳曰"領起的文字,僅從内容看,似乎難以判斷是否採用異説。但這些條目以"傳曰"領起,本身也是一種標誌:《公羊》《穀梁》原本各爲一家之説,如不採用他説,完全不必另標"傳曰"。

3.兩傳中隱含的異説

《公羊》《穀梁》中的一些條目,有時在形式上並無明顯的標誌,表明它採自他説,但在内容上仍留有自採異説的蛛絲馬迹,儘管這種痕迹有時相當隱蔽。早期的《公羊傳》和《穀梁傳》,今天已無法見到。因此,無法將它們與今本進行系統的比較,以判定它們與今本之間的差異。但是,我們可以找到其他途徑(董仲舒、劉向、劉歆),判斷出兩者之間的某些不同。

《公羊傳》《穀梁傳》都有與今本不同之處。

武帝時始立《五經》博士,《公羊傳》即在其中;宣帝時,立《穀梁春秋》;平帝時,立《左氏春秋》。《漢書·儒林傳》云:"自武帝立《五經》博士,開弟子員,設科射策,勸以官禄,訖於元始,百有餘年,傳業者寖盛,支葉蕃滋,一經説至百餘萬言,大師衆至千餘人,蓋禄利之路然也。"[1]隨着經學的昌盛,門派之間的競爭也空前激烈。某家學問是否受到重視,在很大程度上取決於它能否勝過競爭對手。武帝時,瑕丘江公與董仲舒議,江公不如仲舒,"於是上因尊《公羊》家,詔太子受《公羊春秋》,由是《公羊》大興"。[2]榮廣傳《穀梁春秋》,高材捷敏,"與《公羊》大師眭孟等論,數困之,故好學者頗復受《穀梁》"。[3]宣帝時,詔太子太傅蕭望之等大議殿中,平《公羊》《穀梁》同異,議三十餘事。"望之等十一人各以經誼對,多從《穀梁》。由是《穀梁》之學大盛"。[4]門派興衰,直接關係到學者利禄仕進之得失。爲了取得競爭的主動權,各門各派都不遺餘力,以求完善自身的學説。與此相適應,這一時期的經學,呈現出求變求新的趨勢。在這種趨勢下,同一門派的學者,往往自創新説,另立門户。

據《漢書·儒林傳》,胡母生之後,西漢傳《公羊春秋》而另立門户者,即有疏、顏、嚴、泠、

---

① 〔漢〕班固撰,〔唐〕顏師古注:《漢書》卷八八《儒林傳》,第3620頁。
② 〔漢〕班固撰,〔唐〕顏師古注:《漢書》卷八八《儒林傳》,第3617頁。
③ 〔漢〕班固撰,〔唐〕顏師古注:《漢書》卷八八《儒林傳》,第3617頁。
④ 〔漢〕班固撰,〔唐〕顏師古注:《漢書》卷八八《儒林傳》,第3618頁。

任、筦、冥七家。《儒林傳》云："孟喜字長卿，東海蘭陵人也。父號孟卿，善爲《禮》《春秋》，授后蒼、疏廣。世所傳《后氏禮》《疏氏春秋》，皆出孟卿。"① 又云："嚴彭祖字公子，東海下邳人也。與顏安樂俱事眭孟。孟弟子百餘人，唯彭祖、安樂爲明，質問疑誼，各持所見。孟曰：'《春秋》之意，在二子矣！' 孟死，彭祖、安樂各顓門教授，由是《公羊春秋》有顏、嚴之學。"② 又云："（顏）安樂授淮陽泠豐次君、淄川任公……由是顏家有泠、任之學。"③ 又載：筦路、冥都俱事顏安樂，"故顏氏復有筦、冥之學"。④ 爲求眉目清楚，列簡表如下：

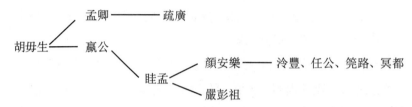

《穀梁傳》的情況，與《公羊傳》正相類似。《漢書·儒林傳》載瑕丘江公受《穀梁春秋》於魯申公，傳子至孫爲博士，魯人榮廣從江公受學。榮廣授田千秋、周慶、丁姓。又云："上愍其學且絕，乃以千秋爲郎中户將，選郎十人從受。汝南尹更始翁君本自事千秋，能説矣，會千秋病死，徵江公孫爲博士。劉向以故諫大夫通達待詔，受《穀梁》，欲令助之。江博士復死，乃徵周慶、丁姓待詔保宮，使卒授十人。自元康中始講，至甘露元年，積十餘歲，皆明習。"⑤ 又云："（丁姓）授楚申章昌曼君，爲博士……尹更始爲諫大夫、長樂户將，又受《左氏傳》，取其變理合者以爲章句，傳子咸及翟方進、琅邪房鳳。"⑥ 又云："始江博士授胡常，常授梁蕭秉君房，王莽時爲講學大夫。由是《穀梁春秋》有尹、胡、申章、房氏之學。"⑦ 列簡表如下：

同出《公羊春秋》，在傳授過程中，疏廣、顏安樂、嚴彭祖、泠豐、任公、筦路、冥都又分立門户，自成一家。《穀梁春秋》則衍爲尹、胡、申章、房鳳之學。每一家的獨立，都意味着對舊説的增補或改動。

同時，自成一家，也顯示出他們的學術地位和影響。

《公羊春秋》衍爲顏、嚴兩家之學，後來都列於學官，産生了深遠影響。《後漢書·儒林列

---

① 〔漢〕班固撰，〔唐〕顏師古注：《漢書》卷八八《儒林傳》，第 3599 頁。
② 〔漢〕班固撰，〔唐〕顏師古注：《漢書》卷八八《儒林傳》，第 3616 頁。
③ 〔漢〕班固撰，〔唐〕顏師古注：《漢書》卷八八《儒林傳》，第 3617 頁。
④ 〔漢〕班固撰，〔唐〕顏師古注：《漢書》卷八八《儒林傳》，第 3617 頁。
⑤ 〔漢〕班固撰，〔唐〕顏師古注：《漢書》卷八八《儒林傳》，第 3618 頁。
⑥ 〔漢〕班固撰，〔唐〕顏師古注：《漢書》卷八八《儒林傳》，第 3618 頁。
⑦ 〔漢〕班固撰，〔唐〕顏師古注：《漢書》卷八八《儒林傳》，第 3619—3620 頁。

傳下》載光武帝時立十四博士,《顏氏春秋》《嚴氏春秋》俱列其中。①《顏氏春秋》在西漢時衍爲泠、任之學,又衍爲筦、冥之學,學者甚衆。據《後漢書·儒林列傳》,東漢時,張玄"少習《顏氏春秋》,兼通數家法","諸儒皆伏其多通,著録千餘人",後爲《顏氏》博士,諸生上言,謂玄"兼説《嚴氏》《冥氏》,不宜專爲《顏氏》博士"。②嚴彭祖爲宣帝博士,授琅邪王中,爲元帝少府,家世傳業。王中授公孫文、東門雲。文爲東平太傅,"徒衆尤盛"。③《嚴氏春秋》在東漢時影響極大。《後漢書·儒林列傳》載,丁恭"習《公羊嚴氏春秋》","諸生自遠方至者,著録數千人,當世稱爲大儒";④周澤"少習《公羊嚴氏春秋》,隱居教授,門徒常數百人";⑤甄宇"習《嚴氏春秋》,教授常數百人",傳業至孫承,"講授常數百人",其後"子孫傳學不絶";⑥樓望"少習《嚴氏春秋》","教授不倦,世稱儒宗,諸生著録九千餘人";⑦程曾"習《嚴氏春秋》","會稽顧奉等數百人常居門下"。⑧

《穀梁春秋》衍出尹、胡、申章、房鳳之學,在西漢時徒衆頗盛,而總體影響不及《公羊》顏、嚴諸家。因未能列於學官,後來影響逐漸式微。但後漢時亦有傳習者。《後漢書·賈逵傳》云:"(賈逵)悉傳父業,弱冠能誦《左氏傳》及《五經》本文,以《大夏侯尚書》教授,雖爲古學,兼通五家《穀梁》之説。"⑨李賢注謂:"五家謂尹更始、劉向、周慶、丁姓、王彦等,皆爲《穀梁》,見《前書》也。"⑩李賢所言,未必盡確。然爲《穀梁》之學者非止一家,殆無疑義。所謂"五家《穀梁》之説",當指西漢習《穀梁春秋》而各自成家者。

六藝之中,除《樂》經已經亡佚,無從考證外,其餘《易》《書》《詩》《禮》《春秋》情況亦相類似。⑪總之,司馬遷時代的文獻,與後世相比,具有多元性和不確定性。

二、《史記》史料的多元性和複雜性

《史記》八書,不載經籍(《漢書》有《藝文志》)。班彪、班固父子對《史記》史料的論述比較簡略。《後漢書·班彪列傳上》:"孝武之世,太史令司馬遷採《左氏》《國語》,刪《世本》《戰國策》,據楚、漢列國時事,上自黄帝,下訖獲麟。"⑫《漢書·司馬遷傳》:"故司馬遷據《左

---

① 〔南朝宋〕范曄撰,〔唐〕李賢等注:《後漢書》卷七九上《儒林列傳上》,北京:中華書局,1965年,第2545頁。
② 〔南朝宋〕范曄撰,〔唐〕李賢等注:《後漢書》卷七九上《儒林列傳下》,第2581頁。
③ 〔漢〕班固撰,〔唐〕顏師古注:《漢書》卷八八《儒林傳》,第3616頁。
④ 〔南朝宋〕范曄撰,〔唐〕李賢等注:《後漢書》卷七九下《儒林列傳下》,第2578頁。
⑤ 〔南朝宋〕范曄撰,〔唐〕李賢等注:《後漢書》卷七九下《儒林列傳下》,第2578頁。
⑥ 〔南朝宋〕范曄撰,〔唐〕李賢等注:《後漢書》卷七九下《儒林列傳下》,第2580頁。
⑦ 〔南朝宋〕范曄撰,〔唐〕李賢等注:《後漢書》卷七九下《儒林列傳下》,第2580頁。
⑧ 〔南朝宋〕范曄撰,〔唐〕李賢等注:《後漢書》卷七九下《儒林列傳下》,第2581頁。
⑨ 〔南朝宋〕范曄撰,〔唐〕李賢等注:《後漢書》卷三六《賈逵傳》,第1235頁。
⑩ 〔南朝宋〕范曄撰,〔唐〕李賢等注:《後漢書》卷三六《賈逵傳》,第1235頁。
⑪ 趙生群:《經典的傳播與歧異——以〈春秋〉經傳爲中心》,林慶彰、蔣秋華主編:《經典的形成、流傳與詮釋》第1冊,臺北:學生書局,2007年,第351—374頁。
⑫ 〔南朝宋〕范曄撰,〔唐〕李賢等注:《後漢書》卷四〇上《班彪列傳上》,第1325頁。

氏》《國語》,采《世本》《戰國策》,述《楚漢春秋》,接其後事,訖于大漢。其言秦漢,詳矣。至於采經摭傳,分散數家之事,甚多疏略,或有抵梧。亦其涉獵者廣博,貫穿經傳,馳騁古今,上下數千載間,斯以勤矣。"①

由於班氏父子語焉不詳,後世對《史記》取材多有誤解。鄭樵曰:"迨漢建元、元封之後,司馬氏父子出焉。司馬氏世司典籍,工於制作,故能上稽仲尼之意,會《詩》《書》《左傳》《國語》《世本》《戰國策》《楚漢春秋》之言,通黃帝、堯、舜,至于秦漢之世,勒成一書,分爲五體,本紀紀年,世家傳代,表以正曆,書以類事,傳以著人。使百代而下,史官不能易其法,學者不能舍其書,六經之後,惟有此作,故謂周公五百歲而有孔子,孔子五百歲而在斯乎! 是其所以自待者已不淺。然大著述者必深於博雅,而盡見天下之書,然後無遺恨。當遷之時,挾書之律初除,得書之路未廣,亘三千年之史籍而跼蹐於七、八種書,所可爲遷恨者,博不足也。"②王鳴盛曰:"據班氏述遷所采書,只此五六種。蓋百家殽雜,皆棄不取,此所以爲有識……遷所采書,只有五六種。"③

實際上,《史記》所依據的史料非常豐富,關係也異常複雜。了解此點,對於理解《史記》極爲重要。

(一)《史記》的史料來源

《史記》史料,主要包括以下一些方面:

1.諸侯史記

春秋、戰國,歷時久遠。此一時期,《史記》系統記載周、秦王朝及諸侯各國之事,很難想象,能離開各國史書。

《六國年表》:"秦既得意,燒天下《詩》《書》,諸侯史記尤甚,爲其有所刺譏也。《詩》《書》所以復見者,多藏人家,而史記獨藏周室,以故滅。惜哉,惜哉! 獨有《秦記》,又不載日月,其文略不具。然戰國之權變亦有可頗采者,何必上古。"④據此,有人認爲秦燒滅了諸侯史書。其實,這裹説得很清楚,秦燒掉的是"上古"的資料,具體地説是春秋以前的諸侯史料。《天官書》:"幽、厲以往,尚矣。"⑤《十二諸侯年表》:"吕不韋者,秦莊襄王相,亦上觀尚古,删拾《春秋》,集六國時事,以爲八覽、六論、十二紀,爲《吕氏春秋》。"⑥

《漢舊儀》曰:"承周史官,至武帝置太史公。司馬遷父談爲太史。遷年十三,乘傳行至

① 〔漢〕班固撰,〔唐〕顏師古注:《漢書》卷六二《司馬遷傳》,第 2737 頁。
② 〔宋〕鄭樵:《通志·總序》,杭州:浙江古籍出版社,1988 年,第 1 頁。
③ 〔清〕王鳴盛著,陳文和主編:《嘉定王鳴盛全集·蛾術編》卷九《說録·司馬遷所援據之書》,北京:中華書局,2010 年,第 196—198 頁。
④ 〔漢〕司馬遷撰,〔南朝宋〕裴駰集解,〔唐〕司馬貞索隱,〔唐〕張守節正義:《史記》卷一五《六國年表》,第 836 頁。
⑤ 〔漢〕司馬遷撰,〔南朝宋〕裴駰集解,〔唐〕司馬貞索隱,〔唐〕張守節正義:《史記》卷二七《天官書》,1599 頁。
⑥ 〔漢〕司馬遷撰,〔南朝宋〕裴駰集解,〔唐〕司馬貞索隱,〔唐〕張守節正義:《史記》卷一四《十二諸侯年表》,第 648 頁。

天下,求古諸侯之史記。"①

《史記·天官書》:"余觀史記,考行事。"②《太史公自序》:"䌷史記石室金匱之書。"③孫德謙曰:"(史記)本紀、世家,其間多有稱'我'者,如《秦本紀》桓公三年'晉敗我一將',昭襄王三十一年'楚人反我江南',《吳世家》'吳伐楚,楚敗我師',諸如此類,或以爲史公删之未盡者,不知既用舊文,當留存之,有不必刊削者也。蓋周時列國諸侯各有國史,一國之史言'我',所以别於人,故謂之'我'者,爲其國史之舊可見矣。"④

《燕召公世家》的記載:(1)(莊公)二十七年,山戎來侵我。(2)易王初立,齊宣王因燕喪伐我。(3)武成王七年,齊田單伐我,拔中陽。(4)(燕王喜)二十九年,秦攻拔我薊。這些記載都是用燕國年號紀年,用第一人稱代詞"我"來指代燕國,涉及他國之事則直書國名,顯然是燕國史官記録燕國歷史的口吻。

《燕召公世家》還有這樣的記載:(孝王)三年卒,子今王喜立;今王喜四年,秦昭王卒。

司馬遷寫《史記》,上距燕王喜之時已經一百多年,而文中兩次出現"今王"字樣,分明是抄録燕史的痕迹。

類似《燕召公世家》的述史語氣,在《史記》中還有很多。太史公叙六國世家,用第一人稱代詞"我"共計122次,其中《趙世家》24次,《魏世家》43次,《韓世家》29次,《田敬仲完世家》10次,《楚世家》12次,《燕召公世家》4次。此外,《吳太伯世家》《魯周公世家》《晉世家》《十二諸侯年表》《六國年表》等篇,記載諸侯各國之事,都有用第一人稱者。這説明《史記》利用諸侯史記的範圍相當廣泛,從中採取的資料也非常豐富。

2.六經異傳,百家雜語

《太史公自序》:"序略,以拾遺補蓺,成一家之言,厥協六經異傳,整齊百家雜語。"⑤《正義》:"異傳,謂如丘明《春秋外傳國語》、子夏《易傳》、毛公《詩傳》、《韓詩外傳》、伏生《尚書大傳》之流也。"⑥《自序》:"夫儒者以六蓺爲法。六藝經傳以千萬數,累世不能通其學,當年不能究其禮。"⑦

據粗略統計,《史記》征引六藝類的文獻,有28種;諸子方技類文獻約49種;史地檔案類文獻約18種,文學類文獻7種,共計100餘種。

作者通過尋求逸聞故事,閲讀皇家圖書檔案,實地考察,調查訪問(考察山川地理,觀覽文物古迹,訪問著名學者),有時還親歷其事,親見其人,收集了極爲豐富的史料。《太史公自

---

① 〔清〕孫星衍等輯,周天游點校:《漢官六種》,北京:中華書局,1990年,第89頁。《太平御覽》卷六〇四"史傳下"引《西京雜記》亦有類似説法。

② 〔漢〕司馬遷撰,〔南朝宋〕裴駰集解,〔唐〕司馬貞索隱,〔唐〕張守節正義:《史記》卷二七《天官書》,第1607頁。

③ 〔漢〕司馬遷撰,〔南朝宋〕裴駰集解,〔唐〕司馬貞索隱,〔唐〕張守節正義:《史記》卷一三〇《太史公自序》,第4001頁。

④ 孫德謙:《太史公書義法·存舊》,吳平、周保明選編:《〈史記〉研究文獻輯刊》第12册,北京:國家圖書館出版社,2014年,第17頁上欄。

⑤ 〔漢〕司馬遷撰,〔南朝宋〕裴駰集解,〔唐〕司馬貞索隱,〔唐〕張守節正義:《史記》卷一三〇《太史公自序》,第4027頁。

⑥ 〔漢〕司馬遷撰,〔南朝宋〕裴駰集解,〔唐〕司馬貞索隱,〔唐〕張守節正義:《史記》卷一三〇《太史公自序》,第4028頁。

⑦ 〔漢〕司馬遷撰,〔南朝宋〕裴駰集解,〔唐〕司馬貞索隱,〔唐〕張守節正義:《史記》卷一三〇《太史公自序》,第3995頁。

序》："百年之間，天下遺文古事靡不畢集太史公。"①這反映出作者對於占有史料的自信。

（二）《史記》的複式結構

《史記》130 篇，分爲五體：十二本紀爲全書綱領，記天下大事；十表以大事記的形式，縱橫經緯，連貫全書；八書分類記事，記載典章制度等；三十世家記侯國和具有重要影響的歷史人物；七十列傳記各色人物。本紀、表、書、世家、列傳五體，各自形成獨立的縱向的體統，而各體之間，又存在着豐富的橫向聯繫。五體取材，來源也各不相同。《太史公自序》："並時異世，年差不明，作十表。"②從十表可以看出，春秋、戰國以下，司馬遷掌握的史料是非常豐富而且系統。

（三）《史記》的史料處理方法

1.信則傳信

先秦史料，頭緒繁多，而且真僞雜出。司馬遷對相關資料作了系統的整理，力求去蕪存菁，去僞存真。

《司馬相如列傳》："軒轅之前，遐哉邈乎，其詳不可得聞也。五三《六經》載籍之傳，維見可觀也。"③

《五帝本紀》："太史公曰：學者多稱五帝，尚矣。然《尚書》獨載堯以來；而百家言黃帝，其文不雅馴，薦紳先生難言之。孔子所傳《宰予問五帝德》及《帝繫姓》，儒者或不傳。余嘗西至空桐，北過涿鹿，東漸於海，南浮江淮矣，至長老皆各往往稱黃帝、堯、舜之處，風教固殊焉，總之不離古文者近是。予觀《春秋》《國語》，其發明《五帝德》《帝繫姓》章矣，顧弟弗深考，其所表見皆不虛。《書》缺有閒矣，其軼乃時時見於他説。非好學深思，心知其意，固難爲淺見寡聞道也。余并論次，擇其言尤雅者，故著爲本紀書首。"④《三代世表》："余讀諜記，黃帝以來皆有年數。稽其曆譜諜終始五德之傳，古文咸不同，乖異。夫子之弗論次其年月，豈虛哉！於是以《五帝繫諜》《尚書》集世紀黃帝以來訖共和爲《世表》。"⑤《周本紀》："太史公曰：學者皆稱周伐紂，居洛邑，綜其實不然。武王營之，成王使召公卜居，居九鼎焉，而周復都豐、鎬。至犬戎敗幽王，周乃東徙于洛邑。所謂'周公葬於畢'，畢在鎬東南杜中。"⑥

2.傳疑闕疑

《三代世表》："太史公曰：五帝、三代之記，尚矣。自殷以前諸侯不可得而譜，周以來乃

---

① 〔漢〕司馬遷撰，〔南朝宋〕裴駰集解，〔唐〕司馬貞索隱，〔唐〕張守節正義：《史記》卷一三〇《太史公自序》，第 4026 頁。
② 〔漢〕司馬遷撰，〔南朝宋〕裴駰集解，〔唐〕司馬貞索隱，〔唐〕張守節正義：《史記》卷一三〇《太史公自序》，第 4027 頁。
③ 〔漢〕司馬遷撰，〔南朝宋〕裴駰集解，〔唐〕司馬貞索隱，〔唐〕張守節正義：《史記》卷一一七《司馬相如列傳》，第 3712 頁。
④ 〔漢〕司馬遷撰，〔南朝宋〕裴駰集解，〔唐〕司馬貞索隱，〔唐〕張守節正義：《史記》卷一《五帝本紀》，第 54—55 頁。
⑤ 〔漢〕司馬遷撰，〔南朝宋〕裴駰集解，〔唐〕司馬貞索隱，〔唐〕張守節正義：《史記》卷一三《三代世表》，第 624 頁。
⑥ 〔漢〕司馬遷撰，〔南朝宋〕裴駰集解，〔唐〕司馬貞索隱，〔唐〕張守節正義：《史記》卷四《周本紀》，第 212—213 頁。

頗可著。孔子因史文次《春秋》,紀元年,正時日月,蓋其詳哉。至於序《尚書》,則略無年月;或頗有,然多闕,不可録。故疑則傳疑,蓋其慎也。"①《高祖功臣侯者年表》:"於是謹其終始,表見其文,頗有所不盡本末;著其明,疑者闕之。"②《仲尼弟子列傳》:"太史公曰:學者多稱七十子之徒,譽者或過其實,毀者或損其真,鈞之未睹厥容貌,則論言《弟子籍》,出孔氏古文,近是。余以弟子名姓文字悉取《論語》弟子問,并次爲篇,疑者闕焉。"③

《殷本紀》:"伊尹名阿衡。阿衡欲奸湯而無由,乃爲有莘氏媵臣,負鼎俎,以滋味説湯,致于王道。或曰,伊尹處士,湯使人聘迎之,五反,然後肯往從湯,言素王及九主之事。"④《老子韓非列傳》:"或曰儋即老子,或曰非也,世莫知其然否。老子,隱君子也。"⑤《孟子荀卿列傳》:"蓋墨翟,宋之大夫,善守禦,爲節用。或曰並孔子時,或曰在其後。"⑥

《吴太伯世家》:"初,楚邊邑卑梁氏之處女與吴邊邑之女爭桑,二女家怒相滅,兩國邊邑長聞之,怒而相攻,滅吴之邊邑。吴王怒,故遂伐楚,取兩都而去。"⑦《十二諸侯年表》:"(楚表)吴卑梁人爭桑,伐取我鍾離。"⑧《楚世家》:"初,吴之邊邑卑梁與楚邊邑鍾離小童爭桑,兩家交怒相攻,滅卑梁人。卑梁大夫怒,發邑兵攻鍾離。楚王聞之怒,發國兵滅卑梁。吴王聞之大怒,亦發兵,使公子光因建母家攻楚,遂滅鍾離、居巢。"⑨《伍子胥列傳》:"久之,楚平王以其邊邑鍾離與吴邊邑卑梁氏俱蠶,兩女子爭桑相攻,乃大怒,至於兩國舉兵相伐。吴使公子光伐楚,拔其鍾離、居巢而歸。"⑩《吴太伯世家》説卑梁是楚邑,與諸篇記載不同。梁玉繩曰:"卑梁是吴邑,當依《十二侯表》及《楚世家》《伍子胥傳》爲是。然此乃誤承《吕氏春秋·察微篇》來,(《吴越春秋》同誤。)宜云'吴邊邑卑梁氏之處女與楚邊邑之女爭桑',《賈子·退讓篇》《新序》四載'梁邊亭人爲楚亭灌瓜,而梁、楚交歡',何事之相反也。"⑪《吕氏春秋·察微》:"楚之邊邑曰卑梁,其處女與吴之邊邑處女桑於境上,戲而傷卑梁之處女。卑梁人操其傷子以讓吴人,吴人應之不恭,怒殺而去之。吴人往報之,盡屠其家。卑梁公怒,曰:'吴人焉敢攻吾邑!'舉兵反攻之,老弱盡殺之矣。吴王夷眛聞之怒,使人舉兵侵楚之邊邑,克夷而後去之。"⑫

① 〔漢〕司馬遷撰,〔南朝宋〕裴駰集解,〔唐〕司馬貞索隱,〔唐〕張守節正義:《史記》卷一三《三代世表》,第623頁。
② 〔漢〕司馬遷撰,〔南朝宋〕裴駰集解,〔唐〕司馬貞索隱,〔唐〕張守節正義:《史記》卷一八《高祖功臣侯者年表》,第1050頁。
③ 〔漢〕司馬遷撰,〔南朝宋〕裴駰集解,〔唐〕司馬貞索隱,〔唐〕張守節正義:《史記》卷六七《仲尼弟子列傳》,第2703頁。
④ 〔漢〕司馬遷撰,〔南朝宋〕裴駰集解,〔唐〕司馬貞索隱,〔唐〕張守節正義:《史記》卷三《殷本紀》,第122頁。
⑤ 〔漢〕司馬遷撰,〔南朝宋〕裴駰集解,〔唐〕司馬貞索隱,〔唐〕張守節正義:《史記》卷六三《老子韓非列傳》,第2607頁。
⑥ 〔漢〕司馬遷撰,〔南朝宋〕裴駰集解,〔唐〕司馬貞索隱,〔唐〕張守節正義:《史記》卷七四《孟子荀卿列傳》,第2855頁。
⑦ 〔漢〕司馬遷撰,〔南朝宋〕裴駰集解,〔唐〕司馬貞索隱,〔唐〕張守節正義:《史記》卷三一《吴太伯世家》,第1766頁。
⑧ 〔漢〕司馬遷撰,〔南朝宋〕裴駰集解,〔唐〕司馬貞索隱,〔唐〕張守節正義:《史記》卷一四《十二諸侯年表》,第796頁。
⑨ 〔漢〕司馬遷撰,〔南朝宋〕裴駰集解,〔唐〕司馬貞索隱,〔唐〕張守節正義:《史記》卷四〇《楚世家》,第2066頁。
⑩ 〔漢〕司馬遷撰,〔南朝宋〕裴駰集解,〔唐〕司馬貞索隱,〔唐〕張守節正義:《史記》卷六六《伍子胥列傳》,第2644頁。
⑪ 〔清〕梁玉繩撰,賀次君點校:《史記志疑》卷一七,北京:中華書局,1981年,第839頁。
⑫ 〔秦〕吕不韋編,許維遹集釋,梁運華整理:《吕氏春秋集釋》卷十六《察微》,北京:中華書局,2009年,第419—420頁。

三、《史記》與傳世文獻

《史記》與傳世文獻的關係,並不是簡單的一一對應的關係。這是一個根本的前提。

《漢書·藝文志》:"昔仲尼没而微言絶,七十子喪而大義乖。故《春秋》分爲五,《詩》分爲四,《易》有數家之傳。戰國從衡,真僞分争,諸子之言紛然殽亂。"①《藝文志》:"《尚書古文經》四十六卷。(自注:爲五十七篇。)《經》二十九卷。(自注:大、小夏侯二家。)……武帝末,魯共王壞孔子宅,欲以廣其宫,而得《古文尚書》及《禮記》《論語》《孝經》凡數十篇,皆古字也。共王往入其宅,聞鼓琴瑟鍾磬之音,於是懼,乃止不壞。孔安國者,孔子後也,悉得其書,以考二十九篇,得多十六篇。安國獻之。遭巫蠱事,未列于學官。劉向以中古文校歐陽、大小夏侯三家經文,《酒誥》脱簡一,《召誥》脱簡二。率簡二十五字者,脱亦二十五字,簡二十二字者,脱亦二十二字,文字異者七百有餘,脱字數十。"②

另外,還要考慮到劉向、劉歆校書對文獻的加工處理。《晏子書録》:"外書無有三十六章,中書無有七十一章,中外皆有以相定。"③《列子書録》:"中書多,外書少。章亂布在諸篇中。"④

總的説來,經過劉向、劉歆校勘的古書,一般是比較完善的,但也不能一概而論。

《史記·管晏列傳》:"太史公曰:吾讀管氏《牧民》《山高》《乘馬》《輕重》《九府》,及《晏子春秋》,詳哉其言之也。既見其著書,欲觀其行事,故次其傳。至其書,世多有之,是以不論,論其軼事。"⑤

根據贊語,《管晏列傳》載晏嬰贖越石父與載御者感妻言而自抑二事,皆爲《晏子春秋》所無者。今本《晏子春秋·内篇雜上》有"晏子之晉睹齊纍越石父解左驂贖之與歸"一章,所載與《史記》略同而較詳,又有"晏子之御感妻言而自抑損晏子薦以爲大夫"一章,所載與《史記》全同。《晏子春秋》載此二事,似乎與《管晏列傳》贊語相矛盾,以至於後人生出種種誤解。

金德建説:"司馬遷當時是曾經看見過《晏子春秋》這部書的……司馬遷是看到了原書,採録了其中的幾條軼事,纔寫成了這篇《管晏列傳》的。"⑥梁玉繩曰:"《晏子春秋·雜篇》載此事,謂石父爲中牟之僕,不言在縲絏,故《正義》云'與此文小異'。但下文曰'其書不論,論其軼事',則贖石父不在《晏子春秋》中,乃後人集録而異其詞也。"⑦

劉師培論越石父一章曰:"此節與下晏子爲齊相節,均非《晏子春秋》本書也。此二事載

---

① 〔漢〕班固撰,〔漢〕顏師古注:《漢書》卷三〇《藝文志》,第 1701 頁。
② 〔漢〕班固撰,〔漢〕顏師古注:《漢書》卷三〇《藝文志》,第 1705—1706 頁。
③ 張舜徽選編:《文獻學論著輯要》,第 6 頁。
④ 張舜徽選編:《文獻學論著輯要》,第 8 頁。
⑤ 〔漢〕司馬遷撰,〔南朝宋〕裴駰集解,〔唐〕司馬貞索隱,〔唐〕張守節正義:《史記》卷六二《管晏列傳》,第 2599 頁。
⑥ 金德建:《司馬遷所見書考·〈晏子春秋〉的流傳》,上海:上海人民出版社,1963 年,第 209 頁。
⑦ 〔清〕梁玉繩撰,賀次君點校:《史記志疑》卷二七,第 1185 頁。

于《史記·管晏列傳》,傳贊曰:'至其書,世多有之,是以不論,論其軼事。'則凡載于《晏子春秋》者,史公均弗録,此二事者,乃見于他書者也。越石父事《吕氏春秋·觀士篇》載之,或史公即本于彼書,後人據他籍及《史記》所載補入此二節。"①

管同説:"漢人所言《晏子春秋》不傳久矣,世所有者,後人僞爲者耳。何以言之? 太史公爲《管晏傳》贊曰:'其書世多有,故不論,論其軼事。'仲之傳載仲言交鮑叔事獨詳悉,此仲之軼事,《管子》所無。以是推之,薦御者爲大夫,脱越石父於縲絏,此亦嬰之軼事,而《晏子春秋》所無也。假令當時書有是文,如今《晏子》,太史公安得稱曰軼事哉? 吾故知非其本也……然則孰爲之? 曰:其文淺薄過甚,其諸六朝後人爲之者與?"②

梁氏等人皆以爲《管晏列傳》所載晏嬰事迹不本於《晏子春秋》,當無疑義。但謂《晏子春秋》中此二事爲後人補入,則不免有誤。管氏又據此推衍,斷定《晏子春秋》全書皆僞,則更是大謬。劉向《晏子書録》列《晏子春秋》篇章云:

> 内篇諫上第一,凡二十五章。
> 内篇諫下第二,凡二十五章。
> 内篇問上第三,凡三十章。
> 内篇問下第四,凡三十章。
> 内篇雜上第五,凡三十章。
> 内篇雜下第六,凡三十章。
> 外篇重而異者第七,凡二十七章。
> 外篇不合經術者第八,凡十八章。
> 右《晏子》凡内外八篇,總二百十五章。

今本《晏子春秋》篇章與《晏子書録》所列全同,則古之書猶今之書,贖越石父、薦御者二章當爲原文而非後人所補。二事既爲《晏子春秋》所有,司馬遷却認爲是"軼事",又當如何理解?《史記》與《晏子春秋》關係究竟如何?

黄以周云:"(劉)向之言曰:'所校中書《晏子》十一篇,臣向謹與長社尉臣參校讎太史書五篇,臣向書一篇,參書十三篇,凡中外書三十篇。'中書者,所謂禁中之秘書也,言中者,以別於外;向書一篇,參書十三篇,所謂外書也。'凡中外書三十篇,除復重者二十二篇,定著八篇',是中書十一篇,外書十四篇,皆有復重也。漢太史亦藏書,所藏《晏子》五篇,蓋最初之本,其書無復重,又不及薦御者脱越石父諸事,太史公之所見者,太史書之五篇也,故作《管晏傳》詳叙二事,以補太史書之軼,而劉向校書遂坿此事於五篇之末。然則世所行之《晏子》,

---

① 劉師培:《劉申叔遺書·〈晏子春秋補釋〉》,南京:江苏古籍出版社,1997年,第869頁上欄。
② 〔清〕管同:《因寄軒文初集》卷三,天津圖書館藏清光緒五年刻本,第1—2頁。

即劉向校定之本，而劉向所校定之八篇，其文雖增，而毒五篇之章節大判仍太史書最初之本也。"①

　　黃氏注意到司馬遷所見《晏子春秋》與劉向校書所用諸本篇名多寡不同，誠爲有識。唯未能暢所欲言，尚不足以釋後人之惑。又言劉向校書時據《史記》附二事於太史書五篇之末，則未免混淆了校書與編書之區別。《晏子書録》云："所校中書《晏子》十一篇，臣向謹與長社尉臣參校讎，太史書五篇，臣向書一篇，臣參書十三篇，凡中外書三十篇，爲八百三十八章。除復重二十二篇六百三十八章，定著八篇二百一十五章。外書無有三十六章，中書無有七十一章，中外皆有以相定。"②

　　據此可知，劉向校定的《晏子春秋》係將多個版本參校合并而成，而他當時據以校讎的各個本子，均非足本。司馬遷作《史記》時所見的《晏子春秋》，可能是其中的一個或數個本子，也有可能是另有所本，但肯定没有囊括今本《晏子春秋》的全部内容。也即是説，司馬遷所見到的《晏子春秋》與劉向校定之本，主名雖同，而内容則有多寡完缺之别。因此，《管晏列傳》贊語稱贖越石父、薦御者二事爲軼事，與今本《晏子春秋》載列其事，其實並不矛盾，不能據此謂《晏子春秋》此二事爲後人所補。

　　又，據《史記》和《晏子書録》，《晏子春秋》在劉向之前早已成書流傳，各本篇章大同小異，大量重複，故各本凡三十八篇八百三十八章，而重複被删者二十二篇六百餘章，劉向定著之八篇二百一十五章，即是删除各本重複後所得，此外别無所取。黃氏以爲《晏子春秋》贖越石父、薦御者二章，據《史記》附益，猶有未當。檢《吕氏春秋·觀世》《新序·節士》皆載越石父事，而文字各不相同，當是各有所本。《晏子春秋》之文，幾乎多出《史記》二倍，必非據《史記》載録可知。晏嬰薦御者一事，《史記》與《晏子春秋》記載相同，蓋所據資料同出一源，而二者之間也未必有直接承襲關係。

　　《管晏列傳》："太史公曰：吾讀管氏《牧民》《山高》《乘馬》《輕重》《九府》，及《晏子春秋》，詳哉其言之也。"③劉向《管子書録》曰："《九府》書民間無有，《山高》一名《形勢》。"④司馬貞《索隱》曰："九府，蓋錢之府藏，其書論鑄錢之輕重，故云《輕重》《九府》。"⑤司馬貞將《輕重》《九府》兩篇牽混爲一，與諸家將司馬遷所見《晏子春秋》等同於劉向所校之篇，如出一轍。據《管子書録》，知司馬遷所見《管子》，亦與今本不全相同，且有今本所無之内容。此與《晏子春秋》之情形，可以互相發明。

　　《史記》與《戰國策》的關係，歷來爲學者所關注。班固以爲《史記》採《世本》《戰國策》。明鄧以贊及清吴見思、方苞、牛運震、李慈銘、吴汝綸則分别懷疑或斷定《戰國策》割取《史

①　〔清〕黃以周：《儆季文鈔》卷一，《儆季襍箸》之五，天津圖書館藏清光緒二十年江蘇南菁講舍刻本，第 15—16 頁。
②　張舜徽選編：《文獻學論著輯要》，第 6 頁。
③　〔漢〕司馬遷撰，〔南朝宋〕裴駰集解，〔唐〕司馬貞索隱，〔唐〕張守節正義：《史記》卷六二《管晏列傳》，第 2599 頁。
④　張舜徽選編：《文獻學論著輯要》，第 5 頁。
⑤　〔漢〕司馬遷撰，〔南朝宋〕裴駰集解，〔唐〕司馬貞索隱，〔唐〕張守節正義：《史記》卷六二《管晏列傳》，第 2599 頁。

記》成文。當代學者亦有持此論者。前面已經提到,劉向校《戰國策》是利用諸種版本校勘而不是編書。應劭《風俗通》引劉向《別錄》稱當時校書的情形是"一人讀書校其上下,得謬誤爲校,一人持本,一人讀書,若怨家相對爲讎"。可見《戰國策》採《史記》的說法不能成立。《史記》所載與《戰國策》相關者 90 餘事,也存在種種差異:叙事不同、詳略不同、文辭不同、國名不同、人名不同等。在司馬遷採取的戰國史料中,也有類似情形:有一部分和劉向校書時所用的材料相同(司馬遷取之在前而劉向用之在後),這是《史記》《戰國策》兩書部分篇章驚人相似的原因;同時,《史記》所依據的大部分資料又與《戰國策》存在着差別,這便是兩書記言叙事有着諸多不同的答案。

四、《史記》與出土文獻

出土文獻因其保持了原始面貌,歷來受到人們重視。但是,這並不代表出土文獻一定優於傳世文獻。具體情況,應作具體分析。長沙馬王堆三號漢墓出土的帛書《戰國縱橫家書》曾引起學界高度關注。帛書共 27 章,其中有 16 章《史記》和《戰國策》未載。根據帛書,蘇秦、張儀二人是張在蘇前,與傳世文獻正好相反。唐蘭、馬雍、楊寬先生分別發表文章,肯定帛書的記載,認爲《蘇秦列傳》所載,"既有弄錯的,又有假造的",[1] "可憑信者十無一二"。[2] 其實,真正有誤的不是《史記》,也不是《戰國策》,而是《戰國縱橫家書》。司馬遷、劉向都認定蘇秦在前、張儀在後。司馬遷作出判斷的依據,有《秦記》、諸侯史記、各種縱橫家資料,許多都有時間順序甚至編年;劉向校《戰國策》時,蘇秦、張儀二人著作俱在。而帛書中被認爲是蘇秦的資料,主名並不可信,而無主名的資料,多與蘇秦無關。這些材料被誤認爲與蘇秦有關,也有特殊的原因:蘇秦之後,蘇代、蘇厲繼起,他們兄弟三人都主張合縱;其活動地點都是在燕、齊兩國;而對於燕齊兩國的態度,三人都更傾向於爲燕謀齊。他們謀劃的出發點高度相似,加上帛書多無主名,所以極其容易混淆。《史記》《戰國策》中也有類似的資料。《蘇秦列傳》贊語說:"而蘇秦被反閒以死,天下共笑之,諱學其術。然世言蘇秦多異,異時事有類之者皆附之蘇秦。……吾故列其行事,次其時序,毋令獨蒙惡聲焉。"[3] 由此可見,司馬遷見到的類似資料是很多的,他寫這篇傳記,也是要爲蘇秦辯誣。與帛書相似的資料,正是司馬遷經過考辨認爲不可信的部分。帛書的出土,不僅不足以否定《史記》的史料價值,反倒又一次證明了作者的判斷:"異時事有類之者皆附之蘇秦。"因此,出土文獻亦須經過甄別鑒定。

（趙生群,山東大學文學院教授）

---

① 唐蘭:《司馬遷所沒有見過的珍貴史料——長沙馬王堆帛書〈戰國縱橫家書〉》,馬王堆漢墓帛書整理小組編:《戰國縱橫家書》,北京:文物出版社,1976 年,第 127 頁。
② 馬雍:《帛書〈別本戰國策〉各篇的年代和歷史背景》,《文物》1975 年第 4 期,第 28 頁。
③ 〔漢〕司馬遷撰,〔南朝宋〕裴駰集解,〔唐〕司馬貞索隱,〔唐〕張守節正義:《史記》卷六九《蘇秦列傳》,第 2763 頁。

《七略·數術略》新論

趙　益

[摘　要]　迄今爲止對《七略·數術略》的研究,基本上是以分析其分類體系和所收書籍内容爲主,而較少有關於其整體性質及意義的探討,同時在很多重要的具體問題上不乏疏誤之處。變換思路予以深研,可以認識到《七略·數術略》的三個重要内涵:一是《數術略》著録書爲"舊書"亦即漢昭帝前之書籍;二是"數術"實爲中祕所存一類圖書而非當時一類知識學術;三是《數術略》諸序對"數術"總體持批判和否定態度。《數術略》内涵的新認識,可以促使我們對戰國秦漢"數術"的性質、實况以及其在兩漢知識系統中的地位等重要問題,重新進行思考。

[關鍵詞]　七略　數術略　數術　戰國秦漢知識思想

西漢成帝至哀帝時劉向、歆父子主持校書之成果《七略》,[①]設置"數術"一略,與"六藝""諸子""詩賦""兵家""方技"並列爲當時國家藏書的六大門類。"數術略"下又分"天文""曆譜""五行""蓍龜""雜占""形法"六小類,其分類、收書及諸序,是關於所謂"數術"體系、框架、内容的首次描述和評論,成爲今人追溯先秦兩漢知識、思想史中"數術"的淵源、内涵及變化的根本史料。

前此對"數術略"的研究,主要包括在《漢書》古注及宋王應麟以降關於《漢書·藝文志》的考察中,專深程度有限。近三十年來有關數術的各種專門研究,對作爲基本材料的"數術略"已有較多探討。本人曾撰《古典術數文獻述論稿》,[②]在前人時賢的基礎上,詳者略之、略者詳之,對《漢志》"數術略"也進行了一些補充考訂。但迄今爲止,所有研究基本上是以分析"數術略"的分類體系和所收書籍内容爲主,較少關於其整體性質及其意義的探究,同時在很多重要的具體問題上也不乏疏漏錯誤之處。有鑒於此,本文將就一些前有研究所忽略的問題,對《七略·數術略》再作一些新的分析和論證。

---

① 《七略》原書早佚,其内容賴爲《漢書》編删成《藝文志》得以傳世,今所據《七略》除少數佚文外,實即《漢書·藝文志》。然班固於著録有"出""入"及"省",於"輯略"有改易(詳參余嘉錫《目録學發微》,北京:中華書局,2007 年,第 66—67 頁),其《藝文志》與《七略》已不盡同。對此,本文的處理方式爲:在涉及原則性之處,儘量對各種可能性作出交待;其他無關宏旨之處,則不作區分。

② 趙益:《古典術數文獻述論稿》,北京:中華書局,2005 年。

一、"數術略"著録書爲"舊書"

"數術略"略序最後謂"故因舊書以序數術爲六種",[①]明確標明所著録者爲"舊書",但對"舊書"的具體涵義也就是所收書的時代範圍,則未明言。

可以確定的是,《七略》所收書時代的下限應在劉向卒年亦即成帝綏和元年(公元前 8 年)。[②]因爲據《漢書·藝文志》序:"哀帝復使向子侍中奉車都尉歆卒父業,歆於是總群書而奏其《七略》",奏上時間在哀帝建平元年;[③]劉歆當主要以劉向整理校定的圖書編纂而成《七略》,而劉向生前已經完成絶大部分的整理工作。劉向生於昭帝元鳳二年(公元前 79 年),歷經昭、宣、元、成四朝。一般而言,一個人的生活年代對其來説可謂"當代"。因此對《七略》來説,昭、宣、元、成之世所撰集而成的書籍,大抵可歸之爲當代書籍;在昭帝之前的書籍,則可謂之"舊書"。

由於《七略·數術略》所載書籍今已亡佚殆盡,無法通過書籍實況考察其内容時代和撰集時代,只能以《漢書·藝文志》爲主要依據,[④]參考其他證據進行分析。

"數術略"著録内容時代在漢以前的舊籍,可以大致確定的有"天文"類"淮南雜子星十九卷"以上五種;"曆譜"類"漢元殷周諜曆十七卷"以上六種;"蓍龜"類"周易明堂二十六卷"以上七種;"雜占""形法"共二十四種,均較古老,[⑤]至少約有一半爲漢以前書。合併若以三十種計,種數約佔全略六分之一。[⑥]這一數量、比例,對淘汰更新率較高的數術類書籍來説,是相當可觀的。

理論上,除上述可能爲漢以前舊書的部分外,其他均應爲漢代書籍。但作者時代及撰作時間如何,哪些爲劉向同時代撰集書籍,無法詳知。儘管如此,我們還是可以根據書名及相關旁證分析發現,絶大部分漢代書籍産生於昭帝之前。如"天文"類,《金度玉衡漢五星客流出入》以下均爲漢太史觀天占測之手册,此類手册均積累而成,既已入於蘭臺所藏,編纂時間絶非當代;最末之《圖書祕記》乃屬於早期圖讖,並非西漢末所興緯候之書。"五行""雜占""形法"三類所録書籍,"五行"類大部分爲漢初流行之術,至晚爲武帝時所集;"雜占""形法",

---

① 今《漢書·藝文志》全志有總序,每略有序,每小類亦有序。今人以"大、小序"總稱之,然"大序"或指總序,或指略序。本文統一爲:總稱全部序謂"諸序";分稱則謂"總序""略序""類序"。"總序"大部分内容、"略序"、"類序",當出於《七略·輯略》。

② 劉向的生卒年,此取錢穆説。見錢穆:《劉向歆父子年譜》,載其《兩漢經學今古文平議》,北京:商務印書館,2015 年。又參見徐興無:《劉向評傳(附劉歆)》附録三《劉向生卒年考異》,南京:南京大學出版社,2005 年。

③ 顧實:《漢書藝文志講疏》,上海:上海古籍出版社,2009 年,第 10 頁。

④ 《漢書·藝文志》"數術"一略,無注"出""入"者。關於班固的增入,顧實以爲"蓋據西京中祕所藏者而入之,其所不藏者不入也"(顧實《漢書藝文志講疏》,第 30 頁),所論甚是。班固的增删應該不影響"數術略"所收古今圖書的原有比例。

⑤ 以上詳見拙撰《古典術數文獻述論稿》所考,第 15—39 頁。

⑥ 《七略》著録書數量,以阮孝緒《古今書最》所云較爲可靠:"《七略》書,三十八種,六百三家,一萬三千二百一十九卷。"(〔唐〕道宣編:《廣弘明集》卷三《七録序》,上海:上海古籍出版社 1991 年影印《磧砂藏》本,第 113 頁)參閲張宗友:《治亂交替中的文獻傳承》,《中國古代文獻文化史》第七卷,南京:南京大學出版社,2022 年,第 37 頁。

情形已見前述。"數術略"中可以明確爲向、歆前後同時當代作者所撰者，或許只有"曆譜"類之《耿昌月行帛圖》《耿昌月行度》及《許商算術》《杜忠算術》四種。前二種當爲大司農中丞耿壽昌所撰，①據《續漢書·律曆志》賈逵論曆"案甘露二年大司農中丞耿壽昌奏，以圖儀度日月行，考驗天運狀"，②二書應爲宣帝時撰成。許商，據《漢書·溝洫志》及《儒林傳》，爲夏侯勝再傳弟子，成帝時爲將作大匠、河隄都尉，與劉向基本同時；杜忠生平不詳，應在許商同時或稍後。③"曆譜"類中，古六曆、帝王世譜之外即爲曆術之書，《月行帛圖》《月行度》並兩《算術》均爲此屬。④因爲政治的需要，曆術在武帝太初改曆以後一直較爲發達，劉向本人頗爲重視，曾作《三統曆》；而尹咸爲太史令，更是身負其責。故《七略》於曆譜類著録四種當代書籍，顯然屬於特例。

根據後世的記載來看，《七録》（《隋志》"梁有"部分）、《隋書·經籍志》所載西漢人數術著作主要爲焦贛、京房、翼奉三家，後二人數量多至約十九種。今《漢書·藝文志》"六藝略""易"類收録京房書僅《孟氏京房》十一篇、《災異孟氏京房》六十六篇，另《五行志》引有京房《易占》《易妖占》。京房、翼奉二人生活時代與劉向基本同時，⑤稍前於劉歆。然而焦贛爲《易林》作者頗有疑問，⑥京房、翼奉是否撰有大量數術著作同樣難以確證，因爲《漢書·藝文志》著録及《五行志》引京房書僅數種，翼奉書則無；又據姚振宗考證，《隋志》著録之京房書中，同書異名的情況不少，且《風角雜占五音圖》十三卷可能從京氏易傳及風角書中鈔出；⑦另外，《漢書》二人本傳亦未道及著述。如此，解釋只能是：要麼是向、歆時期的國家圖書館未收京房其他著述及翼奉著作，要麼就是《七録》《隋志》著録多出二人之書即非後人僞托，恐亦爲其子弟所編。⑧相反，京房、翼奉同時代的夏侯勝，《七略》"六藝略"書類收有大、小夏侯經文、章句、解故，論語類收有《魯夏侯説》二十一篇，並與《漢書·眭兩夏侯京翼李傳》"（夏侯勝）受詔撰《尚書》《論語説》"⑨相合。由此可見，除了"曆譜"一類中的四種外，"數術略"基本沒有收録同時代著作，或者説西漢晚期本乏數術類新作，應該是可以成立的。從出土數術文獻中也可以看出這一點。晏昌貴、廉超指出，出土數術中最重要的三個群體——以睡虎地秦簡《日書》爲代表的日書群、馬王堆帛書數術群、子彈庫帛書數術部分，年代最晚

①　張舜徽：《漢書藝文志通釋》，武漢：華中師範大學出版社，2004 年，第 397 頁。
②　〔晋〕司馬彪撰，〔南朝梁〕劉昭注補：《後漢書志·律曆中》，北京：中華書局，1965 年，第 3029 頁。
③　參閲〔清〕姚振宗：《漢書藝文志條理》，北京：中華書局 1955 年影印開明書店《二十五史補編》本，第 1673 頁。
④　《月行帛圖》《月行度》乃有關月行之圖、書，觀測月行是出於測定白道並進而計算交食之治曆需要。《許商算術》及《杜忠算術》均非九章術，實爲算推曆數亦即周髀術之屬。
⑤　京房（前 77—前 31）與劉向（前 77—前 8）同生（京房生卒年據《漢書》本傳，而較早去世；翼奉，據《漢書》本傳，元帝初即位待詔宦者署，又"年老以壽終"，故應爲宣、元、成帝時人。
⑥　參閲拙撰《古典術數文獻述論稿》，第 81—84 頁。
⑦　〔清〕姚振宗：《隋書經籍志考證》，第 554 頁。
⑧　《隋志》著録（含"梁有"）京房、翼奉書，從書名上分析，除易傳外，有"易飛候""易林""易逆刺"等變體易占，也有風角、五音、占夢、逆刺、災異等占卜、災異之屬，大多數應爲東漢時期發展出來的内容。
⑨　〔漢〕班固：《漢書》卷七十五《眭兩夏侯京翼李傳》，北京：中華書局，1962 年，第 3159 頁。

的也不過西漢文帝時,與《七略》相距近一個半世紀。[1]

而其他諸略則不然,當代圖書屢見不鮮。例如"六藝略""易"類所收京房書外,尚有五鹿充宗、段嘉二家。"春秋"一類中有《公羊顏氏記》十一篇,姚振宗考作者爲劉向師顏氏;張舜徽據《漢書·儒林傳》定爲顏安樂,師事眭孟。眭孟死於前78年,劉向卒於前8年,則《公羊顏氏記》顯爲劉向當代之書。"樂"類有《雅琴趙氏》七篇、《雅琴龐氏》九十九篇,據班固注,作者皆爲漢宣帝時人。"禮"類有《議奏》三十八篇,即石渠禮議之彙編,時爲漢宣帝甘露三年。"諸子略""儒家"類中臣彭以下、"農家"類氾勝之以下,均宣、成時人。"詩賦略"中杜參,劉向校書時引爲助手;徐明,元、成帝時人;王褒、楊雄,與劉向前後同時。《漢書·藝文志》班固注中稱"臣某"者,多武、宣、成三帝進呈之書,[2]而"數術略"中並無一見。

綜上所論,"數術略"著錄總體上爲"舊書",與其序所言一致,絕無疑問。此一事實與《七略》之時的"數術"的性質、内涵以及歷史進程密切相關。絕大多數研究者對此一直沒有加以重視,可能是一個較爲嚴重的失誤。

二、"數術"爲中祕所存一類圖書而非當時一類知識學術

"數術"既爲《七略》六略之一,包括本人在内的絕大多數當代學者都曾據此認爲,"數術"與"六藝"等五略並爲當時知識、學術的重要門類之一。現在看來,這個觀點需要檢討。原因是據圖書分類以證知識、學術分類,邏輯上和事實上都是有疑問的。

《七略》的分類是圖書分類。分類之所以是圖書目録具備學術性的三大決定因素之一(另兩個因素是類序、提要),在於分類既可以認知圖書,又可以根據認知結果對圖書進行描述和整理,從而更好地利用圖書掌握知識。章學誠以劉向、歆父子《七略》爲例所作論述最爲周詳:"古人著録,不徒爲甲乙部次計。如徒爲甲乙部次計,則一掌故令史足矣,何用父子世業,閱年二紀,僅乃卒業乎?蓋部次流別,申明大道,叙列九流百氏之學,使之繩貫珠聯,無少缺逸,欲人即類求書,因書究學。"(《校讎通義·互著第三》)圖書分類固然可以反映學術分類(包括知識門類的劃分、思想主張的條别、學術流派的界定等),鄭樵所謂"類例既分,學術自明"(《通志·校讎略》"編次必謹類例論")即從此着眼,但圖書分類仍不完全等於學術分類;或者説,圖書分類與學術分類有着顯著的不同。姚名達嘗謂"分類之應用,始於事物,中於學術,終於圖書",[3]所言亦即此理。

圖書分類和學術分類的不同表現在很多方面。

首先是分類標準。從理論上説,任何分類系統能够自洽的條件是分類具備統一的標準,

---

① 晏昌貴、廉超:《簡帛數術的發現與研究:1949—2019》,《華中師範大學學報(人文社會科學版)》第58卷第3期,2019年。

② 葉長青著,彭丹華點校:《漢書藝文志問答》,武漢:華東師範大學出版社,2015年,第119頁。

③ 姚名達:《中國目録學史》,北京:商務印書館,2014年,第52頁。

學術分類正是如此,自洽的學術分類無不以内容爲根本標準,如《莊子·天下篇》、司馬談《論六家要旨》即是。圖書分類則不然,它在依據書籍内容之外,還必須考慮到其他因素。因爲圖書分類的對象是圖書,而圖書往往一書内容包含多種門類知識,同時其本身又有性質、形式、功能的差異,比如一種文獻在内容上往往是哲學、歷史、文學綜合在一起的,形式上又可能是彙纂、編集的,功能上則可能是論説、注釋、講義等等,故而分類時不得不採用不同的標準。以《七略》之六分法爲例,大類方面,"六藝""兵書""方技"以内容立類,"諸子"以思想性質、地位立類,"詩賦"以文體立類,"數術"則以知識性質立類;[①]小類方面,如姚名達所云:"(七略)分類之法,並不精密。諸子略以思想系統分,六藝略以古書對象分,詩賦略以體裁分,兵書略以作用分,數術略以職業分,方技略則兼採體裁作用,其標準已絶對不一,未能採用純粹之學術分類法。"[②]再如後世四部分類法,"經""史"以内容立類,"集"則以形式立類,"子"則主要建立在一個歷史性範疇的基礎之上;子部之小類如"譜録""類書"又以書籍的功能、形式爲立類緣由。從邏輯上説,"類書"歸於子部最爲錯誤,章學誠即曰:"類書自不可稱爲一子,隋唐以來之編次皆非也。"[③]根據圖書分類的原理,實應與"叢書"獨立爲一大部類。顯然,標準不一是圖書分類的某種必然,它應乎圖書分類的實際需要,但完全不符學術分類的基本原則。實際上,圖書分類法也不可能採取學術分類法,因爲它們的性質不同,功能有别,不能相互替代。[④]古代分類除圖書分類外,還有類書分類。相比較而言,類書的分類更能反映知識狀況,因爲類書主要是對圖書内容的析分、摘録、編彙,並不考慮圖書的其他因素。

其次是分類的對象。分類系統的對象不同,決定了分類系統的意義。圖書分類的對象是圖書,必須以已有圖書的實際情況爲準繩,而如前文已經指出的,圖書往往落後於知識更新,因此圖書分類所反映的學術體系,更接近於過往傳統而不是當代新變。在此方面,《七略》的"諸子略"最爲典型。"諸子"本是一個歷史範疇,特指"戰國縱横,諸子淆亂"而産生的百家學派。入漢以後有的學派發展,有的變化,而有的學派則漸至沉淪。如果以這一歷史範疇來歸納當代思想,不能不發生扞格。故而諸子之名僅僅用爲圖書分類,其義界也隨之改變,如《漢志》"諸子略"之"雜家"所收録之著作,非盡屬雜家之學;後世圖書分類之"雜家",更成爲内容龐雜、無可歸置之書的專門類目。

圖書分類必然反映圖書,但不一定印合知識、學術。如果因爲某種因素突然增加了一些書籍,舊有體系無類可從,分類目録也必須給它們安排一個地方,或者附見於某類,或者直接

---

① 當然,較後世圖書分類而言,《七略》大類的分類標準相對同一,主於"義"而不兼用"體"。見程千帆、徐有富:《校讎廣義·目録編》,北京:中華書局,2020 年,第 148 頁。此承劉仁博士提示。

② 姚名達:《中國目録學史》,第 48—49 頁。

③ 〔清〕章學誠撰,王重民通解:《校讎通義通解》,上海:上海古籍出版社,1987 年,第 11 頁。

④ 圖書分類固然可以"辨章學術,考鏡源流",但不能機械處理;圖書分類必然需要參考學術分類,却也不可完全照搬。至於如余嘉錫批評《四庫全書總目》子部合"名""墨""縱横家"於"雜家","使《漢志》諸子九流十家頓亡其三,不獨不能辨章學術,且舉古人家法而淆之矣"(余嘉錫:《目録學發微》,北京:中華書局,2007 年,第 78—79 頁),欲使圖書分類體系同時承擔本因由小序、提要承擔的學術分類("辨章學術")責任,在編製分類目録的實踐中是行不通的。

構造一個門類，如晉荀勖新編之《晉中經》丁部就專設出"汲冢書"二級類目，[①]以收納當時的汲冢出土文獻。顯然，"汲冢書"並不是一種學術上的分類，因爲汲冢出土者包含很多不同内容的文獻。再如《隋書·經籍志》"集部"分設"楚辭""總集""别集"三個二級類目，導致在《七録》等分類體系中原可歸於"文章"大類的衆多"雜文"無可歸類，只能置於"總集"之中。顯然，《隋志》"總集"的收録情況，反映的只是圖書分類發展變化過程中的具體軌迹，而不是當時的文體觀念。

最後，圖書分類歸根結蒂是應付實用的，故其在形式上既須方便於部次、標識群書，還須發明諸如層累性多級類目框架以及"互著""别裁"等技術方法解決各種實際問題。而這些均不屬於學術、思想範疇。

總而言之，圖書分類與學術分類的標準、對象、目的和邏輯基礎都有不同。《七略》通過對書籍的整理和分類，對圖書内容予以總結，而不是直接就當時的學術、思想進行分析。

由此結論出發，《七略·數術略》存在的一些客觀問題，無一不能得到較爲合理的解釋。

相較於其他五略，"數術略"内涵極爲不清。最關鍵的有兩點：一是略序除"數術者，皆明堂羲和史卜之職也"一句外，並未涉及部類要旨；而此一句，又與"諸子略"中"陰陽家"類序所述雷同。二是與《尚書·堯典》《周禮·春官》以及"諸子出於王官"説比較，略序謂"數術"整體出於"明堂羲和史卜"，實在過於籠統。此外，一些二級類目的性質也頗爲模糊，典型者爲"五行"，類序標明立類宗旨爲《洪範》五行，但所收則多爲擇日、陰陽時令之書，[②]實屬類序所批評的"小數家"吉凶之術。清姚振宗云："數術多端，唯五行一門尤難尋究"，[③]當即由此而發。又如"雜占"，根據類序的定義"紀百事之象，候善惡之徵"，[④]其性質應爲《洪範》"庶徵"——據徵兆而預言（近於西方所謂omen），然實際所收則多祈禳、厭勝之書，過於雜亂而不成義類。凡此種種，原因皆可歸結爲："數術"不過是某種圖書之類，而並非是一個内涵明確、界域清晰的知識、學術之類。

"數術略"所分六個二級門類，從知識性質上看很不合理。"天文""曆譜"，無論是在戰國還是在漢代，都是最高一級的"數""術"，實已不能和"雜占""形法"並列。在《史記》中，"天官""律""曆"三志和"龜卜""日者"二傳即不同伍；《漢書》和《史記》一樣，"天文""律曆""五行"設有專志，和"數術略"的架構迥異。章學誠以其"道器合一"思想立論，對數術略二級類目的批評最爲嚴厲，主張"陰陽""蓍龜""雜占"附於"易經"，"曆譜"附於"春秋"，"五行"附於"尚書"，惟"天文""形法"或當獨立爲類，其中"形法"言山川險易、關塞邊防者，與"兵形勢"互注；言陰陽虚旺、宅墓休咎者，與"尚書"所附"五行"互注。[⑤]此説未必合

① 《隋書·經籍志》總序："祕書監荀勖，又因《中經》，更著新簿，分爲四部，總括群書。……四曰丁部，有詩賦、圖讚、《汲冢書》……"（〔唐〕魏徵等：《隋書》卷三十二《經籍志》，北京：中華書局，1973 年，第 906 頁）
② 參閱拙撰《古典術數文獻述論稿》第一章《〈漢志〉數術略考釋證補》，第 15—26 頁。
③ 〔清〕姚振宗《漢書藝文志條理》"叙録"，第 1532 頁。
④ 〔漢〕班固：《漢書》卷三十，第 1773 頁。
⑤ 〔清〕章學誠撰，王重民通解：《校讎通義通解》，第 47—52 頁。

理，但確實也指出了六個小類層次不一的問題。但從圖書分類的實際需要上看，圖書分類並非學術分類，只需要將某一類特殊的或無可歸屬的圖書專立一類統歸一處，而不需要深入考慮這些圖書所含內容的層次問題。

《七略》分類體系中最大的問題是"諸子略"中"陰陽家"與"數術略"及其下二級類目"五行"的同異和關係。對此古今論者甚眾，如章學誠謂："第諸子陰陽之本叙，以謂'出於羲和之官'；數術七種之總叙，又云'皆明堂、羲和、史卜之職也'。今觀陰陽部次所叙列，本與數術中之天文、五行不相入，是則劉、班叙例之不明，不免後學之疑惑矣。蓋諸子略中陰陽家，乃鄒衍談天、鄒奭雕龍之類，空論其理而不徵其數者也；數術略之天文、曆譜諸家，乃《泰一》《五殘》《日月星氣》，以及《黃帝》《顓頊》《日月宿曆》之類，顯徵度數而不衍空文者也。其分門別類，固無可議。"① 姚振宗認爲："陰陽家與數術略之五行家相表裏。"② 呂思勉曰："《漢志·數術略》諸家，蓋與《諸子略》之陰陽家本無區別。所以析爲二略者，以校書者之異其人；抑言數術者在《數術略》，據數術以言哲理者在《諸子略》也。"③ 余嘉錫謂："陰陽家之與數術，《漢志》以爲同出羲和之官。而數術獨爲一略者，固因一言其理，一明其數，亦由數術之書過多，猶之詩賦之於《三百篇》耳。"④ 葉長青則謂："數術本於陰陽，故李奇曰：'陰陽之術，月令星官是其枝葉也。'（本書《司馬遷傳》注）陰陽家者，學者著書以陰陽切於人事。"⑤ 意見雖不完全一致，但都在總體上傾向於"陰陽"和"數術"本質無別，不過前者爲先秦正宗陰陽家道體一類，後者爲"小數家"器用一類。當代學者認爲前者是哲學思想，後者是技術性知識，⑥ 也是主張二者是某種意義上的層次上的差別。若從圖書分類與學術分類不同的角度看，答案其實很簡單：《七略》分類系統只不過是圖書分類，存在着圖書分類的天生缺陷，並不直接反映思想知識體系。易言之，"諸子略"之"陰陽家"與"數術略"之"五行"是兩類圖書，而不是兩個學術門類。糾纏其學術分類的邏輯是非，實屬無的放矢。

三、"數術略"諸序對"數術"總體持批判和否定態度

和劉向校書"條其篇目，録而奏之"所撰成的叙録一樣，《七略》輯略亦即今《漢志》諸序對所收書籍的整體都有評論。"六藝略"主要針對解經的末流之弊進行批評；"諸子略"以評陟諸家長短爲主；"詩賦""兵書"二略，批評較少；"方技略"中，除了對"房中""神仙"進行了政治層面上的攻擊外，批評重點仍是對"技術晦昧"表示不滿。相比之下，"數術略"有很大的特殊性，無論是略序還是六個類序，都對所收書籍內容給予了非常嚴厲的指摘和批判。

---

① 〔清〕章學誠撰，王重民通解：《校讎通義通解》，第 98 頁。
② 〔清〕姚振宗：《漢書藝文志條理》，第 1617 頁。
③ 呂思勉：《辯梁任公〈陰陽五行説之來歷〉》，《古史辨》第 5 册，上海：上海書店 1992 年據樸社 1935 年版影印，第 377 頁。
④ 余嘉錫：《目録學發微》，第 150 頁。
⑤ 葉長青著，彭丹華點校：《漢書藝文志問答》，第 130 頁。
⑥ 李零：《從占卜方法的數字化看陰陽五行説的起源》，李零：《中國方術續考》，北京：東方出版社，2000 年。

爲論述方便,姑引"數術略"略序全文如次:

> 數術者,皆明堂羲和史卜之職也。史官之廢久矣,其書既不能具,雖有其書而無其人。《易》曰:"苟非其人,道不虛行。"春秋時魯有梓慎,鄭有裨竈,晉有卜偃,宋有子韋。六國時楚有甘公,魏有石申夫。漢有唐都,庶得麤觕。蓋有因而成易,無因而成難,故因舊書以序數術爲六種。①

"皆明堂羲和史卜之職也"的定性之外,略序的核心評論點有二:一是"其書既不能具"。"具"是完備之義。此句謂數術書籍多有淪亡,不能保存完備。這和本文第一小節所總結的"數術略"收録以舊籍爲主,可以印合。二是"雖有其書而無其人"。此句乃謂即使書有留存,但因無傳承之人,其道亦不能行。這一點意涵深重,尤須詳論。

"明堂羲和史卜之職",主要是指"數術略"中的"天文""曆譜"和"蓍龜",而尤以前二者爲重。前文已論,天文曆法一直是高一層次的"數""術"。上古、漢至唐知識史的事實也證明了這一點,此一知識在精英學術體系中的地位持續上升,至唐初的《隋書·經籍志》圖書分類體系中最終脱離了"數術""五行"的範疇。天文曆法地位重要,原因在於其核心内容之一星占的根本目的是順應天命以治世,實質上就是政治的一部分,亦即"自初生民以來,世主曷嘗不曆日月星辰"。星占這樣重要的政治行爲顯然不能允許"所見天變,皆國殊窟穴,家占物怪,以合時應,其文圖籍禨祥不法",②故能否實現正確的傳承成爲關鍵,所以司馬遷説:"是以孔子論六經,紀異而説不書。至天道命,不傳;傳其人,不待告;告非其人,雖言不著",③其核心思想是:即使聖人如孔子,也只能"紀異而説不書";④事關重大,不能輕易傳人;有可傳之人,則無須深告;若告非其人,其人雖有言説,亦不能著明深旨。"數術略"略序借用《易傳·繫辭》語"苟非其人,道不虛行",對這一思想作出了最簡明的概括。

不惟如此,"雖有其書而無其人"還源於"數術"之學本身的客觀特殊性。儘管對"數術"的定性存在不同意見,但絶大多數的當代研究者都傾向於將其歸結爲"技術性知識"。技術性知識有兩個特性:一是具有高度的連續積累性,即此類知識都是積累而成的,凡是具有較高技術性含量的知識,絶不可能一蹴而就。二是更新較快,取代性較強,即舊知識往往被新知識取代。以此,技術性知識的文獻淘汰率很高。《漢志·數術略》所著録書,至《隋書·經

---

① 〔漢〕班固:《漢書》卷三十,第1775頁。
② 〔漢〕司馬遷撰,〔南朝宋〕裴駰集解,〔唐〕司馬貞索隱,〔唐〕張守節正義:《史記》卷二十七《天官書》,北京:中華書局,2014年,第1599—1600頁。
③ 〔漢〕司馬遷撰,〔南朝宋〕裴駰集解,〔唐〕司馬貞索隱,〔唐〕張守節正義:《史記》卷二十七《天官書》,第1600頁。
④ "紀異而説不書",《正義》釋爲:"孔子論六經,記異事而説其所應,不書變見之踪也"(〔漢〕司馬遷撰,〔南朝宋〕裴駰集解,〔唐〕司馬貞索隱,〔唐〕張守節正義:《史記》卷二十七《天官書》,第1600頁),不盡妥當。《史記·十二諸侯年表》有曰:"孔子明王道……次《春秋》。……七十子之徒口受其傳指,爲有所刺譏褒諱挹損之文辭不可以書見也"(〔漢〕司馬遷撰,〔南朝宋〕裴駰集解,〔唐〕司馬貞索隱,〔唐〕張守節正義:《史記》卷十四《十二諸侯年表》,第648頁),"不書"的意思是口説其徵應,但不書之竹帛,謂孔子慎重其事。

籍志》僅存十分之一不到;中古以後則基本上亡佚殆盡。"其書既不能具",即是對此一事實的陳述。但實質上,這些書籍的"淘汰"並不是純粹的消亡,而是其所承載的知識被後起新知識所吸收、淹没並代替了。同時,技術性知識既出於歷時久遠的群體性積累,經驗性、專業性又極爲顯著,諸如推理型占卜的相關方法(如筮占之筮法、龜卜之占例)、占星之恒星星名、星位置及其屬性、天部劃分、不同預兆的先驗屬性等,均爲典型。假如没有良好的師弟教學傳承,僅僅依靠書寫文本是無法得到完全的承遞的,必然會出現斷裂。姚明煇曰:"數術之學,祕傳密授者爲多,苟無其訣,雖讀盡群書,亦不得其門而入。"① 即此之謂。

緣於以上主客觀因素,所以和《史記·天官書》"太史公曰"一樣,"數術略"略序("方技略"略序亦然)都要舉出古今傳承之人,以闡明"苟非其人,道不虛行"的重要性。

"數術略"略序所舉梓慎、裨竈、卜偃、子韋、甘公、石申夫、唐都七人,分屬春秋、戰國和漢初三個時代。梓慎、裨竈、卜偃均見《左傳》,所載占星、占夢、望氣及據徵候、預兆進行政治預言等事,數量合計超過周内史及各國史官。裨竈因多爲占星,被《史記·天官書》舉爲"昔之傳天數者"在春秋時期的主要人物之一。② 宋子韋始見《吕氏春秋·制樂》,謂爲宋景公之史,因宋景公"三善言"而預知熒惑一夕徙三舍;《史記·天官書》亦稱其"傳天數者",《漢志·諸子略》"陰陽家"收有《宋司星子韋》三篇。甘公、石申夫見於《史記·天官書》,是戰國天文星占的重要代表,後世三家星經中兩家,即托爲甘、石所傳。唐都見於《史記·曆書》《漢書·律曆志》,是武帝元封末第二次製定《太初曆》時所選製曆者鄧平等二十餘人以外的兩位方士之一,主持劃分天部的工作。從上述歷史記載上看,此數人是周天子史官職廢以後"數術"之學散在各國的佼佼者,《數術略》略序猶謂其"庶得麤觕",可見其"雖有其書而無其人"的結論,顯然是經過充分考量以後的判斷。

總而言之,"雖有其書而無其人"這一論斷揭示出數術的政治屬性和作爲技術性知識的獨特性,反映出向歆父子、尹咸對其歷史階段性特徵的深刻認識,③ 代表着他們對數術一類書籍的總體評價。

"數術略"六個類序中,除"刑法"持論折中外,其餘"天文""曆譜""五行""著龜""雜占"都接續略序之意,皆有深入之剖析和凌厲之批評,大抵可概括爲四個方面:

---

① 姚明煇撰,馬慶洲整理:《漢書藝文志注解》,王承略、劉心明主編:《二十五史藝文經籍志考補萃編》第4卷,北京:清華大學出版社,2011年,第350頁。

② 《史記·天官書》:"昔之傳天數者:高辛之前,重、黎;於唐、虞,羲、和;有夏,昆吾;殷商,巫咸;周室,史佚、萇弘;於宋,子韋;鄭則裨竈;在齊,甘公;楚,唐昧;趙,尹皋;魏,石申。"(〔漢〕司馬遷撰,〔南朝宋〕裴駰集解,〔唐〕司馬貞索隱,〔唐〕張守節正義:《史記》卷二十七《天官書》,第1600頁)

③ "輯略"中"數術"部分(即今《漢書·藝文志》"數術略"諸序)的作者,很難鑒實。從結果上說,劉向只是校理群書撰成叙錄,且未竟而卒,劉歆則是"總群書而奏其《七略》"(《漢書·藝文志》總序)、"乃集六藝群書,種別爲《七略》"(《漢書·楚元王傳》),故"輯略"應爲劉歆操作。但此次校書採取專家負責制,向歆負責最重要的"經傳""諸子""詩賦",其他三略"兵書""數術""方技"則由專家負責,因此"數術略"諸序很可能就出自太史尹咸之手;劉歆並未承擔絕大部分圖書的校理工作,是否能夠寫出綜述各略各類的"輯略",令人懷疑。即使能夠撰寫,也必然參考劉向等人的校理成果,即阮孝緒所謂"子歆撮其(案:即劉向之叙錄)指要,著爲《七略》"(《七錄序》)。由此,本文對諸序作者問題不作深究,視"數術略"諸序與劉向、歆父子及尹咸均有關聯。

　　第一是"五行"類序指出"小數家"的存在之弊。在西漢文本中,"小數"指小巧之技或淺聞之能,如《史記·日者列傳》褚少孫標舉司馬季主"稱引古明王聖人道,固非淺聞小數之能";[①]"小數"無論其如何精巧,都是"大道"的對立面:"夫釋大道而任小數,無以異於使蟹捕鼠,蟾蜍捕蚤,不足以禁姦塞邪,亂乃逾滋。"[②]定性非常清楚。很明顯,"五行"類序中提出"小數家"的存在,是對當時所存"五行"之書的一種極其峻厲的批判。因爲"五行"本具有崇高的意義,"其法亦起五德終始,推其極則無不至",但即使這樣,也存在借此爲吉凶之術的"小數家"行爲,且頗行於世,勢必造成對大道的損壞。在此後的《漢書》中,"小數"已經特指數術方伎厭勝之技,且帶有明顯的貶斥意味,如《儒林傳》"蜀人趙賓好小數書,後爲《易》,飾《易》文,以爲'箕子明夷,陰陽氣亡箕子;箕子者,萬物方荄茲也'",[③]《王莽傳》"性好時日小數,及事迫急,亶爲厭勝",[④]可以説是沿續"數術略"類序批判觀念的結果。

　　第二是"曆譜"類序就"小人而強欲知天道"發出"道術破碎"的譴責。"道術破碎"原出《莊子·天下篇》"道術將爲天下裂",是對後人"各爲其所欲焉以自爲方",由此不見"天地之純"與"古人之大體"的感慨。"曆譜"類序將道術破碎的製造者指爲"小人",這裏的"小人"和"小數家"仍有不同,後者重於機巧,而前者則是"強欲知天道",較之"治方術者"尤爲不經。因爲"小數家"小巧之技或淺聞之能不過有損大道而已,而"小人而強欲知天道",則會形成道術破碎而導致紊亂,甚至造成大道的消亡。

　　第三是"天文""雜占"類序就"非明王亦不能服聽也""惑者不稽諸躬"的客觀現實予以嚴厲批判。在春秋以來精英思想所構造的預兆式占卜——星占的先驗性原則上,天變是對世主的無條件譴責,而此一原則在實際情形中不可避免地激起獨裁者的反彈,其對星占往往不僅"不能服聽",甚至予以壓制。或者完全反過來,君主"不問政事,但問占夢;不尚道德,而信徵祥"(《詩·小雅·正月》鄭箋),[⑤]最終因爲舍本憂末,造成政治的敗壞。不畏天變或迷信機祥乃是春秋以降統治者的兩個極端,屢被史官載諸筆端以示褒貶。"天文""雜占"類序的批判繼承了這種精神,和漢初以來盛行的"災異"理論的思想核心更是高度一致的。

　　第四是"蓍龜"類序針對"衰世"誤用、"屢煩卜筮"提出鄭重警告。占卜賴以成立的內在原則之一就是不能多次重複,因爲一旦採用人爲手段不斷製造徵兆,勢必造成對同一問題的衆多不同答案,從而使占卜失去意義。因此"屢煩卜筮,神明不應"不僅是一種警告,而且還是一種關於時代興衰的檢驗標準,"磐龜無腹,蓍策日施"(《淮南子·覽冥訓》)成爲衰世的象徵之一。西漢後期龜卜漸至衰落,易占亦開始分化,不知來物、但求吉凶的卜筮在精英

---

① 〔漢〕司馬遷撰,〔南朝宋〕裴駰集解,〔唐〕司馬貞索隱,〔唐〕張守節正義:《史記》卷一百二十七《日者列傳》,第3914頁。
② 〔漢〕劉安編,何寧撰:《淮南子集釋》卷一《原道訓》,北京:中華書局,1998年,第29頁。
③ 〔漢〕班固:《漢書》卷八十八《儒林傳》,第3599頁。
④ 〔漢〕班固:《漢書》卷九十九下《王莽傳》,第4186頁。
⑤ 〔漢〕毛亨傳,〔漢〕鄭玄箋,〔唐〕孔穎達疏:《毛詩正義》,〔清〕阮元校刻:《十三經注疏》上册,北京:中華書局1980年影印世界書局本,第442頁下欄。

知識中愈趨邊緣,應該就是"蓍龜"類序的思想背景。

實際上,前人已經指出"數術""方技"二略諸序近似於"諸子略",以"评骘是非"爲主。[①]但"諸子略"序雖有批判,重心仍在於推究各家長短,即略序所云:"各推所長,窮知究慮,以明其指",最後的結論是引《易》之語"天下同歸而殊途,一致而百慮。"孫德謙認爲:"至向於《諸子》一略,每言'此其所長'、'及放者爲之',爲此説者,亦是究考得失之意。"[②]所論甚是。"方技"固有對人主沉溺房中、追求長生的批判,但總體上不可能也無法否定醫藥衛生的合理性。"數術略"諸序則完全不同,從以上的分析可以得知,其不是單純的關於各種内容或是或非、孰短孰長的評論,而是對整體"數術"的合理性持懷疑態度。

四、餘論

以上討論所得出的結果,可以促使我們對戰國秦漢的"數術"的性質和實况,以及其在兩漢知識系統中的地位等重要問題,重新進行思考。《七略》的"數術"應該是春秋戰國的技術性知識在兩漢之際的遺存,整體數術系統並非是在《七略》以後才逐漸發生升降的,而是早在漢統一帝國成立初期就開始了這一過程:各種預兆式占卜、律曆知識、五行觀念上升爲"關聯式宇宙論"和災異理論的有機組成部分,各種吉凶之術地位則不斷下降。至於東漢,雖然占候、望氣、選擇等術持續流行,且有新出各種易占變體及"風角、遁甲、七政、元氣、六日七分、逢占、日者、挺專、須臾、孤虚之術",[③]總體趨勢則是逐漸在精英知識學術體系中走向邊緣。故范曄《後漢書·方術列傳》歸之爲"方術",且有結論云:"然則數術之失,至於詭俗乎?"[④]"失之詭俗",就是對數術大部内容的地位逐漸下降的總結。魏晉南北朝最後完成了早期技術性知識"數術"的邊緣化。

（趙益,南京大學文學院古典文獻研究所教授）

---

① 姚名達:《中國目録學史》,第48頁。
② 孫德謙:《劉向校讎學纂微》,張京華、黃曙輝編:《孫德謙著作集》第七卷,上海:上海大學出版社,2019年,第358頁。
③〔南朝宋〕范曄:《後漢書》卷八十二上《方術列傳》,北京:中華書局,1965年,第2703頁。
④〔南朝宋〕范曄:《後漢書》卷八十二上《方術列傳》,第2706頁。

早期史學家創作人物傳記的一種取材方法*

伏俊璉

[摘　要]　依據傳主本人的作品創作人物傳記，是早期史學家所用方法之一。具體做法一是直接抄録傳主的作品，二是對傳主的作品進行改寫。由於這些單獨的作品大都散佚不傳，讀者就無法分辨哪些是史家自己的叙事，哪些是傳主本人的作品。先秦兩漢的諸多文章，用客主對話的形式展開，這些對話中，有真實的史實，但大多是假托之辭。從《左傳》《國語》到先秦諸子，對話是叙事的主要形式。由於人物對話多爲假托之辭，所以不易區分假托之辭與史實的界限，這是早期歷史著作的特點，在這個意義上，孔子説“文勝質則史”。

[關鍵詞]　早期史學家　人物傳記　傳主作品

漢代司馬遷、劉向、班固等史學家爲歷史人物立傳，材料的來源是多方面的，而依據傳主本人的文章作傳，是其重要的方法之一，此法爲後世歷史學家所繼承。他們依據傳主本人作品作傳記，其法大致有二，今叙述如下。

一、直接抄録傳主的作品

此法是直接抄録傳主的作品，而在文章前後明其始末，著其原委，使讀者知道事情的完整過程。這種情況比較明確，讀者一般不會誤會。如《史記》卷一百十七《司馬相如列傳》，全文録入司馬相如的文章就有《子虚賦》《上林賦》《喻巴蜀檄》《難蜀父老》《上書諫獵》《哀二世賦》《大人賦》《封禪文》等八篇，篇幅占了全篇列傳的百分之八十左右。第一篇《天子游獵賦》（即《子虚賦》《上林賦》），賦前有段話，記叙司馬相如上此賦的由來。漢武帝讀了《子虚賦》而大爲贊嘆：“朕獨不得與此人同時哉！”[①] 蜀人楊得意乘機向武帝推薦司馬相如。於是相如受到武帝接見，並專門講賦的寫作動機：《子虚賦》講的是諸侯之事，未足觀，請爲《天子游獵賦》。於是把他在梁國撰寫的《子虚賦》《上林賦》整理修訂而成《天子游獵賦》。司馬遷還把全賦的主旨作了説明：

相如以“子虚”，虚言也，爲楚稱；“烏有先生”者，烏有此事也，爲齊難；“無是

---

*　本文是國家社科基金重大項目“5—11 世紀中國文學寫本整理、編年與綜合研究”（16ZDA175）的階段性成果。

① 〔漢〕司馬遷撰，〔南朝宋〕裴駰集解，〔唐〕司馬貞索隱，〔唐〕張守節正義：《史記·司馬相如列傳》，北京：中華書局，2014 年，第 3640 頁。

公”者，無是人也，明天子之義。故空藉此三人爲辭，以推天子諸侯之苑圍。其卒章歸之於節儉，因以風諫。①

然後是引録全賦，引録之後，叙述天子讀賦以後的結果：“賦奏，天子以爲郎。”還不忘記再加以説明：“無是公言天子上林廣大，山谷水泉萬物，及子虚言楚雲夢所有甚衆，侈靡過其實，且非義理所尚，故删取其要，歸正道而論之。”②這是對讀者的提醒。後面七篇，大致都是如此。所以，整篇《司馬相如列傳》是用相如的文章串聯而成。第一篇《天子游獵賦》是相如發迹之作，最後一篇《封禪文》，是相如臨死前委托其妻轉交給武帝的絶筆，“於是天子沛然改容，曰：‘愉乎，朕其試哉！’”③武帝借此把封禪之事正式提到國家的議事日程，司馬遷重筆書寫道：“司馬相如既卒，五歲，天子始祭后土。八年而遂先禮中嶽，封於太山，至梁父禪肅然。”④《司馬相如列傳》的全文就是這樣，即使《列傳》前面部分最爲文人所津津樂道的相如與卓文君相遇相奔一段，也不是司馬遷的創作，而來自相如的《自叙》，劉知幾《史通·雜説上》説：“司馬相如爲《自叙傳》，具在其集中，子長因録斯篇，即爲列傳，班氏仍舊，曾無改奪。”⑤

《漢書》繼承了《史記》的這種立傳的方式，如卷四十八《賈誼傳》收録了《吊屈原賦》《服鳥賦》《治安策》《請封建子弟疏》《諫王淮南諸子疏》等六篇作品，通過這些作品前因後果的交待，叙寫賈誼短暫一生中的關鍵之點。加上《食貨志》中收録的《論積貯疏》和《諫除盜鑄錢》，再加上當時廣爲流傳而爲《史記·秦始皇本紀》和《陳涉世家》兩録的《過秦論》，可以説，賈誼一生憂國憂民的情懷，深思熟慮的政治思想，豐富的情感世界，都通過史家的引録原作真實地展現在讀者面前。

《漢書》卷五十一《賈鄒枚路傳》是後世《文苑傳》的雛形，寫法上通過賈山、鄒陽、枚乘、路温舒自己的作品表現其性格，關切其時的國家大事。如寫賈山，前面只有四十餘字記其出身大略，然後由“孝文時，言治亂之道，借秦爲諭，名曰《至言》”，引出二千餘言的《至言》全文。最後一段以百字講其反復諫諍之事：“文帝除鑄錢令，山復上書諫”，“又訟淮南王無大罪，宜急令反國”，“又言柴唐子爲不善，足以戒”，“其後復禁鑄錢”。班固評論説：“其言多激切，善指事意，然終不加罰，所以廣諫争之路也。”⑥只有明主才能容得下一心爲國而説話激憤的士人。鄒陽更是敢於諫諍、文采斐然的著名文士。《鄒陽傳》開門見山叙述鄒陽發現吳王濞“陰有邪謀”後，上書極力諫諍。這是第一篇諫書。上書後，他知道吳不可説，故離開吳王投奔梁王。後因爲政治鬥争，梁孝王“下陽吏，將殺之”，他又上書梁王，這就是著名的《獄中上梁王

① 〔漢〕司馬遷撰，〔南朝宋〕裴駰集解，〔唐〕司馬貞索隱，〔唐〕張守節正義：《史記·司馬相如列傳》，北京：中華書局，2014 年，第 3640 頁。
② 〔漢〕司馬遷撰，〔南朝宋〕裴駰集解，〔唐〕司馬貞索隱，〔唐〕張守節正義：《史記·司馬相如列傳》，第 3689 頁。
③ 〔漢〕司馬遷撰，〔南朝宋〕裴駰集解，〔唐〕司馬貞索隱，〔唐〕張守節正義：《史記·司馬相如列傳》，第 3718 頁。
④ 〔漢〕司馬遷撰，〔南朝宋〕裴駰集解，〔唐〕司馬貞索隱，〔唐〕張守節正義：《史記·司馬相如列傳》，第 3721 頁。
⑤ 〔唐〕劉知幾撰，〔清〕浦起龍通釋，吕思勉評：《史通》，上海：上海古籍出版社，2008 年，第 345 頁。
⑥ 〔漢〕班固撰，〔唐〕顔師古注：《漢書·賈鄒枚路傳》，北京：中華書局，1962 年，第 2327—2337 頁。

書》，款款陳情，詞義懇切，"書奏孝王，孝王立出之，卒爲上客"。①兩篇上書，讓鄒陽謀士諫臣的智者形象躍然紙上。

枚乘是著名辭賦家，有《梁王菟園賦》《柳賦》《七發》傳世，而《枚乘傳》則全文收録了他的《諫吴王書》《再諫吴王書》，以見其對時事的洞察力，班固想表現的是他在複雜的政治鬥爭中清醒的頭腦，"游於危國，然卒免刑戮者，以其言正也"。②《路温舒傳》中收録了他的《上書言宜尚德緩刑》，以見其"辭順而意篤"。③《賈鄒枚路傳》把賈山、鄒陽、枚乘、路温舒四位作爲諫臣的四種類型：賈山言辭激切，直刺要害，但因明主大度，而没有受到處罰；鄒陽因爲一篇諫書，差點送了性命，所以第二份諫書極力討好，表白自己的赤膽忠心，終於獲得原諒，做了主子的上賓；枚乘兩上書諫吴王，陳其大義，把握分寸，見其不成，機智撤退；路温舒揣摩主上之心理，從國家大勢説起，又能言辭温順而感情真誠，所以能明哲保身。四篇傳記，四種人物類型，只有當作一個整體來閲讀，才能體會史家的良苦用心。正如《漢書·叙傳》所説："榮如辱如，有機有樞。自下摩上，惟德之隅。賴依忠正，君子采諸。"④得到榮耀和遭受恥辱，原因都是一個，即看能否把握事情的關鍵：以忠正之心揣摩瞭解上意。班固用四個人物的不同上書，很好地詮釋了韓非子的《説難》主題。

《漢書》卷六十五《東方朔傳》基本上是根據東方朔自己的作品改編而成的。第一種辦法，就是直接引用，在東方朔文章的前後都有揭示文章背景並評騭其得失的文字。第一篇《自薦書》，文前曰：

> 武帝初即位，徵天下舉方正賢良文學材力之士，待以不次之位，四方士多上書
> 言得失，自衒鬻者以千數，其不足采者輒報聞罷。朔初來，上書曰：……⑤

這是叙述上書的原因。文後云："朔文辭不遜，高自稱譽，上偉之，令待詔公車，奉禄薄，未得省見。"⑥一方面評述了《自薦書》的風格和特色，同時也叙述上書的結果。其他四篇的情況大致類此。

當然，史家在載録傳主文章的時候，並非絲毫不動，相反，可能要加以剪裁，甚至有大修改。比如對公文書牘的套語，引用時往往删節。如皇帝詔書下行於内外官署的套語："御使大夫昌下相國，相國酇侯下諸侯王，御史中執法下郡守。"⑦"（元狩）六年四月戊寅朔癸卯，御

---

① 〔漢〕班固撰，〔唐〕顔師古注：《漢書·賈鄒枚路傳》，第 2343—2353 頁。
② 〔漢〕班固撰，〔唐〕顔師古注：《漢書·賈鄒枚路傳》，第 2372 頁。
③ 〔漢〕班固撰，〔唐〕顔師古注：《漢書·賈鄒枚路傳》，第 2372 頁。
④ 〔漢〕班固撰，〔唐〕顔師古注：《漢書·叙傳》，第 4253 頁。
⑤ 〔漢〕班固撰，〔唐〕顔師古注：《漢書·東方朔傳》，第 2841 頁。
⑥ 〔漢〕班固撰，〔唐〕顔師古注：《漢書·東方朔傳》，第 2842 頁。
⑦ 〔漢〕班固撰，〔唐〕顔師古注：《漢書·高帝紀》高祖十一年二月《求賢詔》，第 71 頁。

史大夫湯下丞相，丞相下中二千石、二千石下郡太守、諸侯相，丞書從事下當用者。如律令。"① 還有奏議首尾所具有的套語："大司馬臣去病昧死再拜上疏皇帝陛下……臣去病昧死再拜以 聞皇帝陛下"，②"御史大夫吉（丙吉）昧死言……臣昧死以聞"。③這類套語，在《史記》《漢書》 中保留者少，删除者多。《文選》所載司馬遷《報少卿書》開頭曰："太史公牛馬走司馬遷再拜 言，少卿足下"，結尾曰："書不能悉意，略陳固陋，謹再拜。"《漢書·司馬遷傳》引録的時候則 只保留開頭的"少卿足下"。④

更有甚者，《漢書》卷四十八《賈誼傳》引録了《治安策》，洋洋灑灑五千六百言，被譽爲 "漢人奏議中第一長篇文字，實爲後世萬言書之祖"。⑤本篇開頭説：

> 臣竊惟事勢，可爲痛哭者一，可爲流涕者二，可爲長太息者六，若其它背理而傷 道者，難徧以疏舉。進言者皆曰天下已安已治矣，臣獨以爲未也。曰安且治者，非 愚則諛，皆非事實知治亂之體者也。夫抱火厝之積薪之下而寢其上，火未及燃，因 謂之安，方今之勢，何以異此！本末舛逆，首尾衡決，國制搶攘，非甚有紀，胡可謂 治！陛下何不壹令臣得孰數之於前，因陳治安之策，試詳擇焉！⑥

然後如滔滔江河，不可遏止，波浪起伏，排山倒海，順勢而下。文章情感憤懣，氣勢慷慨激昂。 賈誼上這篇疏的背景是："是時，匈奴强，侵邊。天下初定，制度疏闊。諸侯王僭儗，地過古制。 淮南、濟北王皆爲逆誅。"⑦我們看《漢書》説"誼數上疏陳政事，多所欲匡建，其大略曰"，⑧又 説"凡所著述五十八篇，掇其切於世事者著于傳云"。⑨細繹"其大略曰""掇其切於世事者" 數句，可知《治安策》是經過了班固的手筆，綜合多篇上疏而成，從其開頭"可爲痛哭者一，可 爲流涕者二，可爲長太息者六"，下文即按此順序一一陳辭，説明班固（也可能是其他人）把 賈誼的若干篇奏議短文加以剪接修改整理。今本賈誼《新書》五十八篇文章，除了《史記》《漢 書》中所載諸篇，大都文筆平平。《四庫全書總目匯訂》云："其書多取誼本傳所載之文，割裂 其章段，顛倒其次序，而加以標題，殊瞀亂無條理。《朱子語録》曰：'賈誼《新書》除了《漢 書》中所載，餘亦難得粹者，看來只是賈誼一雜記稾耳，中間事事有些個。'"⑩《漢志》"賈誼五 十八篇"乃賈子後學所編賈子全集，其中包括了賈誼平時的劄記，與學生的講學之語。像《連

---

① 〔漢〕司馬遷撰，〔南朝宋〕裴駰集解，〔唐〕司馬貞索隱，〔唐〕張守節正義：《史記·三王世家》，第2567頁。
② 〔漢〕司馬遷撰，〔南朝宋〕裴駰集解，〔唐〕司馬貞索隱，〔唐〕張守節正義：《史記·三王世家》，第2561頁。
③ 謝桂華、李均明、朱國炤編：《居延漢簡釋文合校》上，北京：文物出版社，1987年，第8頁、第16頁。
④ 〔漢〕班固撰，〔唐〕顔師古注：《漢書·司馬遷傳》，第2725頁。
⑤ 陳柱：《中國散文史》，北京：東方出版社，2012年，第111頁。
⑥ 〔漢〕班固撰，〔唐〕顔師古注：《漢書·賈誼傳》，第2230頁。
⑦ 〔漢〕班固撰，〔唐〕顔師古注：《漢書·賈誼傳》，第2230頁。
⑧ 〔漢〕班固撰，〔唐〕顔師古注：《漢書·賈誼傳》，第2230頁。
⑨ 〔漢〕班固撰，〔唐〕顔師古注：《漢書·賈誼傳》，第2265頁。
⑩ 魏小虎：《四庫全書總目匯訂》，上海：上海古籍出版社，2016年，第2825頁。

語》諸篇，内容不盡於告君，蓋有及門人講學之語。如《先醒篇》云："懷王問于賈君"，而《勸學篇》首冠以"謂門人學者"五字，都是明證。其《雜事》諸篇（《禮容語》《胎教》《立后義》）則是平日所稱述誦說的小故事。班固作《賈誼傳》著録他的作品時，對其進行了壓縮和改編。後人習慣于讀《漢書》，見《漢書》所載賈誼的文章首尾完整，既條理井然，又文彩斐然，於是認爲賈誼的文章本當如此，這是對史家著録的實際情況昧於瞭解所致。宋王應麟《漢書藝文志考證》考之甚詳，余嘉錫先生《四庫提要辨證》也有精闢分析。

嚴可均《全上古三代秦漢三國六朝文》凡例曰：

> 唐以前舊集，體例不與今同。如揚雄《上書諫勿許單于朝》，《御覽》八百十一引雄集曰："單于上書願朝，哀帝以問公卿，公卿以虚費府帑，可且勿許。單于使辭去，未發，雄上書諫"云云，所以識其緣起也。末又引雄集曰："天子召還匈奴使者，復報單于書而許之，賜雄黄金十斤。"所以竟其事也。諸引舊集，此類甚多。[①]

按：《揚雄集》最早見於《隋書·經籍志》，不知何人所編。張震澤《揚雄集校注》前言根據王逸集《楚辭》而不收揚雄辭賦，判定"最大的可能是那時已有《揚雄集》通行了"。[②]即使東漢編了《揚雄集》，也没有流傳下來。後世流傳的《揚雄集》，主要依據史書編輯而成。陳振孫《直齋書録解題》曰："《揚子雲集》五卷，漢黄門郎成都揚雄子雲撰，大抵皆録《漢書》及《古文苑》所載。"[③]陳振孫説據《古文苑》所載，未必是。因爲《古文苑》成書於北宋，所收的文章皆史傳所不載，《文選》所未取，而間見於類書及相關流傳的文集，是一部輯佚性質的總集。《古文苑》所載揚雄諸賦，是從六朝以來流傳的《揚雄集》而來。《上書諫勿許單于朝》即據《漢書》而來，嚴可均引録《太平御覽》中講《上書諫勿許單于朝》前因後果的那些話，皆見於《漢書·匈奴傳》。

二、對傳主的作品進行改寫

歷史學家引用傳主的作品，除了直接引用外，大量的是進行改寫，使與前後叙述渾然一體。由於這些單獨的作品大都散佚不傳，讀者當然就無法分辨哪些是史家自己的叙事，哪些是傳主本人的作品。先秦以來的很多文章，是用客主對話的形式展開的，這些對話中，有真實的史實，但大多是假託之辭。從《左傳》《國語》到先秦諸子，對話是叙事的主要形式。而諸子個人的文章或其後學的文章，人物對話多爲假託之辭，一般人不易區分假託之辭與史實的界限，這是早期歷史著作存在的問題之一。以下主要以《史記》《漢書》等爲例進行説明。

---

① 〔清〕嚴可均輯：《全上古三代秦漢三國六朝文》凡例，北京：中華書局，1958年，第3頁。
② 〔漢〕揚雄著，張震澤校注：《揚雄集校注》，上海：上海古籍出版社，1993年，第8頁。
③ 〔清〕陳振孫撰，徐小蠻、顧美華點校：《直齋書録解題》，上海：上海古籍出版社，1987年，第461頁。

《史記·屈原列傳》叙述屈原至於江濱,與漁父對答一段:

> 令尹子蘭聞之大怒,卒使上官大夫短屈原于頃襄王,頃襄王怒而遷之。
>
> 屈原至於江濱,被髮行吟澤畔。顏色憔悴,形容枯槁。漁父見而問之曰:"子非三閭大夫歟? 何故而至此?"屈原曰:"舉世混濁而我獨清,衆人皆醉而我獨醒,是以見放。"漁父曰:"夫聖人者,不凝滯於物而能與世推移。舉世混濁,何不隨其流而揚其波? 衆人皆醉,何不餔其糟而啜其醨? 何故懷瑾握瑜而自令見放爲?"屈原曰:"吾聞之:新沐者必彈冠,新浴者必振衣。人又誰能以身之察察,受物之汶汶者乎! 寧赴常流而葬乎江魚腹中耳,又安能以皓皓之白而蒙世俗之温蠖乎!"
>
> 乃作《懷沙》之賦。①

這段叙事,是根據屈原自己的《漁父》改編而成。漁父是先秦時期形成的隱士高人形象的象徵性符號。《莊子·雜篇》有《漁父》篇,叙述孔子坐在林中杏壇,見一白眉被髮的漁父。漁父訓斥孔子"擅飾禮樂,選人倫",指責孔子"苦心勞形以危其真",諄諄教誨孔子要謹慎修身,保持本真,使人與物事還歸自然。莊子借漁父這個人物,是在闡述他"保真"的主旨。唐人成玄英《疏》則這樣解釋:"漁父,越相范蠡也,輔佐越王句踐,平吴事訖,乃乘扁舟,游三江五湖,變易姓名,號曰漁父,即屈原所逢者也。"②范蠡是屈原前二百年的人,此説時間錯亂,不足爲訓。但漁父從范蠡演變而來,同時吸收了許由、巢父等隱者高士形象,爲一隱逸型的有道者。屈原《漁父》也是這類設主客對問之作,漁父爲屈原假設的人物,而司馬遷《屈原傳》、劉向《新序》、王逸《楚辭章句》都認爲是實録,嵇康《高士傳》據以整理成史傳。如果《楚辭·漁父》一篇不傳於世,我們就不會知道這是一篇獨立的文章。當然,以司馬遷、劉向之才,不可能不知道這是虛構的人物,但在他們看來,歷史人物傳記就是這樣取材,而考察歷史之真,不是他們的目的。

劉知幾《史通·雜説下》云:"自戰國以下,詞人屬文,皆偶立客主,假相酬答。至於屈原《離騷辭》,稱遇漁父于江渚;宋玉《高唐賦》,云夢神女于陽臺。夫言並文章,句結音韻,以兹叙事,足驗憑虛。而司馬遷、習鑿齒之徒,皆采爲逸事,編諸史籍,疑誤後學,不其甚耶?"又曰:"嵇康撰《高士傳》,取《莊子》《楚辭》二漁父事,合成一篇。夫以園吏之寓言,騷人之假説,而定爲實録,斯已謬矣;況此二漁父者,較年則前後别時,論地則南北殊壤,而輒並之爲一,豈非惑哉?"又曰:"莊周著書,以寓言爲主,嵇康述《高士傳》,多引其虛辭。至若神有混沌,編諸首録,苟以此爲實,則其流甚多。"③劉知幾的思維,就比成玄英清楚得多。

《史記》卷百二十六《滑稽列傳》褚少孫所補六章中有記東方朔"會聚宫下博士諸先生

---

① 〔漢〕司馬遷撰,〔南朝宋〕裴駰集解,〔唐〕司馬貞索隱,〔唐〕張守節正義:《史記·屈原賈生列傳》,第 3014—3015 頁。
② 〔清〕郭慶藩:《莊子集釋》,北京:中華書局,1961 年,第 1024—1027 頁。
③ 〔唐〕劉知幾撰,〔清〕浦起龍通釋,吕思勉評:《史通》,第 382—383 頁。

與議論"一段。①按此段即《漢書·東方朔傳》所録朔自著之《答客難》。如果不是《漢書》把它録載了下來，我們便不會知道這原來是褚少孫根據東方朔自己的作品改寫的。

《史記》卷四十《楚世家》載有頃襄王十八年，"楚人以弋説襄王"一段。②本是一篇獨立的策士之文，史家用以叙史，故要加叙事的框架。前面載，楚襄王十八年，"楚人有好以弱弓微繳加歸鴈之上者，頃襄王聞，召而問之。對曰"云云，引録此篇策文。引録完成後，又叙述此次上書的目的和結果："欲以激怒襄王，故對以此言。襄王因召與語，遂言曰：'夫先王爲秦所欺而客死於外，怨莫大焉。今以匹夫有怨，尚有報萬乘，白公、子胥是也。今楚之地方五千里，帶甲百萬，猶足以踴躍中野也，而坐受困，臣竊爲大王弗取也。'於是頃襄王遣使于諸侯，復爲從，欲以伐秦。秦聞之，發兵來伐楚。"③本來前文云："頃襄王聞，召而問之，對曰"，此處又云："襄王因召與語，遂言曰"。可見，前文"召而問之"是史家叙事中的錯誤，真正的"召而問之"，是楚襄王讀了此篇策文之後的事。史家把一份失去主名的策士之文，安置到一個具體的歷史時空的情境之中，與前後歷史進行光滑連接。一般人看不出這原本是游説之辭，認爲是真實的歷史叙事。但有慧眼者就能分辨出其獨立性，清桐城派大師姚鼐就把本篇收入《古文辭類纂》辭賦類，並説："余嘗謂，《漁父》及《楚人以弋説襄王》、宋玉《對楚王問遺行》，皆設辭，無事實，皆辭賦類耳。太史公、劉子政不辨，而以事載之，非是。"④是則《楚人以弋説襄王》也本是單篇文章，而史家據此以作傳。

《史記》中有一些章節，也應當來自當時流傳的人物傳記，只不過後人一時無法判斷來源。如《項羽本紀》描寫項羽兵敗垓下，四面楚歌：

> 項王軍壁垓下，兵少食盡，漢軍及諸侯兵圍之數重。夜聞漢軍四面皆楚歌，項王乃大驚曰："漢皆已得楚乎？是何楚人之多也！"項王則夜起，飲帳中。有美人名虞，常幸從；駿馬名騅，常騎之。於是項王乃悲歌忼慨，自爲詩曰："力拔山兮氣蓋世，時不利兮騅不逝。騅不逝兮可奈何，虞兮虞兮奈若何！"歌數闋，美人和之。項王泣數行下，左右皆泣，莫能仰視。
>
> ……項王自度不得脱。謂其騎曰："吾起兵至今八歲矣，身七十餘戰，所當者破，所擊者服，未嘗敗北，遂霸有天下。然今卒困於此，此天之亡我，非戰之罪也。今日固決死，願爲諸君快戰，必三勝之，爲諸君潰圍，斬將，刈旗，令諸君知天亡我，非戰之罪也。"乃分其騎以爲四隊，四嚮。漢軍圍之數重。項王謂其騎曰："吾爲公取彼一將。"令四面騎馳下，期山東爲三處。於是項王大呼馳下，漢軍皆披靡，遂斬漢一將。是時，赤泉侯爲騎將，追項王，項王瞋目而叱之，赤泉侯人馬俱驚，辟易數里。與其騎

① 〔漢〕司馬遷撰，〔南朝宋〕裴駰集解，〔唐〕司馬貞索隱，〔唐〕張守節正義：《史記·滑稽列傳》，第3894—3896頁。
② 〔漢〕司馬遷撰，〔南朝宋〕裴駰集解，〔唐〕司馬貞索隱，〔唐〕張守節正義：《史記·楚世家》，第2083—2085頁。
③ 〔漢〕司馬遷撰，〔南朝宋〕裴駰集解，〔唐〕司馬貞索隱，〔唐〕張守節正義：《史記·楚世家》，第2083—2085頁。
④ 〔清〕姚鼐：《古文辭類纂》上，武漢：崇文書局，2017年，第3頁。

會爲三處。漢軍不知項王所在，乃分軍爲三，復圍之。項王乃馳，復斬漢一都尉，殺數十百人，復聚其騎，亡其兩騎耳。乃謂其騎曰："何如？"騎皆伏曰："如大王言。"

於是項王乃欲東渡烏江。烏江亭長檥船待，謂項王曰："江東雖小，地方千里，衆數十萬人，亦足王也。願大王急渡。今獨臣有船，漢軍至，無以渡。"項王笑曰："天之亡我，我何渡爲！且籍與江東子弟八千人渡江而西，今無一人還，縱江東父兄憐而王我，我何面目見之？縱彼不言，籍獨不愧於心乎？"乃謂亭長曰："吾知公長者。吾騎此馬五歲，所當無敵，嘗一日行千里，不忍殺之，以賜公。"乃令騎皆下馬步行，持短兵接戰。獨籍所殺漢軍數百人。項王身亦被十餘創。顧見漢騎司馬呂馬童，曰："若非吾故人乎？"馬童面之指王翳曰："此項王也。"項王乃曰："吾聞漢購我頭千金，邑萬戶，吾爲若德。"乃自刎而死。①

過去更多的學者認爲這是司馬遷的創造，明代周亮工《尺牘新鈔》三集卷二釋道盛《與某》："余獨謂垓下是何等時，虞姬死而子弟散，匹馬逃亡，身迷大澤，亦何暇更作歌詩！即有作，亦誰聞之而誰記之歟？吾謂此數語者，無論事之有無，應是太史公'筆補造化'，代爲傳神。"②這一段描寫，應當是當時社會上流傳衆多的有關項羽的故事，司馬遷不忍心爲了歷史的真實而拋棄這樣生動傳神的叙述，因而用他的生花妙筆記錄下來並加以修改補充。

《史記》卷四十《楚世家》載有伍舉諫楚莊王，楚王對以"三年不蜚，蜚將沖天；三年不鳴，鳴將驚人"一段。③這段故事，還見於《史記》卷一百二十六《滑稽列傳》，不過變成了淳于髡説齊威王的事；也見於《吕氏春秋·重言篇》，爲成公賈諫荆莊王；見於《韓非子·喻老篇》，爲右司馬以隱諫楚莊王事；見於《新序·雜事二》，爲士慶諫楚莊王。這充分説明，這本是一篇單獨流傳的文章，當把它作爲實錄安置在歷史人物傳記中時，就出現了一些差異。吕不韋以爲成公賈作，司馬遷以爲伍舉作，而劉向以爲士慶作。一篇文章，在社會上流傳，其差異竟如此之大。

這段文字，是戰國中後期盛行的"隱"，《漢書·藝文志》"詩賦略"雜賦類有"隱書十八篇"，可見秦漢人是把"隱"歸入賦類的。賦"不歌而誦"，以講唱的形式廣泛傳播於社會。《文心雕龍·詮賦》説賦的特點是"述客主以首引，極聲貌以窮文"，④假設客主，誇張描寫，與"實錄"相去甚遠。但早期作史者把這類作品當作史傳的取材，有失歷史之真。戰國以來，以"隱"聞名者多倡優之人，而東方朔是漢武帝朝創造"隱"的名家。

《史記·滑稽列傳》記載的東方朔是一個傳奇式人物，他初到長安，"至公車上書，凡用三千奏牘。公車令兩人共持舉其書，僅然能勝之"，⑤漢武帝讀了兩個月才讀完。這批著述中，包括

---

① 〔漢〕司馬遷撰，〔南朝宋〕裴駰集解，〔唐〕司馬貞索隱，〔唐〕張守節正義：《史記·項羽本紀》，第 422—425 頁。
② 轉引自錢鍾書：《管錐編》，北京：生活·新知·讀書三聯書店，2011 年，第 454 頁。
③ 〔漢〕司馬遷撰，〔南朝宋〕裴駰集解，〔唐〕司馬貞索隱，〔唐〕張守節正義：《史記·楚世家》，第 2051 頁。
④ 郭晉稀：《文心雕龍注譯》，蘭州：甘肅人民出版社，1982 年，第 86 頁。
⑤ 〔漢〕司馬遷撰，〔南朝宋〕裴駰集解，〔唐〕司馬貞索隱，〔唐〕張守節正義：《史記·滑稽列傳》，第 3893 頁。

西漢學人喜歡寫的"自叙""別傳"等自炫其家世和個人才能的作品，而滑稽恢諧的隱體風格體現在他的全部作品中。《漢書》本傳記載，他"口諧倡辯，不能持論，喜爲庸人誦説，故令後世多傳聞者"，"其事浮淺，行於衆庶，童兒牧竪莫不眩燿，而後世好事者因取奇言怪語附著之朔"。①可見，到了班固作《漢書》時，有關東方朔的記載還流傳有很多，包括東方朔的《別傳》《外傳》等。據逯欽立考證，《漢書·東方朔傳》主要是根據《東方朔別傳》改寫而成。②而《東方朔別傳》則是西漢武帝後期至元、成之際的人根據東方朔本人或他人以東方朔爲題材創作的滑稽詼諧的"韻誦體"改編而成。因而，《漢書·東方朔傳》中相對獨立的那些段落，都是東方朔本人所作或以東方朔爲主人公的滑稽詼諧的"韻誦體"雜賦。如戲弄朱儒一段，射覆一段，與郭舍人爭辯一段，與本傳所録東方朔自己的《上書求仕》《答客難》在風格上很相近，都以調笑詼諧爲其特色。

如東方朔與郭舍人在漢武帝面前因爲射覆而相互調笑的一段，可以説是一篇對問體調侃俗賦，典型的"爲庸人誦説"之辭：

> 時有幸倡郭舍人，滑稽不窮，常侍左右，曰："朔狂，幸中耳，非至數也。臣願令朔復射，朔中之，臣榜百，不能中，臣賜帛。"乃覆樹上寄生，令朔射之。朔曰："是窶藪也。"舍人曰："果知朔不能中也。"朔曰："生肉爲膾，乾肉爲脯；著樹爲寄生，盆下爲窶藪。"上令倡監榜舍人，舍人不勝痛，呼謈。朔笑之曰："咄！口無毛，聲謷謷，尻益高。"舍人恚曰："朔擅詆欺天子從官，當棄市。"上問朔："何故詆之？"對曰："臣非敢詆之，乃與爲隱耳。"上曰："隱云何？"朔曰："夫口無毛者，狗竇也；聲謷謷者，鳥哺鷇也；尻益高者，鶴俯啄也。"舍人不服，因曰："臣願復問朔隱語，不知，亦當榜。"即妄爲諧語曰："令壺齟，老柏塗，伊優亞，狋吽牙，何謂也？"朔曰："令者，命也。壺者，所以盛也。齟者，齒不正也。老者，人所敬也。柏者，鬼之廷也。塗者，漸洳徑也。伊優亞者，辭未定也。狋吽牙者，兩犬争也。"舍人所問，朔應聲輒對，變詐鋒出，莫能窮者，左右大驚。③

日本學者清水茂認爲："這件事，《漢書》當然認爲事實，但是如果東方朔和郭舍人預先秘密地通情合作的話，可以説是一幕喜劇。演員有兩個，一個是生，一個是醜，互相問答，雙方的對白都押韻，認爲原始的戲劇。那麼東方朔的'賦的變種'《答客難》，別人扮客問他也可以。"④清水氏的説法是富有啓發性的。歐天發也説："《漢書·東方朔傳》記武帝時朔與幸倡郭舍人射覆之辭，雙方亦用諧韻之語，此亦可視爲一篇賦。《漢志》列《隱書》十八篇，則射覆隱語與

---

① 〔漢〕班固撰，〔唐〕顏師古注：《漢書·東方朔傳》，第 2873—2874 頁。
② 逯欽立《漢詩別録》，逯欽立《漢魏六朝文學論集》，西安：陝西人民出版社，1984 年。今爲逯氏再補充一條證據：《史記·滑稽列傳》附褚少孫補充的六件事情中就有東方朔的記載，與史傳互有同異。褚氏自言爲郎時，"好讀外家傳語"，外家傳語，即別傳之流。那麼《東方朔別傳》，褚少孫已經看到了。
③ 〔漢〕班固撰，〔唐〕顏師古注：《漢書·東方朔傳》，第 2844—2845 頁。
④ 〔日〕清水茂：《辭賦與戲劇》，南京大學中文系主編：《辭賦文學論集》，南京：江蘇教育出版社，1999 年，第 54 頁。

賦並列,皆視之爲賦可知。"①這篇賦的作者,應當就是東方朔。班固把東方朔假設主客的對問體作品,作爲真實的歷史事實改寫進東方朔傳記中。

劉知幾《史通·雜說上》:"《漢書·東方朔傳》委瑣煩碎,不類諸篇。且不述其亡歿歲時及子孫繼嗣,正與《司馬相如傳》《司馬遷傳》《揚雄傳》相類。尋其傳體,必曼倩之自叙也。但班氏脫略,故世莫之知。"②劉知幾的判斷,雖無其他史料予以證實,但他已經看出本傳是根據東方朔自己的作品寫成,却是極有眼光的,或者是有根據的。不過,與其説必是東方朔之自叙,不如説是依據東方朔自己的文章聯綴改編而成。《藝文類聚》卷二三録有東方朔的《誡子》,其實是一首詩,沈德潛《古詩源》名之爲《誡子詩》。而《漢書·東方朔傳贊》就是取《誡子詩》中的六句而成。可見班氏作朔傳,是大量利用了東方朔自己的作品的。歐天發先生説:"朔給侏儒,及對上問一段;射覆于下守宫之辭;又以時天下侈靡趨末,朔戒帝淫侈'對曰'一段,皆韻語及整齊句法。凡此蓋本東方朔所遺之篇什,叙述而爲傳文者。然則史傳中隱括傳主之篇什以入傳,雖傳中不明顯言之,亦得視爲本屬獨立之一篇。"③可爲知言。

據傳主本人的文章改寫傳記,可以説是史家之通例。《漢書·司馬遷傳》《揚雄傳》根據他們兩人的《自序》,因爲《太史公自序》和《報任安書》還存,我們一對比就清楚,而揚雄的自序已經不傳,自然無法對勘了。正史是這樣,其他類型的史書也是這樣。如《新序·雜事一》有宋玉的一則佚事,全文如下:

> 楚威王問於宋玉曰:"先生其有遺行與? 何士民衆庶不譽之甚也?"宋玉對曰:"唯。然。有之。願大王寬其罪,使得畢其辭。客有歌於郢中者,其始曰下里巴人,國中屬而和者數千人。其爲陽陵采薇,國中屬而和者數百人。其爲陽春白雪,國中屬而和者不過數十人。引商刻羽,雜以流徵,國中屬而和者不過數人而已。是其曲彌高,其和彌寡。故鳥有鳳而魚有鯤。鳳皇上擊九千里,絶雲霓,負蒼天,翺翔乎杳冥之上。夫糞田之鷃,豈能與之料天地之高哉? 鯤魚朝發昆侖之墟,暴鬐於碣石,暮宿於孟諸。夫尺澤之鯢,豈能與之量江海之大哉! 故非獨鳥有鳳而魚有鯤也,士亦有之。夫聖人瑰意琦行,超然獨處,夫世俗之民又安知臣之所爲哉!"④

按此篇還見於《文選》卷四五,題目爲《對楚王問》,宋玉所作。文字與《新序》所載略有差異。如"楚威王"《文選》作"楚襄王","陽陵采薇"《文選》作"陽阿薤露","糞田之鷃"《文選》作"藩籬之鷃"。這些差異一則説明《文選》並不是據《新序》轉載的,《漢志》"詩賦略"著録"宋

① 歐天發:《賦與説唱文學之關係》,《國科會專題研究計畫成果報告·中國文學學門研究成果評析》,臺北:清華大學中國文學系,1996 年,第 5—47 頁。
② 〔唐〕劉知幾撰,〔清〕浦起龍通釋,吕思勉評:《史通》,第 345—346 頁。
③ 歐天發:《賦與説唱文學之關係》,《國科會專題研究計畫成果報告·中國文學學門研究成果評析》,第 5—48 頁。
④ 趙仲邑:《新序詳注》,北京:中華書局,1997 年,第 25 頁。

玉賦十六篇",《文選》當是據單篇流傳的宋玉賦載錄的。二則說明劉向《新序》的這段歷史記載確實是根據宋玉自己的賦改編的。我們對第二點陳述點理由。《新序》作"陽陵采薇"較《文選》作"陽阿薙露"爲是。《藝文類聚》卷四三、《太平御覽》卷五七二引《襄陽耆舊傳》作"《陽阿》《采菱》",《古文苑》宋玉《舞賦》有"陽阿",《楚辭·招魂》有"采菱",《淮南子·説山訓》有"陽阿采菱"。陵,山頭;阿,山曲;其義相關。故《陽阿》亦《陽陵》類也。薇、菱皆爲可食之菜,且《采薇》爲《詩經》篇名。而《薤露》爲古挽歌名,晉崔豹《古今注·音樂》:"《薤露》《蒿里》,並喪歌也。出田橫門人,橫自殺,門人傷之,爲之悲歌。"可證《薤露》漢初才有,宋玉不得引用之。趙逵夫先生認爲《新序》所載先秦史料的歷史價值,有些比《戰國策》《史記》等更接近原始實際情況。① 《新序》所載《對楚王問》與《文選》的差異,也可説明這一點。

晉習鑿齒《襄陽耆舊傳》(《太平御覽》卷三九九引)的《宋玉傳》中,今存者有《宋玉因其友見於楚襄王》《對楚王問》《宋玉賦高唐之事》等故事。第一則見於《新序·雜事五》,第二則見於《新序·雜事一》和《文選》,第三則即《文選·高唐賦》的開頭部分,也見於《文選》江淹《擬潘嶽述哀詩》李善注引《宋玉集》。第二則、第三則已證明是宋玉單篇流傳的辭賦,那麼第一則也可能是宋玉自己的作品。習鑿齒據流傳的《宋玉集》改編《宋玉傳》,采用的正是太史公、班固的方式。

漢魏史家作傳記,常據傳主本人的作品,當時的學者是知道的。所以,南朝齊梁時編輯了數量頗多的漢魏晉文人別集,多自別傳剔取,不是没有道理的。

但文人的作品,自叙其家世者大多有虚構炫耀的成分。屈原《離騷》寫其家世,從"高陽(顓頊)"寫起:"帝高陽之苗裔兮,朕皇考曰伯庸。"我是遠古帝王高陽顓頊氏的遠末子孫,我們屈氏的始封君叫伯庸。② 司馬遷叙其祖先,也從顓頊寫起,"昔在顓頊,命南正重以司天,北正黎以司地。唐虞之際,紹重黎之後,使復典之,至於夏商,故重黎氏世序天地。其在周,程伯休甫其後也。當周宣王時,失其守而爲司馬氏。司馬氏世典周史。"③ 揚雄叙其家世,也説"先出自有周伯僑者,以支庶初食采于晉之揚,因氏焉","周衰而揚氏或稱侯,號曰揚侯"。④ 即使回憶自己生平事情的記録,總是存在着隱其惡、揚其善的特點。司馬相如是一個放蕩不羈的才子,喜歡自我炫耀。比如他自叙從京城到臨邛,"相如之臨邛,從車騎,雍容閒雅甚都",得意之形態盡現。自述他以琴心挑動卓文君的細節,"是時卓王孫有女文君新寡,好音,故相如繆與令相重,而以琴心挑之","及飲卓氏,弄琴,文君竊從户窺之,心悦而好之,恐不得當也",⑤ 可以看出相如的自我欣賞和津津樂道。《史通·序傳》:"相如《自叙》乃記其客遊臨邛,竊妻

① 趙逵夫:《莊辛諫楚襄王考校兼論新序的史料價值》,趙逵夫:《屈原與他的時代》,北京:人民文學出版社,2002年,第460—479頁。
② 趙逵夫:《屈氏先世與句亶王熊伯庸》,趙逵夫:《屈原與他的時代》,第1—26頁。
③ 〔漢〕司馬遷撰,〔南朝宋〕裴駰集解,〔唐〕司馬貞索隱,〔唐〕張守節正義:《史記·太史公自序》,第3989頁。
④ 〔漢〕班固撰,〔唐〕顏師古注:《漢書·揚雄傳》,第3513頁。
⑤ 〔漢〕司馬遷撰,〔南朝宋〕裴駰集解,〔唐〕司馬貞索隱,〔唐〕張守節正義:《史記·司馬相如列傳》,第3638頁。

卓氏,以《春秋》所諱,持爲美談。雖事或非虛,而理無可取,載之於傳,不其愧乎?"①蘇軾更是義憤填膺地加以斥責:"司馬長卿始以污行不齒於蜀人","如相如,真可謂小人也哉"。②錢鍾書對此則是同情地理解,他在《管錐編》中説:"相如於己之'竊妻',縱未津津描畫,而肯夫子自道,不諱不怍,則不特創域中自傳之例,抑足爲天下《懺悔録》之開山焉。"又説:"中冓之事,古代尤以爲不可言之醜。相如却奮筆大書,'禮法豈爲我輩設','爲文身大不及膽',當二語而無愧。"③錢鍾書只從勇於展現自己、開《懺悔録》之先河方面爲相如解脱,也感覺未中肯綮。相如琴挑卓氏,不僅相如自己感覺很榮耀,寫進他的《自叙》中,司馬遷和班固也不認爲此乃相如之污行,爲其立傳,爲不可缺少的情節。這裏的關鍵,是時代風俗使然,時代審美價值使然。漢代的婚姻是比較開放的,寡婦再嫁是社會上常見的現象。男子以能娶漂亮寡婦爲榮,家長也不以自家的女子是寡婦而降低身價,相反是要價更高。西漢開國功臣陳平的妻子張氏,在嫁給陳平之前已經是死了五任丈夫,陳平不以爲懼,千方百計接近討好張氏的祖父,終於成功。見《史記》卷五六《陳丞相世家》。董偃與漢武帝寡居的姑母館陶公主私通,後來朝廷上下皆知,武帝自己也是認可的,因此對董偃很寵幸,"董君貴寵,天下莫不聞",見《漢書·東方朔傳》。④漢昭帝的姐姐鄂邑公主與河間丁外人先是私通,後公開化,當時驃騎將軍上官桀等還爲丁外人求封侯,求官職,事見《漢書·霍光傳》。楊樹達先生《漢代婚喪禮俗考》羅列了西漢諸多寡婦再嫁的事例,薄姬初嫁魏豹,再嫁劉邦;平陽公主初嫁曹時,再嫁衛青;敬武公主初嫁張臨,再嫁薛宣;王媪初嫁王更得,再嫁王乃始;漢元帝馮昭儀母親初嫁馮昭儀父,再嫁鄭翁;臧兒初嫁王仲,再嫁長陵田氏;漢桓帝鄧后之母初嫁鄧香,再嫁梁紀。⑤司馬相如自我炫耀"竊妻卓氏",正是當時的社會風氣使然。這是一個文人竭力宣揚自己獨特個性的時代:東方朔的《自叙》中極力表現自己的讀書之博、著書之富、能言善辯;司馬相如《自叙》寫自己孤身入卓王孫之家,以卓爾不群的雅儀征服了臨邛貴族,又以琴聲挑動使卓文君春心蕩漾,不顧一切追隨相如私奔;揚雄《自叙》中寫自己以静默之心超邁前賢,"其意欲求文章成名於後世,以爲經莫大于《易》,故作《太玄》;傳莫大於《論語》,作《法言》;史篇莫善於《倉頡》,作《訓纂》;箴莫善於《虞箴》,作《州箴》";賦莫深於《離騷》,而作《反離騷》《廣騷》;辭莫麗于司馬相如,作《河東》《甘泉》《羽獵》《長楊》"四大賦"。他自己還不忘記加一句:"皆斟酌其本,相與放依而馳騁云。"⑥認爲自己的這些作品,都是可以與先聖前賢的作品一樣流傳於後世的。後世有人認爲揚雄是"以模仿著稱",這是誤解了"仿依"二字的含意。

(伏俊璉,西華師範大學文學院教授)

---

① 〔唐〕劉知幾撰,〔清〕浦起龍通釋,吕思勉評:《史通》,第 183 頁。
② 〔宋〕蘇軾著,孔凡禮點校:《蘇軾文集》,北京:中華書局,1986 年,第 2010 頁。
③ 錢鍾書:《管錐編》,第 575—576 頁。
④ 〔漢〕班固撰,〔唐〕顏師古注:《漢書·東方朔傳》,第 2853—2855 頁。
⑤ 楊樹達:《漢代婚喪禮俗考》,上海:上海古籍出版社,2009 年,第 36—45 頁。
⑥ 〔漢〕班固撰,〔唐〕顏師古注:《漢書·揚雄傳》,第 3583 頁。

明汪浩刊本《靈棋經》的文獻價值*

王晶波

[摘　要]　在《靈棋經》一千多年的流傳演變史上，明汪浩刊本有非常重要的意義。由於汪浩的參互考訂與重新刊刻，整合了元明以來在原有兩家舊注基礎上新出的元陳師凱注本與明劉基注本，使得原本單獨流傳的兩個三家注本合而爲一，成爲既有顏、何舊注，又含陳、劉新解的四家注本。他的刊本出現以後流傳極廣，很快取代了其他版本，成爲近六百年來最通行的《靈棋經》定本。汪刊本的出現，一方面標誌着《靈棋經》文本的最後定型，另一面也爲今人通過其收錄内容瞭解已佚陳師凱注本的情況提供了資料。

[關鍵詞]　靈棋經　汪浩刊本　影響　價值

　　《靈棋經》是東晉法味模仿《周易》所編寫的一部以棋子爲工具的占卜書。因其内容、形式與占卜原理都仿照《周易》而又較之更簡便實用，因而流傳廣泛，在文人士大夫中有相當的影響。《南史·江謐傳》中記載了南齊江謐曾以之占卜之事，[①]後代文獻中也常有相關的占卜事迹記載，其中不乏文人名士。在長期的流傳中，先後有多人爲之作注，流傳至今的有晉顏幼明、南朝宋何承天、元陳師凱、明劉基四家注。[②]傳世的《靈棋經》版本中，最爲流行的，首推囊括以上四家注的明汪浩刊本，可以確定地說，凡收有四家注的《靈棋經》，都出自汪浩刊本或其重刻本。其次是收入《正統道藏》的《靈棋本章正經》，收錄了元陳師凱以外的三家注。[③]

一、汪浩及其刊本之前的《靈棋經》

　　傳世本外，出土文獻如敦煌藏經洞所存寫本中，亦有《靈棋經》殘本，抄寫於唐五代時期，有六個卷號，可綴合爲四件寫本，分屬兩個系統：一是尾題爲《靈棋卜法》（P.3782＋S.557）

---

*　本文是國家社科基金項目《敦煌疑僞經的民間講唱研究》（23 AZW 011）、杭州師範大學中國語言文學學科 2022 年度專項課題 "敦煌文獻與絲路講唱文學研究"（2022 ZWXK 003）的階段性成果。

①　〔唐〕李延壽：《南史》卷三七《江謐傳》。其中所載 "有客南來，金碗玉杯" 之繇辭，見今本《靈棋經》第 37 "送貨卦"，作 "客從南來，遺我良材，寶貨珍玩，金碗玉杯。" 明正德十五年榮國重序刻本，第 27 頁。

②　實際上《靈棋經》有五家注。上述四家外，敦煌寫本 P.3782＋S.557 中保存了大量的無名氏 "注曰"，排在顏幼明注之前。筆者考訂爲作者自注，南朝宋時就已亡佚。參王晶波：《從敦煌寫本看〈靈棋經〉的源流演變》，《敦煌學輯刊》2014 年第 4 期，第 80—92 頁。

③　《道藏》所收的這個本子，筆者考定其出自劉基注本。參王晶波：《〈靈棋經〉的動態生成與定型——兼及續注在擬易類卜書生成中的意義》，中國歷史文獻學會第 43 屆年會論文集，2022 年。

的顏注本系統，有作者自注與顏幼明注；[①]另一是擬題爲《靈棋經》（P.4048、P.4984 V、S.9766+S.9766 V）的何注本系統，有顏幼明與何承天二家注，是在前一系統基礎上的新注本。[②]這兩個系統的寫本，爲我們認識《靈棋經》的早期情况提供了寶貴的資料。

國内傳本以外，海外也還存有該書的古抄本，如日本東京大學綜合圖書館藏本、米澤市立圖書館藏本，及狩谷望之（1775—1835）求古樓藏本（今藏臺北故宫博物院）。這三個本子，據日本學者考察，抄寫於室町時期（1336—1573），其祖本源自南宋以來的傳本。[③]它們不同於上述兩種傳世刻本，而與敦煌第二個系統的何注本接近，即祇有顏幼明、何承天二家注。

在《靈棋經》的流傳演變過程中，除去南朝宋時就已消失的作者自注，元代以前流傳的本子，主要是顏、何兩家的合注本，以敦煌何注本系統與日本古抄本爲代表。元明時代，分别有陳師凱、劉基兩人又爲之新作注解，使得其書的情况有了較大變化。但從目前可見的衆多版本來看，未見單行的元陳師凱注本，即沒有顏、何、陳三家注合刊的本子；而最後出現的劉基的注解尚有本子流傳，即《道藏》本《靈棋本章正經》，合刊了顏、何、劉三家的注解，其書雖然有意隱去了劉基之名，但從内容可以判定是以劉基注爲底本的。劉基注的時間晚於陳注，但其注本中没有吸收陳注内容，表明劉注没有參照過陳注，也就意味着他們兩人的注本最早都是單獨流行的。陳注本先出，無疑含有顏、何、陳三家注；劉注本後出，則含顏、何、劉三家注。而將陳注本與劉汪本合併，使原來的三家注成爲四家注的人，是晚于劉基約一百年的明汪浩。

汪浩，字弘初，後字恒菴，明荆州府石首縣（今湖北石首市）人。其先爲蒲圻人，曾祖父汪必通爲避兵禍遷居石首。明英宗正統（1436—1499）間，汪浩參加湖廣鄉試爲第三名，會試第一百三十六名，受到時任少保的同鄉人楊溥的器重，延至其門下受業。代宗景泰辛未年（1451），以第二甲第三十四名賜進士出身（第二甲共七十五名），授南京大理寺副，歷任都察院右僉都御史，巡撫四川，官至右副都御史。後因鎮壓當地民亂、掠殺降人被謫戍廣東開平，卒於戍所。[④]需要説明的是，由於四庫全書本《靈棋經》所收跋文將其名字誤寫作"汪誥"，現在的流行本中多誤傳爲汪誥。

汪浩《靈棋經》（明正德十五年序重刻本）跋文載：

---

① 該寫本中的"注曰"，即作者自注。參王晶波：《從敦煌寫本看〈靈棋經〉的源流演變》，《敦煌學輯刊》2014 年第 4 期，第 80—92 頁。

② 王晶波：《從敦煌寫本看〈靈棋經〉的源流演變》，《敦煌學輯刊》2014 年第 4 期，第 80—92 頁。

③ 〔日〕岩本篤志：《六朝隋唐五代と日本における「靈棋經」——敦煌本·室町期鈔本を中心に》，《資料學研究》3，2006 年。

④ 龔延明主編，方芳點校：《天一閣藏明代科舉録選刊上·景泰二年進士登科録》，寧波：寧波出版社，2016 年，第 165 頁）、《明實録·憲宗實録》卷一三〇（《明實録》第 6 册，臺灣："中央研究院"歷史語言研究所 1962—1965 影印本，第 2459—2460 頁）、《黔記》（郭子章著，成都：西南交通大學出版社，第 796—798 頁）等均對其事迹有所記載。明焦竑輯《國朝獻徵録》卷六十所收彭華撰《都察院右副都御史除名徙開平汪公浩墓志銘》，亦有較全面記述。見《焦太史編輯國朝獻徵録》，《四庫全書存目叢書》史部第 103 册，臺灣：莊嚴文化事業有限公司 1996 年影印本，第 288—289 頁。

右《靈棋》一經，不知起自何人，説者謂象《易》而作，理或然也。若必求其人，則鑿矣。余自辛酉領鄉書上京師，始得之鄉先達楊文定之門。而辛未登進士、入仕途，凡破疑決事，占之每驗。至甲申巡撫四川，乙酉、丙戌，討賊平蠻，占之尤驗。今丁亥春正月七日，乃一歲之首，靈棋當祭之日，余以四川漢夷甫定，而一歲之變態莫測，祭而占之，得“歲富月昌”之卦。是日，太監閻公，亦得是卦。余與公同奉上命，巡鎮一方，占意憂勤，固無彼此，何棋之布，亦不少殊，信乎有神以主之，而靈異之大昭若是也。但世傳已遠，魯則魚，亥則豕，觀者病之。余近得陳廬山之本，參互考訂而壽諸梓，使占者益有所驗云。成化三年丁亥歲五月朔旦，南郡汪浩識。①

汪浩最早得到的《靈棋經》，是他在辛酉年（1441）到京師後，從同鄉名人、擔任過少保與宰輔的楊溥（謚文定）那裏得到的。跋文首句“右《靈棋》一經，不知起自何人，説者謂象《易》而作”，其中所指“説者”，當是劉基，因爲劉基《靈棋經序》中有言：“《靈棋》象《易》而作者也。《易》道奧而難知，故作《靈棋》以象之。”可知他當時得到的本子，正是劉基的注本，而不是早先宋元時代流行的僅有顏、何兩家注的本子，因爲那個本子的序言中並沒有“象易而作”這樣的話。汪浩帶着這本《靈棋經》，歷經了考中進士（辛未，1451年）、入仕爲官並不斷升遷的二十五六年，在這期間，凡遇疑難之事，他便用《靈棋經》來占卜決疑，多有靈驗，使他對此靈棋卜法深信不疑，對其書内容也非常熟悉。成化三年（丁亥，1467）春天，他在四川得到陳廬山（即陳師凱）的本子，於是便將原來的劉注本與陳注本參互考訂，合爲一本，於農曆五月雕版刊印。

二、汪浩對《靈棋經》的整合與刊刻

汪浩跋文中對自己考訂合刊《靈棋經》不同版本的事，記載得相當簡略，只説“余近得陳廬山之本，參互考訂而壽諸梓”一句，但從中我們還是可以得到不少的信息。首先，汪浩到得的陳廬山（即陳師凱）注本是單獨刊行的，否則他不會稱“陳廬山之本”，説明從陳師凱注本出現（約14世紀中葉前後）直至汪浩見到它（1467）的一百多年中，陳注本都單獨流行，並且不太常見，所以汪浩纔會特地提起。其次，汪浩對將他原有的劉基注本與新得到的陳師凱注本進行了“參互考訂”的工作。結合我們見到的《道藏》本（劉注本）與汪浩本的情況，可以推想，這個“參互考訂”，實際上就是將劉注本與陳注本兩個本子合並，即是説，對兩個本子的共有内容，如卦名、象名、卦符、象辭及顏、何兩家注文等，加以文字校勘考訂即可；而各自新加的注解，如陳本中陳師凱的注解，劉本中劉基的注解，則將它們合並彙編於一書，按時間先後，陳注排在前，劉注列於後，這樣就使得原來分別流行的兩個三家注本（顏何陳、顏何劉）

---

① 明正德十五年榮府重刻本《靈棋經》跋，日本東京大學東洋文化研究所藏本。

變成了四家注本(顔注、何注、陳解、劉解)。另外,他也還有可能綜合兩個本子的格式與内容,對其他少量内容有所調整編排。

做了這些工作之後,汪浩將他所整合考訂的囊括四家注文的《靈棋經》加以雕版印刷。開印時間應當是他寫跋文的"成化三年夏五月朔旦"(公元 1467 年 6 月 2 日)之後。當時的汪浩正在四川巡撫任上,以地方長官的力量雕印這樣一本小書,自然會做得既快又好,印數應該也不會少。由於汪本所收注文超過原來的三家注,形式、内容更加全面規整,印成之後,汪刊本很快流行起來,代替了原來單獨流傳的陳注本與劉注本,這兩個本子便逐漸不傳。其中劉注本由於之前被收進《正統道藏》而得保存下來,但已無單行本傳世,陳注本也完全亡佚不存,目前内容僅見於汪刻本。

在《靈棋經》從東晉到明代的發展演變過程中,汪浩刊本有着非常重要的意義。汪浩對劉基注與陳師凱注的整合,標誌着《靈棋經》經過長期流傳演變之後的最終定型。

與之前的《正統道藏》本《靈棋本章正經》相比,汪浩考訂刊印後的新本,其内容、形式有如下特點:

(1)書前原序消失。這個原序,筆者考定爲作者自序,[①]其中記述有關《靈棋經》的來歷傳承、占卜儀程規定、應用原理及解釋説明等信息,是隨《靈棋經》一同產生並起重要指南作用的内容。敦煌何注本中保留了大部分内容,日本所存南宋以來古抄本及《道藏》本中均收有此序,但到了汪浩本中則被删除,消失不見。

(2)卦名、象名的互置。即卦、象名與《道藏》本及日本米澤本相比,絕大多數都存在互相掉换的情況,即《道藏》本中原爲卦名的,在汪浩本中變成了象名;《道藏》本中原爲的象名的,在汪浩本中則變成了卦名。如《道藏》本的"樂道課驚喜卦",在汪浩本中變成了"樂道卦驚喜之象",《道藏》本"年豐課宜田卦"變爲汪本的"年豐卦宜田之象"。經大略統計,汪浩本《靈棋經》125 卦中近 110 個卦的卦名、象名,與其前抄本、刻本相比,都存在互相顛倒或者不同的情況,佔到全部的 88%以上。

(3)每個卦名與卦象之後多出了有關陰陽、八卦、方位的概括,皆用八個字表示,如"純陽得令,乾天西北"(大通卦)、"陰正得位,巽風東南"(漸泰卦)、"群陰反位,坤地西南"(戒進卦)、"獨陽升陰,震雷正東"(未形卦)。這是從陰陽、八卦、方位等方面對每一卦象的概括。此前各本中均無此類内容。

(4)新加入了元代陳師凱的注解。書前注者題"元廬山叔才陳師凱解",文内注文則統一用姓氏加"曰"字標明所屬注文,除前已有的"顔曰""何曰",陳師凱注用"陳曰"表示,劉基注則由《道藏》本的"解曰"改爲"劉曰"。

(5)四家注文之後,出現了卦詩,用"詩曰"引出七言或五言詩一首,偶有兩首,對卦象及

---

① 參王晶波、范英杰:《靈棋經原注、原序的流傳與消亡——以敦煌本爲中心的考察》,中國歷史文獻學會第 44 屆年會論文集,2023 年,第 34—46 頁。

吉凶所宜加以詩詠。這也是最新出現的內容。

三、由汪浩刊本回溯考察元陳師凱注本

由於汪刻四家注本的流行，取代了原來單行的劉注本與陳注本，導致這兩種單注本失傳。尤其是陳師凱的注解本，目前已難覓其蹤。不過，汪浩刊本中同時收有陳注與劉注，而劉注本的原貌，由於《道藏》本的收錄而基本保存下來，因此，通過汪刻本所收錄的陳注、劉注內容，再與《道藏》本的劉注相比較，我們庶幾可以考察推測出陳注本的大致情況。

不過，為使考察比較的結果更加準確可靠，我們還需將汪浩在合刊考訂過程中所做的工作甄別出來。汪浩跋文稱"余近得陳廬山之本，參互考訂而壽諸梓"，按我們前面的考察，其所作包括將新得到的陳師凱注本與原來的劉基注本相互參雜合並，對四家注文與內容加以考訂編排，並對格式加以調整，然後刊印。因此，可以大體判定，汪浩的工作，基本都屬於編輯整理與考訂之類，對內容的創造性增加應該沒有。所以，有關內容及形式的編輯順序排列及少量考訂增刪或許與汪浩有關，但四家注本中較劉基等三家注本所多出的內容，可能大多屬於陳師凱，而非汪浩所增。

陳師凱在《靈棋經》的四位注家中，是一位比較專業的易學家，其父陳澔是元代有名的禮學家，《新元史》中有其傳記，後面附載了陳師凱："子師凱，於易象、樂律多所撰述，能世其家學。"①《宋元學案》中也有關於他的記載。②他的傳世著作有《書蔡氏傳旁通》，是一部有關《尚書·蔡氏傳》的研究成果。以經學家之身份而為《靈棋經》作注解，當然不是陳師凱的專業與本行，更可能是出於個人興趣的"業餘"之舉。這首先表明了他對這部擬易類卜書的認可，同時又覺得尚存不足，有進一步修正提高的必要，因而運用他有關《周易》與儒家經典的專業知識，對《靈棋經》加以新的注解梳理，抉發其中隱含的易理學說，以使之能夠更方便準確地用之於占卜吉凶，更好地實現《周易》"以前民用"的宗旨。

因此我們可以看到，汪刊本四家注中他的注解文字，大多圍繞疏通卦象易理、解說陰陽八卦的變化及其象徵而展開。汪刊本中以"陳曰"標注出來的文字都比較簡短，篇幅祇約相當於劉基注文的三分之一，也比顏注少，與何注的篇幅相近。其注解的內容，主要是解釋卦象，語言形式則四、六言句與散文體式間而用之，文辭典雅，簡潔凝練。如：

> 二陰在上，四陰在下，一陽孤弱，地道虛損，有凶年轉徙之象，故曰云云。（未還卦）

---

① 柯劭忞：《新元史》卷二三六，《二十四史外編》第 123 冊，天津古籍出版社，1998 年，第 379 頁。
② 〔清〕黃宗羲：《宋元學案》卷六七，《黃宗羲全集》第 5 冊，杭州：浙江古籍出版社，1992 年，第 674 頁。

　　三位皆陰,不至盛極,無偏勝相克之象,有順樂受福之理。故曰云云。與一上一中一下相對,皆初陰初陽,純和無克,故皆吉。(安泰卦)

陳注的最後,幾乎全都以"故曰云云"結尾(偶爾有在中間),這也是他的特點之一。

　　由陳師凱本人及其注文的特點出發,我們可以大致判定,汪刊本新出現的内容裏,除"陳曰"標出的注文之外,未標明來源的内容中,至少還應有兩處與陳師凱有關。

　　一是卦名、象名之後有關陰陽八卦的標注,如上舉"二上一中四下　未還卦"的"群陰制陽,坎水正北","二上二中二下　安泰卦"的"純陰不動,坤地西南"等,這些標注内容,以《周易》八經卦之名稱、屬性爲標準,將《靈棋經》125 卦的陰陽位置、三才關係、八卦方位等等,一一標示清楚,並與他的注文解説形成呼應印證,非精通易理者不能做到,可以確定是陳師凱所加。

　　二是每卦末尾以"詩曰"標明的五、七言卦詩,也應當是陳師凱所撰。如:

　　詩曰:一片中原土,春深雨露多。用天因地利,安業樂熙和。(安泰卦)
　　詩曰:口舌向門來,身中且滯災。人前防暗箭,第一恐傷財。鸞駕離丹陛,燕雀博青霄。奸臣尤竊位,賢士利伏逃。(避世卦)

此類卦詩以五言居多,七言次之,大多爲四句,有些卦後存兩首,也有五言後還附有四言的,詩句多取自然和生活中的意象來比喻吉凶,並提示人們所宜採取的應對行爲,概括性很强。如"二中四下　陰賊卦"後的兩首詩:

　　一枝花欲發,却值雨和風。雲散多青黑,愁消福禄空。
　　陰險虧福,勢不可久。禍起一身,更貽于後。

這些卦詩在汪刊本中最早出現。劉注晚出,其注文中無此,自然不是劉基所爲,同時也不可能是汪浩所撰。汪浩主要是將陳注本與劉注本"參互考訂而壽諸梓",而爲全書 125 卦撰寫卦詩,並不僅僅是考訂校勘、編排整理那麼簡單,而是相當於注解、申論一類的再創作性工作,既要精於《易》理,也要全面理解《靈棋經》的象旨卦意,能將二者有機融匯,同時還要有良好的文學素養,能將卦象含義、吉凶所宜用詩歌語言含蓄概括地表達出來。這種再創作性的貢獻,如果真是汪浩所爲,他一定不會隱而不宣,必會在跋文中明確記載。從汪浩本人的事迹來看,他所擅長的也是法律而非於易理。跋文中既無記載,自然就表明這些卦詩不是他所撰寫,那麼,撰者就祇能是陳師凱。

　　另外,陳注每卦注解的最後一句都以"故曰云云"結尾,此處用"云云"表示"故曰"後有所省略,而省略的内容,則很可能是象辭。陳氏注文重在解説象意,解説完畢,再引象辭爲例證以示總結,合乎說理的習慣,但象辭在前面已列出,爲避免重複就不再重寫一遍,所以用"故曰云云"來代替。如果是這種情況,象辭之前新出現的"象曰"二字也可能是陳師凱所加;還有一種可能是"故曰"後省略的是卦詩,而這個省略不是陳師凱所爲,而是汪浩——他爲了保持體例的一致,編排時將卦詩移到了最後,而將劉基注解排在陳注之後,在全部排完四家注文後,方將陳師凱的詩用"詩曰"標示出來,從而使體例更加一致完善。同時,在陳氏"故曰"後加上"云云"表示省略。相較而言,第一種情況的可能性更大。

此外,汪刊本中卦名、象名與劉注本及其前二家注本互倒的情況比較普遍,絕大部分的卦名、象名與前本相較是顛倒的。雖然沒有確鑿的證據表明是陳師凱所爲,但就汪浩工作的總體內容來看,似乎也不是汪浩所爲,因此也有可能是陳師凱經過考察而將之互倒。

依據上面的分析,我們可以大致還原出陳注本原來的情況。還以一一四卦爲例:

一上一中四下　富盛卦　(通泰之象)　陰盛得位,巽風東南。

象曰:富盛貴極,天道反則。隨運上下,與時消息。子子孫孫,以萬以億。

顏曰:……(略)

何曰:……(略)

陳曰:二陽在上,陰盛於下。地道盈滿,不犯於上,故曰云云。

劉曰:……(略)

詩曰:輕舟迎浪去如飛,百事營求正及時。更與貴人同道路,從茲百福自追隨。

又如"將損卦":

一上四中四下　將損卦　(戰敗之象)　陰極克陽,艮山東北。

象曰:豺虎咆哮,淋滲雨水。戰鬥不勝,弱兵鈍士。爲寇所凌,多有亡死。

顏曰:……(略)

何曰:……(略)

陳曰:陰類大興,禽獸盜賊交爲民害,一陽不能制,必見傾敗,故曰云云。

劉曰:……(略)

詩曰:射雉終難獲,懷珍未得財,經求並進望,足步動危災。勢微防敵寇,失道致災危。人事皆如此,天時未順機。

與劉注本相較,陳注的特點大致可歸納爲如下:形式方面,①卦符排在前,用一至四的數字與上、中、下相配來表示;②卦名、卦象用"某某卦某某之象"表示;③每卦都標注出陰陽八卦與方位。內容方面,注解重點從陰陽處位、三才關係方面對卦象加以闡釋;並在注解之後加撰了五、七言詩以概括卦象兆示吉凶與人們所宜行事的大致原則。總體而言,陳注的出現,使得《靈棋經》的内容形式進一步向《周易》靠近,易理化的同時,文辭也更加典雅、多樣。

四、汪浩刊《靈棋經》的流傳

經過明代汪浩的"參互考訂"與付梓印行,《靈棋經》文本最終從元代以前流行的兩家注本、元至明前期流行的兩個三家注本,再到明中前葉的四家注文終匯一書,完成了該書文本的最終定型。由於汪刊的四家注本内容收録全面、形式整飭、語言典雅,因而一經出現,便廣受歡迎,其刊本多次重印重刻,並被廣泛傳抄。據文獻所載,可考知的重印重刻及抄本流傳情況大致有如下一些:

1.成化三年(1467)初刻本的抄本。據黃丕烈《士禮居藏書題跋再續記》卷上記載,他手中曾有一個《靈棋經》的"孫本","出成化丁亥",[1]時間正好是成化三年,應當就是汪浩四家注《靈棋經》初刻本的抄本。另據《江蘇藝文志》有關何承天的記載中提及臺灣"中央圖書舘"藏有明初刻本,[2]但未標明年代,推測可能即爲此成化三年本。

2.成化五年(1469)本:毛贊刻本。黃丕烈《士禮居藏書題跋再續記》卷上著録《靈棋經》三卷,[3]爲成化己丑即成化五年刻本。經其手補入缺頁。國家圖書舘藏,僅餘下卷。

3.明成化十七年(1481)刻本,上海圖書館藏。

4.明弘治五年(1492)刻本。據明正德十五年榮府重刊本後所收汪浩女婿徐冕的短跋,稱"繼得我外考恒菴汪先生前巡撫四川所刻之木,考訂詳完,回携來任,不敢自私,謹捐俸鋟梓,用廣其傳云。時弘治五年壬子十月吉,浙江烏程縣丞南郡徐冕識"。按此段文中"恒菴汪先生前巡撫四川所刻之木"之"木"字,疑誤,按文意當是"本"字,不可能將汪浩當初的原版携來,即便是原版,也當稱爲"版"而非"木"。可知這個刻本是直接翻刻自汪浩初刻本。黃丕烈《士禮居藏書題跋再續記》卷上也提到弘治壬子翻刻之事。

5.明正德十年(1515)刻本,天一閣藏。《四庫全書》據此本收入。前有唐李遠序,後有明劉基序、汪浩及郭勛跋,跋文中誤"汪浩"爲"汪諾"。

6.明正德十五年刻本,上海圖書館藏。

7.明正德十五年喬遷遞刻本,國家圖書館藏。

8.明正德十五年榮府重刊本,國家圖書館、日本東京大學東洋文化研究所等藏。這個本子也有不同的兩種。黃裳《來燕榭讀書記》中提到他所見的"正德庚辰榮府刊本","校刻亦殊草草,卷末汪浩跋,'鄉先達楊文定'竟誤作'先違'"。[4]與之相較,日本東京大學東洋文化研究所藏之本則正確無誤,而且卷後多出徐冕、董天錫的跋文。可見後者優於前者。

---

① 〔清〕黃丕烈撰,繆荃孫輯:《士禮居藏書題跋再續記》,《古學彙刊》1912 年第 1 期,第 21 頁。
② 江慶柏主編,彭義、裴偉增訂:《江蘇藝文志·鎮江卷》,南京:鳳凰出版社,2019 年,第 14 頁。
③ 〔清〕黃丕烈撰,繆荃孫輯:《士禮居藏書題跋再續記》,第 21 頁。
④ 黃裳:《來燕榭讀書記》上,瀋陽:遼寧教育出版社,2001 年,第 119 頁。

此外，據彭義、裴偉增訂《江蘇藝文志·鎮江卷》的調查，明代正德之後，該本還有：

明萬曆元年（1573）陝西布政使司刻本（南開大學圖書館藏）、明萬曆三年（1575）朱正民刻本（重慶圖書館藏），以及北京文物局、北京大學圖書館、上海圖書館、南京圖書館等藏的明刻本及抄本。

清代刻本，有乾隆五十一年（1786）刻本（國家圖書館藏）、光緒十二年（1886）會稽章氏刻本（南京圖書館藏）、光緒十九年（1893）思賢書局刻本（北京大學圖書館、國家圖書館藏）等。還有木活字本（南京圖書館藏）、抄本等多種（國家圖書館、上海圖書館、南京圖書館藏），以及清葉廷琯校的光緒二十二年（1896）抄本（南京圖書館藏）等。[①]

單行本外，從清朝到現代，各類叢書所收入的《靈棋經》也是汪刊本，如《文選樓叢書》本、《四庫全書》本、《墨海金壺》本、《珠叢別録》本、《長恩書室叢書》本、《述古叢鈔》本、《藏修堂叢書》本、《翠琅玕館叢書》本、《叢書集成初編》本等。今人所編《中華再造善本》也是據明正德榮府重刊本的影印本。

其中特殊一點的是清道光（1821—1850）間所刻《百二漢鏡齋秘書四種》本，這是程芝雲據“古本”翻刻的一卷本《靈棋經》，經考察它實際上就是明代汪刊本的簡化本，刪掉了四家注的注文，僅保留了卦符、繇辭和卦詩。

在這些叢書所收的本子中，原本流行不廣的《四庫全書》本，由於上世紀80年代以來的影印出版，流傳極廣，很快成爲當代最通行的本子。該本依據的是天一閣所藏明正德十年（1515）本，其跋文中將“汪浩”誤爲“汪誥”，今人大多被此誤導。

由以上簡略考察可知，自明代汪浩於成化三年（1467）考訂刊刻以迄今日的近六百年中，經過多次重印重刻，世間所傳《靈棋經》皆是他所首刊的四家注本，之前曾經流傳的元明古刻古抄本都被它所取代，僅在海外及日本保留了極少的南宋以來古抄本，而陳師凱注本則完全失傳。今人提起《靈棋經》，都只知有四家注，而不知兩家注、三家注。可見汪浩刊本流傳之廣、影響之大。

（王晶波，杭州師範大學人文學院教授）

---

① 江慶柏主編，彭義、裴偉增訂：《江蘇藝文志·鎮江卷》，第14—15頁。

論中華書局點校本《史記》《索隱》注的校理*

王永吉

[摘 要] 唐代司馬貞《史記索隱》一書包含"補《史記》"與"注《史記》"兩項工作。明毛晉汲古閣本《史記索隱》單行本保存了此書原貌。二家注本以來的合刻本除個別版本外皆將《索隱》注文及補《史記》內容散入全書之中,雖然變亂舊式,但基本保存了《史記索隱》的全部內容。清末張文虎校刊金陵本《史記》,以一己之見刪削《補史記條例》及《三皇本紀》,其出發點是維護《史記》原書,但造成金陵本《史記》三家注中《索隱》內容不完,留下遺憾。中華書局點校本《史記》以金陵書局本爲底本整理,繼承了張文虎的做法。今日整理三家注本《史記》,應以盡力保存文獻爲原則,爲讀者提供一個更爲完善、不訛不缺的版本。中華書局點校本《史記》修訂本補入了司馬貞《三皇本紀》《補史記序》及《條例》,列入附錄,但因修訂凡例所限,加之時間倉促,《索隱》注中仍存在一些細節問題,有待進一步研究處理。

[關鍵詞] 司馬貞 史記索隱 金陵書局 中華書局

中華書局點校本《史記》是目前最爲通行的《史記》版本。此本以清末金陵書局本爲底本,經顧頡剛、宋雲彬等先生整理,校勘文字,分段標點,頗便閱讀。金陵本由張文虎、唐仁壽校刊,不主一本,擇善而從,是清代末年最爲精善的《史記》版本。點校本整理者選擇金陵本爲底本,可謂有識。然而,中華本在保存金陵本佳善之處的同時,也承其不足,令人遺憾。《史記》三家注本的校理,問題主要集中在注文部分。而三家注中問題最多也最爲複雜的,要數《索隱》注。張文虎自謂金陵本《索隱》注多據明毛晉刻單行本《史記索隱》,翻閱張文虎《校刊史記集解索隱正義札記》(以下簡稱《札記》),其中據單行本《史記索隱》改正訛字者所在皆是。然而張文虎利用單行本《索隱》亦有不當之處,致使後人不能得見司馬貞學問之全貌。今日重新整理《史記》,當以最大程度恢復保存古本原貌爲第一要義。以下考察《史記索隱》的成書及其在流傳過程中的形態,爲今日整理三家注本《史記》提供參考,並就中華本及其底本金陵本《索隱》注文的校理問題提出一己之見。

一、《史記索隱》的成書及其意義

《史記索隱》三十卷,唐司馬貞撰,《新唐書》卷五八《藝文志二》見載。司馬貞,新舊《唐書》無傳。據《新唐書》卷一三二《劉子玄傳》及《藝文志》"《史記索隱》三十卷"下標注,司

---

* 本文是國家社科基金項目"《史記》版本叙録"(20BZS009)的階段性成果。

馬貞乃唐玄宗開元時人,初爲弘文館博士,後任潤州別駕。

司馬貞作《史記索隱》之經過,見於《補史記序》《史記索隱序》《史記索隱後序》。其《補史記序》云:

> 貞業謝頲門,人非博古,而家傳是學,頗事討論,思欲續成先志,潤色舊史,輒黜陟陞降,改定篇目,其有不備,並採諸典籍,以補闕遺。其百三十篇之贊記非周悉,並更申而述之,附于衆篇之末,雖曰狂簡,必有可觀。其所改更,具條于後。至如徐廣唯略出音訓,兼記異同,未能考覈是非,解釋文句。其裴駰實亦後進名家,博採群書,專取經傳,訓釋以爲集解。然則時有冗長,至於盤根錯節,殘缺紕繆,咸拱手而不言,斯未可謂通其學也。今輒採按今古,仍以裴爲本,兼自見愚管,重爲之注,號曰"小司馬《史記》"。然前朝顏師古止注漢史,今並謂之"顏氏《漢書》",貞雖位不逮顏公,既補舊史,兼下新意,亦何讓焉。①

據此可見司馬貞本有宏大的整理《史記》計劃,約分爲四:一是補《史記》之闕遺;二是調整篇章次第,改定篇目;三是重作述贊;四是注解《史記》。

司馬遷囊括古今,創爲五體,成一家之言,但在司馬貞看來仍未盡善,"蓋先史之未備,成後學之深疑"。②司馬貞所疑惑不滿的,其一是《史記》中有些人物事迹闕而不載。如"本紀叙五帝而闕三皇","邾許春秋次國,略而不書;張吳敵國蕃王,抑而不載","列傳所著有管晏及老子韓非,管晏乃齊之賢卿,即如其例,則吳之延陵、鄭之子産、晉之叔向、衛之史魚,盛德不闕(毛刻單本作"忝"),何爲蓋闕"。③其二是《史記》體例不純,篇章倒錯。如"世家載列國而有外戚","伯陽清虛爲教,韓子峻刻制法,静躁不同,德刑斯舛,今宜柱史共漆園同傳,公子與商君並列"。④其三是太史公所作的百三十篇論贊甚爲疏略,"或國有數君,或士兼百行,不能備論終始,自可略申梗概"。⑤

司馬貞不但對於《史記》原書有所不滿,而且對《史記》的注作也多有指摘。司馬貞之前,爲《史記》作注者有東漢延篤、東晉徐廣、南朝宋裴駰、南齊鄒誕生、唐初劉伯莊等。但在司馬貞看來,前人之注或已失傳,或有疏略,徐廣注"唯記諸家本異同,於義少有解釋",⑥裴駰《集解》"雖麤見微意,而未窮討論",⑦鄒誕生《音義》"音則尚奇,義則罕説",⑧劉伯莊《音義》

① 〔唐〕司馬貞:《補史記序》,《史記索隱》卷三〇,中國國家圖書館藏明崇禎間毛晉汲古閣刻本,第9頁a—b。
② 〔唐〕司馬貞:《補史記序》,《史記索隱》卷三〇,第8頁b。
③ 〔唐〕司馬貞:《補史記序》,《史記索隱》卷三〇,第8頁b—第9頁a。
④ 〔唐〕司馬貞:《補史記序》,《史記索隱》卷三〇,第9頁a。
⑤ 〔唐〕司馬貞:《史記索隱》卷三〇,第11頁b。
⑥ 〔唐〕司馬貞:《史記索隱後序》,《史記》第10冊,北京:中華書局,1982年,第9頁。
⑦ 〔唐〕司馬貞:《史記索隱序》,《史記》第10冊,第7頁。
⑧ 〔唐〕司馬貞:《史記索隱後序》,《史記》第10冊,第9頁。

"音乃周備，義則更略"，^①又"不見旁通"。^②

由此司馬貞産生了一個可稱雄心勃勃的著述計劃：一方面是就《史記》原書而言，根據古史補寫《史記》所無之篇目，按其史學觀點調整《史記》篇章次序，重寫一百三十篇之論贊；另一方面是就《史記》的注解而言，即在前人基礎之上重新注解《史記》。前一項工作可以統稱爲"補《史記》"，後一項乃是"注《史記》"。

司馬貞對自己的計劃頗爲自負，以至與前代顏師古注《漢書》相比，其工作既補苴《史記》舊文之闕，又注入自己的新意，自認不讓顏注《漢書》，故自號其著述爲"小司馬《史記》"。

然而這部理想中的"小司馬《史記》"並未成書。《史記索隱序》云：

> 貞謏聞陋識，頗事鑽研，而家傳是書，不敢失墜。初欲改更舛錯，裨補疏遺，義有未通，兼重注述。然以此書殘缺雖多，實爲古史，忽加穿鑿，難允物情。今止探求異聞，採摭典故，解其所未解，申其所未申者，釋文演注，又重爲述贊，凡三十卷，號曰《史記索隱》。^③

又《史記索隱後序》云：

> 貞少從張學，晚更研尋，初以殘闕處多，兼鄙褚少孫誣謬，因憤發而補《史記》，遂兼注之。然其功殆半，乃自唯曰："千載古史，良難閒然。"因退撰《音義》，重作贊述，蓋欲以剖盤根之錯節，遵北轅於司南也。凡爲三十卷，號曰《史記索隱》云。^④

由此二序可見司馬貞當初所計劃的"裨補疏遺""兼重注述"的"小司馬《史記》"未及成書，而自己已感到《史記》成書流傳幾近九百年，影響至巨，妄加穿鑿，隨意增删，必爲人情物議所不容。因此雖"其功殆半"，但終究放棄了"補《史記》"的計劃，從此專事"探求異聞，採摭典故，解其所未解，申其所未申"的"注《史記》"工作。因此，《史記索隱》的成書，實際上是司馬貞退而求其次的結果，我們應當認識到"補《史記》和寫作《史記索隱》是關係密切却又應該清醒地辨別開的兩件不同的工作，其工作目的、内容、結果和産生的影響都互有關聯却又明顯不同"。^⑤

當然，司馬貞的"退撰《音義》"實屬自知之舉。司馬貞上距司馬遷近九百年，以司馬貞

---

① 〔唐〕司馬貞：《史記索隱後序》，《史記》第 10 册，第 9 頁。
② 〔唐〕司馬貞：《史記索隱序》，《史記》第 10 册，第 7 頁。
③ 〔唐〕司馬貞：《史記索隱序》，《史記》第 10 册，第 7—8 頁。
④ 〔唐〕司馬貞：《史記索隱後序》，《史記》第 10 册，第 10 頁。
⑤ 王濤：《司馬貞補〈史記〉及其對〈史記〉版本的影響》，《山東教育學院學報》2007 年第 1 期，第 35 頁。

"國子博士弘文館學士"的身份,他所能佔有的史料,恐怕不足以支撐其宏大的增補古史的計劃,更無論其個人的史才史識。而如上所述,《史記》在唐代已廣爲流傳,深入人心,司馬遷原本雖有疏略闕佚,但已爲讀者接受,對《史記》原書妄加指摘,甚至强爲改訂,必將招致他人非議而不被認可,故司馬貞亦自謂"難允物情"。即以現今所見司馬貞唯一的補作《三皇本紀》而言,其所據材料,不過《國語》《帝王世紀》《古史考》《漢書·律曆志》《禮記》《世本》《淮南子》以及緯書、前人注解,皆爲當時學者所常見。觀其全篇,實乃神話傳説之叢聚,而又雜採緯書,荒誕無稽,殊失太史公"擇其言尤雅者"[①]之旨。《四庫全書總目·〈史記索隱〉提要》亦謂司馬貞撰《三皇本紀》"未合闕疑傳信之意也"。[②]清代王鳴盛《十七史商榷》卷一有"索隱改補皆非"條,認爲"貞之改補,誠不知而作,皆非是",[③]全盤否定司馬貞的"補《史記》"工作。在合刻本《史記》中,除極少數外,大都將《三皇本紀》與三家注序並列,雖置於書首,仍視同附録,而清武英殿本則移置於《史記》全書之後,至如金陵書局本則逕删此篇補作。此亦可見司馬貞補《史記》工作難以得到大多數人的認可。因此司馬貞知其不可爲而主動放棄"補《史記》"的工作,專心於"釋文演注"的《史記索隱》寫作,是值得肯定的明智之舉。

司馬貞"補《史記》"的工作雖未如願,但今天仍可以見到其計劃中的條例及部分成品。檢明毛晉汲古閣刻單行本《史記索隱》三十卷,此書第廿九卷及第三十卷上半部分爲司馬貞重作的百三十篇《述贊》,第三十卷末爲其補作的《三皇本紀》,這是司馬貞已經完成了的部分"補《史記》"工作。第三十卷下半部分爲《補史記序》及補《史記》條例。依其條例,司馬貞的"補《史記》"工作還主要包括以下四個方面:

一是篇目黜陟:降《秦本紀》爲《秦系家》;降《項羽本紀》爲《項羽系家》;降《陳涉系家》爲《陳涉列傳》;升《吳王濞列傳》爲系家,與楚元王同篇;升《淮南衡山列傳》爲系家,與齊悼惠王同篇。

二是篇目增補:增《三皇本紀》,補《許男郱子系家》,增《張耳吳芮系家》,增《子産叔向列傳》(自《循吏列傳》分出)。

三是篇目分合:自《吕太后本紀》分《孝惠本紀》;自《管蔡系家》分《曹叔振鐸系家》;以《蕭相國》《曹相國》《留侯》《絳侯》《五宗》《三王》六篇"各爲一篇";[④]分《老子韓非列傳》,以老子與尹喜、莊周同傳,韓非列商君傳末;分《魯連鄒陽列傳》《屈原賈生列傳》,以魯

① 〔漢〕司馬遷撰,〔南朝宋〕裴駰集解,〔唐〕司馬貞索隱,〔唐〕張守節正義:《史記》卷一《五帝本紀》,北京:中華書局,1982年,第46頁。

② 〔清〕紀昀等著,四庫全書研究所整理:《欽定四庫全書總目》(整理本),北京:中華書局,1997年,第616頁。

③ 〔清〕王鳴盛:《十七史商榷》卷一,北京:中國書店,1987年,第10頁。

④ "各爲一篇",清武英殿本《史記·蕭相國世家》小題下《索隱》注作"合爲一篇",南宋黄善夫本、元彭寅翁本、明凌稚隆本注文與殿本同,而置於《曹相國世家》小題下。王鳴盛云:"至其又欲分蕭相國、曹相國、留侯、絳侯、五宗、三王世家各爲一篇,作五篇。案今本固爲六篇,而貞言如此,則不可解,意者此即所謂八十卷本之分卷邪? 但子長於留侯下有陳平,方繼以絳侯,而貞所舉留侯下即絳侯,則又不可解。"(《十七史商榷》卷一,第10—11頁)

連與田單同傳,屈原與宋玉同傳,鄒陽與枚乘賈生等同傳。

四是篇次升降:《司馬相如傳》《汲鄭列傳》不宜在《西南夷列傳》之下,《大宛列傳》升在《朝鮮列傳》之下。

司馬貞關於《史記》篇目及篇次的意見,《四庫全書總目》謂"其言皆有條理",①然後世學者仍多非議。王鳴盛云:"貞所移易篇次,有非是者,有似是而不必者。"②瀧川資言云:"史公編次,極有深意,小司馬不解其旨,以己刺譏,《提要》以爲皆有條理,非也。"③朱東潤亦謂"其言多未能得史公編次之本意"。④張大可云:"從通史體以反映歷史形勢變化角度來看,司馬貞的批評改補和升降,未免膚淺失據。"⑤

誠然,司馬遷撰《史記》,其篇目之分合,編次之先後,自有編排之法。其以項羽入本紀,以陳涉入世家,乃是就二人實際功績而論,體現了司馬遷對於歷史事實的尊重,更是太史公史識上的過人之處。班固著《漢書》,俱降爲列傳,則是出於尊漢的需要,況且《漢書》爲斷代史,體例上亦不得不如此。因此謂司馬貞"未能得史公編次之本意"固當。然而,若將司馬貞《索隱》之論置於史學史中考察,則其說自有意義。

唐代注重史書的鏡鑒作用,唐太宗貞觀三年(629)正式設立史館,修撰前代史,先後修成《梁書》《陳書》《北齊書》《周書》《隋書》《晉書》《南史》《北史》等八部正史,佔二十四史的三分之一。與史書修撰成就相應,唐代的史學也取得了長足的發展。《隋書·經籍志》設史部,分十三類,撰小序、大序,分析概括史書的源流及功能,代表了唐初學者對史學的總體認識。盛唐時期,劉知幾《史通》的成書,"標志着中國史學進入到了一個更高的自覺階段,是史學思想發展和史學理論建設的新轉折"。⑥司馬貞"補《史記》"正是產生於這一背景之下。

司馬貞對於《史記》體例的批評與劉知幾《史通》多有相通之處。如《史通·本紀》云:"案姬自后稷至於西伯,嬴自柏翳至於莊襄,爵乃諸侯,而名隸本紀。若以西伯、莊襄以上,別作周、秦世家,持殷紂以對武王,拔秦始以承周報,使帝王傳授,昭然有別,豈不善乎?……項羽僭盜而死,未得成君,求之於古,則齊無知、衛州吁之類也。安得諱其名字,呼之曰王者乎?"⑦又其《世家》篇云:"至於陳勝起自群盜,稱王六月而死,子孫不嗣,社稷靡聞,無世可傳,無家可宅,而以世家爲稱,豈當然乎?"⑧又其《列傳》篇云:"如項王宜傳,而以本紀爲名,非惟羽之僭盜,不可同於天子;且推其序事,皆作傳言,求謂之紀,不可得也。"⑨劉知幾譏太史公作《秦本紀》《項羽本紀》《陳涉世家》爲不當,這與司馬貞欲降《秦本紀》《項羽本紀》爲世

① 〔清〕紀昀等著,四庫全書研究所整理:《欽定四庫全書總目》(整理本),第 616 頁。
② 〔清〕王鳴盛:《十七史商榷》卷一,第 11 頁。
③ 〔日〕瀧川資言:《史記會注考證》,太原:北岳文藝出版社,1999 年,第 5388 頁。
④ 朱東潤:《史記考索》(外二種),上海:華東師範大學出版社,1996 年,第 144 頁。
⑤ 張大可、趙生群:《史記文獻與編纂學研究》,《史記研究集成》(第十一卷),北京:華文出版社,2005 年,第 76 頁。
⑥ 白壽彝主編,瞿林東著:《中國史學史》(第三卷),上海:上海人民出版社,2006 年,第 259 頁。
⑦ 〔唐〕劉知幾著,張振珮箋注:《史通箋注》卷二,北京:中華書局,2022 年,第 52 頁。
⑧ 〔唐〕劉知幾著,張振珮箋注:《史通箋注》卷二,第 57 頁。
⑨ 〔唐〕劉知幾著,張振珮箋注:《史通箋注》卷二,第 63 頁。

家,降《陳涉世家》入列傳異曲同工,反映二人對史書編纂體例有着相同的見解。此外,《史通》屢將《史記》與《漢書》相比,有明顯的"抑馬揚班"傾向。司馬貞在《史記索隱序》及《後序》中亦將《史記》與《漢書》對比,對二者的叙事行文特點做了概括。這些都深刻地影響了後世的"班馬異同"研究。

因此現存的《史記索隱》不僅是一部注解書,同時也包含了司馬貞的史學批評觀。雖然司馬貞在注解《史記》方面的成就要遠遠大於其史學批評的成就,但在《史記索隱》一書中,二者是一個整體,不可偏廢。其"補《史記》"對於太史公的指摘或有不當,但作爲歷史存在,應當爲我們所尊重,這也是對司馬遷的尊重,是"不虛不隱"的體現。

如前所論,司馬貞《史記索隱》最大的成就在於注解方面。《索隱》長於文字音韻訓詁,對於前人注解之誤亦多辨正。此外,《索隱》還有一個長處,即引證豐富。據應三玉統計,《索隱》引通人共計 163 家,[①]遠多於《集解》的 75 家[②]和《正義》的 90 家。[③]又據程金造統計,《索隱》引書共 414 種,[④]這也是其他注家無法比擬的。司馬貞之前的《史記》注作至今多已亡佚,究其原因,或是鮮與《索隱》匹敵,從而在流傳中遭到淘汰。而《史記索隱》引書、引通人説至詳,遂成爲讀《史記》不可或缺的注解之作。蒙古中統二年(1261)段子成刊本《史記》卷首董浦《序》云:"《索隱史記》,近代號爲奇書,比之杭本多述贊一百三十篇,注字幾十五萬言,小司馬氏之學亦勤矣。慮習者未究,目爲贅辭歟,宜其熟讀《左氏》、《系本》、《國語》、《戰國策》、諸子之説,然後知《索隱》之學不妄也。"[⑤]明毛晉跋《史記索隱》單行本云:"讀史家多尚《索隱》,宋諸儒尤推小司馬《史記》,與小顏氏《漢書》如日月並炤。"[⑥]所言皆不虛。

綜上,明晰司馬貞計劃中的"小司馬《史記》"和實際成書的《史記索隱》之關係,區別司馬貞"補《史記》"與"注《史記》"兩項工作,認識二者各自不同的價值,尤其是將司馬貞"補《史記》"置於中國史學史及《史記》批評史中考察,認識其意義,既必要也重要。這是今日重新整理《史記》,正確對待紛繁的《史記索隱》版本的關鍵,也是本文立論的基礎。

二、《史記索隱》的版本形態

《史記索隱》在版本流傳上先後呈現出單行本、二家注合刻本、三家注合刻本三種形態。不同形態的《索隱》版本對於司馬貞的補作及注解的處理方式大爲不同。因此,考察不同版本形態下的《索隱》存在形式,對於今天整理《索隱》具有重要的參考意義。

---

① 應三玉:《〈史記〉三家注研究》,南京:鳳凰出版社,2008 年,第 136 頁。
② 應三玉:《〈史記〉三家注研究》,第 60 頁。
③ 應三玉:《〈史記〉三家注研究》,第 215 頁。
④ 程金造編:《史記索隱引書考實·自叙》,北京:中華書局,1998 年,第 3 頁。
⑤ 〔漢〕司馬遷撰,〔南朝宋〕裴駰集解,〔唐〕司馬貞索隱:《史記》卷首,《中華再造善本》影印中國國家圖書館藏蒙古中統二年(1261)段子成刻明修本,北京:北京圖書館出版社,2006 年。
⑥ 〔明〕毛晉:《史記索隱》卷末《跋》,中國國家圖書館藏明崇禎間毛晉汲古閣刻本。

(一)《史記索隱》單行本

在司馬貞當時,圖書多以寫本形態流傳,然而今日無由得見唐寫本《史記索隱》全帙。日本藏唐鈔本《史記集解‧殷本紀》殘卷中有兩條《索隱》注文,然亦難窺其詳。蒙古中統二年(1261)段子成刊本《史記》卷首董浦《序》云:"平陽道參幕段君子成喜儲書,懇求到《索隱》善本,募工刊行,將令學者證其違而治其闕,習其舊而知其新。"①據張玉春研究,段子成所求得之《索隱》善本爲單《索隱》本,②則宋元之際尚有《索隱》單行本行世,然其爲寫本或刻本則不能遽定。又錢泰吉《校史記雜識》云:"吳子撰言《索隱》有至元刻本,子撰既没,無從問其何氏所藏,今所見但毛氏單刻爾。"③又云:"吳君春照字子撰,嘗語余:《史記》王本、柯本雖善,惟是《索隱》《正義》删削過多,難於綴補,《正義》何夢華有精鈔本,今未知在否,《索隱》有至元刊本可據,暇日嘗校録一通。④是時吳君方佐汪小米校《漢書》,未暇及《史記》,吳君與小米相繼逝,此事遂已,惜哉!"⑤元至元間刊本《史記》唯彭寅翁本一種,此爲三家注本,諸家目録未見有至元間《索隱》單行本,吳氏所謂至元刊本恐亦非《索隱》單行之本。

現今所能見到的唯一《索隱》單行本是明末毛晉汲古閣刻本,謂之單行本乃是與將注文散附史文之下的合刻本相對而言。明崇禎間(1628—1644),毛氏汲古閣嘗彙刻《十三經》《十七史》。其中《史記》爲《集解》單注本,據卷首所記,《史記集解》刊於明崇禎十四年(1641)。毛氏《史記索隱》跋語云"晉亟正其譌謬重脱,附于裴駰《集解》之後",清莫友芝亦云汲古閣《十七史》本《史記集解》"後附司馬貞《索隱》三十卷"。⑥則毛刻《史記索隱》單行本原附毛刻《史記集解》之後,故其刊刻亦當在崇禎十四年(1641)。賀次君《史記書録》即定此本爲"明崇禎十四年毛氏汲古閣覆北宋大字本"。⑦

汲古閣本《史記索隱》六册,左右雙邊,行間有欄,半頁十四行,行二十七字,注小字雙行,行四十字。諸卷首行及末行均有"琴川毛鳳苞/氏審定宋本"篆文印記。白口,單魚尾。諸卷首頁及末頁魚尾下題"汲古閣"、小字"毛氏正本"及本卷頁碼,餘頁魚尾下題"索隱卷×"及本卷頁碼。全書共三十卷,卷一至卷廿八爲注文,首《史記集解序》注,次《史記》百三十篇注,卷廿八末尾有司馬貞自序一篇,卷廿九爲"本紀"至"世家"《述贊》,卷三十爲"列傳"《述贊》、《補史記序》及條例、《三皇本紀第二》。書末有毛晉跋語。

值得注意的是,《史記索隱》有前後兩篇序文,述此書著作之由,二家注、三家注合刻本分

① 〔漢〕司馬遷撰,〔南朝宋〕裴駰集解,〔唐〕司馬貞索隱:《史記》卷首,《中華再造善本》影印中國國家圖書館藏蒙古中統二年(1261)段子成刻明修本。
② 張玉春:《〈史記〉版本研究》,北京:商務印書館,2001年,第222頁。
③ 〔清〕錢泰吉:《甘泉鄉人稿》卷五,《續修四庫全書》第1519册,上海:上海古籍出版社2002年據清同治十一年刻光緒十一年增修本影印,第286頁。
④ "嘗",疑爲"當"字之譌。
⑤ 〔清〕錢泰吉:《甘泉鄉人稿》卷八,《續修四庫全書》第1519册,第331頁。
⑥ 〔清〕莫友芝、傅增湘:《藏園訂補郘亭知見傳本書目‧史部》,北京:中華書局,1993年,第3頁。
⑦ 賀次君:《史記書録》,北京:商務印書館,1958年,第34頁。

別題作《史記索隱序》及《史記索隱後序》。汲古閣本《索隱》自《史記集解序》始，唯卷廿八末尾有一序文，却無標題，與合刻本相對，乃是所謂《後序》，無《索隱序》。毛晉於《索隱》卷末跋云："幸又遇一《索隱》單行本子，凡三十卷，自序綴於二十八卷之尾，後二卷爲《贊述》，爲《三皇本紀》。"不提前後二序，或毛晉所得之本卷首有殘缺歟？張文虎云："錢氏警石云：'所見汲古閣單本《索隱》皆缺此序。'案：疑毛氏因已見所刊《集解》本而删之。"①然毛氏所刊《史記集解》祇《十七史》本一種，檢此本並無《史記索隱序》，張文虎所疑無據。

汲古閣本《史記索隱》有《四庫全書》翻抄本及廣雅書局翻刻本。《四庫全書》翻抄本三十卷，左右雙邊，行間有欄，半頁八行，行二十一字，注小字雙行同，單魚尾，版心魚尾上題"欽定四庫全書"，下題"史記索隱卷 ×"及頁碼。卷次與毛刻本同，末附毛晉跋語。清廣雅書局翻刻本《史記索隱》三十卷，護頁題"光緒十九年九月廣雅書局校刻"，四周單邊，行間有欄，半頁十二行，行二十五字，注小字雙行同。粗黑口，單魚尾。魚尾下題"史記索隱卷 ×"及頁碼，版心下題"廣雅書局刊"。諸卷之末題"長沙鄭業敬初校　香山何翰章覆校"。全書卷次與毛刻本同，末附毛晉跋語。此二本雖就汲古閣本翻抄翻刻，然文字並非全同。王勇謂《四庫全書》翻抄本"其與毛晉刻本在行款和文字上有相異之處"，②"廣雅書局本在翻刻《史記索隱》過程中亦偶有脱訛，這也被以其爲底本加以排印的《叢書集成》本《史記索隱》所沿誤"。③這是我們在利用《史記索隱》單行本時所要注意的。

今據毛晉汲古閣刻本《史記索隱》考察，可知其體例爲標字列注，如《經典釋文》之例，不載《史記》全文。如《五帝本紀第一》，起首大字特標"黃帝"二字，此爲史文，其下雙行小字"按有土德之瑞"云云，乃司馬貞注文。此下又出史文"少典之子""軒轅"等等，皆如此例。其所出史文，自一字至數百字不等。司馬貞作《索隱》所據之《史記》爲裴駰《集解》本，其《補史記序》云"今輒按古今，仍以裴爲本，兼自見愚管"。④故《索隱》在注解史文之外，又兼爲《集解》作注，凡此則於標字前出"注"字以爲區別。如《五帝本紀第一》標字"注丸一作凡"，小字注云"凡音扶嚴反"，此即爲《集解》作注。

汲古閣本《史記索隱》的底本來源，後人多有懷疑。毛晉於《索隱》卷末跋云："幸又遇一《索隱》單行本子，凡三十卷，自序綴於二十八卷之尾，後二卷爲《贊述》，爲《三皇本紀》，迺北宋秘省大字刊本。晉亟正其譌謬重脱，附于裴駰《集解》之後，真讀史第一快事也。"⑤據其說則汲古閣本《索隱》乃據北宋本翻刻。《四庫全書總目》之《史記索隱三十卷》提要即據此爲說。然亦有不信者。程金造以南宋黃善夫本與毛本相校，謂毛本《索隱》"有條文脱落不完者，有訛誤錯亂文義不明者，有《集解》竄入者，有在標注標字之際、注字脱落者。更有後人

①〔清〕張文虎：《校刊史記集解索隱正義札記》，北京：中華書局，2012 年，第 756 頁。
② 王勇：《明毛晉刻〈史記索隱〉研究》，南京師範大學博士學位論文，南京，2009 年，第 18 頁。
③ 王勇：《明毛晉刻〈史記索隱〉研究》，第 20 頁。
④〔唐〕司馬貞：《補史記序》，《二十五史》影印清乾隆四年（1739）武英殿刊本，第 361 頁。
⑤〔明〕毛晉：《史記索隱》卷末《跋》。

竄入之文。其體系頗爲淆亂",①"試看這種本子,其不出於北宋秘書省刊,是無所可疑的。"②但程氏考證此本源流,認爲亦非後人僞造,"從其體例規模編次文字觀之,它當是小司馬原書之本,展轉傳錄而又經後世屢亂的抄本"。③張玉春則將此本與唐鈔本、《漢書》及類書所引史文相校,亦云"毛晉所説據北宋秘本並不可信。此本完全可能同於現存的唐抄本,毛晉正是以流傳下來的唐抄本,或以唐抄本爲底本的宋抄本上版的"。④王勇以毛本與南宋孝宗乾道七年(1171)蔡夢弼刊本、淳熙三年(1176)張杅刊八年耿秉重修本、蒙古中統二年(1261)段子成刊本三種二家注本相校,發現汲古閣本《索隱》文字在《五帝本紀》至《秦始皇本紀》六卷中與耿秉本基本一致,而與其他二本差異較大;《項羽本紀》以下又與耿秉本出見較大差異,進而提出"在没有足够確證的情况下,毛晉所稱其底本爲北宋秘省大字刊本還是值得暫且予以保留的"。⑤

趙望秦、王璐通過研究汲古閣本《索隱》中的諱字,發現其中多有爲北宋諸帝避諱改字或缺筆的現象,而於南宋高宗趙構、孝宗趙眘等名諱雖以百計,但無一避諱,進而認爲"汲古閣本的底本應屬南北宋之交的一個版本,或是在宋欽宗時刻印而成,或是在北宋末刻成書版,故爲宋欽宗避諱,因國運突變,從而延至南宋初方纔刷印成書,故未及爲高宗、孝宗等避諱。"⑥這一研究立足内證,是近年關於汲古閣本《史記索隱》底本研究的重要突破。

汲古閣本《索隱》的底本來源雖然尚存爭議,但此本爲現存最早的《索隱》單行本,其他單行本皆據此本翻刻或翻抄,由此本可以考見司馬貞《索隱》原本形制,具有重要的版本及校勘價值。張文虎《校刊史記集解索隱正義札記》卷首列"毛刻單行本《索隱》",注云"今刊《索隱》多據此",⑦因此金陵本以至中華本都與汲古閣本有較深的淵源關係。今日重新校理三家注《史記》中的《索隱》注乃至史文,於汲古閣單行本《索隱》尤當重視。

(二)二家注合刻本中的《史記索隱》

《史記索隱》以其獨有的價值,對閱讀理解《史記》幫助尤大,故後人將其與《史記集解》合附。日本藏唐鈔本《史記集解·殷本紀》殘卷中有司馬貞《索隱》注兩條,賀次君由此"推知司馬貞《索隱》早在晚唐時已有合《集解》並行者矣"。⑧張玉春則謂賀氏之推論過於草率,認爲"之所以在《集解》本録《索隱》文,或許是抄寫時《集解》偶缺,以《索隱》注文爲補充,據

① 程金造:《汲古閣單本史記索隱之來源和價值》,《史記管窺》,西安:陝西人民出版社,1985 年,第 236 頁。
② 程金造:《汲古閣單本史記索隱之來源和價值》,《史記管窺》,第 236—237 頁。
③ 程金造:《汲古閣單本史記索隱之來源和價值》,《史記管窺》,第 239 頁。
④ 張玉春:《〈史記〉版本研究》,第 105 頁。
⑤ 王勇:《明毛晉刻〈史記索隱〉研究》,第 24 頁。
⑥ 趙望秦、王璐:《論〈史記索隱〉的成書及版本流傳與遞嬗關係》,《歷史文獻研究(總第 43 輯)》,揚州:廣陵書社,2019 年,第 212 頁。
⑦ 〔清〕張文虎:《校刊史記集解索隱正義札記》,第 1 頁。
⑧ 賀次君:《史記書録》,第 19 頁。

此'推知司馬貞《索隱》早在晚唐時已有合《集解》並行者'根據不足"。①賀氏之推論或失於武斷，但無論如何，《索隱》之爲人所重，在唐代已見端倪。其與《集解》合本並行，亦勢所必至。

賀次君《史記書録》云："蔡（夢弼）本不知所從出，今見北宋刊本俱無《索隱》，南宋雖有《集解》《索隱》合刻，亦未見有早於蔡本者，然則以《索隱》附入《集解》，南宋初始爲之耶？"②賀氏對二家注合刻本出現之時間尚存疑義。及至張玉春《〈史記〉版本研究》，乃明確指出刊於南宋孝宗乾道七年（1171）的蔡夢弼本"爲《集解索隱》二家注合刻本之始"。③

現今所見《史記》自六朝抄本至南宋初刻本皆爲《集解》單注本，至蔡夢弼本乃將司馬貞《索隱》散入史文及《集解》注文之下，這是《史記》版本史上的重要變化，對於《索隱》而言亦是流傳形式的重大變遷，由單行至合刻，《索隱》之内容亦發生了改易。賀次君以汲古閣《索隱》單行本與幾種合刻本相校，謂内容改易原因有三："一則今本《史記》文字與唐時傳本不同，合刻時强使配合今本，故有改易"；"二則《索隱》原爲單行，引證與《集解》或有雷同，合刻時乃去煩就簡，汰其重複，故多删節"；"三則合刻者持門户之見，不容異説，故於《索隱》舊注多有毁損。"④

如前所述，司馬貞《索隱》於注解之外，尚有《述贊》、《補史記序》及條例、《三皇本紀》。合刻本將注解散入史文及《集解》之下易於想見，其於《述贊》等"補《史記》"内容之處理則有待考察，這對於今天校理《索隱》亦有參考價值。除蔡夢弼本外，現今所知二家注本還有南宋淳熙三年（1176）張杆刊本、淳熙八年（1181）耿秉重修張杆刊本、蒙古中統二年（1261）段子成刊本、元大德九年（1305）刊本、明天順七年（1463）游明刊本、明正德九年（1514）建陽慎獨齋刊本、明正德十二年（1517）建寧官刊本。據張玉春研究，"張杆本與耿秉本屬同本"，⑤元大德本、明游明本、明慎獨齋本、明建寧官刊本皆與中統二年（1261）段子成刊本有承繼關係，⑥而蔡夢弼本、張杆本（耿秉本）、段子成本"各本均獨創二家注合刻體例，相互間不存在整體承繼關係。"⑦因此這裏選取蔡夢弼本、⑧耿秉本、⑨段子成本⑩來考察二家注本對於《索隱》中小司馬"補《史記》"内容的處理。

先看《索隱》前後序。汲古閣本《索隱》有後序，附於卷廿八之後，無前序，疑毛氏所獲

---

① 張玉春：《〈史記〉版本研究》，第 207 頁。
② 賀次君：《史記書録》，第 37 頁。
③ 張玉春：《〈史記〉版本研究》，第 214 頁。
④ 賀次君：《史記書録》，第 37—39 頁。
⑤ 張玉春：《〈史記〉版本研究》，第 337 頁。
⑥ 張玉春：《〈史記〉版本研究》，第 339 頁。
⑦ 張玉春：《〈史記〉版本研究》，第 337 頁。
⑧ 〔漢〕司馬遷撰，〔南朝宋〕裴駰集解，〔唐〕司馬貞索隱：《史記》，《中華再造善本》影印中國國家圖書館藏南宋乾道七年（1171）蔡夢弼東塾刻本，北京：北京圖書館出版社，2003 年。
⑨ 〔漢〕司馬遷撰，〔南朝宋〕裴駰集解，〔唐〕司馬貞索隱：《史記》，《中華再造善本》影印中國國家圖書館藏南宋淳熙三年（1176）張杆桐川郡齋刻八年耿秉重修本，北京：北京圖書館出版社，2006 年。
⑩ 〔漢〕司馬遷撰，〔南朝宋〕裴駰集解，〔唐〕司馬貞索隱：《史記》，《中華再造善本》影印中國國家圖書館藏蒙古中統二年（1261）段子成刻明修本。

底本有殘缺。蔡夢弼本有此二序，前序在《史記集解序》後，後序在全書一百三十卷末。耿秉本有前序，在《集解序》前，無後序。段子成本在一百三十卷末有《索隱》序一篇，然首行、末行皆漫漶不清，據内容知爲《索隱》後序，無前序。①

再看《索隱述贊》。汲古閣本《索隱》卷廿九及卷三十前半部分爲司馬貞所補作的一百三十篇《索隱述贊》。而在卷三十《補史記序》之後的條例中，司馬貞特作“爲《述贊》”一條，闡明自己重作《述贊》之緣由。蔡夢弼本、段子成本將《索隱述贊》分條散附《史記》各篇之末，將司馬貞“爲《述贊》”條例刻附《五帝本紀》卷末《索隱述贊》之後。唯耿秉本刪落《述贊》。

再看《補史記序》及條例。汲古閣本《索隱》卷三十於《述贊》之後、《三皇本紀》之前有《補史記序》及條例。蔡夢弼本將《補史記序》刻在書首，《史記索隱序》後、《史記目録》之前。段子成本將此序列在書首，《董浦序》後、《史記集解序》之前。耿秉本無此序。“補《史記》條例”共計十七條，除前舉“爲《述贊》”條例諸本（耿本除外）刻在《五帝本紀》卷末《索隱述贊》之後以外，其餘諸條三本皆散附於相關篇章之下。

再看《三皇本紀》。汲古閣本《索隱》第三十卷之末爲司馬貞所補《三皇本紀》，前題“三皇本紀第二”。蔡夢弼本列在《史記目録》之後、《五帝本紀》之前，題“三皇本紀第一上　史記一上”，然本書《五帝本紀》卷首仍標“五帝本紀第一　史記一”，未改《史記》原本次第。段子成本列在《史記集解序》之後，《史記目録》之前。耿秉本無《三皇本紀》。

以上三本中，段子成本唯闕《索隱》前序一篇，而耿秉本無《索隱》後序、《補史記序》及《三皇本紀》，值得關注。耿秉本就南宋淳熙三年（1176）張杅本重修。張杅本以蜀小字本《史記集解》合《索隱》而成，然而在合刻時張杅有意刪削，致使原書不完。淳熙八年（1181）耿秉重修本序云：

> 淳熙丙申，郡守張介仲刊《太史公書》于郡齋，凡褚少孫所續悉削去，尊正史也。學者謂非全書，懷不滿意，且病其訛舛。越二年，趙山甫守郡，取所削别刊爲一帙，示不敢專，而觀者復以卷第不相入，覽究非便，置而弗印，殆成棄物。信乎流俗染人之深，奪而正之，如是其難！然星之於月，其不侔亦昭昭矣；屏之使不得並，孰若附之其旁，則小大較然，不其愈尊乎！别以所續從其卷第而附入之，兩存其板，俾學者自擇焉。其訛謬重脱，因爲是正，凡一千九百九字，以辛丑仲秋望日畢工。澄江耿秉直之謹書。②

張杅本爲尊正史將“褚少孫所續悉削去”，則其不載司馬貞所補作的《三皇本紀》及《補史記

---

① 日本靜嘉堂文庫藏段子成本殘卷一部，存 92 卷，自《秦始皇本紀》後半部分至《太史公自序》，卷末無《索隱後序》，此書經後人重新裝裱，疑非原貌。
② 〔漢〕司馬遷撰，〔南朝宋〕裴駰集解，〔唐〕司馬貞索隱：《史記》卷首，《中華再造善本》影印中國國家圖書館藏南宋淳熙三年（1176）張杅桐川郡齋刻八年耿秉重修本。

序》不難理解。耿秉本病其不完而重修，但屬意於褚少孫補作，未及《史記索隱》，故有此憾，亦如其序言所謂"信乎流俗染人之深，奪而正之，如是其難"。

此外，二家注本中有"南宋紹興間杭州刊本"一種，① 今存殘本十卷，收入劉燕庭百衲本中。據錢泰吉《校史記雜識》、② 賀次君《史記書録》、③ 安平秋《〈史記〉版本述要》、④ 張玉春《〈史記〉版本研究》⑤ 所記，此本無《索隱述贊》。中統二年（1261）段子成刊本卷首董浦《序》云："《索隱史記》，近代號爲奇書，比之杭本多述贊一百三十篇。"⑥ 學者多據此謂劉燕庭百衲本所收十卷殘本即"杭本"，此本無《述贊》無疑。又明萬曆四年（1576）凌稚隆刻《史記評林·凡例》云："《索隱述贊》舊本大字與本文無別，故每或病而刪削之，兹刻《述贊》與古史並細書，所以別本文也。"又云："《史記》刻本自宋元迄今不下數十家，但近時見行者，杭本無《索隱述贊》，白鹿本無《正義》。"⑦ 如此，在《索隱》由單本向合刻本轉型中，司馬貞所補作的《索隱述贊》亦曾遭人爲刪削。

綜上，二家注合刻本開創了《史記》新的版本形制，對《史記》本文及《集解》《索隱》的流傳發揮了重要作用，爲讀者提供了方便。當然《史記索隱》在由單行本向合刻本轉變的過程中，不論內容還是形式都發生了重大變化，其原書次第面貌幾乎不存。蔡夢弼本、耿秉本、段子成本同爲二家注本，互不相屬，各據《史記集解》本增入《索隱》，三本對於《索隱》的處理亦基本相似。不過在合刻過程中，《索隱》文字或遭刪削，尤其是"補《史記》"部分，張杅本、耿秉本無《補史記序》及《三皇本紀》，杭本無《述贊》。但總體而言，《史記索隱》的主要內容皆得流傳，並未全没。

（三）三家注合刻本中的《史記索隱》

1. 黃善夫本

南宋初年《史記》有《集解》《索隱》二家注合刻本，厥後書賈又將《史記正義》附入，《史記》遂有三家注本。現存最早的《史記》三家注合刻本是南宋建安黃善夫本。原藏日本，共存兩部，一部爲一百三十卷本，一部爲七十二卷殘本。一百三十卷本今藏日本國立歷史民俗博物館，1996—1998 年日本東京汲古書院影印出版。七十二卷本後傳入中國，又有散佚，今存六十九卷，藏中國國家圖書館，2003 年北京圖書館出版社以《中華再造善本》影印出版。張元濟曾影印黃善夫本，收入《百衲本二十四史》。此本不記刊刻年月，日本藏書家稱"慶元本"，

---

① 題名據《史記書録》，此本避南宋孝宗諱，張玉春云"或可謂其刻於孝宗時期"，定其爲"紹興刊本"不當。
② 〔清〕錢泰吉：《甘泉鄉人稿》卷五，《續修四庫全書》第 1519 册，第 288 頁。
③ 賀次君：《史記書録》，第 42 頁。
④ 安平秋：《〈史記〉版本述要》，《古籍整理與研究》1986 年第 1 期。
⑤ 張玉春：《〈史記〉版本研究》，第 207 頁。
⑥ 〔漢〕司馬遷撰，〔南朝宋〕裴駰集解，〔唐〕司馬貞索隱：《史記》卷首，《中華再造善本》影印中國國家圖書館藏蒙古中統二年（1261）段子成刻明修本。
⑦ 〔明〕凌稚隆輯校：《史記評林》卷首，美國哈佛大學漢和圖書館藏明萬曆四年（1576）刻本。

張元濟影印此本亦稱"南宋慶元黃善夫本"，但在《校史隨筆》中又謂："宋諱避至光宗嫌名，當刊於紹熙之世。"[1]賀次君《史記書録》題爲"南宋慶元二年建安黃善夫本"，其依據是黃善夫本《漢書》目録後有牌記，知《漢書》刻於慶元二年（1196），"故知《史記》刻成亦在慶元二年"。[2]張玉春引日本學者長澤規矩也之説，謂此本刊刻當早於《漢書》，在慶元元年（1195）以前，"應刊刻於光宗紹熙（1190—1195）年間"，[3]進而研究認爲"黃善夫本以蔡（夢弼）本爲底本，首次引入《正義》，刊成三家注合刻本"，[4]因此黃善夫應當視爲三家注合刻之始。

日本國立歷史民俗博物館所藏一百三十卷本次第爲：《史記目録》《史記集解序》《補史記序》《史記索隱序》《史記正義序》《史記正義論例謚法解》《補史記　三皇本紀》《史記》一百三十卷、《史記索隱後序》。中國國家圖書館藏黃本殘卷卷次爲：《史記索隱序》、《史記正義序》、《史記集解序》、《補史記序》、《史記目録》、《補史記三皇本紀》、《史記正義論例謚法解》、《史記》六十九卷、《史記索隱後序》。國圖藏黃本卷首諸篇次第混亂，當非黃本原樣。

黃善夫本保存了《史記索隱》的前後序、《補史記序》及《三皇本紀》。此外，黃本將《索隱述贊》刻附諸卷之末，前標"索隱述贊曰"，四字爲句，句間空二字，大字同正文。將《補史記》條例散入相應各卷標題之下，空四格，前標"索隱曰"，雙行小字，視同注文處理。重作《述贊》條例"右述贊之體深所不安"云云在《五帝本紀述贊》末，爲大字。

以上可見黃善夫本除將《索隱》注解分散附於史文及《集解》之下外，又將司馬貞"補《史記》"的所有内容分散安排，未有删汰，與前代多數二家注本一致。黃善夫本爲第一部三家注合刻本，其形制也多爲後世三家注本所遵循。

2. 元彭寅翁本

彭寅翁本刻於元至元二十五年（1288），是現存宋元《史記》版本中最多的一種，共九部，分散於中國大陸、中國臺灣及日本。據張玉春、張興吉研究，此本乃據黃善夫本翻刻，故其目録次第與黃本全同。今筆者所見《日本宫内廳書陵部藏宋元版漢籍選刊》影印彭寅翁本次第爲：《史記目録》、《史記集解序》、《補史記序》、《史記索隱序》、《史記正義序》、《史記正義論例謚法解》、《三皇本紀》、《史記》一百三十卷。這一次第與日本所藏黃善夫本次第相同。但值得注意的是，彭本不見有《史記索隱後序》，其原因尚待深究。

此本《索隱述贊》刻附諸卷之末，《補史記》條例散入相應各卷標題下，重作《述贊》條例在《五帝本紀述贊》末，一如黃善夫本。

3. 明南監本

明代南京國子監刻有三家注《史記》三種：嘉靖九年（1530）張邦奇、江汝璧刊本，萬曆三年（1575）余有丁、周子義刊本，萬曆二十四年（1596）馮夢禎、黃汝良刊本。據張玉春研究，

---

① 張元濟：《校史隨筆》，上海：上海古籍出版社，1998 年，第 2 頁。
② 賀次君：《史記書録》，第 95 頁。
③ 張玉春：《〈史記〉版本研究》，第 238 頁。
④ 張玉春：《〈史記〉版本研究》，第 257 頁。

萬曆年間兩本以嘉靖本爲底本增删而成。但萬曆三年余有丁本“大量删削了嘉靖本所載三家注文，三家注所餘不及一半。又淆亂嘉靖本體例，增入宋、元、明代學者評論《史記》之語及余氏的按語，混於三家注之下，幾令讀者誤認諸文爲三家注原文”，①因此余有丁本已非傳統意義的翻刻《史記》三家注本，故此不論。

嘉靖九年（1530）南監本次第爲：《史記正義序》、《史記索隱序》、《史記索隱後序》、《補史記序》、《史記集解序》、《史記正義論例謚法解》、《史記補》目録、《史記》目録。其中《史記補》目録下列《三皇本紀》。目録後爲司馬貞所補《三皇本紀》，首行小題“三皇本紀第一上”在上，大題“史記一上”在下。卷尾末行題“三皇本紀第一上終　史記一上”。次卷爲《五帝本紀》，首行題“五帝本紀第一　史記一”。②

此本以司馬貞補《三皇本紀》與《五帝本紀》同編爲卷一，且《三皇本紀》稱“第一上”“史記一上”。張玉春謂如此處理是承元大德本體制。這樣的處理方式嘗遭後人非議，《四庫全書總目·史記提要》云：“南監本至以司馬貞所補《三皇本紀》冠《五帝本紀》之上，殊失舊觀。”③

萬曆二十四年（1596）馮夢禎、黃汝良刊本，卷首有馮夢禎“南京國子監新鎸史記序”、黃汝良“南雍重刻史記序”。其後次第與嘉靖九年（1530）本相同，唯《三皇本紀》首行及末行題“三皇本紀（空八字）史記補”，不出卷次。次“五帝本紀第一（空四字）史記一”。可見此本雖承嘉靖本而來，但不以《三皇本紀》與《五帝本紀》同卷，同中有異，或馮夢禎、黃汝良二人亦不贊同《三皇》與《五帝》同卷，但仍置於《五帝本紀》之前。④

嘉靖九年（1530）及萬曆二十四年（1596）南監本《索隱述贊》刻附諸卷之末，大字同正文，前標“索隱述贊曰”，四字一句，句間空兩字。《五帝本紀述贊》末附“右述贊之體深所不安”云云，亦大字。

《補史記》條例散入各卷標題下，前標“索隱曰”，雙行小字，與注文無異。

4. 明北監本

明萬曆二十六年（1598）北京國子監劉應秋、楊道賓刊。張玉春謂此本亦以嘉靖九年（1530）南監本爲底本翻刻。⑤

北監本篇次首《史記索隱序》，次《史記索隱後序》，次《補史記序》，次《史記集解序》，次《史記正義論例謚法解》，次《史記補目録》，次《史記目録》，次《三皇本紀》，次《史記》一百三十卷。無《史記正義序》。此本《三皇本紀》首行題“史記卷一上（空二字）三皇本紀第一上”，卷尾末行題“史記卷一上終”無小題。而《五帝本紀》首行題“史記卷一（空二字）

---

① 張玉春：《〈史記〉版本研究》，第 329 頁。
② 〔漢〕司馬遷撰，〔南朝宋〕裴駰集解，〔唐〕司馬貞索隱，〔唐〕張守節正義：《史記》，中國國家圖書館藏明嘉靖九年（1530）南京國子監刊本。
③ 〔清〕紀昀等著，四庫全書研究所整理：《欽定四庫全書總目》（整理本），第 614 頁。
④ 〔漢〕司馬遷撰，〔南朝宋〕裴駰集解，〔唐〕司馬貞索隱，〔唐〕張守節正義：《史記》，中國國家圖書館藏明萬曆二十四年（1596）南京國子監刊本。
⑤ 張玉春：《〈史記〉版本研究》，第 332 頁。

五帝本紀第一"。①此本將《三皇本紀》與《五帝本紀》俱標爲"卷一"，實承嘉靖九年（1530）南監本，而改大題在上，小題在下，一反通例，變亂舊式。

《索隱述贊》刻附諸卷之末，《補史記》條例散入各卷標題下，"右述贊之體深所不安"云云在《五帝本紀述贊》末。

5.《史記評林》本

明萬曆四年（1576）吳興凌稚隆輯校刊刻。其卷首《凡例》云："兹刻以宋本與汪本字字詳對，間有不合者，又以他善本參之，反覆讎校。"②是凌本與明柯維熊校金臺汪諒刊本有繼承關係，錢泰吉、賀次君皆信其説。

此本起首爲明茅坤《刻史記評林序》，次《史記索隱序》《史記索隱後序》《補史記序》《史記正義序》《史記集解叙》《史記正義論例》《史記正義謚法解》《史記正義列國分野》，次三皇五帝以至漢代譜系圖，次五帝至漢代國都地理圖，次《史記評林凡例》《史記評林姓氏》《史記評林引用書目》《讀史總評》，次《補史記》（另行題"三皇本紀"）、《史記評林目録》（目録不載《補史記》），以上爲第一册，第二册卷首題"史記評林卷之一"，另行低一格題"五帝本紀第一"。

其《凡例》云："小司馬氏補《三皇本紀》兹列于目録之前，以非一百三十卷之原數也。"③

《索隱述贊》刻附諸卷之末，前標"索隱述贊曰"，雙行小字，不空格。《五帝本紀述贊》末附"右述贊之體深所不安"云云，亦雙行小字。

《補史記》條例散入各卷標題下，雙行小字，與注同。

6. 清武英殿本

清乾隆四年（1739）武英殿刻本，爲詔刻《二十一史》之一。此本以明北監本爲底本，然校勘頗勤，增補大量北監本脱文，改正訛誤不計其數，與北監本不可同日而語。

此本首《御製重刻二十一史序》，次《校刻二十一史告竣進表》，次《重刻二十一史諸臣職名》，次《史記集解序》，次《史記索隱序》，次《史記索隱後序》，次《史記正義序》，次《史記目録》，次《史記》一百三十卷。司馬貞《補史記序》《補史記三皇本紀》及《史記正義論例謚法解列國分野》附全書之末，終張照《史記考證跋語》。又每卷末皆附《考證》。

《索隱述贊》刻附諸卷之末，前標"索隱述贊曰"，雙行小字，不空格。《五帝本紀述贊》末附"右述贊之體深所不安"云云，亦雙行小字。

《補史記》條例散入各卷標題下，雙行小字，與注同。

7. 日本古活字本

日本古活字本《史記》，水澤利忠《史記會注考證校補》題爲日本慶長（1596—1614）古活字傳嵯峨本八行無界本《史記》，又有八行有界本、九行无界本。此本爲日本最早之《史記》

---

① 〔漢〕司馬遷撰，〔南朝宋〕裴駰集解，〔唐〕司馬貞索隱，〔唐〕張守節正義：《史記》，日本國立公文書館藏明萬曆二十六年（1598）北京國子監刊本。

② 〔明〕凌稚隆輯校：《史記評林》卷首。

③ 〔明〕凌稚隆輯校：《史記評林》卷首。

刻本，日本多有。今所據本爲傳增湘舊藏日本東京大學東洋文化研究所藏本。

此本次第爲：《史記索隱序》《史記索隱後序》《史記正義序》《補史記序》《史記集解序》《史記正義論例謚法解》《史記目録》（目録第一卷首"三皇司馬貞補史"次"五帝"），以上第一册；第二册始《三皇本紀》，首行題"三皇本紀（空五字）補史記"，次"五帝本紀"，首行題"五帝本紀第一（空五字）史記一"。

此本《索隱述贊》刻附諸卷之末，大字同正文，前標"索隱述贊曰"，四字一句，句間空一字。《五帝本紀述贊》末附"右述贊之體深所不安"云云，亦大字。

《補史記》條例散入各卷標題下，前標"索隱曰"，雙行小字，與注文無異。

以上考察了自黃善夫本以來的七種有代表性的三家注本《史記》的卷次，從中可見三家注合刻本對於司馬貞《史記索隱》的處理。總述如次：

在《史記索隱》前後序方面，除彭寅翁本無《索隱後序》外，其他諸本皆有此二序。除黃善夫本將《索隱後序》附在卷末之外，其他諸本皆將此二序刻在卷首。

在"補《史記》"方面，諸本並存《補史記序》及《三皇本紀》。不同在於諸本對其處理方式，殿本將二者附於全書之末，他本則沿襲二家注本，置於書首。同在書首，對《三皇本紀》的處理又有不同。一是將《三皇本紀》置於目録之後、《五帝本紀》之前，但小題不標卷次，祇稱"三皇本紀"，同行大題稱"補史記"或"史記補"，《五帝本紀》仍稱"第一"。如黃善夫本、彭寅翁本、[1]日本古活字本、明萬曆二十四年（1596）南監本。但黃本、彭本及日本古活字本則於目録中將《三皇本紀》與《五帝本紀》同列在第一卷，而明萬曆二十四年（1596）南監本則於《史記目録》前另行出《補史記目録》。二是將《三皇本紀》置於目録之前，如《史記評林》本。《史記評林·凡例》云："小司馬氏補《三皇本紀》兹列于目録之前，以非一百三十卷之原數也。"[2]可見此本雖置《三皇本紀》於書首，但與殿本一樣將其視同附録。第三種處理方法與前二種大不同，以明嘉靖九年（1530）南監本爲代表，萬曆二十六年（1598）北監本踵之。此本承元大德本、明建寧官刊本，將《三皇本紀》與《五帝本紀》合爲一卷而分上下，稱"三皇本紀第一上"，這是以司馬貞補作增入《史記》原書，類似褚少孫補史，不再視爲附録。但這種編排方式並不能引起廣泛認同，反遭後人譏議。故明萬曆二十四年（1596）南監本雖以嘉靖九年（1530）南監本爲底本但對《三皇本紀》的處理則改從他本。

對於"補《史記》條例"，諸本的處理方式非常一致：將條例分散附入相應卷次的標題之下，前標"索隱曰"或"索隱"，内容爲雙行小字。這是將條例等同注文處理了。各本唯文字有異同，或散刻時偶有脱落而已。這是承襲二家注本的處理方法，未有删削。

司馬貞"補《史記》"還有一項内容，即補作《述贊》百三十篇，汲古閣單本列在二十八卷注解之後。三家注合刻亦將其分散刻入諸卷之末，前標"索隱述贊曰"或"索隱述贊"，祇

---

① 彭本有數部，編次又有不同，彭本祖黃本，目録全同，編次亦當同於黃本。其有不同者當是後人修書時重編。

② 〔明〕凌稚隆輯校：《史記評林》卷首。

是行款略有不同，一種是大字與正文同，四字一句，句間空格；一種是雙行小字，不空格。汲古閣單本於《補史記》條例末有一行特標“爲述贊”，另行“右述贊之體，深所不安”云云，述其所以補作《述贊》之由。此條實爲“補《史記》條例”之“補《述贊》條例”，諸本並刻附《五帝本紀述贊》之後，或大字或小字，此亦上承二家注本。

另外，三家注合刻本版本體系有所不同，翻刻之時或無心致誤或人爲删削，故文字之間多有差異，在《索隱》注文亦然。此皆古籍翻刻之通病，不贅。

以上分別考察了毛晉汲古閣刻單行本及二家注合刻本、三家注合刻本中的《史記索隱》形態，可以發現汲古閣本雖有訛誤，但基本保存了小司馬原本之貌。從單行本到合刻本的轉變過程中，《索隱》的存在形式頗有改易，刻書者根據自己的見解，將小司馬“補《史記》”分散全書之中，次第或有不同，但其内容基本保存下來。

三、金陵書局本對《史記索隱》的校理

清同治五年（1866）至九年（1870），金陵書局張文虎、唐仁壽在曾國藩、李鴻章支持下曾彙校衆本，刻成《史記集解索隱正義》一部，世稱“金陵書局本”。金陵本號稱“擇善而從，不主一本”。張文虎在校刊之外，撰有《校刊史記集解索隱正義札記》五卷，其跋語云：“先是嘉興錢警石學博泰吉嘗彙校各本，歷三十餘年，點畫小殊，必詳記之。烏程周縵雲侍御學濬借其本過録，擇善而從。同治五年，請於署江督蕭毅伯今相國合肥李公，以屬學博高弟海甯唐端甫文學仁壽覆校付刊。”① 又《札記》卷端記十七種版本及前人校勘記，其中八種版本爲張文虎所親校。張文虎所撰《唐端甫別傳》云：“乃重訂校例，或如舊本，或删或改，分卷互視，遇所疑難，反覆參訂。”② 可見金陵本是在前人匯校本的基礎之上參校衆本而成的，故《札記》跋語謂“新刊史文及注皆不主一本”。又據《札記》卷端，金陵本三家注各有所本，其《集解》多據毛晉汲古閣《史記集解》本，《索隱》多據汲古閣刻單行本，《正義》多據明王延喆本，因此金陵書局本《史記》是有別於前代三家注本而自成系統的新版本。當然，《史記》傳本衆多，校勘任務繁重，張文虎當時或有一個工作底本，同治八年三月五日張文虎日記云：“連日復閱《史記》諸卷，《索隱》頗與單本不合，蓋多後人改竄。今亦不能盡從單本，且書已刊成，勢難一一刊改，去其太甚者而已。”③ 似亦提示張文虎當以合刻本爲工作本，以單本校改，這樣的工作方式，文字自難盡從單本。陳正宏推測“此工作底本的底本，很可能是萬曆間刊的《史記評林》”，④ 這一可能性是極大的。

---

① 〔清〕張文虎：《校刊史記集解索隱正義札記跋》，《舒藝室雜箸　甲編》卷下，《續修四庫全書》第 1535 册，上海：上海古籍出版社 2002 年據清光緒刻本影印，第 205 頁。
② 〔清〕張文虎：《唐端甫別傳》，《舒藝室雜箸　甲編》卷下，《續修四庫全書》第 1535 册，第 221 頁。
③ 〔清〕張文虎著，陳大康整理：《張文虎日記》，上海：上海書店出版社，2001 年，第 173 頁
④ 陳正宏：《影印清金陵書局本史記序》，〔漢〕司馬遷：《史記》，杭州：浙江大學出版社 2022 年據清金陵書局本影印，第 9 頁。

　　金陵本三家注《史記》版框高 19.6 釐米，寬 14 釐米，四周雙邊，文武欄，黑口，雙對魚尾，魚尾間題"史記幾"及當卷頁碼，半頁十一行，行二十二字，注文小字雙行同。書名頁篆文題"史記集解索隱正義合刻本"，次頁有"同治五年首夏金陵書局校刊九年仲春畢工"隷書牌記。首《史記目録》，次《史記索隱序》，次《史記索隱後序》，①次《史記正義序》，次《史記正義論例》，次《史記集解序》，次《史記》一百三十卷。無《補史記序》及《三皇本紀》。

　　張文虎、唐仁壽二人皆長於校勘，又兼取前人校勘記，因此金陵本《史記》在總體質量上要遠超前代三家注合刻本，20 世紀 50 年代中華書局點校《二十四史》，其中《史記》即以金陵本爲底本，這是十分恰當的。雖然如此，金陵本並非没有遺憾，其最大問題在於張文虎對《史記索隱》的校理。

　　其一，張文虎利用汲古閣單本未洽，金陵本《索隱》仍多訛脱。張文虎《札記》自謂《索隱》多據汲古閣單行本，但如前引《張文虎日記》所云"《索隱》頗與單本不合，蓋多後人改竄。今亦不能盡從單本"，②可見金陵本未能盡得毛刻單本之善，張文虎自己亦不滿意。而汲古閣本《索隱》難稱善本，其中訛誤不可枚舉，不少又爲金陵本所沿襲。賀次君謂："又此書《索隱》全用單行《索隱》本文，而毛晉汲古閣刊單行本《索隱》錯誤特多"，"此本於《索隱》悉依單行本，且仍其錯誤，反不如合刻《索隱》之得當"，"而此本《索隱》悉從毛刻，一仍其錯奪誤衍，鮮加補正，則非擇善而從之初義矣。"③賀氏謂金陵本"全用"，"悉依"單行本，"悉從毛刻"，"鮮加補正"，言辭未免武斷，然而所反映的金陵本據單行本《索隱》而致誤的情況確是事實。趙昌文嘗以中華書局點校本爲底本，以殿本、毛刻汲古閣《索隱》單本、張元濟百衲本爲校本，對中華本的《索隱》佚文做了輯佚工作。據其統計，"版本校勘所得完全佚失的《索隱》有近百條之多"，"部分亡佚的佚文數量很多，有近三百條"。④中華本以金陵本爲底本點校，由此金陵本《索隱》之脱佚亦可見一斑。

　　張文虎在《日記》中説："今也旋校旋寫，旋寫旋刊，區區以兩人之心力，而出之以急就。予老而衰，端甫又多病，如此雖二三前輩恐亦不能任也。"⑤因此時間上的倉促及精力的不足可能是導致金陵本《索隱》仍留有不少訛誤的重要原因。

　　其二，張文虎人爲删削《索隱》。如果説金陵本利用汲古閣本有失誤還帶有版本、時間等客觀因素的話，那麼金陵本《索隱》没有司馬貞"補《史記》"的内容則完全是張文虎主觀因素所致了。《張文虎日記》云："與端甫謁節相（引者案：即曾國藩），……予請删去小司馬《述贊》及《補史記》，深以爲然，以《述贊》已刻附每篇之後，可無刻者，其《補史記》依予説删之。"⑥又《札記》云："中統、游本及合刻各本並録《補史記序》及《三皇本紀》，此在《索隱》

---

① 此《索隱後序》無篇題，此據目録及版心。
② 〔清〕張文虎著，陳大康整理：《張文虎日記》，第 173 頁。
③ 賀次君：《史記書録》，第 219—220 頁。
④ 趙昌文：《〈史記索隱〉佚文探索》，南京師範大學文學院碩士學位論文，南京，2001 年，第 6 頁。
⑤ 〔清〕張文虎著，陳大康整理：《張文虎日記》，第 106 頁。
⑥ 〔清〕張文虎著，陳大康整理：《張文虎日記》，第 159—160 頁。

之外，今删。"①可見金陵本無司馬貞《補史記》乃是張文虎有意删削所致，而其並欲删《索隱述贊》，因業已刊刻乃罷。

張文虎云"依予説删之"，然並未詳述其説。《札記》云"此在《索隱》之外"，可視爲其删削司馬貞《補史記》的理由。然而通過前文對於《史記索隱》成書及其流傳過程的考察，可知"補《史記》"和"注《史記》"是司馬貞整個著述計畫的有機組成部分，最終成書的《史記索隱》是司馬貞退而求其次的結果，"補《史記》"雖未能完成，但其部分内容仍被司馬貞收入《史記索隱》一書。司馬貞在序中亦明言此書爲三十卷，而注解的内容衹有二十八卷。因此《史記索隱》一書實際仍是"補《史記》"和"注《史記》"的共同體。歷代合刻本雖然將此書分散，但其中"補《史記》"部分除個別版本有所删削外，絶大多數版本仍予以保留，這正是將"補《史記》"和"注《史記》"視爲有機的整體來通盤考慮，也是對司馬貞的尊重。張文虎認爲"補《史記》"在"《索隱》之外"，缺乏對司馬貞著述的總體把握，進而删削，更顯隨意。司馬貞補作對於《史記》一書而言可謂畫蛇添足，但從傳承文獻及保存《史記索隱》一書的完整性來看，仍當保留。如因其爲補作，不合史公原意，則褚少孫之補作是否亦當删去？南宋張杅嘗删褚少孫補作，但數年後耿秉重修本又將其補入。據毛晉跋單行本《索隱》，明代亦有删褚少孫補作者，然爲人所病，流傳不廣，後之翻刻者又將其補足。有鑒於此，我們認爲張文虎對於《史記索隱》的處理尤其是逕删《補史記》内容有失允當。中華書局 1982 年出版的點校本《出版説明》認爲張文虎的處理方法是合理的，"所以没有把《三皇本紀》補上"，②未提到司馬貞的《補史記序》及《補史記》條例，以訛傳訛，不是現代整理者所應有的態度。

金陵本對《史記索隱》的處理亦有創新而值得推許者。如：（1）金陵本三家注往往重出，至《集解》或與《索隱》全同，此類最多，亦間有《集解》與《正義》相重者。張文虎《札記》《夏本紀》"壺口集解縣之東南"條："案：此條全同《索隱》，小司馬注本以補裝，不當相襲，蓋傳寫錯亂，今不能别，各仍之。後放此，不復記。"③汲古閣本《索隱》亦有此注，這是張文虎據單行本刻入，而兩存之。在金陵本之前的二家注本及三家注本中，此類皆不重，蓋前人合刻時即已删去《索隱》。有本别出"索隱注同"四字，算是保存《索隱》單行本的蛛絲馬迹。（2）金陵本《索隱》保存了汲古閣本所存的《史記》異文。汲古閣本標字所列的《史記》正文往往有與他本不同者，這些異文極具校勘價值。前代合刻本往往不顧《索隱》標字，甚至爲使史文與注文相合，改動《索隱》注文。金陵本遇到《索隱》標字與《史記》正文有所不同者，則於當條注文前重出《索隱》標字。此舉保存了更多的《史記》早期異文，意義重大。（3）金陵本多存古字，尤以《索隱》注爲最，這也是金陵本多據汲古閣本的證據。丁晏《史記毛本正誤》列汲古閣本古字百餘字，其他合刻本多改爲今字。

①〔清〕張文虎：《校刊史記集解索隱正義札記》，第 756 頁。
②〔漢〕司馬遷撰，〔南朝宋〕裴駰集解，〔唐〕司馬貞索隱，〔唐〕張守節正義：《史記》第 1 册，第 5 頁。
③〔清〕張文虎：《校刊史記集解索隱正義札記》，第 14 頁。

四、對金陵本的進一步完善

總體而言，金陵本是一個全新的三家注合刻本，經過張文虎、唐仁壽的精心校勘，擇善而從，成爲清末後出轉精的《史記》版本。當然，金陵本也有其不足之處。今日若以金陵本爲底本重新整理三家注本《史記》，關於《史記索隱》可以從以下幾個方面進一步完善。

（一）恢復《史記索隱》全貌，補入《補史記》序及條例、《三皇本紀》。《史記索隱》原本三十卷，前二十八卷注《史記》，第二十九、三十卷補《史記》。補《史記》部分包括《索隱述贊》《補史記序》《補史記條例》及《三皇本紀》。前代合刻本對司馬貞補《史記》部分多如是處理：將《述贊》分附《史記》一百三十卷之末；置《補史記序》於卷首，與《索隱》前後序並列；置《三皇本紀》於卷首，在《五帝本紀》之前，亦有與《五帝本紀》同卷者；《補史記條例》共十七條，"爲述贊"一條附在《五帝本紀述贊》之後，"補三皇本紀"一條附在《三皇本紀》小題下，其餘諸條亦皆散入相關篇章之中，多在小題下，或在卷中，與《索隱》注文無別。

在前代合刻本中，清武英殿本的處理稍有創新。此本對《索隱述贊》及《補史記條例》的處理一如舊本，惟將《補史記序》《三皇本紀》及張守節《史記正義論例謚法解列國分野》作爲附錄置於全書之末。張照《史記目錄考證》云："按監本此行前有三行，一曰'史記補目錄'，一曰'唐弘文館學士司馬貞著'，一曰'三皇本紀'。以補書而先正書，以唐司馬貞而先漢司馬遷，乖舛倒置。……貞之補三皇并失遷之旨矣，今依古本刊云此三行，附補書於正書之末，庶不改龍門之舊云。"[①]殿本的處理方法可以爲今人借鑒。

（二）以《索隱》單行本校三家注合刻本，改正訛字。汲古閣本《史記索隱》雖多有訛誤，但畢竟存有《索隱》原貌。其他合刻本在合刻時爲使正文與注文相合，往往擅改注文，此在《索隱》注中往往有之。今既有《索隱》單行本在，正可據以糾正他本之誤。張文虎在這一方面做了不少工作，但仍未能盡善，前文已揭。今日重理此書，可以彌補此憾。

（三）利用單本完善合刻本的體例。《史記索隱》單行本的體例是標字列注。標字形式有三類：一是重出《史記》原文，即將被釋詞列出，此類最多；二是撮舉《史記》原文，如被釋內容較多，則不全抄原文，而是標舉"某至某"，或概括一事；三是爲《集解》作注者，標字前出"注"字，如"注某某"或"注某至某"。

在合刻本中，《索隱》單本標字列注的體例不得不改變，注文逐附正文之後，單本所出標字均不另出。而《索隱》注《集解》諸條目，其標字除偶有保存外，大多刪汰。

金陵本《史記》之《索隱》注號稱多據毛刻《索隱》單本，但在體例上，仍依合刻本通例。單本標字除部分因與今本《史記》正文有異，爲存異而重出，其餘亦皆不存。《索隱》爲《集解》作注之條目，單本所出"注某某"之標字亦多不存，此種做法值得探討。金陵本對於《索隱》

---

① 〔漢〕司馬遷：《史記》，清光緒二十九年（1903）五洲同文局石印清武英殿本。

單本標字"注某某"條目的處理可分爲以下六種情況：

（1）删標字，注文前標"索隱"，附《集解》注文後。此爲大部分情況。如卷一《五帝本紀》"堯大祖也"《索隱》注"《尚書帝命驗》曰"云云，[①]單本注文前出標字"注五府"，明此條《索隱》乃爲《集解》"五府"作注。金陵本删"注五府"三字。

（2）删標字，將注文與前一條《索隱》合並，附於前條注文之後。此種情況不爲少見。如卷一〇《孝文本紀》"大横庚庚，余爲天王，夏啓以光"《索隱》注"荀悦云：'緜，抽也'"云云，[②]單本前出標字"注庚其緜文"，明此下爲注《集解》，金陵本删此標字，將注文與上"大横庚庚"條《索隱》合並，附於其後。

（3）删單本標字中"注"字，其餘標字保留。如卷二八《封禪書》"上卑耳之山"《索隱》注："《齊語》，即《春秋外傳》《國語》之書也。"[③]單本出標字"注齊語"。金陵本删標字"注"字，"齊語"二字保留。

（4）删單本標字，僅保留被釋詞。如卷四六《田敬仲完世家》"子康公貸立"《索隱》注："最音祖外反。"[④]單本注文作"音祖外反"，前出標字"注伐魯取最"。金陵本僅保留被注音字"最"，且與上條注文合並。

（5）删單本標字，另外表述。此類僅 1 條，即卷三五《管蔡世家》"乃背晉干宋"《索隱》注："裴氏引賈逵注云'以小加大'者……"[⑤]單本出標字"注以小加大"，無"裴氏引賈逵注云以小加大者"十二字。

（6）完整保留單本標字。共 14 條。如卷三〇《平準書》"居官者以爲姓號"《索隱》注："注'倉氏庾氏'，按出《食貨志》。"[⑥]"注倉氏庾氏"五字爲單本標字，金陵本保留之。

以上六種情況，除（5）（6）外，其餘四種皆宜據單本補足標字。

《史記索隱》體例原爲標字列注，一如《經典釋文》，經濟實用。注《史記》原文與注《集解》，標字有別，眉目清楚。《十三經注疏》原本亦是注疏各自單行，合刻之後，先經後注再疏，疏正文與疏注文先後有別，標字明晰。《史記》之合刻，未能如十三經合刻本體例謹嚴。前人草率從事，書賈或爲省工節財，删除標字，注史文遂與注《集解》不分，以至不知《索隱》爲何而發，鵠的何在，時或誤解。今日重整三家注合刻本，宜除此弊。

（四）删除金陵本爲出異文而新增的《索隱》注文。張文虎對於《索隱》單本標字，其與金陵本史文有不同者，則將其刻在當條《索隱》注前，以存異文。此舉保存了《索隱》單本史文標字的異文，意義很大。但有時並無《索隱》注文，爲列汲古閣本異文而别出《索隱》，此舉人爲造成了索隱條目的增多，並不恰當。如：《惠景間侯者年表》"容成"侯，汲古閣本出標

① 〔漢〕司馬遷撰，〔南朝宋〕裴駰集解，〔唐〕司馬貞索隱，〔唐〕張守節正義：《史記》卷一《五帝本紀》，第 23 頁。
② 〔漢〕司馬遷撰，〔南朝宋〕裴駰集解，〔唐〕司馬貞索隱，〔唐〕張守節正義：《史記》卷一〇《孝文本紀》，第 415 頁。
③ 〔漢〕司馬遷撰，〔南朝宋〕裴駰集解，〔唐〕司馬貞索隱，〔唐〕張守節正義：《史記》卷二八《封禪書》，第 1362 頁。
④ 〔漢〕司馬遷撰，〔南朝宋〕裴駰集解，〔唐〕司馬貞索隱，〔唐〕張守節正義：《史記》卷四六《田敬仲完世家》，第 1886 頁。
⑤ 〔漢〕司馬遷撰，〔南朝宋〕裴駰集解，〔唐〕司馬貞索隱，〔唐〕張守節正義：《史記》卷三五《管蔡世家》，第 1574 頁。
⑥ 〔漢〕司馬遷撰，〔南朝宋〕裴駰集解，〔唐〕司馬貞索隱，〔唐〕張守節正義：《史記》卷三〇《平準書》，第 1420 頁。

字"容成侯唯徐廬"，注云："縣名，屬涿郡。匈奴王降也。"金陵本將"縣名屬涿郡"五字附在侯名格"容成"下，於史文"侯唯徐廬"下別出《索隱》注："容成侯唯徐廬。"蓋金陵本史文"廬"與汲古閣本標字"廬"不同，張文虎別增一條《索隱》。又如《建元已來王子侯者年表》"繁安侯"，汲古閣本《索隱》標字作"繁安夷侯忠"，注云："表志闕。"金陵本史文與《索隱》標字不同，於是將《索隱》注"表志闕"三字置"繁安"下，而於史文"侯劉忠元年"下別出一條《索隱》注"夷侯忠"。這些實際上是以校爲注。此在表中多見。對於此類情況，應當全面核查，重新整理。

此外又有汲古閣本標字與史文相異而金陵本未出者。如：《屈原賈生列傳》"屈平屬草稾"，汲古閣本標字作"屈原屬草稾"，一作平，一作原，一作稾，一作稾。又"故憂愁幽思而作離騷"，汲古閣本標字作"而作離愬"，《索隱》注："愬，亦作'騷'。按：《楚詞》'愬'作'騷'，音素刀反。應劭云'離，遭也；騷，憂也'。又《離騷序》云'離，別也；騷，愁也'。"金陵本史文與標字不合，至使注文存有矛盾。凡此應當另外出校説明。

结　语

司馬貞"補《史記》"與"注《史記》"兩項工作構成《史記索隱》整體。二家注本以來的合刻本除個別版本外皆將《索隱》注文及補《史記》內容散入全書之中，保存了《史記索隱》的全部內容。張文虎以一己之見刪削《補史記條例》及《三皇本紀》，其出發點是維護《史記》原書，對司馬貞調整《史記》原本次第及補作的做法不以爲然。於今看來，這一理念並不高明。

司馬貞的《史記索隱》是一部完整的著作，也是最爲重要的《史記》注解著作，留傳至今實爲不易。金陵本及中華本既已將其注文及《索隱述贊》散入各篇，前後兩篇序言亦存，我們沒有理由任《三皇本紀》《補史記序》及十七條《條例》繼續散失在外。中華本是今日影響最大的《史記》版本，缺少這一部分，難稱完帙。缺少這一部分，今人亦難以窺見"小司馬"學問的全貌，對於《史記索隱》甚至《史記》的研究，也是一大遺憾。今日整理三家注本《史記》，不能以個人喜好隨意增刪原本，而應當盡力保存文獻，本着對古書、對讀者負責任的態度，提供一個更爲完善，不詿不缺的本子。惟其如此，方能"於史公可告无罪"。①

2013年趙生群先生主持修訂的《史記》點校本，已部分採納上述建議，補入司馬貞《三皇本紀》《補史記序》及《條例》，列入附錄。對於汲古閣本《史記索隱》標字中爲《集解》作注的條目，也補入了"注某某"一類的標字。但因修訂凡例所限，加之時間倉促，《索隱》注中仍存在一些細節問題，有待進一步研究處理。

（王永吉，南京師範大學文學院副教授）

---

① 〔清〕張文虎著，陳大康整理：《張文虎日記》，第106頁。

《周禮》所見王朝會盟制度考論*

吳　柱

[摘　要]《周禮》所見王朝會盟包括四種形式,分別爲時見之會、殷見之同、巡守會同、殷國會同。天子十二年一巡守,四時分巡四方,與諸侯會盟于四嶽之下,是爲巡守會同。若天子因故不能出巡,則四方諸侯分四時會集京師,天子待以賓客之禮,於城郊築壇會盟,是爲殷見之同。若天子出巡而不能遠至四嶽,則與四方諸侯齊聚畿外侯國之地,行會盟之禮,是爲殷國會同。故殷同、殷國皆是巡守會同之變禮。若諸侯有叛亂不服,或王國有政教大事,天子臨時召集諸侯於京師,行會盟之禮,是爲時見之會。故時會、殷同皆在王城,巡守、殷國皆在畿外。凡天子與諸侯會同,則謂之"大會同";若天子不能親至,授權三公與諸侯會同,則謂之"小會同"。會同又有文、武之別。凡採取軍事手段或出於軍事目的而舉行會同,則謂之"兵車之會";凡採取和平手段或出於友好目的,不用兵甲而舉行的會同,則謂之"乘車之會"或"衣裳之會"。周禮之中固有盟誓之制,且西周會盟制度無疑是春秋會盟禮的直接源頭。會同與盟誓關係密切,周禮之中,有會必有盟,有盟必有會。及至春秋之世,王綱解紐,禮壞樂崩,諸侯擅相盟會,於是有會不必有盟,有盟不必有會。此乃古今禮制變遷的常態。

[關鍵詞]　會同　盟誓　天子　諸侯　周禮

引　論

　　列國會盟是春秋時期最具時代特色的社會活動和政治活動,是各諸侯國最爲重要的外交手段和外交內容,也是考察春秋政治格局發展演變的關鍵綫索。學界迄今爲止關於上古會盟問題的研究,絕大部分都是圍繞春秋時段展開,鮮有上溯和下延者。但由於春秋時期周禮解構、社會失範,處於新舊秩序交替的過渡階段,在舊制已闕、新制未立的背景下,包括會盟在內的各種禮制往往呈現出變動、多元的特徵,導致許多現象難以得到圓滿解釋。而西周會盟禮必然是春秋會盟禮的源頭,若非基于對西周會盟禮制的認識,則不可能深刻把握春秋諸侯會盟的性質和特徵。同時,春秋會盟禮必然有西周會盟禮的延續,在文獻不足徵的情況下,若不參考春秋會盟的名物、制度和儀程,也不可能對西周會盟禮有整體的把握。唯有將二者參互比較,即其同者以求其變,即其變者以求其同,才有可能勾勒出天子、諸侯會盟禮的輪廓,并凸顯其時代演變的痕迹。

*　本文是國家社科基金一般項目"古文獻所見周王朝會盟禮制研究"（22 BZW 052）的階段性成果。

在西周宗法封建社會,會盟已經成爲一項國家制度。故《左傳》昭公十三年記載叔向云:
"明王之制,使諸侯歲聘以志業,間朝以講禮,再朝而會以示威,再會而盟以顯昭明。自古以
來,未之或失也。"①周天子與諸侯之間依靠會盟來加强聯繫、頒布政令、解决争端、穩固政權,
會盟是天子、諸侯確認政權合法性和推行政令的重要手段。鄭玄《禮記·曲禮》注云:"遇、會、
誓、盟禮亡。"②可知記載上古會盟禮的專篇文獻早已亡逸。所幸傳世經典之中,尤其是"三禮"
之中遺存了一些關於王朝會盟禮制的珍貴信息,有待加以稽考,而現代學界尚無對此作專題
研究者。清以前學者對會盟問題的研究則具有鮮明的經學烙印,研究方法和研究特點深受
其著述體例的影響。

首先,歷代"三禮"注疏構成了會盟研究的主體。如鄭玄是漢代禮學的集大成者,其"三
禮注"中對會盟禮的解説和判斷幾乎具有與經典文本同等重要的地位。唐代賈公彦《周禮
注疏》《儀禮注疏》、孔穎達《禮記正義》,以及清代孫詒讓《周禮正義》、胡培翬《儀禮正義》、
孫希旦《禮記集解》皆是"三禮"學史上的要籍,其中對會盟禮制皆有獨到見解。此外,宋元
學者注經往往擺脱漢唐,獨出機杼,所論亦有切中肯綮者。然而囿於注疏的體例,他們的解
説只能依經附傳,散見於經典文本之中,不能形成系統而集中的論述。他們的觀點需要我們
進一步梳理、提煉和分辨,他們對會盟禮的認識需要我們進一步整合和構建。整體而言,唐
人舊疏和清人新疏都以鄭玄爲宗,而清儒在具體問題的考證上更爲精審周密。

其次,對經典所載古禮進行分類整理和研究是禮學的一個分支,其中往往有對會盟禮的
專題考察,代表作有宋代陳祥道《禮書》,清代江永《禮書綱目》、秦蕙田《五禮通考》、黄以
周《禮書通故》、姜兆錫《儀禮經傳》等數種。其中《禮書》對天子諸侯會盟的位次、宫室、禮
器和盟禮有所考辨,並附圖説明。③《禮書綱目》將天子諸侯會同儀程歸納爲12個節目,而後
將相關經典原文及鄭注羅列其下,不作考論。④《五禮通考》將天子諸侯會同禮分爲會同名義、
會同告祭、會同先事戒具等15個細目,又將經典中所見盟禮、盟辭、盟官、盟牲等相關文獻加
以搜輯,並抄録漢唐以下重要注解,最後間附作者按語。⑤其徵引文獻範圍遠多於《禮書》,
考證也頗平允。《禮書通故》對會同名義、朝覲與會同之關係、會同儀程、會盟載書等一系列
問題作了具體考辨。⑥此書不作文獻搜集整理工作,只研究具體問題,其博大不如《五禮通
考》,而精當勝之。

再次,歷代學者的文集或雜著中間有對王朝會盟禮的單篇考論。如宋儒葉夢得《春秋考》

---

① 〔晉〕杜預注,〔唐〕孔穎達等疏:《春秋左傳正義》卷四六,北京:中華書局2009年據阮元校刻《十三經注疏》嘉慶刊本
　影印,第4498頁。本文凡徵引"十三經"經、注、疏皆用此本,下文不再詳注。
② 〔漢〕鄭玄注,〔唐〕孔穎達等疏:《禮記正義》卷五,第2740頁。
③ 參見〔宋〕陳祥道:《禮書》卷四一《明堂朝諸侯之位》《壇壝宫》《方明》篇,卷四二《盟詛》《珠盤》《玉敦》篇,元至正七
　年福州路儒學刻明修本。
④ 參見〔清〕江永:《禮書綱目》卷一七《會同禮》篇,清文淵閣《四庫全書》本。
⑤ 參見〔清〕秦蕙田撰,方向東、王鍔點校:《五禮通考》卷五七《盟詛》篇(第4册)、卷二二四《會同》篇(第17册),北京:
　中華書局,2020年。
⑥ 參見〔清〕黄以周撰,王文錦點校:《禮書通故》卷三〇《會盟禮通故》,北京:中華書局,2007年。

中便有對西周至春秋會盟禮制的通考,涉及會同名義、會盟制度、會與盟之關係等問題;又如清人金鶚《求古録禮説》之《會同考》對會同的名義和制度、場地和器物、位次和儀程,以及會盟祭祀等問題均有考辨。此外,如清人姚鼐《惜抱軒九經説》中有《十有二歲王巡守殷國説》,孫經世《惕齋經説》中有《會同解》,曹元弼《禮經學》中有《會同巡守禮辨》,其中亦不乏新意。

上述第一類文獻内容豐富,其弊在於散碎而不成體系。第二類文獻資料翔實,其弊在於重整理而少論斷。黄以周《禮書通故》以問題爲重心,長於考證,亦不免支離。第三類文獻數量較少,其精當者如金鶚《求古録禮説》的主要觀點已被孫詒讓《周禮正義》所吸收。總之,關於周王朝會盟禮制,學界迄無系統的研究;對於古代學者在此問題上貢獻的諸多解説,也缺乏總結和揚棄。有鑒於此,筆者試圖參稽歷代注釋和考論的成果,對此問題作專門的探討。本文即以《周禮》爲中心,系統地梳理和考察其中所載王朝會盟制度,主體内容包括九個部分,分別是:論會同名義、論巡守會同、論"時見曰會"、論"殷見曰同"、論殷國會同、論"大會同"與"小會同"、論"兵車之會"與"乘車之會"、論周禮之中有盟禮、論會與盟之關係。

需要特別交待的是,關於《周禮》的成書時代及真偽問題,自漢代便有紛爭。本文無意深入此等學術公案的討論,但既據《周禮》以論周制,則必須對此問題有一基本態度。關於《周禮》的成書,學界大致有成於周公説、成於西周説、成於春秋説、成於戰國説,成於周秦之際説、成於漢初説、成於劉歆偽造説,當下主流意見認同戰國説,而又有戰國早期説、戰國中期説、戰國晚期説、戰國法家説、戰國儒家説、戰國齊國説、戰國魏國説等等,可謂百家爭鳴。諸家各陳勝意,仍不免疑點重重,迄今並無定論。[①] 竊謂此書疑點雖多,然有三點不可疑:其一,《周禮》必爲先秦古書無疑,決非秦漢以後偽托;[②] 其二,《周禮》的編撰必爲國家行爲或政府意志無疑,決非私人撰著;[③] 其三,《周禮》的内容必有事實依據或政典參考無疑,決非憑空

---

① 有關《周禮》成書與真偽問題的學術史,可參彭林:《〈周禮〉主體思想與成書年代研究》,北京:中國社會科學出版社,1991 年;陳其泰、郭偉川、周少川編:《二十世紀中國禮學研究論集》,北京:學苑出版社,1998 年;楊天宇:《鄭玄〈三禮注〉研究·通論編》,天津:天津人民出版社,2007 年。

② 清儒汪中云:"漢以前《周官》傳授源流,皆不能詳,故爲衆儒所排。中考之,凡得六徵:《逸周書·職方解》即《夏官·職方》職文,據序在穆王之世,云'王化雖弛,天命方永。四夷八蠻,攸尊王政,作《職方》',一也。《藝文志》:'六國之君,魏文侯最爲好古。孝文時,得其樂人竇公,獻其書,乃《周官·大宗伯》之《大司樂》章旨。'二也。《太傅禮·朝事》載《秋官·典瑞》《大行人》《小行人》《司儀》四職文,三也。《禮記·燕義》,《夏官·諸子》職文,四也。《内則》'食齊視春時'以下,《天官·食醫》職文;'春宜羔豚膳膏薌'以下,《庖人》職文;'牛夜鳴則庮'以下,《内饔》職文,五也。《詩·生民》傳'嘗之日涖卜來歲之芟'以下,《春官·肆師》職文,六也。"見〔清〕汪中著,李金松校箋:《述學校箋·内篇二》,北京:中華書局,2014 年,第 177 頁。案:《周禮》多用古字,學者早已指出。《毛詩故訓傳》中多有對《周禮》内容的徵引,毛亨爲戰國末趙人,作《毛詩傳》於家,授毛萇。漢初,河間獻王得其書而獻之,以毛萇爲博士。既然毛亨之時已經援引《周禮》以注《詩經》,可見《周禮》的成書時間必然在秦漢以前。

③ 郭偉川云:"《周禮》一書涉及國家的制度和衆多的官方機構及職官名稱,其結構之龐大及内容之豐富,顯示此官書的編寫,其決策及成書的過程必定是國家行爲,而不可能是一般民間學者的著作。"此説是。見氏著《〈周禮〉制度淵源與成書年代新考》,北京:國家圖書館出版社,2016 年,第 18 頁。

杜撰。[1]因此，《周禮》即使不是西周舊典，即使未嘗真正施行過，即使摻有後人的理想建構，它仍然是藉以考察周代歷史和禮制的重要文獻，故楊向奎作《宗周社會與禮樂文明》、張亞初和劉雨作《西周金文官制研究》，皆能將《周禮》與其它傳世文獻和出土文獻溝通映證。[2]那麼，本文據《周禮》所見會盟文獻以討論周代會盟禮制，固然有其合理性與可行性。

一、論"會同"名義

"會同"一詞，《周禮》之中共出現47次。從詞彙學角度而言，它是由"會"和"同"兩個語素組成的並列結構的雙音節詞。《說文》云："會，合也。"[3]又云："同，合會也。"[4]可見"會""同"意義相通，傳統語言學稱之爲"同義連文"。而當我們在古代禮制的背景下討論"會同"的名義內涵時，問題便複雜起來。

《周禮》之中有兩個與"會同"直接相關的禮制概念，一個是"會"，又稱"時會""時見曰會"，一個是"同"，又稱"殷同""殷見曰同"，分別見於《春官·大宗伯》和《秋官·大行人》《小行人》，原文如下：

> 《大宗伯》：以賓禮親邦國：春見曰朝，夏見曰宗，秋見曰覲，冬見曰遇，<u>時見曰會，殷見曰同</u>。[5]
>
> 《大行人》：掌大賓之禮及大客之儀以親諸侯：春朝諸侯而圖天下之事，秋覲以比邦國之功，夏宗以陳天下之謨，冬遇以協諸侯之慮，<u>時會以發四方之禁，殷同以施天下之政</u>。[6]
>
> 《小行人》：賓客之禮：<u>朝、覲、宗、遇、會、同，君之禮也</u>；存、覜、省、聘、問，臣之禮也。[7]

《周禮》將朝、覲、宗、遇、會、同並舉，可知會、同有別，是兩種不同的制度。鄭玄云："時會即時見也，無常期。諸侯有不順服者，王將有征討之事，則既朝，王命爲壇於國外，合諸侯

---

① 楊天宇云："《周禮》雖非西周的作品，更非周公所作，而出於戰國人之手，但其中確實保存有大量的西周史料，只要我們善於擇別，並證以其他先秦文獻和出土資料，就可以爲我們今天研究古史、特別是西周史所使用。"見氏著《鄭玄〈三禮注〉研究》，第115—116頁。此說是。

② 可參楊向奎：《宗周社會與禮樂文明》，北京：人民出版社，1992年；張亞初、劉雨：《西周金文官制研究》，北京：中華書局，1986年。

③〔漢〕許慎撰，〔清〕段玉裁注：《說文解字注》，上海：上海古籍出版社1988年影印本，第223頁。

④〔漢〕許慎撰，〔清〕段玉裁注：《說文解字注》，第353頁。

⑤〔漢〕鄭玄注，〔唐〕賈公彥疏：《周禮注疏》卷一八，第1638頁。

⑥〔漢〕鄭玄注，〔唐〕賈公彥疏：《周禮注疏》卷三七，第1923頁。

⑦〔漢〕鄭玄注，〔唐〕賈公彥疏：《周禮注疏》卷三七，第1930頁。

而發禁命事焉。"① 又云:"殷同即殷見也。王十二歲一巡守,若不巡守則殷同。殷同者,六服盡朝,既朝,王亦命爲壇於國外,合諸侯而命其政。殷同,四方四時分來,歲終則徧矣。"② 鄭玄指出,會、同都是天子召集諸侯在王城相見,諸侯先於城内行朝覲禮,而後於城外行會見禮。不同之處在於,在性質上,"時會"是針對叛亂諸侯而舉行,故召集其他諸侯商議征討之事;"殷同"是天子巡守制度的變禮,故召集四方諸侯頒布政令。在時間上,"時會"是有事而會,無法設置固定期限;"殷同"雖然也是非常之禮,但一定是在巡守之年舉行。在規模上,"時會"諸侯的數量具有不確定性,要視叛亂形勢而定;"殷同"模仿天子巡守四方,故四方六服之諸侯俱會於王城。

據此,鄭玄認爲《周禮》凡言"會同"就是指"時會"和"殷同"二事。《春官·大宰》"大朝覲會同",《春官·典瑞》"朝覲宗遇會同于王",鄭注皆云:"時見曰會,殷見曰同。"③ 唐代賈公彦《周禮疏》繼承了鄭玄之説,也認爲"會同"的内涵就是"時會"和"殷同"兩種制度的結合。《天官·掌舍》"掌王會同之舍",賈疏云:"王會同者,謂時見曰會、殷見曰同,皆爲壇於國外,與諸侯相見而命以致禁之事焉。"④《地官·縣師》"若將有軍旅會同",賈疏云:"會同,謂時見、殷見。"⑤

然而鄭、賈之説遭到了清代學者的廣泛質疑。林喬蔭最早揭示了其中的破綻,他指出:

> 會同之禮,《掌舍》云:"掌王之會同之舍,設梐枑再重,設車宮轅門,爲壇壝宫棘門,爲帷宫設旌門,無宫則共人門。"《牛人》云:"凡會同,共其兵車之牛與其牽傍,以載公任器。"《縣師》云:"若將有會同之戒,則受法於司馬,以作其衆庶及馬牛車輦,會其車人之卒伍,皆備旗鼓兵器,以帥而至。"《稍人》云:"若有會同行役之事,則以縣師之法作其同徒輂輦,帥而以至。"《廩人》云:"凡邦有會同,則治其糧與其食。"《遺人》云:"凡會同,掌其道路之委積。"《大祝》云:"大會同,造於廟,宜於社,過大山川則用事焉。反行舍奠。"《大司馬》云:"大會同,則帥士庶子而掌其政令。"《司士》云:"凡會同,作士從。"《諸子》云:"會同賓客,作羣子從。"凡其扈從有官、有兵,其在道有次舍、有委積,其出入所經皆有告祭。若如舊説會同皆在京師,則諸侯來朝,天子未嘗外出,何以有此諸儀?⑥

鄭注、賈疏以"時會"和"殷同"釋"會同","時會"和"殷同"皆在王城舉行,那麽天子會同之時必在京師,外出亦僅至於城郊而已。但《周禮》對"會同"的記載却大量涉及遠方

① 〔漢〕鄭玄注,〔唐〕賈公彦疏:《周禮注疏》卷三七,第 1923 頁。
② 〔漢〕鄭玄注,〔唐〕賈公彦疏:《周禮注疏》卷三七,第 1923 頁。
③ 〔漢〕鄭玄注,〔唐〕賈公彦疏:《周禮注疏》卷二,第 1399 頁;卷二〇,第 1676 頁。
④ 〔漢〕鄭玄注,〔唐〕賈公彦疏:《周禮注疏》卷六,第 1455 頁。
⑤ 〔漢〕鄭玄注,〔唐〕賈公彦疏:《周禮注疏》卷一三,第 1567 頁。
⑥ 見〔清〕孫詒讓著,汪少華整理:《周禮正義》卷三四,北京:中華書局,2015 年,第 4 册第 1624—1625 頁。

之事,有徵發徒役,有兵車馬牛,有野外宿營,有糧草供應,有山川祭祀。種種迹象都表明,會同之禮絕不限於王城舉行的"時會"和"殷同"二事,林喬蔭的質疑是切中肯綮的。

那麼"會同"的内涵究竟如何? 金鶚提出了一套系統的解釋,其言曰:

> 會同之禮有四:一是王將有征討,會一方之諸侯。《周官·大宗伯》云"時見曰會",……《大行人》所謂"時會以發四方之禁"也。一是王不巡守,四方諸侯皆會京師。《大宗伯》云"殷見曰同",……《大行人》所謂"殷同以施天下之政"也。此二者皆行於境内者也。一是王巡守,諸侯會于方岳。《尚書·周官篇》所謂"王乃時巡,諸侯各朝于方岳"也。禹會諸侯於塗山亦是巡守會同。一是王不巡守而殷國,諸侯畢會於近畿,若周宣王會諸侯于東都,《詩》言"會同有繹"是也。此二者皆行於境外者也。……會、同二字,對文則別,"時見曰會""殷見曰同"是也;散文則通,"同"亦可言"會","會"亦可言"同"。總之皆曰"會同",諸侯相會亦曰"會同"。[①]

金鶚之論可以概括爲三方面:其一,名義上,當"會""同"相對而言時,它們意義有别,分别指向"時會"和"殷同",可以謂之狹義的"會同";若泛言"會同"時,它們意義相通,此時"會同"一詞涵蓋天子、諸侯一切相會之禮,可以謂之廣義的"會同"。其二,《周禮》之"會同"屬於廣義層面,包含"時會""殷同""巡守""殷國"四種情況。其三,地域上,時會、殷同皆在王城,巡守、殷國皆在王畿之外。性質上,時會是召集諸侯商議征討叛亂之事,而殷同、殷國都屬於巡守之變禮。規模上,時會、時巡均止會集一方諸侯,而殷同、殷國都是四方六服諸侯盡來。他將"巡守""殷國"納入"會同"的範疇之中,便解釋了《周禮》記載會同時涉及諸多興師動衆、遠行跋涉之事,也就解決了林喬蔭提出的質疑。其實,鄭注、賈疏也將"殷國"納入了"會同"之中,不過他們誤將"殷國"等同於"殷同",未能揭示出王畿之外的會同之禮。

在金鶚的基礎上,黄以周又提出一套新的解釋,他說:"會同之禮昉于巡狩,巡狩之外其名會同者有四:曰時會,曰殷同,曰殷國,三者皆先行朝覲而後至壇上行會同禮。《覲禮》于受覲畢即記會同,明時見、殷見、殷國之必先朝覲也。其不行朝覲而即會同者,《周官》謂之小會同。"[②]黄氏之説有兩點新意:一是認爲會同昉於巡守,其他會同形式都是根據巡守禮制定的。二是在巡守、時會、殷同、殷國之外增加了"小會同",使會同的内涵擴充爲五種。黄氏認爲一般的會同在禮儀程序上都是先行朝覲禮,後行會同禮,而"小會同"只有會同沒有朝覲。至於何種情況下取消朝覲禮而舉行"小會同",黄氏却未交代。

清儒朱大韶也强調巡守禮的特殊性,但朱氏走向了極端,認爲"會同"即是"巡守","會

---

① 〔清〕金鶚:《求古録禮説》卷一三《會同考》,光緒二年刻本。
② 〔清〕黄以周撰,王文錦點校:《禮書通故》第三○,第 1279 頁。

同”“時會”“殷同”“殷國”都止是“巡守”之别稱,巡守之外不存在其它形式的會同。[1]他的主要論據與林喬蔭、金鶚、孫詒讓等人相似,就是通過揭示《周禮》所載會同大量涉及兵車徒役、輜重糧草,從而質疑鄭注、賈疏將會同之禮限於京師王城的説法。但他武斷地否定了王城會同的存在,未能意識到會同形式的多樣性和複雜性。《周禮》多次將朝、覲、宗、遇、會、同六事並舉,足見“時會”與“殷同”有别;又《夏官·職方氏》云“王將巡守,則戒于四方”,又云“王殷國亦如之”,足見“巡守”與“殷國”有别。而朱氏一概混同之,故其説不可信。

總之,《周禮》單稱“會”是指“時會”“時見曰會”,單稱“同”是指“殷同”“殷見曰同”,而“會同”一詞實則包括“時會”“殷同”“殷國會同”和“巡守會同”四種形式,這是關於“會同”名義的基本結論。其中時會、殷同是諸侯入見天子,巡守、殷國是天子出會諸侯。今考《周禮》通常將“時會”和“殷同”並舉,將“巡守”和“殷國”並舉,説明它們兩兩之間性質接近,這是關於四者關係的基本結論。至於金鶚説殷同、殷國均是巡守之變禮,黄以周又説會同之禮皆源出於巡守,則又涉及到四者具體的禮儀制度。此處不便展開討論,下文將分別詳述之。

二、論“巡守會同”

上文討論會同名義之時,對於時會、殷同、巡守、殷國四種會同方式皆有涉及。四者之中,“時會”和“殷同”在字面意義上似乎與“會同”主題最爲貼近,故孫詒讓一度認爲時會、殷同是常禮,巡守、殷國是變禮。但自鄭玄以來,學者多主張殷同、殷國爲巡守之變禮,黄以周甚至認爲一切會同制度皆源出於巡守之禮。可見欲討論時會、殷同、殷國三者,須先對巡守會同作一番梳理。“巡守”或作“巡狩”,其義不殊。《周禮》之中“巡守”一詞共計出現 8 次:

《地官·土訓》:掌道地圖,以詔地事。王巡守則夾王車。
《地官·誦訓》:掌道方志,以詔觀事。王巡守則夾王車。
《夏官·戎僕》:掌馭戎車,掌王倅車之政。凡巡守及兵車之會亦如之。
《夏官·職方氏》:王將巡守,則戒于四方,曰:“各脩平乃守,攷乃職事,無敢不敬戒,國有大刑。”及王之所行,先道,帥其屬而巡戒令。王殷國亦如之。
《夏官·土方氏》:王巡守,則樹王舍。
《秋官·大行人》:王之所以撫邦國諸侯者,……十有二歲,王巡守、殷國。
《秋官·掌客》:王巡守、殷國,則國君膳以牲犢,令百官百牲皆具。從者,三公眂上公之禮,卿眂侯伯之禮,大夫眂子男之禮,士眂諸侯之卿禮,庶子壹眂其大夫之禮。

① 參見〔清〕朱大韶:《春秋傳禮徵》卷四,民國《適園叢書》本。

《考工記·玉人》:大璋、中璋九寸,邊璋七寸,……天子以巡守,宗祝以前馬。①

據此大致可以提煉出六點特徵:一、巡守時限爲每十二年一次;二、巡守目的是撫諸侯以安邦國;三、巡守爲天子親出遠方,公卿大夫士從者甚衆;四、巡守之前必先申誡諸侯,途經列國必敬共職守,盛禮款待;五、巡守與殷國往往並舉,可見二者性質相近;六、巡守之時兵車從行,具有軍事性質。

《周禮》之外,經典之中亦多有言及上古帝王巡守之制者。而其中尤爲切要,屢被後世學者所徵引者主要有如下五篇:

(1)《尚書·舜典》云:"歲二月,東巡守,至于岱宗,柴,望秩於山川,肆覲東后。協時月正日,同律度量衡。修五禮、五玉、三帛、二生、一死贄,如五器,卒乃復。五月,南巡守,至于南嶽,如岱禮。八月,西巡守,至于西嶽,如初。十有一月朔,巡守至于北嶽,如西禮。歸,格于藝祖,用特。五載一巡守,群后四朝,敷奏以言,明試以功,車服以庸。"②

(2)《禮記·王制》云:"天子五年一巡守。歲二月,東巡守,至于岱宗,柴而望祀山川,覲諸侯。問百年者,就見之。命大師陳詩,以觀民風。命市納賈,以觀民之所好惡,志淫好辟。命典禮,考時月定日,同律、禮樂、制度、衣服,正之。山川神祇有不舉者爲不敬,不敬者君削以地。宗廟有不順者爲不孝,不孝者君絀以爵。變禮易樂者爲不從,不從者君流。革制度衣服者爲畔,畔者君討。有功德於民者,加地進律。五月南巡守,至于南嶽,如東巡守之禮。八月西巡守,至于西嶽,如南巡守之禮。十有一月北巡守,至于北嶽,如西巡守之禮。歸,假于祖禰,用特。"③

(3)《孟子·梁惠王下》載晏嬰云:"天子適諸侯曰巡狩,巡狩者,巡所守也;諸侯朝于天子曰述職,述職者,述所職也。無非事者,春省耕而補不足,秋省斂而助不給。夏諺曰:'吾王不遊,吾何以休?吾王不豫,吾何以助?一遊一豫,爲諸侯度。'"④

(4)《孟子·告子下》云:"天子適諸侯曰巡狩,諸侯朝于天子曰述職。春省耕而補不足,秋省斂而助不給。入其疆,土地辟,田野治,養老尊賢,俊傑在位,則有慶,慶以地。入其疆,土地荒蕪,遺老失賢,掊克在位,則有讓。"⑤

(5)偽《尚書·周官》云:"六年五服一朝,又六年王乃時巡,考制度于四岳。諸侯各朝于方岳,大明黜陟。"⑥

上述文獻對巡守制度的描述互有異同,其時代背景也參差不齊。古禮茫昧,文獻闕如,

---

① 以上8例分別見〔漢〕鄭玄注,〔唐〕賈公彥疏:《周禮注疏》卷一六,第1610頁;卷一六,第1610頁;卷三二,第1852頁;卷三三,第1865頁;卷三三,第1866頁;卷三七,第1928頁;卷三八,第1945頁;卷四一,第1996頁。
② 〔漢〕孔安國注,〔唐〕孔穎達疏:《尚書正義》卷三,第268頁。
③ 〔漢〕鄭玄注,〔唐〕孔穎達疏:《禮記正義》卷一一,第2875頁。
④ 〔漢〕趙岐注,〔宋〕孫奭疏:《孟子注疏》卷二上,第5819頁。
⑤ 〔漢〕趙岐注,〔宋〕孫奭疏:《孟子注疏》卷一二下,第6004頁。
⑥ 〔漢〕孔安國注,〔唐〕孔穎達疏:《尚書正義》卷一八,第501頁。

所以歷代學者在嘗試構建上古巡守禮時，無不從中加以別擇去取，漢儒所編《白虎通義》之《巡守》篇便是融合經典傳記而成。折衷其意，大致可以概括爲四點：一、名義上，巡守是天子巡行所守之土，巡視守土之諸侯。二、目的上，是爲了威天下以行其政，祭天地以告成功。三、時限上，周禮十二年一巡守，虞夏五年一巡守。四、方式上，春夏秋冬分別巡行東南西北，四方諸侯朝天子於四嶽之下，一年而畢其事。

鄭玄對巡守禮的解説也大致是雜采上述文獻，但他有一個重要的觀點，即指出了巡守的會同屬性。《尚書·舜典》“五載一巡守，群后四朝”，孔安國注云：“各會朝于方嶽之下。”① 可知孔安國已將巡守與會同之禮聯繫起來。鄭玄在解釋“會同”名義之時，僅强調“時會”“殷同”二者，並未將巡守納入會同的範疇，實際上鄭玄是承認巡守具有會同屬性的。細審《夏官·大司馬》注云“師，所謂王巡守若會同，司馬起師合軍以從”，②《秋官·司儀》注云“合諸侯，謂有事而會也，爲壇于國外以命事。王巡守、殷國而同，則其爲宮亦如此與”，③ 此將“巡守”與“會同”“有事而會”“殷國而同”連類並舉，可見巡守與會同性質相近。又《秋官·大行人》注云“王巡守，諸侯會者各以其時之方”，④《儀禮·覲禮》注云“王巡守至于方嶽之下，諸侯會之，亦爲此宮以見之。《司儀職》曰‘將會諸侯，則爲壇三成，宮旁一門，詔王儀，南鄉見諸侯’也”，⑤ 這裏明確表示天子巡守至於方嶽之下，而後有天子諸侯相會之事，並與《周禮》“會諸侯”類比，可見巡守的核心禮儀在於方嶽會同，這也是鄭氏將“巡守”與“會同”連類並舉的根本原因。

賈公彦疏通鄭注，也進一步强調巡守與會同的共性。《司儀》疏云：“巡守就方岳爲壇，殷國就王國左右爲壇，皆如時會。”⑥《覲禮》疏云：“《司儀》云‘王合諸侯，令爲宮’，據時會而言。其巡守，據王就方嶽；殷國，此王有故不行，諸侯同來。引《司儀》者，彼此同是一事，但文有詳略。”⑦ 所謂“皆如時會”“同是一事”，是指巡守、殷國、時會皆有築宮設壇之事。而壇宮正是天子、諸侯會同之場所，可知巡守具有會同屬性。孫詒讓亦云：“《司馬法·仁本》篇云‘興甲兵以討不義，巡守省方，合諸侯，考不同’，即指巡守之會同而言也。”⑧ 在此問題上，後世學者幾無異議。

關於巡守時限，已有五年、十二年之説。鄭玄又云：“唐、虞之禮五載一巡守，夏、殷之時天子蓋六年一巡守。”⑨ 清儒秦蕙田對夏殷六年巡守之説表示質疑，云：“唐、虞巡守之期，見於

---

① 〔漢〕孔安國注，〔唐〕孔穎達疏：《尚書正義》卷三，第 268 頁。
② 〔漢〕鄭玄注，〔唐〕賈公彦疏：《周禮注疏》卷二九，第 1811 頁。
③ 〔漢〕鄭玄注，〔唐〕賈公彦疏：《周禮注疏》卷三八，第 1938 頁。
④ 〔漢〕鄭玄注，〔唐〕賈公彦疏：《周禮注疏》卷三七，第 1929 頁。
⑤ 〔漢〕鄭玄注，〔唐〕賈公彦疏：《儀禮注疏》卷二七，第 2363 頁。
⑥ 〔漢〕鄭玄注，〔唐〕賈公彦疏：《周禮注疏》卷三八，第 1938 頁。
⑦ 〔漢〕鄭玄注，〔唐〕賈公彦疏：《儀禮注疏》卷二七，第 2364 頁。
⑧ 〔清〕孫詒讓著，汪少華整理：《周禮正義》卷三四，第 4 册第 1625 頁。
⑨ 〔漢〕鄭玄注，〔唐〕孔穎達疏：《禮記正義》卷一一，第 2874 頁。

《尚書》。周巡守之期,見於《周禮》。夏、殷之制,不見於經,其云六年者,康成臆度之言耳。"①清儒方觀承却試圖論證夏殷六年説的合理性,其言云:"唐、虞'五載一巡狩',固是五年,《周禮》'又六年,王乃時巡',固是十二年。然先曰'六年五服一朝',明是六年之中五服已徧朝,此年原是六年巡狩之常期,但係夏、殷之禮,周時已不能行,故特空此一年,而後曰'又六年,王乃時巡'。是前六年雖届其期而不行,直至又六年而乃行耳。此猶唐、虞建官惟百,夏、商官倍則二百,故夏、殷六年一巡狩,周禮倍之,則又六年也。蓋唐、虞分方朝覲,群后四朝,須四年而徧,故第五年乃時巡。夏、殷既分五服,咸建五長,須五年而徧,故第六年而後時巡。此細玩經文而可得者,鄭説不爲無据也。"②方氏據僞《尚書·周官》立論,然《左傳》昭公十三年載叔向云:"明王之制,使諸侯歲聘以志業,間朝以講禮,再朝而會以示威,再會而盟以顯昭明。自古以來,未之或失也。"③學者多理解爲每年一聘、三年一朝、六年一會、十二年一盟,《尚書》孔疏認爲"六年一會"與《周官》"六年,五服一朝"相合,"再會而盟"與《周官》"又六年,王乃時巡"相合。④然則《周官》之説未必無據,而夏殷六年之説亦當存疑。

　　關於巡守之方式,據《舜典》和《王制》則是一年之内遍巡四方。但清儒姚鼐云:"一歲而徧方嶽者,唐虞之巡狩也,周則未嘗有此禮矣。何以言之?周都鎬京,固近在西嶽,其東惟泰山居齊魯國,可往而會諸侯于其下。南之衡、北之恒皆蠻夷戎狄所居,非會諸侯所也。《時邁》《般》,周巡狩詩也,所詠止河嶽之間,未嘗及遠。周公作《立政》,其時周最盛時也,而曰其'陟禹之迹,方行天下'。夫周公方以是覬乎成王,則知成王固未能及此矣,而況其後世乎?蓋其法期于一方而會四方諸侯焉耳,徧于方嶽,無是事也。鄭本雍州之伯也,而王賜祊田于泰山之下,夫亦期于一方而會四方之徵也。漢文帝時,儒者采《尚書》作《王制》,以堯舜之禮必諸後世之天子,而不知其不可行也。殆所謂俗儒不通時務者與?作僞《古文尚書》者又爲《王制》所誤,以入諸《周官》之篇,其失於周制也遠矣。"⑤姚氏認爲西周之時,西嶽近在王畿,南嶽、北嶽皆蠻荒之地,周王不可能往會諸侯。《詩》《書》所載西周巡守之事,足迹也僅至河嶽之間;鄭國本處西部,而其湯沐之邑却在泰山之下。因此,姚氏推斷周王巡守不可能遍至四嶽,應該是四方諸侯皆會於泰山之下。同時,他又質疑《王制》《周官》不可信,以爲《王制》誤據《舜典》以律後世,僞《周官》又誤據《王制》以説周禮。今核姚氏之論雖乏確證,然深知時移事變,亦頗有理致,姑存以備考。

　　關於巡守之程序,後儒頗有異議。《白虎通》云:"巡狩所以四時出何?當承宗廟,故不踰時也。"⑥言下之意,春夏秋冬巡守東南西北,是分四次出入往返。鄭玄亦云"每歸用特牛",⑦

①　〔清〕秦蕙田撰,方向東、王鍔點校:《五禮通考》卷一七八,第 13 册第 8324 頁。
②　〔清〕秦蕙田撰,方向東、王鍔點校:《五禮通考》卷一七八,第 13 册第 8324 頁。
③　〔晉〕杜預注,〔唐〕孔穎達疏:《春秋左傳正義》卷四六,第 4498 頁。
④　〔漢〕孔安國注,〔唐〕孔穎達疏:《尚書正義》卷一八,第 501 頁。
⑤　〔清〕姚鼐:《惜抱軒九經説》卷一〇,清同治刻《惜抱軒全集》本。
⑥　〔清〕陳立撰,吳則虞點校:《白虎通疏證》卷六,北京:中華書局,1994 年,第 290 頁。
⑦　〔漢〕何休注,〔唐〕徐彦疏:《春秋公羊傳注疏》卷三,第 4795 頁。

意思是每巡一方即歸京師,然後復出另巡一方,合於《白虎通》之義。然觀《舜典》《王制》行文,均是依次叙述二月東巡、五月南巡、八月西巡、十一月北巡,最後言"歸",當是歷經東南西北,周巡四方而後歸,與漢儒所説不同。南朝崔靈恩不信一年遍巡四嶽之説,以爲二月到東嶽、五月到南嶽、八月到西嶽、十一月到北嶽,路程遼遠,時間來不及。他贊同每巡一嶽即歸,但若一年之内四次往返,時間愈發不足。於是他提出:"唐虞五載巡守一嶽,二十年方遍四嶽。周則四十八年矣。"①意思是周天子每十二年一巡守,每次僅巡一嶽即歸,歷四十八年而後遍巡四方。此説駭人聽聞,學者多不置信。《尚書》孔疏云:"四巡之後乃云'歸格',則是一出而周四岳。故知自東岳而即南行,以五月至也。鄭玄以爲每岳禮畢而歸,仲月乃復更去。若如鄭言,當於東巡之下即言'歸格',後以'如初'包之,何當北巡之後始言歸乎? 且若來而復去,計程不得周徧,此事必不然也。"②《禮記》孔疏又云:"孔注《尚書》云'自東嶽南巡守,五月至',則是從東嶽而去。鄭注《尚書》云'每歸格于祖',既言每歸,似是嶽别一歸。若嶽别一歸而更去,便是路遠,無由可至。《尚書》既云'巡守四嶽',即云'五載一巡守',鄭云'每歸'者,謂每五年巡守而歸也。"③孔疏揆之文法、推之情理,以駁鄭玄"每巡一嶽即歸"之説,頗爲明晰。而又以爲鄭玄所謂"每歸",不是指每巡一方而歸,是指每一輪巡守而歸。欲爲鄭玄曲意迴護,則不免牽强。

總之,巡守是帝王巡行天下、考察諸侯、推行政令、統一法度、安邦定國之舉。周禮,十二年一巡守,天子、諸侯會於四嶽之下,行會盟之禮。春夏秋冬分巡東南西北,一年而畢。因此,巡守與會同關係密切,會同是巡守的核心儀程。這是據漢儒以來的主流説法得出的基本結論。至於十二年巡守之説、一年遍巡四嶽之説是否符合周禮,或者歷史上是否真正施行,則仍當闕疑,不宜輕下論斷。

三、論"時見曰會"

《周禮》之"會"有廣、狹二義。廣義的"會"泛指一切會同,包括時會、殷同、巡守、殷國;狹義的"會"則特指"時會"。故《小行人》將"朝、覲、宗、遇、會、同"並舉,《大行人》將"春朝、秋覲、夏宗、冬遇、時會、殷同"並舉,《大宗伯》又將"春見曰朝、夏見曰宗、秋見曰覲、冬見曰遇、時見曰會、殷見曰同"並舉(見第一節《論"會同"名義》所引《周禮》原文),可見"會"即是"時會",即是"時見曰會"。

關於"時會"制度的具體内涵,《周禮》原文可提煉四個特徵:一、時會是由天子"時見"諸侯而得名,見《大宗伯》。二、時會是君之禮,見《小行人》。三、時會是以賓客之禮接待諸侯,見《大宗伯》《大行人》《小行人》。四、時會之目的是發四方之禁,見《大行人》。在此基礎上,

---

① 〔唐〕杜佑撰,王文錦等點校:《通典》卷五四,北京: 中華書局,1988 年,第 1506 頁。
② 〔漢〕孔安國注,〔唐〕孔穎達疏:《尚書正義》卷三,第 270 頁。
③ 〔漢〕鄭玄注,〔唐〕孔穎達疏:《禮記正義》卷一一,第 2876 頁。

鄭玄對經義作了進一步的發掘：

《大宗伯》注："時見者，言無常期。諸侯有不順服者，王將有征討之事，則既朝
覲，王爲壇於國外，合諸侯而命事焉。《春秋傳》曰'有事而會，不協而盟'是也。"①

《大行人》注："時會即時見也，無常期。諸侯有不順服者，王將有征討之事，則
既朝，王命爲壇於國外，合諸侯而發禁命事焉。禁，謂九伐之法。"②

鄭注的發明主要有三方面：一是關於時會的原因和目的。《周禮》云"以發四方之禁"，
何謂"四方之禁"？鄭玄認爲是指"九伐之法"。《大司馬》云："以九伐之灋正邦國：馮弱犯
寡則眚之，賊賢害民則伐之，暴內陵外則壇之，野荒民散則削之，負固不服則侵之，賊殺其親
則正之，放弑其君則殘之，犯令陵政則杜之，外內亂、鳥獸行則滅之。"③可見"九伐之灋正邦
國"是指動用軍隊懲治悖逆亂政之諸侯。而《大司馬》又云"制軍詰禁以糾邦國"，④又云"大
合軍以行禁令，以救無辜、伐有罪"，⑤都是指組建軍隊以討伐諸侯。可見所謂"發四方之禁"
即是頒布禁令，發動軍隊。既然"時會"的目的在於發兵，那麼舉行"時會"的原因必然是出
於軍事征伐。因此鄭玄認爲"時會"是由於諸侯有不順服者，天子準備發兵征討，於是召集
諸侯於王城，舉行會同，發佈軍令。

二是關於時會的時間。天子諸侯相見之禮，多有時限規定，如《大行人》云侯服歲一見，
甸服二歲一見，男服三歲一見，采服四歲一見，衛服五歲一見，要服六歲一見，十有二歲王巡
守、殷國；又如《大宗伯》云春見曰朝，夏見曰宗，秋見曰覲，冬見曰遇；皆各有其時。但由於
"時會"是因諸侯有叛亂不服之事而臨時召集諸侯，必待事發之後，才可以與諸侯定期會同，
不是常禮所能限定。因此，鄭玄認爲時會、時見無常期，並引《左傳》"有事而會"以爲佐證。
其實，從詞義訓詁上，"時會"之"時"應當釋爲"適時""時宜"，意爲在適當之時會見諸侯。⑥
鄭玄以爲"時會"沒有固定日期，正是基於這種理解。

三是關於時會的儀程。鄭玄認爲諸侯必先於王城之內行朝覲之禮，而後於王城外築壇
行會盟之禮。此說是依據《天官・大宰》《春官・大史》《秋官・司儀》和《儀禮・覲禮》之文。《大
宰》曰"大朝覲會同"，鄭注云："大會同或於春朝，或於秋覲。"賈疏云："諸侯四時常朝不稱
'大'，今朝覲稱'大'者，諸侯爲大會同而來，故稱'大朝覲'。"⑦《大史》亦曰"大會同朝覲，

---

① 〔漢〕鄭玄注，〔唐〕賈公彥疏：《周禮注疏》卷一八，第 1638 頁。
② 〔漢〕鄭玄注，〔唐〕賈公彥疏：《周禮注疏》卷三七，第 1923 頁。
③ 〔漢〕鄭玄注，〔唐〕賈公彥疏：《周禮注疏》卷二九，第 1802—1803 頁。
④ 〔漢〕鄭玄注，〔唐〕賈公彥疏：《周禮注疏》卷二九，第 1802 頁。
⑤ 〔漢〕鄭玄注，〔唐〕賈公彥疏：《周禮注疏》卷二九，第 1811 頁。
⑥ 上古漢語"時"字用作狀語多作此解，如《論語》"學而時習之"，《孟子》"斧斤以時入山林"，《周易・坤・文言》"承天而
　時行"等。
⑦ 〔漢〕鄭玄注，〔唐〕賈公彥疏：《周禮注疏》卷二，第 1399 頁。

以書協禮事"，①可知會同必有朝覲。《覲禮》專記諸侯朝覲天子之禮，然於篇末又附記天子諸侯會盟之禮。其文云："饗禮，乃歸。"此是朝覲禮畢。而後又云："諸侯覲于天子，爲宫方三百步，四門，壇十有二尋，深四尺，加方明于其上。上介皆奉其君之旂，置于宫，尚左。公侯伯子男皆就其旂而立。四傳擯。"②既然覲禮已終，爲何又築壇以見諸侯？朝覲皆於宗廟，爲何又於壇宫見之？故鄭注云："四時朝覲受之於廟，此謂時會、殷同也。爲宫者，於國外，春會同則於東方，夏會同則於南方，秋會同則於西方，冬會同則於北方。方明者，上下四方神明之象也。會同而盟，明神監之，則謂之天之司盟。王既揖五者，升壇，設擯，升諸侯以會同之禮。"③可知鄭玄認爲《覲禮》篇末所記乃是天子會盟之禮，而會盟禮緊接朝覲禮之後，又可知會盟之前必有朝覲。此外，朝覲禮於國内宗廟舉行，會盟禮則於郊外築壇舉行，《司儀》可以互證。其文云："將合諸侯，則令爲壇三成，宫，旁一門。詔王儀，南鄉見諸侯。"鄭注云："合諸侯，謂有事而會也。爲壇于國外，以命事。宫謂壝土以爲牆處，所謂爲壇壝宫也。"④《司儀》之"合諸侯"即對應《覲禮》之"諸侯覲于天子"，《覲禮》之"爲宫方三百步，四門，壇十有二尋"即對應《司儀》之"爲壇三成，宫，旁一門"。兩兩對比，文義可以互補，鄭玄之説即源出於此。

後世學者多宗鄭注，有所引申和補充，同時也有分歧和爭議。

首先，關於時會的成員與規模，鄭玄未有涉及。南朝梁皇侃則云："周禮，六服各隨服而來，是正朝有數也。而時見曰會，此無常期，諸侯有不庭服者，王將有征討之事，則因朝竟，王命爲壇於國外，合諸侯而發禁，亦隨其方。若東方不服，則命與東方諸侯共征之。此是'時見曰會'也。"⑤據皇侃之説，叛亂諸侯在某方，則天子會同此方其餘諸侯而征討之，故時會的規模限於一方諸侯。此説一出，後世奉爲定論。賈公彦疏云："假令一方諸侯，或一國或五國謀叛不順，王命餘諸侯並來，并兵衆而至，一則自明服，二則助王討之。"⑥《禮記》孔疏亦云："時見曰會者，若諸侯有不服者，王將有征討之事，若東方諸侯不服則與東方諸侯共討之，若南方諸侯不服則與南方諸侯共討之，諸方皆然。"⑦

其次，關於時會的原因和目的，鄭注專就征討叛亂諸侯而言。宋儒劉安節則云："若夫王國有可議之政，侯方有不寧之變，於是將合諸侯而命事焉。苟俟四時之朝而後圖之，則失事之幾矣。於是爲壇於國門之外而集四方之諸侯，以施政教，以行禁令，以命征伐，以修詛盟。是皆出於一時之事而非諸侯之常禮者也。會之爲義，言會諸侯而歸於一也。"⑧劉氏一方面强調王國有可議之政，故合諸侯以施政教；一方面强調侯國有不寧之變，故合諸侯以命征伐。

① 〔漢〕鄭玄注，〔唐〕賈公彦疏：《周禮注疏》卷二六，第 1765 頁。
② 〔漢〕鄭玄注，〔唐〕賈公彦疏：《儀禮注疏》卷二七，第 2363—2364 頁。
③ 〔漢〕鄭玄注，〔唐〕賈公彦疏：《儀禮注疏》卷二七，第 2363—2364 頁。
④ 〔漢〕鄭玄注，〔唐〕賈公彦疏：《周禮注疏》卷三八，第 1938 頁。
⑤ 〔晉〕何晏注，〔梁〕皇侃疏，高尚榘校點：《論語義疏》卷六，北京：中華書局，2013 年，第 292 頁。
⑥ 〔漢〕鄭玄注，〔唐〕賈公彦疏：《周禮注疏》卷三七，第 1924 頁。
⑦ 〔漢〕鄭玄注，〔唐〕孔穎達疏：《禮記正義》卷五，第 2740 頁。
⑧ 〔宋〕劉安節：《劉左史文集》卷二《時見曰會》，乾隆四十四年抄本。

以爲"時會"兼具施政與征伐兩種内涵,而且是會集四方諸侯,不僅限於一方。此説與各家不同,當是據《大行人》"時會以發四方之禁,殷同以施天下之政",而將"時會""殷同"合併解説。考鄭注引《司馬法》云:"時以禮會諸侯,施同政;殷以禮宗諸侯,發同禁。"①可見《大行人》與《司馬法》對於時會、殷同之目的表述恰好互换,若非傳抄有誤,合理的解釋就是互文手法。也就是説,時會之目的既有發禁,又有施政;殷同之目的也既有施政,又有發禁。故賈公彦亦云:"'《司馬法》……時會言施同政,殷同言發同禁,二者與此不同者,欲見二者更互而有,故不同也。"②所謂"二者更互而有",便是承認互文手法。

再次,關於時會之儀程,是否所有參會諸侯都要先朝而後會?賈公彦云:"諸侯有不當朝歲者,則就國外壇朝而已,是以《司儀》與《觀禮》有壇朝之法。若諸侯來者次當朝之歲者,則於國内依常朝之法,既朝,乃向外就壇,行盟載之禮也。"③意思是,諸侯朝覲之年本有定期,而時會乃是臨時召集,若時會之年恰逢朝覲之年,則須先朝而後會,若時會之年不當朝覲之年,則無須朝覲於廟,直接朝會於壇。而鄭玄並無此説。今推賈氏之意,大概是據《大行人》記載六服諸侯朝見天子皆須繳納貢賦,侯服貢祀物,甸服貢嬪物,男服貢器物,采服貢服物,衛服貢材物,要服貢貨物。宗廟朝覲之時,有三享之禮,即諸侯分三次進獻物産、珍寶於天子。如果參加時會的諸侯不當朝覲之年,或不久之前已行朝覲之禮,而此番時會之朝覲又要三享致獻,則諸侯恐怕不能承受如此繁重的貢賦。且天子以征伐之事召集諸侯,固已勞師動衆,若又頻繁求取貢賦,亦不合於情理。故賈氏認爲時會之諸侯先朝而後會,僅適用於當朝覲之期者,不可謂無理。筆者推測,諸侯既至京師,不可能止於城郊會盟而已,君臣之禮不可廢,則必有宗廟朝覲之事。但因時會而朝覲,目的在於會同,與朝、覲、宗、遇之常禮不同,則朝覲之禮當有簡略,不應有重複享獻之儀。

又次,先朝於廟、後會於壇是否要舉行兩次朝覲禮?《秋官・司儀》云:"將合諸侯,則令爲壇三成,宫,旁一門。詔王儀,南鄉見諸侯,土揖庶姓,時揖異姓,天揖同姓。及其擯之,各以其禮,公於上等,侯伯於中等,子男於下等。其將幣亦如之,其禮亦如之。王燕,則諸侯毛。"④此爲王城之外築壇會同之事,然而文末曰"其將幣亦如之,其禮亦如之",鄭注云:"諸侯各於其等奠玉,既乃升堂,授王玉。將幣,享也。禮,謂以鬱鬯祼之也。皆於其等之上。"⑤似乎是指壇上會同之時亦有將幣三享和禮祼之事。而諸侯三享以及天子禮祼諸侯皆是朝覲之禮,故孫詒讓云:"時會、殷同並先朝國中,後朝於壇,則有兩次將幣,其致享及禮祼亦然。"⑥據此,則時會之朝於廟、會於壇,將重複朝覲之禮。清儒金鶚力駁此説,其言曰:

① 〔漢〕鄭玄注,〔唐〕賈公彦疏:《周禮注疏》卷三七,第1923頁。
② 〔漢〕鄭玄注,〔唐〕賈公彦疏:《周禮注疏》卷三七,第1924頁。
③ 〔漢〕鄭玄注,〔唐〕賈公彦疏:《周禮注疏》卷三七,第1924頁。
④ 〔漢〕鄭玄注,〔唐〕賈公彦疏:《周禮注疏》卷三八,第1938—1939頁。
⑤ 〔漢〕鄭玄注,〔唐〕賈公彦疏:《周禮注疏》卷三八,第1939頁。
⑥ 〔清〕孫詒讓著,汪少華整理:《周禮正義》卷三四,第4册第1631頁。

鄭注《大宗伯》云:"時會、殷同,既朝覲,然後爲壇于國外以命政事。"此説是也。蓋四方諸侯陸續而來,來即當入覲,其覲必在廟矣。《周官·大宰》云"大朝覲會同,贊玉幣、玉獻、玉几、玉爵",注云:"王朝諸侯,立依前,南面。"是鄭亦謂會同奠玉、享幣、王禮在廟也。《司几筵》云"大朝覲,王位設黼依",尤其明證矣。乃注《司儀》謂奠玉、享幣、王禮皆在壇,又何自相矛盾邪?

蓋以《司儀》將幣、王禮文承"公于上等,侯伯于中等,子男于下等",故云然耳。殊不思其下文云"王燕則諸侯毛",豈燕亦在壇邪? 燕不在壇,則將幣、王禮亦不在壇可知也。夫會同必于壇者,所以祀方明、發禁令、讀盟約也,豈于此行覲禮哉? 奠玉、享幣,覲禮之事;王禮以祼鬯,覲後饗賓之事。安得行于壇上乎?《家語》言齊侯欲享魯君,夫子辭之,以爲"犧象不出門,嘉樂不野合,齊侯乃止"。可知壇上必無將幣、禮賓之事也。若夫巡守會同則奠玉、行享于四岳明堂,殷國會同當在洛邑明堂,亦不于壇也。《司儀》所謂"將幣亦如之,其禮亦如之"者,謂覲享之時亦以爵命差爲三等,公在前,侯伯次之,子男在後也。①

金氏以爲,鄭玄於《大宗伯》注和《大宰》注云會同之朝覲在廟,而於《司儀》注又云會同之朝覲在壇,遂斥其前後矛盾。金氏主張會壇之上不行朝覲之禮,並從三方面展開論證:其一,《司儀》所謂"其將幣亦如之,其禮亦如之",是就會禮之前的宗廟朝覲而言,指公侯伯子男之位次分爲三等,亦如會禮之時。猶如下文"王燕,則諸侯毛"是就會禮之後天子宴饗諸侯而言,皆非壇上之事。鄭玄將其連讀,是誤解《司儀》行文體例。其二,築壇會同之目的在於祀方明、發禁令、讀盟約,而授玉、三享、祼鬯之禮均不得行於壇上。包括巡守會同、殷國會同之朝覲皆於明堂舉行,亦不於壇上。其三,《孔子家語》記載齊侯欲在會盟之地享禮魯侯,孔子以古禮"犧象不出門,嘉樂不野合"而拒辭之,可見朝覲之禮必不能於郊外會壇舉行。筆者以爲,廟朝與壇會相繼舉行,會禮雖不能詳知,却没有重複朝覲的道理和必要,且諸侯亦不可能爲一次時會而準備兩輪三享之貢賦。因此,時會之制,於宗廟行朝覲禮,於壇宮行會盟禮,不存在反復朝覲之事,也不存在兩次將幣、致享和祼鬯之禮。金鶚之説實較先儒爲允。

以上諸説雖不無分歧,大體上仍是鄭注一脉。但學術史上猶有另外一脉説法,在對"時會"的解釋上與鄭注迥異。《左傳》昭公十三年,晉大夫叔向曰:"明王之制,使諸侯歲聘以志業,間朝以講禮,再朝而會以示威,再會而盟以顯昭明。講禮於等,示威於衆,昭明於神。自古以來,未之或失也。"②杜預認爲,歲聘是年年聘,間朝是三年一朝,再朝而會是六年一會,再會而盟是十二年一盟。凡八聘、四朝、二會,而後天子巡守,盟於方嶽之下。僞《尚書·周官》亦云:"六年,五服一朝;又六年,王乃時巡,考制度于四岳,諸侯各朝于方岳,大明黜陟。"③於

---

① 〔清〕金鶚:《求古録禮説》卷一三《會同考》。
② 〔晉〕杜預注,〔唐〕孔穎達疏:《春秋左傳正義》卷四六,第 4498 頁。
③ 〔漢〕孔安國注,〔唐〕孔穎達疏:《尚書正義》卷一八,第 501 頁。

是遂有學者據《左傳》的"再朝而會"和《尚書》的"六年五服一朝"以解釋《周禮》的"時見曰會"，認爲"時會"是六年一會。首倡此説者是唐孔穎達主編的《五經正義》：

> 《左傳正義》云："《尚書·周官》曰：'六年五服一朝，又六年王乃時巡，考制度于四岳，諸侯各朝于方岳，大明黜陟。'如彼文，六年，五服諸侯一時朝王，即此'再朝而會'是也。此傳之文與《尚書》正合。《大宗伯》云'時見曰會，殷見曰同'，……鄭以時見無常期者，出自鄭之意耳，非有明文可據也。殷見是此再會而盟，時見當此再朝而會，未必即如鄭説時見爲無常期也。蓋此傳及《尚書》是正禮也。"[1]
>
> 《尚書正義》云："時見、殷見不云年限，'時見曰會'何必不是'再朝而會'乎？'殷見曰同'何必不是'再會而盟'乎？周公制禮若無此法，豈成王謬言、叔向妄説也？"[2]

若據孔疏所言，則"時會"之期限爲六年一會，並非鄭玄所説會無定期；"時會"既有定期，則屬於常規禮制，並非鄭玄所説因諸侯叛亂而臨時召集；"時會"之目的爲示威於衆，並非鄭玄所説商議征伐之事；"時會"之成員爲四方五服諸侯畢至，規模與巡守相當，並非皇侃、賈公彦所説限於一方諸侯。如此一來，孔疏幾乎全盤否定了鄭注、賈疏對"時會"的解釋。

孔疏此説亦不乏繼踵者，如宋儒劉敞云："時見者，同時而見，《周官》所謂'六年五服一朝'者也。"[3]劉氏將"時"解釋爲"同時"，進一步佐證了時會的規模是四方諸侯俱至。宋儒葉夢得亦云："《周官》言'六年五服一朝，又六年王乃時巡，諸侯各朝于方岳'，周制也。……五服以次朝五年，其六年，合五服之諸侯皆朝于王，此《周禮》所謂'時見曰會'者也。又六年，五服各朝五年，其六年王不巡守，則諸侯盡朝王國，此《周禮》所謂'殷見曰同'者也。若是，則巡守在十二年之内。以六年王乃時巡推之，可以知前言'六年五服一朝'者，其一年爲時見之會。先儒解'時見曰會'，以謂來無常期，諸侯有不順服者，因其朝覲，爲壇於國外，合諸侯而命以征伐之事，引《左氏》'有事而會'爲證。此惑于'時見'之名而不知以《書·周官》參考。夫'有事而會'豈周承平之常制哉？……夫天下亦大矣，每一有不然則合諸侯以爲之，不亦大勞矣乎？必有大不庭、不虞不可以待者，然後以非時合諸侯，而不以爲常，此所以通謂之'時見'，猶之言'時聘'者。先儒但聞其説而不知其爲六年之節，所以誤也。"[4]

孔氏、劉氏、葉氏皆引經傳爲證，似乎足以抗衡鄭注、賈疏，但後世學者多不置信，紛紛起而駁之。宋陳祥道云："晉叔向曰：'明王之制，歲聘以志業，間朝以講禮，再朝而會以示威，再會而盟以顯昭明。'先儒以爲間朝在三年，再朝在六年，再會在十二年，而再朝、再會之年適與

---

[1]〔晉〕杜預注，〔唐〕孔穎達疏：《春秋左傳正義》卷四六，第4499頁。

[2]〔漢〕孔安國注，〔唐〕孔穎達疏：《尚書正義》卷一八，第501頁。

[3]〔宋〕劉敞：《七經小傳》卷中，《四部叢刊續編》影印宋刊本。

[4]〔宋〕葉夢得：《春秋考》卷二，清武英殿《聚珍版叢書》本。

《書》合,則叔向以爲明王之制乃周制也。然周三年一朝,男服之禮耳。叔向之言特爲男服而發,何耶?考之《周禮》'諸侯春入貢,秋獻功',此之謂'歲聘'。服之見有歲,方之見有時,此之謂'間朝'。朝有常歲,而會盟無常期,故有事而會,不協而盟。《司盟》'邦國有疑會同,以掌其盟約之載',則會固疏於朝,而盟又疏於會,此所以言'再朝而會,再會而盟',非謂會必六年,盟必十二年也。然則六年盡朝於京師與'有事而會'者異矣。"①

清王鳴盛云:"《書》之'五服一朝'與《周禮》'侯服歲一見'以下並無二法,而孔疏強分之。《左傳》'歲聘間朝,再朝而會,再會而盟'與《書》之'六年一朝'並非一法,而孔疏強合之。《書》言'六年五服一朝'者,謂六服遠近六年而徧,非謂五服盡朝也。且男之于采,采之于衛,相距各五百里,其遠近不等,故有三歲、四歲、五歲之限。……周之諸侯各依服數來朝,並無六年一朝之事。愚謂叔向之言但泛述明王之制,而許慎直以爲周禮,已未足信,況曰會、曰盟豈定是朝?再朝、再會亦未明言幾年,服虔、賈逵以爲朝天子之法,崔氏以爲朝霸主之法,眾説紛紛,迄無定論。而鄭康成直以爲説無所出,不知何代之禮。穎達傅會爲與《周官》相當,豈可爲據?至《大行人》所云'見'者,即《大宗伯》春見、夏見之見,明係朝之正禮,今欲伸《周官》而強指爲因貢而見之變禮。《大宗伯》所云'會同'者,即《大行人》所謂'時會殷同',明係在朝、宗、覲、遇外之變禮,今欲牽合《周官》而強指爲朝之正禮。此皆紕繆之尤者。"②

孔穎達、葉夢得據《左傳》和《周官》立論,陳氏、王氏便重新解釋《左傳》叔向之語和《尚書·周官》之説,乃釜底抽薪之法。《周禮·大行人》云侯服年年朝,甸服二年一朝,男服三年一朝,采服四年一朝,衛服五年一朝,要服六年一朝,而《左傳》云諸侯三年一朝,爲何專言男服之禮而不顧其餘?若《左傳》不誤,則是後人解説《左傳》之誤。故陳祥道認爲《左傳》之"歲聘""間朝""再朝""再會"並非一年、三年、六年、十二年之期,而是指在時限上,朝禮疏於聘禮,會禮疏於朝禮,盟禮又疏於會禮而已,不必待六年、十二年才有會盟。王鳴盛則認爲,《大行人》云侯、甸、男、采、衛、要六服諸侯依次而朝,每隔六年則六服遍朝,完成一個輪迴。而《尚書·周官》"六年五服一朝"正是此意,所謂"五服一朝"不是指五服諸侯全部同時來朝,而是指五服諸侯完成一輪朝覲。加之《左傳》叔向所説不知是何代之禮,"間朝""再會"也未明確表示幾年之期,孔穎達附會《周官》之"六年五服一朝"和《周禮》之"時見曰會",不可信據。如此一來,便無所謂"六年一會"之禮了。

其實孔氏、葉氏"六年一會"之説可疑之處甚多。其一,《尚書·周官》爲晚出之僞古文,未可定爲周禮。其二,若"時會"爲六年一會,則"時"字不可解。葉氏云時會以六年爲節,又説時會是以不時合諸侯。既然期限有定制,則是"有時",又豈能謂之"不時""非時"?既云"必有大不庭、大不虞、不可以待者"然後舉行時會之禮,又豈能固守六年一會之期限?凡

① 〔宋〕陳祥道:《禮書》卷三九,元至正七年福州路儒學刻明修本。
② 〔清〕王鳴盛撰,張連生等點校:《蛾術編》卷六九《虞夏商周朝禮》,北京:中華書局,2010 年,第 1459—1460 頁。

此皆自相矛盾。其三,葉氏云"有事而會豈是周承平之常制哉",言下之意,《周禮》是太平之書,不應有諸侯叛亂與天子征伐之事,此更屬迂腐之見。若無征伐之事,《大司馬》何以有九伐之法,即所謂"馮弱犯寡則眚之,賊賢害民則伐之,暴內陵外則壇之,野荒民散則削之,負固不服則侵之,賊殺其親則正之,放弒其君則殘之,犯令陵政則杜之,外內亂、鳥獸行則滅之"者? 若無此恃强凌弱、兼併侵吞、弒君殺親、負固不服之事,何以周初封國一千七百餘,至春秋之時見於經傳者僅百餘國? 因此,"六年一會"之説恐不足信。

總之,"時見曰會"是因諸侯有叛亂不服之事,天子臨時召集諸侯而商議軍事征討。諸侯會集於京師,一方面自表忠心,一方面助王征討。天子以賓客之禮接待來會諸侯,先於宗廟行朝覲之禮,而後於城外築壇,行會盟之禮。會壇之上,天子發佈禁令,與諸侯相約起兵。"時會"意爲適時而會、及時而會、有事而會,是非常之禮,故時限上無定期。這是我們對於天子、諸侯時會制度的基本看法。

四、論"殷見曰同"

"殷見曰同"簡稱"殷同"或"同",在《周禮·大宗伯》《大行人》《小行人》中是與"時見曰會""時會""會"成對出現的概念(見第一節《論"會同"名義》所引《周禮》原文)。關於"殷同"制度的具體內涵,《周禮》原文也有四點關鍵信息:一、殷同是由天子"殷見"諸侯而得名,見《大宗伯》。二、殷同是君之禮,見《小行人》。三、殷同是以賓客之禮接待諸侯,見《大宗伯》《大行人》《小行人》。四、殷同之目的是施天下之政,見《大行人》。

雖然"時會"和"殷同"在經典之中往往連類並舉,且都是天子以賓客之禮與諸侯相見,然而論及"殷同"制度的名義、性質、禮儀、內涵諸問題時,則會發現"殷同"與"巡守""殷國"之關係尤爲密切。正因如此,對於殷同制度的探討,重在釐清上述四者之區別與聯繫。鄭玄基於對《周禮》原文之理解和貫穿,加以個人的推論,較爲系統地提出了對"殷同"制度的看法:

> 《大宗伯》鄭注:"殷,猶衆也。十二歲,王如不巡守,則六服盡朝。朝禮既畢,王亦爲壇,合諸侯以命政焉。所命之政如王巡守。殷見,四方四時分來,終歲則徧。"[1]
> 《大行人》鄭注:"殷同即殷見也。王十二歲一巡守,若不巡守則殷同。殷同者,六服盡朝,既朝,王亦命爲壇於國外,合諸侯而命其政。政謂邦國之九法。殷同,四方四時分來,歲終則徧矣。"[2]

---

[1] 〔漢〕鄭玄注,〔唐〕賈公彦疏:《周禮注疏》卷一八,第 1638 頁。
[2] 〔漢〕鄭玄注,〔唐〕賈公彦疏:《周禮注疏》卷三七,第 1923 頁。

鄭注對經義的發掘涉及諸多方面,概括而言,可得七點:一、名義上,"殷"訓爲"衆",衆多諸侯前來會同則謂之"殷同"。二、性質上,殷同是巡守之變禮,是巡守制度在京師的翻版。三、目的上,殷同是合諸侯而命政,所命之政與巡守相同,又云即《大司馬》之"邦國九法"。四、時限上,遵循十二年一巡守之節度,但由於天子巡守與否不可定,故殷同亦無常期。五、成員規模上,四方六服諸侯皆至,照應"殷"之名義。六、方式上,四方諸侯分四時而來,歷時一年而畢其事。七、儀程上,諸侯先朝覲於宗廟,而後會同於壇宮,如時會之禮。

據經文和鄭注所言,殷同制度好似巡守與時會的綜合。一方面,諸侯齊聚王城,天子待以賓客之禮,先行朝覲禮於城内宗廟,再行會同禮於城外壇宮,此皆與"時見曰會"相同。一方面,殷同以十二年爲節度,四方諸侯分四時朝見天子,天子因以施政於天下,此皆與"巡守會同"一致。但就其本質而言,殷同是與巡守互補之制。後世學者大體以鄭注爲本,而在殷同的性質、方式、目的等方面不乏新解,下面撮要述之。

首先,關於殷同之性質,賈公彦有一重要創見,認爲"殷同"即是"殷國"。《大宗伯》疏云:"《大行人》云:'十二歲,王乃巡守、殷國。'若王無故,則巡守,《王制》及《尚書》所云者是也。若王有故,則此云'殷見曰同'及《大行人》云'殷國'是也。云'殷同'者,六服衆皆同來。言'殷國'者,衆來見於王國。其事一也。"[1]《大行人》疏亦云:"鄭必知王不巡守即行殷同者,下文云'十有二歲,王巡守、殷國',殷國與巡守連文,明同是十二歲。若王巡守,何須殷同?明不巡守乃殷同也。"[2]《掌客》疏又云:"王不巡守則殷同,殷同則殷國也。"[3]賈疏一方面强調殷同是巡守之變禮,一方面據《周禮》"巡守"與"殷國"並稱,遂將"殷同"與"殷國"視爲一事二名。自衆人同來見王而言,謂之"殷同";自衆人見王於京師而言,謂之"殷國"。

賈疏其實是受鄭注的直接啓發。《夏官·職方氏》注云:"殷,猶衆也。十二歲,王若不巡守,則六服盡朝,謂之殷國。"[4]《秋官·大行人》注云:"其殷國,則四方四時分來,如平時。"[5]不難發現,鄭玄對"殷國"之性質、規模、方式的界定,與"殷同"之禮完全一致,這正是賈公彦進一步將"殷同""殷國"等同之原因。但關鍵在於,鄭玄並未明確表示"殷國"即是"殷同",上述三點一致也無法證明"殷國"之禮與"殷同"之禮完全相同。《大行人》"殷同以施天下之政",注云"殷同,即殷見",[6]亦未涉及"殷國"概念。可見鄭注對此問題之表述相當模糊,我們不能輕易認定"殷同"即"殷國"之説爲鄭玄首創。唯賈公彦之觀點是明確的,而後世學者多從此説,如宋儒王昭禹云:"王不巡守之歲,會諸侯而相見之以命政。殷國所同,故殷

---

① 〔漢〕鄭玄注,〔唐〕賈公彦疏:《周禮注疏》卷一八,第 1639 頁。

② 〔漢〕鄭玄注,〔唐〕賈公彦疏:《周禮注疏》卷三七,第 1924 頁。

③ 〔漢〕鄭玄注,〔唐〕賈公彦疏:《周禮注疏》卷三八,第 1945 頁。案:各本皆作"王巡守則殷同",當是傳寫之誤,"巡守"上當有"不"字。

④ 〔漢〕鄭玄注,〔唐〕賈公彦疏:《周禮注疏》卷三三,第 1865 頁。

⑤ 〔漢〕鄭玄注,〔唐〕賈公彦疏:《周禮注疏》卷三七,第 1929 頁。

⑥ 〔漢〕鄭玄注,〔唐〕賈公彦疏:《周禮注疏》卷三七,第 1923 頁。

見曰同,同以命政,則一其德也。"①清儒秦蕙田亦云:"《大宗伯》之殷見,《職方氏》之殷國,其禮一也。"②

　　至清儒考證"會同"之名義,於是始將"殷同""殷國"加以區分。林喬蔭云:"《掌客職》云:'王巡守、殷國,則國君膳以牲犢,令百官百姓皆具。'則是天子適於諸侯。然則'殷國'之與'殷同',禮必不可混,而'殷國'之與'巡守'事則略同。"③金鶚云:"夫國者,侯國也。若在境內,何謂之殷國?《大行人》《掌客》皆連言巡守、殷國,可知殷國與巡守略相似。故《職方氏》亦有戒令之事,其不在畿內城外明甚。如鄭、賈說,是殷國與殷見何異乎?殷見曰'見',謂諸侯皆來見天子也。殷國曰'國',謂天子出至侯國,諸侯盡朝也。豈得混爲一邪?"④孫詒讓亦云:"殷國者,謂王出在侯國而行殷見之禮也。蓋常禮,王巡守徧四方,則朝當方諸侯於方岳。若不徧巡守,則不能徧有方岳之朝。故或合諸侯於國城外,謂之殷同;或合諸侯於近畿之侯國,抑或巡守未訖,在道適遘事故,不能終行,亦即於所至之國徵諸侯而行朝會之禮,皆謂之殷國。'殷國'與'殷見'雖並在十二年王不徧巡守時行之,然一在畿外,一在王都,事迥不同。鄭此注及《大行人》注並合二者爲一,甚誤。"⑤

　　林氏、金氏、孫氏發現,《周禮》凡云"殷國"皆與"巡守"並稱,所言皆是畿外遠行之事,與"時會""殷同"在畿內王城者不同。因此,殷同與殷國均爲巡守之變禮,二者性質相同,然而一在畿內王城,一在畿外侯國。殷同之禮,天子不出京師;巡守之禮,天子遠至四嶽;殷國之禮,則天子出至畿外侯國而已,介於殷同與巡守之間。此三家基於《周禮》原文立論,考辨頗爲明晰。三家的駁論都將矛頭指向鄭注,以爲鄭玄首倡"殷同"即"殷國"之説,賈公彥敷衍鄭注而已。而正如筆者上文所論,其實鄭注本意未必如此,明確提出此説者當首推賈疏。

　　其次,關於殷同之方式,鄭玄謂"四方四時分來",却未詳説如何分法。南北朝崔靈恩云:"古者諸侯朝天子,四時禮外,有時會、殷同之法。殷同者,十二年王不巡狩,則六服諸侯各當方而來,赴四時見王也。殷同之禮,東方則以春,南方則以夏,西方則以秋,北方則以冬,皆如巡狩之時。"⑥《大宗伯》賈疏亦云:"若殷見曰同,春則東方六服盡來,夏則南方六服盡來,秋則西方六服盡來,冬則北方六服盡來,故云四方四時分來,終歲則徧矣。"⑦《大行人》賈疏又云:"春東方六服盡來,夏南方六服盡來,秋西方六服盡來,冬北方六服盡來,是歲終則徧矣。"⑧據崔氏、賈氏之説,則是每一季度會一方諸侯,故歷一年四季而遍會四方。

　　清儒孫詒讓却不取此説,只因鄭玄對於諸侯朝覲禮的分方分時之法另有解釋。《大宗

① 〔宋〕王昭禹:《周禮詳解》卷一七,文淵閣《四庫全書》本。
② 〔清〕秦蕙田撰,方向東、王鍔點校:《五禮通考》卷二二四,第 17 册第 10768 頁。
③ 〔清〕孫詒讓著,汪少華整理:《周禮正義》卷六四,第 8 册第 3246 頁。
④ 〔清〕金鶚:《求古録禮説》卷一三《會同考》。
⑤ 〔清〕孫詒讓著,汪少華整理:《周禮正義》卷六四,第 8 册第 3247 頁。
⑥ 〔唐〕杜佑撰,王文錦等點校:《通典》卷七四,第 2019 頁。
⑦ 〔漢〕鄭玄注,〔唐〕賈公彥疏:《周禮注疏》卷一八,第 1639 頁。
⑧ 〔漢〕鄭玄注,〔唐〕賈公彥疏:《周禮注疏》卷三七,第 1924 頁。

伯》鄭注云："六服之内，四方以時分來，或朝春，或宗夏，或覲秋，或遇冬，名殊禮異，更遞而徧。"①《大行人》鄭注云："其朝貢之歲，四方各四分，趨四時而來，或朝春，或宗夏，或覲秋，或遇冬。"②此處所謂"四方以時分來"意爲"四方各四分"然後分四時而來，即東方諸侯又分東南西北四部，南方、西方、北方諸侯亦分東南西北四部，六服之内共分十六部。春朝之時，四方諸侯各來一部，即東方之東、南方之東、西方之東、北方之東；秋覲之時，亦四方諸侯各來一部，即東方之西、南方之西、西方之西、北方之西；夏宗、冬遇之禮以此類推。故孫詒讓云："云'殷見，四方四時分來，終歲則徧'者，亦謂六服分爲四方，每方又四分之，四時分來，與朝覲法同。但朝覲各以其朝歲四時分來，六服六歲乃徧；殷同則皆於不巡守之年四時六服分來，一歲則徧，以此爲異也。"③

若依鄭玄及孫氏之論，則要求當時四方邦國地域疆界規整，整體分佈平衡，能清晰劃分十六部，並保證每部諸侯數量相當。揆之事理，純屬理想，難以施行。且即使朝覲之禮有此分法，亦未必適用於會同之制。因爲殷同是巡守會同之變禮，殷同的禮儀形式亦是依仿巡守制度。天子十二年巡守四方，春巡東方諸侯，夏巡南方諸侯，秋巡西方諸侯，冬巡北方諸侯，歷時一年而畢，天子乃歸。既然巡守會同之分方分時是每一季度會一方諸侯，那麼作爲巡守之變禮的殷同制度，應當也是如此分法。故《禮記·王制》孔疏云："'殷見曰同'注云：'四方四時分來，歲終則徧。'每當一時，一方揔來，不四分也。"④孔疏雖不否認鄭玄對於朝覲分方之解説，但在殷同分方問題上，却堅持認爲每一時總會一方諸侯。因此，孫詒讓主張殷同之分方與朝覲之分方皆劃分天下諸侯爲十六部，其説不可信據。筆者懷疑，《大行人》鄭注所云"四方各四分，趨四時而來"，"四分"二字當是衍文。鄭注本作"四方各趨四時而來"，傳抄於"各"下衍"四方"二字，又誤爲"四分"耳。

再次，關於殷同之目的，《周禮》云"施天下之政"。至於施政的具體内容和綱領，鄭玄却有兩説：一説以爲殷同施政與巡守施政相同，一説以爲殷同施政即《夏官·大司馬》之"邦國九法"。循此邏輯而推之，則巡守之施政綱領也應當是《大司馬》之"邦國九法"。然而鄭玄於解釋"巡守"時絶不提及"邦國九法"，於解釋"邦國九法"時亦絶不提及"巡守"，其説似未貫通，不免令人生疑。《大宗伯》鄭注以爲殷同之政即巡守之政，《大司馬》注亦云："王巡守若會同，司馬起師合軍以從，所以威天下，行其政也。"⑤但巡守所施行之政令如何，鄭注並未詳説。故賈疏據《尚書·舜典》及《禮記·王制》而補之："巡守命政，則《王制》所云'命典禮，考禮命，市納價'之類，又《尚書》所云'修五禮、五玉'，及'協時月正日'之等皆是也。"⑥

經典所記上古巡守之施政，如《舜典》云協時月正日，同律度量衡；《孟子》云天子巡守，

① 〔漢〕鄭玄注，〔唐〕賈公彥疏：《周禮注疏》卷一八，第 1638 頁。
② 〔漢〕鄭玄注，〔唐〕賈公彥疏：《周禮注疏》卷三七，第 1928 頁。
③ 〔清〕孫詒讓著，汪少華整理：《周禮正義》卷三四，第 4 册第 1632 頁。
④ 〔漢〕鄭玄注，〔唐〕孔穎達疏：《禮記正義》卷一一，第 2874 頁。
⑤ 〔漢〕鄭玄注，〔唐〕賈公彥疏：《周禮注疏》卷二九，第 1811 頁。
⑥ 〔漢〕鄭玄注，〔唐〕賈公彥疏：《周禮注疏》卷一八，第 1639 頁。

諸侯述職,察政治,行慶讓;《王制》云觀民風、命典禮、同制度、行賞罰;《周官》云考制度,明黜陟;《白虎通》云考禮義,正法度,同律曆,計時月等等。諸書各有異同,雖説内容豐富,但不成體系,尚不足以謂之施政綱領。《夏官·大司馬》云:"掌建邦國之九灋,以佐王平邦國。制畿封國以正邦國,設儀辨位以等邦國,進賢興功以作邦國,建牧立監以維邦國,制軍詰禁以糾邦國,施貢分職以任邦國,簡稽鄉民以用邦國,均守平則以安邦國,比小事大以和邦國。"①上述"九法"涉及王朝封建以及諸侯内政、邦交、禮儀、軍事、貢賦、土地、人民諸多方面,就其系統性和全面性而言,似更契合所謂"施天下之政"。故宋儒易祓云:"所謂殷同者,天子於十有二歲或未巡守,於是諸侯衆見天子,天子亦會之於國門之外,而命以大司馬九法之事。自正之、等之以至安之、和之者,是謂'施天下之政'。以其國爲甚衆,所以名'殷同'之禮也"②既然鄭玄認爲殷同之施政即是"邦國九法",且對於巡守之施政未有解説,則其本意當是據《大司馬》之"邦國九法"以釋巡守、殷同之施政目的。後世學者援引《尚書》《禮記》以説《周禮》殷同之制,恐與鄭注本意不合。

上述諸家所論"殷同"之禮,大抵仍是延續鄭玄的解説體系,有所補充或修正。然而清儒孫經世則獨樹一熾,所論與主流觀點迥異,其言曰:

> 然則王十二歲不巡狩則殷同,其果如鄭説乎? 曰:殷同有因巡守而設,其期可限以十二歲;有不因巡守而設,其期不可限以十二歲。不可限以十二歲者,其舉之非以巡守故,亦非以不巡守故;而可限以十二歲者,其舉之非以不巡守故,乃正以巡守故。必謂不巡守乃殷同,則是巡守即不殷同,《大行人》《掌客》何以一則曰'王巡守殷國',再則曰'王巡守殷國'也? 然則殷同不因巡守設,亦有明文可徵乎? 曰:即徵之《職方氏》。殷同若皆因巡守設,則殷與巡守雖二事而實一事,職方氏之戒四方亦當統言王巡守殷國,不當上言王巡守,下言殷國亦如之矣。四時分宮、四方分來之説皆鑿而無當。四方分來,移以解巡守時殷同猶可,外此殷同皆一時特舉,何分以四時、歲終則徧之有? 然則鄭氏"六服盡朝"之説,亦有可取節者乎? 曰:參取其説,以來同爲徧六服,有何不可? 但六服亦祇概言其數,非必悉徵其國。設其國皆來,方三百步之宮、十有二尋之壇,其將能盡容之耶?

> 然則會同自會同,何以或稱'大朝覲',而《儀禮》且徑稱以'覲'? 意者先朝覲後會同,鄭説良亦不誣乎? 曰:會同在壇執幣,非朝覲而即以爲朝覲,故其名可相借以爲朝覲,而實加隆於朝覲,故其號有特崇。必如鄭説先以朝覲,則方其朝也,於禮未終,其所受之玉未還,將幣時别無玉之可執,若遽還之而復執之,於禮毋乃已瀆乎? 然則何以疊稱'大朝覲會同'? 曰:會同謂之大朝覲會同,亦猶唐曰陶唐,商曰

① 〔漢〕鄭玄注,〔唐〕賈公彦疏:《周禮注疏》卷二九,第1802頁。
② 〔宋〕易祓:《周官總義》卷二四,文淵閣《四庫全書》本。

殷商,楚曰荆楚,古人語不厭複,經傳中往往有此。何以兼稱朝覲會同？曰：古人語多連及,《禮傳》西酌,犧也,而可并言象;《詩》咏好合,妻也,而可并言子;《論》述躬稼,《孟》紀過門,稷也,而可并言禹；禹也,而可并言稷。《幕人》《掌次》連朝覲於會同,與《詩·車攻》連同於會,其皆此例乎。①

　　孫氏之論皆是針對鄭注而發,於"殷同"之性質、時限、成員、方式、儀程諸方面俱與鄭玄之説不同。性質上,否定殷同爲巡守之變禮。認爲"殷同"即是"殷國",且有兩種類型：一種即是巡守會同本身；一種與巡守無關,有事而特舉之,如時會之禮。時限上,當殷同指巡守會同時,爲十二年一舉；當殷同指有事而會時,無常期。會同方式上,當殷同指巡守會同時,四方諸侯依四時分來；當殷同指有事而會時,諸侯一時同來。成員規模上,由於壇宮容量有限,故六服諸侯未必能盡來。儀程上,否定先朝覲而後會同之説,認爲僅有壇宮會同,並無宗廟朝覲。《周禮》稱"會同"爲"大朝覲"乃是借用其名,將"大朝覲、會同"並稱乃是同義疊用,將"朝覲、會同"連稱乃是同類連及。

　　孫氏之論看似嚴謹,實則基於一個錯誤的邏輯起點,那便是誤以爲"殷同"等於"殷國"。在此基礎上,又將《大行人》和《掌客》之"巡守、殷國"誤解爲"巡守之殷國",於是進一步提出"殷同""殷國"即是巡守會同的兩個別稱。但他又發現《職方氏》既云"巡守",又云"殷國亦如之",可見巡守與殷國並非完全一體,遂誤以爲殷同有兩種,一種是巡守會同,一種是臨時會同。不知"殷同"與"殷國"有別,亦不知"巡守"與"殷國"並非一事。而孫氏又基於此種誤解,將殷同之時限、殷同之方式問題皆區分巡守與不巡守兩種情況討論,遂至於一步錯,步步錯。此外,時會、殷同之禮皆須先朝覲於宗廟,而後會同於壇宮,《天官·大宰》《春官·大史》《秋官·司儀》以及《儀禮·覲禮》皆可佐證,前文已有詳論。孫氏僅以"名稱借用""行文連帶"之説來解釋"朝覲會同"的並稱現象,不足以令人信服。

　　總之,殷同是巡守會同之變禮。周天子十二年一巡守,春夏秋冬分别巡行東南西北四方,於四嶽之下與諸侯行會盟之禮,以安撫天下,施行政令。若天子因故不能出行,則四方諸侯分四時會集京師,天子待之以賓客之禮。天子於王城之外築壇,諸侯先於宗廟行朝覲之禮,而後於壇宮行會同之禮。頒布政令,統一法度,皆仿巡守之制,其施政綱領即是《大司馬》"邦國之九法"。歷經春夏秋冬四季,一年而終其事。因其規模盛大,故有"殷同"之名。

五、論"殷國會同"

　　此前論述"會同"名義及"殷同"制度時,已不可避免地涉及"殷國"的基本性質和特徵。但彼處重在揭示"殷同""殷國""巡守"三者之區別,對殷國問題未遑詳細梳理,以免行文枝蔓。此番則以"殷國會同"爲中心展開討論,重在强調"殷國"的性質、會同地點、會同方式等問題,並呈現歷代學者的演繹邏輯及其複雜性。

"殷國"一詞在《周禮》中出現三次:《夏官·職方氏》云:"王將巡守,則戒于四方,曰:'各脩平乃守,攷乃職事,無敢不敬戒,國有大刑。'及王之所行,先道,帥其屬而巡戒令。王殷國亦如之。"《秋官·大行人》云:"王之所以撫邦國諸侯者,……十有二歲,王巡守、殷國。"《秋官·掌客》云:"王巡守、殷國,則國君膳以牲犢,令百官百牲皆具。"①上述三例中,"殷國"與"巡守"都是成對出現的概念。二者均以十二年爲節度,是其時限相同;均爲天子安撫邦國諸侯之法,是其目的相同;均是天子帥師出至畿外列國,是其方式相同;所至之處,天子必事先申誡諸侯,諸侯必恭迎王師而以盛禮款待,是其禮節相同。而《職方氏》先云"巡守"如何如何,復云"殷國亦如之",又可見二者絕非一事,必然有所不同。

至於"巡守"與"殷國"究竟有何本質聯繫,二者的差異究竟何在,《周禮》却無明文。鄭玄對"殷國"的解釋相當疏略,一方面,他對"殷國"之性質、規模、方式的界定,與其所説"殷同"之禮完全一致;另一方面,他又並未明確表示"殷國"即是"殷同"。但鄭玄云"十二歲,王若不巡守,則六服盡朝,謂之殷國",即認爲殷國的性質乃是巡守之變禮,則幾爲定論。無論是賈公彦、秦蕙田等人主張"殷同"等於"殷國",還是林喬蔭、金鶚等人主張"殷國"與"殷同"有別,皆是基於殷同、殷國爲巡守變禮這一基本認識而立論。清儒王鳴盛云:"巡守、殷國是兩事。蓋十二年巡守,其常也。十二年而天子不能巡守,則行殷國之禮,其變也。"②黃以周云:"殷國之禮倣巡守,同屬于十二歲,鄭注'王不巡狩,有殷國'是也。"③王氏以"常禮"與"變禮"來界定二者關係,黃氏以"正禮"與"倣禮"來界定二者關係,其義相同,最爲明晰。

關於殷國會同的地點,是巡守與殷國、殷同最重要的區別所在,也是後世爭議的焦點問題。鄭玄僅説殷國之時"六服盡朝",却不知諸侯朝天子於何處。賈公彦明確提出"殷國"即是"殷同",而已知"殷同"是諸侯共赴京師,在王城內外與天子行朝覲、會同之禮。依此邏輯,則"殷國"也應當在王城,故《大宗伯》疏云:"云'殷同'者,六服衆皆同來。言'殷國'者,衆來見於王國。其事一也。"④《司儀》疏云:"巡守就方岳爲壇,殷國就王國左右爲壇。"⑤這都是認爲殷國的地點在王城。

然而賈公彦在闡釋《職方氏》《大行人》《掌客》時,又發現"殷國"與"巡守"相似,皆爲王畿之外、侯國之事,並不在畿內王城。於是他對"殷國"的解釋作了修正,認爲殷國沒有固定地點,有時在畿內王國,有時在畿外侯國。《職方氏》疏云:"王殷國所在無常,或在畿內國城外即爲之,或向畿外諸侯之國行之,故有戒令之事也。"⑥《掌客》疏云:"若殷國,或在王城,

---

①　以上 3 例分别見〔漢〕鄭玄注,〔唐〕賈公彦疏:《周禮注疏》卷三三,第 1865 頁;卷三七,第 1928 頁;卷三八,第 1945 頁。

②　〔清〕王鳴盛撰,張連生等點校:《蛾術編》卷六九《説制七·殷國》,第 1461 頁。

③　〔清〕黄以周撰,王文錦點校:《禮書通故》第三〇,第 1280—1281 頁。

④　〔漢〕鄭玄注,〔唐〕賈公彦疏:《周禮注疏》卷一八,第 1639 頁。

⑤　〔漢〕鄭玄注,〔唐〕賈公彦疏:《周禮注疏》卷三八,第 1938 頁。

⑥　〔漢〕鄭玄注,〔唐〕賈公彦疏:《周禮注疏》卷三三,第 1866 頁。

或出畿外在諸侯之國。所在之處,皆設禮待王,故巡守、殷國並言也。"①如此一來,殷國若在王城,則相當於殷同;若在侯國,則與殷同無關。那麼,便與此前"殷同即殷國"之説、"殷國在王國"之説自相矛盾,此乃賈疏的明顯破綻。

清儒正是認定"殷同"與"殷國"必然在不同地點,因此堅決反對將其混爲一談。但對於殷國會同究竟在何處,或者説"殷國"之"國"究竟何義,學者仍有分歧。大抵而言,主要有三種説法:一是部分學者誤以"巡守、殷國"爲一事,遂認爲殷國亦在四嶽舉行;二是認爲殷國在畿外諸侯之國;三是認爲殷國在東都洛陽。第一種觀點顯然違背經義,不值一駁。第二、第三種觀點則各有理據。主張殷國在侯國者,以林喬蔭、金鶚、孫詒讓爲代表;主張殷國在東都者,以姚鼐、黄以周爲代表。我們先看林氏、金氏之説:

> 林喬蔭云:"蓋王巡守四方,則各朝於方嶽之下。其或有故,得巡一方,或巡二方、三方,六服群辟亦即於天子所至之國朝之,是名'殷國'。言其以衆朝於諸侯之國,異於王都,故不得稱'殷同'。"②
>
> 金鶚云:"夫國者,侯國也。殷國曰國,謂天子出至侯國,諸侯盡朝也。殷國與巡守同年,其與巡守異者,蓋王有故不能遠巡,故止于近畿巡行,而令四方諸侯畢來朝也。近于王畿之地,大約在侯、甸二服中。"③

據林氏之説,"殷國"是指諸侯之國。天子本爲巡守而出,至於某國而因故中止,便令諸侯朝會於所止之國。但天子止於何國不能預知,所以殷國的地點没有定制,具有偶然性。金氏亦認爲"殷國"是指諸侯之國,但其説與林氏不同。林氏以爲是天子巡守途中,因故而臨時改爲殷國;金氏則以爲天子出發之前便已決定放棄巡守,是專爲殷國而出,並非爲巡守而出。那麼,殷國便具有計劃性、制度性。因此,金氏鑒於"殷國"介於"殷同"與"巡守"之間的特徵,遂推測殷國的地點是靠近王畿的侯服、甸服諸侯之國。若如此説,則殷國的範圍有了限定,較林氏之説更爲具體。

再看姚氏、黄氏之説:

> 姚鼐云:"如王當其歲不巡守,乃合四方于周,謂之殷國。周公以天子行畿外,會諸侯于諸侯之地,其事難;召諸侯于天子之地,其事易。是以作東都,立明堂,朝諸侯,以爲殷國。夫東都王畿本非巡守地也,而既用巡守會諸侯之禮,則亦可曰巡守。《詩》曰'東有甫草,駕言行狩,'行狩者,巡守也。"④

---

① 〔漢〕鄭玄注,〔唐〕賈公彦疏:《周禮注疏》卷三八,第 1945 頁。
② 〔清〕孫詒讓著,汪少華整理:《周禮正義》卷六四,第 8 册第 3246 頁。
③ 〔清〕金鶚:《求古録禮説》卷一三《會同考》。
④ 〔清〕姚鼐:《惜抱軒九經説》卷一〇,清同治刻《惜抱軒全集》本。

　　黃以周云:"殷同之朝覲在廟,其壇于國外爲之;殷國則見之于東都明堂。周公于土中營洛邑,以均四方朝覲會同。時人于西都謂之京,于東都謂之國,故東都亦稱東國,東都之詩亦列國風。賈氏《序官》疏云'《周官》以"邦國"連言者,據諸侯也;單言"邦"、單言"國"者,多據王'是也。王不巡守而會諸侯于西都曰殷見,謂六服入見天子也。若《左傳》所云'成有岐陽之蒐,康有酆宮之朝'是也。王不巡守而出之東都以會諸侯曰殷國,謂王出就東國見諸侯也。若《逸周書·王會解》所云'成周之會',《詩·車攻》序所云'宣王復會諸侯于東都'是也。"①

　　姚氏的本意在於論證天子不可能在一年之內巡守四方,因此他更傾向於相信作爲巡守變禮的殷同制度。他認爲召集四方諸侯來會天子,其事較爲容易施行,而唯有作爲天下之中的東都洛陽最適宜於四方諸侯前來會同。東都既在王畿之內,亦可稱"國",故姚氏所謂"殷國"之"國"是指王國。黃氏基於對"殷同""殷國"的區分,從四個方面説明殷國是指東都之會:第一,洛陽在天下之中,周公營建東都的目的即是方便四方諸侯朝覲會同。第二,西都宗周謂之"京",是殷同所在;東都成周謂之"國",是殷國所在。故東都又稱東國,東都之詩亦列爲國風。第三,《周禮》凡例,稱"邦國"者指諸侯之國而言,單言"邦"或"國"者指王國而言,故"殷國"之"國"當是指王國。而此王國又非宗周之王城,故只能是東都洛陽。第四,西都之會與東都之會皆有經傳記載爲證。《左傳》所云成王岐陽之蒐、康王酆宮之朝均爲西都之殷同,《逸周書》和《詩序》所云"成周之會""宣王復會諸侯于東都"即是東都之殷國。

　　黃氏之論似顯證據充分,但孫詒讓《周禮正義》却不取其説,孫氏云:

　　殷國者,謂王出在侯國而行殷見之禮也。蓋常禮,王巡守徧四方,則朝當方諸侯於方岳。若不徧巡守,則不能徧有方岳之朝。故或合諸侯於國城外,謂之殷同;或合諸侯於近畿之侯國,抑或巡守未訖,在道適遘事故,不能終行,亦即於所至之國徵諸侯而行朝會之禮,皆謂之殷國。"殷國"與"殷同"雖並在十二年王不徧巡守時行之,然一在畿外,一在王都,事迥不同。至東都與西都通畿封,則《周書·王會篇》所載成周之會及《詩·小雅·車攻·叙》所云"宣王會諸侯於東都"亦並爲殷同,非所謂殷國也。②

　　孫詒讓認爲殷國有兩種情形,所謂"合諸侯於近畿之侯國",即是金鶚之觀點;所謂"巡守未訖,在道適遘事故,不能終行,亦即於所至之國徵諸侯而行朝會之禮",即是林喬蔭之觀點。林氏、金氏之説雖有不同,但都主張殷國在畿外諸侯之國,與殷同在畿内王都相對。孫

---

① 〔清〕黃以周撰,王文錦點校:《禮書通故》第三〇,第 1281 頁。
② 〔清〕孫詒讓著,汪少華整理:《周禮正義》卷六四,第 8 册第 3247 頁。

詒讓糅合二氏，並無新論，却又進一步指出，東都仍在王畿之内，《逸周書》所載成周之會和《詩序》所云"宣王會諸侯於東都"皆是殷同，不是殷國。孫氏雖未點名黃以周，實際就是針對黃氏之論而發。而反駁的理由只有一點：東都洛陽仍在王畿之内，故東都之會屬於殷同，而非殷國。

筆者以爲，姚鼐、黃以周之説實不可信，但孫詒讓似乎點到即止，並未將問題説透。西周之時，西都與東都之間道路相通，如果殷國會同在東都舉行，天子自宗周前往成周路途雖遠，却仍在王畿之内，無須取道於諸侯之境。而據《職方氏》《掌客》所載，殷國與巡守之前，皆須申誡四方諸侯；出行途中，大行人又要提前與接待方溝通，再次重申戒令；所至之處，國君要親自陪同天子用膳，並且用牲牢款待隨行百官。這無疑表明，天子殷國之禮必然出至畿外諸侯之國，絶非僅限於王畿之内。這才是姚氏、黃氏之説的癥結所在。其説固有理據，却與《周禮》本義相悖，恐怕是求之越深，失之越遠。

因此，殷國會同的地點不可能在東都洛陽，只能是在畿外邦國。"殷國"之"國"是指諸侯之國，而非王國。揣摩《周禮》原文，殷國之禮應當具有制度性、規劃性，林喬蔭以爲殷國是在巡守途中臨時改設，地點不確定，恐非經義。以此而言，金鶚之説較爲合理。但是否真如金鶚所説在王畿附近之諸侯國内舉行，仍當存疑。

關於殷國會同的方式，學者的分歧正是出於對殷國性質和會同地點的不同理解。鄭玄云"殷國，四時四方分來，如平時"，此説與"殷同"之禮相同。賈公彦既認定"殷國"即是"殷同"，遂進一步坐實此説。《職方氏》疏云："王有故，不巡守於方岳之下，則春東方盡來，夏南方盡來，秋西方盡來，冬北方盡來。王待之亦各於其時，在國外爲壇，行朝覲盟載之法。"[1]《大行人》疏亦云："'殷國則四方四時分來如平時'者，謂分四方，各遂春、夏、秋、冬如平時。若六服盡來，即與平時別也。"[2]鄭注、賈疏認爲殷國會同是東、南、西、北四方諸侯分春、夏、秋、冬四時而來，其實是基於"殷國""殷同"之禮仿照"巡守"之禮的認識。既然天子巡守是四時分巡四方，那麼殷國也應當是四方四時分來。這種方式是常態，故云"如平時"，那麼四方諸侯一時同來便屬於"非常態"。這是鄭注、賈疏的邏輯。

清儒金鶚等人亦認爲"殷國"是"巡守"之變禮，但由於他們對殷國之地點的看法不同於注疏，因此也對會同的方式提出了質疑。金鶚云：

> 諸侯朝覲，經典並無分方分時之説。蓋朝覲之年有定，若東方諸侯春時或有故，則至夏秋皆可朝。苟必拘其時，將廢朝乎？自鄭有此説，後儒悉從之，而朝覲之大典亂矣。至謂殷國亦分時分方，則尤謬。夫殷見之禮，四方諸侯畢至，故有"殷"名。若殷國止一方來朝，何以謂之"殷"乎？天子巡守，諸侯隨時分方而朝者，一年而周

---

① 〔漢〕鄭玄注，〔唐〕賈公彦疏：《周禮注疏》卷三三，第 1865—1866 頁。
② 〔漢〕鄭玄注，〔唐〕賈公彦疏：《周禮注疏》卷三七，第 1929 頁。

也。今殷國不周行四方,止在一處,豈有僅會一方而三方不會乎? 若謂久淹于外以待諸侯,或既歸而復出,皆於義無取,而空多繁費,有是禮乎? 若謂亦一年而周,所行不遠,何必如此稽留乎? 若謂殷國在畿內而四方四時分來,總不得謂之"殷"也。况殷國必不在畿內乎? [①]

　　鄭玄對於朝覲、時會、殷同、殷國、巡守之方式,皆有分方分時之說,金鶚則一概否定之。金氏認爲朝覲之年有定制,而具體來朝時間則應當靈活對待,不必拘限於一時。而殷國則根本不可能採取分時分方的方式,其理由有兩點:其一,據"殷國"名義而言,"殷"是盛大、衆多之義,應是四方諸侯一時齊聚,與時會、時巡止會一方諸侯有別。若一時僅會一方諸侯,則不得以"殷國"命名。其二,殷國雖是巡守之變禮,但並不巡行四方,止在一處會諸侯。若諸侯分方分時而來,則天子將滯留諸侯之國長達一年,空多繁費。且殷國之地在侯服、甸服,離王畿不遠,更不必長期稽留。因此,殷國會同當是四方諸侯一時同來,分方分時之說有悖於情理。孫詒讓云:"殷同當如鄭《大宗伯》注說,四方四時分來;殷國則王至所期之國,諸侯一時畢會,不必六服分四時更來。儻亦如殷同法,則王終年留滯所至之國以俟六服之朝,無是理也。"[②]孫氏在此問題上繼承了金鶚的觀點,理由也是天子不當在諸侯國內滯留一年之久。由此可見,如果對殷國之地點有了新的認識,那麼殷國會同的方式問題也必然要重新考量。權衡上述諸說,筆者傾向於接受金鶚、孫詒讓關於殷國方式的結論。

　　總之,殷國也是巡守之變禮。十二年巡守之期,天子若因故不能出行,則於畿內王城召集諸侯,行殷同之禮;若因故不能遠巡,則出至畿外諸侯之地,召集四方諸侯,行殷國之禮。殷同之禮,天子不出京師;巡守之禮,天子遠至四嶽;殷國之禮,則天子出至畿外侯國而已,介於殷同與巡守之間。殷同之禮,四方諸侯分四時朝會天子,一年而畢;殷國之禮,天子不能久留於侯國,故四方諸侯一時同來。衆多諸侯共會天子於諸侯之國,故有"殷國"之名。

六、論 "大會同" 與 "小會同"

　　《周禮》中對於會同的表述,又有"大會同"與"小會同"之別。如《大祝》云:"大會同,造于廟,宜于社。"《大史》云:"大會同、朝覲,以書協禮事。"《小史》云:"大賓客、大會同、大軍旅,佐大史。"《大司馬》云:"大會同,則帥士庶子而掌其政令。"《小祝》云:"小祭祀、小喪紀、小會同、小軍旅,掌事焉。"[③]這都明確使用了大、小會同的概念。此外尚有省稱"會同"而

①　〔清〕金鶚:《求古録禮説》卷一三《會同考》。
②　〔清〕孫詒讓著,汪少華整理:《周禮正義》卷六四,第 8 册第 3247 頁。
③　以上 5 例分别見〔漢〕鄭玄注,〔唐〕賈公彦疏:《周禮注疏》卷二五,第 1752 頁;卷二六,第 1765 頁;卷二六,第 1767 頁;卷二九,第 1812 頁;卷二五,第 1754 頁。

實際是指大、小會同者，如《大宰》云“大朝覲、會同”，①其實是“大朝覲、大會同”之省稱；《鄉師》云“大軍旅、會同”，②其實是“大軍旅、大會同”之省稱；《小司馬》云“小祭祀、會同”，③其實是“小祭祀、小會同”之省稱。

那麼大、小會同有何區別？分別對應何種會同形式？劃分大小的標準和依據是什麼？《周禮》原文對此沒有明確交代，遂引起後世學者的分歧和爭議。《大宰》“大朝覲、會同”，鄭注云：“時見曰會，殷見曰同。大會同或於春朝，或於秋覲，舉春秋則冬夏可知。”④鄭玄的觀點是清晰的，他認爲“大會同”即是“時會”和“殷同”，即是“會同”。也就是說，《周禮》凡稱“會同”者皆是指大會同，其意義具有普遍性，所以一般情況下不必冠以“大”字。既然一般所稱“會同”皆是大會同，那麼何種情況屬於小會同呢？鄭玄沒有直接解釋“小會同”，而是揭示了一種大會同之外的特殊形式的會同。《春官・典瑞》注云：“諸侯使大夫來聘，既而爲壇會之，使大夫執以命事焉。《大行人職》曰‘時聘以結諸侯之好’。”⑤意思是諸侯命大夫聘於天子，天子亦命大夫與之行會同之禮。此種會同異於時會、殷同，是一般會同之外的特殊形式。

鄭玄並未將這種大夫與大夫之會同定義爲“小會同”，但賈公彥繼承了鄭玄之說並且在其基礎上對大、小會同的概念作了明確的界定。《鄉師》疏云：“大會同者，謂王於國外與諸侯行時會、殷同也。”《大祝》疏云：“大會同者，王與諸侯時見曰會、殷見曰同。”《小祝》疏云：“小會同，謂諸侯遣臣來，王使卿大夫與之行會同之禮。”《小司馬》疏云：“小會同，謂諸侯使卿大夫來聘，王使卿大夫與之會同。”⑥顯然，賈疏是受到《典瑞》鄭注的啓示，然後以會同雙方的爵位尊卑作爲劃分大、小會同的標準。那麼“大會同”就是天子與諸侯會同，其形式爲時會、殷同；“小會同”就是天子之卿大夫與諸侯之卿大夫會同，其形式爲時聘。

鄭注、賈疏影響深遠，至清代仍不乏繼踵者。如秦蕙田云：“若諸侯遣使來聘，天子使卿大夫與之行會同之禮，則曰小會同。故《大司馬》《大祝》《大史》《小史》諸職又稱‘大會同’以別之。”⑦又如孫經世云：“非正會同而略仿會同之禮，故別以‘小’稱之。據鄭、賈解，蓋即行殷覲之時耳。彼既以之爲小，此因稱之爲大，猶之後世《古文尚書》之別於《今文尚書》，《前漢書》之別於《後漢書》云爾。”⑧孫氏認爲小會同於“殷覲”之時舉行，與賈疏所言“時聘”微異。《秋官・大行人》“時聘以結諸侯之好，殷覜以除邦國之慝”，鄭注云：“此二事者，亦以王見諸侯之臣使來者爲文也。”⑨可見時聘、殷覜性質相近。孫氏又提出正禮和仿禮的概念來解

① 〔漢〕鄭玄注，〔唐〕賈公彥疏：《周禮注疏》卷二，第 1399 頁。
② 〔漢〕鄭玄注，〔唐〕賈公彥疏：《周禮注疏》卷一一，第 1538 頁。
③ 〔漢〕鄭玄注，〔唐〕賈公彥疏：《周禮注疏》卷三〇，第 1817 頁。
④ 〔漢〕鄭玄注，〔唐〕賈公彥疏：《周禮注疏》卷二，第 1399 頁。
⑤ 〔漢〕鄭玄注，〔唐〕賈公彥疏：《周禮注疏》卷二〇，第 1679 頁。
⑥ 以上 4 例分別見〔漢〕鄭玄注，〔唐〕賈公彥疏：《周禮注疏》卷一一，第 1538 頁；卷二五，第 1752 頁；卷二五，第 1754 頁；卷三〇，第 1817 頁。
⑦ 〔清〕秦蕙田撰，方向東、王鍔點校：《五禮通考》卷二二四，第 17 冊第 10766 頁。
⑧ 〔清〕孫經世：《惕齋經説》卷三《會同解》。
⑨ 〔漢〕鄭玄注，〔唐〕賈公彥疏：《周禮注疏》卷三七，第 1924 頁。

釋大、小會同命名之由，似乎淡化了大、小會同的尊卑差異，但其説法本質上仍是延續了注、疏“大夫與大夫會同”的觀點。

然而大夫與大夫於時聘之際行會同之禮完全出於鄭玄揣測，全無根據。最先對此加以駁斥的是清儒金鶚，其言曰：

> 《小行人》云“朝、覲、宗、遇、會、同，君之禮也”，可知人臣無會同之禮。天子在上而卿大夫自相會同，王綱墜矣。此春秋衰世之事，而謂成周有之乎？必不然矣。時見固是會同之小者，然《周官》例不言“小”，皆但稱“會同”。惟《小祝》《小司馬》言“小會同”，此蓋時會中之小者，故以小祝、小司馬掌之歟？時見、時巡所會皆止一方諸侯，是會同之小者也。殷見、殷國所會則四方六服諸侯畢至，故曰“殷”，是會同之大者也。[1]

據《秋官·小行人》云：“賓客之禮：朝、覲、宗、遇、會、同，君之禮也；存、覜、省、聘、問，臣之禮也。”[2]這無疑説明會同之禮與聘覜之禮存在嚴格的尊卑界限，卿大夫不可僭用會同之禮。鄭玄云諸侯大夫聘於天子，天子亦命大夫與其築壇相會。此説不見於經傳，本就值得懷疑。而即使真有雙方大夫相會之實，也必不能僭用“會同”之名。因爲會同是君禮，而周禮於尊卑之際防禁最嚴，正所謂“唯器與名不可以假人”也。而春秋之世，周禮式微，政權一降於諸侯，再降於大夫，又降於家臣，於是遂有諸侯大夫擅相會盟之事。鄭注、賈疏以爲大夫有會同之禮，或許是據春秋之事而逆推之。金鶚駁之，實足以推翻前説。

同時，金氏也對大、小會同之名義作了一番解説。他認爲大和小是相對的概念，劃分大小的標準不在於參會者的尊卑，而在於參會者的數量和會同規模。由於時會和時巡均止會見一方諸侯，殷見和殷國則會見四方諸侯，故相比之下，時會、時巡爲小會同，殷見、殷國爲大會同。但所謂“時會”是天子召集諸侯商議征討叛亂，形勢的危急程度不同，召集的諸侯數量亦必有多寡之別。因此“時會”之中又有大、小之分。相比於“小時會”而言，“大時會”和“時巡”便不能再算作“小會同”。於是，金氏將《周禮》會同的規模分爲三等：殷同、殷國稱爲“大會同”，大時會、時巡稱爲“會同”，小時會則稱爲“小會同”。

金鶚之外，跳出鄭注、賈疏藩籬而另創新解的還有黄以周，他説：

> 《覲禮》于受覲畢即記會同，明時見、殷見、殷國之必先朝覲也。其不行朝覲而即會同者，《周官》謂之“小會同”。[3]朝覲爲會同之小者，故會同稱“大朝覲”。時會爲殷同、殷國之小者，故殷同、殷國稱“大會同”。小會同猶之朝覲，但朝覲受之于

---

① 〔清〕金鶚：《求古録禮説》卷一三《會同考》。
② 〔漢〕鄭玄注，〔唐〕賈公彦疏：《周禮注疏》卷三七，第1923頁。
③ 〔清〕黄以周撰，王文錦點校：《禮書通故》第三〇，第1279頁。

廟,小會同行之于壇而無廟受之禮。[①]

黃氏對大、小會同的劃分摻雜了兩套標準：一方面依據會同的規模,將"時會"定爲一般會同,將"殷同""殷國"定爲大會同；一方面又依據會同禮儀的繁簡,將兼具朝覲禮和會同禮的"時會""殷同""殷國"定爲大會同,將不行朝覲禮的會同定爲小會同。因此,黃氏也將《周禮》之會同劃分爲三等："大會同"指殷同、殷國,"會同"指時會,"小會同"指不行朝覲之會同。

金鶚、黃以周之説相比鄭注、賈疏似顯邏輯嚴密,但仔細推敲之下,却多與《周禮》本文不合。首先,《周禮》所見"會同"共計 47 次,其中直接或間接稱"大會同"者僅 6 次,稱"小會同"者僅 2 次。若如金氏和黃氏之説,"大會同"指殷同、殷國,"會同"指時會,那麽《周禮》之中絶大多數"會同"均是指"時會"而言。一般認爲所謂"時會"是指天子爲征討叛亂而召集諸侯於王城相會,天子不出京師。然而上文已經揭示,《周禮》所載天子會同之禮大量涉及遠行之事,因此《周禮》稱"會同"者決非僅指"時會",稱"大會同"者也決非指"殷同""殷國"。其次,金氏以"時會"之諸侯數量分大小,其界限十分模糊而難於判定。一方諸侯之中,以多少數量參會來作爲大、小會同之分界？是否多一國或少一國則分別謂之"大會同""會同"或"小會同"？揆之情理,可知金氏之説難以憑信。黃氏又謂不行朝覲而直接會同者爲"小會同",但何種情況之下不行朝覲？不行朝覲之"小會同"對應何種會同形式？是否即是"時會""殷同""殷國"之變禮？黃氏未能解釋,經典之中亦無依據可尋。

筆者認爲,關於大、小會同之別,唯有清儒孫希旦、孫詒讓之説可取。孫希旦云："王官伯出會諸侯則謂之'小會同'。《小祝》'小會同掌事焉'是也。"[②]孫詒讓繼承了此説,並進一步闡釋道：

> 《左》哀十三年傳,子服景伯曰：'王合諸侯則伯帥侯牧以見於王,伯合諸侯則侯帥子男以見於伯。'伯合諸侯正所謂小會同也。蓋西周盛時無大夫會盟之事,而王官伯與諸侯會盟則自是正禮。所合者即五等之君,與《大行人》以會同專屬君禮,義亦不相妨也。[③]

此説仍是以主會者之尊卑作爲劃分大、小會同的標準,但却沒有鄭注、賈疏的漏洞。所謂"王官伯"兼有雙重身份：既爲天子之臣,且有會合諸侯之職權；又爲諸侯之長,且本身有國君之實。那麽一方面天子所主持的會同與王官伯所主持的會同得以合理地冠以大、小之名,另一方面亦與會同屬於君禮之制度不相違背。

---

① 〔清〕黃以周撰,王文錦點校：《禮書通故》第三〇,第 1281 頁。
② 〔清〕孫詒讓著,汪少華整理：《周禮正義》卷五〇,第 6 册第 2456 頁。
③ 〔清〕孫詒讓著,汪少華整理：《周禮正義》卷五〇,第 6 册第 2456 頁。

其實,孫希旦之説是以《禮記》爲依據的。《禮記·曲禮下》有云:"五官之長曰伯,是職方。其擯於天子也,曰'天子之吏'。天子同姓謂之伯父,異姓謂之伯舅。自稱於諸侯曰'天子之老',於外曰'公',於其國曰'君'。"鄭注云:"(五官之長),謂爲三公者,《周禮》'九命作伯'。職,主也。是伯分主東西者。《春秋傳》曰:'自陝以東,周公主之;自陝以西,召公主之;一相處乎内。'"孫希旦云:"於外曰公,謂其國外之人稱之曰公,以其本爵,若《春秋》書周公、召公是也。於其國曰君,謂其臣民稱之也。五官之長曰伯,是職方,則二伯惟三公爲之,外諸侯無爲二伯者。雖齊桓、晉文亦爲當州之伯而已。《左傳》昭十一年叔向曰'單子爲王官伯',二伯謂之王官伯,所謂五官之長曰伯也。"[①]

據此可知,所謂王官伯即是天子三公,在周初由周公、召公、太公擔任,而周公分管東方諸侯,召公分管西方諸侯,太公居守京師以相天子。三公爲王官之長,亦爲諸侯之長,於天子稱臣,於其國稱君。周公、召公既分管東西諸侯,若一方有事相會,而天子因故不能主持,自當有授權二伯與諸侯會同之理。然而天子與三公畢竟君臣有別,故於會同之禮的規格必有高低以示尊卑之際。所以大會同之時由大祝、大司馬佐天子,小會同之時由小祝、小司馬佐官伯,這也與周禮尊卑等級之制十分契合。

總之,《周禮》之"大會同"與"小會同"是以主會者的身份尊卑爲判斷標準。凡天子與諸侯會同謂之"大會同";若天子因故不能親至,授權三公與諸侯會同,則謂之"小會同"。"大會同"和"小會同"在禮儀規格上必有高低繁簡之分,其概念也不能簡單地對應時會、殷同、殷覜或巡守。這是我們在此問題上的基本結論。春秋時期的列國盟主即是諸侯之長,又稱"伯",又稱"霸",其地位擬於天子三公,有過之而無不及。因此,春秋時期凡由盟主、霸主召集的會盟其實便相當於周禮的"小會同"。這種禮制依據便是春秋盟主權威的合法性來源,故《左傳》哀公十三年云:"王合諸侯則伯帥侯牧以見於王,伯合諸侯則侯帥子男以見於伯。"這個"伯"便是諸侯領袖、春秋盟主,而《春秋》所載列國"同盟"皆是由霸主召集的會盟,除此之外例不得稱"同盟"。

七、論"兵車之會"與"乘車之會"

欲論周禮會盟制度,須知要區分"兵車之會"與"乘車之會"。所謂兵車之會,是指天子、諸侯採取軍事手段或出於軍事目的而舉行的會同之禮;所謂乘車之會,又稱"衣裳之會",是指天子、諸侯採取和平方式或出於友好目的而舉行的會同之禮。兩者的根本區別就在於是否具有軍事屬性。

早期文獻之中,有關"兵車之會"與"乘車之會""衣裳之會"概念的使用多見於對齊桓公事迹的記述和評價,尤其集中於《管子》和《穀梁傳》二書。今摘録《管子》原文如下:

---

① 〔清〕孫希旦撰,沈嘯寰、王星賢點校:《禮記集解》卷五,北京:中華書局,1989年,第134—135頁。

《管子·大匡》：桓公受而行之，近侯莫不請事。兵車之會六，乘車之會三，饗國四十有二年。

《管子·小匡》：故東夷、西戎、南蠻、北狄、中國諸侯莫不賓服，與諸侯飾牲爲載書，以誓要于上下薦神。然後率天下定周室，大朝諸侯於陽穀。故兵車之會六，乘車之會三，九合諸侯，一匡天下。

《管子·小匡》：桓公曰："余乘車之會三，兵車之會六，九合諸侯，一匡天下。"

《管子·霸形》：南致楚越之君，而西伐秦，北伐狄，東存晉公於南，北伐孤竹，還存燕公。兵車之會六，乘車之會三，九合諸侯，反位已霸，修鍾磬而復樂。

《管子·封禪》：桓公曰："寡人北伐山戎，過孤竹；西伐大夏，涉流沙，束馬懸車，上卑耳之山；南伐至召陵，登熊耳山，以望江漢。兵車之會三，而乘車之會六，九合諸侯，一匡天下，諸侯莫違我。"①

所謂"合諸侯"，即與諸侯行會盟之事。《天官·玉府》曰："若合諸侯，則共珠槃、玉敦。"鄭注云："合諸侯者，必割牛耳，取其血，歃之以盟。"賈疏云："合諸侯者，謂時見曰會，王與諸侯殺牲歃血而盟。"②《秋官·司儀》曰："將合諸侯，則令爲壇三成。"鄭注云："合諸侯，謂有事而會也。爲壇于國外，以命事。"③又《左傳》僖公七年云："且夫合諸侯以崇德也，會而列姦，何以示後嗣？夫諸侯之會，其德刑禮義，無國不記。記姦之位，君盟替矣。"④所言"諸侯之會""會而列姦""君盟替矣"皆是會盟之事，可見"合諸侯"即是"會盟"之別稱。《周禮》所記爲天子與諸侯會同之禮，《管子》《左傳》所記爲霸主與諸侯會盟之事。

齊桓公九合諸侯，包括兵車之會六次，乘車之會三次。房玄齡云："兵車之會，謂興兵有所伐。乘車之會，謂結好息人之會也。"⑤兵車之會以武事爲主，乘車之會以文事爲主。顧名思義，有無兵車是區分文、武會同的直接標誌。《論語·憲問》載孔子曰："桓公九合諸侯，不以兵車，管仲之力也。"⑥《公羊傳》僖公二十一年云："宋公與楚子期以乘車之會，公子目夷諫曰：'楚，夷國也，彊而無義，請君以兵車之會往。'宋公曰：'不可。吾與之約以乘車之會，自我爲之，自我墮之，曰不可。'終以乘車之會往，楚人果伏兵車，執宋公以伐宋。"⑦宋、楚本以乘車之會相約，而楚人卻有兵車之備，遂改變了此會的性質。

武事必着戎裝，文事必着禮服，故典籍之中又或以服飾來代指文、武會同。《管子·小匡》

① 以上 5 例分別見黎翔鳳撰，梁運華整理：《管子校注》卷七，第 365 頁；卷八，第 425 頁；卷八，第 425 頁；卷九，第 460 頁；卷一六，第 953 頁。北京：中華書局，2004 年。
② 〔漢〕鄭玄注，〔唐〕賈公彥疏：《周禮注疏》卷六，第 1460 頁。
③ 〔漢〕鄭玄注，〔唐〕賈公彥疏：《周禮注疏》卷三八，第 1938 頁。
④ 〔晉〕杜預注，〔唐〕孔穎達疏：《春秋左傳正義》卷一三，第 3904 頁。
⑤ 黎翔鳳撰，梁運華整理：《管子校注》卷七，第 365 頁。
⑥ 〔晉〕何晏注，〔宋〕邢昺疏：《論語注疏》卷一四，第 5456 頁。
⑦ 〔漢〕何休注，〔唐〕徐彥疏：《春秋公羊傳注疏》卷一一，第 4900 頁。

曰："（齊桓公）定三革，偃五兵，朝服以濟河，而無怵惕焉，文事勝也。"房玄齡注云："車、馬、人皆有革甲，曰三革。謂乘車之會，朝服濟河，以與西諸侯盟也。"[1]此即以甲革指代兵車之會，以朝服指代乘車之會。故乘車之會又稱"衣裳之會"，以示參會諸侯只有禮儀文采，而無兵革甲胄。"兵車之會"與"衣裳之會"相對並舉，始見於《穀梁傳》：

> 莊公二十七年：桓盟不日，信之也。信其信，仁其仁。衣裳之會十有一，未嘗有歃血之盟也，信厚也。兵車之會四，未嘗有大戰也，愛民也。
>
> 僖公七年：公會齊侯、宋公、陳世子款、鄭世子華，盟于寧母。衣裳之會也。
>
> 僖公八年：公會王人、齊侯、宋公、衛侯、許男、曹伯、陳世子款盟于洮。王人之先諸侯，何也？貴王命也。朝服雖敝，必加於上；弁冕雖舊，必加於首。周室雖衰，必先諸侯。兵車之會也。
>
> 僖公十三年：公會齊侯、宋公、陳侯、衛侯、鄭伯、許男、曹伯于鹹。兵車之會也。
>
> 僖公十五年：公會齊侯、宋公、陳侯、衛侯、鄭伯、許男、曹伯，盟于牡丘。兵車之會也。
>
> 僖公十六年：公會齊侯、宋公、陳侯、衛侯、鄭伯、許男、邢侯、曹伯于淮。兵車之會也。[2]

對於齊桓公兵車之會與乘車之會的數目，文獻所載各異。後世學者爲此聚訟紛紛，今不予置論。《管子》以兵車、乘車分文、武，《穀梁傳》以兵車、衣裳分文、武，名異而義同。《穀梁傳》僖公三年曰："秋，齊侯、宋公、江人、黃人會于陽穀。陽穀之會，桓公委端搢笏而朝諸侯。"范甯注云："委，委貌之冠也。端，玄端之服。搢，插也。笏，以記事者也。所謂衣裳之會。"[3]此例與上文《管子·小匡》齊桓公"朝服以濟河"之例相同，皆是以服飾指代會同，正照應"衣裳之會"的命名之義。

回到《周禮》一書，也有文、武會同之別。《夏官·戎僕》云："掌馭戎車。掌王倅車之政，正其服。犯軷，如玉路之儀。凡巡守及兵車之會，亦如之。"[4]天子巡守不以軍事征伐爲目的，然而大司馬帥六軍隨行，以威服天下，具有軍事屬性，故與"兵車之會"連類並稱。此前所論"時見曰會"，是因某方諸侯有叛亂不服之事，天子召集當方其餘諸侯而商議軍事征討。諸侯會集於京師，一方面自表忠心，一方面助王征討。天子以賓客之禮接待來會諸侯，先於宗廟行朝覲之禮，而後於城外築壇，行會盟之禮。會壇之上，天子發佈禁令，與諸侯相約起兵。然則

---

[1]　黎翔鳳撰，梁運華整理：《管子校注》卷八，第440頁。

[2]　以上6例分別見〔晉〕范甯注，〔唐〕楊士勛疏：《春秋穀梁傳注疏》卷六，第5182頁；卷八，第5198頁；卷八，第5198頁；卷八，第5202頁；卷八，第5203頁；卷八，第5205頁。

[3]　〔晉〕范甯注，〔唐〕楊士勛疏：《春秋穀梁傳注疏》卷七，第5192頁。

[4]　〔漢〕鄭玄注，〔唐〕賈公彥疏：《周禮注疏》卷三二，第1852—1853頁。

所謂 "時會" 即是屬於兵車之會。《地官·委人》曰: "凡軍旅之賓客,館焉。" 賈疏云: "諸侯以軍旅助王征討者,故謂之軍旅之賓客也。"①《周禮》凡言 "賓客" 皆指諸侯君臣朝覲、會同、聘問於王,王以賓客之禮款待之。而朝覲、聘問與軍事無關,唯兵車之會有之。因此,所謂 "軍旅之賓客" 乃是專據天子有兵車之會於畿內,諸侯帥師入境會王,則既爲賓客之事,又爲軍旅之事,故云 "軍旅之賓客"。《夏官·大司馬》曰: "及師,大合軍以行禁令,以救無辜,伐有罪。" 明王應電云: "大合軍者,合聚軍衆,兵車之會也。"② 孫詒讓亦云: "王十二歲巡守、殷國及時見曰會、殷見曰同,凡兵車之會,大司馬並起師合軍以從王也。"③ 又云: "《大司馬》云 '大會同則帥士庶子而掌其政令',大會同亦兵車之會。"④

既有 "兵車之會",固然亦有 "乘車之會"。《周禮》雖未明確提出 "乘車之會" 或 "衣裳之會" 的概念,然 "時會" "殷同" "巡守" "殷國" 四種會同方式之中,以軍事爲目的或手段者均屬於兵車之會,反之則爲乘車之會無疑。故歷代學者皆習用這兩種概念以解說《周禮》會同之事。如《春官·車僕》鄭注云: "巡守及兵車之會,則王乘戎路。乘車之會,王雖乘金路,猶共以從,不失備也。"⑤《春官·典路》賈疏云: "會同、軍旅及弔有三事,則是衣裳之會及弔王乘金路,兵車之會及軍旅王乘革路,是王出於事無常也。"⑥《夏官·戎僕》賈疏云: "狩及兵車會,亦乘革路,若乘車之會即乘金路也。"⑦

竊謂《周禮》行文之例,凡 "會同" 與 "軍旅" "師役" 並稱,或與賓客之事相對而言,皆是指兵車之會;凡 "會同" 與 "朝覲" "賓客" 並稱,或與軍旅之事相對而言,皆是指乘車之會;若 "會同" 與 "祭祀、朝覲、賓客、軍旅、田役、喪荒" 等諸項大事並舉,則是兼包兵車之會與乘車之會。

如《鄉師》云 "大軍旅、會同,正治其徒役與其輂輦,戮其犯命者",《縣師》云 "若將有軍旅、會同、田役之戒,則受灋于司馬,以作其衆庶及馬牛、車輦,會其車人之卒伍,使皆備旗鼓、兵器,以帥而至",《稍人》云 "若有會同、師田、行役之事,則以縣師之灋作其同徒、輂輦,帥而以至,治其政令,以聽於司馬",《廩人》云 "凡邦有會同、師役之事,則治其糧與其食",《司右》云 "凡軍旅、會同,合其車之卒伍而比其乘、屬其右",《司兵》云 "軍事,建車之五兵,會同亦如之",《司戈盾》云 "軍旅、會同,授貳車戈盾,建乘車之戈盾,授旅賁及虎士戈盾",《司弓矢》云 "凡師役、會同,頒弓弩,各以其物,從授兵之儀",《虎賁氏》云 "掌先後王而趨以卒伍,軍旅、會同亦如之",⑧ 以上各例,行文上皆是會同與軍旅之事並稱,內容上所言皆是軍事活動,可知

① 〔漢〕鄭玄注,〔唐〕賈公彥疏:《周禮注疏》卷一六,第 1608 頁。
② 〔明〕王應電:《周禮傳》卷四上,清文淵閣《四庫全書》本。
③ 〔清〕孫詒讓著,汪少華整理:《周禮正義》卷五六,第 7 册第 2831 頁。
④ 〔清〕孫詒讓著,汪少華整理:《周禮正義》卷三六,第 5 册第 1735 頁。
⑤ 〔漢〕鄭玄注,〔唐〕賈公彥疏:《周禮注疏》卷二七,第 1783 頁。
⑥ 〔漢〕鄭玄注,〔唐〕賈公彥疏:《周禮注疏》卷二七,第 1782 頁。
⑦ 〔漢〕鄭玄注,〔唐〕賈公彥疏:《周禮注疏》卷三二,第 1853 頁。
⑧ 以上 9 例分別見〔漢〕鄭玄注,〔唐〕賈公彥疏:《周禮注疏》卷一一,第 1583 頁;卷一三,第 1567 頁;卷一六,第 1607 頁;卷一六,第 1615 頁;卷三一,第 1837 頁;卷三二,第 1847 頁;卷三二,第 1847 頁;卷三二,第 1850 頁;卷三一,第 1837 頁。

所謂"會同"皆指兵車之會。又如《牛人》云"凡賓客之事……,凡會同、軍旅、行役,共其兵軍之牛與其牽徬",①此例既將會同、軍旅並稱,且與"賓客之事"相對而言,則爲兵車之會無疑。

　　如《小宰》云"以灋掌祭祀、朝覲、會同、賓客之戒具",《宰夫》云"凡朝覲、會同、賓客,以牢禮之灋掌其牢禮、委積、膳獻、飲食、賓賜之飧牽",《司常》云"凡祭祀,各建其旗,會同、賓客亦如之",《射人》云"會同、朝覲,作大夫介",《司士》云"凡會同,作士從,賓客亦如之",《諸子》云"會同、賓客,作群子從",《齊右》云"掌祭祀、會同、賓客前齊車",《校人》云"凡大祭祀、朝覲、會同,毛馬而頒之",②以上各例,行文上皆是會同與朝覲、賓客之事並稱,内容上所言皆與軍事無關,可知所謂"會同"皆指乘車之會。又如《旅賁氏》云"凡祭祀、會同、賓客,則服而趨。軍旅,則介而趨",③此例既將會同、賓客並稱,且與"軍旅"相對而言,則爲乘車之會無疑。

　　如《幕人》云"凡朝覲、會同、軍旅、田役、祭祀,共其帷幕、幄、帟、綬",《外府》云"凡祭祀、賓客、喪紀、會同、軍旅,共其財用之幣齎",《遺人》云:"凡賓客、會同、師役,掌其道路之委積",《師氏》云"凡祭祀、賓客、會同、喪紀、軍旅,王舉則從",《雞人》云"凡國之大賓客、會同、軍旅、喪紀,亦如之",《小史》云"大喪、大賓客、大會同、大軍旅,佐大史",④以上各例,行文上皆是會同與朝覲、賓客、軍旅、師役之事並稱,則其所謂"會同"應是包括兵車之會與乘車之會。

八、論周禮之中有盟

　　盟是個人、國家或其它社會組織之間爲了達成某種約定而舉行的儀式行爲,其目的在於建立信任關係,保障盟約的履行。通過結盟方式建立信任關係的個人或組織,我們一般稱之爲聯盟。在現代學術視野下,以原始社會部落聯盟爲標誌,結盟行爲是人類社會發展過程中的普遍現象,具有悠久的歷史和普適的特徵。然而,當我們在中國傳統經學、禮學的範疇内討論盟禮的性質、内涵、起源諸問題時,便是另外一番景象。春秋之世,王綱解紐,群雄逐鹿,諸侯之間攻交變幻,會盟之事史不絶書。《春秋》經傳對諸侯會盟俱有詳載,《侯馬盟書》《溫縣盟書》的出土也足證諸侯國内盟誓的流行,無人懷疑春秋時期盟禮的存在。但是,若要上溯春秋會盟的源頭,進而探討西周盟禮或傳説時代盟禮的情况,則由於文獻闕如,甚至連盟誓行爲和會盟制度之有無,亦成爲不可迴避的問題。

　　《周禮》一書有多處涉及盟禮,雖不能斷定其爲周代禮制的實録,但却是早期文獻之中關於周代盟禮最爲集中的記載,亦爲探討周代盟禮最爲關鍵的文獻。今摘録原文如下:

---

①　〔漢〕鄭玄注,〔唐〕賈公彦疏:《周禮注疏》卷一三,第 1560 頁。

②　以上 8 例分别見〔漢〕鄭玄注,〔唐〕賈公彦疏:《周禮注疏》卷三,第 1408 頁;卷三,第 1411 頁;卷二七,第 1785 頁;卷三〇,第 1827 頁;卷三一,第 1835 頁;卷三一,第 1836 頁;卷三二,第 1851 頁;卷三三,第 1858 頁。

③　〔漢〕鄭玄注,〔唐〕賈公彦疏:《周禮注疏》卷三一,第 1838 頁。

④　以上 6 例分别見〔漢〕鄭玄注,〔唐〕賈公彦疏:《周禮注疏》卷六,第 1456 頁;卷六,第 1462 頁;卷一三,第 1568 頁;卷一四,第 1575 頁;卷二〇,第 1668 頁;卷二六,第 1767 頁。

《地官·封人》：凡喪紀、賓客、軍旅、大盟，則飾其牛牲。

《春官·詛祝》：詛祝掌盟、詛、類、造、攻、説、禬、禜之祝號，作盟詛之載辭，以叙國之信用，以質邦國之劑信。

《夏官·戎右》：盟，則以玉敦辟盟，遂役之，贊牛耳、桃、茢。

《秋官·大司寇》：凡邦之大盟約，涖其盟書，而登之於天府。大史、内史、司會及六官皆受其貳而藏之。

《秋官·司盟》：司盟掌盟載之法。凡邦國有疑會同，則掌其盟約之載及其禮儀，北面詔明神。既盟，則貳之。盟萬民之犯命者，詛其不信者，亦如之。凡民之有約劑者，其貳在司盟。有獄訟者，則使之盟詛。凡盟詛，各以其地域之衆庶共其牲而致焉。既盟，則爲司盟共祈酒脯。①

上述史料之中，涉及封人、詛祝、戎右、大司寇、司盟、大史、内史、司會以及六官等衆職官，所謂"六官"又是指天官大宰、地官司徒、春官宗伯、夏官司馬、秋官司寇、冬官司空六卿，可見盟禮、盟約的重要性。同時還涉及諸如飾牛牲、祝號、作載辭、詔明神、辟盟、贊牛耳、贊桃茢、涖盟書、登天府、貳盟書、藏盟書等盟禮儀節。此外還有對盟禮目的和作用的界定，即"以叙國之信用，以質邦國之劑信"。《秋官·司盟》曰："凡邦國有疑會同，則掌其盟約之載及其禮儀。"又《天官·玉府》曰："若合諸侯，則共珠槃、玉敦。"鄭玄云："合諸侯者，必割牛耳，取其血，歃之以盟。珠槃以盛牛耳，尸盟者執之。"②所謂"合諸侯"即是"會同"之別稱，可見"會"與"盟"關係密切，與《春秋》經傳所記相合。

據此似可説明，周禮之中固有盟禮，周王固有盟詛之事，而且天子、諸侯會盟乃是國之大典。但是早期儒家之中却有一派觀點認爲，盟誓行爲是衰世的特徵，上古明王時代並無盟誓之禮，也無須利用盟誓手段來取信於人。此類觀點最早見於《荀子》以及《春秋穀梁傳》《春秋公羊傳》，其文如下：

《荀子·大略》：誥誓不及五帝，盟詛不及三王，交質子不及五伯。③

《穀梁傳》隱公八年：七月庚午，宋公、齊侯、衛侯盟于瓦屋。外盟不日，此其日，何也？諸侯之參盟于是始，故謹而日之也。誥誓不及五帝，盟詛不及三王，交質子不及二伯。④

《公羊傳》桓公三年：齊侯、衛侯胥命于蒲。胥命者何？相命也。何言乎相命？

---

① 以上 5 例分別見〔漢〕鄭玄注，〔唐〕賈公彥疏：《周禮注疏》卷一二，第 1551 頁；卷二六，第 1761—1762 頁；卷三二，第 1851 頁；卷三四，第 1881 頁；卷三六，第 1904—1905 頁。

② 〔漢〕鄭玄注，〔唐〕賈公彥疏：《周禮注疏》卷六，第 1460 頁。

③ 〔清〕王先謙撰，沈嘯寰、王星賢點校：《荀子集解》卷一九，北京：中華書局，1988 年，第 519 頁。

④ 〔晉〕范甯注，〔唐〕楊士勛疏：《春秋穀梁傳注疏》卷二，第 5144 頁。

近正也。此其爲近正奈何？古者不盟，結言而退。①

　　《荀子》和《穀梁傳》所謂“不及”，一般理解爲時間上不到某個時代，意爲：詛誓行爲不存在於五帝之世，五帝之後始有之；盟詛行爲不存在於夏、商、周三王之世，三代之後始有之；交質行爲不存在於春秋霸主之世，霸政之後始有之。太平之世，明王在位，以德義服人，不必借詛誓、盟詛、交質等約束手段維繫邦國之間的信任關係。後世道德漸衰，風俗澆薄，才有種種手段和儀式以加强信用。故《穀梁傳》范甯注云：“五帝，謂黃帝、顓頊、帝嚳、帝堯、帝舜也。五帝之世，道化淳備，不須詛誓而信自著。三王，謂夏、殷、周也。夏后有鈞臺之享，商湯有景亳之命，周武有盟津之會。衆所歸信，不盟詛也。二伯，謂齊桓、晉文。齊桓有召陵之師，晉文有踐土之盟。諸侯率服，不質任也。”②漢儒董仲舒則延續《公羊傳》之義，故《春秋繁露·王道》亦云：“《春秋》記纖芥之失，反之王道，追古貴信，結言而已，不至用牲盟而後成約，故曰‘齊侯、衛侯胥命于蒲’。”③

　　若如此説，則盟誓或盟詛並非善政，乃是惡政，與儒家所推崇的上古政治道德相違背。那麽，周禮之中不當有盟禮，《周禮》之中也不當著録天子盟詛之事與王官盟詛之職。故宋儒家鉉翁云：“《穀梁子》曰‘詛誓不及五帝，盟詛不及三王，交質不及二伯’，《春秋》不與諸侯之相爲盟也。論者引《周禮》秋官司盟掌盟載之法、天官玉府、夏官戎右及《曲禮》‘涖牲曰盟’者以爲證，反以《穀梁》爲迂。愚謂當周道之盛明，推至誠以相及，未施信而人信之，何至引鬼神、要盟詛而後足以蘄人之信？盟詛必非文、武、成、康盛時事，縱或有之，亦在周道之既衰，諸侯不睦而後有盟。盟于王庭且不可，而況諸侯自爲盟者乎？《周禮》後出，以爲周公之書，而其制度典章與五經、《孟子》所言不同，先儒固謂書成而未及施用於天下者也。要之，二禮之書雖皆帝王成法，聖賢格言，然不免雜以漢儒附益，釋經者所宜謹擇。如盟詛之事，斷斷乎其非古，無可疑矣。”④家鉉翁深信《穀梁傳》之説，以爲西周盛世無須盟詛，進而質疑《周禮》所記盟詛制度不足爲據。

　　同時，自漢代以降，便有一派學者與上述《荀子》《穀梁》《公羊》《春秋繁露》之説針鋒相對。他們不僅認爲上古三代有盟詛之事，且篤信盟詛制度合乎周禮。已知最早就此問題加以辯駁的是東漢許慎所撰《五經異義》，其言云：

　　　　今《春秋公羊》説“古者不盟，結言而退”，故《穀梁傳》云“詛誓不及五帝，盟詛不及三王，交質子不及二伯”，詛、盟非禮。古《春秋左氏》云《周禮》有司盟之官，殺牲歃血，所以盟事神明；又云凡國有疑，盟詛其不信者。是知于禮得盟。許氏謹案：

① 〔漢〕何休注，〔唐〕徐彦疏：《春秋公羊傳注疏》卷四，第4807頁。
② 〔晉〕范甯注，〔唐〕楊士勛疏：《春秋穀梁傳注疏》卷二，第5144頁。
③ 〔漢〕董仲舒著，〔清〕蘇輿撰，鍾哲點校：《春秋繁露義證》卷四，北京：中華書局，1992年，第121頁。
④ 〔宋〕家鉉翁：《春秋詳説》卷一，清文淵閣《四庫全書》本。

從《左氏》説,太平之時有盟詛之禮。①

許慎治古文經學,故當《公羊》《穀梁》與《左傳》《周禮》經義相違之時,他傾向於古文經説,主張盟詛合禮。《尚書·大禹謨》曰:"禹乃會羣后,誓于師。"孔穎達《正義》云:"隱八年《穀梁傳》曰'諮誓不及五帝,盟詛不及三王,交質不及二伯',二伯謂齊桓公、晉文公也。不及者,言於時未有也。據此文,五帝之世有誓;《周禮》立司盟之官,三王之世有盟也;《左傳》云'平王與鄭交質',二伯之前有質也。《穀梁傳》漢初始作,不見經文,妄言之耳。"②孔疏據《尚書》以駁"諮誓不及五帝",據《周禮》以駁"盟詛不及三王",據《左傳》以駁"交質不及二伯",於是直斥《穀梁傳》爲漢代後出之書,所以有此"妄言"。此説據《周禮》以斥《穀梁》,與家鉉翁據《穀梁》而斥《周禮》之立場截然相反。較之許慎、鄭玄,實則更進一步。

宋儒易祓云:"《吕刑》曰'民興胥漸,泯泯棼棼,罔中于信,以覆詛盟',則盟約之事固已見于堯舜之世。《左氏傳》曰'昔召康公命我先君股肱周室,夾輔成王,成王勞之,而賜之盟',是盟約之書復見于成周之時。《穀梁子》以爲盟詛不及三王,非也。"③易氏又引證《尚書》《左傳》以駁"盟詛不及三王",可與許氏、孔氏之説互補。

宋儒葉夢得對此更有詳説,其言云:

> 《書》曰:"苗民弗用靈,制以刑,罔中于信,以覆詛盟。"蓋古之治民不獨要以人事,凡山川百神與宗廟事其祖考者,歲無不有禱祠祭祀以示其敬,故人事所不能盡者亦必期之神。諸侯有非時而來朝者曰"會",十有二歲王不時巡,率諸侯而來朝者曰"同"。二者非朝之常禮,則爲之築宮爲壇于國外,設方明而祀之,謂之盟。非時而來朝者必有不協而請之王也,則爲之盟以信之。王不時巡而朝諸侯者,必有戒之事而使守也,則爲之盟以一之。其設官曰司盟,凡邦國有疑則掌其盟約之載,而大司寇涖焉。大約書之宗彝,小約書之丹圖,此其細者也。若其大者,則各以其地域之衆庶共其牲。凡殺牲載書而不歃血者,會也。歃血,坎其牲,加書于上而埋之者,盟也。……古者蓋重神事,無事相見則不盟,有事相見未有不盟者。以天地爲尊而不瀆,故所盟者日月、四瀆、山川丘陵之神而已。而先儒以爲諮誓不及五帝,盟詛不及三王者,誤矣。④

葉氏首先對盟的性質作了界定,認爲盟與會同一體,均爲國家典制,非常之禮。凡天子、

---

① 〔漢〕鄭玄注,〔唐〕孔穎達疏:《禮記正義》卷五,第2741頁。案:此文疑有錯簡,當作"古《春秋左氏》云殺牲歃血,所以盟事神明;《周官》有司盟之官,又云凡國有疑,盟詛其不信者"。今本誤將"《周官》有司盟之官"置於"古《春秋左氏》云"之後,文理遂不可通。或是孔疏徵引之時已誤,或是孔疏本不誤,後世傳寫刊刻致誤。
② 〔漢〕孔安國注,〔唐〕孔穎達疏:《尚書正義》卷四,第288頁。
③ 〔宋〕易祓:《周官總義》卷二二,清文淵閣《四庫全書》本。
④ 〔宋〕葉夢得:《春秋考》卷二,清《武英殿聚珍版叢書》本。

諸侯有事相見,則必行會同之禮;凡會同之時發佈政令或調解糾紛,則必舉行盟禮以要信於天地神明,使會盟各方不敢違背。以此而論,盟禮乃是天子施政行權的重要手段,故專設司盟之官;盟約乃是天下邦國的重要政治檔案,故由大司寇莅其盟書。葉氏融貫群經以論盟之性質和意義,最後斷言所謂"誥誓不及五帝,盟詛不及三王"爲先儒誤説,較之先儒更加邃密。

除了以上截然對立的兩派觀點,學術史上還有一類調和派。他們試圖通過重新解讀經典文本,以證明《荀子》《穀梁》與《尚書》《周禮》《左傳》之間並無矛盾。他們的解説五花八門,而其結論却殊途同歸,即一方面認爲三王時代有盟詛,周禮之中有盟禮,一方面又認爲《荀子》和《穀梁傳》並非誤説,而是另有深意。因此,調和派的突出特徵便在於刻意發掘"盟詛不及三王"這一特定文本的潛在語境和闡釋空間。此派代表性學者有楊士勛、惠士奇、秦蕙田、黃以周、侯康諸人。

楊士勛云:"《尚書》舜命禹征有苗而戒於衆,則亦誓之類;《周禮·秋官》司盟官掌盟載之約,則是盟事。而云'誥誓不及五帝,盟詛不及三王'者,舜是五帝之末,命禹徂征,是禹之事,故云'不及五帝';周公制盟載之法者,謂方岳及有疑會同始爲之耳,不如《春秋》之世屢盟,故云'不及三王'也。"① 據《尚書·大禹謨》記載,舜命禹征苗蠻,禹有誓師之舉。若將此誥誓歸於舜,則爲五帝之事;若將此誥誓歸於禹,則爲三王之事。楊氏遂歸於禹,以證"誥誓不及五帝"之説成立。據《周禮·秋官》有司盟之官,可知周公曾創製盟載之法。楊氏以爲周禮之盟唯天子巡守及會同之时用之,與春秋諸侯屢盟不同,故所謂"盟詛不及三王"並非指三王之時無盟,而是指三王之時不存在屢盟現象。

然而禹征有苗之時,誓師者雖爲禹,授命者則爲舜。彼時禹未稱王,仍是五帝之世,尚未進入三王時代。且《穀梁傳》所謂"誥誓""交質"皆指向其一般意義,何以見得所謂"盟詛"則是特指春秋時期之屢盟?楊氏欲將"誥誓"與五帝切割而劃爲大禹之事,欲將"盟詛"與三王切割而改釋爲"屢盟",皆不免牽強。

惠士奇云:"聖人以神道設教而天下服,于是乎有盟,盟之禮其來尚矣。……所謂'盟詛不及三王'者,以其無忠信誠慤之心,徒爲固結之術,屢盟以瀆鬼神,則《春秋》之所惡焉爾。"② 秦蕙田云:"古者結繩,足以示信,盟詛雖有而不必用。去古既遠,民俗澆漓,盟詛雖用,而如無有,升降之際,良可慨已。"③ 又云:"古者諸侯盟禮皆因朝覲天子而後脩之,以獎王室,睦鄰好。春秋之世,諸侯不尊天子,而假此禮以行之,故荀卿、穀梁子有'盟詛不及三王'之論,非古無是禮也。"④ 惠氏和秦氏都認爲盟禮是"神道設教"的産物,不僅周禮有盟,五帝三王皆有盟。而"盟詛不及三王"是基於春秋盟詛與三王盟詛之比較而言,所謂"不及"是指"不如""比不上",意爲春秋之盟詛不如三王之盟詛。換言之,三代政權足以維持信用,故雖有

---

① 〔晉〕范甯注,〔唐〕楊士勛疏:《春秋穀梁傳注疏》卷二,第5144頁。
② 〔清〕惠士奇:《半農春秋説》卷五,清文淵閣《四庫全書》本。
③ 〔清〕秦蕙田撰,方向東、王鍔點校:《五禮通考》卷五七,第4册第2486頁。
④ 〔清〕侯康:《穀梁禮證》卷一所引,清《嶺南遺書》本。

盟禮而不用；春秋諸侯信不由衷，故雖用盟禮而徒勞無功。三代盟詛有益于政教，是治世之典章；春秋屢盟僭禮瀆神，是亂世之異端。兩相對比，故云"（春秋）盟詛不及三王（盟詛）"。

此説雖有義理，但如果置於《荀子》和《穀梁傳》的整體語境之中分析，則又捍格難通。若"盟詛不及三王"是指春秋盟詛不如三王盟詛，那麽"詛誓不及五帝"又是基於何時何人之詛誓與五帝對比？"交質不及五伯"又是基於何時何人之交質行爲與春秋霸主對比？春秋之屢盟與三王之盟禮確有性質和功能之變化，有善政與惡政之差別，那麽五帝之詛誓、霸主之交質又豈有性質和功能之變化？交質行爲乃是以人質作爲抵押，本即信用不足的表現，即使基於時代對比，又豈有善惡之別？《穀梁傳》乃是基於解説《春秋》而發論，學者遂以爲"盟詛不及三王"乃是針對春秋之世而言，定語省略而已。然而《荀子》所謂"詛誓不及五帝，盟詛不及三王，交質子不及二伯"三句乃是孤立文本，並無其它語意背景爲依托，若謂"詛誓""盟詛""交質子"之前皆省略定語，殊嫌武斷。

黄以周云："詛誓、盟詛、交質子皆指諸侯言之，五帝之世不及諸侯詛誓之文，三王之世不及諸侯盟詛之語，五霸之世不及諸侯交質子之事。古有道之世，諸侯不得擅盟，惟天子巡守方嶽及殷見東國，事畢乃與諸侯盟，以同好惡，獎王室。至五霸擅盟，自稱盟主，此三王之世所未有也，《穀梁》之語不違周禮，《公羊》家言失之。"[1]據黄氏之意，《荀子》和《穀梁傳》皆是針對諸侯而言，即"詛誓""盟詛""交質子"之前均省略了定語"諸侯"。此"諸侯"並非惠氏、秦氏所指的春秋諸侯，而是分指五帝、三王以及春秋霸主時代之諸侯。所謂"不及"仍是時間概念，指某事不能追溯到某時代，某時代不存在某事。五帝之世，諸侯不得擅用詛誓，五帝之後始有之，故云"（諸侯）詛誓不及五帝"；三王之世，諸侯不得擅自盟詛，三王之後始有之，故云"（諸侯）盟詛不及三王"；霸主時代，諸侯不得擅自交質，霸主之後始有之，故云"（諸侯）交質子不及五伯"。

觀《荀子》《穀梁》文意，其着重强調的行爲主體是五帝、三王和五伯，意在凸顯治世之君以信義立國而無需憑藉詛誓、盟詛、交質等手段。若依黄氏之説，則《荀子》《穀梁》原文的語義重心在於諸侯，意在凸顯亂世之中信用崩塌，故須依靠詛誓、盟詛、交質等手段强行維繫的局面。既然語義重心在於諸侯，又豈有盡數省略、隻字不提之理？且如上文所説，《荀子》所言三句乃是孤立文本，並無語境依托，何以見得三句皆省略定語"諸侯"？行文果真如此，豈非徒增歧義？各家以爲《荀子》《穀梁》語法成分有所省略，試圖通過補足潛在語義以調和其與周禮之衝突，這種解説方式終究難以自洽。

侯康又云："'盟詛不及三王'，釋此傳者皆以《周禮》司盟、《覲禮》祀方明爲疑。竊謂二書與《穀梁》本未嘗相違也。《周禮》《儀禮》皆周公所定，二書雖爲太平制作，而周公已逆知人心不古，必漸有疑貳，因制爲盟詛，以示要約。其時已在文武後，此正不及三王之明徵，

---

① 〔清〕黄以周撰，王文錦點校：《禮書通故》第三〇，第 1292 頁。

何反以爲難乎？"①《周禮》有司盟之官，《儀禮》有會盟祭祀，可證周代有盟禮。然而侯氏又別出心裁，以爲周公制禮乃是預爲後世立法，盟詛之禮雖制定於太平之世，其施行却已在文王、武王之後，故云"盟詛不及三王"。此説特别之處在於，以往學者爲調和諸書矛盾而嘗試新解《穀梁》，皆着眼於挖掘"盟詛"或"不及"的多重闡釋空間，唯侯氏着眼於"三王"的意義。一般認爲"五帝""三王""五伯"分别指稱傳説時代、夏殷周時代和春秋時代，侯氏却認爲"三王"是確指夏禹、商湯、周文王和周武王四位開國明王。既然盟禮的施行在周文、周武之後，那麽所謂"盟詛不及三王"之説與周代有盟禮的事實並無矛盾之處。

侯氏此解固然不失巧妙，實則疏於考證。《尚書·吕刑》云："若古有訓，蚩尤惟始作亂，延及于平民。苗民弗用靈，……民興胥漸，泯泯棼棼，罔中于信，以覆詛盟。"②此乃周穆王追述五帝之事，可知黄帝、顓頊時代即有盟法。《尚書·舜典》云："肆類于上帝，禋于六宗，望于山川，徧于群神。"③惠士奇以爲"虞禋六宗"與《儀禮·覲禮》之"周祀方明"皆爲盟禮祭祀，可知虞舜之世亦有盟禮。《左傳》昭公十三年，叔向云："是故明王之制，使諸侯歲聘以志業，間朝以講禮，再朝而會以示威，再會而盟以顯昭明。……自古以來，未之或失也。"④既然明王有會盟之制，且自古沿用不廢，所謂"明王"豈非三代之君？武王伐紂，大會諸侯於盟津，作《太誓》。近世童書業、楊寬等學者多認爲《太誓》即會盟之誓詞，故《墨子》徵引《太誓》或作《大明》，"大明"即"大盟"，"明""盟"古字通假。而"盟津"之名正是出於此次盟誓，故《水經注》云："河南有鈎陳壘，世傳武王伐紂，八百諸侯所會處，《尚書》所謂不期同時也，河水於斯有'盟津'之目。《論衡》曰：'武王伐紂，升舟，陽侯波起，疾風逆流。武王操黄鉞而麾之，風波畢除。中流，白魚入于舟，燔以告天，與八百諸侯咸同此盟，《尚書》所謂不謀同辭也。故曰孟津，亦曰盟津。'"⑤《逸周書·商誓解》云："昔我盟津，帝休辨商。"⑥此"盟"爲動詞，正是指武王與諸侯盟於河津之事。⑦可見非但周武王有盟，三代以上，五帝之世即有盟法。侯氏欲將盟禮的施行與周文王、周武王切割，以證"盟詛不及三王"之説成立，却與事實相違，不可據信。

總之，盟誓行爲在人類社會具有悠久的歷史傳統，並在早期國家形成之後曾以政治制度的形式加以確立。周禮之中固有盟誓之禮，且盟誓與會同之禮關係密切。隨着西周的崩潰和周禮的廢弛，在諸侯列國重建政治秩序的過程中，會盟手段被廣泛地運用，故諸侯會盟成爲春秋政治最顯著的特徵之一。雖然會盟的性質、功能和意義不可避免地打上了時代烙印，但周代會盟制度無疑是春秋會盟禮的直接源頭。《荀子》《穀梁傳》所謂"盟詛不及三王"和《公羊

---

① 〔清〕侯康：《穀梁禮證》卷一，清《嶺南遺書》本。
② 〔漢〕孔安國注，〔唐〕孔穎達疏：《尚書正義》卷一九，第 526 頁。
③ 〔漢〕孔安國注，〔唐〕孔穎達疏：《尚書正義》卷三，第 265—266 頁。
④ 〔晉〕杜預注，〔唐〕孔穎達疏：《春秋左傳正義》卷四六，第 4498 頁。
⑤ 〔北魏〕酈道元撰，〔清〕楊守敬、熊會珍疏，楊甦宏、楊世燦、楊未冬補：《水經註疏補》卷五，北京：中華書局，2014 年，第 365—366 頁。
⑥ 黄懷信、張懋鎔、田旭東：《逸周書彙校集註》（修訂本）卷五，上海：上海古籍出版社，2007 年，第 462 頁。
⑦ 參閲童書業：《春秋左傳研究》，上海：上海人民出版社，2016 年，第 232—233 頁；楊寬：《西周史》，上海：上海人民出版社，2016 年，第 521—523 頁。

傳》所謂"古者不盟"皆是儒家托古諷今之辭，是對五帝、三王之世的理想化構擬。其本意並非考察上古三代的史實，而在於批判春秋以後屢盟無信的政治亂象，這正是公羊學和穀梁學的基本特點。因此，對於《荀子》《穀梁》《公羊》之論，我們應當以"得意忘言"的態度視之。

九、論會同與盟之關係

"會禮"與"盟禮"的關係也是會盟制度的重要議題之一。《春秋》經傳記載諸侯會盟之事甚多，從中足以窺見春秋時期"會""盟"關係的基本特點。《春秋》之中，有書會而不書盟者，如隱公九年，"公會齊侯于防"；桓公元年，"公會鄭伯于垂"；莊公十三年，"齊侯、宋人、陳人、蔡人、邾人會于北杏"。[①]有書盟而不書會者，如隱公元年，"公及邾儀父盟于蔑"；桓公元年，"公及鄭伯盟于越"；莊公九年，"公及齊大夫盟于蔇"。[②]有先書會而後書盟者，如隱公六年，"公會齊侯盟于艾"；桓公十一年，"柔會宋公、陳侯、蔡叔盟于折"；莊公十六年，"會齊侯、宋公、陳侯、衛侯、鄭伯、許男、曹伯、滑伯、滕子同盟于幽"。[③]由此可見，春秋之時，有會未必盟，有盟未必有會，而一旦有會有盟，必然先會而後盟。

《左傳》昭公三年，鄭大夫游吉云："昔文、襄之霸也，其務不煩諸侯，令諸侯三歲而聘，五歲而朝，有事而會，不協而盟。"[④]又僖公二十八年，甯武子與衛人盟于宛濮，曰："天禍衛國，君臣不協，以及此憂也。……不協之故，用昭乞盟於爾大神。"[⑤]可見按照當時的一般認識，諸侯之間若有特殊事務需要商議溝通，於是舉行會禮；若有矛盾衝突需要協調媾和，於是舉行盟禮。會禮之功能在於合謀議事，盟禮之功能在於達成統一。"會"與"盟"有其相對獨立的特徵，故有會未必有盟，有盟未必有會。

《左傳》僖公二十六年，魯大夫展喜對齊孝公云："昔周公、太公股肱周室，夾保成王。成王勞之，而賜之盟，曰：'世世子孫，無相害也。'載在盟府，大師職之。桓公是以糾合諸侯而謀其不協，彌縫其闕而匡救其災，昭舊職也。"[⑥]又《左傳》成公十二年，晉士燮會楚公子罷、許偃盟于宋西門之外，曰："凡晉、楚無相加戎，好惡同之。……謀其不協，而討不庭。有渝此盟，明神殛之。"[⑦]又《左傳》襄公三年，晉侯將合諸侯，使士匄告於齊曰："寡君願與一二兄弟相見，以謀不協。請君臨之，使匄乞盟。"[⑧]齊侯欲勿許，而難爲不協，乃盟于耏外。所謂"合諸侯"即是"會"，"謀不協"即是"盟"。以上三例皆是會、盟並舉，可見會禮所議之事可能就是諸

① 以上 3 例分別見〔晉〕杜預注，〔唐〕孔穎達疏：《春秋左傳正義》卷四，第 3765 頁；卷五，第 3777 頁；卷九，第 3843 頁。
② 以上 3 例分別見〔晉〕杜預注，〔唐〕孔穎達疏：《春秋左傳正義》卷二，第 3720 頁；卷五，第 3777 頁；卷八，第 3833 頁。
③ 以上 3 例分別見〔晉〕杜預注，〔唐〕孔穎達疏：《春秋左傳正義》卷四，第 3759 頁；卷七，第 3811 頁；卷九，第 3845 頁。
④ 〔晉〕杜預注，〔唐〕孔穎達疏：《春秋左傳正義》卷四二，第 4409 頁。
⑤ 〔晉〕杜預注，〔唐〕孔穎達疏：《春秋左傳正義》卷一六，第 3964 頁。
⑥ 〔晉〕杜預注，〔唐〕孔穎達疏：《春秋左傳正義》卷一六，第 3954 頁。
⑦ 〔晉〕杜預注，〔唐〕孔穎達疏：《春秋左傳正義》卷二七，第 4147 頁。
⑧ 〔晉〕杜預注，〔唐〕孔穎達疏：《春秋左傳正義》卷二九，第 4190 頁。

侯不協之事,也可能會禮議事之時産生意見分歧而有不協,根據"有事而會,不協而盟"之原則,遂於會禮之後舉行盟禮。故一旦有會有盟,必然先會而後盟。

　　基於豐富的史料,我們得以較爲明晰地提煉春秋時期會禮與盟禮的關係。相比之下,欲論周禮"會"與"盟"的關係,可供分析的文獻則十分有限,而《周禮》一書仍是重要的參考對象。《周禮》所載之"盟",從其政治功能和適用範圍而言,大致可以分爲兩類:一類是王國之内,作爲官府司法手段的盟詛,即《秋官·司盟》所云"有獄訟者,則使之盟詛";一類是王國與諸侯列國之間,作爲天子施政方式的盟,即《司盟》所云"凡邦國有疑會同,則掌其盟約之載及其禮儀"。第一類盟詛或在官民之間舉行,或由官府主導,在民衆之間舉行,是解決刑事案件或民事糾紛的治理手段,與會同之禮毫無關係;第二類盟詛是在天子與諸侯之間舉行,與會同之禮密切相關。爲了將會同之盟與第一類獄訟之盟加以區分,《周禮》或稱之爲"大盟",如《地官·封人》云"凡喪紀、賓客、軍旅、大盟,則飾其牛牲",《秋官·大司寇》云"凡邦之大盟約,涖其盟書,而登之於天府"。而我們研究的對象正是第二類,即王國與侯國之間的會同之盟。只有在此範疇内,才能討論會禮與盟禮之關係。

　　首先必須明確一點,對於"會同"與"大盟"的關係,古今學者普遍認爲,盟禮是在會同之後舉行,那麼有盟則必有會同。如《地官·封人》"大盟,則飾其牛牲",鄭玄云:"大盟,會同之盟。"[①]孫詒讓云:"合諸侯、時見曰會、殷見曰同並有盟法,以王親涖諸侯盟,故曰大盟。其十二年巡守、殷國亦有盟法。"[②]又如《大司寇》"凡邦之大盟約",賈公彦云:"謂王與諸侯因大會同而與盟所有約誓之辭。"[③]又如《司盟》"邦國有疑會同",孫詒讓云:"邦國會同之盟,《封人》所謂大盟也,凡大盟必在會同。"[④]又如《詩經·巧言》"君子屢盟,亂用是長",鄭玄云:"屢,數也。時見曰會,殷見曰同,非此時而盟謂之數。"[⑤]由此可見,凡盟禮必依托於會同,無會同則無所謂盟。若在會同之外另行盟禮,則被視爲違禮的"屢盟"而遭到輿論的批判。

　　雖然學者一致認爲"有盟必有會","先會而後盟",但對於是否"有會必有盟"的問題,則存在兩種對立的觀點。而這兩種對立的觀點乃是基於對同一則史料的不同理解。即《周禮·秋官·司盟》所云:

　　　　凡邦國有疑會同,則掌其盟約之載及其禮儀,北面詔明神。[⑥]

　　一種讀法是將"疑"理解爲形容詞,"會同"理解爲名詞,"邦國有疑會同"讀作"邦國/有/疑會同"。所謂"疑會同"爲偏正結構短語,意爲疑難的會同。那麼整句語意則是,如果

---

① 〔漢〕鄭玄注,〔唐〕賈公彦疏:《周禮注疏》卷一二,第 1551 頁。
② 〔清〕孫詒讓著,汪少華整理:《周禮正義》卷二二,第 3 册第 1082 頁。
③ 〔漢〕鄭玄注,〔唐〕賈公彦疏:《周禮注疏》卷三四,第 1881 頁。
④ 〔清〕孫詒讓著,汪少華整理:《周禮正義》卷六九,第 9 册第 3438 頁。
⑤ 〔漢〕毛亨傳,〔漢〕鄭玄箋,〔唐〕孔穎達疏:《毛詩正義》卷一二之三,第 974 頁。
⑥ 〔漢〕鄭玄注,〔唐〕賈公彦疏:《周禮注疏》卷三六,第 1904 頁。

邦國有疑難的會同，則由司盟職掌盟禮和盟約。言下之意，只有在會同有疑難的情況下才舉行盟禮，若無疑難則不舉行盟禮，可見有會未必有盟。持此觀點者的一個重要依據，便是將《周禮》之"疑會同"與《左傳》之"不協而盟"援以互證，認為疑難的會同正是因為參會各方不和諧，故須舉行盟禮以協同之。春秋諸侯不協則盟，協則不盟，周禮會盟制度亦是如此。

　　《司盟》鄭玄注云："有疑，不協也。"賈公彥疏云："時見曰會，殷見曰同，若有疑則盟之。"①《覲禮》鄭注亦云："凡會同者，不協而盟。"賈疏云："邦國有疑則有盟事，……朝禮既畢，乃更加方明於壇，與諸侯行盟誓之禮。若邦國無疑，王帥諸侯朝日而已，無祀方明之事。"②胡培翬《正義》云："不協而盟，《左傳》文，謂凡會同雖不盡盟，而有不協者則會同之後必盟。"③可見《周禮》《儀禮》注疏皆主張有會未必有盟。《禮記·王制》孔疏亦據《覲禮》及鄭注云："祀方明之後乃徹去方明，乃以會同之禮見諸侯。見諸侯訖，若有不協，更加方明於壇上，諸侯等俱北面，戎右傳敦血以授歃者，司盟主其職。故《司盟》云：'掌其盟約之載及其禮儀，北面而詔明神。'"④因此，會同之後，若有不協則盟，若無異議則不盟。

　　需要指出的是，鄭玄對此問題的表述亦有模糊之處，甚至使人懷疑他同時又主張有會必有盟。《儀禮·覲禮》曰："諸侯覲于天子，為宮方三百步，四門。壇十有二尋，深四尺，加方明于其上。"鄭注云："此謂時會殷同也。方明者，上下四方神明之象也。會同而盟，明神監之，則謂之天之司盟。"⑤《覲禮》篇末專記天子、諸侯會盟之禮，所謂十二尋之壇、三百步之宮以及四門即是臨時為會盟所築，歷代學者對此基本無異議。關鍵在於，《覲禮》記載壇上有"方明"，而鄭玄認為方明是"會同而盟"之時，上下四方神明依托之物。如果會同之時必有方明，而方明又如鄭玄所說是盟時的祭器，那麼言下之意似乎說明，會同之後必有盟禮，方明是專為盟禮而設。

　　另一種讀法是將"疑"理解為名詞，"會同"理解為動詞，"有疑"與"會同"構成連動關係。所謂"邦國有疑會同"讀作"邦國/有疑/會同"，意為邦國有疑難之事而舉行會同。那麼整句語意則是，如果邦國有疑難之事而舉行會同，則由司盟職掌盟禮和盟約。如此一來，"會同"之前便沒有修飾和限定語，泛指一切會同。言下之意，有疑難之事則必有會同，有會同則必有盟。因此，對同一則材料的不同解讀，竟然推導出截然對立的兩種結論。

　　持此觀點的代表學者是唐代賈公彥。需要說明的是，上文《覲禮》注疏和《司盟》注疏中，賈公彥皆明確維護鄭注，闡釋其"會同未必有盟"的主張。其實，那是經學家在"疏不破注"的原則下對注義的尊奉和敷說。但義疏的作者並非毫無表達異見的空間，以此問題為例，賈疏在鄭注未及之處則屢屢申說"會同必有盟"的觀點。這種現象，不妨謂之"委婉地破

---

① 〔漢〕鄭玄注，〔唐〕賈公彥疏：《周禮注疏》卷三六，第 1904 頁。
② 〔漢〕鄭玄注，〔唐〕賈公彥疏：《儀禮注疏》卷二七，第 2365 頁。
③ 〔清〕胡培翬：《儀禮正義》卷二〇，清木犀香館刻本。
④ 〔漢〕鄭玄注，〔唐〕孔穎達疏：《禮記正義》卷一一，第 2876 頁。
⑤ 〔漢〕鄭玄注，〔唐〕賈公彥疏：《儀禮注疏》卷二七，第 2363 頁。

注"。如《封人》賈疏云:"諸侯時見曰會,殷見曰同,王皆爲壇于國外,行盟誓之法。"① 又《射鳥氏》賈疏云:"賓客、會同毆烏鳶者,以其會同皆有盟詛之禮、涖牲之事。"② 又《職方氏》賈疏云:"王有故不巡守於方岳之下,則春東方盡來,夏南方盡來,秋西方盡來,冬北方盡來。王待之亦各於其時,在國外爲壇,行朝覲盟載之法。"③ 又《大行人》賈疏云:"若諸侯來者次當朝之歲者,則於國内依常朝之法。既朝,乃向外就壇,行盟載之禮也。"④ 此外,《儀禮·聘禮》記"久無事則聘焉",鄭注云:"事,謂盟會之屬。"賈疏云:"春秋有事而會,不協而盟。是以春秋有會而不盟,盟必因會。"⑤ 賈公彦於此又强調,所謂"會而不盟"乃是春秋禮制。言下之意,周禮會盟制度當與春秋之世不同。可見賈公彦認爲周禮會同之時必有盟誓之禮和盟載之法。

《左傳正義》僖公五年引《周禮》云:"司盟掌盟載之法,會同則掌其盟約之載,既盟則貳之。"⑥ 孔疏將《司盟》"邦國有疑"原文省略,直接寫作"會同則掌其盟約之載",顯然是認爲會同必有盟約。《禮記·曲禮》孔疏又云:"盟者,殺牲歃血,誓於神也。若約束而臨牲,則用盟禮,故云蒞牲曰盟也。然天下太平之時,則諸侯不得擅相與盟,唯天子巡守至方嶽之下,會畢,然後乃與諸侯相盟,同好惡,獎王室,以昭事神,訓民事君。凡國有疑則盟詛其不信者,及殷見曰同並用此禮。後至於五霸之道,卑於三王,有事而會,不協而盟。"⑦ 此處孔疏又將《周禮·司盟》之文概括爲"凡國有疑"則有盟詛,之所以省略"會同",正是基於"有疑則有會同,有會同則有盟詛"的認識,故能直接推導出"有疑則有盟詛"。可見孔疏對《司盟》的理解屬於第二種讀法,即認爲會同必有盟。故下文又特别强調,至於春秋時代,卑於三王,然後才有"有事而會,不協則盟"之禮。換言之,所謂"有事而會,不協則盟"之説並不適用於周禮會盟制度。⑧

宋儒葉夢得亦主張周禮會同必有盟,其言曰:

> 諸侯有非時而來朝者曰"會";十有二歲王不時巡,率諸侯而來朝者曰"同"。二者非朝之常禮,則爲之築宫爲壇于國外,設方明而祀之,謂之"盟"。非時而來朝者必有不協而請之王也,則爲之盟以信之。王不時巡而朝諸侯者,必有戒之事而使守也,則爲之盟以一之。……古者蓋重神事,無事相見則不盟,有事相見未有不盟者。以天地爲尊而不瀆,故所盟者日月、四瀆、山川、丘陵之神而已。而先儒以爲"詰

---

① 〔漢〕鄭玄注,〔唐〕賈公彦疏:《周禮注疏》卷一二,第 1551 頁。
② 〔漢〕鄭玄注,〔唐〕賈公彦疏:《周禮注疏》卷三〇,第 1828 頁。
③ 〔漢〕鄭玄注,〔唐〕賈公彦疏:《周禮注疏》卷三三,第 1865—1866 頁。
④ 〔漢〕鄭玄注,〔唐〕賈公彦疏:《周禮注疏》卷三七,第 1924 頁。
⑤ 〔漢〕鄭玄注,〔唐〕賈公彦疏:《儀禮疏》卷二四,第 2318 頁。
⑥ 〔晉〕杜預注,〔唐〕孔穎達疏:《春秋左傳正義》卷一二,第 3897 頁。
⑦ 〔漢〕鄭玄注,〔唐〕孔穎達疏:《禮記正義》卷五,第 2741 頁。
⑧ 此説與上文《王制》疏據《左傳》"不協而盟"以説《周禮》《儀禮》顯然不同。《王制》孔疏認爲會同未必有盟,而《曲禮》孔疏却認爲會同必有盟,同一書内,前後不同者,可能有兩種原因。一種可能是,《王制》疏據鄭注爲説,《曲禮》疏則是自抒己見;另一種可能是,唐修《禮記注疏》成於衆手,《王制》疏與《曲禮》疏非一人所作,而主事者未能檢核異同,所以有此牴牾。

誓不及五帝,盟詛不及三王"者,誤矣。……《周官》曰"時見曰會,衆見曰同",又曰"時會以發四方之禁,殷同以施天下之政",二者非諸侯見王之節,王合諸侯而見之者也。朝覲宗遇,以禮見王而已。若有征伐以討不然,則命方伯連帥而諸侯從焉,此之謂時會,故曰"發四方之禁"。王十二歲一巡守,諸侯會于方嶽之下而受命。王不巡守,則合諸侯受命于王國,此之謂殷同,故曰"施天下之政"。"禁"與"政"亦盟之以約信,故有盟。①

葉氏不僅立場鮮明地表示會同之時必有盟禮,而且反復闡述會同之後必有盟禮的原因。他認爲會同之時,諸侯或有不協之事,天子爲之仲裁協調,故須舉行盟禮以約信之;天子或有戒令之事,使諸侯奉命守職,故須舉行盟禮以統一之;天子或於時會之時發四方之禁,或於巡守、殷同之時施天下之政,皆是非常之事,故須舉行盟禮以强化信用。此外,上古以神道設教,凡有大事,必祈於神明。《覲禮》之末有方明之祀,又有日月、四瀆、山川、丘陵之祭,都是會同而盟之時,憑藉神明的權威以監督會盟,約束人心之舉。因此,有會必有盟,會、盟之禮渾然一體。宋儒鄭鍔亦云:"此謂合諸侯而盟,將與之有所作爲,而未知其心之同否,此所以有疑必有會同,會同必有盟,盟則司盟掌其法與禮義焉。"②其說雖簡略,其意則與葉夢得一致。

筆者也傾向於認爲,周禮會同之後必有盟禮,《司盟》之"凡邦國有疑會同,則掌其盟約之載及其禮儀"應當理解爲:凡邦國有疑難之事而舉行會同,司盟則職掌盟約和盟禮。因此,有疑則有會,有會則有盟。除了上述賈疏、孔疏以及葉夢得的論說之外,還有一項關鍵證據:

《周禮·天官·玉府》云:"若合諸侯,則共珠槃、玉敦。"③我們此前已經反復論證,所謂"合諸侯"即是"會同"之別稱。而此處所謂"珠槃、玉敦"正是盟禮專用器物,故《夏官·戎右》云:"盟,則以玉敦辟盟,遂役之,贊牛耳、桃茢。"④既然一旦合諸侯,則玉府要供應盟禮專用之器,足證會同之時必有盟。這是出自《周禮》原文的最有力證據。故鄭注《玉府》亦云:"合諸侯者,必割牛耳,取其血,歃之以盟。珠槃以盛牛耳,尸盟者執之。鄭司農云:'玉敦,歃血玉器。'"⑤鄭注《戎右》亦云:"尸盟者割牛耳取血,助爲之。及血在敦中,以桃茢沸之,又助之也。耳者盛以珠槃,尸盟者執之。"⑥鄭玄既然認定珠槃、玉敦爲盟禮而設,又明確表示合諸侯之時必歃血而盟,可見他在此處是主張會同必有盟禮的。由此也可説明,鄭玄在"有會是否必有盟"的問題上確實模棱兩可、左右搖擺,故有自相矛盾之説。

總之,周禮天子與諸侯會盟乃非常之事,國之重典,既藉會同之禮以議事命政,又藉盟誓之禮以約信神明。故有會必有盟,有盟必有會。及至王道漸衰,周禮廢弛,諸侯競逐,擅相會

---

① 〔宋〕葉夢得:《春秋考》卷二,清《武英殿聚珍版叢書》本。
② 〔宋〕王與之:《周禮訂義》卷六三,清文淵閣《四庫全書》本。
③ 〔漢〕鄭玄注,〔唐〕賈公彥疏:《周禮注疏》卷六,第 1460 頁。
④ 〔漢〕鄭玄注,〔唐〕賈公彥疏:《周禮注疏》卷三二,第 1851 頁。
⑤ 〔漢〕鄭玄注,〔唐〕賈公彥疏:《周禮注疏》卷六,第 1460 頁。
⑥ 〔漢〕鄭玄注,〔唐〕賈公彥疏:《周禮注疏》卷三二,第 1851 頁。

盟。當會盟成爲諸侯邦交的慣用手段,習以爲常,於是"有事而會,不協而盟"。故春秋之禮,有會不必有盟,有盟不必有會。人事有沉浮,禮制有變遷,這是古今一致的道理。

結　論

本文以《周禮》爲中心,旁徵《儀禮》《禮記》《尚書》《左傳》等經典文獻,參稽歷代注疏之説,對《周禮》所見會盟制度的九個問題進行了系統的梳理和考辨。關於各個問題的基本看法,已在每節之末作了交代。此處不厭其煩,再將我們的整體結論陳述如下:

《周禮》所見天子諸侯會盟禮包括四種形式,分別爲時見之會、殷見之同、巡守會同、殷國會同。天子十二年一巡守,四時分巡四方,周王與諸侯會盟于四嶽之下,是爲巡守會同。若天子因故不能出巡,則四方諸侯分四時會集京師,天子待以賓客之禮,宗廟朝覲之後,復於城郊築壇行會盟之禮,是爲殷見之同。若天子雖出王畿而不能遠巡四岳,則周王與諸侯齊聚畿外諸侯之地,行會盟之禮,是爲殷國會同。故殷同、殷國皆是巡守會同之變禮。若諸侯有叛亂不服,或王國有政教大事,天子臨時召集諸侯于京師,行朝覲會盟之禮,是爲時見之會。故時會、殷同皆在王城,巡守、殷國皆在畿外。凡天子與諸侯會同,則謂之"大會同";若天子有事不能親至,授權三公與諸侯會同,則謂之"小會同"。會同又有文、武之別。凡採取軍事手段或出於軍事目的而舉行會同,則謂之"兵車之會";凡採取和平手段或出於友好目的,不用兵甲而舉行的會同,則謂之"乘車之會"或"衣裳之會"。會同與盟誓關係密切,周禮之中固有盟誓之禮,且西周會盟制度無疑是春秋會盟禮的直接源頭。周禮之中,有會必有盟,有盟必有會。及至春秋之世,王綱解紐,禮壞樂崩,諸侯馳逐,擅相盟會,習以爲常,於是有會不必有盟,有盟不必有會。

由於《周禮》特殊的文本性質,讀者不免質疑,本文所揭示的會盟禮制,究竟是以經學方法構建的古史,還是以史學方法構建的經説? 平心而論,我們在既有的文獻基礎上儘量做到邏輯自洽,尚難回答這些會盟制度究竟是否周代史實,因爲禮典與事實的差距、歷史本真與歷史鏡像的分別,以及上古典籍成書的複雜性都是客觀存在的。我們充分重視和吸收歷代經學家的闡釋,但在行文中没有自拘于傳統經學的藩籬。僅就本文而言,筆者尚有一點體會:在現代民族國家理論和以民族國家爲基礎的現代政治理論框架下,很難對夏商周等早期文明政權作一個性質限定。諸侯國不是現代意義的獨立國家,周王朝也不是獨立國家的整合體。它們之間的關係既具有國内政治的特點,又具有國際政治的特點,這種關係本質上是一種聯盟政治體系,是盟主和成員國的關係。諸侯國既有氏族社會時期的方國色彩,又在法理上隸屬于周王朝,既表現爲相對平等的盟主與成員關係,又表現爲尊卑有序的君臣關係。我們考察《周禮》所載會盟禮制,發現時而用君臣之禮,時而用主客之禮,這正可以説明西周的國家形態和政治特點。

(吴柱,山東大學文學院教授)

《左傳》解傳語與早期《春秋》學關係探析*

董芬芬　藏　岩

[摘　要]《左傳》作爲《春秋》三傳之一,其事義相兼的文本特點在經義研究方面的作用不容忽視,然其中不少解經内容因經傳不合而難以周延,這主要在於《左傳》中存在大量的解傳語,其關注對象不在經文而在傳文記事本身。此類文本的大量存在説明,早期《春秋》學在内涵上不僅包括《春秋》經,還包括其他史記舊聞,而《左傳》對這些事義内容的收録也恰恰呈現了早期《春秋》學之原貌。

[關鍵詞]　左傳　孔子　《春秋》學　解經語　解傳語

　　關於《左傳》文本性質的討論,最早始於西漢劉歆。在此之前,《左傳》作爲記事之書爲諸家引用稱説,而對其文本的研究也以稱引事義或訓故古學爲主。直到劉歆"引傳文以解經,轉相發明,由是章句義理備焉"。[①]是劉氏將《左傳》的研究引到《春秋》經義的闡發上來,並欲爲《左傳》爭立一席之地,這也拉開了兩千年來關於《左傳》文本性質討論的序幕,其結果無外乎出現解經與不解經兩種立場。而在學術史的大部分時間裏,《左傳》被置於經學範疇,即《春秋》之傳。但相比《公羊》《穀梁》之解經體例,《左傳》的解經始終備受爭議,這不僅僅因爲《左傳》記史的文本特點,更在於《左傳》在義理闡發上所具有的獨立性。現如今我們對《左傳》的研究,並非要在解經與不解經中選擇一種論斷加以申説,這樣很容易因爲偏袒而造成主觀判斷,其研究也始終附着在傳統經傳關係的枷鎖之下。高本漢言:"《左傳》之科學的研究應該注重《左傳》的本身。"[②]因此,我們對於《左傳》的認識,不僅要看到它與《春秋》經文之間的關係,更要回歸文本,尊重《左傳》文本的獨立性,從而正確理解《左傳》及其文本功能。

一、《左傳》事義相兼的特點

　　《左傳》作爲《春秋》三傳之一,在體例、内容上區別於其他二傳,歷代學者也以《公羊》《穀梁》重義例,《左傳》重事實爲三傳之殊。然考察《左傳》文本,一爲述史記事,比年附經;一爲大義評論,附着於史,在文本上表現出事義相兼的特點。

＊　本文是國家社科基金一般項目"《春秋》《左傳》文本的性質、生成及關係研究"(17BZW074)、甘肅省教育廳優秀研究生"創新之星"項目"《左傳》義例及其文本性質研究"(2021CXZX-171)的階段性成果。

①　〔漢〕班固:《漢書》卷三六《楚元王傳》,北京:中華書局,1962年,第1967頁。
②　高本漢:《左傳真偽考》,張新科主編:《〈左傳〉學術檔案》,武漢:武漢大學出版社,2016年,第91頁。

首先，《左傳》記事編年以《春秋》經文爲綱，鋪説史實。不少學者認爲，《左傳》經劉歆、杜預等改編，比附經文，從而變成我們今天所見編年之貌。但根據徐建委對《史記·十二諸侯年表》所見《左傳》文本的考察，"司馬遷時代《左傳》就是大體按照《春秋》的編年而排列材料"，即"《左傳》材料的時序化編排早已確定，且與今本已經極爲接近"。①《左傳》以《春秋》經文的編年排列材料，這不僅僅是説明《左傳》采用了《春秋》的編年形式，更表明《左傳》史實的收録也以《春秋》經文記事爲經緯，鋪展而開。《春秋》經既是《左傳》梳理史實的綫索，又是《左傳》編年其他史實的坐標依據。

不僅如此，《左傳》在没有史實可載的情況下有以《春秋》經文記事作爲補充的情況，這種現象在魯莊公年間最爲明顯，如莊公三年《春秋》《左傳》記事：

《春秋》	《左傳》
三年春，王正月，溺會齊師伐衛。	三年春，溺會齊師伐衛，疾之也。
夏四月，葬宋莊公。	
五月，葬桓王。	夏五月，葬桓王，緩也。
秋，紀季以酅入于齊。	秋，紀季以酅入于齊，紀於是乎始判。
冬，公次于滑。	冬，公次于滑，將會鄭伯，謀紀故也。鄭伯辭以難。

從表格可見，《左傳》確實依照經文記載史實，僅四月葬宋莊公一事未見記載。從《左傳》的記事内容來看，很明顯是對《春秋》經文的直接采録。"溺會齊師伐衛""葬桓王""紀季以酅入于齊""公次于滑"等史實記録均表現出與經文同辭的特點。而且《左傳》於這些記事内容之外基本未做更詳細的交代，僅"公次于滑"補充了會鄭伯謀紀，鄭伯以難辭的細節。筆者以爲，這可能是因爲再無其他更爲詳細的史料文獻，只能對《春秋》經文所記史實做補充。而依附於這些史實所表現出的"疾之也""緩也""紀於是乎始判""謀紀故也"等等，均是對前文史實做出的解説，一定程度上也是對《春秋》經文做出的解釋。

由此可見，《春秋》經文相對於《左傳》而言，既是時間索引，又是事件索引，二者關係密切，我們也很難不將《左傳》作爲解説《春秋》經文的材料。王和説《左傳》是經師解釋《春秋》的"輔導材料"。②其"輔導"主要在於對《春秋》本事的還原。《春秋》簡略，伊川先生程頤言："唯微辭奥旨，時措從宜者，所難知爾，更須詳考其事。"③所以詳考事實是我們解讀《春秋》大義之門徑。事實上，史實一直是《春秋》學的核心，孔子説："我欲載之空言，不如見之於行事之深切著明也。"④也正因爲如此，《公羊》《穀梁》二傳直接闡釋大義的方式爲諸家所討論。葉夢得言《公》《穀》二傳"不得見魯史，不知事之實，徒以義傳之，以求合乎事。"⑤是

---

① 徐建委：《文獻考古：關於〈左傳〉〈史記〉關係的研究》，北京：商務印書館，2021年，第131頁。
② 王和：《左傳探源》，北京：社會科學文獻出版社，2019年，第103頁。
③ 〔宋〕朱熹：《延平答問》，《四庫全書》第698册，臺北：臺灣商務印書館1986年影印文淵閣本，第644頁下欄b。
④ 〔漢〕司馬遷：《史記》卷一三〇《太史公自序》，北京：中華書局，1959年，第3297頁。
⑤ 〔宋〕葉夢得：《春秋考》，《四庫全書》第149册，臺北：臺灣商務印書館1986年影印文淵閣本，第301頁下欄a。

言脱離事實而求以義合經,這不正是"私垂空文以見義"? 章太炎由是指明:"若未覩其事而求解義,猶未鞫獄而先處斷。"[1]顧頡剛更是對二傳"各逞私臆妄爲解説,或無中生有,或顛倒史實,要皆爲憑空撰語自圓其説"[2]的解經方式大爲批判。可以説,脱離史實空發大義的解經方式爲《春秋》學者所不取,還原史實才是我們解讀《春秋》經文之津梁,如《春秋》隱公元年經文書:"鄭伯克段于鄢。"從文辭來看,我們只能知曉鄭伯在鄢地打敗了共叔段,然而爲何要如此記載? 其中的微言大義如何? 我們無從得知。《左傳》追溯史實,從鄭莊公"寤生"説起,講述了姜氏偏愛莊公胞弟共叔段,以至弟段恃寵而驕,並欲代莊公之位而成禍亂的前因後果。從叙述中我們可知,鄭伯克段之事主要在追溯共叔段作爲臣子的反叛,以及作爲手足的不悌。但作爲兄長,鄭伯又不及時制止,從而造成兄弟反目的局面。《左傳》文末有"段不弟,故不言弟;如二君,故曰克;稱鄭伯,譏失教也;謂之鄭志。不言出奔,難之也"[3]的大義闡釋,這是對經文書法的解説,但從"段不弟""如二君""譏(鄭伯)失教"的評價來看,此説正是基於《左傳》具體史實的介紹而來,徐復觀先生稱此種傳解方式爲"以史傳經",即將《春秋》經文還原到具體的歷史當中,"讓歷史自己講話"。[4]這樣,我們便可在事件的行爲因果中了解事件發生的緣由,於説理上更具説服力。

以史實爲據,這是《春秋》學的特色,《公羊》《穀梁》雖少記事,但具體事實也是其闡釋大義的重要參考之一。趙生群説:"《公羊》《穀梁》雖然没有叙述具體事件,但同樣是以史實爲依據來闡釋經義的。"[5]這也正説明還原經文記事是三傳闡釋《春秋》的共有特點。三傳雖各以事、義見長,但都是圍繞《春秋》史實闡發大義的結果,而且在學術的傳播中形成了各自的特點。趙伯雄對此解釋:

> 解經時所據史實的失落,也會影響及於經義。比較而言,三傳之中,《左傳》以傳事爲主,其所據史實很早就形諸簡册;《公》《穀》以傳義爲主,其傳文中記事的内容甚少,其所依據的史實,可能更多地存在於該學派師弟的口耳相傳之中,故失落、遺忘的可能性更大。這種對史實的失落和遺忘,就導致了對經文的逞臆的解釋,這也是造成經義歧異的一個原因。[6]

由此可見,還原簡略經文的史實是三傳共有的傳經方式,但因其傳解側重點不同而造成了文本體例及内容上重義、重事的差别。《公羊》《穀梁》基於史實,只不過其在傳播過程中更加關注經義,造成了史實的失落,但其大義確爲經文大義。《左傳》則不同,注意從人物行爲事

① 〔清〕章太炎:《春秋左傳讀叙録》,《章太炎全集》第 2 册,上海:上海人民出版社,1982 年,第 829 頁。
② 顧頡剛:《春秋三傳及國語之綜合研究》,成都:巴蜀書社,1988 年,第 29 頁。
③ 〔晉〕杜預注,〔唐〕孔穎達疏:《春秋左傳正義》,阮元校刻:《十三經注疏》,北京:中華書局,1980 年,第 1716 頁中欄。
④ 徐復觀:《兩漢思想史》(第 3 卷),上海:華東師範大學出版社,2001 年,第 164—165 頁。
⑤ 趙生群:《〈春秋〉經傳研究》,上海:上海古籍出版社,2000 年,第 276 頁。
⑥ 趙伯雄:《春秋學史》,濟南:山東教育出版社,2004 年,第 76—77 頁。

件中反映褒貶是非,其詳備的史實恰恰爲我們理解《春秋》大義提供了便利。

其次,《左傳》並非只爲記事,其在史實介紹之外又載有大量解説評價的文字,以事明理。如桓公三年齊國嫁女一事,《左傳》記載:

> 齊侯送姜氏,非禮也。凡公女嫁于敵國,姊妹則上卿送之,以禮於先君;公子則下卿送之;於大國,雖公子亦上卿送之;於天子,則諸卿皆行,公不自送;於小國,則上大夫送之。①

經文記載"齊侯送姜氏于讙",《左傳》則關注此次事件中送嫁之人的身份,認爲齊侯送親非禮,這裏的"非禮"即爲對此次送親事件的評價。根據時制,諸侯王不親自送親,嫁姐妹派遣上卿去送,嫁女兒則派下卿。但若是嫁入大國就得派上卿,嫁天子則不管上卿下卿都得跟隨,若嫁小國就派上大夫即可。所以此次齊國嫁女于讙,是嫁給小國,齊僖公親送,於禮不合,而"公不自送"就是站在送親之禮的角度所闡發的"義"。

《左傳》中除了"非禮也",其他評價如"禮也""君子曰""書"與"不書"等等,都是根據經傳所記事件進行的評價或解釋,杜預最早將此歸結爲"義例",即《左傳》直接解釋或評價大義的例:

> 其微顯闡幽,裁成義類者,皆據舊例而發義,指行事以正褒貶。諸稱書、不書、先書、故書、不言、不稱、書曰之類,皆所以起新舊、發大義,謂之變例。然亦有史所不書,即以爲義者,此蓋《春秋》新意,故傳不言凡,曲而暢之也。其經無義例,因行事而言,則傳直言其歸趣而已。②

杜預以爲"發凡以言例",爲"一經之通體",而其"書""言""稱"等均是在凡例的基礎上所發的"變例",無論凡例、"變例",其目的都在於"發義",據行事而正褒貶。根據徐復觀考察,《左傳》中義例的内容主要包括三類:解釋《春秋》書法、以"……也"引起的簡潔判斷,以及"君子曰"。③事實上,只要是根據具體行事闡説事理的内容都可説是義例,如五十凡例,"君子曰""禮也""非禮也","書"與"不書","稱"與"不稱","言"與"不言"等等,都是根據具體史實做出的判斷,這些内容同《公羊》《穀梁》一樣是對事理大義的直接表達。

不僅如此,《左傳》所記事義也有不少與《公羊》《穀梁》相似或相同之處,趙伯雄先生在《春秋學史》一書中對此做了充分討論,此簡引僖公十九年"梁亡"一事加以説明:

---

① 〔晉〕杜預注,〔唐〕孔穎達疏:《春秋左傳正義》,第 1746 頁下欄。
② 〔晉〕杜預:《春秋序》,阮元校刻:《十三經注疏》,第 1706 頁上、中欄。
③ 徐復觀:《兩漢思想史》(第 3 卷),第 164—165 頁。

《左傳·僖公十九年》：梁亡。不書其主，自取之也。①

《穀梁傳·僖公十九年》：自亡也。②

《公羊傳·僖公十九年》：此未有伐者，其言梁亡何？自亡也。其自亡奈何？魚爛而亡也。③

此條經文記載梁國之亡，根據《左傳》梁亡史實的還原，我們知道此次滅國事件應該爲秦滅梁，但其並未采用“某某滅梁”的句式，這是説“梁亡”的經文背後有更爲深層的意義。據《左傳》對相關史實的還原，“初，梁伯好土功，亟城而弗處，民罷而弗堪，則曰‘某寇將至’。乃溝公宮，曰：‘秦將襲我。’民懼而潰，秦遂取梁。”④可見梁國滅亡的原因在於梁王自己，故《左傳》評價“不書其主，自取之也。”這與《穀梁》《公羊》“自亡”之説同。趙伯雄認爲這種釋義的相同或相似反映了三傳釋義的同源，是孔子《春秋》教學闡釋大義的固定體現。⑤而《左傳》所載有的傳義内容説明《左傳》並非只爲記事，傳義也是其文本的重要組成部分，其與《公》《穀》釋義的情況相同。

由此可見，《左傳》雖然在體例上與其他二傳表現出極大的不同，但從三傳事、義之間的勾勒，我們可以肯定，三傳中所記録的史實與大義都是我們傳讀《春秋》的重要參考。徐建委指出“戰國時代的《春秋傳》本就是以事解經和以義解經相互雜糅的形式。”⑥《左傳》《公羊》《穀梁》在内容上表現出事與義不同的優長，從文本可見，《左傳》實際上包含了史實與義例兩類文本因素，其詳備的史實是我們了解《春秋》記事本原的門徑，而在史實基礎上所闡發的大義正是《春秋》學以史明理的目的。可以説，《左傳》無論是事義兼備的文本特點，還是傳解史實大義的説理方式，都爲我們保存了早期《春秋》學的原貌。

二、《左傳》中的解傳語

《左傳》依據《春秋》經文成書，二者關係密切。其中的史實記載不僅還原了《春秋》經文記事之本原，更對《春秋》經文書法所表現的大義做了解説，其中存在的“書”“不書”“故書曰”之類的書法義例確實拉近了《左傳》與《春秋》經文之間的聯繫。但於《左傳》而言，其中也有不少出於經文之外的内容，西晉王接最早依據《公羊》的傳經特點表示：“《左氏》辭義贍富，自是一家書，不主爲經發。”⑦事實上，《左傳》雖以《春秋》經文爲綱，但其在成書

---

① 〔晉〕杜預注，〔唐〕孔穎達疏：《春秋左傳正義》，第 1810 頁下欄。
② 〔晉〕范甯注，〔唐〕楊士勛疏：《春秋穀梁傳注疏》，阮元校刻：《十三經注疏》，第 2399 頁下欄。
③ 〔東漢〕何休注，〔唐〕徐彦疏：《春秋公羊傳注疏》，阮元校刻：《十三經注疏》，第 2256 頁中欄。
④ 〔晉〕杜預注，〔唐〕孔穎達疏：《春秋左傳正義》，第 1810 頁下欄。
⑤ 趙伯雄：《春秋學史》，第 74 頁。
⑥ 徐建委：《文獻考古：關於〈左傳〉〈史記〉關係的研究》，第 147 頁。
⑦ 〔唐〕房玄齡等：《晉書》卷五一《王接傳》，北京：中華書局，1974 年，第 1435 頁。

上又獨立於《春秋》經文之外,這也是早期《春秋》《左傳》別行的原因。《左傳》的獨立,最明顯的在於義理的闡發,吕大圭認爲"左氏每述一事,必究其事之所由,深於情僞,熟於世故,往往論其成敗而不論其是非,習於時世之所趨,而不明乎大義之所在。周鄭交質,而曰信不由中,質無益也;論宋宣公立穆公,而曰可謂知人矣;鬻拳强諫楚子,臨之以兵,而謂鬻拳爲愛君;趙盾亡不越境,返不討賊,而曰惜也,越境乃免。此其皆不明理之故。"①洪邁《容齋隨筆》更是以《左傳》議論遣辭多害理。②其實並非左氏不明理,其"辭義贍富""不主爲經發"的特點正是説明《左傳》在大義闡發上有更多的内容,其中最重要的一部分便是解傳語。

　　《左傳》記載了大量不見於經文的事件,如魯隱公年間周鄭交質、鄭人侵牧、周王取鄔、劉、蒍、邘之田,以及息侯伐鄭等等,均不見於經文記載。杜預言其原因在於《左傳》的作者"身爲國史,躬覽載籍,必廣記而備言之。其文緩,其旨遠,將令學者原始要終"。③杜氏之説還是站在《左傳》解經的角度,認爲《左傳》無論有經無經,詳細記載其事實,都是爲了解讀《春秋》經,即章太炎所謂"爲經義之旁證"。④但廖平以爲:"解經則當嚴謹,今有經者多缺,乃侈陳雜事瑣細,與經多不相干。"⑤是以解經應該嚴格按照經文,緊扣其説,而瑣碎雜事,與經不相干,則不能説是解經。崔適亦有此説,認爲:"夫《傳》以釋《經》,無《經》則非《傳》也。"⑥是解經的關鍵在於經文,就如同《公羊》《穀梁》,專解經文,一旦脱離經文,則其間大義無可獲存。而細勘《左傳》,與《春秋》經文比年而附,但其中不見於經文條目的事件仍不乏其數,《左傳》中不少大義正是基於這些不見於經文的記事内容的評價解説,如《左傳》記載魯僖公見日南至,望朔而書一事:

　　　　五年春王正月辛亥朔,日南至。公既視朔,遂登觀臺以望,而書,禮也。凡分、至、啓、閉,必書雲物,爲備故也。⑦

此事發生於僖公五年,經文未見記載,故《公羊》《穀梁》無説。從傳文記載來看,其間未對經文書與不書做出解釋,僅僅是對日南至,僖公登臺視朔而書這一舉動表示"禮也"的肯定,其後凡例也是對分、至、啓、閉書雲物以爲備這一禮制的記載,與"禮也"呼應成文。可以看出,這裏的"禮也"、凡例都不是在解經,而是對傳文所作的解説。

　　此外,《春秋》在記事上有一定的標準,《春秋》作爲魯國的"宗廟告祭文本",⑧只有經過

① 〔宋〕吕大圭:《春秋五論》,《四庫全書》第157册,臺北:臺灣商務印書館1986年影印文淵閣本,第674頁下欄b。
② 〔宋〕洪邁:《容齋隨筆》,上海:上海古籍出版社,1998年,第581頁。
③ 〔晉〕杜預:《春秋序》,阮元校刻:《十三經注疏》,第1705頁上欄。
④ 〔清〕章太炎:《春秋左傳讀叙録》,第826頁。
⑤ 〔清〕廖平:《古學考》,舒大剛、楊世文主編:《廖平全集》第1册,上海:上海古籍出版社,2015年,第133頁。
⑥ 〔清〕崔適著,張烈點校:《史記探源》,北京:中華書局,1986年,第2頁。
⑦ 〔晉〕杜預注,〔唐〕孔穎達疏:《春秋左傳正義》,阮元校刻:《十三經注疏》,第1794頁中欄。
⑧ 董芬芬:《〈春秋〉的文本性質及記事原則》,《文學遺產》2016年第6期,第38頁。

告廟的事件才有可能被記入其中,故《春秋》在人和事選擇上有着嚴格的宗法限制。我們對比《春秋》《左傳》關於人物的記載,像管仲、晏子、子產、叔向、潁考叔等是不可能被記入經文的,但《左傳》却詳載其人物事迹,並大加評價。如《左傳·昭公三年》記齊景公以晏子所居近於市,欲爲其更宅到寬敞舒適之處,然晏子以繼承先祖、近市便利爲由拒絶,並引出"識貴賤"的討論。此時的齊國繁於刑罰,故晏子以"踊貴,屨賤"應對,齊景公聽從其説而減省刑罰,《左傳》對此以君子之言大贊晏子:

> 君子曰:"仁人之言,其利博哉! 晏子一言,而齊侯省刑。《詩》曰:'君子如祉,亂庶遄已。'其是之謂乎!"①

此處"君子曰"是對晏子一言以省刑罰的評價。晏子此事以"初"冠文,是爲追述。此年"齊侯使晏嬰請繼室於晉",成婚後晏子與叔向談論齊、晉情勢,故此處實際上是將晏子相關事件集中記載,這些事件均不爲經文所關注。劉師培先生以爲"'君子曰''君子以爲'者,乃丘明題經之詞,亦以書法縛屬經文也"。②但從晏子一事來看,若將"君子曰"完全放在解經的角度,其所評價人與事恰恰不爲經文所取,所謂"題經之辭",不免牽強。而《左傳》詳載晏子之事,"君子曰"大贊其言,是爲解傳無疑。

不僅如此,即使《左傳》所述事件見於經文記載,且爲經文做了詳細的補充説明,但其中不少義例的解釋評價關注的仍是傳文記事本身,與經文無涉。這一現象其實早爲清代學者崔適所指出,崔氏以爲《左傳》中存在"有《經》而不釋《經》之《傳》",並解釋:"凡《傳》以釋《經》義,非述其事也。"③此説雖站在《左傳》解經與否的立場,但從《左傳》義例闡釋與評價的內容,其中確實存在有經而不解釋經文的情況,如襄公十二年記載吳子壽夢卒一事:

> 《春秋經》:秋九月,吳子乘卒。
> 《左傳》:秋,吳子壽夢卒,臨於周廟,禮也。凡諸侯之喪,異姓臨於外,同姓於宗廟,同宗於祖廟,同族於禰廟。是故魯爲諸姬,臨於周廟。爲邢、凡、蔣、茅、胙、祭,臨於周公之廟。④

按襄公十二年經文記"吳子乘卒",與《左傳》"吳子壽夢卒"爲同一件事,但在記述內容上,《左傳》又補充"臨於周廟"的細節,爲經文所不及,其後"禮也"則是對"臨於周廟"的評價,即"臨廟"爲這一時期諸侯喪葬的禮儀。凡例針對諸侯"臨廟"喪葬禮節指出:異姓於外、同

---

① 〔晉〕杜預注,〔唐〕孔穎達疏:《春秋左傳正義》,第 2031 頁下欄。
② 〔清〕劉師培:《春秋左氏傳古例詮微》,《劉申叔遺書》,南京:江蘇古籍出版社,1997 年,第 326 頁上欄。
③ 〔清〕崔適著,張烈點校:《史記探源》,第 2—3 頁。
④ 〔晉〕杜預注,〔唐〕孔穎達疏:《春秋左傳正義》,第 1951 頁下欄。

姓在宗廟、同宗在祖廟、同族在禰廟,與傳文所記"臨於周廟"相對應。吳始於泰伯,姬姓,爲古公亶父之子,而"魯爲諸姬",是魯、吳本爲同姓之祖。吳子壽夢卒,魯國臨於周廟以吊喪,楊伯峻以"宗廟"即爲"周廟",[①]故凡例所言正是對傳文"臨於周廟"的解釋,也是説"臨於周廟"才是吳子乘卒一事大義發揮的基點,故而趙光賢言:"按經無'臨於周廟'之文,而傳文自'禮也'以下的凡例都是解釋'臨於周廟'的,所以這是解傳而不是解經。"[②]陳槃亦指出"此'凡諸侯'以下一段,本即是'臨於周廟,禮也'之注脚。"[③]可以説,此處"禮也"、凡例爲解傳語無疑。

又如《左傳·成公九年》記載晉國欒書率師伐鄭一事:

> 欒書伐鄭,鄭人使伯蠲行成,晉人殺之,非禮也。兵交,使在其間可也。[④]

欒書伐鄭,經文同載此事:"晉欒書帥師伐鄭",[⑤]伐鄭過程未知,更何況晉人殺鄭國使者這一細節。而傳文於此獨記其"非禮",並解釋"兵交,使在其間可也"。趙光賢以爲"'兵交使在其間可也'顯然是評晉人殺伯蠲爲非禮,不是解經文'欒書帥師伐鄭'。"[⑥]可見,"非禮也"評價的正是傳文所記"鄭人使伯蠲行成,晉人殺之"一事,其評價更注重細節的發生過程,從而爲"禮"的規範提供了闡釋與理論建構的空間。

由此可見,即使在經傳俱存的情況下,《左傳》在大義闡發上仍有從傳文出發,與經文無關的情況。朱熹言左氏"不知大義,專去小處理會。"[⑦]這也點明了《左傳》傳義的特點。《左傳》詳於記事,而事件發生的前因後果及具體細節恰恰是諸多大義闡發的立足點,這於經文之旨,難免出現"不知大義"之惑。同時,自劉歆、杜預等强調《左傳》傳經的特點之後,左氏文本在傳讀《春秋》大義上的意義日益明顯,陳槃討論"五十凡例",認爲其中"未必盡爲筆削大義",且"多有與一字褒貶之義例完全無關者,只因自杜氏注《左傳》加以附會之後,後來學人皆深信不疑耳。"[⑧]陳氏此處只言凡例,實際上其他如"君子曰""禮也""非禮也"等評價都存在與經文無涉的內容,趙光賢獨稱這種解釋傳文的義例爲"解傳語",其後王和、黃麗麗、姚曼波等學者均有提及。從諸家對《左傳》解傳情況的關注來説,解傳語主要解釋傳文,其在辨別方式上有兩種:一是有傳無經,但傳文不解釋爲何無經;一是經傳具存,但傳文所述重點在傳文細節,與經文無涉。因此,對《左傳》文本的細讀,要分析其中義例闡釋的對象

---

① 楊伯峻:《春秋左傳注》,北京:中華書局,2009年,第996頁。
② 趙光賢:《〈左傳〉編撰考》,《古史考辨》,北京:北京師範大學出版社,1987年,第149—150頁。
③ 陳槃:《左氏春秋義例辨》,上海:上海古籍出版社,2009年,第43—44頁。
④ 〔晉〕杜預注,〔唐〕孔穎達疏:《春秋左傳正義》,第1905頁下欄
⑤ 〔晉〕杜預注,〔唐〕孔穎達疏:《春秋左傳正義》,第1905頁中欄。
⑥ 趙光賢:《〈左傳〉編撰考》,第149頁。
⑦ 〔宋〕朱熹:《朱子語類》卷八三,《四庫全書》第701冊,臺北:臺灣商務印書館1986年影印文淵閣本,第752頁下欄a。
⑧ 陳槃:《左氏春秋義例辨》,第42—43頁。

及立足點，而不是站在解釋經文的角度概而觀之。從傳世文本來看，解傳語是《左傳》文本的一部分，是對傳文記事及相關內容的評價與闡釋。可以説，《左傳》解傳語是關於《左傳》記事最早的研究文獻，對其文本的解讀有着不可替代的作用。解傳語的存在使得《左傳》在經傳關係中具有相對的獨立性，劉安世言："若《左傳》，則《春秋》所有者，或不解，《春秋》所無者，或自爲傳。……讀《左氏》者，當經自爲經，傳自爲傳，不可合而爲一也，然後通矣。"①此與王接所言《左傳》自爲一書，不主爲經發的論斷同義。但爲何《左傳》中存在解釋傳文的解傳語，這一點怕是與早期《春秋》之學有密切關係。

三、解傳語產生的原因及其文本性質

由上可知，解傳語是《左傳》義例闡釋的常見現象，諸家關注到《左傳》義例的解傳情況，但在其緣由上並未深究，趙光賢從《左傳》成書的角度認爲解傳語是後代經師在解經過程中的順手加入。②但從前面的分析來看，《左傳》中的解傳語是站在傳文記事的基礎上對其做出的解釋，這類解傳的內容並不少於解經語。筆者以爲，《左傳》記載了如此多的解傳語，説明《左傳》中不見於經文記載的史實亦具備闡釋大義的條件，解傳語雖不解釋《春秋》經文，但其在內容上也屬於《春秋》之學。

首先，從《左傳》成書的目的來看，旨在存孔子《春秋》學。《十二諸侯年表序》云魯君子左丘明 "因孔子史記具論其語，成《左氏春秋》。"③這是説《左傳》實際爲孔子《春秋》之集大成者，其中 "孔子史記" 即爲孔子講史所用《春秋》材料，"具論其語" 則是孔子對於這些史記的評價，即對所講史記內容大義的闡發，也就是説《左傳》中所記的史實、講述的大義均是孔子的《春秋》之學，這其中最明顯的莫過於 "孔子曰" "仲尼曰" 之類的評論。細勘此類以孔子之名引起的評説，既有對《春秋》經文的解説，也有對不見於經文記事史實的評價，如《左傳》記載孔子對僖公二十八年經文 "天王狩于河陽" 記載的解釋：

> 晉侯召王，以諸侯見，且使王狩。仲尼曰："以臣召君，不可以訓。故書曰：'天王狩于河陽'，言非其地也，且明德也。"④

根據《左傳》所記史實，"天王狩于河陽" 應該是此年溫之盟的小插曲，《左傳》記載此次會盟是晉侯召周天子，孔子認爲晉侯的這種行爲是 "以臣召君"，不可以作爲天下諸侯的表率，所以《春秋》經文在書法上記作 "天王狩于河陽"。我們知道，這次會盟在溫地，但《春秋》經文

---

① 〔宋〕馬永卿：《元城語錄》，《四庫全書》第 863 册，臺北：臺灣商務印書館 1986 年影印文淵閣本，第 370 頁上欄 b。
② 趙光賢：《〈左傳〉編撰考》，第 148 頁。
③ 〔漢〕司馬遷：《史記》卷一四《十二諸侯年表序》，北京：中華書局，1959 年，第 510 頁。
④ 〔晉〕杜預注，〔唐〕孔穎達疏：《春秋左傳正義》，第 1827 頁上、中欄。

寫作"河陽",孔子認爲此"言非其地也",而這樣寫是爲了全天子之德,即天王巡守而諸侯朝之的禮制。可見孔子此處對於晉侯召王的看法是通過解釋經文書法表現出來的。

　　除了對《春秋》經文的解釋,以孔子之名引起的解説更多的是對傳文的解釋,如昭公二十年齊侯以弓召虞人,孔子言其不守官制:

　　　　十二月,齊侯田于沛,招虞人以弓,不進。公使執之。辭曰:"昔我先君之田也,旌以招大夫,弓以招士,皮冠以招虞人。臣不見皮冠,故不敢進。"乃舍之。仲尼曰:"守道不如守官,君子韙之。"①

齊侯以弓召虞人不見於經文記載,孔子根據虞人不見皮冠不進的禮制,認爲齊侯以弓召虞人不守官制。此事亦見於《孟子》,云:"昔齊景公田,招虞人以旌,不至,將殺之。志士不忘在溝壑,勇士不忘喪其元,孔子奚取焉? 取非其招不往也。""曰:'敢問招虞人何以?'曰:'以皮冠。庶人以旃,士以旂,大夫以旌。……'"②其以"孔子奚取焉"云云爲我們呈現了孔子闡發大義的方式。齊侯召虞人雖不見於經文記載,但孔子却對齊侯的違制行爲了然於胸,並通過這些人事行爲來發掘其中大義。

　　同其他解傳的情況一樣,有些事件雖然見於經文記載,但孔子評論注意從事件細節中取材,對經文書法大義無關於心,如成公二年齊衛戰于新築,孔子却對戰後仲孫于奚請曲縣繁纓的細節作出評價:

　　　　既,衛人賞之以邑,辭。請曲縣、繁纓以朝,許之。仲尼聞之,曰:"惜也,不如多與之邑。唯器與名,不可以假人,君之所司也。名以出信,信以守器,器以藏禮,禮以行義,義以生利,利以平民,政之大節也。若以假人,與人政也。政亡,則國家從之,弗可止也已。"③

成公二年孫良夫等人率師侵齊,後遇齊師,孫桓子堅持出戰而被俘,新築人仲叔于奚則率師救下孫桓子,故衛君對其賞以城邑。但仲孫于奚辭謝此賞,另"請曲縣、繁纓以朝",並獲衛君允許。此事對應《春秋》經文:"衛孫良夫帥師及齊師戰于新築,衛師敗績。"④但其於仲孫于奚請賞之事未著一字。孔子的評價則恰恰是對不見於經文記載的請賞獲許一事的探討,認爲曲縣、繁纓是禮之重器、政之大節,具有公開的象徵意義,故對衛君許器、禮表示否定。可見,孔子所評事件雖與經文同爲一事,但在内容上則關注到更爲細緻的不見於經文的人事行

───────────

① 〔晉〕杜預注,〔唐〕孔穎達疏:《春秋左傳正義》,第 2093 頁中欄。
② 〔漢〕趙歧注,〔宋〕孫奭疏:《孟子注疏》,阮元校刻:《十三經注疏》,第 2745 頁下欄。
③ 〔晉〕杜預注,孔穎達疏:《春秋左傳正義》,第 1893 頁下欄—1894 頁上欄。
④ 楊伯峻:《春秋左傳注》,北京:中華書局,2009 年,第 785 頁。

爲,故孔子此處評論也可稱作解傳語。

從這些評論來看,孔子關注人事,往往通過人物言語及行爲細節來闡述其中道理,這其中就有不少解釋傳文史實的内容。孔子關注於此,不僅説明孔子諳熟這些史實,同時也説明"孔子史記"不限於《春秋》經文,廣征史實才是孔子論説《春秋》的特點。《孟子·離婁下》云:"晉之《乘》,楚之《檮杌》,魯之《春秋》,一也。其事則齊桓、晉文,其文則史。孔子曰:'其義則丘竊取之矣。'"①孔子通過各國史記來講述大義,而魯國《春秋》只是其所論史記之一。惜於其他史記不見流傳,我們唯一能看到的便是魯國《春秋》,這也與孔子所講《春秋》實際上以魯史爲綱目有關。《史記·十二諸侯年表序》云:"(孔子)西觀周室,論史記舊聞,興於魯而次《春秋》。"②這裏的"興"即興起,即以魯國《春秋》爲綱目,搜集具體史實,進行整理編次。孔子言:"蓋有不知而作之者,我無是也。多聞,擇其善者而從之,多見而識之,知之次也。"③《春秋》即是如此,孔子雖然以諸國史記舊聞爲論,但不可能對每一國的史記均作細緻的講解,孔子的做法是"興於魯"。而且孔子以魯史爲綱,與魯史本身的優越性有關。《漢書·藝文志》記載,周室衰微之後,載籍殘缺,而孔子"以魯周公之國,禮文備物,史官有法,故與左丘明觀其史記,據行事,仍人道,因興以立功,就敗以成罰,假日月以定曆數,藉朝聘以正禮樂。"④可見,孔子以魯國史記爲善,講習《春秋》。胡念貽也説:"孔丘可能曾經采用魯國的《春秋》來作爲講習的課目,在講習過程中也可能做過某些整理和發揮。"⑤這種整理和發揮即孔子對這些史記材料的處理,即"次《春秋》"。司馬遷云孔子《春秋》"上記隱,下至哀之獲麟。約其辭文,去其煩重,以制義法",⑥即孔子以魯國隱公到哀公之序來選擇材料,約煩去重。但孔子所約辭文、所去煩重並非筆削爲簡要的《春秋》經,而是對這些史記賦予義法的整理。章太炎認爲這種方式就是"屬詞比事":

> 孔子作《春秋》,本以和布當世事狀,寄文于魯,其實主道齊桓、晉文五伯之事。五伯之事,散在本國乘載,非魯史所能具。爲是博徵諸書,貫穿其文,以形于《傳》,謂之屬辭比事。⑦

章氏所言正是基於孔子所講《春秋》並非按某一國所記,其以春秋五霸間事迹爲主要内容,寄文於魯而廣征博引,故"經傳同修"才是孔子《春秋》學的特點。所以《左傳》中大量史實的記載實際上是《春秋》教學的主要内容,這也是趙生群認爲"《左傳》比《春秋》更接近於

① 〔漢〕趙歧注,〔宋〕孫奭疏《孟子注疏》,第 2727 頁下欄—2728 頁上欄。
② 〔漢〕司馬遷:《史記》卷一四《十二諸侯年表序》,第 509 頁。
③ 〔魏〕何晏集注,〔宋〕邢昺疏:《論語注疏》,阮元校刻:《十三經注疏》,第 2483 頁中欄。
④ 〔漢〕班固:《漢書》卷三〇《藝文志》,第 1715 頁。
⑤ 胡念貽:《〈左傳〉的真偽和寫作時代問題考辨》,《中國古代文學論稿》,上海:上海古籍出版社,1987 年,第 24 頁。
⑥ 〔漢〕司馬遷:《史記》卷一四《十二諸侯年表序》,第 509 頁。
⑦ 章太炎:《檢論》,《章太炎全集》第 3 册,上海:上海人民出版社,1982 年,第 411 頁。

'其事則齊桓、晉文' 的晉、楚、魯三家史記" 的原因。①而從這種史實的講解闡發中我們可以看出,《左傳》中存在的 "孔子曰" 以及其他專門解釋傳文人事的内容均是《春秋》大義的體現,這就包括了解經語和解傳語。

　　事實上,我們對解經語、解傳語的區分是站在經傳關係的角度對義例具體闡釋的内容做出的分類。《春秋》本爲各國史書通名,除了記史,其也是早期史官史記教學的一種重要方式,《漢書·藝文志》記載:"古之王者世有史官,君舉必書,所以慎言行,昭法式也。左史記言,右史記事,事爲《春秋》,言爲《尚書》,帝王靡不同之。"②可以説,《春秋》作爲史官之書,如實記録君王言行。同時,史官此書又有 "昭法式" 之功,即通過先代事迹來 "慎言行",《國語·楚語上》就記載了申叔時强調太子之教中要以《春秋》聳善抑惡 "戒勸其心"。③因此,《春秋》實際上是基於史實記事的一個概念,其並非魯《春秋》或者《春秋》經之專名。《春秋》學雖經孔子而興,但其實際上也是在傳統史記《春秋》的基礎上闡發大義,孔子云:"我欲載之空言,不如見之於行事之深切著明也。"④正是看重史記《春秋》在大義闡發上的獨有特點,其在 "取其義" 之外仍保持了傳統《春秋》的史學内涵。這一點我們從先秦諸家對《春秋》之名的稱引上就可看出。孟子盛贊孔子《春秋》,但從其稱引材料來看,無不出於《左傳》,如《孟子·告子下》記載葵丘會盟:

　　　葵丘之會,諸侯束牲載書而不歃血……曰:"凡我同盟之人,既盟之後,言歸于好。"⑤

《孟子》此記見於《左傳·僖公九年》:"秋,齊侯盟諸侯于葵丘,曰:'凡我同盟之人,既盟之後,言歸于好。'"⑥二者可以説一字不差。

　　又如《韓非子·奸劫弑臣篇》直接以《春秋》名《左傳》:

　　　故《春秋》記之曰:"楚王子圍將聘於鄭,未出境,聞王病而反,因入問病,以其冠纓絞王而殺之。"⑦

此事見於《左傳·昭公元年》:"冬,楚公子圍將聘于鄭,伍舉爲介。未出竟,聞王有疾而還。

①　趙生群:《〈春秋〉經傳研究》,第 19 頁。
②　〔漢〕班固:《漢書》卷三〇《藝文志》,第 1715 頁。
③　徐元誥撰,王樹民、沈長雲點校:《國語集解》,北京:中華書局,2002 年,第 485 頁。
④　〔漢〕司馬遷:《史記》卷一三〇《太史公自序》,第 3297 頁。
⑤　〔漢〕趙歧注,〔宋〕孫奭疏:《孟子注疏》,第 2759 頁中欄。
⑥　〔晉〕杜預注,〔唐〕孔穎達疏:《春秋左傳正義》,第 1800 頁下欄。
⑦　〔清〕王先慎撰,鍾哲點校:《韓非子集解》,北京:中華書局,2013 年,第 114 頁。

伍舉遂聘。十一月己酉,公子圍至,入問王疾,縊而弒之。"[①]從事件記載來看,《韓非子》所言"《春秋》記之"正是《左傳》記之。

可以説,《春秋》學雖重在闡發微言大義,但其中史實才是一切經義的基礎,而"戰國人眼裏的《春秋》多指《左傳》,《韓非子》《戰國策》及《吕氏春秋》等先秦典籍所引《春秋》的文字,也多來自《左傳》"。[②]這主要是因爲先秦諸家對於《春秋》的認識還是基於記事的性質,此觀點一直延續到漢初陸賈、賈誼等學者,在他們看來,《春秋》"守往事"而"紀成敗",[③]而對於《春秋》的稱引也是通過具體的史實來闡明其中的微言大義。不過,隨着《春秋》經師對於其中大義的闡發,《春秋》的性質發生了由"史"及"經"的轉變,《春秋》之名也逐漸轉變爲僅有簡短記録的《春秋》經。這主要是因爲孔子以魯史《春秋》作爲講學綱要廣征博引,而魯史《春秋》簡短的記事同其他史實內容一樣都具備以史明理的性質。

《左傳》存孔子《春秋》之學,而從孔子傳解《春秋》經文及《左傳》其他不見於經文記事的內容可知,無論是解經語還是解傳語,二者均爲孔子《春秋》學所發之大義。徐復觀言孔子作《春秋》的意義,就是"把自己的思想(義),具體化於歷史判斷之中,使一般人能易於領受"。其"'見之於行事',是把自己的思想,通過具體的前言往行的重現,使讀者由此種重現以反省其意義與是非得失。用近代術語説,這是史學家的語言。"[④]因此,"孔子作《春秋》"不能簡單的將孔子作爲《春秋》的作者,孔子通過史記舊聞來興發其中的大義,爲後世立法,孔子一定程度上是《春秋》的講解者。而無論是解經語還是解傳語,均是對已發生事實的解釋,二者均屬於孔子《春秋》學的範疇。只是隨着後學亟於微言大義的闡發,《春秋》內涵逐漸轉變爲對簡短記事的解釋,最明顯的莫過於《公羊》《穀梁》二傳對於經文大義的闡發。而《左傳》在劉歆引傳文以解經之後,書法義例成爲發掘《左傳》與《春秋》經關係的主要陣地,解經與否也逐漸成爲判斷《左傳》文本性質的重要參考。但我們由此可以肯定的是,解經語、解傳語雖然是建立在解釋《春秋》經文的預設前提之下的概念,但孔子《春秋》之學中的"春秋"並非特指我們今天所看到《春秋》經或魯史記,其在內涵上是依據史實闡釋大義的憑介,而所謂的解經語、解傳語實際上都是根據史實所闡發的大義,二者都是《春秋》學的産物。《左傳》將這些闡釋"具體行事"的解經語、解傳語收録在一起,恰恰爲我們保存了早期孔子《春秋》學之原貌。

(董芬芬,西北師範大學文學院教授;藏岩,西北師範大學文學院博士研究生)

---

① 〔晉〕杜預注,〔唐〕孔穎達疏:《春秋左傳正義》,第 2025 頁下欄。
② 董芬芬:《"〈詩〉亡然後〈春秋〉作"與戰國"處士橫議"——論孔子〈春秋〉學對戰國諸子的開啟與引領》,《中山大學學報》2019 年第 4 期,第 29 頁。
③ 〔漢〕賈誼撰,閻振益、鍾夏校注:《新書校注》,北京:中華書局,2000 年,第 327 頁。
④ 徐復觀:《兩漢思想史》(第 3 卷),第 1—2 頁。

俞樾《群經平議·春秋外傳國語》商詁*

戎輝兵

[摘　要]　本文就俞樾《群經平議·春秋外傳國語》校詁可商榷之處,成劄記數條,以就教于方家。

[關鍵詞]　俞樾　群經平議　國語　商榷

《國語》成書以來,東漢鄭衆、賈逵,魏晉王肅、唐固、虞翻、韋昭、孔晁等爲之作注。唐宋以來,各家之注多亡佚,惟韋昭《國語解》存於世。北宋時,宋庠(字公序)曾整理《國語》及韋解,並作《國語補音》三卷,成爲主要傳世之本(公序本);又有仁宗明道年間所刊之本(明道本),清黄丕烈重刊之,並作校勘劄記一卷。自清中期以後,明道本與公序本同爲《國語》通行之本。清代學者校注《國語》者主要有:汪遠孫《國語校注本三種》(《三君注輯存》《國語發正》《國語考異》)、董增齡《國語正義》、劉台拱《國語補校》、汪中《國語校文》、陳瑊《國語翼解》,又王引之《經義述聞》、俞樾《群經平議》、于鬯《香草校書》亦有重要校釋成果。在《國語》校注本中,徐元誥《國語集解》,行世最晚,在韋解之下而能網羅之前各家之説,可稱當前《國語》校注本之最佳者。

俞曲園《群經平議·春秋外傳國語》,創獲良多,嘉惠後學。然智者千慮,不免一失。今就可商榷之處,成劄記數條,以就教于方家。本文所引《國語》原文,依徐元誥《國語集解》本。

一、輕其王也　輕王無民　晉侯輕王　人將輕之

夫晉侯非嗣也,而得其位,豐豐怵惕。保任戒懼,猶曰未也。若將廣其心而遠其鄰,陵其民而卑其上,將何以固守? 夫執玉卑,替其贄也。拜不稽首,輕其王也。替贄無鎮,輕王無民。夫天事恒象,任重享大者必速及。故晉侯輕王,人亦將輕之,欲替其鎮,人亦將替之。(《周語上》)①

"誣其王也",韋解曰:"誣,罔也。"②

俞樾《群經平議·春秋外傳國語》:"樾謹按:'拜不稽首',乃不敬,非誣罔也。'誣'蓋

---

*　本文是國家社科基金重大項目"《國語》文獻集成與研究"(19ZDA251)的階段性成果之一。

① 徐元誥撰,王樹民、沈長雲點校:《國語集解》,北京:中華書局,2002年,第34—35頁。明道、公序各本"輕"作"誣"。
② 徐元誥撰,王樹民、沈長雲點校:《國語集解》,第34頁。

'輕'字之誤,古書從巫從至之字,往往相溷。《顔氏家訓·書證》篇所謂'巫混經旁'是也。《大戴禮·曾子立事》篇:'喜之,而觀其不誣也。'《周書·文王官人》篇作:'喜之,以物以觀其不輕也。'《戰國策·韓策》:'輕强秦之禍。'《韓子·十過》篇作:'輕誣强秦之禍。'蓋'誣'即'輕'字之誤而衍者。並其證也。'拜不稽首',故爲輕其王,下文云'誣王無民',又云'晉侯誣王,人亦將誣之',諸'誣'字皆當作'輕'。韋據誤本作注,失其義矣。"①

《國語集解》元誥按:"俞説是,今據以訂正。"②

張以仁《國語斠證》:"且誣字亦可通,俞氏輕斷,不可從也。"③

今按:韋解未得其義。俞謂"誣"乃不敬,非"誣罔"之"誣",得其義矣;云"誣"即"輕"字之誤、諸"誣"字皆當作"輕",可商。"誣"字自有"輕"義。《廣雅·釋詁二》:"誣,欺也。"《廣雅·釋訓》:"憎怚,欺慢也。""欺慢"同義連文。"慢"與"謾"同。《方言》:"眠娗、脈蝪、賜施、茭媞、讀謾、憎怚,皆欺謾之語也。楚郢以南東揚之郊通語也。"郭璞注:"六者亦中國相輕易蚩弄之言也。"上文言惠公"不敬王命,棄其禮也""陵其民而卑其上",下文言文公"逆王命敬,奉禮義成。敬王命,順之道也;成禮義,德之則也",皆應惠公"誣其王"而言,則"誣"當爲"輕慢""不敬"之義。《左傳·隱公八年》:"四月甲辰,鄭公子忽如陳逆婦嬀。辛亥,以嬀氏歸。甲寅,入於鄭。陳鍼子送女。先配而後祖。鍼子曰:'是不爲夫婦。誣其祖矣,非禮也,何以能育?'""誣其祖矣"之"誣"訓"輕""不敬",甚明。《文選·養生論》:"然則一漑之益,固不可誣也。而世常謂一怒不足以侵性,一哀不足以傷身,輕而肆之,是猶不識一漑之益,而望嘉穀于旱苗者也。""輕而肆之"承"固不可誣"而言,故劉良注:"誣,輕也。""誣"有"輕"義,故可與"輕"換用。《大戴禮記·曾子立事》:"喜之而觀其不誣也。"《大戴禮記·文王官人》作:"喜之以物以觀其不輕也。"是其證。又"誣"有"輕"義而與之同義連文。《戰國策·韓策》:"輕强秦之禍。"《韓子·十過篇》作:"輕誣强秦之實禍。"俞氏立説所引書證,一則不足以謂"誣"蓋"輕"字之誤,二則正明"誣"字自有"輕"義。張説是,然未審其詳。

二、不徵於他

鄭在天子,兄弟也。鄭武、莊有大勳力於平、桓,我周之東遷,晉、鄭是依。子頹之亂,又鄭之緣定。今以小忿棄之,是以小怨置大德也,無乃不可乎?且夫兄弟之怨,不徵於他,徵於他,利乃外矣。章怨外利,不義。棄親即狄,不祥。以怨報德,不仁。(《周語中》)④

① 《清經解續編·春秋外傳國語》,南京:鳳凰出版社,2005 年,第 6967 頁。
② 徐元誥撰,王樹民、沈長雲點校:《國語集解》,第 34—35 頁。
③ 張以仁:《國語斠證》,臺北:臺灣商務印書館股份有限公司,1968 年,第 63 頁。
④ 徐元誥撰,王樹民、沈長雲點校:《國語集解》,第 45—46 頁。

"不徵於他"，韋解曰："徵，召也。他，謂狄人。"①

俞樾《群經平議·春秋外傳國語》："樾謹按：徵，猶證也。《禮記·中庸》篇：'雖善無徵。'又曰：'徵諸庶民。'鄭注曰：'徵，或爲證。'是徵、證義通。'不徵於他'，言兄弟雖有怨，不就他人而證驗其是非也。韋注失之。"②

今按：韋解不誤。俞説未審文義，可商。"徵"當如韋解訓"召"。上文："王怒，將以狄伐鄭。"言欲召狄以伐鄭甚明。非俞所謂"就他人而證驗其是非也"。

三、不亦簡彝乎

今陳侯不念胤續之常，棄其伉儷妃嬪，而帥其卿佐以淫於夏氏，不亦瀆姓矣乎？
陳，我大姬之後也。棄袞冕而南冠以出，不亦簡彝乎？（《周語中》）③

"不亦簡彝乎"，韋解曰："簡，略也。彝，常也。言棄其禮，簡略常服。"④

俞樾《群經平議·春秋外傳國語》："樾謹按：以簡彝爲簡略常服，文義未安。《爾雅·釋詁》曰：'夷，易也。'彝與夷古通用。簡彝即簡易，棄袞冕而南冠以出，是簡易也，故曰'不亦簡彝乎？'"⑤

今按：韋注訓"彝"爲"常"，不誤。俞説可商。《爾雅·釋詁上》："彝，常也。"郭璞注："彝，謂常法耳。"《詩·大雅·烝民》："民之秉彝，好是懿德。"毛傳："彝，常。"《廣韻·脂韻》："彝，法也。"彝，常也，常法、常禮也。上文"無從非彝""今陳侯不念胤續之常"，是其比。韋解"簡，略也"及訓"簡彝"爲"簡略常服"，則失之。"簡"，此處非"簡略"之"簡"，乃"簡棄"之"簡"。《韓非子·有度》："此數物者，險世之説也，而先王之法所簡也。"王先慎集解引盧文弨曰："簡，棄也。"《戰國策·燕策三》："仁不輕絶，智不簡功。簡棄大功者，輟也；輕絶厚利者，怨也。"鮑彪注："簡，猶棄也。""簡""棄"連文，其義一也。《新序·雜事》作："仁不輕絶，知不簡功。簡棄大功者，仇也；輕絶厚利者，怨也。"石光瑛校釋："鮑注是，簡功，謂輕棄前日之功也。""簡彝"，謂"違棄常禮、常法"。

四、今齊社而往旅往觀

夫齊棄太公之法而觀民於社，君爲是舉，而往觀之，非故業也，何以訓民？土發

---

① 徐元誥撰，王樹民、沈長雲點校：《國語集解》，第45頁。
② 《清經解續編·春秋外傳國語》，南京：鳳凰出版社，2005年，第6967頁。
③ 徐元誥撰，王樹民、沈長雲點校：《國語集解》，第68頁。
④ 徐元誥撰，王樹民、沈長雲點校：《國語集解》，第68頁。
⑤ 《清經解續編·春秋外傳國語》，第6967頁。

而社,助時也。收攟而烝,納要也。今齊社而旅往觀,非先王之訓也。(《魯語上》)①

"今齊社而旅往觀",韋解曰:"旅,衆也。"②

俞樾《群經平議·春秋外傳國語》:"樾謹按:此當作'齊社而旅往觀'。《説文·㫃部》:'炎,古文旅,古文以爲魯衞之魯。'然則齊社而旅往觀,即齊社而魯往也。上文曰:'夫齊棄太公之法而觀民於社,君爲是舉而往觀之。'彼文'君'字即此文'魯'字,異名而同實。若'往觀'上無'魯'字,則於文義爲不備。且不曰'觀社'而曰'觀旅',於義又爲不通,蓋由淺人不知'旅往觀'即'魯往觀',因誤倒其文耳。"③

《國語集解》元誥按:"俞説得之,今據以乙正。"④

今按:韋解疑不確,俞説似可商。"今齊社而旅往觀",疑當從各本作"今齊社而往觀旅",且"旅"字當讀如字。上文:"莊公如齊觀社。"韋解:"莊公二十三年,齊因祀社,蒐軍實以示客,公往觀之也。"《左傳·襄公二十四年》亦有:"齊社,蒐軍實,使客觀之。""今齊社而往觀旅"之"旅",疑訓"師旅、軍旅"。《廣韻·語韻》:"旅,師旅。"《詩·大雅·皇矣》:"王赫斯怒,爰整其旅。"毛傳:"旅,師。"《史記·天官書》:"小三星隅置,曰觜觿,爲虎首,主葆旅事。"司馬貞《索隱》引姚氏曰:"旅,猶軍旅也。""往觀旅"之主語承上文"君爲是舉而往觀之"而省,於文義不爲不備;因齊蒐軍實,故云"往觀旅",於義又不爲不通。

五、鮮有慢心

公之優曰施,通於驪姬。驪姬問焉,曰:"吾欲作大事,而難三公子之徒,如何?"

對曰:"早處之,使知其極。夫人知極,鮮有慢心,雖其慢,乃易殘也。"(《晉語一》)⑤

"夫人知極,鮮有慢心",韋解曰:"鮮,寡也。言人自知其極,則戒懼不敢違慢覬欲也。"⑥

俞樾《群經平議·春秋外傳國語》:"樾謹按:韋注非也。鮮當讀爲斯,此言人知其位已極,斯有怠慢之心也。鮮與斯古音相近,《説文》:'霹,從雨鮮聲,讀若斯。'《詩·瓠葉》篇鄭箋曰:'今俗語斯白之字作"鮮",齊魯之閒聲近斯。'竝其證也。下文曰:'雖其慢,乃易殘也。'雖當讀爲唯,唯其怠慢,乃易於殘毀也。説見王氏引之《經義述聞》。王氏知雖之爲唯,而不晤

---

① 徐元誥撰,王樹民、沈長雲點校:《國語集解》,第 145 頁。"今齊社而旅往觀",明道、公序各本作"今齊社而往觀旅"。
② 徐元誥撰,王樹民、沈長雲點校:《國語集解》,第 145 頁。
③ 《清經解續編·春秋外傳國語》,第 6969 頁。
④ 徐元誥撰,王樹民、沈長雲點校:《國語集解》,第 146 頁。
⑤ 徐元誥撰,王樹民、沈長雲點校:《國語集解》,第 259—260 頁。
⑥ 徐元誥撰,王樹民、沈長雲點校:《國語集解》,第 260 頁。

鮮之爲斯，因於‘鮮’下增‘不’字，失之矣。”①

《國語集解》元誥按：“《詩‧瓠葉》篇：‘有兔斯首。’《釋文》：‘斯，鄭作“鮮”。’亦其證。今從俞説。”②

今按：韋解不誤。王説、俞説及《集解》元誥按皆可商。“夫人知極，鮮有慢心，雖其慢，乃易殘也。”乃言使三公子知其極，不論其無慢心或有慢心，皆易於應對。是從正反兩面言之，文義甚顯。王説、俞説殆求之過深。

六、豈能憚君

> 吾聞之外人之言曰：爲仁與爲國不同，爲仁者，愛親之謂仁；爲國者，利國之謂仁。故長民者無親，衆以爲親。苟利衆而百姓和，豈能憚君？以衆故不敢愛親，衆況厚之，彼將惡始而美終，以晚蓋者也。凡利民是生，殺君而厚利衆，衆孰沮之？殺親無惡於人，人孰去之？苟交利而得寵，志行而衆悦，欲其甚矣，孰不惑焉？雖欲愛君，惑不釋也。（《晉語一》）③

“豈能憚君”，韋解曰：“豈憚殺君。”④

俞樾《群經平議‧春秋外傳國語》：“樾謹按：《傳》言‘豈能憚君’，不得增其文而曰‘豈憚殺君’，注義非也。憚當讀爲怛。《考工記‧矢人》：‘雖有疾風，亦弗之能憚矣。’鄭注曰：‘故書憚或作“怛”。’惠氏士奇《禮説》謂當作‘怛’，是其證也。怛之言痛也，傷也。《方言》曰：‘怛，痛也。’《詩‧匪風》篇：‘中心怛兮。’毛傳曰：‘怛，傷也。’豈能怛君，言豈能痛傷君也。因公言‘夫豈惠其民而不惠於其父’，故云‘苟利衆而百姓和，豈復能痛傷君乎’。下文曰：‘以衆故不敢愛親。’正承此句而言。則憚爲怛之假字益明矣。”⑤

今按：韋解固有增字解經之嫌，然其大意近得之。俞謂“憚”爲“怛”之假字，殊爲迂曲，可商。《説文》：“憚，忌難也。從心，單聲。一曰難也。”段注：“（‘一曰難也’之‘難’）當作‘難之’也。難讀去聲。今本奪‘之’字。凡畏難曰憚。”此處“憚”當訓“忌難、畏難”。“豈能憚君”，殆謂“不以君爲畏忌”，言下之意即欲殺君（親）。

---

① 《清經解續編‧春秋外傳國語》，第6971頁。“鮮有慢心，則不慢矣，何云‘慢乃易殘’？上下相反，非其原文也。今案：‘鮮’下當有‘不’字。下文‘雖其慢’，雖讀曰唯，言人知其位已極，則志足意滿，鮮不有怠慢之心，唯其慢，乃有釁可乘，易於殘毀也。韋作注時已脱‘不’字，故失其本指，而以爲不敢違慢耳。”王引之：《經義述聞》，南京：江蘇古籍出版社，1985年，第500頁。
② 徐元誥撰，王樹民、沈長雲點校：《國語集解》，第260頁。
③ 徐元誥撰，王樹民、沈長雲點校：《國語集解》，第264—265頁。
④ 徐元誥撰，王樹民、沈長雲點校：《國語集解》，第264頁。
⑤ 《清經解續編‧春秋外傳國語》，第6971頁。

七、果戾順行

樂武子、中行獻子圍公於匠麗氏，乃召韓獻子，獻子辭曰：“弑君以求威，非吾所能爲也。威行爲不仁，事廢爲不智，享一利亦得一惡，非所務也。昔者吾畜於趙氏，孟姬之讒，吾能違兵。人有言曰：‘殺老牛而莫之敢尸。’而况君乎？二三子不能事君，安用厥也！”中行偃欲伐之，欒書曰：“不可。其身果而辭順，順無不行，果無不徹，犯順不祥，伐果不克。夫以果戾順行，民不犯也，吾雖欲攻之，其能乎？”乃止。（《晉語六》）[1]

“夫以果戾順行，民不犯也”，韋解曰：“戾，帥也。以果敢帥順道而行之，故民不犯。”[2]

俞樾《群經平議·春秋外傳國語》：“樾謹按：韋解‘戾’字未合。《爾雅·釋詁》曰：‘戾，止也。’止與行正相對。以果戾順行，謂以果戾，以順行也，非謂以果敢帥順而行也。止所當止，其止也果矣，是謂果戾。行所當行，其行也順矣，是謂順行。上文曰‘其身果而辭順，順無不行，果無不徹，犯順不祥，伐果不克’，竝以果、順二字平列，此亦當同之。韋說非也。”[3]

今按：韋解失之。俞未審文義，説亦可商。上文云：“其身果而辭順，順無不行，果無不徹。”此云：“果戾順行。”則“果戾順行”乃“順無不行，果無不徹”之縮語，“果戾”猶言“果徹”。韋解：“徹，達也。”則“戾”當與之義同、義近。《爾雅·釋詁上》：“戾，至也。”《詩·小雅·小宛》：“宛彼鳴鳩，翰飛戾天。”毛傳：“戾，至也。”“達”“至”義類。《晉語四》：“奔而易達，困而有資，休以擇利，可以戾也。”韋解：“達，至也。”是其證。上言“徹”、下言“戾”者，互文耳。“以果戾順行”，謂以果徹，以順行也。

八、味一無果　物一不講

於是乎先王聘后於異姓，求財於有方，擇臣取諫工，而講以多物，務和同也。聲一無聽，色一無文，味一無果，物一不講。（《鄭語》）[4]

“味一無果”，韋解曰：“五味合，然後可食。果，美。”[5]

俞樾《群經平議·春秋外傳國語》：“樾謹按：果之訓‘美’，未聞其義，果當訓爲‘成’。

---

[1] 徐元誥撰，王樹民、沈長雲點校：《國語集解》，第 398—399 頁。
[2] 徐元誥撰，王樹民、沈長雲點校：《國語集解》，第 399 頁。
[3] 《清經解續編·春秋外傳國語》，第 6974 頁。
[4] 徐元誥撰，王樹民、沈長雲點校：《國語集解》，第 472 頁。“色一無文”，明道、公序各本皆作“物一無文”。
[5] 徐元誥撰，王樹民、沈長雲點校：《國語集解》，第 472 頁。

《論語·子路》篇：‘行必果。’皇侃疏引繆協曰：‘果，成也。’又《文選·謝宣遠〈於安城答靈運詩〉》，注引許慎《淮南子》注曰：‘果，成也。’五味合然後可食，若止此一味，則不成味矣。故曰‘味一無果’。”①

今按：韋解不誤。味一自成一味，何謂“若止此一味，則不成味矣”？俞説可商。朱駿聲《説文通訓定聲》：“果，假借又爲甘。《鄭語》：‘味一無果。’注：‘美也。’又爲干。果甘、果干，皆雙聲字。”果、甘，上古皆見母字，當可通用。《説文》：“甘，美也。”“果”與“甘”通，故韋解“果，美”不誤。俞説殆不知“果”讀爲“甘”而望文生訓，强生曲解。②

“物一不講”，韋解：“講，論校也。”③

俞樾《群經平議·春秋外傳國語》：“樾謹按：物一不講，甚爲無義。講，當讀爲構，講與構竝從冓聲，古音相同，故得通用。僖十五年《左傳》注：‘則講虛而不經。’《釋文》曰：‘講，本又作構。’是其證也。《詩·四月》篇：‘我日構禍。’鄭箋曰：‘構，猶和集也。’又《青蠅》篇：‘構我二人。’箋曰：‘構，合也。’物一不講，謂物一則不合集也。”④

今按：韋解：“講，論校也。”不誤。俞説可商。上文：“擇臣取諫工而講以多物。”韋解：“講，猶校也。”校者，計、數也。物多則講，故此處云：“物一不講。”與之相應。“物一不講”，其義甚明。俞説不可從。

九、雜受其刑

逆節萌生，天地未形，而先爲之征，其事是以不成，雜受其刑。(《越語下》)⑤

“雜受其刑”，韋解曰：“雜，猶俱也。”⑥

俞樾《群經平議·春秋外傳國語》：“樾謹按：雜訓爲俱，於义迂曲。雜者，帀也。《吕氏春秋·圜道篇》：‘圜周復雜。’高注曰：‘雜，猶帀也。’《淮南子·詮言篇》：‘以數雜之壽，憂天下之亂。’高注曰：‘雜，猶帀也。’《説苑·修文篇》：‘如矩之三雜，規之三雜，周而又始，窮則反本也。’亦以雜爲帀。《説文》：‘帀，周也。’周帀，則有反覆之義。《太玄》有‘周首以象’復卦，范望注曰：‘周，復也。’然則帀亦復也。‘帀受其刑’者，復受其刑也，猶上文言‘反受其殃’也。”⑦

① 《清經解續編·春秋外傳國語》，第 6975 頁。
② 亦可見王其和：《俞樾校勘訓詁研究——兼論〈古書疑義舉例〉》，南京大學博士學位論文，南京，2005 年，第 115—116 頁。
③ 徐元誥撰，王樹民、沈長雲點校：《國語集解》，第 472 頁。
④ 《清經解續編·春秋外傳國語》，第 6975 頁。
⑤ 徐元誥撰，王樹民、沈長雲點校：《國語集解》，第 581—582 頁。
⑥ 徐元誥撰，王樹民、沈長雲點校：《國語集解》，第 582 頁。
⑦ 《清經解續編·春秋外傳國語》，第 6977 頁。

于鬯《香草校書·國語》："鬯案：雜，蓋當作離。離、雜二字形近，傳寫易譌。《周禮·形方氏職》：'無有華離之地。'鄭注引杜子春云：'離當作雜。《書》亦或作（《十三經注疏·周禮》"作"爲"爲"。）雜。'《急就》顏師古本：'分別部居不雜厠。'他本'雜'皆作'離'。並其證矣。韋解云：'雜，猶俱也。'訓'雜'爲'俱'，却與'離'義相近。《易·兌卦》陸釋引鄭注云：'離，併也。'《後漢書·鄧皇后紀》李注云：'離，並也。''併'、'並'義即'俱'義。則韋本或正作'離'，亦未可知。要訓'離'爲'俱'義，亦未確。'離'之言'罹'也。《詩·兔爰篇》：'雉罹于羅。'陸釋云：'"罹"本作"離"。'《文選·盧子諒〈贈劉琨詩〉》李注云：'"離"一作"罹"。''離受其刑'者，猶云'罹受其刑'也。《書·湯誥》：'罹其凶害。'傳云：'罹，被也。'《史記·管蔡世家》：'無罹曹禍。'司馬貞索隱亦云：'罹，被也。'然則謂'被受其刑'也。《説文》無'罹'字，見新附。而云'罹'古多通用'離'，蓋古止有'離'字，故曰'離受其刑'。'離'訛爲'雜'，斯不可解矣。"①

今按：韋解不誤。俞説迂曲，于説無據，皆可商。《説文》："雜，五彩相會。從衣，集聲。"段《注》："雜，五采相合也。引伸爲凡參錯之偁。又借爲聚集字。""雜"，當訓"錯雜"。此段文字《管子·勢》作："逆節萌生，天地未刑，先爲之政，其事乃不成，繆受其刑。"《廣雅·釋詁四》："繆，纏也。"《史記·太史公自序》："功冠羣公，繆權於幽。"裴駰集解引徐廣曰："繆，錯也，猶云纏結也。""繆"，當訓"纏結、交錯"。是其證。"雜"由"錯雜、纏結"引申虛化不難得"俱"義。故韋解不誤。

（戎輝兵，金陵科技學院古典文獻學系副教授）

---

① 于鬯:《香草校書》,北京:中華書局,1984 年,第 935—936 頁。

"徇情"與"節文"之間
——三年喪三十六月説的展開*

范雲飛

[摘　要]　三年喪是經學核心議題,其中三十六月説雖非主流,但自漢末以來綿延不絕。武周時期,王元感明確加以提倡,遭到張柬之的反駁。明清學者豐坊、沈堯中、毛奇齡、姚際恒、韋人鳳、張文嘉、吳廷華、丘嘉穗等人遞有申説,但其經學論證皆難以成立。三十六月説屢次出現,説明傳統禮制中的情感與節文之間產生不匹配現象。爲了維持禮制情文結構的動態穩定,學者嘗試彌縫。但民間的服喪實踐才是推動三年喪變革的深層次力量。

[關鍵詞]　三年喪　三十六月　情文相稱　王元感　毛奇齡

　　"三年喪"可謂中國古代禮學中最爲核心的問題之一。三年喪的具體喪期有鄭玄的二十七月説、王肅的二十五月説,久爲古今學者所關注。[①]除此之外,還有較爲非主流的三十六月説。武周聖曆初年(698),時任弘文館學士的王元感著論認爲"三年之喪,合三十六月",遭到鳳閣舍人張柬之的反駁。[②]明清學者主張三十六月説者尤多,以毛奇齡最爲突出。日本學者島一詳細分析過王元感、張柬之兩人的爭論,將唐前期經學分爲新、舊兩派。[③]吳飛從經義邏輯的角度反駁毛奇齡。[④]目前尚未見對三年喪三十六月説的全面搜集與梳理。

　　喪期與自然人情、社會習俗、禮制節文關涉甚密。《禮記·三年問》對三年喪期之義有極爲精彩的闡發:"三年之喪何也? 曰:稱情而立文,因以飾群、別親疏、貴賤之節,而弗可損益也。"親喪之後,人的哀痛思慕之情隨時間逐漸淡化,順應人情的自然變化而制定的喪期,也因之有祥、禫之節,服喪者也因禮制之節而規範自己的感情,總之達到情文相稱、情禮調適的狀態。同時,喪期長短也與親疏遠近的家族倫序、尊卑貴賤的社會等級掛鉤,組成情感、禮制、家族、社會的復合結構。在這張緻密絡合的網格中,改變喪期,必然是一場經義邏輯推理的冒險,也將對既有的經學、情感、社會的結構造成衝擊。分析三年喪三十六月説的展開過程,

*　本文是國家社科基金重大項目"中國傳統禮儀文化通史研究"(18ZDA 021)、教育部人文社會科學青年項目"中古禮議與政務運作研究"(23 YJC 770006)的階段性成果。

①　《檀弓注疏長編》卷五 3.22—3.24 對歷代學者關於喪服祥、禫之節的論説搜羅頗備,本文不贅。詳王寧玲編纂:《檀弓注疏長編》,揚州:廣陵書社,2021 年,第 268—293 頁。

②　〔後晉〕劉昫等:《舊唐書》卷九一《張柬之傳》,北京:中華書局,1975 年,第 2936 頁;〔宋〕歐陽修、〔宋〕宋祁:《新唐書》卷一九九《儒學中·王元感傳》,北京:中華書局,1975 年,第 5666—5668 頁。

③　〔日〕島一:《張柬之·王元感の三年喪禮説とその周邊》,《唐代思想史論集》,京都:中國藝文研究會,2013 年,第 112—114 頁。

④　吳飛:《三年喪起源考論》,《文史》2020 年第 3 輯,北京:中華書局,2020 年,第 219—220 頁。

及其所遭受的反駁和阻遏,也就是探究經學與情感、社會聯動過程中的經説生成方式,及其所造成的影響。

一、王元感、張柬之論辯詳析

漢唐間關於三年喪期的爭論集中在鄭、王二十七月與二十五月兩説之間,但還有一條三十六月説的隱脉,有待發掘。這條隱脉最早可追溯到漢末的應劭。漢文帝臨崩,下"短喪詔",令天下吏民僅爲自己服喪三十六日,應劭解釋説:"凡三十六日而釋服矣。此以日易月也。"①據此説,既然服喪三十六日是"以日易月",反推出三年喪應是三十六月。顏師古注《漢書》駁斥應劭:"此喪制者,文帝自率己意創而爲之,非有取於《周禮》也,何爲以日易月乎! 三年之喪,其實二十七月,豈有三十六月之文! 禫又無七月也。應氏既失之於前,而近代學者因循謬説,未之思也。"②顏氏駁應説極有道理,文帝遺詔只説"大紅十五日,小紅十四日,纖七日",③並未强調三十六日之總數,更没有説這是根據"以日易月"的原則制定出來。所謂"以日易月",或是應劭因循俗説,或是自己創造,並無根據。④

除了應劭,何休亦透露出一絲類似的消息。據《公羊傳》文公二年"作僖公主",乃是譏文公"欲久喪而後不能也",何休以爲:"文公亂聖人制,欲服喪三十六月,十九月作練主,又不能卒竟,故以二十五月也。"⑤據禮制,十三月小祥而作練主,文公乃十九月始作練主,比一般情況推遲了六個月,何休由此推測文公欲服喪三十六月,認爲這是"亂聖人制"的非禮之舉,文公也未能完成這一久喪之舉。

至於兩漢官僚士人實際的服喪情況,西漢罕有服三年喪者,偶一見之而已;東漢儒學漸盛,士人多以操行相砥礪,故服喪之風大盛。而究其當時所行之服,三年喪其實以二十五月爲主流。西漢初年的馬王堆帛書《喪服圖》中就説"三年喪,屬服,廿五月而畢,行其年者父。"明確表示父喪三年,實行二十五月。⑥再比如《鮮于璜碑》"子無隨歿,聖人折中,五五之月,令丞解喪",所謂"五五之月",就是服喪二十五月。⑦《費鳳碑》曰"(缺)菲五五,縗杖其未除",⑧《樊敏碑》曰"遭離母憂,五五斷仁",⑨皆以三年喪爲五五二十五月,可見西漢初到東

---

① 〔漢〕班固:《漢書》卷四《文帝紀》,北京:中華書局,1962 年,第 133—134 頁。

② 〔漢〕班固:《漢書》卷四《文帝紀》,第 134 頁。

③ 〔漢〕班固:《漢書》卷四《文帝紀》,第 132 頁。

④ 關於對漢文帝短喪詔"以日易月"説的詳細辨析,以及兩漢三年喪的實行情況,可參看范雲飛:《兩漢大臣服喪考》,《珞珈史苑(2014 年)》,武漢:武漢大學出版社,2015 年,第 31—44 頁。

⑤ 〔漢〕何休注,〔唐〕徐彦疏:《春秋公羊傳注疏》卷一三,〔清〕阮元校刻:《十三經注疏》,北京:中華書局 2009 年影印清嘉慶刊本,第 4921 頁。

⑥ 裘錫圭主編,湖南省博物館、復旦大學出土文獻與古文字研究中心編纂:《長沙馬王堆漢墓簡帛集成》(叁),北京:中華書局,2014 年,第 164 頁。

⑦ 高文:《漢碑集釋》,開封:河南大學出版社,1997 年,第 286 頁。

⑧ 〔宋〕洪适:《隸釋》卷九《堂邑令費鳳碑》,北京:中華書局,1985 年,第 108 頁。

⑨ 〔宋〕洪适:《隸釋》卷一一《巴郡太守樊敏碑》,第 128 頁。

漢,三年喪以二十五月爲常,並沒有實行三十六月的任何明確證據。①

在這一背景下,應劭認爲漢文帝短喪詔"以日易月",隱然可反推三年喪三十六月,並不符合兩漢實際情況。顔師古駁應劭,且曰"近代學者因循謬説",可見在距離顔氏不遠的時代,仍有學者沿襲"以日易月"之説。可惜這一隱脉沉湮既久,只鱗半爪,難窺其全。

直到武周時期,王元感再次高揚三年喪三十六月之説,是這條隱脉在漢唐時代的高光時刻。可惜王元感之論久已不存,②若欲復原其邏輯,首先就面臨一個巨大障礙。清代以來,學者作過多次嘗試。清初汪琬認爲:"唐儒又有主三十六月者,此據《喪服四制》'喪不過三年''三年而祥'之説也。"③只是猜測,並無證據。④島一認爲王元感是據"以日易月"反推出三年喪三十六月,仍爲無據之言。⑤

今欲分析王元感的理路,只能從張柬之的駁議加以逆推,除此之外,別無他法。所幸張柬之的駁論尚存於兩《唐書》中,今將駁議分爲六段,撮要複述:A段藉《春秋》文公二年"公子遂如齊納幣"論證魯僖公的喪期爲二十五月,而非三年;B段藉《尚書》之《伊訓》及《太甲》中篇論證成湯之喪期爲二十五月,而非三年;C段藉《禮記》之四處明文説明三年喪爲二十五月;D段用《儀禮》説明三年喪實爲二十五月;E段較爲關鍵,論證《禮記》是否可信,涉及經典觀念的差別,下文將詳細論述;F段論證禮不僅是人情,也是客觀規範,批評王元感"徇情棄禮"。⑥島一已對張柬之駁議作過比較細緻的疏通文義的工作,今不贅。⑦今所見張柬之ABCD四段駁論,前兩段爲根據《春秋》《尚書》之經文隱晦處所進行的推理,後兩段爲《禮記》《儀禮》之明文。由此推想王元感在立論時,基於《春秋》《尚書》之經文的推理方法與張柬之不同;其次,他不承認《禮記》《儀禮》的可信性。若不如此,則無法證成其三年喪爲三十六月的結論。幸運的是,關於上述兩點,我們恰好能從張柬之駁議中找到王元感立論的蛛絲馬迹。

先説王元感基於《尚書》經文的推理。張柬之B段十分關鍵:

> 《尚書·伊訓》云:"成湯既没,太甲元年,惟元祀十有二月,伊尹祀于先王,奉嗣王祗見厥祖。"孔安國注云:"湯以元年十一月崩。"據此,則二年十一月小祥,三年

① 皮錫瑞認爲:"漢人喪服之制謂之'五五',蓋本今文説與緯書。"〔清〕皮錫瑞:《漢碑引經考》卷四,吳仰湘主編:《皮錫瑞全集》07,北京:中華書局,2015年,第492頁。

② 對此,清初閻若璩認爲史傳之所以闕載王元感之論,是爲了刊除謬説,以免惑世。〔清〕閻若璩:《潛邱札記》卷四《喪服翼注》,《清代詩文集彙編》第141册,上海:上海古籍出版社2010年影印眷西堂本,第137頁。

③ 〔清〕汪琬:《堯峰文鈔》卷三三《答或人論祥禫書二》,《四部叢刊初編·集部》第1686册,上海:商務印書館影印林佶康熙三十一年(1692)寫刊本,第139頁。

④ 閻若璩就對此進行了辛辣的諷刺,認爲汪琬把杜佑的三年喪二十八月説誤當成三十六月,並指出杜佑《通典》所據的其實是《禮記·間傳》,而非《喪服四制》。〔清〕閻若璩:《潛邱札記》卷四《喪服翼注》,第137頁;又見卷五《三與陶紫司》,第153頁;卷五《六與陶紫司》,第156頁;卷六《又與戴唐器》,第176頁。

⑤ 〔日〕島一:《張柬之·王元感の三年喪禮説とその周邊》,《唐代思想史論集》,第112—114頁。

⑥ 〔後晉〕劉昫等:《舊唐書》卷九一《張柬之傳》,第2936—2939頁。

⑦ 〔日〕島一:《張柬之·王元感の三年喪禮説とその周邊》,《唐代思想史論集》,第107—126頁。

十一月大祥。故《太甲》中篇云"惟三祀十有二月朔，伊尹以冕服奉嗣王歸于亳"。是十一月大祥，訖十二月朔日，加王冕服吉而歸亳也。是孔言"湯元年十一月"之明驗。……不得元年以前，別有一年。此《尚書》三年之喪，二十五月之明驗也。^①

其中説："不得元年以前，別有一年。"這顯然是對王元感的駁詰，則王元感認爲"元年以前，別有一年"。欲理解兩人分歧，還得回到《尚書》經傳本身的邏輯。張柬之藉以駁論的《尚書》內容出自《伊訓》和《太甲中》，其文如下：

> **成湯既没，太甲元年**，太甲，太丁子，湯孫也。太丁未立而卒，及湯没而太甲立，稱元年。……**惟元祀十有二月乙丑，伊尹祠於先王。**此湯崩踰月，太甲即位，奠殯而告。
>
> 《正義》曰：周法以踰年即位，……此經"十二月"是湯崩之踰月，……湯崩之年，太甲即稱元年也。舜禹以受帝終事，自取歲首，遭喪嗣位，經無其文，夏后之世或亦不踰年也。顧氏云："殷家猶質，踰月即改元年，以明世異，不待正月以爲首也。"……春秋之世既有奠殯即位、踰年即位，此踰月即位當奠殯即位也。^②
>
> **惟三祀十有二月朔**，湯以元年十一月崩，至此二十六月，三年服闋。**伊尹以冕服奉嗣王歸於亳**。冕，冠也。踰月即吉服。
>
> 《正義》曰：周制，君薨之年屬前君，明年始爲新君之元年。此殷法，君薨之年而新君即位，即以其年爲新君之元年。^③

上述文本分爲經、傳、疏三個層次，今分別抽繹其中的三層邏輯：

第一，經文《伊訓》説成湯死後，太甲元年（元祀）十二月，伊尹祠於先王（成湯）。《太甲》中篇説三年十二月，伊尹以冕服奉嗣王（太甲）歸於亳。僅就經文來説，成湯死於太甲元年或元年之前，並無確證。也就是説，無法推知太甲是在成湯死後之當年即位改元，還是踰年（第二年）改元。另外，《伊訓》與《太甲》中篇兩文懸絶，並不能直接看出前者是太甲即位，後者是太甲服闋，自然也就無法知道從成湯去世到太甲服闋，一共歷時多少個月。

第二，孔傳的一大創造，就是把《伊訓》與《太甲》中篇聯繫起來解釋，前者所謂太甲元年十二月伊尹祠於先王，解釋爲太甲即位，認爲成湯在太甲元年十一月去世；十二月，太甲即位（踰月即位）。後者所謂太甲三年十二月，伊尹以冕服奉太甲歸於亳，指的就是太甲服闋。

---

① 〔後晉〕劉昫等：《舊唐書》卷九一《張柬之傳》，第 2937 頁。

② 〔漢〕僞孔安國傳，〔唐〕孔穎達疏：《尚書正義》卷八《伊訓》，〔清〕阮元校刻：《十三經注疏》，北京：中華書局 2009 年影印清嘉慶刊本，第 343—344 頁。

③ 〔漢〕僞孔安國傳，〔唐〕孔穎達疏：《尚書正義》卷八《太甲中》，〔清〕阮元校刻：《十三經注疏》，北京：中華書局 2009 年影印清嘉慶刊本，第 347—348 頁。

從元年十一月到三年十二月,歷時二十六月(其實二十五個整月),這就是太甲服喪的時限。

第三,《正義》延續孔傳的思路,又進一步區分了殷商"踰月即位"與周禮"踰年即位"。衆所周知,按照周代禮制,前王去世,第二年嗣王才即位改元,稱"元年"。孔傳既然以成湯於元年十一月去世,太甲十二月即位,只有在踰月即位改元的前提下才説得通,否則此年只能是成湯終年,不能是太甲元年。(其實《正義》所謂殷商"踰月即位"出自其所引的顧氏之説,僅爲前儒一説而已,並無特別堅實的理據。)

由此可見,《尚書》經文本身對即位改元、喪期月數並無規定,全靠孔傳牽合《伊訓》《太甲》而創爲之説,又經《正義》完善之。稍一運思,即可知張柬之與孔傳、《正義》的邏輯完全相同,都認爲成湯於元年十一月崩,太甲於元年十二月即位,二年十一月小祥,三年十一月大祥,三年十二月服闋即吉,喪期二十五月。

由此反觀張柬之對王元感的駁詰"不得元年以前,別有一年",也就可以理解了。逆推王元感的邏輯,他應該是完全抛棄了孔傳、《正義》的解釋,否定所謂殷商"踰月即位"之説,而是直探經文,以踰年即位這一慣常做法爲前提,認爲成湯之崩不在太甲元年,而在元年之前的一年。踰年之後,太甲才即位改元,稱元年。元年十二月,伊尹祠於先王,此應爲小祥週年之祭,由此逆推成湯之崩應在元年之前一年的十二月。三年十二月,伊尹以冕服奉嗣王歸於亳,太甲服闋。則從太甲元年之前一年的十二月,到太甲三年十二月,正好三十六月。比較孔傳、《正義》、張柬之與王元感所構建的時間綫的差別,如下表所示:

時間綫	前一年12月	太甲元年正月	元年11月	元年12月	二年11月	三年11月	三年12月
孔傳、《正義》、張柬之			成湯崩	踰月即位改元	小祥	大祥	服闋即吉
王元感	成湯崩	踰年即位改元					服闋即吉

因王元感之論不存,只能根據張柬之的駁論逆推,所以其據《尚書》之《伊訓》《太甲》正文所作的推論,千三百年來湮晦不彰。但王元感並非没有異代知音,清代丘嘉穗亦持三年喪三十六月之説,他論證道:

> 然古之所謂三年,實三十有六月。按《書》太甲居憂,《竹書紀年》及《通鑑前編》皆以三十祀丁未冬十二月爲湯崩;戊申,太甲元祀冬十二月,伊尹祠於先王,奉太甲祗見厥祖,徂桐宮;己酉,二祀,太甲在桐宮;庚戌,三祀,冬十二月朔,伊尹奉太甲自桐宮,復居於亳。是首尾四年,實三十有六月也。[①]

---

① 〔清〕丘嘉穗:《東山草堂邇言》卷一"三年喪辨"條,《四庫全書存目叢書·集部》第259册,濟南:齊魯書社1997年影印四川省圖書館吉林大學圖書館藏清康熙刻本,第326頁。

其邏輯與王元感若合符契。不過，丘嘉穗的論證是獨立進行的，他並未能復原王元感之論。另外，丘嘉穗仍相信漢文帝短喪詔"以日易月"之説，並以此作爲證據之一，則是錯誤的。

簡言之，王元感立足《尚書》經文，根據踰年改元的常禮，推出太甲爲成湯服喪三十六月；張柬之則立足孔傳、《正義》，採納義疏中的殷商"踰月改元"之先儒舊説，推出太甲爲成湯服喪二十五月。

王元感之所以只據《尚書》正文，不信傳記注疏，與其經典觀念有關，這可從其對待《禮記》《儀禮》的態度中獲得印證。張柬之 E 段駁議頗有針對性地反問："吾子豈得以《禮記》戴聖所修，輒欲排毁？"由此可知王元感在經學上的一個基本立足點，就是"排毁"《禮記》，而其之所以排毁之，正是因爲《禮記》爲戴聖所修，而非孔子親傳。且戴聖生當秦火之後，所掇拾者不過餘燼，自然不可信。大概王元感以《周禮》爲"正經"，以《儀禮》《禮記》爲不可信之傳記。且其若欲立三年喪爲三十六月之論，必須排毁《儀禮》《禮記》，因爲此二書中有關於三年喪"期而小祥，再期而大祥，中月而禫"的明文。張柬之則百般强調其所引《尚書》《春秋》《禮記》《儀禮》等皆是"禮經正文""正經"，並歷數西漢以來《儀禮》《禮記》的流傳與師承，以此證明此二經之可信。

王元感對待《禮記》等經的態度，可從數年之後的事件得到印證。長安三年（703），王元感"表上其所撰《尚書糾謬》十卷、《春秋振滯》二十卷、《禮記繩愆》三十卷"。[①] 雖然其書皆不傳，已無從得知具體内容。但從書名以及其他學者的反應來看，王元感對經典文本以及兩漢以來的傳注義疏持批判態度。其書甫出，祝欽明、郭山惲、李憲等人"皆專守先儒章句，深讒元感掎摭舊義"，[②] 所謂"先儒章句""舊義"，就是漢晉舊注以及南北朝到唐初的義疏。再結合王元感、張柬之關於三年喪的辯論，可知王氏要區分正經與傳記，辨正漢唐經説，回歸"正經"本文。其所謂"糾謬""振滯""繩愆"云者，蓋即此而言。正因爲他對所謂"先儒章句"有摧陷廓清之志，若其書得立，則保守派學者所賴以立身的章句義疏將再無穩固基礎，所以受到保守派學者的猛烈批判。

王元感主張三年喪三十六月的深層原因，則在於他對傳統的二十七月、二十五月的情文結構不滿。當時士人通行之喪期，以祥、禫爲節，漸次變服，以對應人之情感的變化。張柬之爲此辯護説："故練而慨然者，蓋悲慕之懷未盡，而踊擗之情已歇；祥而廓然者，蓋哀傷之痛已除，而孤邈之念更起。此皆情之所致，豈外飾哉。"[③] 認爲祥、禫之節並非"外飾"。由此反推，王元感顯然認爲通行喪期的"外飾"不足以與喪親之"内情"相稱，所以要延長到三十六月。張柬之將王元感此説批評爲"徇情棄禮"，認爲他過於放縱人的情感，放棄了既有禮制的情文結構。而王元感所以證成其説的方法，則是基於其經典觀念，擺落傳記注疏，直探《尚書》正文，以經學論證的方式申説己見。

---

① 〔後晉〕劉昫等：《舊唐書》卷一八九下《儒學下·王元感傳》，第 4963 頁。
② 〔後晉〕劉昫等：《舊唐書》卷一八九下《儒學下·王元感傳》，第 4963 頁。
③ 〔後晉〕劉昫等：《舊唐書》卷九一《張柬之傳》，第 2938—2939 頁。

二、明清時期三十六月説的復現

自從王元感被張柬之反駁之後，其論遂湮没。一直到明清兩代，此論又被學者拾起，並引起了一系列討論。

明代學者中，最早提出三年喪三十六月的，應該是豐坊。豐坊僞造《魯詩世學》，在解釋《鄶風·素冠》一篇時引用黄佐："三年之喪，三十六月而不數閏。"① 此書乃豐坊僞造，其所引鄉賢前儒之言亦多出臆造，尤其黄佐之言，更爲豐坊捏造。② 今檢黄佐著述，似乎並無此論，可知這應該是豐坊本人的觀點。豐坊又引據明太祖《御製孝慈録》"深以漢儒二十五月而畢之説爲非。孔氏曰'子生三年，然後免於父母之懷'，豈二十五月之謂邪"。③ 今檢朱元璋《孝慈録》，確實開篇即批評短喪"不近人情"，強調喪服要據"人情"而定。但朱元璋此論並未涉及三年喪三十六月之説，主要是爲了反駁《儀禮》父在爲母服期、庶母無服，主張父在爲母服斬衰三年，庶子爲生母服斬衰三年，等等。朱元璋又譏諷固守《儀禮》《周禮》的學者爲"不識時務"的"迂儒俗士"，甚至把後世的人壽短促、王綱解紐都歸咎於所謂"迂儒"，進而強調"禮樂制度，自天子出"，皇帝所定，即爲永制，超越《儀禮》《周禮》等經典。④ 可見朱元璋之所以強調"人情"、崇厚禮制，其實是爲了打壓儒者士大夫，崇極君主權力，使君主之言超越經典，也超越一切前儒之言。其論與經學毫無關係，也無關乎三年喪之月數。不過正因其文中對"人情"的強調，啓發了明代學者對延長喪期的追求。

豐坊之説影響及於清代。前揭丘嘉穗亦主張三年喪三十六月，他的座師陸菜服喪二十七月之後，又素服一年然後出，李漁村稱讚陸菜"躬行君子，實守古禮，蓋本於《魯詩世學》之説"，可見豐坊之説已經悄然流入清代學者心中。⑤ 不過丘嘉穗本人並未見過《魯詩世學》，誤以爲這是宋本書，以致遭四庫館臣之譏。⑥ 可見丘嘉穗的三年喪三十六月論，應該是其獨立建構的。

豐坊之後，明末沈堯中亦持此説。沈堯中認爲三年喪爲三十六月，理由是漢文帝短喪詔"以日易月"，服喪三十六日。然而據上文論證，可知此説實難成立。又認爲《儀禮·士虞禮》："期而小祥，又期而大祥，中月而禫。是月也吉祭，猶未配。"其下疑有闕文，似乎"中月而禫"

---

① 〔明〕豐坊：《魯詩世學》卷一一《鄶風·素冠》，中國國家圖書館編：《原國立北平圖書館甲庫善本叢書》第 9 册，北京：國家圖書館出版社 2013 年影印明越琴軒抄本，第 209 頁。

② 王赫：《僞書的誕生：明中葉文化學術氛圍與豐坊的作僞》，《文獻》2020 年第 4 期，第 45—69 頁。

③ 〔明〕豐坊：《魯詩世學》卷一一《鄶風·素冠》，第 210 頁。

④ 〔明〕朱元璋：《記録彙編》卷四《御製孝慈録序》，《叢書集成新編》第 35 册，臺北：新文豐出版公司 2008 年影印明萬曆刊本，第 71 頁。

⑤ 〔清〕丘嘉穗：《東山草堂邇言》卷一"三年喪辨"條，第 326—327 頁。

⑥ 〔清〕永瑢等：《四庫全書總目》卷一二九《子部·雜説類存目》，北京：中華書局，1965 年，第 1110 頁。

之後還有别的環節,一直到三十六月才真正終喪。這一思路仍然毫無證據。①針對沈堯中之説,清代學者亦有繼承和批評,詳見下文。

明清兩代主張三年喪三十六月之論之最力、且論證最豐富者,當推毛奇齡。毛氏在其《喪禮吾説篇》中用很長的篇幅論證"三年之喪不折月"。他認爲:"夫三年之喪,三十六月也,古人無虚懸日月之理。"經典既然説"三年""三祀""三載",就是實實在在的三十六月,至於二十五月、二十七月云云,皆爲漢以後儒者之誤解,並非經典本意。但毛氏立論的基礎,乃是:"徐仲山作《喪服議》,有曰三年之喪,有必不可二十七月者,以其欺也。先王制禮,果宜在二十七月,何難直限二年加以三月定之,曰此二十七月之喪,而乃以三年爲名? 是欺死父母矣。夫死父母可欺乎? 張南士《答服問》亦有云親喪短月,是以估人之行待其親。"②可見毛氏認爲,"三年喪"如果不滿三年,就是欺父母,喪期應該盡量長,禮應該盡量厚。

毛奇齡主張三年喪三十六月,但他畢竟要爲此説披上一層經義的外衣。爲此,他作如下論證:首先,"禪月"不等於"喪月"。《禮記·間傳》《儀禮》所謂"中月而禪",只是説禪月,没有説這就是終喪之月。鄭玄、王肅的二十七月、二十五月之争,以鄭玄爲是,然而兩人所争只是禪月而已,並非喪月。③其次,"畢喪"不等於"終喪"。所謂"畢喪",指的是再期大祥之後的除喪、去喪,也就是除服、去服,僅僅除去喪服,但喪期並未結束。《儀禮·士虞禮》《禮記·三年問》《公羊傳》《荀子》等書所説二十五月而畢,指的是再期大祥之後,二十五月而"畢喪",但喪期尚未終結。④毛奇齡據《間傳》"中月而禪,禪而纖,無所不佩",認爲禪祭之後,從"畢喪"到"終喪"之間,還有"纖"的階段。三年喪三十六月包括三個階段,分别是一年齊斬,二年縞練,三年纖素。再期大祥之後,可以除縞練而服纖素,以至於三年終喪。⑤

毛奇齡强行區分"禪月"與"喪月"、"畢喪"與"終喪",並無根據,其所謂既禪之後還有"纖素"階段,所據者也只有《間傳》"禪而纖"一語而已。然而此據亦不可靠,這在他牽合漢文帝短喪三十六日的論證中暴露出來。如上所述,毛奇齡把三年喪三十六月分爲三個階段,分别是期而小祥(十三月)、再期而大祥(二十六月)、纖服終喪(三十六月),也就是13+13+10的模式。而漢文帝短喪詔則是大紅十五日,小紅十四日,纖七日,乃是15+14+7的模式,兩者無法相合,且短喪詔之日期亦不符合期而小祥、再期而大祥的結構。毛氏對此解釋説,三年三十六月,合五七三十五之數,再饒一月則爲三十六月。其中大紅二七十四月,因大紅較重,所以饒一月,爲十五月;小紅二七十四月;剩下的就是纖七月。"以日易月"之

---

① 〔明〕沈堯中輯:《沈氏學弢》卷六《禮下》"三年喪"條,《四庫全書存目叢書·子部》第 131 册,濟南:齊魯書社 1995 年影印天津圖書館藏明萬曆刻本,第 511 頁。
② 〔清〕毛奇齡:《喪禮吾説篇》卷七《三年之喪不折月説》,《續修四庫全書》第 95 册,上海:上海古籍出版社,2002 年,第 67—68 頁。
③ 〔清〕毛奇齡:《喪禮吾説篇》卷七《三年之喪不折月説》,第 68 頁。
④ 〔清〕毛奇齡:《喪禮吾説篇》卷七《三年之喪不折月説》,第 68—69 頁。
⑤ 〔清〕毛奇齡:《喪禮吾説篇》卷七《三年之喪不折月説》,第 69 頁。

後,就分别是十五日、十四日、七日。①且不説所謂"以日易月"已被顔師古駁倒,毛氏構建的三年喪三十六月之結構,就有 13+13+10 與 15+14+7 兩種,斷無彌縫之可能;且以五七三十五之數解釋三年三十六月,更是毫無道理,純爲强詞奪理。由此可知,毛氏據"禫而纖"一語推論禫祭之後還有"纖素"階段,是不可靠的。四庫館臣譏其"恃其博洽,違心巧辯",誠爲確評。②

毛奇齡主張三十六月説的根本原因,出於其推重"人情"的禮學觀念。四庫館臣評價其《辨定祭禮通俗譜》曰"其大意務通人情,故不免有違古義",可見"務通人情"是毛氏禮學的一貫追求。③爲達成這一目的,毛氏不擇經、傳、記,凡是於己有利者,皆取而雜糅之,凡是於己不利者,皆斥而駁之。比如對《禮記》之《間傳》《喪服四制》《内則》中他覺得有利、或者可以根據己意而加以發揮的文句,就盡量搜羅,爲己所用;而對於《三年問》,則認爲全是宰我之言,不可從也。歸根結底,毛氏還是從"父母不可欺"這一自然情感出發,牽合《儀禮》《禮記》《漢書》等經史典籍,作一牽强之證明。

姚際恒也認爲理想狀態下的三年喪應爲三週年("三期")。孔、孟只言"三年之喪",並無二十幾月之説,也無祥禫之節。其不足三週年者,姚氏稱之爲"短折",認爲春秋時期禮崩樂壞而始有之。至於祥禫之節的諸種異説,乃"秦漢諸儒起而斟酌于其間,定爲二期又加三月之禫,著于禮文"云云。姚氏雖以三週年爲善,但也承認"短折"之説影響深重,已不可挽回,推孝子之心,只能在既有規範下盡量從厚。④概言之,姚氏也是從自然人情的角度立論,以徇情厚禮爲旨。

除了毛、姚二氏,清初韋人鳳又繼承前揭沈堯中之説。⑤韋氏之書不存,見徐乾學《讀禮通考》所引。⑥韋人鳳爲沈堯中助陣説:"後王議禮,改而從厚,協乎天理人心之至,百代定爲遵守,則有志復古者,自當以三年之喪仍從三十六月爲斷,以稍盡罔極之悲焉。"⑦其所謂"改而從厚"云者,就是典型的重情厚禮的思路。然而沈氏"以日易月"之説本不能成立,其闕文之説,夏炘亦有反駁,《士虞禮》《既夕禮》文義相接,並無闕文。⑧可見沈堯中、韋人鳳的觀點在經學上並不能成立,其立論之基也是推重人情。

徐乾學也不認可沈、韋之説。徐氏認爲《禮記·三年問》所言"三年之喪,二十五月而畢"

---

① 〔清〕毛奇齡:《喪禮吾説篇》卷七《三年之喪不折月説》,第 70 頁。
② 〔清〕永瑢等:《四庫全書總目》卷二三《經部·禮類存目一》,第 190—191 頁。
③ 〔清〕永瑢等:《四庫全書總目》卷二二《經部·禮類四》,第 181 頁。
④ 〔清〕姚際恒:《禮記通論輯本(上)》,林慶彰主編,張曉生、簡啟楨輯點:《姚際恒著作集(二)》,臺北:"中央研究院"中國文哲研究所,2004 年,第 91—94 頁。
⑤ 韋人鳳,字六象,浙江武康人。見〔清〕卓爾堪編,蕭和陶點校:《遺民詩》,上海:華東師範大學出版社,2013 年,第 72 頁。
⑥ 〔清〕徐乾學:《讀禮通考》卷二八《通論中》,《四庫全書》第 112 册,臺北:臺灣商務印書館 2008 年影印文淵閣本,第 611 頁。
⑦ 〔清〕徐乾學:《讀禮通考》卷二八《通論中》,第 611 頁。
⑧ 〔清〕夏炘:《學禮管釋》卷一七《釋三年之喪》,《叢書集成三編》第 25 册,臺北:新文豐出版公司 1997 年影印咸豐庚申景紫山房本,第 752 頁上、下欄。

出自《荀子·禮論》，"荀子周人也，以周人而説周事，豈有謬誤，而謂其據何經典邪？周人之言不足信，彼生於千載之後者，又誰其信之？"①徐氏之駁，實出自萬斯同。萬斯同比較三年喪之鄭玄二十七月、王肅二十五月兩説，認爲王説爲允，理由是："今之所論，皆周禮也，論周之禮，則當以周人之言爲據。"荀子、公羊氏都認爲"三年之喪，實以二十五月"，可知周人認爲三年喪二十五月。若"據戴德之言，而廢公羊、荀氏之説，則是周人之説周禮，反不若漢人之解周禮矣"。②萬氏所言頗具清人考據學無徵不信的精神，看重史實之確否，而非禮儀之厚薄。對於"喪宜從重"的詰責，萬氏説："惟後人之居喪，事事不如古人，而獨于外之素服，反欲求過于古人，故二十七月不已，又有爲三十六月如王元感者，似乎篤於喪親。豈知不勉其實而徒務其名，亦安見其爲孝哉？"③認爲一味延長喪期，並不能真正做到"篤於喪親"，只不過爲了虛名而已。

清初張文嘉也持三年喪三十六月論。其《齊家寶要》説："按魯宣公新宮災，在薨後二十九月，其時主猶在寢，可見古人喪不止于二十七月矣。"④試圖根據《春秋》説明三年喪在二十九月以上。四庫館臣駁之曰："新宮"就是魯宣公之廟，之所以稱"新宮"，是因爲宣公始死，不忍直稱其廟。張文嘉不知此義，以爲"新宮"非廟，以至有此誤解。⑤

雖有萬斯同、徐乾學、四庫館臣等權威學者的反對，由推重人情而導致的三年喪三十六月説並未絶迹，仍有學者主張不已。比如吳廷華在《儀禮章句》中延續王元感的觀點及毛奇齡的論證，强調："愚亦謂人子之事父母，以實不以名。"⑥認爲鄭、王二説皆不當，但不得已而從鄭説："今從鄭氏説，雖是禮疑從厚，然未爲當。"⑦雖在經義邏輯上並無任何突破，但把"禮疑從厚"的觀念又强調了一遍。吳廷華隨後遭到了四庫館臣、夏炘、凌曙、黃以周的相繼反駁。⑧四種反駁皆無甚理論上的創新，主要不過是重復顏師古對應劭"以日易月"説的批評。駁論之所以無新見，主要因爲立論無新見。上述豐坊、沈堯中、毛奇齡、姚際恒、韋人鳳、張文嘉、吳廷華、丘嘉穗諸人之論在經義邏輯上並不自洽，甚至不及顏師古，也無怪乎駁無可駁。

---

① 〔清〕徐乾學：《讀禮通考》卷二八《通論中》，第 611—612 頁。
② 〔清〕萬斯同：《群書疑辨》卷三"三年之喪二十五月而畢"條，方祖猷主編：《萬斯同全集》第 8 册，寧波：寧波出版社，2013 年，第 343 頁。
③ 〔清〕萬斯同：《群書疑辨》卷三"三年之喪二十五月而畢"條，方祖猷主編：《萬斯同全集》第 8 册，第 343 頁。
④ 〔清〕張文嘉：《重定齊家寶要》卷下《喪禮》"禫"條，《四庫全書存目叢書·經部》第 115 册，濟南：齊魯書社 1997 年影印北京圖書館分館藏清康熙刻本，第 710 頁。
⑤ 〔清〕永瑢等：《四庫全書總目》卷二五《經部·禮類存目三》，第 209 頁。又按：四庫館臣明確反駁三年喪三十六月説，不過乾隆年間敕撰《欽定禮記義疏》又認爲"唐虞以上，實是三年"，殷、周始變爲二十五月，可視爲官方學術對明清學者相關争論的調和。見〔清〕甘汝來等：《欽定禮記義疏》卷九《檀弓上》，《四庫全書》第 124 册，臺北：臺灣商務印書館 2008 年影印文淵閣本，第 284 頁。
⑥ 〔清〕吳廷華：《儀禮章句》卷一一《喪服》，〔清〕阮元編：《皇清經解》卷二八一，學海堂咸豐十一年（1861）補刊本，第 1 頁 b。
⑦ 〔清〕吳廷華：《儀禮章句》卷一四《士虞禮》，〔清〕阮元編：《皇清經解》卷二八四，第 11 頁 b。
⑧ 〔清〕永瑢等：《四庫全書總目》卷二〇《經部·禮類二》，第 164 頁；〔清〕夏炘：《學禮管釋》卷一七《釋三年之喪》，第 751 頁下欄、752 頁上欄；〔清〕凌曙：《禮説》卷三，〔清〕阮元編：《皇清經解》卷一三五八，學海堂咸豐十一年（1861）刊本，第 12 頁 b–14 頁 a；〔清〕黃以周撰，王文錦點校：《禮書通故》卷九《喪服通故》，北京：中華書局，2007 年，第 303 頁。

總的來説,繼王元感之後,明清學者相繼主張三年喪三十六月説,但在學理上並無太多推進。他們或生造僞書,或牽合經傳,或誤據史證,論證都不能成立,只能靠强調人情、崇厚禮制爲己説助陣。且三十六月説每一次出現,就隨即遭到主流經學界的圍剿,並未造成太大影響。雖然三十六月説在學理上難以成立,但依然反復出現,説明禮制上的喪服變除節文與人的情感心性、人們的服喪實踐之間産生罅隙。三十六月説是爲了彌縫這種罅隙的不太成功的經義建構嘗試。

三、三年喪的情文矛盾與民間服喪實踐

如上文所述,三年喪三十六月説産生的根本原因是禮制節文與自然人情之間的矛盾。傳統禮制關於喪服變除的節文從情文相稱變得情文不稱,於是不得不提出新説,彌縫其間。三十六月説在武周時期迎來高光時刻,又在明清時期屢次復現,與當時禮制上的情文關係和社會上的服喪實踐相關。

中國古代素有"緣情制禮"的觀念。魏晉之際,這一觀念尤其盛行。彼時玄學中的自然、名教之辨在禮制上就表現爲情、禮衝突。魏晉人議禮、議刑多斟酌人情。[1]具體到三年喪,東漢率以二十五月爲斷,漢魏之際遂有鄭玄二十七月、王肅二十五月之争。兩晉皇室以王説爲官方定説,士族則篤於人情,敦厚禮制,通行鄭説,由此導致兩晉皇室與士族各行其是。南朝宋以來,上下皆用鄭説,一直延續到清末,官僚士大夫服喪皆以二十七月爲斷。雖或間有其他異説,但國家禮法律令向以鄭説爲準,罕有變化。自東漢以降,經魏晉之際的争論,國家上下在鄭、王二説之間漸次選擇喪期較長的二十七月説。

到了唐代,禮制中的人情因素更爲凸顯。學者指出唐代君臣議禮,多重人情,從唐太宗、武則天、唐玄宗到魏徵、岑文本、顏師古等人,屢次强調"禮緣人情""(禮)非從天降,非從地出,人情而已""稱情以立文",代表一種革新的禮學觀念。[2]唐代屢興大規模禮議,諸如父在爲母服、嫂叔服、舅族之服等前代懸而未決的喪服問題,都在唐太宗、武則天、玄宗等帝王的主持下,基於人情的原則定著於禮典律令。[3]在此背景下,王元感提出三年喪三十六月説,可謂得其時代制禮觀念之先,又向前推進了一大步。

另外,王元感主張三年喪爲三週年,或許受到唐代盛行的週年忌禮俗的啓發。唐代受佛教影響,朝野上下通行週年忌。唐代皇室之週年忌日,也就是所謂"國忌日",百官須設僧齋、行香。宗教與民俗對禮法的滲透十分深入,行政命令亦難以禁斷。文宗開成四年(839)、武

---

[1] 余英時:《名教思想與魏晉士風的演變》,《士與中國文化》,上海:上海人民出版社,2003年,第377—383頁。張焕君强調魏晉時期喪服"緣情制禮""以情制禮,以禮裁之"的特點,用"情禮交融"加以總結。張焕君:《情禮交融:喪服制度與魏晉南北朝社會》,北京:商務印書館,2020年,第296—303頁。

[2] 〔日〕島一:《貞觀年間の禮の修定と〈禮記正義〉》(上、下),《唐代思想史論集》,第1—60頁。

[3] 集中見於〔後晉〕劉昫等:《舊唐書》卷二七《禮儀志七》,第1019—1036頁。

宗會昌五年(845)曾停罷或變改國忌行香,亦不能使其斷絕。^①唐代《假寧令》規定官員私家忌日可給假一日,甚至有官員因私家忌日而停廢王事。^②佛教影響下的週年忌日禮俗綿延久遠,至今不絕。王元感或許有感於民間的喪忌禮俗實踐,根據貼近人情、崇厚禮制的原則,將三年喪創造性地解釋爲三週年。

明清時代的民間服喪實踐亦悄然發生變化。從南朝到清代,國家禮法規範下的士族、官僚服喪,率皆遵從鄭玄的二十七月説。至於國家禮法所約束不到的民間社會,則既無能力、也没興趣關心經學上的複雜爭論,往往在佛教的影響下,把"三年喪"簡單地理解爲三週年,所以民間服喪三十六月,反而厚於士君子所行。自宋代以來,六朝隋唐時期累代仕宦的世家大族基本崩潰,中國從"貴族社會"轉爲"平民社會",官僚士大夫大多出身民間,與民間社會的聯繫愈加緊密。明清學者對民間服喪三十六月的禮俗尤爲熟悉,見到民間服喪反而篤於士大夫,心中不能不有所觸動。比如清初萬斯同就説:

> 予鄉四明之俗,禪除之後,仍以素服終三十六月,歷禩相沿,莫以爲誤。既非古典,又違時制。乃不知禮者,竟以爲古禮當然而不敢變;其知禮者,又以爲親喪宜厚而不敢議。此實非禮之禮,君子不以爲可也。^③

據萬氏所言,清初浙東地區的民間就以服喪三十六月爲俗,士君子因爲"親喪宜厚"的緣故,對之亦不敢非議。萬斯同雖然認爲民俗不符合古禮,但四明鄉俗至少已在其學術中留下痕迹。

被民俗觸動而反思士大夫所行之禮的學者,清代中晚期的祁寯藻尤爲典型。道光十四年(1834)祁寯藻遭母喪,他暫時抽離宦海,回到闊別已久的家鄉山西壽陽縣守喪。在此期間,他讀禮習農,對鄉俗有了新的感知。次年(1835)撰《馬首農言》十四篇,^④其中就記錄了本地喪俗:"壽陽風俗之厚,莫如喪禮。民間三年之喪,皆以三十六月爲斷,謂之三週年。"^⑤並著《三年之喪説》以申己意:

> 先王制禮,稱情而立文,弗可損益。三年之喪,所以爲至痛極也。孝子之心,終身焉爾已。不得已而爲之立中制節,賢者不得過,不肖者亦不得不及也。名爲三年,而實則二十五月。孝子之心,得毋傷其不及乎?且既以再期爲加隆矣,何不直斷以二年,而必迂迴委曲,隆其名而殺其實,何名實不相副乎?若云漸得三年之竟,即以

① 〔後晉〕劉昫等:《舊唐書》卷一一七《崔寧附崔蠡傳》,第 3403 頁;卷一八《武宗紀》,第 606 頁。
② 〔後晉〕劉昫等:《舊唐書》卷一三六《盧邁傳》,第 3753—3754 頁。
③ 〔清〕徐乾學:《讀禮通考》卷二八《通論中》,第 612 頁。
④ 〔清〕祁寯藻著,任國維主編:《祁寯藻集》第 1 冊《雜記·觀齋行年自記》,太原:三晉出版社,2015 年,第 152 頁。
⑤ 〔清〕祁寯藻著,任國維主編:《祁寯藻集》第 2 冊《馬首農言》,第 31 頁。

三年當之,是幾幾乎有幸其終喪之意,亦何解於朝祥莫歌者乎? 謂之稱情,而情已抑矣;謂之弗可損益,而已損之又損矣。古之禮,猶今之律也。懸律以示民,而曰吾之律可以少損焉,其孰從之? 制禮以齊民,而曰吾之禮可少損焉,其孰安之? 且使後世之律迂迴委曲,以就先王之禮,亦非先王之所以範後世也。……今三晉之俗,親喪,士大夫遵制,二十七月服闋,而民間持服,實以三十六月,謂之三週年。古風相沿,其來有自。禮失而求諸野,豈不信哉! ①

祁寯藻作爲官員,限於國家之制,只能服喪二十七月,見本地鄉俗反而能服滿三週年,於是認爲這才是真正的"古禮",並由此認爲經典所謂"三年"就是三週年,如果可以折損爲二十五月或二十七月,將無以取信於民。後儒曲解先王之禮,後世之律又"迂迴委曲",遷就被後儒曲解的"先王之禮",爲祁寯藻所不能接受。祁氏此論並無過多的經義論證,主要是作爲重喪在身之人,從"孝子之心"展開説理。從祁寯藻個案不難看出士大夫如何來自民間、重回民間、有感於民間的厚禮而反思士大夫所行之國制,從而基於人的自然情感而試圖在經學上論證三年喪三十六月。

"禮不下庶人"。傳統禮制精緻的情文結構與複雜的經義爭論對真正的底層影響甚微。反倒是民間自發的服喪實踐在默默推動三週年之喪,使之成爲最底層、最廣泛的既成事實。民間的服喪實踐又反過來影響學者的經義建構,一次又一次地催生出學術上的三年喪三十六月的經説。上層的經義建構雖未成功,但底層的日常生活實踐卻在沉默且持續地將其落實,由此造成真正深刻且巨大的變革。

結 論

綜上所述,三年喪三十六月這一經説雖然並不主流,但時隱時顯,前後相繼,始終不絶。漢唐間即有此説的隱脉,武周時期,王元感明確揭舉並加以論證,其經義邏輯的自洽程度較高,但遭到張柬之的反駁。明清學者又繼續論證,却始終難以在經學層面成立,更難以發揮更大程度的影響。但此説在中國經學史上綿延不絶,學者時有提倡,説明傳統禮制的情文結構存在問題。在"徇情"與"節文"之間,學者或彌縫舊義,或提出新説,始終在努力。

情文結構是禮制的核心,古人對此早有深刻認識。《禮記》中就有關於禮、情關係的頗多論述。《禮運》説:"夫禮,先王以承天之道,以治人之情,故失之者死,得之者生。"《坊記》説:"禮者,因人之情而爲之節文,以爲民坊者也。"《問喪》説喪禮符合"孝子之志""人情之實",《三年問》説喪服變除程式是爲了"稱情而立文"。但《禮器》也説:"禮之近人情者,非其至者也。"凡此種種,都在闡明情、文之間的張力:情是人所自發,禮則要爲人情訂立規範,禮以

---

① 〔清〕祁寯藻著,任國維主編:《祁寯藻集》第 2 册《雜記》,第 320—321 頁。

治情，因情節文，最終達到情文相稱。情文結構是禮制得以存在的根基，也是其中最具張力的一對範疇。人情是流動的，禮制節文却不會輕易改變。爲了維持禮制之存續，必須順應人情，調整其節文，維持禮制情文結構的動態穩定。古往今來圍繞禮制作出的無數調整，很大程度上都是爲了維持這一動態穩定的結構。

學者往往能非常敏鋭地捕捉到禮制情文結構的不穩定徵兆，並嘗試通過辯論經義、編織經説的方式彌縫其罅隙，試圖調整情文結構。但從三年喪三十六月這一經説的展開過程來看，這種從書本到書本、從理論到理論的努力收效甚微，反而容易陷入無窮無盡的經義之網，最終流於學者之間的紙上辯經。反倒是社會上的日常生活實踐蘊含巨大的原生力量，在緩慢而沉默地推動變革。因此，在考慮中國古代禮制變遷時，除了（明顯的、容易留存下來的）學者論争之外，也應關注（沉默的、不易被記録的）人們的日常生活實踐。

（范雲飛，武漢大學中國傳統文化研究中心講師）

《欽定禮記義疏》文本纂修流程與性質再探
——兼論杭世駿《續禮記集説》編纂緣由與實質*

侯　婕

[**摘　要**]乾隆元年三禮館纂修《欽定禮記義疏》,以衛湜《禮記集説》爲藍本,對衛氏以後宋、元、明經師禮説加以補入,並將歷代禮説按照七大義例加以排纂,删削非理學家經説,在排纂的基礎上歸類分析,實則爲輔助纂修官撰寫案語所設,最後在此基礎上以己意裁斷,擬定代表官方思想的觀點。藉助《義疏》稿本,考察其纂修過程及與定本差異,可知《義疏》定本形式雖看似新穎,實則仍保持舊時纂書習氣。出於館臣之手,以"續補"衛氏《集説》爲名的杭世駿《續禮記集説》,在禮説徵引方面與《義疏》取材同根同源,將《義疏》所遮蔽的清代禮家諸説加以客觀呈現,實則發《義疏》所未發,釋《義疏》所未釋,是三禮館臣纂修《義疏》工作的另一層體現。
[**關鍵詞**]欽定禮記義疏　杭世駿　續禮記集説　衛湜　禮記集説

　　關於《欽定禮記義疏》(下簡稱"《義疏》")的性質,自其成書以後,學界探討良多,觀點各異,主要有如昭槤漢學傾向説、[①]章太炎宋學主導説、[②]錢穆漢宋兼采説[③]三種。當今學者如

---

* 本文是國家社會科學基金青年項目"清代《禮記》文獻研究"(21 CZS006)的階段性成果。

① 昭槤在《嘯亭雜録》中稱:"仁皇夙好程、朱,深談性理,所著《幾暇餘編》,其窮理盡性處,雖夙儒者學,莫能窺測。所任李文貞光地、湯文正斌等皆理學耆儒。嘗出《理學真偽論》以試詞林,又刊定《性理大全》《朱子全書》等書,特命朱子配祠十哲之列。故當時宋學昌明,世多醇儒耆學,風俗醇厚,非後所能及也。"見〔清〕昭槤撰,何英芳點校:《嘯亭雜録》,北京:中華書局,1980年,第6頁。又稱:"初即位時,一時儒雅之臣,皆帖括之士,罕有通經術者。上特下詔,命大臣保薦經術之士,輦至都下,課其學之醇疵。特拜顧棟高爲祭酒,陳祖範、吳鼎等皆授司業,又特刊《十三經注疏》頒佈學宮,命方侍郎苞、任宗丞啓運等裒集《三禮》。故一時耆儒夙學,布列朝班,而漢學始大著,齷齪之儒,自踽足而退矣。"見〔清〕昭槤撰,何英芳點校:《嘯亭雜録》,第15—16頁。認爲康熙時宋學顯明,至乾隆時學風爲之一變,漢學始大著,三禮館纂修《義疏》即爲其例。

② 章太炎在《清儒》一文提出:"若康熙、雍正、乾隆三世,纂修七經,辭義往往鄙倍,雖蔡沈、陳澔爲之臣僕而不敢辭;時援古義,又椎鈍弗能理解,譬如薰糞雜糅,徒睹其汙耳。而徇俗賤儒,如朱彝尊、顧棟高、任啓運之徒,瞢瞀冥行,奮筆無作,所謂鄉曲之學,深可忿疾,譬之斗筲,何足選哉!"見章太炎:《檢論》,《章太炎全集》第1輯,上海:上海人民出版社,2014年,第489頁。認爲包含《義疏》在内的"御纂七經"實爲宋學之末流。

③ 錢穆在《經學大要》中舉例御纂諸經,稱:"舉出這幾本書來證明順治、康熙、雍正三代那時候的人不分漢學、宋學的,而且比較上看重宋學,不過也兼采漢學。"見錢穆:《經學大要》,臺北:蘭臺出版社,2000年,第571頁。提出當時學者論學不分漢宋,《義疏》呈現出的正是學術漢宋融合的面貌。

杜澤遜、[①]林存陽、[②]張濤、[③]瞿林江[④]等,從文獻學、思想史、史學研究角度切入,對《義疏》的編纂與價值有着新的認識,具有啓發性,但猶有未發之覆。

梁啓超在《中國近三百年學術史》中評述清人《禮記》整理與研究成績稱:"清儒於《禮記》,局部解釋之小書單篇不少,但全部箋注,尚未有人從事。其可述者,僅杭大宗(世駿)之《續禮記集説》。其書仿衛湜例,專録前人説,自己不下一字。所録自宋元人迄於清初,別擇頗精審,遺佚之説多賴以存。"[⑤]不提《義疏》一字,但其所稱道之杭世駿《續禮記集説》(下簡稱"杭氏《集説》")却與《義疏》有着密切聯繫。以下從三禮館纂修《欽定禮記義疏》的背景、文本加工程式、性質以及杭世駿編纂《集説》的緣由與實質四個方面展開論述。

一、三禮館纂修《欽定禮記義疏》的背景

乾隆元年(1736),乾隆帝下旨纂修《三禮》,命大學士鄂爾泰、張廷玉、朱軾、兵部尚書甘汝來爲三禮館總裁,禮部尚書楊名時、禮部左侍郎徐元夢、内閣學士方苞、王蘭生爲副總裁,負責《三禮義疏》的修訂工作。整體來看,總裁的構成人員皆爲康、雍兩朝成名重臣,或深得乾隆信任,或繼承前朝熊賜履、李光地等廟堂理學耆儒之衣鉢,究心宋學,亦多有《三禮》研究專著傳世。

以方苞爲例,康熙三十年(1691)方氏跟從高裔前往京師,嘗謂"僕少所交,多楚、越遺民,重文藻,喜事功,視宋儒爲腐爛,用此年二十,目未嘗涉宋儒書。及至京師,交言潔與吾兄,勸以講索,始寓目焉",[⑥]又稱"季野獨降齒德而與余交,每曰:'子於古文,信有得矣。然願子勿溺也!唐、宋號爲文家者八人:其於道粗有明者,韓愈氏而止耳;其餘則資學者以愛玩而已,于世非果有益也。'余輟古文之學而求經義自此始"。[⑦]可知方氏年二十歲以後,始讀宋儒經

---

① 《〈十三經注疏彙校〉緣起及設想》一文在涉及清代康熙至乾隆年間的官修經書成果時,稱:"朝廷組織學者撰定了《御纂七經》,包括《周易折中》《書傳説彙纂》《詩經傳説彙纂》《春秋傳説彙纂》《周官義疏》《儀禮義疏》《禮記義疏》。其大體思路是不專主宋學,而是漢宋兼取,希望漢、宋合流。乾隆間曾下令各省重刊,清中葉以後也有各地重刊本,傳世量較大,而讀者不一定很多。這條漢宋合流的路子,現在看來没有走通。"杜澤遜:《〈十三經注疏彙校〉緣起及設想》,《微湖山堂叢稿》上,上海:上海古籍出版社,2014 年,第 7 頁。

② 對於《義疏》的學術取向,林存陽認爲:"三禮館儒臣,對注疏和朱子解説的取向,存在一定的分歧。"林存陽:《三禮館:清代學術與政治互動的鏈環》,北京:社會科學文獻出版社,2008 年,第 129 頁。

③ 於《義疏》的學術取向,張濤提出:"清廷設立三禮館,纂修《義疏》,前後凡一十九年。此一時段剛好處於漢學興起前夜,惠、戴諸君在此期間多已嶄露頭角,聲勢漸隆。民間漢學家剛剛具有自我意識,漢宋畛域尚且模糊,官方《義疏》並無明確主張想要漢宋兼采,更無所謂推高漢學。"張濤:《乾隆三禮館史論》,上海:上海人民出版社,2015 年,第 285 頁。

④ 瞿林江從文獻學角度切入,認爲在禮説徵引方面,"宋元學者的言論雖然佔據了《禮記義疏》的顯眼位置,但鄭注和孔疏依然是該書的主體,而並非一般讀者所認爲的傾宋學、傾理學的性質。"瞿林江:《〈欽定禮記義疏〉研究》,揚州:廣陵書社,2017 年,第 88 頁。

⑤ 梁啓超著,俞國林校:《中國近三百年學術史》(校訂本),北京:中華書局,2020 年,第 316—317 頁。

⑥ 〔清〕方苞著,劉季高校點:《方苞集》卷六《再與劉拙修書》,上海:上海古籍出版社,2008 年(2018 年重印),第 174—175 頁。

⑦ 〔清〕方苞著,劉季高校點:《方苞集》卷一二《萬季野墓表》,第 332 頁。

義之書。又致力於經書的編纂工作,先删取《五經大全》,後删定徐乾學《通志堂經解》。①
康熙五十年冬,方氏受戴名世《南山集》案牽連下獄,在獄因篋中唯有陳澔《禮記集説》一部,
故悉心是書,稱:"始視之,若皆可通,及切究其義,則多未審者,因就所疑而辨析焉。"②撰爲
《禮記析疑》。又稱:"余之爲是學也,義得於《記》之本文者十五六,因辨陳説而審詳焉者十
三四,是固陳氏之有以發余也。"③康熙五十二年,方氏出獄,"校以衛正叔《集解》,去其同於
舊説者,而他書則未暇徧檢",④將辨析陳氏《集説》所得與衛湜《禮記集説》(下簡稱"衛氏
《集説》")比對,去其重複之説。三月,入南書房,秋移蒙養齋,爲徐元夢辨析《周禮》疑義,
爲館中後生講《喪服》,出獄中所著《喪禮或問》,⑤又作《周官辨》《周官集注》《周官餘論》
三書。雍正元年(1723),方氏五十六歲,赦歸原籍,二年,歸桐城,三年,還京。乾隆元年,方
氏再入南書房,擢内閣學士,晉禮部侍郎,後乾隆帝敕修《三禮義疏》,命方氏爲副總裁,張甄
陶稱"同局者多宿學巨公,凡疑難處,必推先生裁定"。⑥

　　在館期間,方氏一方面延徠舉薦後學人才入館纂修,一方面與諸總裁擬定纂修規程、條
例,其《與鄂少保論修三禮書》言:

　　　　《三禮》自注疏而外,群儒解説無多。所難者,辨注之誤,芟疏之繁,抉經記所以
　　云之意,以發前儒未發之覆耳。故僕始議人删三經注疏各一篇;擇其用功深者各一
　　人,主删一經注疏,一人佐之,餘人分採各家之説,交錯以徧;然後衆説無匿美,而去
　　取詳略可通貫於全經。⑦

鄂爾泰以方氏手書示館内諸臣,但響應者甚稀。雖然方氏提出當先於館臣中設專主删節《三
禮》注疏者各一人,且輔助者各一人,餘下館臣負責排纂注疏以下諸儒經説,並加以去取的建
議未能付諸實踐,但是其關於《義疏》凡例的擬議基本上爲三禮館採用。方氏對纂修三禮條
例的設想,與其早年從事編著《周官集注》的工作不無關聯,其於《周官集注·條例》即稱:

　　　　依朱子《集注》例,凡承用注、疏,及掇取諸儒一二語串合己意者,皆不復識別。
　　全述諸儒及時賢語,則標其姓字。正解本文者居前,總論居後,不分世代爲次。

① 〔清〕方苞著,劉季高校點:《方苞集》卷六《與吕宗華書》,第159—161頁。《方苞集集外文補遺》卷一《答梁裕厚書》,
　　第815—816頁,《與梁裕厚書》,第816頁。〔清〕張廷玉撰,江小角、楊懷志點校:《澄懷園文存》卷七《宋元經解删要序》,
　　《張廷玉全集》,合肥:安徽大學出版社,2015年,第147頁。
② 〔清〕方苞著,劉季高校點:《方苞集》卷四《禮記析疑序》,第81頁。
③ 〔清〕方苞著,劉季高校點:《方苞集》卷四《禮記析疑序》,第81—82頁。
④ 〔清〕方苞著,劉季高校點:《方苞集》卷四《禮記析疑序》,第82頁。
⑤ 〔清〕顧琮:《周官辨序》,〔清〕方苞:《周官辨》卷首,《續修四庫全書》第79册,上海:上海古籍出版社2002年影印清
　　刻本,第416頁上欄。
⑥ 〔清〕梁章鉅著,陳居淵校點:《制藝叢話　試律叢話》,上海:上海書店出版社,2001年,第180頁。
⑦ 〔清〕方苞著,劉季高校點:《方苞集》卷六《與鄂少保論修三禮書》,第154頁。

　　注、疏及諸儒之説必似是而非者,乃辨正焉。於先鄭及注、疏皆分標之。諸儒舉姓字,若主是説者多則曰"舊説"。

　　推極義類,旁見側出者,以圈外別之。或前注通論大體,而中有字句應辨析者,辭義奇零,無可附麗,雖正解本文,亦綴於後,或以圈外別之。①

可知其集注類型有五:一爲正解,二爲總論,次序上,"正解本文者居前,總論居後,不分世代爲次",經説引據處理上,承襲鄭注、賈疏,采合衆説,直指經文本義者不加標識,全述諸家經説,則著其姓字;三爲辨正,對注、疏及諸儒之説似是而非處加以辨正,辨正先鄭、鄭注、賈疏加以標識,諸儒則標姓字,若數人説同,則統稱爲"舊説";四爲異説,所謂旁"推極義類,旁見側出者",加圈間隔;五爲辨析,凡是涉及對經文字句辨析者,綴在經文本義解説之後。對集解體的内部結構做出進一步的改造發明,並非按照時代先後依次排纂,而是將歷代諸儒禮説分類歸納,惜區分不詳。再觀其《擬定纂修三禮條例劄子》奏曰:

　　臣等審思詳議,擬分爲六類,各注本節、本注之下。一曰正義:乃直詁經義,確然無疑者。二曰辨正:乃後儒駁正舊説,至當不易者。三曰通論:或以本節本句參證他篇,比類以測義;或引他經與此經互相發明。四曰餘論:雖非正解,而依附經義,於事物之理有所發明,如程子《易傳》、胡氏《春秋傳》之類。五曰存疑:各持一説,義皆可通,不宜偏廢。六曰存異:如《易》之取象,《詩》之比興,後儒務爲新奇而可欺惑愚衆者,存而駁之,使學者不迷於所從。庶幾經之大義,開卷了然,而又可旁推交通,以曲盡其義類。②

提出纂修《三禮義疏》,可於經注之下編次歷代禮説,按其内容劃分爲正義、辨正、通論、餘論、存疑、存異六類,進而對所匯集經説分類的名目及意涵加以界定,再觀《欽定周禮義疏》前凡例曰:

　　故特起義例,分爲七類,俾大義分明而後兼綜衆説。一曰正義:乃直詁經義,確然無疑者。二曰辨正:乃後儒駁正舊説,至當不易者也。三曰通論:或以本節本句參證他篇,比類以測義,或引他經與此互相發明。四曰餘論:雖非正解,而依附經義於事物之理,有所推闡。五曰存疑:各持一説,義亦可通,又或已經駁論而持此者多,未敢偏廢。六曰存異:名物象數久遠無傳,難得其真,或創立一説,雖未即愜人心,而不得不姑存之以資考辨。七曰總論:本節之義已經訓解,又合數節而論之,合一

① 〔清〕方苞:《周官集注》,《四庫全書》第 101 册,臺北:臺灣商務印書館 2008 年影印文淵閣本,第 5 頁。
② 〔清〕方苞著,劉季高校點:《方苞集集外文》卷二《擬定纂修三禮條例劄子》,第 565 頁。

職而論之。以此七類,叙次排纂,庶幾大指,開卷了然,而旁推交通,義類可曲盡也。案語各以類附七條之後,或辭義連貫,難以分析,則附於最後一條之末。①

進一步完善《擬定纂修三禮條例劄子》所提出的體例規劃,確定《三禮義疏》編纂的七大義例。

　　然而三禮館開設不久,最初任命的總裁便相繼離世,後又陸續任命李紱、尹繼善、陳大受、周學健、李清植、任啓運、彭維新、汪由敦繼其事。除任命總裁外,據張濤考察,三禮館先後入館纂修官五十人,其中侍讀三人,編修十九人,檢討五人,庶吉士或編、檢二人,任他職者四人,居官位者凡三十八人。其餘十二人或時閒賦無職,但爲進士、舉人之身份,或候補侍讀,或屬優貢生。②在師承學風方面,三禮館總裁及纂修官中,不乏康熙朝名臣李光地門人後學,③李氏一派後學任職三禮館期間,又不斷宣揚師教,提攜後進,如王文震、徐鐸、官獻瑶等即受楊名時、徐元夢之薦,入館修書,亦對李氏師説學風推崇備至。④由此,館臣詮釋《禮記》、編纂《義疏》之理念,整體上亦承襲康熙朝廟堂理學“尊宋”意識形態。

　　但館中亦不乏治禮專研之士,如姜兆錫即撰有《禮記章義》一書,雍正朝已刊刻成書。而任啓運、吳廷華、王士讓、杭世駿等人,又相繼在修書期間,纂有《三禮》研究私著數種。以杭氏爲例,其纂有《續禮記集説》一百卷,自言爲續補衛氏《集説》而作,一則補録在衛氏之前散見他書而衛氏未經采及者,一則續補衛氏後元明間除家弦户誦之吳澄《禮記纂言》、陳澔《禮記集説》(下簡稱“陳氏《集説》”)外其他諸儒之説。嘗言:“國朝文教覃敷,安溪、高安兩元老潛心《三禮》,高安尤爲傑出,《纂言》中所附解者,非草廬所能頡頏。館中同事編脣者,丹陽姜孝廉上均、宜興任宗丞啓運、仁和吳通守廷華皆有撰述,悉取而備録之,賢于勝國諸儒遠矣。”⑤又列有國朝姚際恒、陸隴其、汪琬、李光坡、徐乾學、朱軾、陸奎勳、張永祚、姜兆錫、周發、方苞、全祖望、任啓運、齊召南、吳穎芳名録,凡十五家,其中四人皆任職三禮館中,粗略統計,杭氏凡引朱氏經説五百餘次,引姜氏經説一千九百餘次,引方氏經説八百餘次,引任氏經説凡三百餘次。而齊召南嘗在經史館參與武英殿本《禮記注疏》的校刻工作,其後“校正汲古閣《注疏》,間引先儒之説而參以己見”,⑥纂成《禮記注疏考證》六十三卷,杭氏引其説百八十次。

　　聚集前朝理學名臣與後學新鋭於一館之中,三禮館所修《義疏》,冠以“欽定”之名,爲

---

①　〔清〕《欽定周禮義疏》,《四庫全書》第 98 册,臺北:臺灣商務印書館 2008 年影印文淵閣本,第 6 頁上欄、下欄。

②　張濤:《乾隆三禮館史論》,第 129 頁。

③　“弘曆汲汲重用的朱軾、楊名時、王蘭生、徐元夢以及李紱、方苞等人,皆受知於李光地,或爲其科舉所取士,或曾受其引薦庇護,爲私淑弟子。”張濤:《乾隆三禮館史論》,第 60 頁。

④　張濤:《乾隆三禮館史論》,第 62—63 頁。

⑤　〔清〕杭世駿:《續禮記集説》,《續修四庫全書》第 101 册,上海:上海古籍出版社 2002 年據浙江書局光緒間刻本影印,第 2 頁上欄。

⑥　〔清〕杭世駿:《續禮記集説》,《續修四庫全書》第 101 册,第 8 頁上欄。

清代前期《禮記》官修讀本之代表。參與其中的杭氏,却在纂修工作結束後,即踵以私著讀本,二者有何牽連,就清代前期《禮記》讀本的制定層面來看,當作何評價,亟待討論。

二、《欽定禮記義疏》文本加工程式探析

據杭氏《集説·自序》稱:

> 條例既定,所取資者則衛氏之書也。京師經學之書絶少,從《永樂大典》中有關於三《禮》者悉皆録出。二《禮》吾不得寓目,《禮記》則肄業及之。《禮記外傳》一書,唐人成伯璵所撰,海宇藏書家未之有也,然止於標列名目,如郊社、封禪之類,開葉文康《禮經會元》之先。較量長樂陳氏《禮書》,則長樂心精而辭綺矣。他無不經見之書,至元人之"經疑",迂緩庸腐,無一語可以入經解,而《大典》中至有數千篇,益信經窟中可以樹一幟者之難也。
>
> 明年奉兩師相命,詣文淵閣搜檢遺書,惟宋刻陳氏《禮書》差爲完善,餘皆殘闕無可取携,珠林玉府之藏,至是亦稍得其崖略已。①

可知三禮館纂修《禮記》時,至少參考有衛氏《集説》及館臣從《永樂大典》中輯録《禮記》相關文獻。又搜檢文淵閣藏書,完善可用者,惟有宋刻本陳祥道《禮書》。此外,三禮館還奏請徵書,但徵書工作並不順利。據李紱《答方閣學問三禮書目》、②《與同館論徵取三禮注解書》③可知,一則出於向江浙藏書家徵書之難,二則出於所徵之書,宋、元經説絶少,多爲明人世俗講章,無益纂修。又據三禮館《收到書目檔》的材料反映,④三禮館臣對於纂修《義疏》文獻徵引,最終採取以從《永樂大典》輯書爲主要策略。但從最後的引據情況來看,就《禮記》

① 〔清〕杭世駿:《續禮記集説》,《續修四庫全書》第101冊,第1頁下欄
② "右所開《三禮書目》,在《注疏》《經解》之外者共一百一十六種,皆浙江藏書家所有,然購求頗難。有懼當事不行鈔寫而以勢力强取,遂秘而不肯出者;亦有因卷帙浩繁難於鈔寫,恐時遲費重,遂以無可購覓容覆者。往復行移,徒淹時日,無益於纂修。且其書爲明人所纂者多,而宋、元以前名家之書十纔一二,其中可采者亦不過十之一二耳。"〔清〕李紱:《穆堂初稿》卷四三《答方閣學問三禮書目》,《續修四庫全書》第1422冊,上海:上海古籍出版社據康熙五十二年查慎行刻本影印,第86頁下欄。
③ "從前所開《三禮書目》應行徵閲者共一百一十六種,今查館中止有五種,尚有一百一十一種未到。從前行文,未將書目粘單併發,所以各地方官吏無憑搜求。今開館既久,書當速成,若再行文,緩不及事。查浙江藏書之家,惟故檢討朱諱彝尊藏書最多,某從前與修《春秋》時,請總裁太倉王公將其孫名稻孫者奏令入館纂修,即令將所有《春秋》各家註解帶來,共得一百二十七種,遂不待别有徵求而採集大備。今館中出有纂修官闕,若仍用此法,將朱稻孫奏請入館,即令將所有《三禮》各家註解帶來,則所少之書十得七八矣。"〔清〕李紱:《穆堂別稿》卷三四《與同館論徵取三禮注解書》,《續修四庫全書》第1422冊,第519頁下欄—520頁上欄。
④ 詳參林存陽:《三禮館:清代學術與政治互動的鏈環》,第43—46頁。張濤:《讀〈收到書目檔〉》,陝西省社會科學院古籍研究所編,吳敏霞主編:《古文獻整理與研究》第1輯,北京:中華書局,2015年,第234—246頁。張濤:《乾隆三禮館史論》,第166—178頁。

一經而言,《義疏》引成伯璵經説僅十二條,[①]的確如杭氏所説,《永樂大典》可資取材者不多。

今結合《禮記注疏長編》的編纂工作,[②]對同一經文下《義疏》與衛氏《集説》的相似段落進行比對分析,我們認爲《義疏》實際上是以衛氏《集説》爲藍本加工而成的。

就注疏而言,以衛氏《集説》引據"鄭氏曰""孔氏曰"爲主。《义疏》所引"鄭氏康成曰"下小字孔疏,參考《禮記注疏》文本文字,據以增改,而單另引據的"孔氏穎達曰",更接近於衛氏《集説》所删省之孔疏,偶有據注疏本增補之處,這一點在稿本上反映明顯。[③]如《玉藻》曰:"天子玉藻,十有二旒,前後邃延,龍卷以祭。"《義疏》正義"鄭氏康成曰"取衛氏《集説》"鄭氏曰",據《禮記注疏》本鄭注補"雜采曰藻"四字。[④]"鄭氏康成曰"中綴以小字孔疏,如"祭先王之服也"下孔疏小字:"《司服》云:'享先王則衮冕。'"此句衛氏《集説》"孔氏曰"無,則是館臣據《禮記注疏》本孔疏補入相應鄭注之下。整體上來看,就鄭注、孔疏而言,不專主一本,應當是衛氏《集説》本與注疏本兩相參正的。《曾子問》稿本卷首有簽語即稱:"《三禮》注疏頗緊要,卷内採疏之解注,此似恒有删節太過,令文意不甚分明之處,恐須酌添。經

[①] 杭氏《集説》亦引其中十一條,合併兩條爲一條,凡十條。所未引者,爲《王制》"少而無父者謂之孤"經下成氏伯璵曰:"四十無妻不爲鰥,三十無夫不爲寡,有室無父不爲孤,壯而無子不爲獨。先王制禮,憂民之極,則以老少年齒爲限也。"衛氏《集説》有引。檢衛氏《集説》,所引中山成氏凡四條。除釋《王制》此條外,《義疏》及杭氏《集説》所引,皆不見於衛氏《集説》,當是從《永樂大典》中輯出者。

[②] 《禮記注疏長編》由吾師王鍔先生主持編纂,此書依據阮元校刻本《禮記注疏》分段,在每段經注疏下依次彙入宋衛湜《禮記集説》、元吳澄《禮記纂言》、陳澔《禮記集説》、清納喇性德《陳氏禮記集説補正》、明郝敬《禮記通解》、清方苞《禮記析疑》、江永《禮記訓義擇言》、甘汝來《欽定禮記義疏》、杭世駿《續禮記集説》、孫希旦《禮記集解》、王引之《經義述聞》、朱彬《禮記訓纂》、郭嵩燾《禮記質疑》等十三部研究著作相關內容,編爲一帙,點校整理。其中《曲禮注疏長編》《檀弓注疏長編》已由廣陵書社於2019年、2021年出版,其餘各篇將陸續出版。

[③] 張濤曾對中國國家圖書館藏《三禮義疏》稿本進行過基本分析,據考察,此稿本共544册,包含三禮館《永樂大典》輯録稿與《三禮義疏》稿本兩種不同内容書册,《三禮義疏》稿本又混雜草本、清本、副本等三禮館纂修期間不同階段的稿件。參見張濤:《乾隆三禮館史論》第187—188頁。今可見中國國家圖書館藏清稿本《三禮義疏》三部,據張濤判斷,其中A01969最早,反映三禮館第一、二階段纂修情況,A01968次之,有批改稱此爲"清本",A01967抄寫比較工整,亦有批校甚多,時稱此爲"膳清稿本"。本文爲反映《義疏》對衛氏《集説》所做加工工作,據〔清〕任啓運、〔清〕吳紱等纂修:《三禮義疏》,中國國家圖書館藏清稿本(善本書號:A01969)討論。掃描件《三禮》篇次雜亂無序,以《玉藻》第一册/卷四十一爲例(《義疏》稿本先分爲一二三册,後排定卷四十一、四十二、四十三),覆檢544册中有ABCD四類稿本,A本(掃描件第207册)封題"玉藻一",右下題"纂修官趙青藜""膳録監生朱繼喧""纂修官吳廷華校"。B本(掃描件第80册)封題"玉藻一"下貼簽"草本計三十八頁",右題"清本　三十六頁",從右至左,右中題"底本萬育",右上題"鄂中堂閲過此本共修改十六處""張中堂閲過",右下題"纂修官趙青藜""膳録監生楊培源",簽題"陶敬信校完"。C本(掃描件第188册)封題"玉藻卷四十一"下貼簽"計五十頁",從右至左,右上題"鄂中堂閲過","副總裁任　覆校膳清",右下題"纂修官趙青藜""膳録監生萬育""纂修官陶敬信校"。D1本(掃描件第383册)封題"玉藻卷四十一""副本　計五十頁",從右至左,右中題"姜繡",右下題"原纂修官趙青藜""膳録監生張廷瓚""纂修官姚汝金校",左下題"潘永季覆校""纂修官王文清、吳廷華重校",正文稿紙版心題"欽定禮記義疏　卷四十一　玉藻一　下同",並標頁碼。D2本(掃描件第386册)封題"玉藻卷四十一""副本　計四十九頁",從右至左,右中題"史",右下題"原纂修官趙青藜""膳録監生姜繡""纂修官方天游校",左下題"潘永季覆校""纂修官王文清、吳廷華重校",正文稿紙版心題"欽定禮記義疏　卷四十一　玉藻一",並標頁碼。與D1相比,D2簽改較少,抄寫較工整,D1本部分簽改在D2得以改正膳清。根據内容簽改膳抄情況可知,A本最早,B本次之,C本次之,D本較晚,且D2本晚於D1本。

[④] 據《玉藻》A本,原無此句,纂修官補於"天子以五采藻爲旒"上,簽:"'天子以五采'上似應照原注補入'雜采爲藻'四字。移下孔説'玉藻也'以上附作小注。首'藻'字删。"説明纂修官先據衛氏《集説》纂鈔,後參考注疏本鄭注補闕。B本、C本、D本、定本膳清抄録。

文應分章。疏應附在注下，此多未寫出。"①可資爲一證。

對於鄭、孔以下歷代學者禮説，館臣主要做了四項工作：

一是將衛氏《集説》所引各家説法加以歸類分析。按照既定凡例，分置於正義、辨正、通論、餘論、存疑、存異、總論諸類之下，且並非單純將某人説法全歸爲一類，而是將此人解説條分縷析，將"直詁經義，確然無疑者"歸爲正義，"各持一説，義亦可通，又或已經駁論而持此者多，未敢偏廢者也"歸爲存疑。正義不專從鄭、孔，鄭、孔亦見於存疑。後儒經説未必不如鄭、孔，以求實、求是爲指歸。如《曾子問》稿本正文"曾子問第七"解題，纂修官於通論引"應氏鏞曰"，簽語即稱："應氏此條，衛氏《集説》見於《曾子問》下卷末，今移至此篇卷首最當。"②又如《玉藻》曰："玄端而朝日于東門之外，聽朔于南門之外。"纂修官取衛氏《集説》"鄭氏曰"之"朝日"至"反宿路寢亦如之"置於正義，取"端當爲冕"至"冕服之下"置於存疑，取"凡聽朔"至"配以文王武王"置於存異。③此外，纂修官取衛氏《集説》引"横渠張氏"，改爲"張子曰"，歸爲通論，即《凡例》所謂"先儒稱鄭氏康成，稱周、程、張、朱子。及稱姓名，若某氏某曰等，體例亦歸畫一"。④由此觀之，館臣未顯尊漢意識，而尊稱周、程、張、朱子，反顯尊宋意味。

二是對衛氏《集説》所引各家説法加以删削。如《玉藻》曰："閏月則闔門左扉，立于其中。"⑤稿本原纂修官趙青藜在此經正義、通論中，對衛氏《集説》所引"嚴陵方氏"、⑥"延平周氏"、⑦"馬氏"⑧三家觀點皆加以抄録，而覆校纂修官在校改過程中却删削勾去。

三是對衛氏《集説》未引據宋儒及後儒經説加以增補。如《玉藻》"天子玉藻，十有二旒"一經，新增"馬氏端臨""楊氏復"⑨兩家經説。又如《玉藻》"玄端而朝日于東門之外"一經，

---

① 〔清〕任啓運、〔清〕吳紱等纂修：《三禮義疏》，國家圖書館藏清稿本（善本書號：A01969）《曾子問》稿本（掃描件第 35 册）卷首。

② 〔清〕任啓運、〔清〕吳紱等纂修：《三禮義疏》，國家圖書館藏清稿本（善本書號：A01969）《曾子問》稿本（掃描件第 35 册）第 1b 葉。

③ 衛氏《集説》："鄭氏曰：'端，當爲冕'，字之誤也。玄衣而冕，冕服之下。朝日，春分之時也。東門、南門，皆爲國門也。天子廟及路寢，皆如明堂制。明堂在國之陽，每月就其時之堂而聽朔焉。卒事，反宿路寢亦如之。凡聽朔，必以特牲告其帝及神，配以文王、武王。'〔宋〕衛湜：《禮記集説》卷七三，《中華再造善本》據國家圖書館藏宋嘉熙四年（1240）新定郡齋刻本影印本，第 3a 葉。《玉藻》A 本纂修官趙青藜原編次"端當爲冕"至"反宿路寢亦如之"於正義，取"凡聽朔"至"配以文王武王"置於存異。在纂修官吳廷華校改時，簽改"端當爲冕"至"冕服之下"置於存疑。B 本、C 本、D 本、定本照此謄清。

④ 〔清〕《欽定禮記義疏》，《四庫全書》第 124 册，臺北：臺灣商務印書館 2008 年影印文淵閣本，第 4 頁上欄。

⑤ 《玉藻》A 本纂修官此經正義引"鄭氏康成曰"下小字抄録孔疏"疏云：案《太史》云：'閏月詔王居門，終月。'是'還處路寢門'，終月，謂終竟一月之事於一日耳，於尋常則居燕寢也。"A 本纂修官吳廷華校改時補入"攷處路寢門中，特聽政時，居食與宿，仍在燕寢，惟齊與喪乃宿于路寢"一句。B 本或中堂修改，或纂修官陶敬信校改，簽曰："終月已明終竟一月之事，下'攷路寢門中'一段可删。"C 本、D 本、定本即謄清 B 本删去 A 本所補入一句。

⑥ 據《玉藻》A 本，纂修官趙青藜原引"方氏愨曰"云云，勾去。B 本、C 本、D 本、定本謄清亦删去。

⑦ 據《玉藻》A 本，纂修官趙青藜原引"周氏諝曰"云云，勾去。B 本、C 本、D 本、定本謄清亦删去。

⑧ 據《玉藻》A 本，纂修官趙青藜原引"馬氏希孟曰"云云，勾去。B 本、C 本、D 本、定本謄清亦删去。

⑨ 據《玉藻》A 本，纂修官趙青藜於此經辨正"馬氏希孟曰"下，引據"楊氏復曰"云云，"馬氏端臨曰"云云，B 本、C 本照此謄清，D1 本簽改馬氏端臨於楊復前，D2 本、定本照此謄清。

纂修官趙青藜原抄入張怡《三禮合纂》之説，後爲纂修官吳廷華在校對過程中全部删去，[①]但覈檢《義疏》定本，引據張氏禮説凡八處，皆爲三禮館臣增補。

四是在對以上衆説歸類分析之下，加以案語。稿本案語與定本案語差異較大，就稿本來看，《玉藻》"玄端而朝日于東門之外"一經案語，纂修官趙青藜逐一據所引各家觀點條析評議。[②]而纂修官吳廷華在校改過程中，删去稿本案語對前儒諸説的看法，重擬裁斷，簽改案語於其上。[③]副本纂修官在覆校重校過程中，對稿本案語提出異議，又加以辨析，重擬案語簽改其上。[④]據此可窺見纂修官之間的持論差異，值得重視。

館臣的工作中，最值得稱讚的一點是在通論中結合《禮記》全經或他書相關材料所做的增補工作。如《玉藻》"天子玉藻，十有二旒"一經，衛氏《集説》引據有"賈氏曰"，即賈氏解《儀禮·覲禮》"侯氏裨冕，釋幣于禰"之疏，纂修官於此亦引據"賈氏公彦曰"，歸入通論。又如"玄端而朝日于東門之外"一經，通論所引"孔氏穎達曰"，非釋此節之孔疏，而屬下經"諸侯玄端以祭，裨冕以朝，皮弁以聽朔於大廟，朝服以日視朝"，即《凡例》所謂"或以本節本句參證他篇，比類以測義，或引他經與此互相發明者也"，[⑤]歸入通論。

通過對館臣纂修《義疏》所做工作的考察，不難看出，《義疏》的編纂實際上是以衛氏《集説》爲藍本加工而成的，因爲這種加工程序繁瑣，最後定本所展現的面貌看似自成一書，實則

---

① 據《玉藻》A本，纂修官趙青藜原於此經存疑下引"馬氏睎孟曰"云云，後引"張氏怡曰"，簽改標爲正義，然B本、C本、D本、定本全删。張怡(1608—1695)，自號白雲山人，明崇禎至清康熙時人。仿朱子《儀禮經傳通解》例，撰有《三禮合纂》二十八卷。《四庫全書總目》列入三禮總義類存目。據方苞《白雲先生傳》載："乾隆三年，詔修《三禮》，求遺書。其從孫某以書詣郡，太守命官集諸生繕寫，久之未就。先生之書，余心嚮之，而懼其無傳也久矣，幸其家人自出之，而終不得一寓目焉。故并著於篇，俾鄉之後進有所感發，守藏而傳布之，毋使遂沈没也。"〔清〕方苞著，劉季高校點:《方苞集》卷八《白雲先生傳》，第216頁。又據內閣大庫《收到書目檔》著録:"安撫趙咨送:《三禮合纂》二套，計十二本，江寧。"參見林存陽:《三禮館：清代學術與政治互動的鏈環》，第45頁。

② A本案:"方氏'端'讀如字，而取元夏之義，與鄭不害爲同也。張氏怡亦讀'端'如字，而謂承上冕故不言冠，則是朝日以衮冕，與《司服》'四望、山川毳冕'之義異矣，且據下玄端而居，蓋元冠，玄端也，《記》文亦不言冠，若云承上，則上并無玄冠之文，其説尚可通耶？馬氏亦云朝日服衮，而援《國語》'大采'爲証，然經明曰'玄端'，以玄端而推以爲非周禮，果足據乎。孔氏曰天神尚質，於理或然。"

③ A本簽曰:"案：鄭改'端'爲'冕'，謂此當玄冕玄衣，攷玄衣玄端，原非有二，衣裳之幅無不全者，故謂之端，惟深衣乃裳殺而不得謂之端耳。~~孔疏朝服與玄端無異，但玄端服玄裳，朝服素裳耳，是異以裳非異以衣也~~。《詩傳》'玄衮，玄衣而畫以衮龍'，是畫龍即名玄衮，不畫即名玄端。周禮天子祀天主以日，戴冕，璪十有二旒，是祀日常以衮冕衮衣矣。此但朝日，異于祭天，故《魯語》'大采朝日'，孔晁云:'大采用衮冕也。'則朝日、聽朔皆衮冕而玄端可知。無緣降日以羣小祀之玄冕也。孔疑聽朔大于視朝，不應天子聽朔祇玄冠玄端，日視朝以皮弁服。不知同一玄端，首玄冠則輕于皮弁服，首衮冕即重于皮弁服，況首衮冕乎？且聽朔大事，亦無不衮冕之禮。"B本、C本謄清抄録此簽改案語。

④ D1本對此案語提出異議，簽曰:"《魯語》舊注雖有衮冕説，韋氏已據此注駁之，而以大采爲圭璪之五就，且孔疏亦是韋而非孔，不當據孔以非鄭也。《司服》五冕上加衮、鷩、毳、希、玄等，皆指衣言，謂衮服而加冕，非以衮冕字爲冕名也。此云首衮冕，其將謂冕亦有九章耶，抑誤筆耶？且據上云不畫爲玄端，下所謂首衮冕者，又若以此爲畫衮之玄端，不矛盾耶？要知此本可疑，只宜依注本文而以馬説存疑可也。強爲斷之，未見其妥。"後貼簽其上曰:"案：玄端以方幅爲名，朝祭之服亦然。其别者，不畫則止謂之端。畫則曰衮、曰鷩、曰毳、曰希、曰玄，而無'端'名。此《記》言'玄端'，鄭孔(定本作"鄭氏")而下'皮弁視朝'推之以爲冕。然朝夕(定本作'日')爲中祭，不應服祭群小祀之玄冕，故又疑玄端朝日非周禮，謂鄭不當改'端'爲'冕'。方氏又取鄭説而小變之，以爲玄端而加衮冕，則亦鄭説耳。或又謂玄端即指有畫者言，以爲玄端即衮冕，此與《周禮》言衮、言鷩之例不符。要惟鄭、孔爲近似，但朝日玄冕，究未敢安，特並存之，以備考云。"D2本謄清抄録此簽案語，定本同，見〔清〕《欽定禮記義疏》，《四庫全書》第125册，第300頁上欄、下欄。

⑤ 〔清〕《欽定周禮義疏》，《四庫全書》第98册，第6頁上欄。

與明胡廣等排纂《禮記大全》性質相同，衹不過館臣所做工作相對更爲細緻，在材料的增删、校正方面處理更爲得當，且有意識地進行了歸納、分析、考證工作。在鄭注、孔疏的引據上，雖大體上挪用衛氏《集説》所引，但也參考了注疏本加以補充校改。在承襲衛氏《集説》所引諸家論説的基礎上，一方面逐句加以考辯分析，一方面將衛氏之後諸儒之説可採者加以補録。此外，從稿本形態來看，纂修官所下案語基本上是就事論事，辯説前儒觀點，只不過之後又幾經覆校、重校及總裁審改，遮蔽其本來面貌。

基於以上分析，三禮館集衆人之力，在方苞擬定七大義例的理念指導下，對衛氏《集説》開展了一系列的校補工作。雖然定本體例形式看似新穎，實則在理念上仍保持舊時删翦注疏，鈔撮排纂歷代經説的纂書習氣，其書性質值得再度分析。

三、《欽定禮記義疏》性質再探

出於《義疏》的欽定官修性質，尤其是承接康熙御纂諸經的文治意義，於凡例，於纂修諸臣，皆不敢明言《義疏》之纂修與衛氏《集説》的實質關聯。清初有數家《禮記》研究專著，甚至多出於館臣之手，但不加以利用，而是沿襲康熙御纂諸經形式，試圖制爲帝王御定讀本。但是乾隆帝在即位之初，不同於中期對《四庫全書》的纂修，並未對三禮館修纂《義疏》的工作有過多干涉。館臣一則要使讀本的制定符合御纂的象征意義，起到規範經説的作用，二則要揣摩聖意，下以權威性質的案語。

再度揣摩方苞《擬定纂修三禮條例劄子》所言《三禮》之修，視康熙朝《折衷》《彙纂》四經尤難之意味，則是《周易》“多裁自聖心”，“《易》《詩》《書》有周、張、二程以開其先，而朱子實手訂之；《典》《謨》以下，亦抽引端緒，親授其徒。胡氏《春秋傳》雖不免穿鑿，而趙、啖、二陸、劉、孫、胡、程之精言，採録實多，諸經大義，已昭然顯著。故《折衷》《彙纂》但依時代編次先儒之言，而不慮其無所歸宿也”。[①]不難看出，康熙朝御纂四經，一則《周易》由康熙帝親自操刀，二則《易》《詩》《書》皆有朱子等所著《周易本義》《詩集傳》《書集傳》三書，胡安國《春秋傳》雖稍牽强，但終究以理學思想爲指歸，故《彙纂》之編定，一主宋學經義即可。而《三禮》之纂修，一則“陳澔《禮記説》，自始出即不饜衆心，祇議紛起”，二則“《周官》《儀禮》，周、程、張、朱數子，皆有志而未逮，乃未經墾闢之經”，三則“欲從《大全》之例，則無一人之説以爲之宗；欲如《折衷》《彙纂》，但依時代編次群言，則漫無統紀，學者終茫然莫知其指要”。[②]言下之意，《義疏》之纂，要想制定出符合宋學思想的讀本，未有既定所宗經説。故經館臣審思詳議，採取的辦法是先對自漢、唐以來歷代諸儒經説加以排纂，在排纂的基礎上歸納分類，實則爲輔助館臣撰寫案語所設，這一點從《義疏》稿本條析諸儒之説而撰寫的案語

---

① 〔清〕方苞著，劉季高校點：《方苞集集外文》卷二《擬定纂修三禮條例劄子》，第 564 頁。
② 〔清〕方苞著，劉季高校點：《方苞集集外文》卷二《擬定纂修三禮條例劄子》，第 564—565 頁。

可明顯看出,後來覆校纂修官、總裁在此基礎上以己意裁斷,擬定代表官方經學的觀點。而《義疏》與康熙御纂《折衷》《彙纂》雖然在形式上差異較大,内在理念一脉相承。張濤亦稱:"作爲清代官方經籍之一,《三禮義疏》之纂修本爲統一經説,宣揚本朝政教。館臣廢棄經一注一疏三級體式,創造正義、存疑、通論等七類義例,以此爲標準對前人經説甄别去取,制爲一王新義。但三禮館臣在異説之間左右采獲,態度摇擺不定,雖欲彌縫,時有獨見,但總體而言,並不成功。"①

再觀《義疏》所定凡例,隻字不提排纂諸類經説的材料搜集過程和引據文本,但是根據前文比對,已知取自衛氏《集説》頗夥。然衛氏編纂《集説》兼收新學派臨川王氏(王安石)、山陰陸氏(陸佃)、長樂陳氏(陳祥道)、嚴陵方氏(方慤)、馬氏(馬睎孟)②諸家與程朱理學派經説,三禮館在纂修過程中,將這些非理學家之言大肆删削,統計如下表所示:

引據諸家	王安石	陳祥道	陸佃	方慤	馬睎孟	朱熹
《集説》引據條目	69	603	939	1385	664	201
《義疏》引據條目	27	471	407	1095	353	371
增删條目	-42	-132	-532	-290	-311	+170

可見《義疏》對朱熹禮説不删反增,所謂"至於義理之指歸,一奉程、朱爲圭臬",③作爲對比,删去新學派王安石、陸佃之説過半。且據瞿林江《欽定禮記義疏徵引宋諸家次數》表統計,④《義疏》置陸佃説於存疑、存異中最多,按《義疏》引據諸家置於存疑、存異比例來看,如下表所示:

引據諸家	鄭玄	孔穎達	朱熹	王安石	陳祥道	陸佃	方慤	馬睎孟
引據總條目	2757	2668	371	27	471	407	1095	353
存疑、存異	297+91	275+80	8+1	5+2	36+11	97+48	64+22	18+5
比例	14.07%	13.31%	2.43%	25.93%	9.98%	35.63%	7.85%	6.52%

根據《義疏》設立存疑、存異類目的性質,不難看出,縱向對比,《義疏》對朱子經説的肯定程度最高,遠遠高過各家,甚至超越鄭、孔。置於宋儒諸家横向比較,則《義疏》傾向於對荆公新學諸家經説大加删削,即使引據,歸入存疑、存異類亦多,可見其尊朱傾向。

在經學文獻的衍生歷程中,自朱熹吸納周、張、二程學説,撰成《四書章句集注》一書,隨

---

① 張濤:《乾隆三禮館史論》,第 289 頁。

② 據姜鵬整理王學人物的相關經學著作,《禮》類即有王安石《周禮義》(按,即《周官新義》)二十二卷,《禮記要義》二卷,陸佃《禮記解》四十卷,陳祥道《禮書》一百五十卷,《注解儀禮》三十二卷,王昭禹《周禮詳解》四十卷,方慤《禮記解》二十卷,馬睎孟《禮記解》七十卷,鄭宗顔《考工記注》一卷。見姜鵬:《北宋經筵與宋學的興起》,上海:上海古籍出版社,2013 年,第 165 頁。

③ 〔清〕《欽定禮記義疏》,《四庫全書》第 124 册,第 3 頁上欄。

④ 引據總條目與存疑、存異數目統計參見瞿林江《欽定禮記義疏徵引宋諸家次數》,瞿林江:《〈欽定禮記義疏〉研究》,第 395—399 頁。

着學派宣揚傳播與科擧應試的導向，"四書"在經學文獻史上的地位一度凌駕"五經"之上。《四書》所收《大學》《中庸》爲《五經》中《禮記》兩單篇，鄭、孔原有注疏。朱氏撰《大學章句》移文補傳，撰《中庸章句》亦重爲編次，大行於世。受到"四書學"的衝擊，宋元以降，禮家編纂《禮記》讀本，常只載《大學》《中庸》之目而不列其文。如陳氏《集説》及《禮記集説大全》，僅在《中庸》《大學》篇題下曰"朱子章句"。《四書大全》亦棄用鄭、孔注疏，專以程、朱傳注爲主。①明末張溥提出："成祖命諸臣集《四書五經大全》以訓天下，而《十三經注疏》復整櫛懸設。蓋不讀注疏，無以知經學之淵流；不讀《大全》，無以正經義之紕繆。兩者若五官竝列，不容偏廢。"②主張士子讀書當兼采漢、唐古注疏及宋、元儒經説，《十三經注疏》《四書五經大全》並重。因此，張氏爲致力於改造經學文獻讀本，編纂《五經注疏大全合纂》《四書注疏大全合纂》。《禮記注疏大全》未能成書，《中庸注疏大全合纂》雖編次注疏、朱注，然多有删節。三禮館於《義疏·中庸》篇末案語稱：

> 《小戴記》之有《中庸》《大學》也，自朱子《章句》出而陳澔《集説》四十九篇中遂祇列其目而不載其文。夫漢儒長於數，其學得聖人之博。宋儒邃於理，其學得聖人之精。二者得兼，乃見聖人之全經。自宋儒之説盛行，遂度注疏於高閣，君子未嘗不深惜之。
>
> 明季張氏溥嘗兼輯成書矣，顧録朱注則全，而於注疏從節，未免有闕略之憾，兹用編次注疏與朱注，同其詳備，不厭其文之繁，辭之複，與其義之各出而不相謀，非雜也夫，亦主於脩古，不忘其初而已。存古於後人所不存，尤欲存古於後人所共存，此注疏暨朱注兩相存而不悖也。③

評價張氏所纂《中庸注疏大全合纂》雖在全録朱注的基礎上補入注疏，但所編次注疏大幅度删節，是一大缺憾。故三禮館編纂《義疏》，於凡例稱：

> 《中庸》《大學》二篇自宋大儒編爲《四書》，其後俗本《禮記》遂有止載其目而不列其文者，兹仍曲臺之舊，以尊全經，以存古本，兼輯朱注，以示準繩，而正義等條，槩置勿用。④

將《中庸》《大學》納回原書，意圖恢復古本面貌。《四庫全書總目》稱："其《中庸》《大學》

---

① 何良俊《四友齋叢説》即言："太祖時，士子經義皆用《注疏》，而參以程、朱傳注。成祖既修《五經四書大全》之後，遂悉去漢儒之説，而專以程、朱傳注爲主。"〔明〕何良俊著，李劍雄點校：《四友齋叢説》，上海：上海古籍出版社，2012 年，第 17 頁。
② 〔明〕張溥撰，曾肖點校：《七録齋合集》，濟南：齊魯書社，2015 年，第 257 頁。
③ 〔清〕《欽定禮記義疏》，《四庫全書》第 126 册，第 230 頁下欄—231 頁上欄。
④ 〔清〕《欽定禮記義疏》，《四庫全書》第 124 册，第 3 頁下欄。

二篇,陳澔《集説》以朱子編入《四書》,遂删除不載,殊爲妄削古經。今仍録全文,以存舊本。惟章句改從朱子,不立異同,以消門户之争。蓋言各有當,義各有取,不拘守於一端,而後見衡鑒之至精也。"①對《義疏》全録《大學》《中庸》兩篇的方式稱讚有加。

　　在經文的編次上,朱熹對《大學》《中庸》經文章次有所改編,與鄭、孔所本不同。《義疏》在編纂時,據以鄭本分段,經文下依次排纂鄭注、孔疏,如有鄭本經文分兩節,朱本糅合作一節者,《義疏》録朱注於下節經文下,不作割裂。②鄭本經文作一節,朱本細分爲數節者,《義疏》録朱注各節於鄭本一節經文下,空一字間隔,以體現朱子分節用意。③可見,在對《大學》《中庸》編次的處理上,《義疏》在一定程度上還原了漢、唐古注疏面貌。

　　但是在經文注解層面,《義疏》於《禮記》其餘四十七篇,皆按正義、辨正、通論等義例加以排纂歷代經説,獨於《大學》《中庸》兩篇"全録注疏於前,編次朱注於後","一以示不遺古本之源,一以示特尊朱子之義。全録注疏古本,方識鄭、孔羽翼聖籍之功,方見朱子之精心邃密,而注疏之是非得失,讀者自一目瞭然,故不拘諸例"。④石立善認爲與《義疏》注解全經體例不同的"這項新設的體例","體現了三禮館臣在處理上的謹慎及《大學》《中庸》的特殊性。《禮記義疏》一面不遺古本之源,一面特尊朱子之義,此乃兩全其美之舉——爲了讓《大學》《中庸》重返《禮記》,《義疏》編者在理由説明上確實花費了不少辭墨"。⑤

　　《義疏》作爲官方《禮記》注本,在陳氏《集説》妄删古經之後,首次使《大學》《中庸》重返《禮記》的學術史價值值得肯定。但是如前文所述,《義疏》以衛氏《集説》爲藍本,館臣於《禮記》各篇皆先對衛氏《集説》所引各家説法加以歸類分析,對衛氏《集説》未引據宋儒及後儒經説加以增補,又在對前儒衆説歸類分析之後,加以案語。唯獨於《大學》《中庸》摒除鄭、孔、朱三家之外唐、宋、元、明諸儒經説,摒棄在其餘篇章所應用的七大義例,亦不設案語,欲以朱注匡正鄭、孔得失。以《中庸》爲例,據衛氏《集説》:

　　　　案《中庸》一篇,會稽石氏《集解》自濂溪先生而下凡十家,朱文公嘗爲之序,已而自著《章句》。以十家之説删成《輯略》,别著《或問》以開曉後學。今每章首録鄭注、孔疏,次載《輯略》,即繼以朱氏。然十家之説,凡《輯略》所不敢取者,朱氏《或問》間疏其失,僅指摘三數言,後學或未深解。今以石氏本增入,庶幾覽者可

---

① 〔清〕永瑢等:《四庫全書總目》,北京:中華書局,1965 年(2016 年重印),第 172 頁中欄。
② 如經云:"道也者,不可須臾離也,可離非道也。"《義疏》案曰:朱本合下節作一節。篇内大文有鄭本數節,而朱本合作一節者,不使割裂。朱注分貼大文,其上節注語同見下節大文之下。《大學》倣此。〔清〕《欽定禮記義疏》,《四庫全書》第 126 册,第 166 頁上欄。
③ 如經云:"仲尼曰:'君子中庸,小人反中庸。君子之中庸也,君子而時中。小人之中庸也,小人而無忌憚也。'"《義疏》案曰:"朱本分'小人反中庸'節、'小人而無忌憚也'節,作二節。篇内大文有鄭本一節,而朱子分作二節或數節者,朱本各節注語同見一處,仍於各節末空一字界斷,以存朱子分節之意。《大學》倣此。"〔清〕《欽定禮記義疏》,《四庫全書》第 126 册,第 169 頁上欄。
④ 〔清〕《欽定禮記義疏》,《四庫全書》第 126 册,第 164 頁下欄—165 頁上欄。
⑤ 石立善:《〈大學〉〈中庸〉重返〈禮記〉的歷程及其經典地位的下降》,《國學學刊》2012 年第 3 期,第 35 頁。

以參繹其旨意，其有續得諸説，則附於朱氏之後。^①

宋儒石懯編有《中庸集解》，斷自周敦頤、程顥、程頤及張載，益以吕大臨、謝良佐、游酢、楊時、侯仲良、尹焞之説。後朱子爲之作序，又作《中庸章句》，删定石氏《集解》，更名《輯略》。四庫館臣認爲"是編（《輯略》）及《或問》皆當與《中庸章句》合爲一書。其後《章句》孤行，而是編（《輯略》）漸晦"。^②衛氏在編纂《集説》時，專門增入石氏此本，引據自周氏至尹氏十家經説，以供讀者參詳。除新安朱氏外，又增引唐、宋經師五十餘家經説。^③三禮館纂修《義疏》，於《大學》《中庸》雖不循俗本之舊，録以全經，兼輯鄭注、孔疏、朱注，但與《禮記》四十七篇皆以衛氏《集説》爲藍本加以校補的程序不同，《大學》《中庸》兩篇的纂修一奉朱注爲圭臬準繩，擯棄衛氏《集説》所引據唐、宋經師數十餘家經説，其尊朱意味是不容忽略的。

乾隆初年，《義疏》之纂，以繼承康熙朝御纂諸經文治事業爲出發點之一，區別於康熙帝御纂《周易折衷》，乾隆帝並未親自按斷，而是由館臣揣摩代纂，以宋學爲指歸。又區別於康熙帝命詞臣纂輯《彙纂》，一尊程、朱手定文本加以排纂，《禮記》未經朱子及其後學整理，可資取材的衛氏《集説》收録宋儒經説不專主理學一派，無法簡單排纂。爲求客觀且符合官方思想的按斷，三禮館不得不先進行長編工作，以衛氏《集説》爲藍本，參考注疏本及後儒禮書，剔除不符合宋學理念的雜説，歸類分析，折衷案斷。實際上《義疏》引用鄭、孔，與宋、元諸儒一視同仁，分列"正義""辨正""通論""餘論""存疑""存異""總論"七類當中，一則於"至當不易"之正義當中，不惟鄭、孔是從，亦有宋元諸説；二則雖引鄭、孔條目居多，但存疑、存異比重不少，從側面亦反映出《義疏》的帝王經學本質，睥睨前儒，統於時王。

四、杭世駿編纂《集説》的緣由與實質

冠以"欽定"之名的《義疏》以衛氏《集説》爲藍本，參考漢、唐古注疏及宋、元儒經説，歸納分析並加以案斷，纂成清前期官修經書的代表性《禮記》讀本。作爲三禮館纂修官中的一員，杭世駿在完成纂修工作後，以續補衛氏《集説》爲名，自撰《續禮記集説》一百卷。《義

---

① 〔宋〕衛湜：《禮記集説》卷一二三，《中華再造善本》據國家圖書館藏宋嘉熙四年（1240）新定郡齋刻本影印本，第1a葉。
② 〔清〕永瑢等：《四庫全書總目》，第295頁上欄。
③ 覆查衛氏《集説》《中庸》篇各節，又增引有山陰陸氏（陸佃）、象山陸氏（陸九淵）、長樂劉氏（劉彝）、臨川王氏（王安石）、臨邛魏氏（魏了翁）、廣漢張氏（張栻）、范陽張氏（張九成）、延平周氏（周諝）、永嘉周氏（周行己）、柯山周氏（周處約）、廣安游氏（游桂）、東萊吕氏（吕本中）、海陵胡氏（胡瑗）、仁壽李氏（李道傳）、李氏（李格非）、長樂陳氏（陳祥道）、温陵陳氏（陳知柔）、永康陳氏（陳亮）、北溪陳氏（陳淳）、石林葉氏（葉夢得）、龍泉葉氏（葉適）、四明沈氏（沈焕）、吳興沈氏（沈清臣）、延平黄氏（黄裳）、涑水司馬氏（司馬光）、嚴陵方氏（方慤）、馬氏（馬睎孟）、嵩山晁氏（晁以道）、兼山郭氏（郭忠厚）、江陵項氏（項安世）、永嘉薛氏（薛季宣）、高要譚氏（譚惟寅）、宣城奚氏（奚士達）、雪川倪氏（倪思）、四明袁氏（袁甫）、四明宣氏（宣繒）、建安真氏（真德秀）、錢塘于氏（于有成）、新定顧氏（顧元常）、錢塘吳氏（吳如愚）、晉陵喻氏（喻樗）、嚴陵喻氏（喻仲可）、晉〔嚴〕陵錢氏（錢文子）、新安〔定〕錢氏（錢時）、莆田〔陽〕鄭氏（鄭耕老）、莆陽〔田〕林氏（林光朝）、林氏（林坰）、金華邵氏（邵淵）、新定邵氏（邵甲）、晏氏（晏光）、蔡氏（蔡淵）、施氏、宓氏、三衢周氏、海陵顧氏。

疏》與杭氏《集説》一官一私，雖杭氏成書刊行略晚，其編纂過程却輔車相依。從表面上看，二者對衛氏《集説》的借鑒角度有異，體例設計與内容構建截然不同，但從本質上看，結合杭氏的三禮館纂修經歷和《義疏》纂修過程中的具體實踐，杭氏《集説》雖冠以續補衛氏《集説》名義，實則發《義疏》之未發，釋《義疏》所未釋，是三禮館修訂《禮記》讀本工作的另一種體現。

亦以上文《玉藻》爲例，《義疏》通論新增"馬氏端臨"、[①]"楊氏復"[②]兩家經説，二家亦見於杭氏《集説》，杭氏姓氏名單列楊復等宋諸家，稱："已上諸儒，衛氏已列其名氏而其説有采之未備者，今取其有與後儒之説互相發明，重加輯録，間多節取以廣衛氏所遺。"[③]而元馬端臨在衛氏之後，爲衛氏所不及見，杭氏稱："元儒吳氏澄、陳氏澔，言禮有專書，家弦户誦。其他諸儒之説，或散見別部，或爲諸書所引用，或有專書而未盛行於世，僅可得之掇拾者，删其重複，節其冗蔓，務取其説不襲衛氏陳言而別具新義者，輯録於編。故徵引雖五十餘家而著録者無多焉。"[④]經檢，楊、馬二説皆出自馬氏《文獻通考》，此書爲清宫所貯明内府舊藏，康熙十二年康熙帝下令用明嘉靖三年（1524）司禮監刻板修補重印。二説既見於《義疏》，又見於杭氏《集説》，當爲三禮館臣所共用材料。

《玉藻》"天子玉藻，十有二旒"經下，除馬、楊兩家外，杭氏《集説》亦徵引王應麟經説，謂："按注'士以下皆禪，不合而緃積，如今作幧頭爲之也'，後漢向栩'著絳綃頭'，注：'字當作"幧"，古詩云"少年見羅敷，悦巾著幧頭"，《儀禮》注"如今著幓頭，自項中而前額上，郤繞髻也"。'"[⑤]王氏之説，見於《困學紀聞》，杭氏謂宋王氏等人："皆衛氏所不及見，悉采而録之，所以續衛書也。"[⑥]雖此經王説不見於《義疏》稿本、定本，但覈查《義疏》定本，引據王説凡五則，四則爲直接引據，一則爲案語引用，王説五則亦爲杭氏《集説》引據，《義疏》案語所引的一則見於杭氏引據任啓運説。[⑦]杭氏全書引據王説凡五十三則，較《義疏》多出四十八則，多見於王氏《困學紀聞》。

此外，杭氏於此經又引據萬斯大、姚際恒、朱軾、姜兆錫四家經説，據杭氏《集説》前列姓

---

① 據瞿林江統計，《義疏》徵引其説凡 10 次，參見《〈欽定禮記義疏〉研究》，第 399 頁。
② 據瞿林江統計，《義疏》徵引其説凡 6 次，參見《〈欽定禮記義疏〉研究》，第 397 頁。
③ 〔清〕杭世駿：《續禮記集説》，《續修四庫全書》第 101 册，第 3 頁下欄。
④ 〔清〕杭世駿：《續禮記集説》，《續修四庫全書》第 101 册，第 6 頁上欄。
⑤ 〔清〕杭世駿：《續禮記集説》，《續修四庫全書》第 102 册，第 50 頁下欄。
⑥ 〔清〕杭世駿：《續禮記集説》，《續修四庫全書》第 101 册，第 4 頁下欄。
⑦ 參見〔清〕任啓運、〔清〕吳紱等纂修：《三禮義疏》，國家圖書館藏清稿本（善本書號：A01969）《曾子問》稿本（掃描件第 35 册），封題"曾子問上卷"，右下題"纂修官任啓運""謄録監生李振祖"，正文篇題"曾子問第七"下案曰："必如曾子所問，纔可當'格物致知'四字，非如此精察，則力行處，總是粗疏，不見聖人權度精切處。王氏伯厚云：'曾子之學，博而約者也。若今人所謂"博"，止是一片荒蕪，愈成悠謬。'"簽改："王伯厚，舉其名，應麟。"定本即改"王伯厚"爲"王應麟"，見〔清〕《欽定禮記義疏》，《四庫全書》第 124 册，第 717 頁下欄—718 頁上欄。據《曾子問》稿本可知此篇爲任啓運所纂，故王氏此説見於杭氏《集説》引任啓運説："任氏啓運曰：曾子之學，隨事精察，而力行之。此篇便見曾子精察處，唯能精察方能力行。故王伯厚曰：'曾子之學，博而約者也。'"見〔清〕杭世駿《續禮記集説》，《續修四庫全書》第 101 册，第 512 頁下欄。

氏名單,稱:

> 國朝
>
> 萬氏斯大,字充宗,鄞人。著《學禮質疑》。
>
> 姚氏際恒,字立方,錢塘人。著《九經通論》,中有《禮記通論》,分上中下三帖,
> 立義精嚴,大都爲執周禮以解禮者痛下鍼砭。
>
> 朱氏軾,字若瞻,高安人。宗吳氏《纂言》而以己說附於後。
>
> 姜氏兆錫,[1]字上均,丹陽人。著《禮記章義》。

以及下經所引:

> 方苞,字望溪,桐城人。著《禮記析疑》。
>
> 任啓運,字翼聖,荊溪人。著《禮記章句》,改定篇目,類例頗析。
>
> 齊召南,字次風,天台人。校正汲古閣《注疏》,間引先儒之說而參以己見。
> ……[2]

凡引據本朝經說四十六家,其中來燕雯至馮氏凡二十七家,杭氏稱其皆爲毛奇齡講學蕭山時相與問辨著論者,皆刻入《西河全集》。其餘諸家,杭氏謂:"已上諸家,有全書備録者,猶衛氏之於嚴陵方氏、廬陵胡氏之例也。其餘多從節取,有與先儒複者,槩從删削,有別出新義者,雖稍未醇,亦存備一解。又嘗備員詞館,與修《三禮》,日與同館諸公往復商榷,存其說於篋衍。及主講粵秀,諸生亦有執經問難者,録爲《質疑》一編,不忍棄置,悉附於各條之末。衰耋侵尋,舊雨零落,杜門著書。自謂未經論定,秘不示人者,則采録所未到,均有俟諸異日。"[3]可知杭氏《集說》引據清人禮說,取材有三:

一則備録全書。如對姚際恒所著《禮記通論》的引用,仿衛氏徵引胡銓《禮記傳》二十卷、方慤《解義》二十卷之例,[4]梁啓超即稱杭氏採擷姚書有功。[5]亦有節録諸家禮說,删重存新

---

① 對於姜氏,杭氏又於《質疑》李若珠問:"'姑姊妹,女子子',何以重言'子',下何以專言兄弟而不及姑姪,又下節'父子不同席',姜兆錫欲通上節爲一節,其說何如?"解答下注曰:"姜兆錫,字上均。曾修《三禮》,其《禮記》說頗精,所著《九經》,《三禮》較餘經更有本。"〔清〕杭世駿:《質疑》,上海書店影印《皇清經解》卷三〇九,第 2 頁。

② 〔清〕杭世駿:《續禮記集說》,《續修四庫全書》第 101 冊,第 6 頁上欄—8 頁上欄。

③ 〔清〕杭世駿:《續禮記集說》,《續修四庫全書》第 101 冊,第 8 頁上欄。

④ 衛氏《集說》前列引據名氏,稱:"以上解義,唯嚴陵方氏、廬陵胡氏始末全備,餘多不過二十篇,或三數篇,或一二篇……"參見〔宋〕衛湜:《禮記集說》卷一,《中華再造善本》據國家圖書館藏宋嘉熙四年(1240)新定郡齋刻本影印本,第 9ab 葉。

⑤ 梁啓超稱杭書:"所録自宋元人迄於清初,别擇取頗精審,遺佚之說多賴以存。例如姚立方的《禮記通論》,我們恐怕没有法子再得見,幸而要點都採擷在這書裏頭,纔能知道立方的奇論和特識。這便是杭書的功德。"見梁啓超著,俞國林校:《中國近三百年學術史》,第 316—317 頁。

者。將杭氏引據姓氏名單,與《義疏》徵引衛湜以下清人以上諸家禮説的徵引情況比較,統計可得《集説》所列五十五家中,只有五家爲其單獨所有,其餘五十家皆與《義疏》重合。而《義疏》引據的七十六家中,比杭氏多出的二十六家裏有十一家都僅在案語中略有提及。可見二書取材之共通性。

　　二則存取纂修《義疏》時三禮館諸臣討論商榷之説。根據對《義疏》稿本的考察,原本纂修官在案語中引據本朝禮家經説,但在校改過程中,覆校纂修官提出"本朝人之書未奉命採入者可如此列名否",經稟告總裁商定,謄録本發寫時即不著録其名,最後定本連其案説也一併删除。如杭氏曾任《雜記》纂修官,本於經文"冒者何也? 所以掩形也。自襲以至小斂,不設冒則形,是以襲而後設冒也"〔按〕下引"大學士臣朱軾解云"云云,校對勾去"大學士臣朱軾解云"八字,謄録稿本即根據校對所簽改,僅謄録朱氏案語,不著録姓名,最終定本删去此經案語。杭氏編纂《集説》時,於此經引據朱氏此説。①

　　三則取自《質疑》一書。乾隆十七年,杭氏受廣東總督阿里袞、巡撫蘇昌之聘,主講廣州粤秀書院,以經史課諸子。期間答馮成章、李光烈、鄔汝龍、李若珠、阤銓、李夔班、楊綸、陳介特、周乾矩、陳璉、程玉章、羅鼎臣諸經之問,間有涉及《三禮》者,亦爲杭氏收入《集説》當中,如陳介特以《王制》經"五年一朝""天子五年一巡守"與《虞書》合,與《周官》不合之事問於杭氏,稱:"以東方諸侯來朝之明年西方諸侯來朝推之,今年第一歲侯服來朝,明年第二歲甸服來朝,又明年第三歲男服來朝。通計之豈不是六年一朝,一歲一見,二歲一見,不相合而相合也。"②杭氏據鄭注、孔疏及《鄭志》《六經奥論》解之,即收於《集説》當中,系於《王制》此經諸儒禮説之後。

　　對衛氏以後、本朝以前引據説禮諸家和對與修《義疏》時論説徵引方面,杭氏《集説》與《義疏》取材顯現出一定程度的同根同源。此外,杭氏引據本朝禮家,與《義疏》纂修亦有密切聯繫,杭氏引據姓氏名單列有萬斯大著《學禮質疑》,據三禮館《收到書目》檔著録,乾隆四年三月,禮部即送到浙江省萬斯大著:《學禮質疑》二卷,一本;《禮記偶箋》一卷,計一本;《周禮辨非》一卷、《儀禮商》二卷,計一本。③而考察《義疏》稿本《雜記下》卷首簽語兩條,其一曰:"此卷内引有萬斯大、陸隴其、顧炎武諸家,列其姓名,不知本朝人之書未奉命採入者可如此列名否。發寫時須稟清總裁示定,今姑仍原本用之。"其二簽曰:"右已商定不列名矣。"將此本與再次謄録的《雜記下》稿本比對,如經文:"子游曰:'既祥,雖不當縞者,必縞,然後反服。'"下案語,纂修官杭世駿原本於〔按〕下引"四明萬氏斯大曰"云云,後校對簽改一則勾畫删去萬説數句,二則簽曰:"萬斯大是本朝人,須加'臣'字,但官書廷代上立言,又

---

① 參見《雜記》稿本(掃描件第 335 册、第 337 册),第 335 册封題纂修官杭世駿,謄録監生萬育,第 337 册封題初稿,纂修官杭世駿,謄録貢生嚴吐鳳。〔清〕《欽定禮記義疏》,《四庫全書》第 125 册,第 689 頁上欄。〔清〕杭世駿:《續禮記集説》,《續修四庫全書》第 102 册,第 320 頁下欄。

② 〔清〕杭世駿:《續禮記集説》,《續修四庫全書》第 101 册,第 307 頁下欄—308 頁上欄。

③ 參見林存陽:《三禮館:清代學術與政治互動的鏈環》,第 45 頁。

恐臣某字於體例不合也,須寫時再請總裁定奪,今姑仍其原本,用其名云。""右今商定不列名。"謄錄稿本即根據稿本刪改謄錄案語,不著錄萬氏姓名。而定本於此經案語又加重擬,不據萬氏之說。①說明纂修官在纂修過程中,曾利用過萬氏禮說,但未在定本反映。而在《義疏》定本中明確引據萬氏之說者,僅見於《王制》經"諸侯之於天子也,比年一小聘,三年一大聘,五年一朝"下案語中,②出自萬氏《禮記偶箋》,杭氏《集說》則未收。但杭書徵引萬氏經說一百四十餘次,均不見於《義疏》定本。

此外,杭氏引據朱軾《校補禮記纂言》、姜兆錫《禮記章義》、方苞《禮記析疑》、任啓運《禮記章句》,皆出於館臣之手。在禮說徵引上,杭氏本於衛氏理念,將各家"說異而理俱通,言詳而意有本,抵排鄭孔,援據明白,則亦併錄,以俟觀者之折衷"。③即便杭氏在館期間,與方苞時有爭議,如許宗彥稱:"(杭世駿)校勘武英殿《十三經》《二十四史》,纂修《三禮義疏》。國子監嘗有公事,群官皆會,方侍郎苞以經學自負,諸人多所諮決,侍郎每下已意。太史至,徵引經史大義,蠭發泉湧,侍郎無以對,忿然曰:'有大名公在此,何用僕爲?'遽登車去。太史大笑而罷,其盛氣不肯下人如此。"④但杭氏《集說》對方氏《析疑》禮說,亦全篇引錄,於《文王世子》可見一斑。方氏《考定文王世子》一篇,刪"文王有疾"至"武王九十三而終",刪"不能涖阼""踐阼而治"諸經文之言論,後來四庫館臣撰寫《提要》以此爲最不可訓者,⑤杭氏皆客觀保留。

綜上,一方面杭氏《集說》徵引材料與《義疏》參考文獻同出一輒,另一方面,杭氏又將《義疏》未能反映出本朝儒家禮說面貌加以呈現,不難看出,杭氏私著,名義上是續補衛氏《集說》,實則亦爲補充《義疏》而作。

餘 論

《義疏》以衛氏《集說》爲藍本加以校補,套用七大義例,下以折衷案斷而勒成官學經典,杭氏《集說》名義上繼承衛氏《集說》,實則可視作《義疏》纂修工作的另一重體現。受制於官修定位,具有程限,《義疏》對本朝禮家研究著作的成果缺乏展示,這一層缺失,爲杭氏私著援引併錄,客觀呈現,不加抹殺遮蔽,以俟學者自下判斷。

就三禮館纂修《義疏》的具體操作層面而言,其優點體現爲纂修官結合自身學術修養,對衛氏《集說》原有的鄭、孔注疏及宋儒經說文本做了大量的訂正,又從《永樂大典》中輯錄

---

① 參見《雜記下》稿本(掃描件第335冊),再次謄錄的《雜記下》稿本(掃描件第337冊),及定本〔清〕《欽定禮記義疏》,《四庫全書》第125冊,第686頁上欄、下欄。
② 〔清〕《欽定禮記義疏》,《四庫全書》第124冊,第465頁下欄。
③ 〔宋〕衛湜:《禮記集說序》,《四庫全書》第117冊,臺北:臺灣商務印書館2008年影印文淵閣本,第3頁下欄。
④ 〔清〕杭世駿著,蔡錦芳、唐宸點校:《浙江文叢 杭世駿集》第5冊,杭州:浙江古籍出版社,2015年,第1372—1373頁。
⑤ "苞在近時,號爲學者,此書亦頗有可採。惟此一節,則不效宋儒之所長,而效其所短,殊病乖方。今錄存其書,而附辨其謬於此,爲後來之炯戒焉。"〔清〕永瑢等:《四庫全書總目》,第174頁上欄。

禮説,行徵書之事,對衛氏以後至清以前禮家諸説加以補録。最後將以上所引諸家禮説,分類排纂,分析衆説,折衷案斷,相較元、明以來通行的陳澔《禮記集説》、胡廣等纂《禮記大全》來看,無論從取材、編纂,還是注解、闡釋上,都更爲優越。

　　《義疏》的一大缺點表現在,當總裁所制定的條例應用到具體經文的排纂過程中,大有模棱兩可之處。李紱在館修期間,就意識到問題的嚴重性,一方面體現在總裁校閲環節,已經發現纂修官采録禮説不夠完備;另一方面,在禮説歸類上,存疑、存異兩類界限模糊,辨正一類的内容涵蓋,總論與通論的設定皆有異議。[①]今覈查《義疏》稿本與定本,校閲官、總裁對纂修官底稿上各類禮説挪動、删汰之處不少,可見七大義例在具體實踐過程中,因個人理解與觀點不同,實難整齊劃一。又據李氏透露,"三禮館送到甘冢宰閲過《禮記》七十五卷,今俱重閲一遍,原批妥者十之七俱仍之,未妥者十之三以意更定之。其有原批雖妥,止作商量語,未斷定者,今亦以意酌定之",[②]可知在纂修過程中,總裁以己意變更裁決纂修官案語處頗夥,覈查《義疏》稿本,即可得見。

　　缺點二則在於受限於欽定御纂定位,三禮館纂修《義疏》雖取於内府藏書,且陸續徵集到不少清初的《禮記》研究專著,本加徵引,却又在校閲過程中删去,撰以折衷案語,並不能反映清人對《禮記》的詮釋。整體而言,三禮館纂修《義疏》的成績僅在於對衛氏《集説》的補正,以及對明代官修《大全》和通行讀本陳澔《集説》一定程度上的顛覆。

　　所幸有杭氏《集説》之纂,在衛湜《集説》編纂理念的指導下,利用三禮館所見資料,開展了區别官修形式的編纂工作,一定程度上還原了纂修官被遮蔽的研究工作。不受官修體例限制,杭氏《集説》收録了大量館臣所見本朝《禮記》研究專著,在學術傾向上,不加偏倚,較爲全面地反映了清初《禮記》研究的學術風貌。因此,對《義疏》的研究與評價,不可僅就《義疏》文本孤立來看,應充分重視杭氏編纂《集説》的動機與理念、内容之展示。對杭氏《集説》的研究與評價,亦不能只將其視作繼承衛氏《集説》理念與體例的産物,應結合杭氏在三禮館纂修《義疏》的經歷,發掘杭氏對《義疏》編纂理念、形式局限性的深層認識,揭示其自纂《集説》的真正意圖。

　　以往研究,因對方苞擬定《義疏》凡例與前期個人學術活動之間的聯繫未及關注,未曾利用《義疏》稿本復原三禮館臣對《義疏》的加工過程,未曾明晰館臣纂修工作所據藍本及所做删蔓校補工作,對《義疏》的性質判斷分歧較大,對《義疏》學術價值評論褒貶兩有。且往往將杭氏《集説》視爲對衛氏《集説》的續補之作,或即便認識到杭氏與三禮館之聯繫,却疏於對杭氏《集説》取材與《義疏》取材來源之共通性與禮説引據之互補性的揭示。基於以衛氏《集説》爲媒介,利用《三禮義疏》稿本資料,對《義疏》和杭氏《集説》實際操作方式和理念的再分析,使我們對清前期致力於纂修《禮記》讀本工作所取得的功績與暴露的缺陷有

①　〔清〕李紱:《穆堂别稿》卷三四《與同館論修三禮凡例書》,《續修四庫全書》第1422册,第518頁下欄—519頁下欄。
②　〔清〕李紱:《穆堂别稿》卷三四《與同館論徵取三禮注解書》,《續修四庫全書》第1422册,第519頁下欄。

了新認識。因此，《義疏》稿本所具備的資料長編性質，應予以關注。杭氏《集説》一則彌補《義疏》資料呈現之不足，二則立足學術傳承，客觀呈現清初《禮記》研究成果，亦值得深入研究。

　　整體來説，《義疏》雖具有官修經書之局限性，但不得不承認，三禮館纂修官以衛氏《集説》爲藍本，做了大量的校補分析工作，雖不盡善，但值得肯定。杭氏《集説》仿衛氏之例，僅從輯録衆説的角度而言，已頗可稱讚，再挖掘其與《義疏》的隱藏聯繫，可見《義疏》側重對前代經説的歸納、分析與評判，《集説》致力於搜集、展示當代禮家經説，反映當代《禮記》詮釋理念。二書珠聯璧合，即可視作清前期制定完整的代表性《禮記》讀本成果。

（侯婕，南京師範大學文學院講師）

陳鱣《禮記參訂》成書考

黄　漢

[摘　要]　嘉慶十三年,陳鱣春闈復黜,功名之志漸無,遂南歸隱鄉。次年十一月前後,他偶獲元天曆本《禮記集說》,草成《元本禮記集說跋》。當回想自己四上禮闈不中,尤其專從鄭注被黜時,陳鱣心懷激憤,於是撰寫了《禮記參訂》,意在批駁科舉用書《禮記集說》。至嘉慶十五七月,《禮記參訂》寫作完成。《禮記參訂》的成書與《簡莊疏記》《陳氏禮記集說補正》關係密切。陳鱣在寫作時,將《簡莊疏記·禮記疏記》修改入《禮記參訂》。他不僅對文本進行了刪節、增補,其寫作重心也由疏解經義變爲批駁《禮記集說》。陳鱣還延續了《陳氏禮記集說補正》的寫作宗旨,借鑒其體例、考證方法,乃至因襲了部分觀點;但尊尚鄭許的學術理念,讓他對《陳氏禮記集說補正》多有批評。此外,《禮記參訂》的成書又是陳鱣校勘諸書、兼採衆家的結果,他不僅親自校勘家藏元、明、清《禮記集說》諸本及《禮記》相關版本,又採擇了《撫本禮記鄭注考異》《禮記注疏校勘記》等書。

[關鍵詞]　陳鱣　禮記參訂　禮記集說　陳氏禮記集說補正　簡莊疏記

陳鱣(1753—1817),字仲魚,號簡莊,浙江海寧人。他少承家學,宗尚許鄭,精研文字訓詁,長於校勘輯佚。又與錢大昕、段玉裁、王念孫等交遊往來,質疑問難。還同黄丕烈、吴騫等傳鈔善本、校勘文字。同輩學人推爲漢學領袖,[①]"督學阮元稱浙中經學,鱣爲最深。"[②]其生平事迹見於《清史列傳》卷六十九、《清史稿》卷四八四,[③]陳鴻森《陳鱣年譜新編》考之頗詳。[④]陳鱣著述極多,然去世後多流散亡佚。又因生前梓刻較少,故現存著作無多。惟留《孝經鄭注》《六藝論》《論語古訓》《對策》《綴文》《續唐書》《簡莊疏記》數種,本文所研究的《禮記參訂》亦是其中比較重要的一種。此書綜合運用文字、音韻、訓詁、校勘等知識,對陳澔《禮記集說》的句讀、字義訓釋、義理解說等提出批評。[⑤]《禮記參訂》內容廣博、材料豐富,保留了大量有

---

①　吴衡照《海昌詩淑》云:"(陳鱣)尤深于許、鄭之學,同時推爲漢學領袖。"參見〔清〕陳鱣:《簡莊文鈔》卷首《雜綴》,清光緒十四年(1888)海昌平氏粵東刻本,第 2 頁 a。"紀曉嵐云:'近來風氣趨《爾雅》《說文》一派,仲魚蓋其雄也。'"參見〔清〕柳得恭:《燕臺錄》,林基中:《燕行錄全集》第六十,首爾:東國大學校出版部,2001 年,第 226 頁。

②　佚名撰,王鍾翰點校:《清史列傳》卷六十九,北京:中華書局,1987 年,第 5557 頁。

③　〔清〕趙爾巽等撰,中華書局編輯部點校:《清史稿》卷四百八十四,北京:中華書局,1977 年,第 13350 頁。

④　陳鴻森:《陳鱣年譜新編(上)》,《中國經學》第 22 輯,桂林:廣西師範大學出版社,2018 年,第 71—132 頁。陳鴻森:《陳鱣年譜新編(下)》,《中國經學》第 24 輯,桂林:廣西師範大學出版社,2019 年,第 1—78 頁。

⑤　按:本文所提及的《禮記集說》,若無特殊說明,均指元陳澔之書,而非宋衛湜《禮記集說》。

關陳鱣學術的材料,然其成書情況、文本來源又十分複雜,亟需釐清。①

一、《禮記參訂》稿本概貌及其成書

陳鱣《禮記參訂》手稿現藏香港大學馮平山圖書館,共八册十六卷,索書號:善095.32/72/75。以往原書獲觀不易,學者多利用伍佩琦《陳鱣〈禮記集説參訂〉研究》所附九幅原色書影。然而近年來中國古籍數字化進程不斷加快,目前已能在香港大學馮平山圖書館善本書影像庫網站瀏覽全書黑白影像,②稿本仍有諸多細節有待揭橥。

《禮記參訂》稿本書首共有五部分,字迹各有不同。先夾一紙云:"朱韶編《四維堂書目》第一頁。《禮記參訂》,海寧陳鱣手稿本,十六卷,每半葉十行,行二十一字。卷一《曲禮上第一》《曲禮下第二》;卷二《檀弓上第三》。"又墨筆塗去"卷一"以下云云;其次爲《元本禮記集説跋》,内容與陳鱣《經籍跋文·元本禮記集説跋》有相似之處;復次爲鈔撮與《禮記集説》相關的幾段文字:第一段"康熙二十六年江西巡撫安世鼎疏……"與王士禎《池北偶談》"陳澔從祀"内容一致,③第二段"雍正二年八月從少詹錢以塏請禮部遵旨議……"見於蔣良騏《東華録》等書,④第三段節選朱彝尊《經義攷》"陳澔《禮記集説》"條;⑤又次爲篇卷目次,如"第一《曲禮下》、二《檀弓上》"云云;再次爲節選何良俊《四友齋叢説》部分文字。⑥

《禮記參訂》正文半葉 11 行、行 21 字,無行格,鈐"吴興劉氏嘉業堂藏書記""朱嘉賓圖書印""香港大學馮平山圖書館之書"印。根據字迹,大致可將正文條目分爲兩個層次:第一層自首至尾的大字正文,共 315 條,⑦基本是先列《禮記》經文,再引相應的陳澔《禮記集説》,最後爲陳鱣按語。按語多通過徵引鄭注、孔疏,批評《禮記集説》解説。如卷一《曲禮上》云:"'賜人者不曰來取,與人者不問其所欲。'《集説》:'賜者,君子;與者,小人。'按:鄭注:'與人不問其所欲,己物或時非其所欲,將不與也。'不論君子小人。"第二層爲小字天頭眉批、行間夾注及兩枚簽條。天頭眉批多爲完整條目,並有相應批入符號提示插入正文何處,共 206

---

① 對於《禮記參訂》的研究,目前主要有伍佩琦《陳鱣〈禮記集説參訂〉研究》(香港中文大學碩士學位論文,香港,2015 年)和趙兵兵、劉玉才《陳鱣〈禮記參訂〉稿鈔本八種考述》(《嶺南學報》復刊第 15 輯,上海:上海古籍出版社,2021 年,第119—145 頁)。前者討論了《禮記參訂》的撰作、版本、體例,以及陳鱣對《禮記》鄭注的徵引、態度等問題,但失之過略,存在較多錯誤。後者詳細考察了《禮記參訂》稿本遞藏及七種傳鈔本的面貌、源流,梳理細緻,考辨精審,但未論及《禮記參訂》成書問題。

② 筆者根據該《禮記參訂》黑白影像整理成書,復參校天津圖書館所藏《禮記參訂》清鈔本、中國國家圖書館所藏《禮記參訂》適園鈔本,又校之中國國家圖書館所藏元天曆元年建安鄭明德宅刻本《禮記集説》等書。若無特殊説明,本文所提及的《禮記參訂》均指香港大學馮平山圖書館所藏陳鱣手稿本,所引《禮記參訂》皆據筆者點校本。原稿本無頁碼,爲方便讀者檢閲,又不致行文冗繁,各注明所引之卷數。

③ 〔清〕王士禎撰,靳斯仁點校:《池北偶談》卷二,北京:中華書局,1982 年,第 36 頁。

④ 〔清〕蔣良騏撰,林樹惠、傅貴九點校:《東華録》卷二十六,北京:中華書局,1980 年,第 424 頁。

⑤ 〔清〕朱彝尊撰,林慶彰等校:《經義考新校》卷一百四十三,上海:上海古籍出版社,2010 年,第 2645 頁。

⑥ 〔明〕何良俊:《四友齋叢説》卷二,北京:中華書局,1959 年,第 19—20 頁。

⑦ 其中卷六《文王世子》"下象《管》"條與卷七《禮器》"其出也"條較爲特殊,兩條均爲當卷最後一條,《禮記》經文及相應《禮記集説》楷書書寫,陳鱣按語行書書寫、位於天頭。

條（含簽條），内容偏重於利用版本校勘《禮記集説》文字。如卷五《月令第六》眉批云："‘乃命祭典。’按：唐石經作‘乃修祭典’，嘉靖摹宋本、毛本同。撫本、岳本、十行本、閩、監本俱作“乃脩”。《集説》元刻本誤作‘乃命’，明刻及今本作‘脩’。"行間夾注多爲大字正文增入文字，或訂正其訛脱。除批入符號外，還有於某一條首尾加符號，意在删去此條；於字上加墨點以示删改，如卷首原題"禮記集説參訂卷第一"，"集説""卷"字上加墨點、示删去。從内容上來看，小字及多數符號明顯晚於大字正文寫成。

《禮記參訂》稿本中没有關於其成書時間的明確表述，但書中正文、眉批、夾注頻頻提及元本《禮記集説》，可見《禮記參訂》的成書與陳鱣獲得元本《禮記集説》關係密切。陳鴻森《清儒陳鱣年譜》疑嘉慶十四年（1809）陳鱣得元本《禮記集説》。[①]伍佩琦繼而據此，並結合吳騫嘉慶十八年（1813）所作《經籍跋文序》，推定《禮記參訂》不晚於嘉慶十八年寫成；至於陳鱣開始撰作《禮記參訂》的時間，或早於嘉慶十四年。[②]2018年陳鴻森又作《陳鱣年譜新編》，將陳鱣得元本《禮記集説》的時間改爲嘉慶十五年（1810）秋。[③]二説均有再討論的空間。伍佩琦在考證《禮記參訂》撰寫經過時，提及《禮記參訂》稿本卷首《元本禮記集説跋》及《經籍跋文·元本禮記集説跋》，稱後者"惟當中内容的編排略有不同"。[④]實則二文差别甚多。且《經籍跋文》在傳鈔、刻印的過程中，内容有所删改，所收《元本禮記集説跋》在《經籍跋文》不同版本中面貌亦有不同。這些差異，對於考察《禮記參訂》成書十分重要。

嘉慶十八年，陳鱣選取平生所作有關宋元經書善本的跋文十九篇，並《干氏攷》一篇，編爲《經籍跋文》一卷。稿本現藏上海圖書館，[⑤]索書號：綫善T08294–95。半葉14行，行21字，紅格，白口，四周雙邊。書首有吳騫所作序文，卷末有錢泰吉手札一通、葉景葵與顧廷龍跋文各一篇。鈐"管庭芬印""培蘭""芷湘讀過""景奎所得善本""合衆圖書館藏書印"等印。"陳氏先是謄録舊文，復作修改，凡增損文字約四十處。"[⑥]各篇跋文文末皆有陳鱣撰寫年月題記。仲魚下世後，手校手著流散。道光八年（1828）春，管庭芬於西吳書舫購回《經籍跋文》手稿。

① 陳鴻森：《清儒陳鱣年譜》，《"中研院"歷史語言研究所集刊》第六十二本第一分，1993年，第194頁。

② 伍佩琦：《陳鱣〈禮記集説參訂〉研究》，第41頁。

③ 陳鴻森：《陳鱣年譜新編（下）》，第37頁。按：元本《禮記集説》原爲袁廷檮所藏，《清儒陳鱣舊譜》所定年份是依袁氏去世年份推定，《陳鱣年譜新編》則依下文提及的《經籍跋文》鈔本跋文文末年月題記所定。

④ 伍佩琦：《陳鱣〈禮記集説參訂〉研究》，第39頁。

⑤ 《中國古籍善本書目》著録云："清鈔本，葉景葵、顧廷龍跋。"1933年葉景葵判斷"此册爲簡莊先生寫定原稿"，彌足珍貴。1958年顧廷龍重新檢校此書，"與潘景鄭君再三諦審，認爲錢札確係親筆，簡莊、兔牀俱屬撫本"。陳鴻森目驗後，亦稱此爲摹本，非陳鱣真迹。2014年陳先行再次考訂，確定爲陳鱣手迹無疑。按：葉、顧之言，見於《經籍跋文》稿本卷末各自所作跋文。其餘參見陳鴻森：《陳鱣年譜新編（下）》，第64頁。陳先行：《版本目録學的思考與實踐（中）——〈上海圖書館善本題跋真迹〉編後記》，《古籍新書報》第139期，2014年3月28日，第6頁；又見陳先行、郭立暄編著：《上海圖書館善本題跋輯録》，上海：上海辭書出版社，2017年，第885頁。以下所引《經籍跋文》，均據此稿本，僅於文中注明篇名。

⑥ 陳先行、郭立暄編著：《上海圖書館善本題跋輯録》，第884頁。

錢泰吉據之手鈔一本，[①]又命管庭芬根據原稿校訂，復請李超孫、李富孫細校，囑蔣光煦刻入《別下齋叢書》，《經籍跋文》始有刻本。管庭芬校定時，悉刪各篇跋文文末撰寫年月題記。又因《經籍跋文》刻本流傳甚廣、稿本及錢泰吉鈔本難以睹見，故後人罕知其中差異。這些缺失的年月題記，不僅對於考訂陳鱣獲得善本、撰寫跋文的時間有所裨益，更有助於考證《禮記參訂》的成書年月。《經籍跋文》稿本所收《元本禮記集説跋》云：

> 《禮記集説》十六卷，元刻本……其經文之勝于今本及不合古本，又其説之背于古者，具詳余所著《禮記參訂》，兹不贅錄……余少時所誦習者坊間刻本，誤字孔多。今得以校正，遂跋而藏之。嘉慶十五年七月既望，陳鱣識。

跋文文末撰寫年代題記表明此跋文寫成於嘉慶十五年七月，但這並不等同於陳鱣此時獲得元本《禮記集説》。陳鱣在文中明確交代了自己著有《禮記參訂》。跋文既云"俱詳""兹不贅錄"，知彼時《禮記參訂》業已成書。《禮記參訂》稿本各卷題"禮記集説參訂"，"集説""卷"字以墨筆點刪去，這表明"禮記參訂"爲陳鱣所定最終書名，《元本禮記集説跋》稱"禮記參訂"、不稱"禮記集説參訂"，可證至嘉慶十五年七月陳鱣作《元本禮記集説跋》時，《禮記參訂》已經撰寫完成。跋文又云"今得以校正"，知陳鱣正因獲元本《禮記集説》，方得校勘少時所讀坊間刻本。《經籍跋文》其它各篇均記校勘所獲善本之異文，此篇未記者，以其校勘元本之成果，俱入《禮記參訂》，故不贅錄。"又其説之背于古者"，承於"其經文之勝于今本及不合古本"句之下，"其説"正指《禮記集説》，"又"字則表明陳鱣在校勘文字的同時，又考辨了《禮記集説》的立説。

陳鱣所得元本《禮記集説》，原爲袁廷檮從錢景開處購得。[②]嘉慶十四年八月袁氏去世，次子袁兆簬，亦黃丕烈女婿，"向未經理書籍事"，[③]故本年初冬黃丕烈"至五研樓，爲袁壻仲

① 錢氏鈔本現藏中國國家圖書館，索書號：12193。半葉 13 行，行 24 字，紅格，白口，四周雙邊。書首有蔣光煦跋語，次葉有管庭芬識語"道光丁酉三月校於淬江寓館之太古軒，茝湘誌"，再次葉爲吳騫序文。卷末有管庭芬道光十七年所作跋文一篇，又有筆迹不同的兩則識語"管庭芬茝氏謹跋于淬江寓館之太古軒""歲在己巳長夏，杭人邵章觀于瘦竹幽花之館"。鈐"蔣氏別下齋藏書""庭芬""庭芬讀過""淳溪老屋""自彊齋藏書記""萬拓堂"印。此本文間有所圈改，天頭有簽條涉及內容删改、行款調整，如第一篇跋文文末天頭貼一簽條云"嘉慶十五年等字，俱删去，不要寫，下每篇同。接寫下篇，不要另紙，下皆同"；《干氏攷》篇天頭簽條云"此篇不要寫"，知各跋文文末陳鱣撰寫年月題記及《干氏攷》自此删去。中國國家圖書館另有一鈔本，索書號：06241。半葉 10 行，行 25 字，無行格欄綫。鈐"翁斌孫印"。卷末有周星詒跋文一篇、許洪喬跋文一篇，又有識語云："是卷刻《別下齋叢書》，楊舍人丈屬其戚人鈔存一本。此本從楊鈔出，庚午六月十七日爲眙公親家手校一過。凡今鈔譌字徑改，楊誤旁識或標字簡端云。錫曾記。"知此本源出蔣光煦刻本，同治九年（1870）周星詒手校一過。上海圖書館亦有一鈔本，索書號：綫普 372203。該本封面題"藝風堂鈔本"，各篇皆無無陳鱣撰寫年月題記，知事繆荃孫（1844—1919）據蔣光煦刻本鈔出。

② 《經籍跋文·元本禮記集説跋》云："余得諸中吳袁氏五硯樓者，末有'白隄錢聽默經眼'小印，蓋書賈錢景開所收，而袁氏購之。"

③ 〔清〕黃丕烈：《蕘圃藏書題識》卷八，余鳴鴻、占旭東點校：《黃丕烈藏書題跋集》，上海：上海古籍出版社，2015 年，第 469 頁。

和整理其先人壽階親翁遺書"。^①其後，袁兆篯移至城中，"依其婦翁黃蕘圃居，遂將公生平所蓄古書及先世遺澤一切皆移去。"^②但在黃丕烈整理袁氏遺書之前，廷檮所藏已有所流散。證據有三：黃丕烈跋《后山詩注》云："婿家書籍半就淪亡，而余代爲儲……非書主人去即攘爲己有。"^③又嘉慶十四年十一月跋《覆瓿集》云："己巳仲冬廿有四日，坊間得五硯樓書，余轉向取歸，猶是珍惜之意云爾。"^④嘉慶十五年四月袁廷檮女婿貝墉云："惟先外舅於去秋驟病溘化，手聚數萬卷，一旦烏有。"^⑤袁廷檮去世之後，藏書即已失守，這也與陳鱣《經籍跋文·宋本爾雅疏跋》所言"壽階既歿，藏書多散"相合。元本《禮記集説》應在嘉慶十四年八月、九月間從袁氏家中流出，十一月十五日陳鱣已客居吳中，^⑥應在此前後得到袁氏所藏元本《禮記集説》。

陳鱣得諸善本後，多與友人"互携宋鈔元刻，往復易校。校畢，並繫跋語，以疏其異同，兼誌刊板之歲月、册籍之款式、收藏之印記。"^⑦但他獲得元本《禮記集説》後，不僅先後撰寫了兩篇面貌有別的《元本禮記集説跋》，更是撰寫了《禮記參訂》。在書中，陳氏大肆批駁陳澔《禮記集説》，還言及自己應試禮部，專從鄭注，"爲主司所黜，終不悔讀鄭注也。"（《禮記參訂》卷一《曲禮上》，又見於上"簽條"圖。）如斯種種，知《禮記參訂》的成書與陳鱣科場失意聯繫甚密。嘉慶十三年（1808），陳鱣春闈復黜，功名之志漸無，遂南歸築紫微講舍於西山之麓，藏書校勘。次年，他獲得元本《禮記集説》，作《元本禮記集説跋》（即《禮記參訂》稿本卷首所載）。但當回想自己四上禮闈而不中，尤其專從鄭注而被黜，陳鱣依舊滿懷激憤，不滿足於繫以跋文、校勘異同。於是撰寫《禮記參訂》，大肆批駁科舉用書《禮記集説》。這一點，在《經籍跋文·元本禮記集説跋》中更是表露得一覽無餘。是文云：

> 攷宋時劉懋有《禮記集説》、衛湜有《禮記集説》百六十卷，元時又有彭絲《禮記集説》四十九卷，曷爲仍襲其名？且其父名大猷，而子字曰可大，其學宗程朱，而名曰澔，與程純公名相犯，止加水旁，皆有可議者。其生平無它著作，株守窮鄉，妄欲説經垂世，而固陋空疏，弊端百出。《經義考》目爲兔園册子，殆不爲過。
>
> 攷延祐科舉之制，《易》《詩》《書》《春秋》皆以宋儒新説與古注疏相參，惟《禮記》專用古注。是書之作，本已違制，故不爲儒者所稱。明初定制，《禮記》亦尚崇鄭注、孔疏。自永樂中，胡廣等修《五經大全》，《禮記》始用陳澔《集説》爲主。四

---

① 〔清〕黃丕烈：《蕘圃藏書題識續録》卷一，余鳴鴻、占旭東點校：《黃丕烈藏書題跋集》，第745頁。
② 〔清〕戈宙襄：《半樹齋文》卷十二《袁綬階二丈傳》，清道光七年（1827）刻本，第16頁b。
③ 〔清〕黃丕烈：《蕘圃藏書題識》卷八，第470頁。
④ 〔清〕黃丕烈：《蕘圃藏書題識再續録》卷三，余鳴鴻、占旭東點校：《黃丕烈藏書題跋集》，第920頁。
⑤ 〔清〕貝墉：《知不足齋重刻履齋示兒編序》，〔宋〕孫奕撰，侯體健、況正兵點校：《履齋示兒編》附録，北京：中華書局，2014年，第425頁。
⑥ 〔清〕陳鱣：《跋〈南唐書〉》，〔宋〕陸遊撰，〔清〕周在浚箋注：《南唐書》，上海圖書館藏清鈔本。
⑦ 〔清〕管庭芬：《跋陳簡莊徵君〈經籍跋文〉》，〔清〕陳鱣：《經籍跋文》，上海圖書館藏稿本。

百年來，以之取士，因循未改，不過因其簡便易明。然觀其自序，但云欲以坦明之説，

使初學讀之即了其義而已。後之頒行學官，所謂始願不及此耳。

以上文字，除"《經義攷》"一句外，其他均不見於《禮記參訂》稿本卷首的《元本禮記集説跋》，應是陳鱣後來寫作時增入。他在文中批評陳澔姓名與程顥相犯，平生並無其它著作，居於窮鄉僻壤之中，妄圖説經垂世。又批評陳澔所作《禮記集説》固陋空疏、弊端百出，連書名都是仍襲前代著作。朱彝尊批評《禮記集説》爲"兔園册子"，幾無偏頗。陳鱣考元代延祐科舉之制度，雖《周易》等用宋儒新説，但《禮記》却用鄭玄注。而陳澔撰寫《禮記集説》，宗法程朱，本已違制，故不爲儒者所稱許。且陳澔寫作此書僅欲以坦明之説便於初學，後立於學官、用以取仕，亦非其始願。此跋文嚴厲批評陳澔及《禮記集説》、評議科舉之制，正與《禮記參訂》思想傾向相一致，俱是科場失意後的憤懑之語。

要之，科場失意與偶獲善本，正促成了《禮記參訂》的成書。嘉慶十三年，陳鱣春闈復黜，功名之志漸無，遂回南歸鄉。次年十一月前後，陳鱣得元天曆本《禮記集説》，草成《元本禮記集説跋》一篇，即《禮記參訂》稿本卷首所載跋文，文中已對《禮記集説》經文之訛、立説之誤提出批評。但當回想自己四上禮闈不中，尤其專從鄭注被黜，陳鱣心懷激憤，不滿足於繫以跋文、校勘異同。於是詳加考證，撰寫《禮記參訂》，大肆批駁科舉用書《禮記集説》。至嘉慶十五七月陳鱣重新修改《元本禮記集説跋》時，《禮記參訂》已經寫作完成。

二、從《簡莊疏記》到《禮記參訂》

陳鱣日積月累的讀書隨筆《簡莊疏記》，專爲疏解經書、詮釋字義而作，體例頗與《讀書雜誌》《經義雜記》相近。現存不分卷手稿和十七卷別下齋刻本兩種版本，後者是據已亡佚的十四卷本手稿刊刻而成。從不分卷本到十七卷本，《簡莊疏記》的條目逐漸增多，文本逐漸層累、寫定。[①]《簡莊疏記》與《禮記參訂》不無關係，十七卷本《簡莊疏記》中有《禮記疏記》兩卷，[②]共計 136 條，其中 75 條見於《禮記參訂》：2 條內容基本相同、1 條《禮記參訂》删節自《禮記疏記》、剩下 72 條《禮記參訂》明顯據《禮記疏記》增修而來。從《禮記疏記》到《禮記參訂》，文本變得更爲複雜多樣，陳鱣的寫作旨趣與思想也發生了轉變。試看如下兩條：

> 《經解》云："《易》曰：'君子慎始。差若豪氂，繆以千里。'"《釋文》："豪，依字
> 作'毫'。氂，本又作'釐'。"疏："此《易·繫辭》文也。"按："豪""氂"爲正字，"毫"

---

① 關於《簡莊疏記》的版本及文本層累、生成等問題，筆者已另撰文説明。

② 《簡莊疏記》刻本中，時有"見《書疏記》"等語，乃陳鱣命名書中不同部分。今單舉《簡莊疏記》中《禮記》部分，亦仿此，稱爲《禮記疏記》。

爲俗字，“氂”爲假借。今《易·繫辭傳》無此文，蓋《易緯》之文也。①

　　《易》曰：“君子慎始。差若毫氂，繆以千里。”此之謂也。《集説》：“所引‘《易》曰’，緯書之言也。”按：疏：“‘《易》曰’者，此《易·繫辭》文也。”（《禮記參訂》卷十四《經解》）

在《禮記疏記》中，陳鱣首先摘録《禮記》經文、《經典釋文》與相應孔疏，再加按語考辨。依《簡莊疏記》全書體例，本應鈔入鄭注，但因鄭玄此處無注，故闕。按語第一部分辨析“豪”“毫”“氂”“氂”四字的正俗假借。正字既指相對於俗體的正體，又是區别於假借的本字。陳鱣認爲“豪”是正字，“毫”是俗字。對於“氂”“氂”這組異文，他則明確指出二字假借關係。陳鱣雖然於此並未直言判斷正字的標準及根據，但從《簡莊疏記》全書來看，他往往以《説文解字》所載爲本字、正體。《説文解字》云“毫，豕鬣如筆管者。出南郡。从希，高聲。乎刀切。毫，篆文从豕。臣鉉等曰：‘今俗别作毫，非是’”，“毫”爲古文，“豪”爲篆文楷定，自然陳鱣以“豪”爲正字、“毫”爲俗寫。《説文解字》又云“氂，犛牛尾也”“氂，家福也”，“氂”與“豪”同爲纖細之物，符合文義，故爲正字。“氂”雖與文意不合，但被《説文解字》所收，故非是俗體。又因與“氂”均從“犛”得聲，古音同爲來聲之韻，故爲假借。陳鱣準之《説文解字》，辨析《經典釋文》的立説，通過考證“豪”“毫”“氂”“氂”的正俗通假，詮釋字義，疏解經文。按語第二部分考證孔疏的立説，認爲其説有誤，《經解》所引蓋爲《易緯》之文。陳鱣此語或據《史記》《漢書》言之。《史記·太史公自序》云“故易曰‘失之豪氂，差以千里’”，裴駰《集解》云：“今《易》無此語，《易緯》有之。”②又《漢書·司馬遷傳》顏師古注云：“今之《易經》及《象》《象》《繫辭》，並無此語。所稱《易緯》者，則有之焉。斯蓋易家之别説者也。”③無論是考字之正俗假借，還是辨孔疏之立説，陳鱣最終落脚點都在於疏解經義。在他心中，《禮記》經文是第一位，《經典釋文》、孔疏是第二位。若二者有誤，當考辨之以明經義。

但這條文本改編入《禮記參訂》後，内容有所不同。《禮記集説》所云“緯書之言”與《簡莊疏記》“蓋《易緯》之文也”的觀點一致。但陳鱣却在《禮記參訂》按語中删去了自己原先的看法，只是節引了孔疏。他正是想通過簡單地引這樣一句孔疏，以“此《易·繫辭》文也”來反駁《禮記集説》“緯書之言”的觀點。之所以删去了辨析“豪”等字正俗假借的内容，是因爲《禮記集説》未對這句經文做出解釋。既無解釋，自然無法批駁。

考證文字起初是爲了疏解經義，《禮記疏記》云：“‘鳳皇麒麟，皆在郊棷。’注：‘棷，聚艸也。’《釋文》：‘棷，本或作藪。’按：作‘藪’者是也。《説文》云：‘藪，大澤也。从艸，數聲。’《周

---

①　〔清〕陳鱣：《簡莊疏記》卷十，民國四年（1915）刻本，第13頁b。

②　〔漢〕司馬遷撰，〔南朝宋〕裴駰集解，〔唐〕司馬貞索隱，〔唐〕張守節正義：《史記》卷一百三十，北京：中華書局，2013年，第3975—3977頁。

③　〔漢〕班固撰，〔唐〕顏師古注：《漢書》卷六十二，北京：中華書局，1962年，第2719頁。

語》云'不崇藪',韋注:'無水曰藪。'又云:'物之歸也。'"①陳鱣將此條修改入《禮記參訂》,却這樣寫道:

> "鳳皇麒麟,皆在郊椒。"《集説》:"'椒'與'藪'同。"按:鄭注:"椒,聚艸也。"《釋文》:"椒,本或作'藪'。"鱣謂:作"藪"者是也。《説文》云:"藪,大澤也。從艸,數聲。"《周語》云"不崇藪",韋注:"無水曰藪。"又云:"物之歸也。""藪"爲正字,"椒"爲或體,不當云"'椒'與'藪'同"也。《集説》每不論及字體,此偶一論之,而竟不合也。(《禮記參訂》卷七《禮運》)

在《禮記疏記》中,面對"椒""藪"這組異文,陳鱣以《説文解字》"椒,木薪也"爲根據,判定"藪"爲正字。由此,進一步補充了鄭注,將經文之"椒"疏解爲長滿草的沼澤。但這段文字改編入《禮記參訂》後,增加了"'藪'爲正字"數語。陳鱣再次強調並且明確指出"藪"爲正字,"椒"爲或體,從而批評《禮記集説》所云"椒與藪同"。《禮記集説》"凡名物度數,据古注正義",且"欲以坦明之説,使初學讀之即明了其義",此處僅就字義言之,並非討論字體。且辨析字之正俗非其主旨,自然書中少有談論。陳鱣非要以"論及字體"強加於《禮記集説》,又批評其"每不論及字體",多少有些強詞奪理。

以上兩組文本的比較,可見陳鱣寫作時關注的重心發生了變化,比起考文字正俗、辨孔疏得失、進而疏解經義來,他更要批評《禮記集説》。不僅如此,即使《禮記集説》不引鄭注、孔疏,也被陳鱣視爲過錯,加以批評,如:

> "殤不祔祭。"注:"'祔'當爲'備',聲之誤也。"疏:"《喪服小記》云:'殤與無後者從祖祔食。'今云'殤不祔祭',與《小記》文乖,故知"'祔'當爲'備'",備、祔聲相近。"按:《易·繫辭傳》云"服牛乘馬",《説文》引作"犕牛乘馬",《詩·谷風》云"匍匐救之",《孔子閒居》引作"扶服救之",是備、祔聲近也。②
>
> "殤不祔祭,何謂陰厭、陽厭?"《集説》:"曾子不悟其指,乃問云:祭殤之禮略而不備,何以始末一祭之間有此兩厭也?"按:鄭注:"'祔'當爲'備',聲之誤也。言殤乃不成人,祭之不備禮,而云陰厭、陽厭乎?此失孔子指也。"疏:"知'祔當爲備'者,按《喪服小記》云'殤與無後者從祖祔食',今云'殤不祔祭',與《小記》文乖,故知"'祔'當爲'備'"。備、祔聲相近,故云'聲之誤'也。"鱣謂:《易·繫辭傳》云"服牛乘馬",《説文》引作"犕牛乘馬",《詩·谷風》云"匍匐救之",《孔子閒居》引作"扶服救之",是備、祔聲近也。《集説》于上文"'假'當作'嘏'""'綏'當作

① 〔清〕陳鱣:《簡莊疏記》卷九,第 14 頁 b。
② 〔清〕陳鱣:《簡莊疏記》卷九,第 14 頁 a–b。

'隋'"皆本鄭注立言,而與此"'祔'當爲'備'"之注則不提及,但云"略而不備",使後人何從知爲備耶?《集説》于此等字義,不先爲著明者甚多。惟加音切,或有並不加以音切者,黑白不分,鹵莽從事,體例又不畫一。居然傳諸後世,何也?(《禮記參訂》卷六《曾子問》)

孔疏申發鄭注"'祔'當爲'備'"之意,但對二字聲音相近未做過多解釋。陳鱣則引經據典,利用異文,補證説明。《易·繫辭傳》云"服牛",《説文解字》引作"犕牛","服""犕"必是同一字。前者中古音爲奉母屋韻,後者爲並母脂韻,知上古無"奉""並"之分,"匐""服"亦可證明。又"祔"與"服"聲母相近,"備""犕"聲母相近,所以二字聲近。在《禮記集説》中陳澔以"祭殤之禮略而不備"解釋"殤不祔祭",其説正是自鄭注而來。雖未明言"祔當爲備",但"不備"與"不祔"相對,亦知二者義近。但陳鱣却認爲《禮記集説》上文皆本鄭注,此處却略而不提,使後人不得知"祔"何以爲"備"。鄭注、孔疏原是爲疏解經義,《禮記集説》也採納了其觀點,加以申發,但陳鱣並不關注經義是否闡明,而是將重點放在《禮記集説》不引、不解釋鄭注之上。他更是空發議論,批評《禮記集説》的注音方式單一,且體例不一。"黑白不分,鹵莽從事""居然傳諸後世,何也"數語,何其激烈。

要之,《簡莊疏記》是《禮記參訂》成書之一大取資。在寫作《禮記參訂》過程中,陳鱣將《簡莊疏記》文本修改編入,文本發生删節、增補等變化,陳鱣寫作的重心由疏解經義變爲批駁《禮記集説》。不僅如此,陳鱣也一改往日寫作《簡莊疏記》時的冷靜客觀,在《禮記參訂》中言語更爲激烈,十分意氣用事。

三、《陳氏禮記集説補正》與《禮記參訂》

署名納蘭性德[①]的《陳氏禮記集説補正》(以下簡稱"《集説補正》")是清代辨析《禮記集説》舛誤的一大力作。陳鱣得到元刻本《禮記集説》後,草就《元本禮記集説跋》一篇,便已提及《集説補正》。他寫道:

其時,納蘭成德作《集説補正》三十八卷,□□□于嘉定陸翼王之手。所正者,如"《曲禮》'很毋求勝,分毋求多',注:'況求勝者,未必能勝;□□□□□□多。'爲不免計較得失。'奉席如橋衡',注云:'如橋之高,如衡之平。'爲橋衡,從注、疏□□□爲是。《檀弓》'五十以伯仲',注引賈公彦《儀禮疏》,乃孔穎達《禮記疏》文,正與賈疏相反。《學記》"術有序",注引《周禮》'鄉大夫春秋以禮會民而射於

① 關於《陳氏禮記集説補正》作者問題,有所爭論。張琪《〈陳氏禮記集説補正〉作者考》(《經學文獻研究集刊》第14輯,上海:上海書店出版社,2015年,第234—243頁)對歷來爭議作了梳理,并考證該書中有九處引文明確標明徵引自陸元輔,表明此書確與陸氏有關係,但全書是否皆爲陸氏代作,則可存疑。

州序'，《周禮》實無此文。"如此之類甚多，皆足令無辭以答。然猶有未盡者，如《曲禮》"若夫坐如尸，立如齊"，鄭注："言若欲爲丈夫也。"《集説》乃從劉原父之説，讀若扶……

《集説補正》補陳澔所遺、正陳澔所誤，陳鱣在跋文中引述《集説補正》内容，並稱其猶有未盡。緊接著，他又寫成十一條批駁《禮記集説》的文字，這十一條多半被寫入《禮記參訂》之中。陳鱣這一做法，頗有"補續"《集説補正》之意。同時，跋文所引《集説補正》内容，亦在《禮記參訂》中有所提及。如卷一《曲禮上》"很毋求勝"條云"至于'况求勝者'云云，不免計較得失，《集説補正》已言之矣"，"奉席如橋衡"條亦云"《集説補正》已辨之，云'橋衡'從注、疏作一事爲是。"兩條引用《集説補正》觀點，均加以説明。但在卷二《檀弓上》"五十以伯仲"條中，陳鱣卻不提《集説補正》，而統稱"前人"，云"《集説》所引後條誤以孔疏爲賈疏，前人已辨之。"到了卷十《學記》"術有序"條，他只説"所云《周禮》鄉大夫亦無此文"，直接將《集説補正》觀點佔爲己有。無論是跋文的寫作，還是《禮記參訂》的成書，都可見《集説補正》之影響。下面根據二書具體條目，對這一問題作進一步分析。

> "三牲用藙。"《集説》："藙，茱萸也。"竊案：鄭注："藙，煎茱萸也。"不但以茱萸釋藙，而必曰煎，則有人工作之矣。猶秋用芥，以芥醬釋之也。故孔氏引賀氏説申之曰："今蜀郡作之，九月九日取茱萸，折其枝，連其實，廣長四五寸，一升實可和十升膏，名之藙。"《集説》既從舊注，以芥爲芥醬矣，於茱萸獨去煎字，何也？①
>
> "三牲用藙。"《集説》："藙，茱萸也。"按：鄭注："藙，煎茱萸也。漢律，會稽獻焉，《爾雅》謂之樧。"疏："賀氏云：'今蜀郡作之，九月九日取茱萸，折其枝，連其實，廣長四五寸，一升實可和十升膏，名之藙也。'"又按：《説文》云："䕪，煎茱萸。从艸，顡聲。漢律：會稽獻䕪一斗。""䕪"即"藙"之正字，"䕪"爲煎茱萸，"煎"字不當删。（《禮記參訂》卷八《内則》）

《集説補正》的寫作體例是先鈔録《禮記》經文，其次列《禮記集説》，緊接"援引考證，以著其失。"②凡無所補正者，經文與《禮記集説》並不載焉。此條先引鄭注，明"藙"含"煎"之義，並爲之解説。又引鄭注《内則》"芥，芥醬也"、孔疏爲證。《集説補正》注意到《禮記集説》前後徵引鄭注不同，批評它從鄭注卻删"節"字。《禮記參訂》亦先鈔録經文，次列《禮記集説》，再援引考證。兩條都引鄭注、孔疏爲證，批評《禮記集説》從鄭注而有所删節。有所不同的是，《禮記參訂》在增添《説文解字》加以論説，且其按語往往首列鄭注、孔疏。

---

① 〔清〕納蘭性德著，陳士銀點校：《禮記陳氏集説補正》卷十六，合肥：安徽教育出版社，2020年，第142—143頁。本文引用時，對部分標點加以修改。

② 〔清〕紀昀等纂：《四庫全書總目·經部》卷二十一，桂林：廣西師範大學出版社，第540頁。

在《禮記參訂》中,隨處可見其與《集说补正》寫作旨趣、方法相似之處。《禮記參訂》卷十四《祭統》"宮宰宿夫人"條云:"《集说》襲鄭注而删其句,其實末句有精義,不可少也。""君執纼"條云:"《集说》引鄭注,而删其引《周禮》並或作何字,殊失鄭意矣。"這與《集说補正》一樣,都旨在批評《禮記集说》删减鄭注,失之過簡。《集说補正》在批駁《禮記集说》時,"凡澩之说皆一一溯其本自何人",① 如卷十四云:"'天子無介',《集说》:'介所以佐賓,天子以天下爲家,無爲賓之義,故無介也。'竊案:此本之注、疏,然孔疏又云:'其實餘事,亦有介副,故邑人共介邑,是天子臨鬼神使介執邑也。'"② 此條指明《禮記集说》本之鄭注、孔疏,又引孔疏駁之。陳鱣寫作《禮記參訂》時,也這樣寫道:

> "齊衰,惡笄以終喪。"《集说》:"婦人居齊衰之喪,以榛木爲笄以卷髮,謂之惡笄。以終喪者,謂中間更無變易,至服竟則一并除之也。"按:鄭注:"笄,所以卷髮。帶,所以持身也。婦人質,於喪所以自卷持者,有除無變。"疏:"此一經明齊衰婦人笄帶終喪之制。'惡笄'者,榛木爲笄也。婦人質,笄以卷髮,帶以持身,於其自卷持者,有除無變,故要絰及笄不須更易,至服竟一除。"《集说》本之,而不明其旨,竟删去"帶,所以持身",疏矣。(《禮記參訂》卷十《喪服小記》)

陳鱣詳引鄭注、孔疏,亦點明《禮記集说》本之注、疏,又批評其删節鄭注,與《集说補正》的寫作旨趣與考證方法相合。《禮記注疏校勘記》引段玉裁按本云"'惡笄'下應有'帶'字",③ 鄭注"帶,所以持身也"正解此"帶"字。陳鱣批評《禮記集说》不明其旨,意或在此。

《禮記參訂》中明引《集说補正》者,《禮記參訂》中共 27 條,約有三種情況:第一種,《集说補正》已言之例,即讚同《集说補正》的觀點,並在正文中加以説明,提示讀者可自行翻檢。主要形式有二:如《集说補正》已言之、已辨之、亦嘗非之,共 4 條;餘詳《集说補正》、解詳《集说補正》,共 4 條。第二種,《集说補正》顧此失彼例,即陳鱣肯定《集说補正》批駁《集说》之處,但同時《集说補正》亦有錯誤或不足之處,共 7 條。第三種,《集说補正》言之有誤例,即陳鱣批評《集说補正》所解有所疏失,共 12 條。陳鱣對於《集说補正》的批評主要集中在兩個方面:一方面批評《集说補正》字義訓解有誤,如:

> "雪霜大摯。"《集说》:"摯,傷折也,與摯獸、摯蟲之摯同。"竊案:傷折之说,蓋本之蔡邕。然不若直作"至"字解,蓋摯與至同。毛《傳》"摯而有別",朱子亦讀爲

---

① 〔清〕紀昀等纂:《四庫全書總目·經部》卷二十一,第 540 頁。
② 〔清〕納蘭性德著,陳士銀點校:《禮記陳氏集说補正》卷十四,第 120 頁。
③ 〔清〕阮元總纂,〔清〕洪震煊分校,唐田恬整理:《禮記注疏校勘記》卷三十二,劉玉才主編:《十三經注疏校勘》第 6 冊,北京:北京大學出版社,2014 年,第 561 頁。

至。霜雪,冬之盛陰。冬陰勝春陽,故雪霜大至,不必言傷折而後見其陰盛也。①

　　"雪霜大摯,首種不入",《集説》:"摯,傷折也,與摯獸、鷙蟲之義同。百穀惟稷先種,故云'首種'。"按:鄭注:"舊説'首種'謂稷。"《釋文》:"摯音至,蔡云:'傷折'。種,章勇反,蔡云:'宿麥。'"疏:"按《考靈耀》云:'日中星鳥,可以種稷。'則百穀之内,稷先種,故云'首種'。首即先也,在百穀之先也。"鄭注引舊説,蓋本緯書,惟于摯字無釋。《集説》"傷折"本《釋文》所引蔡《章句》,但云"與摯獸、鷙蟲之義同",則未的當。攷《説文》:"霐,寒也。从雨,執聲。或曰:早霜。讀若《春秋傳》'墊阨'。"《初學記》引"舊音竹入反",疑此當作"霐",而假用"摯"字耳。《補正》作"至"字解,於義未允。(《禮記參訂》卷五《月令》)

　　《集説補正》考證《禮記集説》"傷折"之説本自蔡邕,認爲《禮記集説》訓解不佳,不若直接訓爲"至","摯"與"至"同,又據毛《傳》、《詩集傳》爲證。古音"摯"章聲質韻,"至"章聲緝韻,聲同可得通假。《經典釋文》亦云:"摯音至。"《經義述聞·大戴禮記下》云:"'霜雪大滿,甘露不降。'家大人曰:'滿'本作'薄',字之誤也。……《廣雅》曰:'薄,至也。'……言霜雪大至也。霜雪大至與甘露不降正相對。《月令》曰:'雪霜大摯。'摯,亦至也。"②王氏所言極是。此亦可見《集説補正》言之有理。《禮記參訂》辨析《集説》所引云云,本自《集説補正》而來。但陳鱣以爲《集説補正》訓解於義未允,《説文解字》收有"霐"字,應爲"摯"之本字,其"寒"義正可與"霜雪大摯"相發明。"霐"古音端聲侵韻,《初學記》所引舊音爲端聲緝韻正與"摯"聲相近。陳鱣以《説文解字》爲根據,既批評了《集説補正》,又指責了朱熹之説。

　　另一方面,陳鱣也會對《集説補正》不從鄭注、孔疏或徵引他説加以指責。《禮記參訂》卷六《文王世子》云:

　　　　"文王之爲世子也。"《集説》:"石梁王氏曰:'"文王之爲世子也"一句,衍文。'"按:鄭注:"題上事。"疏:"'文王之爲世子也'者,從篇首以至於此,是文王之爲世子及武王、成王之法,其武王、成王爲世子之禮,皆上法文王,故以'文王之爲世子'總結之也。"《集説》既引石梁王氏以爲衍文,又引劉氏以謂'伯禽所行,即文王所行世子之道',俱屬不合。《補正》駁之似矣,而不據注、疏相證,故備述之。

　　《集説補正》針對王氏所説,批評道"此篇'文王之爲世子也'句,所以結上'文王之爲世子'三節",這一説法本自鄭注。《禮記參訂》指責《集説補正》不據注疏相證,所以又詳加徵

---

① 〔清〕納蘭性德著,陳士銀點校:《禮記陳氏集説補正》卷九,第 85 頁。
② 〔清〕王引之著,虞思徵等校點:《經義述聞》第十三《大戴禮記下》,上海:上海古籍出版社,2018 年,第 746—747 頁。

引鄭注、孔疏。若《集説補正》不從注疏或從他説，陳鱣也會加以批評，卷一《曲禮下》"天子之六工"云"其（《集説補正》）闢陳説良是，惜下引葉氏説未當也"，卷五《月令》"合諸侯制百縣"條云《集説補正》所引方氏"説甚迂迴"。

　　要之，《陳氏禮記集説補正》與《禮記參訂》成書關係密切。陳鱣得到元刻本《禮記集説》後，草就《元本禮記集説跋》一篇，彼時就翻閲參考了《集説補正》。"然猶有未盡者"一語，不僅表明他主動接受了《集説補正》，又暗示了他意欲沿着批評《禮記集説》的路繼續走下去。在寫作《禮記參訂》時，陳鱣借鑒了《集説補正》寫作體例、考證方法，部分觀點甚至有所因襲。雖然深受《集説補正》影響，但尊尚鄭許的學術理念，讓陳鱣與《集説補正》偶有矛盾，對其加以批評。

四、匯校衆本或兼採諸家

　　陳鱣少時所誦習的《禮記集説》坊間刻本誤字頗多，既得元本，故匯集諸本、校勘考辨。《禮記參訂》中 93 條涉及版本的文字，正是陳鱣校勘元本所得。然而細籀其文，便會發現兩個問題：這些校勘内容不記元本《禮記集説》之善，而多記其訛；部分内容與阮元《十三經注疏校勘記》、顧廣圻《撫本禮記鄭注考異》有所重合。利用陳鱣文集、《經籍跋文》等文獻記載，能勾稽出陳鱣藏書中有關《禮記》的部分，再對《禮記參訂》中"今本"等版本概念加以辨析，便可以還原陳鱣校勘《禮記集説》的過程，進而從這一角度考察《禮記參訂》的成書。

　　仲魚既殁，藏書盡散，不知流傳何處。今日雖難睹陳鱣舊時所藏所校，但藉助《簡莊文鈔》《經籍跋文》等記載大致能勾稽出陳氏寓目、收藏過哪些與《禮記》相關的書籍。《經籍跋文·宋本禮記注跋》稱嘉慶十二年陳鱣獲贈顧千里影摹重雕宋淳熙刻本《禮記注》二十卷，並附《釋文》。在此之前，他在顧之逵處曾獲見原本。是文又云他藏有明嘉靖時仿宋刻本、清時仿宋岳氏刻本《禮記注》。同時，陳鱣還曾購得乾隆六十年（1795）和珅刻本《禮記注疏》，此本底本即南宋劉叔剛所刻十行本《禮記正義》。"因借友人所臨惠本而重校之……仍目之曰宋本。"《宋本禮記注疏跋》提示其家另藏有十行本《禮記注疏》一部，"惜多修版"。至於《禮記集説》，《元本禮記集説跋》提及明内府刻本、"今本十卷"，知有所收藏。此外，陳鱣還曾提及阮元《十三經注疏校勘記》，《禮記疏記》中徵又引過唐石經，説明家中有藏。

　　了解了陳鱣的藏書後，大致可以還原出他如何校勘《禮記集説》、寫作《禮記參訂》。首先，陳鱣校勘了元刻本、明内府刻本、清刻本《禮記集説》。《經籍跋文·元本禮記集説跋》云"明内府刻本尚有，書凡十六卷。明刻本猶然，今本十卷，不知何時坊刻所并……余少時所誦習者，坊間刻本，誤字孔多。今得以校正，遂跋而藏之"，陳鱣既以"坊刻"言"今本"，則其少時所讀應爲清刻十卷本，而他手中又有明内府刻十六卷本。"今得以校正"，意指以元刻本《禮記集説》校勘明内府十六卷本與清十卷本。《禮記參訂》所云"元本《集説》並無此一行""《集説》元刻本誤作'非之'，明刻本及今本不誤"，均是指此。這裏，"今本"與跋文所云"今本"

一樣,都是指清刻十卷本。有時,陳鱣會以"此""此本"指代所得元本《禮記集説》,以"今本皆""今本並"稱呼明十六卷本與清十卷本,如"此本脱,今本並沿其誤""此誤脱,今本皆沿其誤"。

同時,陳鱣對校了家藏諸多《禮記》重要版本。《禮記參訂》卷五《月令》云:"'律中夾鍾。'按:唐石經作'夾鐘',閩、監、毛本同。《釋文》以'夾鐘'作音,宋撫本、岳本、十行本、嘉靖摹宋本、衛《集説》本與此俱作'鍾'。"卷七《禮運》云:"'故事可守也。'按:唐石經、宋撫本、岳本、明摹宋本作'有守'。十行本作'可守',此沿其誤。""撫本"即所藏顧廣圻影刻宋淳熙撫州公使庫初印本,"岳本"即所藏清代仿宋岳刻本,"十行本"即其家所藏多有修版之宋十行本,"嘉靖摹宋本"即所藏明嘉靖時仿宋刻本。有時,陳鱣也會以"宋刻各本"來指稱以上宋本,但"各本"範圍有所不同。《禮記參訂》卷十六《射義》云:"'反求諸己而已矣。'按:唐石經、宋刻各本並作'求反',此同岳本。衛氏《集説》誤作'反求',今本皆沿其誤。"《禮記鄭注彙校》云"'反求',余仁仲本、岳本、嘉靖本、和本、十行本、閩本、監本、毛本、殿本、阮刻本同;唐《石經》、撫州本、八行本作'求反',是",[1] 則《禮記》惟有唐石經、撫州本、八行本作"求反",所以《禮記參訂》所云"宋刻各本"便指撫州本、八行本,這兩種在陳鱣藏書範圍内。而卷九《玉藻》"入大廟説笏,非禮也"條云"唐石經、宋刻各本俱作'非古'",參之《禮記鄭注彙校》,[2] 知此"各本"又可指撫本、岳本、十行本等。

此外,陳鱣還參考、徵引已有的校勘成果。這部分内容混在陳鱣親自校勘的文字中,往往難以發現。如:

> "子弑父,凡在宫者,殺無赦。"《集説》:"石梁王氏曰:'注疏本作"凡在宫者,殺無赦"爲是。'"按:疏云:"此'在宫'字,諸本或爲'在官',恐與上'在官'相涉而誤也。"據此,則孔氏所見或本作"官"而非其所用,故唐石經、宋十行本、嘉靖摹宋本、衛《集説》本、閩、監、毛本皆作"宫",惟撫本、岳本、嘉靖本、《攷文》引古本、足利本作"官",即疏所言或本。《集説》不引疏而引石梁王氏之批,陋矣。(《禮記參訂》卷三《檀弓下》)

文中所提"宋十行本""嘉靖摹宋本""撫本""岳本"等是陳鱣所有,但閩本、監本、毛本、嘉靖本等却未曾被陳鱣收藏。《經籍跋文·宋本禮記注跋》云"阮侍郎《十三經校勘記》亦詳言之",則當時陳鱣已見到嘉慶十一年文選樓單行本《十三經校勘記》。檢是書,有内容相關的一條校勘記:

---

① 王鍔彙校:《禮記鄭注彙校》卷二十,北京:中華書局,2020 年,下册第 891 頁。
② 王鍔彙校:《禮記鄭注彙校》卷九,上册第 444 頁。

"子弑父，凡在宫者，殺無赦。"閩、監、毛本同。《石經》同。衛氏《集説》同。岳本"宫"作"官"，嘉靖本同，《考文》引古本、足利本同。《正義》云："此'在宫'字，諸本或爲'在官'，恐與上'在官'相涉而誤也。"據此，則作"在宫"者亦孔氏所見之本，而非《正義》所用之本也。①

《禮記注疏校勘記》提及閩、監、毛本及嘉靖本等版本異文，又據孔疏判定"在宫"爲孔氏所見本、非《正義》所用。《禮記參訂》不僅與之版本異文、觀點相同，而且在文字表達上也十分相近。《禮記注疏校勘記》所云"'在宫'者亦孔氏所見之本"中"亦"字尤值得關注，此字不僅照應了岳本、嘉靖本、《攷文》所引版本的異文，也與孔疏相呼應。《禮記參訂》雖未言"亦"，但以"即疏所言或本"補充説明。由此，知陳鱣寫作《禮記參訂》時，參考了《禮記注疏校勘記》。這種做法雖然大大豐富了校勘内容，但也給《禮記參訂》的理解帶來了問題。《禮記參訂》卷五《月令》"還反"條云"宋刻以下各本俱作'反'，此沿其誤"，這兩處"各本"若以陳鱣實際所藏言之，僅包括撫本、岳本、十行本、嘉靖摹宋本等版本。但若從陳鱣徵引《禮記注疏校勘記》角度出發，則涵蓋了閩、監、毛本等版本。

除了徵引《十三經註疏校勘記》，陳鱣亦參考了《撫本禮記鄭注考異》。嘉慶十年，顧廣圻爲張敦仁主持影刻宋淳熙撫州公使庫本《禮記》，並將其校勘成果總編爲《撫本禮記鄭注考異》（以下簡稱"《考異》"）二卷，附於書末。嘉慶十一年書成，陳鱣獲贈一部初印本。陳鱣在《經籍跋文·宋本禮記跋》中稱此書"字畫矜莊，彫鏤古雅，與宋刻鐵豪無異"，又誇讚《考異》二卷"尤爲精審"。在《禮記參訂》中即有一條與《考異》内容極爲相近。將二者摘録如下：

　　斂手足形　唐石本以下各本與此同。釋文以"斂手"作音，是其所自出也。前經"子遊問喪具"下此句，唐石本及各本作"首"。彼正義云："但使衣衾斂於首足形體，不令露見而已。"此正義云："但以衣棺斂其頭首及足，形體不露。"是正義本皆作"首"，不作"手"。今案：首也，足也，形也，是三事。故鄭注彼經以體解形，此經不注者，已具於彼也。首，言上之所始。足，言下之所終。形，言中之所該。斂法備此三者，《士喪》可考。然則正義作"首"爲是，彼經不見於釋文，故唐石本仍作"首"，而各本亦仍之。以此相決，或釋文本彼亦作"手"。②

　　"斂手足形。"按：疏云："斂其頭首及足，形體不露。"是經文本作"首"也。前"子遊問喪具"節，此句作"斂首"，彼疏文云"斂於首足，形體不令露見而已"，正與此同。此句《釋文》以"斂手"作音，故唐石經已下各本俱作"手"。惟宋刻九經白文作"首"，今秦版亦尚作"首"，應據改。蓋自首而足而形是三事，斂法備此三者，

---

① 〔清〕阮元總纂，〔清〕洪震煊分校，唐田恬整理：《禮記注疏校勘記》卷十，劉玉才主編：《十三經注疏校勘》第5册，第177頁。本文引用時，對部分標點加以修改。

② 〔清〕張敦仁撰，侯婕整理：《撫本禮記鄭注考異》，北京：北京聯合出版有限責任公司，2022年，第109頁。

《士喪禮》可致。鄭注彼句以體解形,此句不注者,已見于前耳。(《禮記參訂》卷三《檀弓下》)

顧廣圻校勘《檀弓下》"斂手足形",發現唐石經以下各本俱作"手",《經典釋文》亦以"斂手"作音,他認爲《經典釋文》影響了唐石經及之後各本。《檀弓上》"子遊問喪具"節云"斂首足形",唐石經及各本同。且《正義》疏解此句經文時,云"斂其頭首",所以《正義》所據《禮記》經文亦作"首"。對於"手""首"孰是孰非,他認爲"首"爲是,因爲首、足、形是三事,斂法應備此三者。陳鱣認爲《檀弓下》"斂手足形"孔疏云"斂其頭首",所以經文本作"首"。"子遊問喪具"節經文、疏文作"首",即是明證。《經典釋文》以"斂手"作音,所以唐石經以下各本俱作"手",這一觀點與顧廣圻相同。兩條内容基本相同,都稱"唐石本以下各本",又提及"子遊問喪具"節之異文,這兩點本屬客觀事實,内容相近或無問題。但《考異》"今案"以下言斂法備首、足、形三事以及鄭注"彼經以體解形"爲顧廣圻個人觀點,《禮記參訂》依然與之相同。陳鱣親見《考異》,撰作《禮記參訂》又在其後,可見確實鈔録了《考異》,又稍加修改。

要之,《禮記參訂》成書,亦是陳鱣校勘諸書、兼採衆家之結果。陳鱣寫作時,既親自校勘元刻本、明刻本、清刻本《禮記集説》及所藏《禮記》相關版本,又徵引參考了《撫本禮記鄭注考異》《十三經注疏校勘記》,甚至因襲了相關學術觀點。不過陳鱣在書中批評《禮記集説》徵引他書而没略其名,自己却也存有私心,犯了相同的錯誤。

五、結語

在中國傳統禮學研究中,清代無疑是比較重要一個時代,尤其是它在整個中國古典學術中處於總結階段。這一時期,湧現出汗牛充棟的禮學著作,王鍔《三禮研究論著提要》對此有比較全面的梳理。[①] 儘管如此,怎樣辯正、準確地認識這些禮學著作的價值,仍然是今日學者需要思考的問題。對於一部著作價值做出正確的判斷,根本仍在對於著作文本的深入瞭解,而解決此部著作的成書問題當爲首要任務。成書問題不是對於作者時代、撰寫經過的簡單羅列,而是要由此深入到某一禮學著作的文本如何生成、變化,文本來源究竟是抄撮舊説,還是作者創見;若是抄撮舊説,作者又對文本做了哪些改動。惟有辨明這些問題,釐清文本的層次與來源,才能對於某一著作、某一作者乃至其所處時代學術做出正確判斷。

《禮記參訂》稿本有大字正文與小字眉批、夾注之分,二者内容有所偏重。陳鱣又在《經籍跋文·元本禮記集説跋》中明確交代了其寫作宗旨,即"其經文之勝于今本及不合古本,又其説之背于古者,具詳余所著《禮記參訂》",亦可據之將《禮記參訂》521 條條目分爲兩個層

---

① 王鍔:《三禮研究論著提要》,蘭州:甘肅教育出版社,2007 年。

次："其説之背于古者"，即批評陳澔立説者，共 428 條；"其經文之不合古本"，即指摘《禮記集説》經文訛脱者，共 93 條。前者實又可分爲三個層次，第一層增删自《簡莊疏記・禮記疏記》，第二層明引暗合《陳氏禮記集説補正》，第三層爲陳鱣新撰之條目；後者又可分兩個層次，第一層爲陳鱣親校元、明、清《禮記集説》諸本及家藏各本《禮記》，第二層乃其採擇《禮記注疏校勘記》《撫本禮記鄭注考異》諸書。

　　綜合來看，《禮記參訂》是陳鱣科舉失意後的意氣之作，陳鱣欲藉此批評科舉用書《禮記集説》。陳鱣在寫作《禮記參訂》時，參考了他日積月累的讀書隨筆《簡莊疏記》。該書分疏各經，詮釋字義，疏解《禮記》者共有 136 條，其中有 75 條文字被改編寫入《禮記參訂》。陳鱣在改編時不僅對文本進行了删節、增補，其寫作重心也由疏解經義變爲批駁《禮記集説》。他還借鑒了《陳氏禮記集説補正》的寫作宗旨、體例、考證方法，部分觀點甚至有所因襲。雖然深受《陳氏禮記集説補正》影響，但尊尚許、鄭的學術理念，讓陳鱣與《陳氏禮記集説補正》偶有矛盾，也使得《禮記參訂》獨具特色。與此同時，爲了指摘《禮記集説》經文訛脱、批評其"不合古本"，陳鱣校勘了元刻本、明刻本、清刻本《禮記集説》，又廣泛地對校所藏《禮記》版本，乃至不惜鈔襲阮元《禮記注疏校勘記》、顧廣圻《撫本禮記鄭注考異》。陳鱣對於《禮記集説》的批駁，有可取亦有不足之處。但他一改往日寫作《簡莊疏記》時的冷静客觀，在《禮記參訂》中言語更爲激烈，更顯意氣用事。

　　（黄漢，北京大學中國古文獻研究中心、北京大學中文系古典文獻學博士研究生）

《求古録禮説》版本考述

黄益飛

[摘　要]《求古録禮説》是清代著名學者金鶚的未竟著作,《求古録禮説》現存的刻本有陸刻本、孫刻本、續經解本、潘刻本、《滂喜齋叢書》本,此外還有盧本、王本兩個抄本見於王士駿的校勘記。通過對各個版本的比較研究,可知孫刻本是目前所見內容相對完整、校勘品質較高的刻本,故被收入《續修四庫全書》中;《滂喜齋叢書》本則增加了三篇不見於諸刻本的佚文,使《求古録禮説》的內容更加完備。

[關鍵詞]　求古録禮説　陸刻本　孫刻本　《滂喜齋叢書》本

金鶚是浙江臨海人,生於乾隆三十六年(1771),卒於嘉慶二十四年(1819),是乾嘉時期著名學者,尤精於三禮之學,其著作《求古録禮説》以其論述之精、學術價值之高,廣爲學者所稱道。可惜的是,《求古録禮説》是金氏未竟之作,金氏生前也没有完整的校定本,目前所見的諸種刻本版本情況複雜,[①]又皆非足本,且各有訛謬脱奪,因此學術界亟需一部内容完整的《求古録禮説》點校整理本。有鑒於此,筆者主持點校了《求古録禮説》。在點校的過程中,筆者反復比對了諸刻本,對諸本的成書、特點、優長有了一定的認識,現根據點校整理工作的實際情況,對《求古録禮説》的版本及相關問題略作考述。

一、《求古録禮説》成書及卷次

金鶚在就讀詁經精舍期間,已有著作入選《詁經精舍文集》。需要説明的是,嘉慶六年(1801)刊刻的八卷本《詁經精舍文集》未收金鶚的作品,次年刊刻的十四卷增補本《詁經精舍文集》(即文選樓叢書本)收録了金鶚的十一篇論作,包括《史記太初元年歲名辨》《禹都考》《千乘之國出車考》《招搖在上解》《釋咎》《釋庸》《釋貫》《釋祇》《釋葵》《漢唐以來書籍制度考》《緯候不起於哀平辨》等篇,這十一篇皆見於陳奐整理、陸建瀛刊刻的《求古録禮説》中。除收入《詁經精舍文集》諸篇之外,在金鶚生前其著作未見結集刊行。

金鶚於嘉慶二十四年去世之後,其子金城於道光十六年(1836)曾“就行篋中檢存十數卷,僅加次録,擬付剞劂”。金城檢存的“十數卷”應即持送陳奐的十二卷本書稿(詳後)。

金鶚去世之後,以陳奐爲代表的學者尋訪其遺稿的工作未曾停歇。據陸建瀛所刻《求古

*　本文是“古文字與中華文明傳承發展工程”資助項目“商代禮制研究”(G 3615)的階段性成果。

① 柳向春:《金鶚〈求古録禮説〉刊刻源流述略》,《中國典籍與文化》2005 年第 1 期,第 35—39 頁。

録禮説》(即陸刻本)陳奂的跋文,金鶚去世之時,稿本留藏在時任禮部尚書汪廷珍(字瑟菴)處。汪廷珍去世之後,陳奂曾致書王引之(字伯申)詢問金鶚遺稿,王引之在回信中説,金氏遺稿被阮元之子阮福(字小芸)"携至粤東經解局"。陳奂曾核查《皇清經解》目録,然《皇清經解》並未收録金氏《求古録禮説》。其後阮福和王引之相繼去世,被阮福帶到經解局的金氏遺稿亦不知所踪。同時,陳奂還托臨海鄰縣黄岩縣任知縣的堂弟陳煇尋覓金氏遺稿,未果。

《求古録禮説》雖未刊行,但屢見時人引用。胡承珙的《毛詩後箋》即引用了金氏《求古録禮説》的稿本,胡承珙還抄録了其中的兩卷和《鄉黨》一篇。道光二十三年(1843),陳奂訪得金鶚子金城,得知《求古録禮説》全稿藏在其家。① 後金城持《求古録禮説》書稿送至杭州陳奂處。金城在致陳奂的信中言道:"兹呈《求古録禮説》一函,計七本,前五本先人所手訂,二本在都時日著呈政瑟菴先生者。餘約六卷,尚存舍間,並未謄清,俟回臺後録呈。此十二卷並無别本,幸勿遺失。"② 這是當時學術界第一次瞭解到金鶚《求古録禮説》全書的詳情。

由金城致陳奂信中的叙述可知,金城所存書稿包括三個部分:第一部分是前五本金鶚手定本,這一部分應該是十卷(也即陸刻本卷一至卷十)。第二部分是兩本没有謄清的稿本,這兩本是在汪廷珍府邸寓居之時所作,是與汪廷珍析問疑難、往復辯論的未定本。這一部分金城分爲兩卷,前兩部分一共是十二卷,第三部分是未謄清的約六卷本。下面我們對金城自存稿本略作説明。

(一)金城自存稿本的情況

1.前五本

前十卷應是金鶚赴京之前所作、親自改定的稿本。陳奂於《求古録禮説・目次》卷十下注云:"子完書中云:前五本先人所手訂者也。"金城所存的稿本應係金鶚的最終改定稿,從王士駿後來從盧鴻年處購得的何氏抄本(王士駿稱爲盧本)的前十卷來看,與金城自存定本相比,盧本不僅異文甚多,而且篇目較金城自存本多,如卷四多出《齋必變食説》一篇,目次亦與金城自存本有所不同,如卷一《宗廟祭祀時月考》《天子四廟辨》《釋穀》三篇盧本在卷二。前十卷在成稿之前,其稿七八易,王士駿認爲盧本乃"未定之稿也",當屬可信。

總體而言,金城自存的前十卷是相對完整,應是金鶚精選之作。

2.後兩本

金城在信中説:"二本在都時日著呈政瑟菴先生者。"陳奂於《求古録禮説目次》卷十四下注云:"子完書云:二本在都時著,餘六卷未謄清者也。六卷未及見,二本又爲友人借遺一本,孰爲可恨。依涇胡墨莊承珙録本補編。"兩相對照,知最初金鶚《求古録禮説》成稿有一函七本共十二卷,前五本共十卷。後兩本係金氏寓居京師汪廷珍府邸期間所著,兩本似各爲

---

① 柳向春:《陳奂交遊研究》附録一《陳奂交遊年譜》,上海:華東師範大學出版社,2010年,第396頁。
② 金城:《金城原書》,金鶚:《求古録禮説》,濟南:山東友誼出版社,1992年,第15頁。

一卷。後兩本被王捷南借走之後,丟失了一本,此即陳奐在《求古録禮説目次》自注中所説的"借遺一本"。此一函七本十二卷,實餘十一卷。

王捷南是福建人,據趙之謙《求古録禮説補遺》跋,趙之謙居閩期間曾尋訪王氏藏本,云"毀久矣"。所幸這兩本胡承珙曾録有副本,陳奐又從胡承珙處抄録。金鶚在京師期間的著作,應較金城所輯後兩本未定稿的内容要多,陳奐編定的《求古録禮説》第十五卷即從胡承珙抄本中輯録了四篇不見於金城目録的論作,即是其證。

除了上述十二卷之外,金城在致陳奐的信中説:"餘約六卷,尚存舍間,並未謄清,俟回臺後録呈。"金城將十二卷本持送陳奐之後就返回臺州臨海家鄉,不久金城去世了,因此録呈六卷未謄清本給陳奐的願望未能實現,陳奐在《求古録禮説目次》的自注中也説"六卷未及見"。這六卷篇目見於陳奐整理的《求古録禮説目次》"附缺" 部分,這一部分一共三十三篇,這裏可能還包括被王捷南遺失但不見於胡承珙抄本的部分篇目。

此外陳奐在整理之時,還將散見於各篇注文中的有篇名但不見於金城目録的十六篇以"附佚目"的形式附在目次的最末,便於瞭解《求古録禮説》的全部篇目。

(二)金城目録的分卷

根據陳奐《求古録禮説目次》自注,金城所編定的《求古録禮説》目録一共二十卷。根據金城致陳奐的信和陳奐《求古録禮説》跋文可知,金城呈給陳奐的一函七本爲十二卷,前五本爲十卷,後兩本則每本一卷。陳奐整理的《求古録禮説》前十卷是按金城目録分卷,應無疑問。後兩本可能被陳奐分成了四卷,陳奐在《求古録禮説目次》自注:"卷十一之十四,子完書云:二本在都時著,餘六卷並未謄清者也。"大概是由於後兩本體量過大,因此陳奐將其分成四卷。從陸刻本前十卷與十一至十四卷的體量看,十一至十四卷各卷平均頁碼較前十卷多,因此,陳奐將金城的後兩本分成了四卷,一共十四卷。再加上未謄清的六卷,一共是二十卷,與陳奐所述"子完目録共二十卷"相合。也就是説,陳奐所謂的"子完目録共二十卷",應該是陳奐分完篇之後的卷數,金城的原目或是十八卷,即金鶚手定十卷,在京師所著兩卷未定稿,還有未謄清的六卷稿本。在京師所著兩本,每卷容量較前十卷大出許多,陳奐將其析爲四卷。

二、《求古録禮説》前十六卷的版本

《求古録禮説》前十六卷有刻本和抄本兩種。目前所知的刻本有三個:第一個刻本是陸建瀛刻本,即陸刻本。目前所見陸刻本有兩種印本:一爲王棻所藏的十六卷本,王士駿《求古録禮説校勘記》稱之爲元本。據王士駿《求古録禮説校勘記》後記,該本無陸建瀛、廖鴻荃的序和陳奐的跋。一爲清道光三十年(1850)嘉平木犀香館所刻《求古録禮説》十六卷本,該本前有陸建瀛、廖鴻荃的序文,後有陳奐跋文。陸刻本是目前所見最早的刊本,晚清時期書版已毀,但有刊本傳世。國家圖書館所藏本即是道光三十年陸建瀛刻本(下文稱之爲"國圖陸刻本"），該本曾影印出版。①第二個刻本是清光緒二年孫憙以王菉藏十六卷本並潘祖蔭所刻《禮説補遺》合爲十七卷，題爲《求古録禮説十五卷鄉黨正義一卷補遺一卷》（下文簡稱"孫刻本"）。第三個刻本是南菁書院所刻《皇清經解續編》本《求古録禮説》，該本只將前十五卷稱爲《求古録禮説》，而將《鄉黨正義》一卷獨立成編（下文簡稱"續經解本"）。

《求古録禮説》的抄本爲數不少。趙之謙在《求古録禮説補遺》跋中説"子莊言，君書稿凡七八易，未知孰爲定本"。王士駿在校勘《求古録禮説》的後記中説"聞先生此書稿凡數易"。此外還有不少傳抄本。王士駿校勘孫刻《求古録禮説》即參考了兩個抄本。一是從盧鴻年處購的何氏抄本（王士駿稱之爲盧本）。盧本第十一卷之後文不備，而且異文較多，因此既非足本，也非定稿。一是從王菉處借得的卷十三和卷十四兩卷的殘本（王士駿稱之爲王本）。王士駿言："審其字同出一手，疑即金氏原稿，未可定也。"這兩個是金鶚在修訂書稿過程中產生的兩個手抄本。這兩個手抄本不僅異文甚多，而且目次也與陸刻本不同。王士駿在校勘記中悉數録出了盧本和王本這兩個手抄本的全部異文。

此處，我們重點討論《求古録禮説》三個刻本。

（一）陸刻本

根據陳奐的跋，陸刻本是根據陳奐整理本刻印的，因此十六卷本的《求古録禮説》是陳奐所編定，尤其是第十五卷從篇目到內容皆超出了金城所存稿。在此之前並無十六卷本的《求古録禮説》。因此王菉所藏的十六卷本也應是陳奐的整理校定本。從王士駿後記來看，王菉所藏十六卷本即是陸刻本。王士駿言："子莊別藏殘本，……二卷爲一册其卷爲十三、十四，編次與陸刻殊。《郊乘大路》諸篇即潘氏《補遺》所本，餘七篇中多點竄，有始義與陸刻同而改從它説者，有初用它義而改與陸刻同者。"後又言："爰據舊刻，參以二本，異文悉録出，間亦斷以己意。舊刻訛謬，二本可據者，依以更正。"是王士駿所謂的舊刻即陸刻本，亦即校勘記中所説的元本，二本即盧本和王本。王士駿校勘記中多言"元本"，偶言"陸刻本"，如卷四《王日一舉解》篇校勘記中有云："駿案：盧本增多大小一百三字，説更曉暢。陸刻本節去者，以《注》有'詳《齊必變食説》'句，此篇陸刻所無，逸目亦不載，故節去以完其例，不知無此一段，下文云云有似武斷，非確解也。"此條校記所指的陸刻應該都是王菉所藏十六卷本（即元本）。

但從王士駿校勘記所録元本和今所見國圖陸刻本來看，二者還有差別。

其一，前文已述，元本無陸建瀛、廖鴻荃的序和陳奐的跋。國圖陸刻本則有陸、廖二序及陳奐跋。

其二，有元本訛誤而國圖藏陸刻本不誤者，如卷一《釋穀》篇"古文閒與幹通"，元本"閒"誤作"澗"，國圖陸刻本則作"閒"；卷三《屋漏解》一篇，"曾子問"元本誤"問"作"門"，國圖陸刻本則不誤；卷六《釋貫》篇"遺從辵，習於足也"，元本"足"誤作"反"，國圖陸刻本不

---

① 金鶚：《求古録禮説》，濟南：山東友誼出版社，1992年。

誤；卷六《禜祭考》篇"設綿絶爲營"，元本誤作"錦"，國圖陸刻本不誤；卷九《孔子弟子考》"子襄之"，元本誤作"之襄"，國圖陸刻本不誤。

其三，有元本不誤而國圖陸刻本誤者。如卷五"四郊小學"，國圖陸刻本誤作"西郊小學"，而元本不誤。

雖然有上述差別，但整體上看二者還是非常接近的，只有序跋的有無和個別文字的差別，具體來説元本的訛誤明顯比國圖陸刻本多一些。因此，筆者推測元本雖亦爲陳奐校定、陸建瀛刊刻本，但成書應較國圖陸刻本早，國圖陸刻本的書版似是在元本書版的基礎上修訂而成，因而國圖陸刻本改正了一部分元本的錯誤，但是也有部分誤改的內容。整體上看，國圖陸刻本較元本完善一些。

（二）孫刻本

該本是清光緒二年孫熹以王棻藏本十六卷並潘祖蔭所刻《禮説補遺》合爲十七卷，重新刊刻，該本被收入《續修四庫全書》中。

從形式上看，孫刻本和國圖陸刻本版式一致，皆爲十行本，行二十一字。其中孫刻本的陳奐跋是王蜺補録，版式亦與國圖陸刻本不同。國圖陸刻本的陳奐跋是十行本行二十一字，孫刻本的陳奐跋則是十行本行二十字。

從內容上看，孫刻本較國圖陸刻本增多了孫熹序、郭協寅《金誠齋先生傳》，在《附缺》諸篇中，凡見於《補遺》者皆注出，又將金城目録不載而篇名見於書中各篇注者以"附佚目"的形式附在《附缺》之後，還增補了潘祖蔭《求古録禮説補遺》，內容較國圖陸刻本完整。孫刻本還校正了不少國圖陸刻本的錯誤，堪稱善本。

但孫刻本亦有不足之處，如陸建瀛序，孫刻本的與國圖陸刻本雖然皆爲十行，但仍稍有差別。孫刻本的陸建瀛序與國圖陸刻本的陸序文末所署日期格式不同，國圖陸刻本作"庚戌冬十有二月"，孫刻本作"時庚戌冬十有二月"，孫刻本較陸刻本多一"時"字。孫刻本的陸序是王蜺所補録，而國圖陸刻本的陸序則是陸建瀛親自作序，陸序自應以陸刻本爲是。

（三）續經解本

續經解本較陸刻本和孫刻本晚出，但與二本相比，却並非善本。

首先，續經解本爲保持全編體例統一，删去了所有序跋、目次，只取正文，而且改用十一行本行二十四字。

其次，國圖陸刻本、孫刻本卷十四、十五有五篇論作，續經解本未收。這五篇是卷十四的《史記太初元年歲名辨》《段先生説文注質疑》二篇，卷十五的《漢唐以來書籍制度考》《緯候不起於哀平辨》《封禪辨》三篇。續經解本所删汰者，如《史記太初元年歲名辨》《漢唐以來書籍制度考》《緯候不起於哀平辨》三篇，所釋論者皆漢唐以後制度，而非先秦古禮，故續經解本未收。《段先生説文注質疑》一篇主旨是辨析當朝著名學者段玉裁的《説文解字注》而作,段氏居説文四家之首,注解《説文》自成一家,金氏所疑者亦未必盡爲確解,故續經解本亦未收入。《封禪辨》一篇説先秦封禪之禮,似應收入,而續經解本未收者,未知何故。

第三,續經解本校改正文之處頗多。續經解本充分吸收了王士駿的校勘成果,對正文的訛誤進行了訂正。王士駿的校勘記抄録了盧本和王本的異文,有些異文學術價值較高,王士駿也給予了肯定。續經解本根據王士駿的校勘意見,對陸刻本的正文進行了較多的校定删改。如第一卷《廟在中門内説》篇,金鶚爲駁漢儒所謂的宗廟在中門之外的認識,列舉了五條證據佐證其説。國圖陸刻本和孫刻本前曰"請列五證以申明之",後舉證五條,前後呼應。未定抄本盧本前曰"請列六證以申明之",其後所列證據却只有五條,在"其證三也"之後即爲第五條證據"其證五也"。換句話説,盧本前文説有六證,實則只舉了五條證據,第四條證據則未列出,這充分説明盧本是未定稿本。與陸刻本的五條證據相比,盧本所列五條證據中第一、二、三、六條與陸刻本相同,而陸刻本第四條證據和盧本第五條證據又不相同,但陸刻本所列五條證據和盧本所列五條證據除去相同的四條,兩者二者相加恰爲六條證據。王士駿反復校讀了陸刻本和盧本所列證據,認爲陸刻本的"五證"應爲"六證"之誤,將陸刻本的第四條證據補入盧本,即是完整的六條證據。王士駿的説法是有道理的,但是否符合作者的原意則未可知。由於陸刻本是金鶚生前手定本,而且論證前後呼應,而盧本則是未定稿,校勘、翻刻皆應以陸刻本爲准。然而續經解本則依據王士駿的校勘記改動了正文,將前面改爲"六證",中間補充了盧本的第五條證據。雖然所改正文有王士駿校勘記作爲依據,但畢竟有代作者著述之嫌。

事實上,王士駿校勘記雖然參照了盧本、王本等未定稿本,並録出了諸本的異文,但於改動正文却慎之又慎,凡改動之處皆於校勘記中標明。正如其王士駿在《求古録禮説校勘記》所説"凡舊刻訛謬、文義顯然及有它書可據者,徑行改正。字有衍、奪,則於記中標出,於正文不加補削,有疑義者亦如之"。續經解本根據王士駿校勘記所録異文及王士駿的校勘意見對正文進行了大量的删改,但囿於全編的體例,未對所改正文進行説明。因此,續經解本雖然晚出,但不能算作善本。

三、《求古録禮説補遺》的版本

目前所見《求古録禮説補遺》有三個刻本,一是同治六年(1867)潘祖蔭刻本(下文簡稱"潘刻本"),該本經修訂又收入《滂喜齋叢書》(下文簡稱"《滂喜齋叢書》本");一是孫刻本,據孫熹序,孫刻本是據潘祖蔭刻本翻刻而成;一是續經解本,續經解本則是以孫刻本爲底本翻刻而成。

(一)潘刻本與《滂喜齋叢書》本

據潘祖蔭序和趙之謙跋,潘刻本所據底本是從王菜所藏第十三、十四卷殘本(即王本)中所得的七篇佚文。潘刻本雖是《求古録禮説補遺》最早的刻本,但並非善本,訛誤較多。有些訛誤爲王本有誤而潘本因之而誤,如《郊乘大路解》篇引《禮記·禮器》文"大路而越席","禮器"王本誤作"祭器",潘刻本因之而誤。有王本不誤,而潘刻本訛誤者,如《郊乘大路解》引《書·顧命》文"大路在賓階西面",王本不誤,而潘刻本奪"西"字。

在收入《滂喜齋叢書》之時,潘氏對部分訛誤進行了挖補修改。如《祊繹辨》篇之"但以酒酌奠",潘刻本奪"酌"字,《滂喜齋叢書》本挖補了"酌"字,致使該行多出一字。《祊繹辨》篇之"則絶不類矣",潘刻本"不"字與"類"字中間衍"相"字,《滂喜齋叢書》本即挖去了"相"字。《祊繹辨》篇"而謂正祭之祊假繹祭而名",潘刻本"謂"訛作"爲",《滂喜齋叢書》本改"爲"作"謂"。亦有挖而未及改者,如《郊乘大路解》引《書·顧命》文"大路在賓階西面",潘刻本奪"西"字,《滂喜齋叢書》本在"階"字與"面"字之間挖出一字空白,但挖而未補。這些挖改可能是參考了孫刻本和王士駿的校勘記。但《滂喜齋叢書》本亦有因潘刻本之誤而未及改者,如上引《郊乘大路解》篇引《禮記·禮器》文"大路而越席","禮器"潘刻本誤作"祭器",《滂喜齋叢書》本亦沿潘刻本而誤。

總體而言,《滂喜齋叢書》本較潘刻本減少了一些訛誤,但亦非最理想的本子。需要説明的是,《滂喜齋叢書》本還補充了《求古録禮説補遺續》,其中收録了由管禮耕搜獲的《鄉射用獸侯説》《天子營國之制考》《周南召南名義解》《齊必變食説》四篇佚文,這四篇佚文雖不見於潘刻本和孫刻本,却在金城二十卷目録之中(陳奐的《求古録禮説目次》中皆列入"附缺")。

(二)孫刻本

孫刻本是以潘刻本爲底本翻刻,孫刻本經過了王士駿等人的仔細校勘。校勘之時,王士駿等不僅參考了潘刻本所據的底本——王萊所藏殘本,還做了大量細緻的考證工作,因此改正了不少潘刻本的錯誤,如上揭《禮器》篇,潘刻本誤作"祭器",孫刻本已改正。《祊繹辨》"而謂正祭之祊假繹祭而名",潘刻本"謂"誤作"爲",孫刻本已改正。《祊繹辨》篇之"但以酒酌奠",潘刻本奪"酌"字,孫刻本已補正。《祊繹辨》篇之"則絶不類矣",孫刻本亦皆不誤。孫刻本畢竟是根據潘刻本翻刻的,因此也沿襲了部分潘刻本的錯誤。有王本不誤,潘刻本訛誤,孫刻本亦沿潘刻本而誤,如《郊乘大路解》引《書·顧命》文"大路在賓階西面",王本不誤,潘刻本奪"西"字,孫刻本亦沿潘本而誤。總體而言,孫刻本是較爲理想的本子。前述國圖陸刻本的影印本之後即附上了孫刻本的《求古録禮説補遺》。

孫刻本的趙之謙跋和篇目亦較潘刻本完善。孫刻本的趙之謙跋與潘刻本的趙之謙跋從格式到内容都有區别。從形式上看,潘刻本的趙跋附於《日祭月祀辨》一篇之後,每行都上空一字以示與正文的區别。孫刻本的趙之謙跋雖然也是每行之上都空一字,但不附於補遺正文之後,而是另起一頁,並加標題"趙跋"。從内容上看,潘刻本的趙跋認爲辛酉之變時,金鶚孫已去世。然而趙氏的訊息並不準確,因此孫刻本的趙跋中王士駿以按語的形式加以糾正,王士駿云:"駿案:辛酉之變,先生孫不死。亂後,江浣秋茂才猶見之。"是二者之别。因此,孫刻本無論從形式上還是内容上均優於潘刻本。

潘刻本《求古録禮説補遺》無《齊必變食説》一篇,孫刻本《求古録禮説補遺》的《齊必變食説》篇係據盧本補入,唯《齊必變食説》篇盧本在卷四,而孫刻本附入補遺。《滂喜齋叢書》本《求古録禮説補遺續》中則收録了《齊必變食説》一篇,比較孫刻本《齊必變食説》篇與《求古録禮説補遺續》的《齊必變食篇》,後者没有小字注文,而且正文有訛誤。亦不如孫刻本完善。

(三)續經解本

從内容上看,續經解本應是以孫刻本爲底本翻刻,凡孫刻本改正潘刻本處亦皆改正,凡孫刻本誤者亦多沿之而誤。亦有孫刻本誤,而續經解本改正者,如《八音次序説》篇"且始西而終東者"一句,孫刻本誤"東"爲"束",續經解本即不誤。亦有孫刻本不誤而續經解本訛誤者,如《八音次序説》"朔鼙祭楝"句,金氏自注"本陳氏《禮書》《律吕正義》",續經解本誤"陳氏"爲"鄭氏"。

續經解本充分吸收了王士駿兩次校勘成果,改正了個别孫刻本誤改之處。如《祊繹解》引《説文・示部》:"祶,門内祭先祖,所彷徨。"王本、潘刻本"所"下皆無"以"字,王士駿《校勘記》據桂馥本《説文》以爲"所"後奪"以"字,孫刻本即據王氏的校勘意見補充了"以"字。後來王士駿發現金鶚所據可能爲段玉裁本《説文》,而非桂馥本説文。因此,王士駿在《續校勘記》即糾正了之前的誤校,王氏云:"潘本、王本無'以'字,前據桂氏本《説文》補。案:段本《説文》無此字,蓋金氏所據。深悔前補失考,附見於此,以志吾過。"續經解本即據王士駿《續校勘記》删"以"字。

續經解本校勘較爲精詳,但續經解本《求古録禮説補遺》按照全編的體例删去了潘祖蔭的序和趙之謙的跋,所以並非完本。

根據上文的討論可知,陸刻本是最早的刻本,也是孫刻本和續經解本的祖本,更是《求古録禮説》得以傳世的關鍵,具有重要的學術史意義。孫刻本是根據陸刻本翻刻的,不僅增加了《金誠齋先生傳》、對陸刻本的目次進行了補充完善、對陸刻本的錯誤進行了改正,同時收録了潘刻本的補遺部分,增補了從盧本中輯出的《齊必變食説》一篇,因此無論從内容完整性,還是校勘品質均優於陸刻本和潘刻本。《滂喜齋叢書》本的《求古録禮説補遺續》補充了四篇佚文,其中三篇不見於孫刻本,使《求古録禮説》的内容更加完備。續經解本最晚出,是根據孫刻本翻刻,同時充分吸收了王士駿的校勘成果,但是續經解本删去了孫刻本所有的序跋,而且改動原文之處甚多,因此續經解本雖然後出,却不是最理想的版本。

(黄益飛,中國社會科學院考古研究所副研究員)

論曹元弼《禮經校釋》的詮釋特色

聶　濤

[摘　要]　曹元弼《禮經校釋》一書在釋義上的最大特色與出彩之處，即是對鄭注的發微和對《儀禮》禮義的揭示，此二者實一體兩面，互相關聯。一方面曹元弼循鄭學脉絡，往往於申述鄭注之中，凸顯禮經大義；另一方面又時常藉由禮義的詮釋，以彰明鄭注之精微。其具體表現爲注重申發鄭注之隱義、發揮鄭玄"依經立義"之說、通過禮例發揮鄭注微義和對禮義的揭示與發明等方面。分析爬梳曹元弼《禮經校釋》的詮釋特色，將有利於學界更好地理解曹元弼禮學觀點及其所取得的成就。

[關鍵詞]　曹元弼　禮經校釋　詮釋特色

　　曹元弼（1867—1953）作爲清末民初著名經學家，治學以禮爲核心，融會群經，藉由禮教大義的弘揚以維持綱常名教，是以猶重禮經大義的弘揚。其《禮經校釋》22 卷，始於光緒九年（1883），成於光緒十七年（1891）。"專爲學者通疏文、達注意、解經有所適從而作"，[①]爲其禮學研究代表性成果。此書名曰"校釋"者，"校者，校經注疏之譌文；釋者，釋經注疏之隱義"。[②]其撰述宗旨，曹氏曰：

　　　　阮氏元《儀禮校勘記》、胡氏培翬《儀禮正義》集其大成。但阮氏校各本異同，而衆本並譌，則未及讀正，學者於疏文，仍不免隔閡難通。胡氏依注解經，而於注之曲尋道意、迥異俗説者，或反以爲違失而易之。又多采元敖繼公、明郝敬兩妄人説，而引賈《疏》特少，時議其非。皆其千慮之失也。元弼年十五，初治是經。十七，先妣倪大恭人授以胡氏《正義》，沈研鑽極，蓋亦有年。憫賈氏之書條理詳整，而剝蝕叢殘，沈薶千載。平心讀之，順其上下，推其本意，正譌補脱，乙衍改錯，不下千餘處，爲賈《疏》後校而後賈免於誣。又以胡氏之書體大思精，深恐小疵或累大純，取其所引各説，異於注者，推其致誤之由，爲《正義》訂誤而後經義不爲異説所淆。[③]

　　可見此書在校勘方面，欲補阮元《儀禮注疏校勘記》之闕失，在釋義上則欲糾胡培翬《儀

＊　本文是中國博士後科學基金第 73 批面上資助項目（2023 M 731740）的階段性成果。

①　〔清〕曹元弼著，周洪校點：《禮經學》，北京：北京大學出版社，2012 年，第 410 頁。
②　〔清〕曹元弼：《禮經校釋》卷首《南書房翰林覆奏》，《續修四庫全書》第 94 册，上海：上海古籍出版社 2003 年影印光緒刻本，第 113 頁上欄。
③　〔清〕曹元弼：《禮經校釋叙》，第 528 頁下欄。

禮正義》對鄭注之違失。此因曹氏不滿於胡氏《儀禮正義》中附注、訂注之"例"，以爲"鄭義廣大精微，非後人所當輕議"，"竊欲精研鄭《注》，以上達周公、孔子之神恉"，[①]故在釋義上與胡氏《正義》隨文釋義的"新疏"體例相區別，乃針對《正義》中鄭注之外的異義或糾紛難明之經文的釋解，維護和發揚鄭學的立場明顯。有關曹氏此書校勘特色與成就，筆者前曾撰有《曹元弼〈禮經校釋〉的校勘特色與其所受經學觀念的影響及評價——以〈禮經校釋〉中"喪禮"三篇爲例》一文予以討論，可以參看。[②]惟其釋義部分，學界雖有涉及，但論述尚不夠系統深入，[③]故本文針對其釋義特色詳爲討論，以求教於方家。

一、注重申發鄭注之隱義

　　鄭注簡奧，初學讀之往往不得要領，曹氏往往能在領會鄭注精神的基礎上，作進一步的申發，從而爲後學更好地凸顯鄭注禮義。如《儀禮·鄉射禮》中，"主人戒賓。賓出迎，再拜。主人答再拜，乃請"一節，鄭注云："告賓以射事，不言拜辱，此爲習民以禮樂，不主爲賓己也。"[④]這裏鄭注"不言拜辱"，乃是針對《鄉飲酒禮》中"主人戒賓，賓拜辱。主人答拜，乃請賓"的儀節，同是請賓，一言拜辱，一不言拜辱，鄭玄認爲《鄉飲酒禮》的拜辱，是賓"出拜其自屈辱至己門"，表達對主人自屈尊的感謝，因鄉飲酒禮主要在尚賢能，主人以賓禮相待，故賓出而拜辱；反觀鄉射禮，按《禮記·射義》所言："古者，諸侯之射也，必先行燕禮；卿大夫之射也，必先行鄉飲酒之禮。故燕禮者，所以明君臣之義也；鄉飲酒之禮者，所以明長幼之序也。"[⑤]又鄭玄《三禮目録》稱《鄉射禮》爲"州長春秋以禮會民，而射於州序之禮"，[⑥]足見舉行鄉射禮的禮意在會民行禮，使民"觀德行，講道義"。是以鄭玄以"習民以禮樂，不主爲賓己"釋之。正因鄭玄熟知鄉飲酒禮與鄉射禮兩種禮意的不同，故能取彼釋此，彰顯經文細微的差別。讀者如果不具備對這兩種禮典的基本認知與對鄭注的熟悉，則對此處鄭注的微義將會有所不明。如盛世佐即認爲："《鄉飲酒禮》兩云'賓拜辱'，此則云迎送者，拜辱明其意，

---

① 〔清〕曹元弼：《禮經校釋》卷一，第 115 頁上欄。

② 載虞萬里主編：《經學文獻研究集刊》第 22 輯，上海：上海書店，2019 年，第 215—247 頁。

③ 學界有關曹氏禮學的研究，多注重於《禮經學》一書，其《禮經校釋》，現有研究如鄧聲國《清代〈儀禮〉文獻研究》（上海：上海古籍出版社，2011 年）、蔣鵬翔《論曹元弼校勘〈儀禮〉的成績及其意義》（《經學文獻研究集刊》第 16 輯，上海：上海書店出版社，2017 年，第 251—261）關注其校勘；張文《曹元弼〈禮經校釋〉學術價值探微》（《中國經學》第 27 輯，桂林：廣西師範大學出版社，2020 年，第 47—62 頁）對曹氏校勘、釋義皆有介紹，但稍嫌簡略；在釋義方面的研究，以郭超穎《曹元弼〈儀禮〉學研究中的幾個問題》（郭超穎：《〈儀禮〉文獻探研録》，北京：人民出版社，2020 年，第 159—179 頁）一文爲代表，指出曹氏在鄭玄禮義的申發上貢獻極大，惜論述較零散。

④ 〔漢〕鄭玄注，〔唐〕賈公彥疏：《儀禮注疏》卷十一，臺北：藝文印書館重刊宋本《十三經注疏》附《校勘記》，1976 年，第 109 頁上欄。

⑤ 〔漢〕鄭玄注，〔唐〕孔穎達正義：《禮記正義》卷六十二，臺北：藝文印書館重刊宋本《十三經注疏》附《校勘記》，1976 年，第 1014 頁上欄。

⑥ 〔漢〕鄭玄注，〔唐〕賈公彥疏：《儀禮注疏》卷十一，第 109 頁上欄。

迎送指其事，無異也。注說似求之過矣。"①《儀禮正義》引之而無駁。對此，曹氏申之曰：

> 彼爲賓己，禮主於一人，其義隆，故重之而曰"拜辱"。此習民以禮樂，禮不主於一人，其義殺，故但言迎送而已。禮有事同而義異者，此類是也。盛説非。②

　　曹氏從賓主關係以及禮典歸屬的角度，對鄭玄該注的禮義做了進一步的申發。所謂"彼爲賓己，禮主於一人"，正是說明鄉飲酒禮乃爲賓而設，賓爲禮典活動的中心，禮意隆重，面對主方的邀請自當謙讓推辭，故言"拜辱"，拜其專爲自己而來；而鄉射禮的目的在"習民以禮樂"，此禮典活動並非專爲賓而設，是"禮不主於一人"，故不需特意"拜辱"以回禮，但言迎送而已。最後，曹氏將此類歸納爲"禮有事同而義異者"的禮例，從理論提煉的層面幫助讀者做了更好的理解。

　　《儀禮》中有多處涉及主人"崇酒"的儀節，如《鄉飲酒禮》："主人坐奠爵於序端，阼階上北面再拜崇酒。賓西階上答拜。"《鄉射禮》："主人坐奠爵於序端，阼階上再拜崇酒。賓西階上答再拜。"以上儀節爲賓在得主人獻酒後，賓回敬主人，主人飲畢之後將爵放於東序南端，在阼階行再拜禮，感謝賓崇酒。對此兩處儀節，鄭玄在"崇，充也"的前提下，或曰"言酒惡，相充實"，③或曰"謝酒惡相充滿"。④總之，鄭玄認爲主人"崇酒"是指自己所備酒薄粗惡，不足以讓賓充實，感謝其不辭鄙陋之意，以回應此前賓答"告旨"（稱酒美味）的行爲。

　　然而對於"崇酒"的理解，後人與鄭玄多有不同。如敖繼公認爲"崇，重也，謂賓崇重己酒，不嫌其薄而飲之既也，故拜謝之。"對此，《儀禮正義》引盛世佐之言曰："詳注意，蓋謂以惡酒充賓腹，故拜以謝也。於經義未爲大失，然訓崇爲充，充字並無酒惡之義，勢必添字乃通，固不如敖氏之直截也。"《儀禮正義》於盛説之後，亦曰："主人崇酒當賓之告旨，主人獻賓而賓告旨，重主人之旨酒飲己也。賓酢主人，而主人崇酒，酒，己物也。卒爵而拜，重賓之不嫌其薄而飲之既也。"⑤可知盛氏、胡氏皆贊成敖説。此外，清初姜兆錫另有一種説法，他說："崇之言隆。謂之崇酒者，謝賓酢之隆施耳。"盛世佐、黃以周皆以爲可從，《儀禮正義》亦摘録之。黃氏《禮書通故》認爲："拜崇酒者，酒本己物，此重其酒自賓酢而拜之也。"⑥

　　考上述諸家的立論出發點，乃基於鄭玄訓"崇"爲"充"，而"充"並無酒惡之義這點，轉而訓"崇"爲"重"或"隆"，從而將此句的理解重心由主人轉移到賓的身上。但是通觀《儀禮》可以發現，凡涉及酒食待客之禮，主人對賓崇酒，表達感謝，是出於宴請主方的自謙，擔心

① 〔清〕盛世佐撰，袁茵點校：《儀禮集編》卷五，杭州：浙江大學出版社，2022 年，第 219 頁。
② 〔清〕曹元弼：《禮經校釋》卷五，第 178 頁上欄。
③ 〔漢〕鄭玄注，〔唐〕賈公彥疏：《儀禮注疏》卷八，第 84 頁下欄。
④ 〔漢〕鄭玄注，〔唐〕賈公彥疏：《儀禮注疏》卷十一，第 112 頁下欄。
⑤ 〔清〕胡培翬撰，胡肇昕、楊大堉補，張文、徐到穩、殷嬰寧校點：《儀禮正義》卷五，北京：北京大學出版社，2016 年，第 263 頁。
⑥ 〔清〕黃以周撰，王文錦點校：《禮書通故》，北京：中華書局，2010 年，第 1033 頁。

自己酒食粗惡無法令客人盡歡。這與時至今日，中國人在請客時，無論酒食多麼豐盛，主方仍習慣以"一點薄酒，招待不周"來答謝賓客的心理是相通的。如果訓"崇"爲"重"或"隆"，以賓崇重己酒而拜謝，則有妄自尊大的嫌疑，與禮學"自謙而敬人"的精神不符。那麼到底如何理解鄭玄的説法呢？曹氏對此認爲：

> 實，猶滿也。《少牢》經曰："皇尸未實。"蓋食之飲之，皆欲其充實飽滿，賓、尸一也。故《詩》曰："既醉以酒，既飽以德。"主人之意，惟恐酒惡不足以實賓，而賓飲之既，且告之旨，故拜謝之。孔子曰："少施氏食我以禮，吾祭，作而辭曰：'疏食不足祭也。'吾飧，作而辭曰：'疏食也，不足以傷吾子。'"疏食即謝酒惡之意，祭與飧則充實也。崇酒猶言實酒，盡爵成禮之義也。謂之崇酒者，先王法度之言，如此充字無惡義，而拜充酒之故，則謝酒惡與賓之告旨相應。告旨可以觀敬，崇酒可以觀忠，《詩》曰："雖無旨酒，式飲庶幾。"此之謂也。盛氏訓崇爲重，不如注義之親切，餘家違失經意，更不足辨。①

曹氏將鄭注"言酒惡，相充實"的"實"，釋爲滿。並引《少牢饋食禮》中"皇尸未實"爲例，認爲勸食勸飲，皆在令人"充實飽滿"，賓、尸雖然角色不同，但欲其"充實飽滿"則是一樣。故"主人之意，惟恐酒惡不足以實賓"，而賓不以爲意，既一飲而盡又"告旨"稱美，故主人要拜謝。曹氏還引用了孔子的故事，以證明"崇酒猶言實酒"，經文言"崇酒"，乃"先王法度之言"。"充"本身雖然沒有"惡"的意思，但放在此處語境中，與賓告旨相對，則實際上即指酒惡之義。更難得的是，曹氏還發揮出"告旨可以觀敬，崇酒可以觀忠"的禮義，將鄉飲酒禮中主賓雙方行禮的内在精神揭示了出來，其《禮經學》中亦言："賓告主人以旨，主人謝酒惡，所以致敬致讓"，②使得鄭注的禮意更顯圓滿。從這一角度來説，鄭玄的詮釋，能夠更好地體現出主人的心理和經文背後的禮義，敖繼公、盛世佐等人的説法自然不如"注義之親切"。

二、發揮鄭玄"依經立義"之説

《儀禮》經文錯綜回環，以"禮典"爲核心，講究儀節委曲繁重。鄭玄注解《儀禮》，往往"緣經作注"，對《儀禮》文本特色有着精要的把握。曹氏認爲鄭注所以可尊，就在其從經文出發，"依經立義"，③在熟讀禮文的基礎上，把握禮經特色，創造性建構了自身的注解體系，

---

① 〔清〕曹元弼：《禮經校釋》卷四，第 161 頁上—下欄。
② 〔清〕曹元弼撰，周洪校點：《禮經學》，第 80 頁。
③ 〔清〕曹元弼：《禮經校釋》卷八，第 243 頁下欄。

從而達到"周公作經,義例精密如此,惟注能見其深",① "文義最與經合",② "注據本經爲説,義最明" ③ 的境界。如《鄉飲酒禮》:"乃席賓、主人、介,衆賓之席皆不屬焉",鄭注:"席衆賓於賓席之西。不屬者,不相續也。皆獨坐,明其德各特。" ④ 關於鄭注所言"衆賓皆獨坐"的説法,後人提出質疑。如秦蕙田云:"衆賓席於賓西南面,賓長三人,即《鄉飲酒義》所謂三賓也。不屬者,謂衆賓之席不與賓相屬,所以尊賓也。《鄉射》主習民以禮樂,故衆賓之席繼賓而西,不相別異。若《鄉飲》主於興賢,賓則賢能中尤異者,故特貢之。衆賓既不與於貢,安得不與賓相別? 注謂衆賓皆獨坐,似未得經旨。"盛世佐亦認爲:"注家誤看經文'皆'字,謂衆賓皆獨坐,則猶未盡也。經意蓋謂主人、介、衆賓之席皆不屬於賓耳,非謂衆賓各不相屬也。賓始所興賢能之人,故別異之。彼衆賓者既不得與於貢,則其德故相埒也,焉得人人而別之乎?" ⑤ 是秦、盛二人從賓與衆賓之別的角度,認爲經文"不屬"是指衆賓之席皆不屬於賓,並非指衆賓之間互不相續。那麼,此處經文所指究竟爲何? 曹氏釋之曰:

> "乃席賓、主人、介"句,言爲賓、主人、介布席也。"衆賓之席皆不屬焉"句,言爲衆賓布席,其席皆不相屬也。皆者,皆衆賓三人,不兼賓、主人、介。賓、主人、介之席,面位各殊,相去懸絶,無所謂屬不屬。言不屬者,本有屬道也。不屬,謂衆賓自不相屬,非謂與賓不屬。賓是當日至尊,其不得與之相屬不待言。又賓有席西拜之禮,其席自不得與他席屬。經云"皆不屬",若謂與賓不屬,則惟指三人中之首一席,不得云"皆",故知"不屬"是衆賓自不屬也。屬者繼也。《鄉射》云:"衆賓之席繼而西",亦謂衆賓自相繼,非與賓相繼。彼云"繼",此云"不屬",明其禮殊。所以然者,彼習衆庶,示以親睦之風,不爲殊別。此賓賢能,取各自成德之義,使之獨坐,明其道明德立,不流不倚。此禮家微言,不可易也。此經之不屬,與《鄉射》之繼正相對爲文。不屬即不繼也。後人歧"屬"與"繼"爲二義,反謂不屬即繼,顯與經背,由不知不屬與繼之,皆專屬衆賓耳。⑥

從上文可知,曹氏贊同鄭玄之説,以"不屬"爲衆賓之間不相續。所以然者,蓋因曹氏認爲此處經文"衆賓之席皆不屬焉",指爲衆賓布席,其"皆"字不兼賓、主人、介,與上文"乃席賓、主人、介"並非一體。因賓、主人、介之席,面位各殊,相去懸絶,本身並不存在屬不屬的問題。經文既然言"屬",則自有其"屬"之原因。鄉飲當日,賓爲至尊,衆賓不與其相屬是再明白不過的道理,根本無需特別指出。經云"皆不屬",如果是指與賓不屬,那麼也只可能指

---

① 〔清〕曹元弼:《禮經校釋》卷八,第 243 頁上欄。
② 〔清〕曹元弼:《禮經校釋》卷十七,第 480 頁下欄。
③ 〔清〕曹元弼:《禮經校釋》卷二〇,第 506 頁上欄。
④ 〔漢〕鄭玄注,〔唐〕賈公彦疏:《儀禮注疏》卷八,第 81 頁下欄。
⑤ 〔清〕胡培翬撰,胡肇昕、楊大堉補,張文、徐到穩、殷嬰寧校點:《儀禮正義》卷五,第 228 頁。
⑥ 〔清〕曹元弼:《禮經校釋》卷四,第 154 頁下欄—155 頁上欄。

衆賓中之首一席，如此也不得云"皆"字，故鄭玄知"不屬"是衆賓"自不屬也"。曹氏並引《鄉射》認爲"屬者繼也"，不屬即不繼的意思。那麼鄉飲酒與鄉射經文一言"不屬"，一言"繼"，用字不同，其義安在呢？這是因爲鄉射禮"習衆庶，示以親睦之風，不爲殊別"，故衆賓皆相繼而坐，鄉飲酒禮"賓賢能"，取各自成德之義，故使之獨坐，從而"明其道明德立，不流不倚"，也即鄭玄所謂"明其德各特"之意。後人"不知不屬與繼之，皆專屬衆賓"，實在是因爲其沒有進一步理解經文語境，誤認爲鄉飲酒禮"賓賢能"只是尊賓一人，衆賓皆淪爲陪襯的角色，從而"顯與經背"。故鄭玄"獨坐"之説，正是其依經作注的重要表現。

曹氏嘗曰："禮是鄭學，當以注爲正。"① 與鄭注依經立義相反的，曹氏往往有所辯駁。如《燕禮》："小臣設公席於阼階上"節，鄭注："後設公席者，凡禮卑者先即事，尊者後也。"② 按，燕禮先由"司宮筵賓於戶西，東上"，射人告具之後，小臣乃設公席，對此鄭玄認爲屬於"禮卑者先即事，尊者後也"即賓卑當先行事，故其席先設；君尊不先以勞，故後設的行禮原則。但朱子認爲："此篇與《大射》雖設席先後不同，然皆公先升即位，然後納賓，非卑者先即事也。但其言偶不同耳，不當據此便生異義也。"朱子比觀《大射》中"小臣設公席於阼階上，西向。司宮設賓席於戶西，南面，有加席"，認爲兩者設席先後雖有不同，但皆"公先升即位，然後納賓"，非卑者先即事，只是"其言偶不同"。後盛世佐也從比較《大射》的角度，進一步指出："大射之禮重於燕，燕禮之賓卑於大射，於加席之有無見之矣，惟設席之次亦然。大射先設公席，後設賓席，賓猶得與公序也。此設公席在告具之後，則不得與賓序矣。君益尊而賓益卑，此其所以異與？注説宜不爲朱子所取也。"③ 盛氏認爲大射禮重於燕禮，但燕禮之賓卑於大射。設席先後不同，反映的是"君益尊而賓益卑"的情況。對於朱子、盛世佐與鄭玄的不同説法，曹氏曰：

> 《燕禮》主歡，有以下道上之義，故先設賓席。《大射》主敬，有自上治下之義，故先設公席。至公升即位，則固不易之道，二禮所同，不得以彼決此。經發首一言小臣戒與者，一言君有命戒射，事同而文異，聖人之情見乎辭矣。朱文公猶未達注義，盛氏自爲説，更非經意。④

在曹氏看來，《燕禮》與《大射》二者的禮義不同，前者"主歡"，後者"主敬"，先後不同反映的正是禮典精神的相異，至於"公升即位"，乃是如鄭注所謂"禮卑者先即事，尊者後也"，反映的是禮事活動中，因君爲至尊，皆臣等先即事，待準備工作完成，正禮開始，君方蒞臨之的普遍情況，如《燕禮》與《大射》，卿大夫等門外就位、具饌之後，君方即席納賓而入，

---

① 〔清〕曹元弼：《禮經校釋》卷九，第 290 頁下欄。
② 〔漢〕鄭玄注，〔唐〕賈公彥疏：《儀禮注疏》卷十四，第 160 頁上欄。
③ 〔清〕胡培翬撰，胡肇昕、楊大堉補，張文、徐到穩、殷嬰寧校點：《儀禮正義》卷十一，第 523 頁。
④ 〔清〕曹元弼：《禮經校釋》卷七，第 216 頁下欄—217 頁上欄。

故"不得以彼決此"。至於經文於二禮篇首,一言"小臣戒與者",一言"君有命戒射",正體現出聖人對此兩種禮典不同精神的描寫,是"聖人之情見乎辭"。兩者不同,並不是如盛氏所謂的"君益尊而賓益卑"的情況,故而曹氏批評"朱文公猶未達注義","盛氏自爲説,更非經意"。

三、通過禮例發揮鄭注微義

曹氏發揮鄭玄之義的另一重點,是對經例和禮例的揭示來申説鄭注的微義,或者説,即探討了鄭玄注解爲什麽合理的背後原因問題。在禮書的研究及考釋中,"例"被學者認爲是當務之急,所謂"禮有禮之例,經有經之例,相須而成",曹氏承淩廷堪、陳澧之後,治禮重例。其《禮經學》一書,詳舉法則,依序建立明例、要旨、圖表、會通、解紛、闕疑與流別等七目,創爲通論,於晚清之際,最爲豐贍而具條理。其認爲鄭玄因先通《春秋》,又精《漢律》,故其説"經例至密"。① 在《禮經學》中,曹氏不但根據鄭《注》,總結《儀禮》經文五十例,還特別指出"治《禮》者必以全經互求,以各類各篇互求,以各章各句互求,而後辭達義明,萬貫千條,較若畫一"的治學主張。② 關於《儀禮》中的凡言、例句以及有關於禮的必然性規則等皆可視爲"禮例"。如《燕禮》:"公又行一爵,若賓若長,唯公所酬",鄭注:"若賓若長,則賓禮殺矣"。③ 鄭玄認爲此處經文"若賓若長",乃"或酬賓或酬公卿之長者",反映的是燕禮過程中,賓的地位之變化。對此,後人多有不同見解。如敖繼公認爲:"長,公若卿之尊者也。至是云'若長'者,公卿已在堂,故君得酬之。君酬之,是亦賓之也,故其爲禮與正賓同。此酬主於公若卿,乃或又酬賓者,容遂尊者之所欲耳。公卿既受獻,君乃爲之舉酬,禮之序也。下於大夫之禮亦然。旅者,賓則以酬長,長則以酬賓。"④ 敖氏棄鄭注"賓禮殺"之義,認爲此爲君酬公卿之長,所以及賓者,"容遂尊者之所欲"。事實上,敖説根本不符合《燕禮》所要表達的意思。曹氏云:

> 經四舉旅,皆由尊及卑。賓爲當日專尊,則四旅皆當自酬賓始。今云"若賓若長",不專於賓者,賓禮殺也。後人説皆不審禮例之言。如其説,則爲大夫舉旅,當自大夫始,爲士舉旅,當自士始矣。而皆不然,明旅酬由尊達卑也。由尊達卑而不專自賓始者,禮殺,不純行賓禮也。⑤

---

① 〔清〕曹元弼撰,周洪校點:《禮經學》,第 30 頁。
② 〔清〕曹元弼撰,周洪校點:《禮經學》,第 30 頁。
③ 〔漢〕鄭玄注,〔唐〕賈公彦疏:《儀禮注疏》卷十五,第 171 頁上欄。
④ 〔清〕胡培翬撰,胡肇昕、楊大堉補,張文、徐到穩、殷嬰寧校點:《儀禮正義》卷十一,第 553 頁。
⑤ 〔清〕曹元弼:《禮經校釋》卷七,第 223 頁下欄—224 頁上欄。

《燕禮》中四次舉旅行酬，據《禮記·燕義》："獻君，君舉旅行酬，而後獻卿。卿舉旅行酬，後而獻大夫。大夫舉旅行酬，而後獻士。士舉旅行酬，而後獻庶子。俎豆、牲體、薦羞，皆有等差，所以明貴賤也。"① 四次舉旅，皆由尊及卑。第一次君爲賓舉旅行酬畢，初燕盛禮已成。其後主人獻卿，又二大夫媵觶於公，此時君舉觶酬賓若長、遂旅酬，爲燕禮再成。《燕禮》爲君禮，君尊不爲獻主，賓本爲大夫充任，本質上屬於臣。故爲了表現"上下相尊""明君臣之義"的禮義，隨着燕禮的進行，其身份也由賓轉而爲純臣，從最初的專爲賓舉旅到最後"公有命徹冪，則卿大夫皆降，西階下，北面，東上，再拜稽首"而不言賓，鄭注："不言賓，賓彌臣"。可見此處經文"若賓若長"正是這一變化的體現，也即"由尊達卑而不專自賓始者，禮殺，不純行賓禮也。"若敖氏之説，確如曹氏所謂"不審禮例之言"。

值得一提的是，曹氏固然强調以例治禮，但對於前人過於牽强某一禮例的説法，也表達了不滿，在其看來，最重要的還是應從經文本身出發，鄭注的合理往往即在這種細微處表現出來。如《士冠禮》："主人玄冠朝服，緇帶素韠，即位於門東，西面"，鄭注："筮必朝服者，尊蓍龜之道。"② 然而《特牲饋食禮》筮日與祭同服玄端，與此異，賈疏申之曰："彼爲祭事，著不可尊於先祖，故同服。此爲冠事，著可尊於子孫，故異服。"③ 然而《儀禮正義》認爲賈公彦説"殊牽强"，並引凌廷堪《禮經釋例》之説曰："考《特牲饋食禮》士筮當用玄端，冠禮攝盛，故用朝服。《特牲》筮日、筮尸、宿尸、宿賓皆用玄端，正祭日賓及兄弟助祭，皆攝盛用朝服。《士冠》正冠日用玄端，筮日、筮賓、宿賓、爲期則攝盛用朝服。蓋相變以爲禮也。《士冠禮》注：'筮必朝服，尊蓍龜之道。'則與《特牲》用玄端不合。賈曲爲之解，非經意也。"④ 凌廷堪比較《特牲饋食禮》，認爲冠禮士筮用朝服爲攝盛，鄭注、賈疏的説法不合經意。對此，曹氏釋之曰：

> 凌氏廷堪謂此冠筮朝服及特牲助祭者皆朝服，並是攝盛。弼案：昏禮攝盛在親迎，喪禮攝盛在大遣，皆於其禮之最盛者。今冠時不攝盛而攝於筮日，主祭不攝盛而攝於助祭者，非經例也。鄭此注及賈疏及特牲注，闡明經義不可易。⑤

《儀禮》中"攝盛"之説，古人未嘗定義，據葉國良師之説，乃指"在特定的場合或條件下，容許地位較低的人士使用等級較高的禮數以榮耀之，謂之攝盛。"⑥ 鄭注、賈疏對於昏、喪、祭、聘皆有以攝盛解説之者，然並未明確及冠禮。如此處，凌廷堪以"冠筮朝服及特牲助祭者皆朝服"爲攝盛，曹氏表示懷疑，認爲昏禮攝盛在親迎，即"主人爵弁、纁裳緇袘。從者畢玄端。

① 〔漢〕鄭玄注，〔唐〕孔穎達正義：《禮記正義》卷六十二，第 1022 頁下欄—1023 頁上欄。
② 〔漢〕鄭玄注，〔唐〕賈公彦疏：《儀禮注疏》卷一，第 3 頁下欄。
③ 〔漢〕鄭玄注，〔唐〕賈公彦疏：《儀禮注疏》卷一，第 4 頁上欄。
④ 〔清〕胡培翬撰，胡肇昕、楊大堉補，張文、徐到穩、殷嬰寧校點：《儀禮正義》卷一，第 22 頁。
⑤ 〔清〕曹元弼：《禮經校釋》卷一，第 118 頁上欄。
⑥ 葉國良師：《〈儀禮〉所見攝盛及其流衍》，葉國良師：《禮學研究的諸面向續集》，新竹：臺灣清華大學出版社，2017 年，第 56 頁。

乘墨車，從車二乘，執燭前馬。”因大夫以上親迎冕服，出行有墨車，士自祭用玄端，爵弁服爲助祭於公之服，屬大夫士之尊服。今用助祭之爵弁、墨車親迎，是爲攝盛。“喪禮攝盛在大遣”，經云：“厥明，陳鼎五於門外，如初。”士禮，《特牲》三鼎，此處士用五鼎，乃是“盛葬”，屬攝盛。通過此兩者可知，《儀禮》中“攝盛”，皆用於行禮之主方，且皆於“其禮之最盛”者用之。故士冠如有攝盛，當於舉行加冠儀式時用之，特牲攝盛應該用於主祭者，而不是助祭之來賓，以爲凌氏之説非經例。考《特牲饋食禮·記》：“特牲饋食，其服皆朝服、玄冠、緇帶、緇韠”，鄭《注》：“於祭服此也。皆者，謂賓及兄弟，筮日、筮尸、視濯亦玄端，至祭而朝服。朝服者，諸侯之臣與其君日視朝之服，大夫以祭。今賓兄弟緣孝子欲得嘉賓尊客以事其祖禰，故服之。緇韠者，下大夫之臣。夙興，主人服如初，則固玄端。”[1] 禮，玄端爲士之常服，朝服爲諸侯與其臣視朝之服，是朝服固重於玄端，然士自祭時用玄端爲正禮，助祭於公乃用爵弁；大夫自祭以朝服，其助祭則用玄冕。今特牲饋食禮，主人用玄端並未攝盛，其賓用朝服者，鄭注以爲“緣孝子欲得嘉賓尊客以事其祖禰”之心，服朝服以示鄭重，亦算不上攝盛之事。士冠與特牲兩者不同，實在因兩者性質不同，一屬嘉禮，一屬吉禮，相比而言，鄭注與賈疏的説法更貼合經文，凌廷堪則有過於比附攝盛的嫌疑，故曹氏以“鄭此注及賈疏及特牲注，闡明經義不可易”。

四、對禮義的揭示與發明

《禮記》曰：“禮之所尊，尊其義也。失其義，陳其數，祝史之事也。”《儀禮》雖以記載儀節爲主，多爲名物宫室之學，但禮義才是禮的根本。可以説禮義正附着於儀節而展開，成爲《儀禮》一書最重要的特性。鄭玄《儀禮注》之所以成爲後世尊奉的經典，正在於其能從儀節的委曲繁重中提煉出禮義的精微，給予簡要的揭示和闡發。曹氏《禮經校釋》對鄭注的闡發，也和其對禮義的詮釋密不可分。其曰：“夫威儀維德之隅，必有所以爲威儀者哉，若但習其文，而不求其義，則是儀也，非禮也。”[2] 故曹氏往往既能申明鄭玄注義，也能彰顯經文禮義，並很好地融合時代背景，做出更進一步的發明，可謂曹氏對於禮學極大的貢獻。尤其曹氏對於禮義的揭示，是與其“六經皆爲愛敬”之道的經學體系相聯繫的，具有内在的一慣性。其曰：“凡禮之迂回曲折者，皆其愛敬之心彌綸無間者也。君子於此，可以觀仁、可以觀忠，董子所謂‘燦然有文以相接，歡然有恩以相和’者也。”[3] 雖最後不免於回到强調尊尊、親親、男女有别的傳統價值觀内，但其出發點畢竟不在於考據，而具有自身對於經學整體的思考和理論的架構。

如《士冠禮》：“主人之贊者筵於東序，少北”，鄭注：“東序，主人位也。適子冠於阼少北，

---

① 〔漢〕鄭玄注，〔唐〕賈公彦疏：《儀禮注疏》卷四十六，第 547 頁下欄。
② 〔清〕曹元弼：《禮經校釋》卷五，第 193 頁上欄。
③ 〔清〕曹元弼：《禮經校釋》卷五，第 192 頁下欄—193 頁上欄。

避主人"，^①對"適子冠於阼"的禮意，曹氏釋曰：

> 《記》曰："適子冠於阼，以著代也。"蓋二十成人，漸有代親之端，故冠於阼以
> 著其義。人子於此當有愴然不安者，然主人尚未離其位也。至昏禮婦見舅姑，而舅
> 姑先降自西階，婦降自阼階矣。人年三十娶而有子，至子娶則父年六十，母年五十。
> 人無百年不敝之身，瞻依、怙恃、定省、饋養之日，去一日則少一日，曾子曰："親戚既
> 没，雖欲孝，誰爲孝？"故禮於冠昏著此義，所以深動子婦愛日之誠，而使之及時以
> 養，冠昏不用樂，職是之故也。迨喪禮大斂，殯於西階，三月而葬，苞遣奠而贈制幣，
> 父母而賓客之矣。反哭，升堂，反諸其所作。婦入於室，反諸其所養，此時雖欲致其
> 一日之歡，尚可得乎？而其端則於冠子、饗婦之日，已早見之。事有必至，爲人子者
> 不可不發深省也！^②

冠禮爲禮之始，其目的在於責求成人之道，以爲開創未來作準備。因此行禮於宗廟，以
示敬重。並請特別來賓爲子行加冠之禮，"三加彌尊"，使其感受到責任的賦予。對於嫡長子
在堂上靠近阼階的地方行冠禮，過去多引《禮記・冠義》的說法，認爲是"著代"，即表示嫡長
子成人之後，將來可以代替父親而成爲一家之主。曹氏在肯定這一説法之後，更結合昏禮、
喪禮，從體諒孝親之心的角度做了新的闡發，使後人對禮意的把握，突破了以往成人之責和
未來身份轉換的角度，融入了子女孝親的生命溫度，深契人情人性。這種對禮意的講求，成
爲曹氏禮學詮釋的一個重要面向。又如同篇，對於冠禮中，"子出東壁見母"的禮意，曹氏釋
曰：

> 冠禮，父入廟行禮，母離寢而在廟之闈門外待之。蓋父母共以成人之禮成其子
> 也。兄弟隨父而立於堂下以觀禮，姑姊隨母而待於寢門內，讀此經令人孝弟之心油
> 然生矣。父母生子，自呱呱一聲而後，無一刻不望其長大成立，故冠禮父主之，禮畢
> 即急見母也。聖人制禮，因嚴教敬，因親教愛如此，所以爲人倫之至也。^③

過去禮家對於此處，多聚焦於東壁之所指，未及討論何以必須急見母的安排。曹氏對此，
並未糾纏於禮家聚訟之處，在引述張錫恭有關東壁的意見之後，即轉而討論《冠禮》見母背
後所可能蘊含的禮義，將父母望子成人之心與孝弟之道相聯繫，從中引發出"因嚴教敬，因親
教愛"的經學大道，指向"明人倫"的爲學之境。

曹氏身處晚清，面對當時艱困，強調以禮經世，所謂"苟欲紓君父之憂，閑周、孔之道，正

---

① 〔漢〕鄭玄注，〔唐〕賈公彥疏：《儀禮注疏》卷二，第 19 頁上欄。
② 〔清〕曹元弼：《禮經校釋》卷一，第 123 頁下欄。
③ 〔清〕曹元弼：《禮經校釋》卷一，第 124 頁下欄。

人心、息邪説、激智勇、興政藝、强中國、禦外患,其必自講學崇禮始"。[1]故其無論申説經義,抑或詮釋鄭注,時時矚意於維護綱常、提振儒學、以禮經世。如《鄉飲酒禮》:"主人戒賓,賓拜辱。主人答拜,乃請賓,賓禮辭,許。主人再拜,賓答拜。"鄭注:"不固辭者,素所有志。"[2]一辭而許曰禮辭,再辭而許曰固辭。此處主人請賓,賓禮辭而許,不固辭者,鄭玄以"素所有志"解之。對此,曹氏釋曰:

> 《士冠》《鄉射》,禮不專爲己,故禮辭而不固辭;此及《士相見》,禮專施於己,則皆宜固辭以致謙,今賓乃禮辭。與《相見》異者,以幼學壯行素所有志故也。觀此注,則鄭君固欲行道濟時者,特以漢祚將移,權奸竊柄,舉己者多非其人,是以屢徵不屈,守死善道,其出處合乎聖人,後世稱鄭大司農,非其志也。[3]

按《士冠禮》:"主人戒賓,賓禮辭,許。"《鄉射禮》:"主人戒賓,賓出迎,再拜。主人答再拜,乃請。賓禮辭,許。"這是因爲《士冠禮》乃士身加冠之禮,責以成人之道,賓被邀請參加作爲執禮之主持,《鄉射禮》主"習民以禮樂",二者禮義皆"不專爲己",並非主要禮敬自己,故賓稍加推辭即應允。至於此處《鄉飲酒禮》與《士相見禮》,屬於專程禮敬自己,故賓按禮,當固辭表達謙虛。是以《士相見禮》:"主人對曰:'某子命某見,吾子有辱。請吾子之就家也,某將走見。'賓對曰:'某不足以辱命,請終賜見。'主人對曰:'某不敢爲儀,固請吾子之就家也。某將走見。'賓對曰:'某不敢爲儀,固以請。'主人對曰:'某也固辭,不得命,將走見。'"但此處賓面對主人的邀請,却"禮辭而許",並没有再三推辭,以示謙遜。造成這種差異的原因,在於諸侯之鄉每三年舉行一次鄉飲酒禮,目的在"賓賢能",選舉賢者獻給國君,而賓"幼學壯行",素有志於被舉薦給國君,以實現自身抱負,是以面對邀請,明知其意,自不必再三推辭以顯矯情。曹氏善體鄭玄禮義,甚至進一步發揮鄭玄本人亦希望實現自己的抱負,但"漢祚將移,權奸竊柄,舉己者多非其人",從而"屢征不屈","守死善道",體現了一名真正儒者應有的操守。使此處的經義、注義更顯圓融,而曹氏本人的經世志向亦隱寓其中,讀來令人讚歎不已。曹氏本人在辛亥之後失志歸隱,面對袁世凱重開禮制館,曹氏"峻拒之",[4]正體現了其學説與出處的統一。

本文通過曹氏注重申發鄭注之隱義、發揮鄭玄"依經立義"之説、通過禮例發揮鄭注微義和對禮義的揭示與發明四方面,討論了《校釋》在釋義方面的特色。綜合而言,曹氏《校釋》在釋義上最大的特色也是其最爲出彩的部分,即是對鄭注的發微和對《儀禮》禮義的揭示。

---

① 〔清〕曹元弼撰,周洪校點:《禮經學》,第 415 頁。
② 〔漢〕鄭玄注,〔唐〕賈公彦疏:《儀禮注疏》卷八,第 81 頁上欄。
③ 〔清〕曹元弼:《禮經校釋》卷四,第 154 頁上欄一下欄。
④ 王欣夫:《吳縣曹先生行狀》,載卞孝萱、唐文權編:《民國人物碑傳集》,北京:團結出版社,1995 年,第 522—526 頁。

這二者實則一體兩面，互相關聯，因爲鄭玄本身即在融貫全經、深明禮義的基礎上創爲注解，曹氏循此鄭學脉絡，往往於申述鄭注之中，凸顯禮經大義；又時常藉由禮義的詮釋，以彰明鄭注之精微。可以説，無論對《儀禮》的内在精神抑或鄭玄禮義的申發，曹氏都達到了傳統時代很高的境界。

　　最後想説明的是，曹氏禮學研究在今天到底有怎樣的價值，這是筆者研究曹元弼時不斷追問與思考的問題。在持續的閲讀《禮經校釋》與《禮經學》等禮學文本的過程中，筆者發現曹氏依經立訓，一切的立説都是立足於讀通經文與鄭注的基礎上，而其釋禮的目的，不在小節，而在禮義的觀照，這一切又都能收束歸結於立身踐履的身心修煉之上，形成了一種孔子儒學所謂的博文約禮、立己立人的君子之學的楷模，這或許正是曹氏其人其學對當下的有益啟示。

（聶濤，南京師範大學文學院博士後，金陵科技學院人文學院講師）

"秬鬯"辨析
——兼談從西周秬鬯到九賜中秬鬯的形象異化

唐思語

[摘　要]　鬯酒是商周時期的祭祀黍酒,秬鬯因其原料秬的稀缺而地位更高,鬱鬯則特取其香氣。秬鬯首見於周成王時期,秬鬯的賞賜者僅見周王,出土文獻中受賞者自侯伯到大夫皆有記載,這與傳世文獻有所不同。這種不同涉及到了西周秬鬯與九賜秬鬯的區別:首先,西周秬鬯從形式上並不具有九賜秬鬯中的至尊地位,僅爲周王賜物的一種。其次,西周秬鬯與受賞者的政治等級無明顯關係,而九賜秬鬯通常與輔國侯伯相關。最後,西周秬鬯多用於祭祀,賜其以告祭先人,而九賜中的秬鬯則更具權力意味。總之,九賜中所構建的賜物秬鬯借鑒了西周秬鬯其名,並掐頭去尾拼接了西周秬鬯及西漢經説中的秬鬯形象,但其内涵已與西周秬鬯有很大不同。

[關鍵詞]　鬯　秬鬯　西周賞賜制度　九賜

　　鬯酒是商周時期的祭祀黍酒,但鬯酒的種類複雜,秬鬯、鬱鬯不一,傳世文獻記載相對零散,經文中語焉不詳,導致歷代解釋各有分歧。近年來出土文獻的不斷發現,爲傳統文獻提供了重新思考的門徑,如秬鬯的基本情況、鬯、秬鬯、鬱鬯的關係,秬鬯的賞賜情況,如何理解九賜中的秬鬯等問題,值得再加探討。

一、西周的鬯、秬鬯與鬱鬯

　　"鬯"字在殷商甲骨中已有出現,通常用於祭祀。多數學者認爲鬯是混合香草釀製的黍酒,《説文》中對"鬯"的解釋爲"以秬釀鬱草,芬芳攸服以降神也";[①]鄭衆對《周官·小宗伯》"大喪,大渳以鬯"的解釋爲"築香草,煮以爲鬯",[②]被鄭玄《周禮注》引用;朱熹認爲鬯"以秬黍酒和鬱金,所以灌地降神者也",[③]歷代學者多引此三家,認爲鬯(秬鬯)是一種黍酒混合鬱草的祭祀物。還有少數學者乾脆認爲鬯就是一種香草,如毛《傳》對《詩經·江漢》中"秬鬯一卣"的解釋爲"秬,黑黍也。鬯,香草也。築煮合而鬱之曰鬯",[④]蔡沈在《書集傳》中認

---

① 〔漢〕許慎撰,〔清〕段玉裁注:《説文解字注》第五篇下,北京:中華書局 2013 年影印日本早稻田大學藏本,第 219 頁下欄。
② 〔漢〕鄭玄注,〔唐〕賈公彦疏:《周禮注疏》,〔清〕阮元校刻:《十三經注疏》,北京:中華書局 2009 年影印清嘉慶原刊本,第 1660 頁。
③ 〔宋〕朱熹撰,廖名春點校:《周易本義》卷二,北京:中華書局,2009 年,第 183 頁。
④ 〔漢〕毛亨傳,〔漢〕鄭玄箋,〔唐〕陸德明音義,孔祥軍點校:《毛詩傳箋》卷十八《江漢》,北京:中華書局,2018 年,第 439 頁。

爲“鬯，鬱金香草也”，[①]均認爲秬爲黑黍，鬯是一種香草，二者相和爲鬱鬯。歷代學者多認爲鬯與香草掛鈎。陳啓源在《毛詩稽古編》中對這一觀點作了總結，以《説文》“鬯”字注爲證，認爲鬯必有香草鬱，而當其未和鬱時亦概以秬鬯名，秬鬯與鬱鬯散文則通，因而經文中只見秬鬯而不見鬱鬯，是因爲鬱金香草已經包含在秬鬯之中。[②]故這些學者對鬯、秬鬯、鬱鬯與黍米、香草的關係，可用下表來表示：[③]

	香草	黍米
鬯	+	+
秬鬯	–或+	+
鬱鬯	+	+

通過上述表格，我們發現在這種説法下，鬯、秬鬯、鬱鬯三者區分度並不大，產生了混同的情況，這種情況一直延續。當代學者權美平接連在《農業考古》發表兩篇有關殷商秬鬯的文章，認爲“以秬鬯爲代表的美酒在殷人的祭祀活動中顯示着其尊貴的身份和價值，秬鬯美酒流行於王室上層社會，以商代國酒身份榮居高位”；[④]“商、周都有象徵着其統治和王者之位的國酒——‘秬鬯’‘粢醍’出現”。[⑤]權文中“鬯”“秬鬯”“鬱鬯”混用，不加區分。實際在已有殷商文獻中並未出現過秬鬯，更談不上是商代國酒，這是概念界定模糊的結果。

另有學者對鬯酒是否混合香草持不同見解。有的學者乾脆不加辨別，如王弼直接認爲鬯就是一種香酒而已，不論其有沒有鬱。鄭玄則將鬱鬯與秬鬯的概念區別開，在《周禮·鬱人》注中解釋“鬱鬯”爲“築郁金，煮之以和鬯酒”，[⑥]在《周禮·鬯人》中解釋“秬鬯”爲“秬鬯，不和鬱者”，[⑦]孔穎達延續了這一觀點，認爲“凡鬯有二，若和之以鬱，謂之鬱鬯，鬱人所掌是也。祭宗廟而灌也，若不和鬱，謂之秬鬯”。[⑧]當代學者李唐則對三種概念作出釐定：

> “鬯”在文獻中，雖然有時作爲“秬鬯”或“鬱鬯”的簡稱，但其本義爲一類高等級祭祀用酒的專名。鬯是由黍釀制的酒，在裸禮的祭祀場合使用，或作爲王的賞賜之物；“秬鬯”指用一種黑黍所釀的鬯酒；“鬱鬯”指在黍酒的基礎上又混合了鬱金香草，具有獨特的香氣。

① 〔宋〕蔡沈：《書集傳》卷十，北京：中華書局，2018 年，第 220 頁。
② 〔清〕陳啓源：《毛詩稽古編》，〔清〕阮元編：《皇清經解》卷八十一，咸豐庚申補刊本，第 10—11 頁。
③ 筆者使用符號“+”代表包含，使用符號“–”代表不包含。如：此表格中，“鬯”行表示在這種觀點下，鬯酒由黍米和香草釀制。本文第 8 頁的表格與此相同。
④ 權美平：《美酒新解：小議商代秬鬯——從商代美酒探究古酒文化》，《農業考古》2013 年第 1 期，第 286—290 頁。
⑤ 錢懷瑜、權美平：《商代秬鬯與西周齊醍探幽》，《農業考古》2013 年第 6 期，第 226—229 頁。
⑥ 〔漢〕鄭玄注，〔唐〕賈公彥疏：《周禮注疏》卷十九，第 1662 頁。
⑦ 〔漢〕鄭玄注，〔唐〕賈公彥疏：《周禮注疏》卷十九，第 1663 頁。
⑧ 〔漢〕鄭玄注，〔唐〕孔穎達正義：《禮記正義》，〔清〕阮元校刻：《十三經注疏》，北京：中華書局 2009 年影印清嘉慶原刊本，第 3562 頁。

並認爲在西周中期前後鬯酒的釀造工藝有着一定的轉變:

> 西周中期前後'鬱鬯'向'秬鬯'的轉變,本質是改變了鬯酒的釀制方法,用黑
> 黍酒替換了鬱金香混合的黍酒,作爲替代品的秬鬯,應與鬱鬯有相似的特徵,如具
> 有較爲濃郁的香氣。可能導致周王室祭祀用酒更換的直接原因,便是周王室獲取
> 鬱金香草變得困難。①

李唐認爲鬯是黍米釀製的帶有香氣的酒,秬鬯和鬱鬯均爲鬯的一種,秬鬯爲基酒,鬱鬯則更突出其氣味。並認爲西周中期發生向"秬鬯"的轉變,是鬱金香獲取困難的原因,這個觀點還需進行補充和修正。

秬鬯與鬱鬯恐非爲前後替代關係。鬱鬯與秬鬯出現時間相近,甲骨卜辭中未見鬯酒與鬱金香相和的記載,在銅器銘文中,②鬱鬯僅出現 4 次,與秬鬯共時出現,西周前期 2 次,中期 2 次,未見隨時間推移而明顯減少的情況。其次,《周禮》中鬱人與鬯人並存,且各司其職,也未見此消彼長的承接關係。最後,從"鬯"的字形來看,"鬯"字或從象形酒器盛黍酒,或從"匕"會意攪拌扱取,都與鬱金香關係不大。這至少可以説明"和鬱"並不是秬鬯出現之前鬯酒的必備工序。以上三點都能説明鬱鬯與秬鬯似不具備承接關係,只是不同的鬯酒種類,秬鬯出現增多的原因不應歸結於鬱金香的供應減少。

筆者傾向於鄭玄及孔穎達鬱鬯與秬鬯兩分的觀點。若二者不區分,按照陳啓源的説法,鬯、秬鬯、鬱鬯三者所表達的內涵類似,我們將這個結論帶入出土文獻,會發現其有無法解釋的矛盾:

從字形來看,西周銘文中出現的"鬯"的字形較爲穩定,"秬鬯"有如下幾種寫法:

(1.四十二年逨鼎甲/西周晚期/《陝西金文集成》6 冊 110 頁 644。2.呂方鼎/西周中期前段/《殷周金文集成》2754。3.曶壺蓋/西周中期/《集成》9728。4.呂伯簋乙/西周中期前段/《商周青銅器銘文暨圖像集成三編》0502。5.伯晨鼎/西周中期後段/《集成》2816)

在金文中,"秬"通常由"禾""𦥑""鬯"三個部件構成,還有一些兩兩組合的情況。《説文》記作"𩰪",從鬯秬聲,表示"秬"的字形與"鬯"字組合構成一個新字"𩰪","𩰪"字形的出現似乎更加強調"秬"在"鬯"中的地位。一些銘文中有"秬"而無"鬯",説明"秬"字可以對"鬯"進行替代。"鬯"的字形一直比較穩定,在這一時期突然多出"禾""𦥑"兩個部件,

---

① 李唐:《西周時期"鬯"之稱名及變化》,《文博》2021 年第 6 期,第 74—79 頁。
② 以吳鎮烽《金文通鑑》爲檢索資料庫。

也説明了秬鬯是在鬯基礎上的分支。關於秬,《爾雅·釋草》曰"秬,黑黍",① 秬是黍類的一種。《詩經·生民》"誕降嘉種,維秬維秠,維穈維芑",② 以黑黍作爲黍類良種的代表,可見對秬的珍視。黍能釀酒,而用黑黍秬釀制的酒被稱爲秬鬯。《爾雅》認爲秠爲一稃二米的秬,但也統稱爲秬,一稃二米的秬更爲珍貴,因而鄭玄認爲秬鬯是用一稃二米的秬來釀制,凸顯稀有程度。如果説"秬"自造字起就與鬯相關,也暗示黑黍(或一稃二米嘉黍)從一開始就爲釀酒所專用,具有獨特的地位及用途。

而鬱鬯在金文中很明顯是兩個字的組合詞,如:

(1.小子生尊/西周早期後段/《集成》6001。2.叔簋/西周早期後段/《集成》4132。3.苟盤/西周中期前段/《銘三》31217)

從字形上可以看出,至少在西周時期,鬯、鬱鬯、秬鬯並行,且顯有區分。秬鬯在鬯的基礎上多出了"秬"的部件,而鬱鬯爲鬱與鬯的合成詞,若鬯必和鬱,則無鬱字相摻的必要。

從使用狀況看,若鬯必和鬱,而秬鬯僅爲一種基酒(或散文而通鬱鬯),則鬯以其工序複雜及突出芬芳的特點,珍貴程度應高於秬鬯,但不管從殷商甲骨還是銅器銘文中均未見此現象。從使用場景來看,殷商鬯並未體現出除祭品之外的特殊性,如:

> (大丁)大甲,祖乙百鬯,百羌,卯三百(牢)。(《甲骨文合集》00301)
> 癸卯卜,貞彈鬯百牛百□。(《合》13523)
> 戊寅卜,于来庚寅醒盂三羊于姚庚曾伐,廿鬯,卅牢,卅及三多。(《合》22229)

西周秬鬯則不同:

> 予以秬鬯二卣,曰明禋,拜手稽首,休享。③

---

① 〔晉〕郭璞注,〔宋〕邢昺疏:《爾雅注疏》,〔清〕阮元校刻:《十三經注疏》,北京:中華書局 2009 年影印清嘉慶原刊本,第 5714 頁。
② 〔漢〕毛亨傳,〔漢〕鄭玄箋,〔唐〕孔穎達正義:《毛詩正義》卷十七《生民》,〔清〕阮元校刻:《十三經注疏》,北京:中華書局 2009 年影印清嘉慶原刊本,第 1143 頁。
③ 〔漢〕孔安國傳,〔唐〕孔穎達正義:《尚書正義》卷十五《洛誥》,〔清〕阮元校刻:《十三經注疏》,北京:中華書局 2009 年影印清嘉慶原刊本,第 460 頁。

天子親耕,粢盛秬鬯以事上帝,故諸侯勤以輔事於天子。①

王崩,大肆,以秬鬯涗。②

嗣乃祖考侯於垣,賜汝秬鬯一卣。(伯晨鼎/西周中期後段/《集成》2816)

從上下文來説,甲骨卜辭中鬯酒通常單純以祭酒的身份出現,與牝、獭等常規祭祀物同時提起。從辭例來講,殷商鬯的用量具體,從一到百均有記載,甲骨卜辭中有新鬯有舊鬯,而這種稱呼只是針對鬯酒的性狀而言,可知鬯是一個實際的使用物。相較于鬯,秬鬯的使用場景更爲特殊,已不單作爲祭品使用,即使用以祭天,也與常規祭品不同,《表記》認爲天子用秬鬯祭天,是彰顯其德行,這在緯書中也有所體現,《援神契》中有言:"德及於地,嘉禾生,蓂莢起,秬鬯出",③漢人將秬鬯與嘉禾、蓂莢相聯,凸顯祥瑞特徵,顯示出秬鬯所演化出的象徵意義,而這種演化必有所本,西周秬鬯所顯示出的珍貴性或爲其源。

秬鬯乃周王獨有,除上文外先秦經文中的記載有:④

予以秬鬯二卣,曰明禋,拜手稽首,休享。

凡王之齊事,共其秬鬯。⑤

釐爾圭瓚,秬鬯一卣,告於文人。⑥

平王錫晉文侯秬鬯圭瓚。⑦

王命尹氏及王子虎、内史叔興父策命晉侯爲侯伯,賜之⋯⋯秬鬯一卣。⑧

秬鬯在先秦文獻中僅見用於與周天子有關的重大事項,如周王敬獻先祖、大喪浴尸、齋時淬洗沐浴。秬鬯還可用於天子重賞,顯示出秬鬯的崇高地位。

鬯則未必,甲骨卜辭中確有大量王用鬯的記載,但並不能證明鬯在殷商時期爲商王專屬。事實上,花東甲骨中已經認定的"非王卜辭"裏也有鬯的使用,如:

癸丑卜,子禱新鬯于祖甲?用。(《花東》00459)

子夢□用牡,告侑鬯妣庚。(《花東》00124)

---

① 〔漢〕鄭玄注,〔唐〕孔穎達正義:《禮記正義》卷五十四,第 3561 頁。

② 〔漢〕鄭玄注,〔唐〕賈公彦疏:《周禮注疏》卷十九,第 1656 頁。

③ 〔日〕安居香山、〔日〕中村璋八輯:《緯書集成》,石家莊:河北人民出版社,1994 年,第 974 頁。

④ 《周禮》的成書時代雖然各有爭論,但毫無疑問的是,《周禮》中包含着大量周代的典章制度和社會事實,這在出土文獻中已經得到印證,因而我們在這裏亦歸入先秦文獻。

⑤ 〔漢〕鄭玄注,〔唐〕賈公彦疏:《周禮注疏》卷十九,第 1664 頁。

⑥ 〔漢〕毛亨傳,〔漢〕鄭玄箋,〔唐〕孔穎達正義:《毛詩正義》卷十八,第 1237 頁。

⑦ 〔漢〕孔安國傳,〔唐〕孔穎達正義:《尚書正義》卷二十,第 539 頁。

⑧ 〔晉〕杜預注,〔唐〕孔穎達正義:《春秋左傳正義》,〔清〕阮元校刻:《十三經注疏》,北京:中華書局 2009 年影印清嘉慶原刊本,第 3962 頁。

有學者認爲在“告侑鬯”連用的語境下，“鬯”是用鬯祭祀的某種祭名，是一種有鬯參與的祭祀。多數學者認爲花東子卜辭中的“子”爲貴族家族族長，也有學者就認爲“子”爲商王之子，但正如黃天樹在《關於非王卜辭的一些問題》中所提到的：“‘王卜辭’是占卜主體是王的卜辭，學者往往稱‘王卜辭’爲‘王室卜辭’這是不正確的。‘非王卜辭’的占卜主體可以是王室成員，這一點不能成爲否定‘非王卜辭’這一名稱的根據。”①

從西周早期銅器銘文也也可以很明顯看出鬯的使用不局限於周王。如：

> 明公賜亢師鬯、金、小牛，曰：用秡。（矢令方尊/《集成》6016）
> 今公宣盂鬯束、貝十朋，盂對揚公休，用作父丁寶尊彝。（盂卣/《陝集成》16 冊 141 頁 1891）
> 公賜作册嗌鬯、貝，嗌揚公休，用作父乙寶尊彝。（作册嗌卣/《集成》5400）

西周早期沿用商代鬯的使用，公也具有鬯的所有權和賞賜權。而自銅器銘文中出現“秬鬯”起，所有者就僅限於周天子，這一點與傳世文獻同。

從上述材料可以看出，鬯與秬鬯至少在産生過程、擁有者、使用目的和使用場景四個方面有明顯差異。已有的出土文獻和傳世文獻顯示出，秬鬯是鬯的一種，取更爲珍貴的黑黍（或爲一稃二米或三米的嘉黍）釀制而成，由於原料的稀缺，秬鬯相對於普通鬯酒的地位也更高，秬鬯自出現起就爲周天子專有，並用來賜予臣下。②鬱鬯在先秦文獻中出現次數較少，因而只能從字形上認爲鬱鬯是鬱和鬯的組合詞。鬯雖然有時或爲秬鬯和鬱鬯的統稱（這種情況難以分別），但秬鬯在使用中呈現出更爲珍貴的狀態，脫出鬯的普遍意義。故筆者认为，鬯、秬鬯、鬱鬯与黍米、香草的关系，可用下表来展示：

---

① 黃天樹：《關於非王卜辭的一些問題》，《黃天樹古文字論集》，北京：學苑出版社，2006 年，第 65 頁。
② 秬爲統治者留意或爲巧偶然。韓茂莉在《中國古代農業地理》中寫到，早期黍類栽培呈現出以華北爲中心向四方擴散的趨勢。黍有兩類，其中黏性較大的用來釀酒，黏性不大的可以作爲日常食用糧食（北京：北京大學出版社，2012 年，第 273 頁）。有關黍的文字記載可以追溯到甲骨文時代，以黍爲原材料所釀制的酒也可追溯到甲骨文時代。黍能釀酒，隨着農業發展，先民逐漸發現黑黍這種作物更適於釀酒。秬爲黑黍，是黍類作物的一個栽培變種，從金文“秬”的字形也能看出，這一品種似專爲釀酒所種植。周代統治者重視祥瑞嘉異，若適用於釀酒的秬能夠伴隨有一稃二米的嘉異現象，則很容易爲統治者所重視。黍類對土壤肥力要求較高，而黑黍又爲其實呈黑色的一個黍類變種，且專爲釀酒培育，種植面積和產量自然不大，若秬爲呈現嘉異特質的黍，則更少之又少。到西周晚期，社會動盪，戰亂不斷，秬的種植面積只會更少，珍貴程度大大增加。到西周晚期，對受賞秬鬯者更加注重對功績尤其是軍功的強調，這一方面或許與秬的種植面積下降有關，另一方面也與西周晚期戰爭頻發有關。

	黍米	香草
鬯	+	-[①]
秬鬯	+（秬米）[②]	-
鬱鬯	+	+

二、西周秬鬯的賞賜對象

在對秬鬯的基本情況有所瞭解的基礎之上，再來談秬鬯的賞賜。在傳世文獻的記載中有"九賜秬鬯"的説法，將秬鬯的賞賜與九命上公相聯，但在出土文獻中則有所不同。

在已出土的西周早期銅器銘文中稀見秬鬯，通常用鬯。鬯的賞賜權並非周王獨有，受賞者的情況則更爲複雜，有侯伯等高級貴族，如宜侯夨簋中將虞侯遷至宜地時賜鬯(《集成》4320)，夨令方尊中監四方諸侯的明保(《集成》6016)，也有周王近臣，如士上器中王派小臣"殷成周"，賞鬯安撫百生(《集成》5999、5421、5422、9454)；也有公的屬臣，如上文作册夨卣中的記載。由此可知，西周早期鬯的使用或從商代晚期因襲而來。

銅器銘文中秬鬯最早出現在西周中期，但清華簡《封許之命》中有周成王賜"秬鬯一卣"的記載，《洛誥》中也有周成王用"秬鬯二卣"祭祀的場景。如果兩例書類文獻確爲周成王時期所成型，那麼秬鬯的出現時間可上溯至西周早期成王世。秬鬯的賞賜者僅見周王，賞賜對象除方伯諸侯這類地位崇高的受賞者之外，一些地位稍低的受賞者同樣值得關注，舉三例，如牧簋銘文(《集成》4343)：

> 王若曰："牧，昔先王既命汝作嗣士，今余唯或竆改，令汝辟百僚……賜汝秬鬯一卣、金車、賁較較、畫轉、朱鞹、幎、靳、虎冟縟裏、旂、駩馬四匹，取徵□鋝"。

牧簋器主牧被册命爲司士，並賞秬鬯。根據《周禮》記載，司士最高爲大夫，牧簋銘文中顯示牧有"辟百寮"的刑罰之權，也與《周禮》司士之責有所對應。

又如免簋銘文(《銘圖三》30516)：

> 唯王十又九祀正月既生霸庚寅，王在康宮，王格於康太室，榮茂入右免立中廷北

---

① 關於鬯酒混不混合香草的問題，筆者傾向於不混。除正文中所述字形的原因外，民俗學家凌純聲通過對臺灣阿美族尚保存原始的釀醴法進行研究，認爲鬯是如今的酒釀"發酵初成汁滓相將之酒，可以乾吃，如吃酒糟。至於鬯酒，許氏《説文》：'鬯，從凵，凵器也；中象米，匕所以扱之'，從象形上，一望就知凵中尚为酒糟，故須以匕扱食。日人山崎百治氏曾説：'甲骨文字時代之鬯，与後世饋醴(即酒釀)是同一造法'"，民俗學家通過原始釀酒法可知，鬯在製作過程中並不和鬱。同時，鬯酒本身就具有濃厚的香氣，不必非要和鬱才可條暢芬芳。和鬱之鬯(鬱鬯)應更具香草芬芳，故特以其香氣冠名。

② 這裏將"秬米"做特殊標注，意在表明釀制秬鬯所用黍米，是黍米中更具珍貴性的秬米。

嚮，王呼作册。王命尹□曰："免，錫汝秬鬯一卣、赤韍、幽衡、鑾勒、旂，用更乃祖考官，司六師卜事、工卜"。

器主免被賜予秬鬯，掌管六師的卜事。根據《周禮》的記載，免應爲大卜一類的官員，總掌六師卜事，大卜的級別爲大夫，掌管一國鬼神之事。六師在先秦文獻中經常出現，如"周王于邁，六師及之"，[1]用來指代周王的軍隊。

再如吕方鼎銘文（《集成》2754）：

> 王餿□大室，吕延于大室，王賜吕秬鬯三卣、貝卅朋。

"餿"字釋義目前學界還有爭論，但作爲祭名得到了眾多學者的認可。唐蘭先生認爲"餿"通"祼"，爲祼祭，認爲《尚書·洛誥》中的"王入太室祼"即此銘文中的"餿於太室"。[2]多數學者認爲"延"爲某個動作，吳鎮烽隸定爲"延"。器主人吕協助王進行餿祭，可能爲祝一類的禮官，但級別或不會高於大夫。

在西周晚期有關賜鬯的銘文中，相對於西周前中期來講，受賞者不僅位高權重，對功績的重視更加明顯：

> 則緐唯乃先祖考有勳于周邦，捍禦王身，作爪牙……命汝更乃祖考，纘嗣左右虎臣。賜汝秬鬯一卣（师克盨/《集成》4467）
> 余唯閉乃先祖考，有勳于周邦……汝唯克型乃先祖考，戎厰犹出戠于邢阿……汝執訊获戠，俘器車馬。女敏于戎工，弗逆朕新命，賚女秬鬯一卣。（四十二年逨鼎/《陝集成》6 册 110 頁 644）。

綜上所述，西周早期鬯的賞賜者和被賞賜者的情況較爲複雜，秬鬯稀見。自秬鬯出現以後，秬鬯從鬯的普遍含義中脱離，具有了某種特殊地位。秬鬯的賞賜權爲周王所僅有，賞賜的對象不僅爲侯、伯等高級貴族，也有司士、祝等近臣大夫。隨着時間推移，到西周晚期，賞賜對象與傳世文獻中位高權重的記載相靠拢。

三、西周秬鬯與漢晉九賜

綜合上文，我們可以對西周秬鬯下一個定義：西周秬鬯是鬯酒的一種，因原料秬的稀缺，

---

① 〔漢〕毛亨傳，〔漢〕鄭玄箋，〔唐〕孔穎達正義：《毛詩正義》卷十六，第 1107 頁。
② 唐蘭：《西周青銅器銘文分代史征》，上海：上海古籍出版社，2016 年，第 139 頁。

同時具有鬯酒的香氣而被周王所用。秬鬯的擁有者僅爲周王,但周王可以將秬鬯的使用權讓渡給臣下,使臣下得以借秬鬯將自身功績告慰祖先。在傳世文獻的記載中,秬鬯的受賞者位高權重,後逐漸與"九命作伯"相連,但出土文獻中所記載的秬鬯受賞者,自侯伯到大夫都獲賞賜。與傳世文獻的記載不甚相同,這不得不讓我們重新審視"九賜秬鬯"的概念。

九賜自王莽始出,①在王莽時期,九賜僅爲一種泛指,並不止九種賜物。歷經《含文嘉》《白虎通義》的整理改編,將九賜的形式固定下來,並一一賦予九種賜物以不同含義。前人學者在辨析九賜名物的時候,常把九賜中的秬鬯與西周秬鬯相等同,如何休在《春秋公羊經傳解詁》中引用緯書的記載對《春秋》莊公元年"王使榮叔來錫桓公命"句進行解讀:"增加其衣服,令有異于諸侯。禮有九錫:一曰車馬,二曰衣服,三曰樂則,四曰朱戶,五曰納陛,六曰虎賁,七曰弓矢,八曰鈇鉞,九曰秬鬯,皆所以勸善扶不能。言'命'不言'服'者,重命,不重其財物。"②范寧在《春秋穀梁傳集解》中也有類似説法,將周代秬鬯解釋爲九賜秬鬯,這種説法對後來學者影響深遠。那麼二者的關係究竟如何?我們不妨繼續梳理一下與秬鬯相關的九賜制度文獻,秬鬯在九賜中有以下記載:

> 受綠韍袞冕衣裳,瑒琫瑒珌,句履,鸞路乘馬,龍旂九旒,皮弁素積,戎路乘馬,彤弓矢,盧弓矢,左建朱鉞,右建金戚,甲胄一具,秬鬯二卣,圭瓚二,九命青玉珪二,朱戶納陛。(《漢書·王莽傳》)③

> 一曰車馬,二曰衣服,三月樂則,四曰朱戶,五曰納陛,六曰虎賁,七曰弓矢,八曰鈇鉞,九曰秬鬯。(《禮緯含文嘉》)④

> 《禮》説九錫,車馬、衣服、樂則、朱戶、納陛、虎賁、鈇鉞、弓矢、秬鬯,皆隨其德,可行而次。能安民者賜車馬,能富民者賜衣服,能和民者賜樂則,民衆多者賜朱戶,能進善者賜納陛,能退惡者賜虎賁,能誅有罪者賜鈇鉞,能征不義者賜弓矢,孝道備者賜秬鬯。(《白虎通義》)⑤

當我們將上述記載中的秬鬯,與前文所述西周秬鬯進行對比時,可以感受到二者的不同。

首先,二者的差異體現在賜物的形式上。西周秬鬯固然爲周天子所僅有,但作爲賜物而言在形式上並沒有表現出至尊地位,與車馬衣服等同賜。正如閻步克在《服周之冕》中引用

---

① "九賜"雖始見於《韓詩外傳》和《漢書·武帝紀》,但經學者考證,這二則記載並不可靠(詳見劉凱:《九錫淵源考辨》,《中國史研究》2018 年第 1 期,第 35 頁)。筆者則認爲《漢書·武帝紀》中"三適謂之有功,乃加九錫"這句話與昔時的考績制度有關,是《尚書·舜典》中"三載考績,三考,黜陟幽明"的延續,與我們通常所説的九賜制度不同。因而筆者認爲具有特殊政治含義的九賜始於王莽。

② 〔漢〕何休解詁,〔唐〕徐彥疏:《春秋公羊傳註疏》〔清〕阮元校刻:《十三經注疏》,北京:中華書局 2009 年影印清嘉慶原刊本,第 4831 頁。

③ 〔漢〕班固:《漢書》卷九十九上,北京:中華書局,1962 年,第 4075 頁。

④ 〔日〕安居香山、〔日〕中村璋八輯:《緯書集成》,第 500—501 頁。

⑤ 〔清〕陳立疏證,吳則虞點校:《白虎通疏證》卷七,北京:中華書局,1994 年,第 302—303 頁。

王夫之的觀點"《周禮》六冕'如王之服'的意義,就在於展示了天子與諸侯、諸臣'故車服禮秩有所增加,而無所殊異'的特點,展示了'昭其爲一體也'的政治精神"。①周王將自己擁有的秬鬯使用權賜予臣下表示獎賞,使其得以用秬鬯告祭先人,這與西周"等級君主制"的政治形態和"昭其爲一體"的政治精神有關,並不意味着秬鬯比起其他賜物有何顯著地位。王莽九賜中秬鬯亦未顯示出至尊地位,僅爲一種貴重的賜物。在《含文嘉》之中,秬鬯搖身一變成爲九賜之首,《含文嘉》九賜與《周禮》九命對應,秬鬯成爲"九命"勳臣的賜物,具有崇高的地位。《白虎通義》雖弱化了九賜的等級含義,剝離了九賜與九命一一對應的關係,配之以大臣德行。但漢以孝治天下,孝是漢代政治和社會秩序的核心,《白虎通》將秬鬯與孝德相連,亦是將秬鬯置於九賜之尊。魏晉以後的"禪讓"九賜在形式上與《含文嘉》中的九賜相同,②秬鬯亦立於高位。

其次,二者差異表現在賞賜對象上。西周秬鬯的受賞者與其政治等級没有明顯關係,側重於論功(事)行賞。事實上,雖然出土文獻和傳世文獻都驗證了西周伯制的存在,文獻也有"九命做伯"的記載,但西周時期是否有加九命之説,其與伯制是否有關聯還有待考察。如《尚書大傳》中記載"一適謂之攸好德,再適謂之賢賢,三適謂之有功。有功者,天子賜以車服弓矢,再賜以秬鬯,三賜以虎賁百人,號曰命諸侯。"③未提九命,同樣可以專伐,這則記載也顯示出賞賜秬鬯與政治等級無關,是有功而賜。唐代學者賈公彦在《周禮·大宗伯》疏中也質疑了九命的説法"若然,與天子何殊,而爲夾輔乎"。④在當代學者考證出與册命方伯有關的出土文獻如毛公鼎、宜侯夨簋等中,也未涉及九命。總而言之,"九命作伯"以及與之相關的"九賜秬鬯"在與西周有關文獻中均未見記載,其首見于漢代經師的闡述中。漢以後文獻中受賞秬鬯的情況則很明確,其地位相比西周有顯著上升,王莽及東漢末以輔國自居而求賞秬鬯的情況出現,也正説明了這一點。

最後,二者的差異表現在其政治內涵中。西周秬鬯多用於祭祀,《禮記·王制》中記載"諸侯賜弓矢,然後征。賜鈇鉞,然後殺。賜圭瓚,然後爲鬯,未賜圭瓚,則資鬯於天子"。⑤周王賜諸侯弓矢,則諸侯擁有征伐違背周王行爲的權力;⑥賜斧鉞,則諸侯擁有生殺大權;賜圭瓚,則諸侯擁有自行裸鬯祭祀的權力,如果没有賜予圭瓚,則諸侯僅能在周王賜鬯的時候用鬯祭祀,體現出圭瓚與鬯酒的祭祀功用。王莽九賜中,秬鬯與圭瓚、青圭同處並列,也取祭祀含義。在東漢,秬鬯爲祭祀之用的含義弱化,《白虎通義》中記載"内能正己,外能正人,内外行備,

---

① 閻步克:《服周之冕——〈周禮〉六冕禮制的興衰變異》,北京:中華書局,2009年,第84頁。
② 後代引用《含文嘉》九賜時候在"七曰""八曰"是"斧鉞"還是"弓矢"的問題上尚有爭議,本文不對此做出區分,均認爲是同一文獻來源。
③ 〔清〕皮錫瑞:《尚書大傳疏證》卷二《皋陶謨》,吳仰湘編:《皮錫瑞全集》,北京:中華書局,2015年,第77頁。
④ 〔漢〕鄭玄注,〔唐〕賈公彦疏:《周禮注疏》卷十八,第1643頁。
⑤ 〔漢〕鄭玄注,〔唐〕孔穎達正義:《禮記正義》卷十二,第2884頁。
⑥ 在《西周伯制考索》中認爲,弓矢尤其是彤弓彤矢是地位很高的賞賜,其受賞者應爲方伯,由於西周金文中上未發現"伯"的稱謂,西周金文中的伯,一是諸侯的爵稱,一是作爲行第用在稱呼中。王官伯爵稱爲公,方伯爵爲侯,並不稱伯或牧,稱侯也僅表示其本爵,並無侯牧、侯伯之意。

孝道乃生",①孝道備是賜予秬鬯的條件。與《王制》相比,《白虎通義》九賜中"得其物,乃敢爲其事"的含義大大削弱,倒不如稱《白虎通》的九賜規則爲"爲王做事,乃敢得其物",强調了秬鬯的賜予條件,淡化了其所帶來的權力。可以看出,先秦文獻更多强調的是賜秬鬯所帶來的祭祀權,對其賜予條件則未見記載,而東漢秬鬯則反之。《含文嘉》《白虎通義》在東漢中央集權的背景下敕定,此時官員任免權力收歸中央,賜予斧鉞、弓矢、秬鬯不再意味某種權力的讓渡,僅表現爲對官員的勉勵。東漢末年以後,皇權旁落,權臣覬覦,又不能堂而皇之地取代,多以周公自比。秬鬯被權臣利用,但他們期待的並不是分權——祭祀權的下放,而直指九賜秬鬯背後的輔國意義,九賜秬鬯賦予了他們總攬大權的合理性,是進一步奪取最高權力的跳板。《後漢書·袁紹傳》中記載曹操命孔融賜袁紹斧鉞、弓矢,曹操自己却欲得秬鬯,行九賜備禮,荀彧認爲此舉不妥:"曹公本興義兵,以匡振漢朝,雖勳庸崇著,猶秉忠貞之節。君子愛人以德,不宜如此。"②荀彧的諱莫如深似乎暗示,賞賜秬鬯此時已不純粹是爲了獎勵功績。《三國志·吳主傳》記載孫權自詡爲有夾輔之功,故受秬鬯圭瓚之賜,③《宋書·武帝紀》中記載劉裕在大局即定,"進位相國,總百揆"之後也受秬鬯圭瓚之賜。④孫權與劉裕皆以忠肅賜予秬鬯,二者看似有忠心朝廷之名,却無忠心之實,孫權在受九賜後兩年自立年號,劉裕也在兩年後也受晉"禪讓"稱帝。西周秬鬯此時僅存軀殼,已非周代之其實。

從賜物形式、賜物内涵及賞賜對象三點不同來看,我們可以得出結論:九賜秬鬯取材於西周秬鬯。説"取材",是取秬鬯之名及賜物之用,但不言"等同",若説王莽因其周制復古的政治理想,其九賜中的秬鬯還與西周秬鬯之間有所聯繫。那麽在《白虎通義》及其產生後的年代,九賜秬鬯已與西周賜物大不相同。

那麽這種變化是如何發展而來的呢?筆者認爲西漢的經説文獻在這之中起着承上啟下的作用,相關的文獻證據如下:

> 九命錫圭瓚、秬鬯。⑤
> 九命然後錫以秬鬯、圭瓚。⑥
> 一適謂之攸好德,再適謂之賢賢,三適謂之有功。有功者,天子賜以車服弓矢,
> 再賜以秬鬯,三賜以虎賁百人,號曰命諸侯。⑦
> 諸侯有德者,一命以車服、弓矢,再命以虎賁三百人,三命秬鬯。諸侯三命者,

---

① 〔清〕陳立疏證、吳則虞點校:《白虎通疏證》卷七,第 304 頁。
② 〔南朝宋〕范曄撰,〔唐〕李賢等注:《後漢書》卷七〇,北京:中華書局,2012 年,第 2290 頁。
③ 〔晉〕陳壽撰,〔南朝宋〕裴松之注:《三國志》卷四十七《吳主傳》,北京:中華書局,1982 年,第 1122 頁。
④ 〔南朝宋〕沈約:《宋書》卷二,北京:中華書局,1974 年,第 38—41 頁。
⑤ 〔漢〕毛亨傳,〔漢〕鄭玄箋,〔唐〕陸德明音義,孔祥軍點校:《毛詩傳箋》卷十八,第 439 頁。
⑥ 〔漢〕毛亨傳,〔漢〕鄭玄箋,〔唐〕陸德明音義,孔祥軍點校:《毛詩傳箋》卷十六,第 366 頁。
⑦ 〔清〕皮錫瑞:《尚書大傳疏證》卷二《皋陶謨》,吳仰湘編:《皮錫瑞全集》,北京:中華書局,2015 年,第 77 頁。

皆受天子之樂,以祀其宗廟。[①]

西漢經説中,秬鬯受賞者爲有功諸侯,位高權重,多爲方伯。由於先秦經文的記載寥寥,在《尚書》《左傳》《詩經》等的記載中,秬鬯或爲天子所用,或賜予有功侯伯。西漢去古不遠,西漢經説中所保留的西周賞賜的痕迹,與西周晚期出土文獻所體現出的整體情況相符。西漢經師根據西周晚期的殘存信息,縮小秬鬯受賞者的範圍,將秬鬯地位上升至輔國侯伯之賞也在情理之中。我們尚不清楚西漢學者是否將《王制》中的弓矢、斧鉞、秬鬯認爲是一種帶有次序排列的賜物,但《尚書大傳》中的記載,透露出以下兩點信息:西漢儒生將秬鬯與車服弓矢同等並列,尚未顯示出秬鬯的至尊性;三命諸侯受賞天子之樂的目的是祭祀宗廟,受賞秬鬯也是同理。王莽直接照搬了西漢學者賦予的秬鬯定義——周王賜予有功侯伯的祭祀物,使其得以秬鬯告祭先人。將西漢經説與《周禮》融合,填塞進其構建的九賜中。新莽覆滅,西漢秬鬯的特質以及王莽的篡漢結果對東漢政權顯然是一種威脅。《含文嘉》爲東漢官方敕定,《白虎通義》受漢章帝旨意集合而成,二者對秬鬯進行了合乎中央集權的改編,將經説秬鬯中侯伯分權的意義削弱,使其與東漢君主專制相合。但王莽九賜無疑給了後人以啟發,曹魏之後的九賜秬鬯,則從王莽篡漢的結果出發,在東漢九賜的框架内,對歷代秬鬯的概念掐頭去尾,雜揉出一個侯伯輔國之權的象徵物,僞造出九賜"禪讓"的含義,實際爲權臣篡權的工具和跳板。

(唐思語,浙江大學馬一浮書院博士研究生)

---

① 〔清〕皮錫瑞:《尚書大傳疏證》卷七《周傳》,吳仰湘編:《皮錫瑞全集》,第335頁。

真假"司馬志誠"——《司馬志誠（貞節）墓誌》辨僞*

王勝明

[摘　要]　榆林市"古代碑刻藝術博物館"藏大曆九年《司馬志誠墓誌》原石兩合，其一誌主字"志誠"，其二誌主字"貞節"。兩通墓誌卒葬時地、家族世系、官爵追贈等相似，仕宦經歷等迥然不同。從誌文敘事多與史實不合、誌主仕歷官職不合唐代制度，以及文辭表述等方面諸多紕漏推斷，《司馬志誠（貞節）墓誌》應是以《司馬志誠（志誠）墓誌》爲藍本贗造的一通僞誌。

[關鍵詞]　司馬志誠　司馬貞節　僞誌

　　榆林"古代碑刻藝術博物館"展藏大曆九年《司馬志誠墓誌》石刻兩通，資料顯示，《司馬志誠（志誠）墓誌》刊刻於大曆九年（774），誌石蓋長 52.5 釐米，寬 53 釐米，厚 8 釐米，篆書"唐故司馬府君墓誌"；誌長 53.5 釐米，寬 53.5 釐米，厚 6 釐米。《司馬志誠（貞節）墓誌》亦刊刻於大曆九年，誌石蓋長 52.5 釐米，寬 52.5 釐米，厚 7 釐米，篆書"唐故司馬府君墓誌"；誌長 53.5 釐米，寬 53.5 釐米，厚 7 釐米。誌主皆姓司馬，諱志誠；一字"志誠"，一字"貞節"。皆無出土時地信息。《司馬志誠（志誠）墓誌》微泐，文字清晰可識。《司馬志誠（貞節）墓誌》石面磨泐嚴重，人爲鑿去若干字，有惡意毀壞之嫌。

一、志主信息比勘

　　《司馬志誠（志誠）墓誌》首題"唐故隴右節度副使開府儀同三司兼試太常卿上柱國雁門郡開國公贈越州都督司馬府君墓誌銘并序"，《司馬志誠（貞節）墓誌》首題"唐故隴右節度副使開府儀同三司太常卿上柱國雁門郡開國公贈越州都督司馬府君墓銘并序"，前者較後者多"兼試"二字。

　　詳勘兩通墓誌，誌主核心信息大同小異。卒葬時地、年齡完全相同。《司馬志誠（志誠）墓誌》云："以大曆八年十二月十二日，薨于上都崇義里之第，春秋七十有三⋯以大曆九年二月十五日，窆于高平鄉高平原，禮也。"《司馬志誠（貞節）墓誌》云："大曆八年十二月十二日，隴右節度副使、開府儀同三司，兼太常卿薨于位，享年七十三⋯其明年二月十五日，窆于高平原塋，禮也。"志主名諱、官職、家世、封贈等多處信息相同或相近：志主皆諱志誠，皆以"涇州四門府別將"入仕，最後官職皆爲"隴右節度副使"，子嗣皆爲彭年、堯年，葬禮皆給"鹵簿儀

* 本文是貴州省哲學社會科學規劃國學單列課題"歷代僞志叢考與資料庫建設"（22 GZGX 09）、西華師範大學"碑刻文獻研究團隊"的階段性成果。

仕",封贈皆爲"越州都督"。據此,兩通墓誌誌主似爲同一人。

但誌主司馬志誠(志誠)與司馬志誠(貞節)仕宦經歷迥異,除絳、陝、懷、興四州刺史有交匯點外,《司馬志誠(志誠)墓誌》所載"河州白水府左果毅都尉""郎將兼經略軍副使""神威軍使""關西都知兵馬使,兼河源軍使、鄯城郡太守""興平、定武等軍使""懷、衛等州防禦使""都知兵馬使"等職事官職,"銀青光祿大夫""特進"等散官,以及"封雁門郡開國公,食邑一千户""加實封一百户""賜紫金魚袋"等賞賜皆未見載于《司馬志誠(貞節)墓誌》。《司馬志誠(貞節)墓誌》所謂"山南西道都知兵馬使同節度副使""潼關防禦使、六軍都團練使"等官職,以及"形圖麟閣"等殊榮,亦不見于《司馬志誠(志誠)墓誌》。

綜合考察,《司馬志誠(志誠)墓誌》與《司馬志誠(貞節)墓誌》重要差異有八:其一,名同而字異:前者字"志誠",後者字"貞節";其二,籍貫之異:前者記籍貫,後者則闕載;其三,賞賜之異:前者録賜緋魚袋事,後者則闕記;其四,職官之異:前者爲"試太常卿",後者爲"兼太常卿",則前者爲試授,後者乃實授;其五,父祖信息之異:前者記祖、父諱及職官,後者闕載;其六,父諱之異:前者父諱"如珪",後者父諱"珪";其七,次子官職差異:前者次子堯年官"右金吾倉曹參軍",後者次子堯年官"朝議郎、大理評事";其八,朝廷贈物之異:前者"贈絹一百匹,布卅端",後者"贈絹二百匹、布一百端、衣十副"。據此,兩通墓誌誌主似非同一人。

表1　兩通墓誌記載相同部分(加黑爲相同内容)

項目　　文獻來源	《司馬志誠(志誠)墓誌》	《司馬志誠(貞節)墓誌》
諱字	**公諱志誠**,字志誠	**公諱志誠**,字貞節
籍貫	河内温人	
家族源流	自殷王十二葉至**晉宣帝,公其裔孫也**	盖晉宣帝之裔孫
初始官職	公起家以功授**涇州四門府别將**,賜緋魚袋	始仕涇州四門府别將
最後官爵	今渭北臧尚書,先是推轂於惟梁,表公充都知兵馬使,兼興州刺史,遷**開府儀同三司**,試太常卿,加實封一百户…今相國涼國公雅知公之志尚,遂表爲隴右節度副使	隴右節度副使、**開府儀同三司**、兼太常卿
祖父	王父諱崇敬,皇甘州張掖縣令	
父	**皇考諱**如珪,**皇朝散大夫、肅州司馬、贈中大夫、肅州長史**	朝散大夫、肅州司馬、贈此州長史諱珪之嗣
子	嗣子**通州别駕彭年**、右金吾倉曹參軍**堯年**	長子中大夫、**通州别駕彭年**,次子朝議郎、大理評事堯年
朝廷封贈	**皇帝悼焉,中官吊**贈絹一百匹,布卅端,**假鹵薄儀仗,贈越州都督**	**皇帝悼焉,中官**吊祭,贈絹二百匹、布一百端、衣十副,**假鹵薄儀仗,贈越州都督**

表 2　兩通墓誌記載不同部分（加黑爲相同內容）

《司馬志誠（志誠）墓誌》	《司馬志誠（貞節）墓誌》
累遷河州白水府左果毅都尉,賜紫金魚袋	
累遷郎將,兼經略軍副使	
累遷神威軍使	
累遷關西都知兵馬使,兼河源軍使、鄩城郡太守	除山南西道都知兵馬使同節度副使
充興平、定武等軍使,敕**攝絳州刺史**,除銀青光禄大夫、**陝州刺史**,承詔赴河陽,充懷、衛等州防禦使,**攝懷州刺史**	**累遷絳、陝、懷三州刺史**,□遷潼關防禦使、六軍都團練使
封雁門郡開國公,食邑一千户。未幾,加特進	所以名伏羌戎,而形圖麟閣
充都知兵馬使,**兼興州刺史**,遷開府儀同三司,試太常卿,加實封一百户	遂兼**興**、洋二**州刺史**,□金河四縣,興、鳳二州使

二、墓誌史事考辨

　　一般而言,兩通墓誌誌主身份、家世、子嗣等核心信息基本相同或高度相似,有可能是"一人雙誌",但《司馬志誠（志誠）墓誌》《司馬志誠（貞節）墓誌》志文異常之處頗多,內容遊走于似與不似之間,其真實性有待重新考量。以下就兩通墓誌所記人物、職官等詳加分析。

（一）司馬志誠（貞節）任職不合唐制

　　《司馬志誠（貞節）墓誌》述司馬貞節仕宦經歷:"出身卅七年,歷官卅九政。"此説不合唐代官制。唐代官員遷改,一般以四年爲限。《新唐書・職官志》:"凡居官必四考,四考中中,進年勞一階叙。每一考,中上進一階,上下二階,上中以上及計考應至五品以上奏而別叙。六品以下遷改不更選及守五品以上官,年勞歲一叙,給記階牒。考多者,準考累加。"[1] "開元十八年,侍中裴光庭兼吏部尚書,始作循資格,而賢愚一概,必與格合,乃得銓授,限年躡級,不得踰越。"[2] 安史之亂後,人多官少矛盾更加突出,正常遷改更加困難,升遷週期由四考改爲五考。"是時,河西、隴右没於虜,河南、河北不上計,吏員大率減天寶三之一,而入流者加一,故士人二年居官,十年待選,而考限遷除之法寖壞。憲宗時,宰相李吉甫定考遷之格,諸州刺史、次赤府少尹、次赤令、諸陵令、五府司馬、上州以上上佐、東宮官詹事諭德以下、王府官四品以上皆五考。"[3]《司馬志誠（貞節）墓誌》所謂"出身卅七年,歷官卅九政"之説詭譎。

　　《司馬志誠（貞節）墓誌》記述司馬貞節"累遷絳、陝、懷三州刺史,□遷潼關防禦使、六軍都團練使",但其所任絳、陝、懷三州刺史與軍職潼關防禦使並不匹配。唐置防禦守捉使,簡

---

① 〔宋〕歐陽修、〔宋〕宋祁:《新唐書》卷四十五,北京:中華書局,1975 年,第 1173 頁。

② 〔宋〕歐陽修、〔宋〕宋祁:《新唐書》卷四十五,第 1177 頁。

③ 〔宋〕歐陽修、〔宋〕宋祁:《新唐書》卷四十五,第 1179—1180 頁。

稱防禦使，是由刺史兼任的地方軍事長官，常與團練使互兼。防禦使分都防禦使、州防禦使。都防禦使負責數州軍事，州防禦使負責一州軍事。潼關防禦使乃關東節度使演變分置而來。上元二年（761）同州、華州置關東節度使，治華州（今陝西華縣）。廣德元年（763）改同華節度使，治同州（今陝西大荔縣）。興元元年（784）分同州置奉誠節度使，華州置潼關節度使，後廢入京畿直轄。同州爲同州防禦使，華州置潼關防禦使。潼關防禦使例由華州刺史兼任。據兩《唐書》記載，大曆二年（767）正月，以兵部侍郎張仲光爲華州刺史、潼關防禦使；大曆三年（768）九月，以尚書左丞蔣渙爲華州刺史，充鎮國軍潼關防禦使；大曆十年（775）三月，以左散騎常侍孟皞爲華州刺史，充潼關防禦使；大和三年（829）正月，華州刺史、鎮國軍潼關防禦使崔植卒。撰文者并不了解潼關防禦使與華州刺史之間的重要關係，不清楚唐代軍職設置與官員任用制度，故墓誌記司馬貞節任潼關防禦使，却不言其華州刺史經歷。

此外，傳世文獻與出土文獻均未見"六軍都團練使"之職。團練使全稱團練守捉使，是唐代負責一方或一州軍事的官員。都團練使負責方鎮軍事，多由觀察使兼任；州團練使負責一州軍事，常由刺史兼任。都團練使有道都團練使，如《舊唐書·李泌傳》："因江南道觀察都團練使魏少遊奏求參佐，稱泌有才，拜檢校秘書少監，充江南西道判官，幸其出也。"[1]有諸州都團練使，如《舊唐書·李洧傳》："及李納遣兵攻徐州，劉洽與諸將擊退之，賊勢未衰，始加洧徐、海、沂都團練觀察使。"[2]《舊唐書·韋倫傳》："乃以倫爲韶州刺史、兼御史中丞、韶連郴三州都團練使。"[3]《舊唐書·張萬福傳》："累攝舒廬壽三州刺史、舒廬壽三州都團練使。"[4]《舊唐書·穆寧傳》："選鎮夏口者，詔以寧爲鄂州刺史、鄂岳沔都團練使及淮西鄂岳租庸鹽鐵沿江轉運使。"[5]有行營都團練使，如"（興元元年春）以奉天行營都團練使楊惠元檢校工部尚書。"[6]迄今爲止，不管是傳世文獻還是出土文獻，可見一州或數州團練使，但不見"六軍都團練使"，《司馬志誠（貞節）墓誌》"六軍都團練使"之職可疑。

（二）《司馬志誠（貞節）墓誌》叙"安史之亂"諸事不合史實

《司馬志誠（貞節）墓誌》云："天寶中，安史經亂，生靈莫安。關隴之沖，地當要害，立根之處，公握兵權。李志堅等潛懷扇動，秘運奸謀，立可□以濟師，援禄山以舊衆。"

"安史之亂"起於天寶末——天寶十四年（755）："天寶十四載十一月，安禄山反范陽。十五載六月，玄宗幸蜀。"[7]而非《司馬志誠（貞節）墓誌》所言"天寶中，安史經亂"。又據《舊

---

① 〔後晉〕劉昫等：《舊唐書》卷一百三十，北京：中華書局，1975年，第3621頁。
② 〔後晉〕劉昫等：《舊唐書》卷一百二十四，第3542頁。
③ 〔後晉〕劉昫等：《舊唐書》卷一百三十八，第3781頁。
④ 〔後晉〕劉昫等：《舊唐書》卷一百五十二，第4074頁。
⑤ 〔後晉〕劉昫等：《舊唐書》卷一百五十五，第4114頁。
⑥ 〔後晉〕劉昫等：《舊唐書》卷十二，第340頁。
⑦ 〔後晉〕劉昫等：《舊唐書》卷一百七，第3264頁。

唐書·安禄山傳》:"安禄山,營州柳城雜種胡人也。"①生活區域在幽、營之地。開元二十年
(732),張守珪爲幽州節度使時,"令與鄉人史思明同捉生,行必剋獲,拔爲偏將",②開始軍旅
生涯。開元二十八年(740)任平盧兵馬使。授營州都督、平盧軍使。天寶三年(744),代裴寬
爲范陽節度使。勢力範圍主要在幽、營等東北邊州,爪牙也主要爲幽、營等邊州將領:"引張
通儒、李庭堅、平洌、李史魚、獨孤問俗在幕下,高尚掌書記,劉駱谷留居西京爲耳目,安守忠、
李歸仁、蔡希德、牛庭玠、向潤客、崔乾祐、尹子奇、何千年、武令珣、能元皓、田承嗣、田乾真,
皆拔於行間。"③安禄山勢力主要在東北,而關隴之地並無舊部。《司馬志誠(貞節)墓誌》所
記"天寶中,安史經亂",關隴之地"李志堅等潛懷扇動""援禄山以舊衆"等説與史不合。

(三)《司馬志誠(貞節)墓誌》所載臧希讓任渭北節度使年代有誤

《司馬志誠(志誠)墓誌》與《司馬志誠(貞節)墓誌》都提到一個關鍵性人物——臧希
讓。《司馬志誠(志誠)墓誌》云:"今渭北臧尚書,先是推轂惟梁,表公充都知兵馬使,兼興州
刺史。"《司馬志誠(貞節)墓誌》云:"時二帝登遐,四海遏密⋯節度使臧希讓經臣下之哀,備
吊祭之禮。"前者的"渭北臧尚書"即後者所云"節度使臧希讓"。《司馬志誠(貞節)墓誌》"二
帝登遐"指玄宗、肅宗父子駕崩事。玄宗崩於上元二年(761)四月:"上元二年四月甲寅,崩
于神龍殿⋯廟號玄宗⋯以廣德元年三月辛酉葬于泰陵。"④肅宗後崩於寶應元年(762)四月:
"(寶應元年)其元年宜改爲寶應,建巳月爲四月⋯是日,上崩于長生殿,年五十二⋯廟號肅
宗。寶應二年三月庚午,葬于建陵。"⑤故誌文所謂"時二帝登遐,四海遏密"指寶應元年(762)
四月到廣德元年(763)三月間。

史書記載,此時臧希讓任山南西道都防禦使、梁州刺史。《舊唐書·西戎傳》云:"寶應元
年十二月,其歸順州部落、乾封州部落⋯朝鳳州部落,並詣山南西道都防禦使、梁州刺史臧希
讓請州印。希讓以聞,許之。"⑥永泰(765—766)至大曆(766—779)初又任太子詹事:"(永
泰元年)三月壬辰朔,詔左僕射裴冕、右僕射郭英乂⋯太子詹事臧希讓⋯涇王傅吳令瑤等十
三人,並集賢院待詔。"⑦大曆四年(769)臧希讓方接任名將李光弼弟李光進渭北節度使一職:
"(大曆四年)六月丁酉,以太子詹事臧希讓檢校工部尚書,充渭北節度;以渭北節度李光進
爲太子太保。"⑧故"二帝登遐,四海遏密"之時,臧希讓任梁州刺史,而非渭北節度使。

---

① 〔後晉〕劉昫等:《舊唐書》卷二百上,第 5367 頁。
② 〔後晉〕劉昫等:《舊唐書》卷二百上,第 5367 頁。
③ 〔後晉〕劉昫等:《舊唐書》卷二百上,第 5369 頁。
④ 〔後晉〕劉昫等:《舊唐書》卷九,第 235 頁。
⑤ 〔後晉〕劉昫等:《舊唐書》卷十,第 263 頁。
⑥ 〔後晉〕劉昫等:《舊唐書》卷一百九十八,第 5292—5293 頁。
⑦ 〔後晉〕劉昫等:《舊唐書》卷十一,第 278 頁。
⑧ 〔後晉〕劉昫等:《舊唐書》卷十一,第 293 頁。

（四）誤以試守爲實授

《司馬志誠（志誠）墓誌》誌主最後官職爲隴右節度副使、開府儀同三司，試太常卿。太常卿之任職狀態爲"試"，即試守，屬試用性質，並未真除。但以《司馬志誠（志誠）墓誌》爲藍本的《司馬志誠（貞節）墓誌》則將試守理解爲實授兼任："隴右節度副使、開府儀同三司，兼太常卿薨于位。""兼太常卿"爲真除實授兼任太常卿而非試用。墓主首題官職，多爲誌主最高、一般也是最後官職。《司馬志誠（志誠）墓誌》首題爲"試太常卿"而非"兼太常卿"，説明誌主去世時太常卿之職仍爲試用而未真除，而《司馬志誠（貞節）墓誌》首題爲"兼太常卿"而非"試太常卿"，則意味着"太常卿"之職位實授，兩者差别巨大。

試守之制始於兩漢，部分官員任職，先試守，如稱職則真除。《漢書·平帝紀》注引如淳語云："諸官吏初除，皆試守一歲乃爲真，食全奉。"[①]否則將調離、左遷或退守原職。唐代依然實行試守制度，唐誌中，述試守官職者頗夥，對於試守官員的安置情形，記載頗詳。有試滿真除者，如開元三年（715）《孟玄一及妻顧氏墓誌》："以孝廉對策高第，試徐王府參軍，尋正授焉。"[②]開元十七年（729）《高嶸墓誌》："授荊州參軍，特敕試通事舍人，尋正除。"[③]亦有試滿不稱職而左遷者，如開元十八年（730）《封皎墓誌》："試左武衛倉曹兩載，出攝金壇丞。"[④]誌主試守京官兩年後未能真除，調地方任職。又如開元廿七年（739）《王元琰墓誌》："初試會州別駕，朝無虚授，改遷慶州司馬。"[⑤]誌主本試守地方官，亦未能實授，而改任他地。亦有試守某職同時兼任他職者，如開元十二年（724）《支萬徹及妻曹氏墓誌》："試京苑副監兼知中尚内供奉使。"[⑥]開元十四年（726）《獨孤思行及妻杜氏墓誌》："試尚乘奉御，兼隴右西使。"[⑦]試職未真除而卒，則墓誌題"試"某職，如大曆十四年（779）《裴适墓誌》首題"大唐故試大理正兼河南府告成縣令河東裴公墓誌銘並叙"，[⑧]大曆十四年（779）《張嘉慶及妻高氏墓誌》首題"唐故開府儀同三司試太常卿張府君墓誌銘並序"，[⑨]《司馬志誠（志誠）墓誌》首題中的"試太常卿"亦屬此類，以其爲藍本的《司馬志誠（貞節）墓誌》將試守理解爲實授兼任，則説明其撰文者爲不熟悉古代職官制度的現代人而非唐人，此種情況與近年新造僞誌《李訓墓誌》將李訓姊《蕭君妻李氏墓誌》所載李元恭"大理寺少卿，判東都吏部侍郎兼掌選事"，李訓侄《李伾墓誌》所云李元恭"歷大理卿，判尚書吏部侍郎"等理解爲"大理寺少卿兼吏部侍郎"[⑩]是

---

① 〔漢〕班固：《漢書》卷十二，北京：中華書局，1962 年，第 349 頁。
② 周紹良主編：《唐代墓誌彙編》，上海：上海古籍出版社，1992 年，第 1163 頁。
③ 周紹良主編：《唐代墓誌彙編》，第 1359 頁。
④ 趙跟喜主編：《新中國出土墓誌·河南卷》第 3 册，北京：文物出版社，2008 年，第 120 頁。
⑤ 周紹良主編：《唐代墓誌彙編》，第 1490 頁。
⑥ 趙君平主編：《邙洛碑誌三百種》，北京：中華書局，2004 年，第 139 頁。
⑦ 周紹良、趙超主編：《唐代墓誌彙編續集》，上海：上海古籍出版社，2001 年，第 504—505 頁。
⑧ 周紹良主編：《唐代墓誌彙編》，第 1816 頁。
⑨ 周紹良、趙超主編：《唐代墓誌彙編續集》，第 720—721 頁。
⑩ 宋婷：《〈李訓墓誌〉辨僞——以家族墓誌爲主的考察》，《歷史文獻研究（總第 47 輯）》，揚州：廣陵書社，2021 年。

同樣的例證。

(五)"形圖麟閣"與史不合

《司馬志誠(貞節)墓誌》謂誌主"名伏羌戎,而形圖麟閣",但其"形圖麟閣"之説與史不合。"形圖麟閣"是封建社會褒獎功臣的最高層次,始於西漢宣帝時。《漢書·蘇武傳》:"甘露三年,單于始入朝。上思股肱之美,乃圖畫其人於麒麟閣,法其形貌,署其官爵姓名。唯霍光不名,曰大司馬大將軍博陸侯姓霍氏,次曰衛將軍富平侯張安世,次曰車騎將軍龍頟侯韓增,次曰後將軍營平侯趙充國,次曰丞相高平侯魏相,次曰丞相博陽侯丙吉,次曰御史大夫建平侯杜延年,次曰宗正陽城侯劉德,次曰少府梁丘賀,次曰太子太傅蕭望之,次曰典屬國蘇武。"①唐代功臣畫像則繪于凌煙閣,前後曾三次大規模繪製功臣圖像。首次在貞觀十七年(643),繪開國功臣二十四人像。劉肅《大唐新語·褒錫》:"貞觀十七年,太宗圖畫太原倡義及秦府功臣趙公長孫無忌、河間王孝恭、蔡公杜如晦、鄭公魏徵、梁公房玄齡、申公高士廉、鄂公尉遲敬德、郧公張亮、陳公侯君集、盧公程知節、永興公虞世南、渝公劉政會、莒公唐儉、英公李勣、胡公秦叔寶等二十四人於凌煙閣。太宗親爲之贊,褚遂良題閣,閻立本畫。"②第二次在貞元五年(789),是對貞觀二十四功臣的增補:"有司宜叙年代先後,各圖其像,列於舊臣之次。……于是史官考其功績,第其前後,以褚遂良、蘇定方、郝處俊等二十七人充之。"③此次增補凌煙閣功臣,文獻可見者有德宗李適、郭子儀、李光弼、侯希逸、仆固懷恩、馬璘、李晟、張萬福八人。第三次在大中二年(848):"大中初,又詔求李峴、王珪、戴胄、馬周、褚遂良、韓瑗、郝處俊、婁師德、王及善、朱敬則、魏知古、陸象先、張九齡、裴寂、劉文靜、張柬之、袁恕已、崔玄暐、桓彥範、劉幽求、郭元振、房琯、袁履謙、李嗣業、張巡、許遠、盧弈、南霽雲、蕭華、張鎬、李勉、張鎰、蕭復、柳渾、賈耽、馬燧、李憕三十七人畫像,續圖凌煙閣云。"④誌云司馬貞節卒于大曆八年(773)十二月,葬于大曆九年(774)二月,處于貞觀二十四功臣之後,貞元二十七功臣、大中三十七功臣之前,期間並無功臣形圖凌煙閣之事,三次凌煙閣功臣名録及出土與傳世文獻亦未見司馬家族人員圖繪凌煙閣記録,故司馬志誠(貞節)"形圖麟閣"之説爲杜撰。

三、墓誌文辭分析

墓誌的基本功能是標誌墓壙位置,隨着時代的發展,記録誌主個人及家族信息,頌美誌主懿德美猷等亦成爲墓誌文本的基本内容,當墓誌體制基本定型后,圍繞"十三事"叙事,遂爲墓誌書寫的基本規範。因爲性質獨特,文本容量有限,墓誌的體制結構、書寫手法、材料選

① 〔漢〕班固:《漢書》卷五十四,第 2468—2469 頁。
② 〔唐〕劉肅編,許德楠、李鼎霞點校:《大唐新語》卷十一,北京:中華書局 2004 年,第 163 頁。
③ 〔宋〕王溥:《唐會要》卷四十五,北京:中華書局,1975 年,第 809 頁。
④ 〔宋〕歐陽修、〔宋〕宋祁:《新唐書》卷一百九十一,北京:中華書局,1975 年,第 5512—5513 頁。

擇乃至語言風格等均異於史傳，多偏重家世源流、仕歷行迹、官職爵位等客觀性記錄。《司馬志誠（貞節）墓誌》撰文者爲"從侄鄉貢進士紓"，應該是語言文字功底深厚，善於著文者，但其所撰誌文不管是體制結構、材料選擇、書寫手法還是遣詞造句等，均出現諸多與墓誌文體乃至古人行文慣例不協的異常，甚至存在諸多令人不能理解的瑕疵，使人不能不懷疑撰文者"鄉貢進士"的身份以及此文的真實性。

（一）选材問題

墓誌撰寫有明顯功利目的："傳不朽於將來，揚令聞於終古。"[1] 光宗耀祖，炫耀門第，是基本出發點。凡官宦家庭，一般都要詳列先輩和誌主官爵，以顯示家族"文儒接武，將相交暉，魁岸英賢，詳諸史牒"[2]"歷代公侯，累葉卿相，備諸簡册"[3]之類高華門第和光輝歷史，故而材料選擇頗爲講究，重在詳述誌主仕歷，臚列官爵，其間可能會重點選擇幾件最能代表誌主懿德徽猷、體現其功業成就的重要事件，但甚少描述細節。《司馬志誠（貞節）墓誌》雖謂誌主"出身卌七年，歷官卅九政"，却僅在序文開篇述其最後職位"陇右节度副使""太常卿"，文中但述"累遷絳、陝、懷三州刺史，□遷潼關防禦使、六軍都團練使"，從正七品下涇州四門府別將到從三品絳州刺史，升遷十八級，輾轉數十年，期間經歷皆略。美頌誌主"安史之亂"定邊功勞時亦不提官職，僅言"公握兵權"。與墓誌偏重記錄誌主仕歷與官爵的傳統寫作規範截然不同。此誌對誌主重要仕歷及官爵略而不述，却偏重於記述與誌主事功關係不大甚至非關聯事件的過程與細節，如叙"安史之亂"時"李志堅等潛懷扇動，秘運奸謀"諸事，任潼關防禦使時"戮元凶於賬下，斬梟將於軍前"等細節，乃至玄宗、肅宗葬禮期間，臧希讓"経臣下之哀，備吊祭之禮，長蛇橫路，駱谷不通"等細節，選材與墓誌叙事傳統迥異，寫作手法類似小説。

（二）措辭問題

《司馬志誠（貞節）墓誌》雖題署撰文者爲"鄉貢進士"，但從行文可以看出，撰文者不善著述，誌文語辭問題頗多，主要有三：其一，言辭粗鄙而不雅馴。文中多處直呼官員姓名而非雅稱其官爵。如大曆四年檢校工部尚書的渭北節度臧希讓，《司馬志誠（志誠）墓誌》雅稱"渭北臧尚書"，而《司馬志誠（貞節）墓誌》則直呼其名："節度使臧希讓経臣下之哀。"此外諸如"李志堅等潛懷扇動"等表達亦不符合唐人行文禮儀，與墓誌雅馴之文體例亦不合。

其二，文多語病。如"救至忠之節，莫酹克申，遂兼興、洋二州刺史，欒、金、河四縣，興、鳳二州使"一句，即存在多處語病。"救至忠之节"語辭搭配明顯失誤，而"兼兴、洋二州刺史，栾、金、河四县，兴、凤二州使"則邏輯混亂，不知所云：從句子語法分析，誌主所"兼"職位分

---

[1] 顯慶二年（657）《段秀墓誌》，周紹良主編：《唐代墓誌彙編》，第251頁。
[2] 顯慶元年（656）《吕華墓誌》，周紹良主編：《唐代墓誌彙編》，第237頁。
[3] 顯慶二年（657）《房高墓誌》，周紹良主編：《唐代墓誌彙編》，第248頁。

兩類：第一類爲“興、洋二州刺史”，第二類爲“樂、金、河四縣，興、鳳二州使”。其中，第二類語意含糊，如拆解爲“兼”“樂、金、河四縣”與“興、鳳二州使”，則所“兼”四縣職務不明，如理解爲“兼”樂、金、河四縣使與興、鳳二州使，則出土與傳世文獻皆無“縣使”“州使”之官，且文中所述樂、金、河爲三縣非“四縣”。更爲奇怪的是，迄今爲止的傳世文獻如《新唐書》《舊唐書》《元和郡縣圖誌》等以及出土文獻皆不見唐代樂、金、河之縣名。

其三，銘辭漏洞。體制定型後的墓誌通常由序文和銘辭兩部分組成，其中序文以散文叙事，銘辭以韻文頌德，前榮後哀，內容風格各不相同。作爲墓誌書寫的基本規範，銘辭一般爲四言韻文或騷體，內容照應、總結或補充序文，故而創作難度要遠大於以散文叙事的序文，今人贋造的僞志多全文抄襲一誌或多誌抄襲拼凑，甚少自創銘辭。《司馬志誠（貞節）墓誌》的銘辭至少存在四個方面漏洞：

1. 體制漏洞

墓誌銘辭在本質上屬於詩歌，因而不管是三言、四言、五言、七言韻文，還是騷體，一般句數都是偶數，《司馬志誠（貞節）墓誌》則銘辭爲奇數，全文二十七句，四言部分二十五句，這是非常罕見的銘辭體制。因爲《司馬志誠（貞節）墓誌》的二十七句奇數銘辭仿自《司馬志誠（志誠）墓誌》，故《司馬志誠（志誠）墓誌》亦很可疑（其他疑點詳后）。

2. 司馬先祖簡稱不當

《司馬志誠（貞節）墓誌》云：“氏自伯休，先天而順。”此說抄自《司馬志誠（志誠）墓誌》序文“其先程伯休父爲周大司馬，因而氏焉”，但簡稱使用不當。程伯休夫（甫）爲程氏得氏始祖，見於《詩經·大雅·常武》：“王謂尹氏，命程伯休父，左右陳行。”[①]《國語·楚語下》：“其在周，程伯休父其後也。當宣王時失其官守，而爲司馬氏。”韋昭注云：“程國，伯爵；休父，名也。”[②]司馬遷詳述其源：“昔在顓頊，命南正重以司天，北正黎以司地。唐虞之際，紹重黎之後，使復典之，至于夏商，故重黎氏世序天地。其在周，程伯休甫其後也。當周宣王時，失其守而爲司馬氏。”裴駰集解引應劭語云：“封爲程國伯，休甫，字也。”[③]程伯休夫（甫）以國爲氏，伯爲爵位。後人又有以其官司馬爲氏者，故又爲司馬氏得氏始祖。程伯休夫（甫）可稱程伯、程休夫（甫），乃至休夫（甫），但稱“伯休”則不當。銘辭云“氏自伯休”，則撰銘者不了解司馬氏得姓之源，亦未閱讀過《毛詩》《國語》及《史記》等文獻，與撰文者“鄉貢進士”身份不符。

3. 語辭搭配不當

如“異代作忠”“烈有休風”“石宛同歸”“□徽音之不忘”等語辭搭配均怪異生澀，傳世文獻和出土文獻不見有類似用例。其中最爲怪異者有二，首先是“隴月咽悲”，將兩個在生活邏輯與創作實踐中均無法搭配的意象强行拼凑，尤爲怪異。“隴月”本爲墓誌書寫中常用的静態視覺意象，用以渲染墓地悲傷、凄涼、孤寂的氣氛，如隴月孤映、隴月空霏、隴月徘徊、

---

① 〔漢〕鄭玄箋，〔唐〕孔穎達疏：《毛詩注疏》，阮元校刻：《十三經注疏》，北京：中華書局，1980 年，第 576 頁。

② 〔三國吴〕韋昭注：《國語韋氏解》卷十八，士禮居叢書重刊宋本。

③ 〔漢〕司馬遷：《史記》卷一百三十，北京：中華書局，1959 年，第 3285 頁。

隴月孤明、隴月霄懸、隴月盈虧、隴月孤懸等。"咽悲"則非固定結構，在墓誌書寫中會因構造淒涼哀傷聲音意象而偶爾相連出現在一個句子中，通常與風、樹、水、泉等能够發出聲音的語辭連用，但"咽"通常爲謂語，而"悲"則爲賓語的修飾語，如乾封元年（666）《劉孝幹墓誌》："山昏苦霧，樹咽悲風。"① 咸亨五年（674）《張貞及妻王氏墓誌》："風吟古樹，水咽悲泉。"② 顯慶二年（657）《張武哲墓誌》："咽悲泉之秋水，淒隴路之寒雲。"③ 總章三年（670）《程義墓誌》："松低落日，澗咽悲泉。"④ 即使偶爾出現在同一句子，亦分屬于不同結構，將用於構成聲音意象的"咽""悲"生造一個詞語，與静態視覺意象"隴月"强行組合，正是《司馬志誠（貞節）墓誌》撰文者胡編亂造，隨意組合語辭的具體表現。類似情況還有不少，不再贅述。其次是語辭文白夾雜。按照墓誌書寫規範，銘辭當爲典雅文言，但《司馬志誠（貞節）墓誌》銘辭中出現多處文白夾雜語辭，與古人行文風格迥異，如"有明哲兮""有武節兮""要同穴兮"等，皆爲現代漢語白話加"兮"字的文白夾雜句式。

4. 結構紕漏

《司馬志誠（貞節）墓誌》文本結構紕漏亦多，僅以其所加副文本爲例，主要有二：一是題署不合唐誌體例。唐誌書丹題署位置有前置與後置兩種：前置式位於首題與序文之間，多與撰文連署，極少單獨題署者。題署前置又分兩種：一爲並聯式，即書丹與撰文並列題署，撰文在前，書丹在後，皆另起行。二爲串聯式，即撰文與書丹同行題署，撰文在上、書丹在下。題署後置式位於銘辭之後，分爲連署與單署兩種，以單署爲主。連署即書丹與撰文、刻石等並聯或串聯題署，類似於前置式，一般撰文在前（或在上），書丹或刻石在後（或在下）。單署則僅題署書丹，而不題署撰文、刻石等。無論前置、後置，書丹題署基本原則是"不偏上"，串聯式可選擇居中或偏下，其他則皆偏下。《司馬志誠（貞節）墓誌》書丹題署位置在銘辭之後左上方，與唐誌書丹題署文本位置偏下或居中慣例不符。其次，作爲副文本，唐誌書丹題署字形與主文本一致或略小，不會採用喧賓奪主的大字模式。觀察文字形態，《司馬志誠（貞節）墓誌》書丹題署乃加刻，不僅位置偏上不合體例，字形又兩倍於主文本，不符合書丹題署文本字形與主文本一致或略小的書刻慣例。

二是撰文、書丹分工安排不當。中唐以來，親屬撰誌漸爲主流。以"摭實去華"⑤ 爲則，通常由子、侄、兄、弟乃至丈夫等熟知誌主"平生操執事"⑥ 和"淑行素詳"⑦ 的人任撰者。書丹則擇親友善書者充任。《新唐書·選舉志下》："凡擇人之法有四：一曰身，體貌豐偉；二曰言，

① 趙君平主編：《河洛墓刻拾零》，北京：國家圖書館出版社，2007 年，第 93 頁。
② 周紹良主編：《唐代墓誌彙編》，第 589 頁。
③ 周紹良主編：《唐代墓誌彙編》，第 254 頁。
④ 周紹良主編：《唐代墓誌彙編》，第 510 頁
⑤ 毛遠明、李海峰編著：《西南大學新藏石刻拓本匯釋》，北京：中華書局，2019 年，第 364 頁。
⑥ 毛遠明、李海峰編著：《西南大學新藏石刻拓本匯釋》，第 364 頁。
⑦ 毛遠明、李海峰編著：《西南大學新藏石刻拓本匯釋》，第 367 頁。

言辭辯正；三曰書，楷法遒美；四曰判，文理優長。"①從《司馬志誠（貞節）墓誌》題署信息看，《司馬志誠（貞節）墓誌》以從侄司馬紓撰文，次子司馬堯年書丹，此種分工意味着從侄司馬紓更瞭解誌主人生行迹或起碼更善於著述，次子司馬堯年可能更擅長書法。"學書有二，一曰筆法，二曰字形。筆法弗精，雖善猶惡；字形弗妙，雖熟猶生。"②詳味《司馬志誠（貞節）墓誌》文本及書法，《司馬志誠（貞節）墓誌》字形、筆法尋常。結構佈局、點畫綫條、神采意味等皆庸常，既無整齊大度、雍容華貴之格，亦無風骨勁健、剛健有力之美，補刻書丹題署之書法更是拙劣。撰文者從侄司馬紓亦不甚了解誌主"平生操執事"，撰文内容遺漏了誌主重要人生經歷和榮譽。從《司馬志誠（志誠）墓誌》看，司馬志誠高官顯爵、榮耀等身，所歷"河州白水府左果毅都尉"等十餘種職事官、散官，及諸多封爵、食邑、佩魚賞賜，皆不見載於《司馬志誠（貞節）墓誌》。

四、《司馬志誠（志誠）墓誌》的疑點

綜合前文所述，我們認爲《司馬志誠（貞節）墓誌》是以《司馬志誠（志誠）墓誌》爲藍本造作的僞誌，但這並不意味着其參照對象《司馬志誠（志誠）墓誌》沒有問題。就目前所見資料看，《司馬志誠（志誠）墓誌》亦有疑點，《司馬（貞節）墓誌》的出現，很可能是爲掩護疑似僞誌《司馬志誠（志誠）墓誌》過關而特意造作的僞誌，理由有三：

其一，《司馬志誠（志誠）墓誌》所載祖父信息與已出土《司馬崇敬墓誌》墓誌信息迥異。《司馬志誠墓誌》述其祖父信息云："王父諱崇敬，皇甘州張掖縣令。"但《司馬崇敬墓誌》則云："解褐右玉鈐衛長上，歷仕至右衛率府右郎將、檢校安北副都護、太中大夫、使持節都督勝州諸軍事、守勝州刺史，轉通議大夫、使持節都督夏州諸軍事、守夏州刺史，遷右監門中郎將、檢校安北都護。"③截然不同，沒有交集。

其二，《司馬志誠（志誠）墓誌》所述其父信息與《司馬崇敬夫人苟氏墓誌》信息迥異。《司馬志誠墓誌》云："皇考諱如珪，皇朝散大夫、肅州司馬、贈中大夫、肅州長史。"但《司馬崇敬夫人苟氏墓誌》云："有子七人：昆、昂、曇、晁、昊、暈、女十娘，各從宦矣。"④其中並無名珪或名如珪者。

其三，《司馬志誠（志誠）墓誌》所述家世源流與《司馬崇敬墓誌》不一。《司馬志誠（志誠）墓誌》述其家族源流云："公諱志誠，字志誠，河内溫人也。其先程伯休父爲周大司馬，因而氏焉。才賢繼迹，史牒詳矣。自殷王十二葉至晉宣帝，公其裔孫也。"明言司馬志誠爲晉宣帝司馬懿裔孫。而《司馬崇敬墓誌》則云："公諱崇敬，字子奠，河内溫人也。系高陽而本澡，因周

① 〔宋〕歐陽修、〔宋〕宋祁：《新唐書》卷四十五，第 1171 頁。
② 〔宋〕趙孟頫：《論書》，〔清〕倪濤：《六藝之一録》卷二百八十，文淵閣《四庫全書》本。
③ 趙君平主編：《邙洛碑誌三百種》，北京：中華書局，2004 年，第 127 頁。
④ 自藏志。

官而錫氏。漢則稱王命將，晉則作帝居尊。"[1]僅言司馬氏"漢則稱王命將，晉則作帝居尊"，這是一般司馬家族墓誌追溯家族源流時附會的説辭格套，並未明言其爲司馬懿裔孫。

《司馬崇敬墓誌》出土地清楚：2002 年春於出土河南省洛陽市龍門鎮，所載葬地爲"河南龍門之原"，兩者相符，有問題者當爲《司馬志誠（志誠）墓誌》。

附：

《司馬志誠（貞節）墓誌》志蓋原石

《司馬志誠（貞節）墓誌》墓誌原石

---

① 趙君平主編：《邙洛碑誌三百種》，第 127 頁。

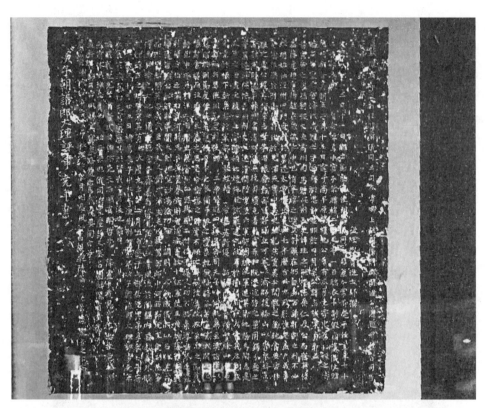

《司馬志誠（貞節）墓誌》墓誌拓片

《司馬志誠（志誠）墓誌》志蓋原石

《司馬志誠(志誠)墓誌》墓誌原石

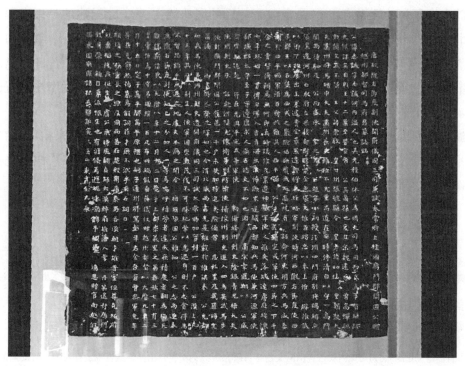

《司馬志誠(志誠)墓誌》墓誌拓片

（王勝明，西華師範大學文學院教授）

《通湖山摩崖石刻》校補與相關問題再探析

楊小明

[摘　要]《通湖山摩崖石刻》内容涉及漢代邊疆信息,但因破損嚴重,在文字釋讀與内容理解上存在很大爭議。通過對原文再校勘,結合考古發現及史籍記載,可以確定其性質是漢代修築邊防設施的紀念性石刻,刻於順帝永建四五年間,主體内容記述了安帝永初、元初年間羌人叛亂和之後回遷撤出的安定、北地、上郡三郡並完繕邊防設施及聯通中央政權與河西四郡的情況。

[關鍵詞]　通湖山摩崖石刻　永建四年　邊防設施　西羌

　　《通湖山摩崖石刻》在 1986 年發現於内蒙古阿拉善左旗騰格里額里斯蘇木通湖山山岩石壁,後揭取並收藏於阿拉善博物館。石刻内容涉及漢代邊疆事件、人物、地名等信息。

　　由於揭取方法、技術等原因,石刻損壞嚴重,文字殘缺,因此在文字釋讀和内容理解上分歧很大。目前釋讀文本有兩種:(1)孫危 1998 年調查拍照並作拓片、請李零所作釋文;[①](2)2016 年阿拉善博物館李晋賀同李均明、李春桃所作釋文。[②]

　　關於内容理解的觀點有:(1)是漢武帝時期的紀功銘文;[③](2)記述的是東漢聯合南匈奴攻打北匈奴的事件;[④](3)是東漢永初四年(110)以後紀念公元 107—117 年漢匈之戰或 134—151 年東漢攻伐北匈奴戰争的銘文;[⑤](4)大體描述了永初年間(107—113)當地設置烽火一事;[⑥](5)是永初元年或稍後武威郡地方官員整修邊防設施完工後的摩崖刻石;[⑦](6)可能與永初四年平定南匈奴叛亂、南單于降漢並歸還擄掠之事有關。[⑧]

　　經過仔細研究,可以確定石刻爲修築邊防設施而刊刻,反映的主要是永初、元初年間東漢政府平定羌亂及後來恢復對西部統治的情況。由於釋讀還存在一些爭議,故首先對石刻文字再作校勘,在此基礎上對具體問題進行探討。

---

①　孫危:《内蒙古阿拉善漢邊塞碑銘調查記》,《北方文物》2006 年第 3 期,第 20—23 頁。

②　李晋賀:《通湖山摩崖刻石　阿拉善博物館第一次全國可移動文物普查之新發現》,《阿拉善日報》2016 年 2 月 25 日第 3 版。

③　王大方:《阿拉善盟發現漢武帝時期石刻銘文》,《中國文物報》1994 年 9 月 18 日第 1 版。

④　國家文物局主編:《中國文物地圖集·内蒙古自治區分册》下,西安:西安地圖出版社,2003 年,第 633 頁。

⑤　孫危:《内蒙古阿拉善漢邊塞碑銘調查記》,《北方文物》2006 年第 3 期。

⑥　内蒙古自治區文化廳(文物局)、内蒙古自治區文物考古研究所:《内蒙古自治區長城資源調查報告·阿拉善卷》,北京:文物出版社,2016 年,第 2 頁。

⑦　辛德勇:《發現燕然山銘》,北京:中華書局,2018 年,第 231 頁。

⑧　馬利清:《紀功刻石的文本傳統與〈任尚碑〉反映的"歷史事實"》,《中國人民大學學報》2017 年第 1 期,第 11—20 頁;《〈通湖山摩崖石刻〉與南、北匈奴關係考》,《中州學刊》2019 年第 9 期,第 125—131 頁。

一、石刻的校補

校補以阿拉善博物館提供李晋賀釋文底稿爲底本。因爲這份釋文發表時間最近，是在請教清華大學、吉林大學專家的基礎上，綜合各家之長、比照拓本及綴合修復後的刻石所作。參校資料有：

1.李零釋文（以下簡稱"李本"）。這份釋文距石刻破壞後時間最近。

2.孫危《内蒙古阿拉善漢邊塞碑銘調查記》中所附石刻右上角照片（以下簡稱"孫照"）。

3.阿拉善博物館提供照片。攝於 2016 年，爲李晋賀作釋文及目前該館研究所用（其中整體照簡稱爲"阿照一"、右上角照爲"阿照二"、下部照爲"阿照三"，附後）。

4.辛德勇《發現燕然山銘》所附友人提供照片（其中整體照簡稱"辛照一"、下部照簡稱"辛照二"），[①]拍攝時間應早於阿拉善博物館提供，因爲照片中破損裂痕並未完全修補。

校勘所標阿拉伯數字序號及後面文字均與底本相同，底本所用符號校補繼續採用。底本原有説明可概括爲：據殘損字形推斷的字以"（ ）"標注，大多數可能是原文；據文意推測所補文字以"【 】"標注，不一定是原文；"□"表示缺字，一個"□"代表一個缺字，4 個"□"相連代表 4 個及以上缺字。通假字之後用"〈 〉"標出本字。

李本先以殘石一 10 行釋石刻右上角存留文字，再以殘石二 18 行釋石刻下半部分文字，之後以殘石二第 1 行與殘石一第 4 行拼合，以後依次拼接，其中存在的問題在校補中説明。李本所用符號與底本相同。

1.漢武【威】（郡）本【記】□□□□

"漢"字各照片均不可辨認，底本、李本俱存，現依殘損字形推斷整理。李本"郡"字外無括號，孫照可見輪廓，依底本。本行末原石無崩壞痕迹，石面平滑，全文除此行外均爲滿行，由此推斷此行僅爲標題。按阿照三，本行最後三字無，以第 2 行字體爲準，缺字在 18 字之内。

2.漢武帝排逐匈奴，北置朔方，西置武【威張掖酒泉敦煌】□□□磧碑

孫照、辛照一"西置"下"武"字依稀可見，依文意所補"威張掖酒泉敦煌"應無問題。本行與第 3 行存字較多，字體大小基本相同，行款基本對齊，可以確定所缺字數。底本認爲本行缺 3 個字，文字脱落處按所存完整文字字形大小距離測算，"武"字至"磧"字之間至多能容納 8 個字。除去"威張掖酒泉敦煌"共 7 個字，此行僅缺 1 字，與下文"列郭塞"相銜接，此處缺字應爲"豎立"之意，"磧"上之字似爲木字旁，可暫推定爲"樹"字。補齊後此行無缺字。

3.列郭塞，西界張掖居延□□□□【北拒】匈奴，遭王

孫照此行前半部分甚清晰，辛照二、阿照三此行下部亦分明。李本"遭"作"會"，誤。

---

① 辛德勇：《發現燕然山銘》，第 218、223 頁。

各照片"匈"字正好在石刻崩壞處，應依據文意推斷整理。"奴"後逗號改爲句號，以上完整表述一意，以下爲轉折。"延"至"匈"之間所缺之字，按第 2 行標準爲 11 字，除去"北拒"二字爲 9 字。

4. 莽之亂,北地郡壞塞□□□（馬）更於郡

本行孫照甚清晰。"壞",李本爲"壞",是。按孫照,其字左邊爲土字旁,右邊上部爲"壴"可定。"壞塞"爲"毀壞""擁塞"之意,後世亦常用,如"理渠之壞塞而去其淺隘"（曾鞏《襄州宜城縣長渠記》）、"譬之堤防之壞塞,其一穴一穴又決蕩然莫之能止也"（《續資治通鑑長編》卷一）。"更",李本釋作"用",誤。

參照辛照一、阿照一,李本將"匈奴"等語置於下行首,誤,以下依次如是。

底本此行缺字用三個"□",誤。石刻發展到東漢,大都已能够做到行款對齊,但通觀殘刻第 3 行以後殘留文字,大小並不一致,所以自此行後,每行缺字取本行適中之完整文字字形大小測算。本行以"更"字大小爲準,缺 12 字。

5.（郡）之北山沙之外造【烽燧】□□□□（見）蓬火先

"（郡）之北山沙之外造",李本"郡"爲上一行末尾之"郡"字誤置於此。參照辛照一、阿照一、阿照二及文字大小比對,"北"字以上祇有一個字大小的距離,底本亦誤。"之"對照各照片無法識別,謹慎起見,以按文意推斷處理。"北山"之後李本"少□兆吉□"釋讀錯誤。"（見）蓬火先","見"字無法確定,暫從底本;"蓬"字李本作"烽",是,古輕唇音入重唇,古人行文常用同音字替代。

此行"造"至"（見）"中間缺字以"蓬"字大小爲準,缺 13 字,減去所補"烽燧"二字,共 10 字。

6. 民□（無）警□□□□塞遠耳目

因爲全文無提行現象,所以本行"民"爲本行第二個字,其上似有一"此"字,做據字形殘損推斷處理。李本"無"字外無括號,當時可能清晰,謹慎起見,從底本。"塞遠耳目"李本前有"出"字,並未加括號,可能當時尚存,按據字形殘損推斷處理。

此行"民"下缺一字,"警"至"塞"以"耳"字大小爲準,缺 19 字,減去"（出）"字,計 18 字,共缺 19 字。

7. □也,永初元【年】,□□□外造作

"元【年】"李本作"（元）年",則當時"年"字應該存在,現做據字形殘損推斷處理;參照阿照二,"元"字清晰可見。"外"上似有一"出"字,按據字形殘損推斷處理。

按行文慣例,"也"後逗號改爲句號。

底本此行缺字用三個"□",誤。"元"至"出"以"造"字大小爲準,缺 15 字,減去"年"字,計 14 字,加上"也"字之前所缺之字,共缺 15 字。

8.（勇）北（虜）□（地）□□耳目短也

"（勇）北（虜）□（地）",對照各照片,"勇""地"無法確定,暫從底本。"勇"字上應還有

一字以滿行。"虜"李本無括號,當時應清晰,從底本。依據阿照三,"耳目短也"上有"出塞近"三字,"近"字按據字形殘損推斷處理。

底本此行缺字用兩個"□",誤。自"虜"至"出"以"耳"字大小爲準,缺15字,減去"地"字,計14字,加上行首所缺文字,共缺15字。

李本殘石二此行僅最後有一"【武】"字,與殘石一拼接時將此行直接與下一行連在一起,誤。全文每行最後一字都是對齊的,本行"也"字爲最後一字。

9.【武】威太守(隊侯)□□□□(復)建武時

"【武】威"二字各照片均無法辨認,若以首行內容推斷,似有道理,做依文意推斷處理。"(隊侯)"李本作"(遂)候",各照片亦無法辨認,不能判斷孰是,暫從底本。自"守"至"(復)"以"建"字大小爲準,缺16字,減去"(隊侯)"二字,計14字。

李本殘石二此行同上一行一樣,"時"後多"【永】(初)"二字。

10.四年(五)月□□□□張掖郡□徒少土口吏

"四年"上缺三字以滿行,李本所補"【永】(初)"係直接從上一行移來。孫照拍攝於上世紀九十年代,像素低且角度傾斜,但與阿照二對照,自"四"字以上半個字的位置從上一行"太"上方石面傾斜脫落,兩照片位置、輪廓相同,阿照二直射,"四"字上方無字,孫照似有一"×"形,不似"初"字右半邊,當爲角度傾斜,石面所留凸凹之陰影,此處三字不可識別。"(五)月"李本無釋,各照片均無法辨認,作依據文意推斷處理。"張掖郡□徒少土口吏"李本無釋。"張掖郡","郡"所在位置右邊,殘筆有左撇,似"君"字,不像耳字旁,從此字以上從辛照二、阿照三看,均爲崩裂處,無字,"張掖郡"亦做依據文意推斷處理。"徒少土口吏",參辛照二、阿照三,"徒",右下角之捺畫爲石面剝落痕迹,此字爲"玨","徒"之異體字;"土"應爲"士"字,或"士口"當合爲"吉"字,因文意不可解,暫從底本。

自"年"至"徒",以"吏"字大小爲準,缺18字,若"五月""張掖郡"存在,缺13字,再加上行首所缺3字,共16字。

11.張掖□□□張□父兄功

自此行以後,石刻上半部分破壞嚴重,幾乎未留下文字。此行除末尾外,祇有上一行"四年"右下方殘留一小塊未脫落石面,從辛照一、阿照一、阿照二看,上面字迹無法辨認,"張掖"二字若存,祇能在這個位置,謹慎做依據文意推斷處理。"父"上方之"□"爲"喜"字,阿照三此字左半邊殘留石刻修補時石灰,不易看清,辛照二甚分明。"喜"之上亦非"張"字,應爲"歡",若左邊爲弓字旁,則中間多一豎畫,再往上雖有脫落,從輪廓看,應爲馬字旁;右邊應爲"隹"字,釋"長"則是把"喜"上"士"右上角之"∟"的闌入,"隹"字隱約可見痕迹,與其上方痕迹相合應爲"萑",再與馬字旁合之即"驩"。從辛照二、阿照三看,"功"字似爲"到","功"字在漢隸中左"工"右"力"的寫法分明。

此行缺字從行首開始,至"張"字,以"到"字大小爲準,缺22字,若"張掖"二字存在,減去後計20字。

李本共 21 行,殘石一第 8 至 12 行即拼接後之第 11 行至 15 行,其間比原文多出一行。

12.□□□□(馬)史敦煌

從辛照二、阿照三看,"(馬)史"二字處雖有文字痕迹,不可辨别何字,保守做據殘形推斷處理。此行從句首至"敦"字,以"煌"字大小爲準,缺 22 字,若"(馬)史"二字存在,減去後計 20 字。

13.□□□□奴(隔)沼

從辛照二、阿照三看,"奴"字正值石刻破碎處,不能斷其存在,做據文意推斷處理。"隔"右半部分應爲"頁"字,左邊參辛照二、阿照三,不似耳字旁,釋讀爲"須"更爲合理。"沼"應釋讀爲"治","召"漢隸"上刀下口"寫法甚爲分明,"台"常寫作"吕"形。"須治"做據殘形推斷處理。

此行句首至"(須)"字,以"(治)"字大小爲準,缺 19 字,減去"奴"字輪廓,剩 18 字。

14.□□□□之不加於

按照片,"之"祇留下部一捺,做據殘形推斷處理。句首至"之"字殘形,以"於"字大小爲準,缺 27 字。

15.□□□□(勒石)紀焉

此行底本與李本無異,"勒石"二字照片不存,底本與李本均在,依底本。本行自"紀"字起,以"紀"字輪廓大小爲準,缺 21 字,減去"(勒石)"二字,缺 19 字。

16.□□□□張掖

"張掖"二字值岩石碎裂處,不存,底本與李本均在,保守做據字形殘損推斷處理。由於字形損壞嚴重,缺字以上一行"紀"字輪廓大小爲準,自"張"字輪廓以上缺 22 字。

17.□□□□安樂

"安樂"二字,從辛照二、阿照三看,下部祇存一"木",底本與李本均在,保守做據字形殘損推斷處理。缺字亦以"紀"字輪廓大小爲準,自"安"字輪廓以上缺 22 字。

18.□□□□休息

李本無釋。"休"字照片值破碎處,"息"存下部,保守做據字形殘損推斷處理。以"息"字輪廓大小爲準,"休"字輪廓以上缺 22 字。

19.□□□□(價)□

"(價)"僅存單人旁,不能辨認,字形大小也不能確定,依底本保守做據字形殘損推斷處理。本行以上一行"息"字輪廓大小爲準,缺 23 字。

20.□□□□(碣)事

依底本。自"碣"字輪廓以上,以"碣"字輪廓大小爲準,缺 22 字。

按校補,首行按 10 字計算,全文有 481 字,共錄 152 字。152 字中存字 94 個,據文字殘形推斷者 33 個,據文意補出者 25 個。校補後如下:

1.(漢)武【威】郡本【記】□□□□

2.漢武帝排逐匈奴,北置朔方,西置武【威張掖酒泉敦煌】(樹)磧碑

3.列鄣塞,西界張掖居延□□□□□□□□□【北拒匈】奴。遭王

4.莽之亂,北地郡壞塞□□□□□□□□□□□(馬)更於郡

5.【之】北山沙之外造【烽燧】□□□□□□□□□(見)蓬〈烽〉火先

6.(此)民□(無)警□□□□□□□□□□□□□(出)塞遠耳目

7.□也。永初元(年),□□□□□□□□□□□□(出)外造作

8.□(勇)北(虜)□(地)□□□□□□□□□□出塞(近)耳目短也

9.【武威】太守(隊侯)□□□□□□□□□□(復)建武時

10.□□□四年【五月】□□□□□□□□□【張掖郡】□徒少士口吏

11.□□□【張掖】□□□□□□□□□□□□□(歡)喜父兄(到)

自 12 行至 20 行上半部分文字全無,第 12 行"(馬史)敦煌"4 字前缺 20 字,第 13 行"【奴】(須治)"3 字前缺 18 字;第 14 行"(之)不加於"4 字前缺 27 字,第 15 行"(勒石)紀焉"4 字前缺 19 字,第 16 行"(張掖)"2 字、第 17 行"(安樂)"2 字、第 18 行"(休息)"2 字、第 19 行"(價)□"二字、第 20 行"(碣)事"2 字之前除第 19 行缺 23 字外,每行前均缺 22 字。

二、石刻的性質

《通湖山摩崖石刻》的性質是修築邊防的紀念性石刻,這從考古發現和石刻殘文都可以看出,而考古發現的證據最爲直接。2009—2010 年,内蒙古自治區對全區秦漢長城遺迹作了調查,在騰格里沙漠南緣、黄河北岸發現漢代烽燧遺址 16 座,是當時設置的一道防綫(排布如圖)。西勃圖烽燧是其中之一,"位於騰格里額里斯蘇木特莫烏拉嘎查北約 9.5 千米的山頂上","該烽燧東北約 6.6 千米處有圖拉嘎哈日烽燧,東南約 13.1 千米處有傲倫敖包圖烽燧,西北約 6.7 千米處有蘇海庫布烽燧,東南不足百米處即是通湖山'漢武威郡本'石刻的發現地"。[①]

西勃圖烽燧當爲 16 座烽燧中最後完工的一座,工程竣工後刻石昭示後人。

需要補充説明的是,《内蒙古自治區長城資源調查報告》説騰格里沙漠南緣、黄河北岸列燧建於東漢並不準確,[②]東漢時期祇是完繕廢弛的設施,並非新建。在騰格里沙漠南緣、黄河北岸列燧以北還有 3 道防綫共 138 座烽燧,[③]雖然不能確定此次是否全部整修,但這四道防綫應爲漢朝長期經營的産物。

---

① 内蒙古自治區文化廳(文物局)、内蒙古自治區文物考古研究所:《内蒙古自治區長城資源調查報告·阿拉善卷》,第 46 頁。

② 内蒙古自治區文化廳(文物局)、内蒙古自治區文物考古研究所:《内蒙古自治區長城資源調查報告·阿拉善卷》,第 2 頁。

③ 内蒙古自治區文化廳(文物局)、内蒙古自治區文物考古研究所:《内蒙古自治區長城資源調查報告·阿拉善卷》,第 10—47 頁。

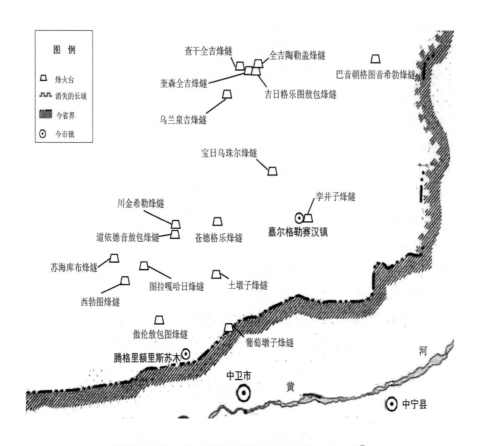

腾格里沙漠南緣、黄河北岸漢代烽燧遺址示意圖[①]

再從石刻殘存的内容看：

石刻所記幾乎全是大事，文字雖殘，但於史有徵。統觀全文，行文脉絡尚可理清，其結構大致爲：第 1 行爲標題；第 2 行至第 7 行"□也"爲追述以往；"永初元年"至第 15 行"勒石紀焉"爲叙述主體；其後應爲銘文贊語。

追述以往部分第 2 行至第 3 行"【匈】奴"存字最全，爲記述漢武帝功業。

西漢初年，無力對抗匈奴。經過幾十年積累，到武帝時反擊時機成熟。元朔二年（前 127）收復河南地，置朔方郡；元狩二年（前 121）匈奴昆邪王降，以其地置武威、酒泉二郡；元鼎六年（前 111）"分武威、酒泉地置張掖、敦煌郡"。[②] 從反擊匈奴開始，漢武帝就開始修築邊防。收復河南地後，遂"築朔方，復繕故秦時蒙恬所爲塞，因河爲固"。[③] 設置河西四郡後，爲了抵禦匈奴，隔絶其與西羌的聯繫，"障塞亭燧出長城外數千里"，[④] 古人做的事情在今天的長城調查中得到了印證。第 3 行"居延"與"【北拒】匈奴"之間缺文當爲此意，史籍所載與石刻内容相符。

① 據内蒙古自治區文化廳（文物局）、内蒙古自治區文物考古研究所：《内蒙古自治區長城資源調查報告·阿拉善卷》，第 235 頁。
② 〔漢〕班固：《漢書》卷六，北京：中華書局，1962 年，第 189 頁。
③ 〔漢〕司馬遷：《史記》卷一百十，北京：中華書局，2014 年，第 3512 頁。
④ 〔南朝宋〕范曄：《後漢書》卷八十七，北京：中華書局，1965 年，第 2876 頁。

"磧"本義爲水中有石,《字匯》:"虜中沙漠亦曰磧。"①北部、西部邊疆多沙漠,故稱"磧碑",文字顯示漢武帝排逐匈奴設置郡縣之時即在各郡樹立界碑。石刻位於騰格里沙漠南端,此地西漢時就曾立碑並修邊防,這也説明了這列烽燧並非始建於東漢。古人行文稱本朝皇帝一般前面不冠朝代名稱,如《西岳華山廟碑》稱漢武帝爲"孝武皇帝",《肥致碑》稱漢章帝、漢和帝爲"孝章皇帝""孝和皇帝"。石刻以武帝前冠"漢"字,應該與石刻兼有界碑性質有關。上世紀八十年代甘肅張家川發現的東漢和平元年(150)摩崖《劉福功德頌》(《河峱頌》)額亦冠一"漢"字,這些情況的出現也可能與東漢末年變亂不斷、社會秩序崩壞有關。

自"遭王"至第7行"□也"因文字缺失,無法準確句讀,但能夠看出其中包含兩層意思,即王莽亂政致使北地及以西與中原政權阻隔和東漢初年劉秀消除割據、恢復統治。這段文字主要表達的就是第9行所言"建武時"事。

西漢哀帝元壽二年(前1)王莽開始權傾朝野,同年,隴西新興、北地任橫兄弟、河西曹况反抗,"越州度郡,萬里交結"。②王莽在今青海境内設置西海郡,傷及西羌利益,居攝元年(公元6),羌族龐恬、傅幡攻擊西海太守。篡漢後,王莽施行民族歧視政策,民族矛盾更加激化。《漢書·匈奴傳下》:

> 北邊自宣帝以來,數世不見烟火之警,人民熾盛,牛馬布野。及莽撓亂匈奴,與之構難,邊民死亡係獲,又十二部兵久屯而不出,吏士罷弊,數年之間,北邊虛空,野有暴骨矣。③

不僅如此,其新政的倒行逆施,造成社會秩序的崩潰,引起了各地反抗,最終釀成緑林赤眉起義,漢朝皇族、地方勢力也加入進來,"海内豪傑翕然響應,皆殺其牧守,自稱將軍,用漢年號,以待詔命,旬月之間,遍於天下",④西北地區最終形成了隗囂割據安定、隴西、武都、北地、漢陽,竇融控制金城、武威、張掖、酒泉、敦煌的局面。

隗囂於新莽地皇四年(23)建元漢復,割據益州的公孫述於東漢建武元年(25)稱帝。隗囂於建武三年(27)歸順東漢,又於七年(31)接受公孫述朔寧王封號。竇融於建武五年(29)受東漢凉州牧職,八年(32)協同漢軍進剿隗囂。建武九年(33)隗囂病死,十年,殘餘勢力被消滅;十二年(36)公孫述亦被平定。

經王莽之亂,"邊陲蕭條,靡有孑遺。郵塞破壞,亭隊絶滅",⑤邊地既平,《後漢書·光武帝紀》載,建武十二年(36)劉秀"遣驃騎大將軍杜茂將衆郡施刑屯北邊,築亭候,修烽燧"。

---

① 〔明〕梅膺祚、〔清〕吳任臣:《字匯 字匯補》,上海:上海辭書出版社,1991年,第324頁。
② 〔南朝宋〕范曄:《後漢書》卷三十四,第1169頁。
③ 〔漢〕班固:《漢書》卷九十四下,第3826頁。
④ 〔南朝宋〕范曄:《後漢書》卷十一,第469頁。
⑤ 應劭語。〔晋〕司馬彪著,〔南朝梁〕劉昭注補:《後漢書志》卷二十三,〔南朝宋〕范曄:《後漢書》,北京:中華書局,1965年,第3533頁。

李賢注："亭候,伺候望敵之所。《前書》曰,秦法十里一亭,亭有長,漢因之不改。""《前書音義》曰:'邊方備警急,作高土臺,臺上作桔皋,桔皋頭有兜零,以薪草置其中,常低之,有寇即燃火舉之,以相告,曰烽。又多積薪,寇至即燔之,望其烟,曰燧。晝則燔燧,夜乃舉烽。'《廣雅》曰:'兜零,籠也。'",①第 6 行所補"烽燧"非常有道理,中間雖缺,但後文存"(見)烽火"三字,亭候、烽燧相配,亭候爲瞭望、監敵之崗亭、土堡,故後有"出塞遠耳目"之語。

通過以上梳理,我們可以弄清石刻追述以往的内容是漢朝兩位有作爲的君主開拓疆域、修築邊防的事迹。爲文内容要前後連綴,表達完整的思想,追述以往是爲下文張本,碑文接下來一定是按照這一綫索行文。

三、石刻反映的民族關係

古代邊疆石刻大多反應當時一定的民族關係。目前學界對《通湖山摩崖石刻》反映漢朝與匈奴關係的觀點幾無異議,其實不然,石刻反映的是其與西羌的關係。

(一)當時石刻周邊地區發生的大事

爲了使事實更爲清晰,先弄清其周邊的地理狀況。秦置北地、隴西郡,漢武帝元鼎三年(前 114),析北地郡置安定郡,析隴西郡置天水郡。東漢明帝永平十七年(74)改天水郡名漢陽郡。西漢始元六年(前 81),昭帝從天水、隴西、張掖三郡分出金城郡。石刻位於當時武威郡與安定郡交界處,安定郡以東爲北地郡,武威郡以西爲張掖、酒泉、敦煌(如圖)。

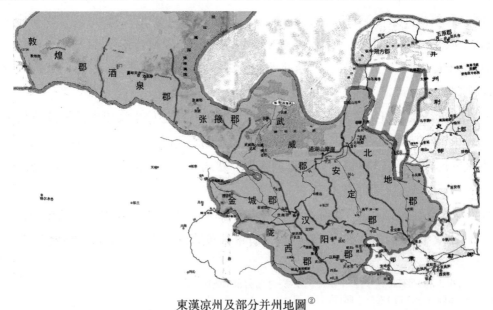

東漢涼州及部分并州地圖②

---

① 〔南朝宋〕范曄:《後漢書》卷一下,第 60 頁。
② 譚其驤主編:《中國歷史地圖集》第 2 册,北京:中國地圖出版社,1982 年,第 57—58 頁。

石刻叙述主體9行,225字,共存字66個(包括直接釋讀、據字形推斷、據文意推斷),不足原文三分之一,弄清具體内容很困難,争議也主要出現在這一部分。第7行至第10行出現了三個時間概念:"永初元(年)""建武時"和【永初】四年"。永初元年(107)是其中唯一的確切紀年,這一年在這一帶發生了什麼?《後漢書·西羌傳》載,其年夏,騎都尉王弘發金城、隴西、漢陽羌人征西域,羌人懼遠屯不還,至酒泉潰散。沿途諸郡發兵攔截,驚動各地羌人,反抗愈演愈烈。

這場動亂是東漢後期的一件大事。永初二年(108),東漢王朝派鄧騭、任尚征討,先後戰敗。於是先零羌滇零在北地稱"天子",建都丁奚城,招集武都、参狼、上郡、西河等處羌人,"衆遂大盛,東犯趙、魏,南入益州,殺漢中太守董炳,遂寇鈔三輔,斷隴道"。[①]東漢政府對羌人屢次用兵不勝,西羌勢力反而越來越强大,幾乎席捲了西北地區,動摇了其對西部的統治。至永初五年(111):

> 羌既轉盛,而二千石、令、長多内郡人,並無守戰意,皆争上徙郡縣以避寇難。朝廷從之,遂移隴西徙襄武,安定徙美陽,北地徙池陽,上郡徙衙。[②]

叛亂至安帝元初四年(117)纔平息,《後漢書·西羌傳》説:

> 自羌叛十餘年間,兵連師老,不暫寧息。軍旅之費,轉運委輸,用二百四十餘億,府帑空竭。延及内郡,邊民死者不可勝數,并凉二州遂至虚耗。[③]

這是歷史對這次羌亂影響的總結。

(二)石刻反映東漢與西羌的關係的理由

説《通湖山摩崖石刻》反映的是東漢政府與西羌的關係,而非與匈奴,有以下兩點理由:

一是叛亂的規模和影響。建武二十四年(公元48)匈奴分裂,經和帝永元元年(公元89)稽落山(今蒙古額布根山)之戰、永元三年(公元91)金微山(今阿爾泰山)之戰,北匈奴走向衰微,無力對抗漢朝。南匈奴内附後被安置於今内蒙古中南部、山西西北部,其叛亂大都源於内訌。永初年間南匈奴也發生了叛亂:永初三年(109)夏,漢人韓琮隨南單于入朝回來,説於南單于:"關東水潦,人民飢餓死盡,可擊也。"[④]這次反叛的原因除了内地連年自然灾害之

---

① 〔南朝宋〕范曄:《後漢書》卷八十七,第2886頁。
② 〔南朝宋〕范曄:《後漢書》卷八十七,第2887—2888頁。
③ 〔南朝宋〕范曄:《後漢書》卷八十七,第2891頁。
④ 〔南朝宋〕范曄:《後漢書》卷八十九,第2957頁。

外,應該也與各地反抗、叛亂,①尤其是羌人的反抗有關。南匈奴看到天下大亂,故而也想從中獲得利益。

南匈奴叛亂從永初三年(109)夏天開始,至四年(110)三月即以南單于乞降而告終,衹能作爲東漢永初、元初年間北部、西部動亂的一個插曲,無論從規模,還是從影響上都遠不及羌人的反抗。如果爲戰争勝利或其他原因樹碑紀念,應該是羌人,而不是匈奴。

二是刻石的具體地點。爲值得紀念的事件樹碑刻石,都應在事件發生的地點。即使不在發生地,也不會太遠。僅以現存與有關匈奴的石刻爲例,《封燕然山銘》刻於追擊匈奴返回的途中;《任尚碑》《裴岑碑》都發現於今新疆巴里坤地區,正是當時北匈奴生活的地方。

《後漢書・梁慬傳》記載了南匈奴叛亂的全過程:

> 單于乃自將圍中郎將耿种於美稷……种移檄求救。明年正月,慬……至屬國故城……奔擊,所向皆破,虜遂引還虎澤。三月……龐雄與慬及耿种步騎萬六千人攻虎澤。……單于……詣慬乞降,慬乃大陳兵受之。②

其中涉及的作戰地點有美稷、屬國故城、虎澤。

漢朝施行屬國制度管理歸附的少數民族,由屬國都尉領護。關於美稷城,有認爲其城址是今内蒙古鄂爾多斯市準格爾旗納林鎮北古城遺址;③也有認爲準格爾旗暖水鄉榆樹壕古城爲美稷縣城。④《漢書・地理志》載,西河郡美稷縣,屬國都尉治。西河屬國應初設於漢武帝元狩四年(前 119)之後。⑤《漢書・宣帝紀》載:五鳳三年(前 95),“置西河、北地屬國以處匈奴降者”,⑥說明西漢置西河屬國至少兩次。和帝永元初年,東漢政府給予北匈奴毀滅性打擊,永元二年(90)詔令“復置西河、上郡屬國都尉官”,⑦安置新附匈奴。則西漢美稷城至東漢已廢,《梁慬傳》所言“屬國故城”即指廢城。當年美稷城有過變遷,我們今天尋找美稷城遺址,也應該不止一個,這不是我們討論的重點,但無論如何,東漢南匈奴活動的核心區域是在今内蒙古鄂尔多斯東部。

虎澤,譚其驤《中國歷史地圖集》標在今鄂爾多斯達拉特旗東南。《漢書・地理志》:西

① 天灾方面:永初元年六月河東地陷。是歲,郡國十八地震;四十一雨水,或山水暴至;二十八大風,雨雹。二年四月漢陽城中火,燒殺三千五百七十人。五月,旱。六月,京師及郡國四十大水,大風,雨雹。是歲,郡國十二地震。三年三月,京師大饑,民相食。十二月辛酉,郡國九地震。乙亥,有星孛於天苑。是歲,京師及郡國四十一雨水雹。并、凉二州大饑,人相食。人禍方面:漢族有西部杜琦、王信,東部張伯路、劉文河等反抗。(《後漢書》卷五《安帝紀》)
② 〔南朝宋〕范曄:《後漢書》卷四十七,第 1592—1593 頁。
③ 史念海:《鄂爾多斯高原東部戰國時期秦長城遺迹探索記》,《河山集》二集,北京:生活・新知・讀書三聯書店,1981 年,第 480 頁。
④ 王興鋒:《漢代美稷故城新考》,《中國邊疆史地研究》2016 年第 1 期,第 129—136 頁。
⑤ 龔蔭:《漢王朝對邊疆民族治理述略》,《民族史考辨二 龔蔭民族研究文集》,北京:民族出版社,2015 年,第 37 頁。
⑥ 〔漢〕班固:《漢書》卷八,第 267 頁。
⑦ 〔南朝宋〕范曄:《後漢書》卷四,第 170 頁。

河郡"離石、穀羅,武澤在西北。"①《資治通鑑》胡三省注:"師古避唐諱,以'虎'爲'武'。"②也有認爲兩漢時期的"虎澤"湖泊即今鄂爾多斯市東勝區西部、泊江海鎮南部的陶日木海子所在地。③這兩個地點也没有必要進一步辨析,俱在當時南匈奴活動的核心區域或周邊。

羌人之亂從漢陽郡向外擴散,烽火遍及今甘肅、寧夏,遠及陝西、四川,《後漢書·安帝紀》:

> (元初)三年五月……擊先零羌於靈州,破之。六月……擊破先零羌於丁奚城。十二月……擊破先零羌於北地。四年十二月……與先零羌戰於富平上河,大破之。虔人羌率衆降,隴右平。④

《漢書·地理志》:"靈州,惠帝四年置,有河奇苑、號非苑。莽曰令周。顔師古注:'水中可居曰州。此地在河之州,隨水高下,未嘗淪没,故號靈州,又曰河奇也。'"⑤"在今寧夏靈武縣北。東漢元初三年(116)漢將鄧遵與羌人大戰於此。"⑥丁奚城,"在今寧夏靈武市南。東漢永初六年(112),漢陽人杜季貢降於滇零羌,別居丁奚城。即此。"⑦《水經注》:"(河水)又北徑上河城東,世謂之漢城。薛瓚曰:上河在西河富平縣,即此也。"⑧富平,"秦置。治今寧夏吳忠市西南。屬北地郡。東漢爲北地郡治。元初四年,任尚、馬賢與先零羌戰於富平上河,即此"。⑨則今寧夏中北部一帶是當時東漢政府與西羌最重要的作戰地點。

今内蒙古鄂爾多斯當時屬西河郡地界,屬并州;靈武今屬銀川,與吳忠相鄰,當時俱屬北地郡地界,屬涼州,兩地行政區劃不同。現在鄂爾多斯與阿拉善雖然都歸内蒙古自治區管轄,但兩地之間距離遥遠,鄂爾多斯發生的重大事件也不會去阿拉善做記録,何況是在當時交通極不便利的情况下。相比而言,寧夏靈武、吳忠地區與阿拉善左旗相近,當時又屬於同一行政區,事件發生之後在那裏刻石立碑則合情合理。

四、石刻的鎸刻時間和主體内容

石刻叙述主體中的第二個時間概念"建武時"前殘存"復"字,即恢復永初元年至元初四年被破壞的劉秀建立起來的基業。第三個時間概念【永初】四年"所補"永初"二字本不存在,是釋讀者據上文"永初元(年)"推斷,校補時作了保守處理。根據當時形勢,永初四

---

① 〔漢〕班固:《漢書》卷二十八下,第1618頁。
② 〔宋〕司馬光著,〔元〕胡三省注音:《資治通鑑》卷四十九,北京:中華書局,1956年,第1581頁。
③ 艾沖:《兩漢時期"虎澤"地理位置探索》,《陝西歷史博物館館刊》2016年第1期,第132—135頁。
④ 〔南朝宋〕范曄:《後漢書》卷五,第225—228頁。
⑤ 〔漢〕班固:《漢書》卷二十八下,第1616頁。
⑥ 高文德主編:《中國少數民族史大辭典》,長春:吉林教育出版社,1995年,第1185頁。
⑦ 鄭天挺等主編:《中國歷史大辭典(音序本)》上,上海:上海辭書出版社,2007年,第497—498頁。
⑧ 〔北魏〕酈道元著,陳橋驛校證:《水經注》卷三,北京:中華書局,2007年,第74頁。
⑨ 鄭天挺等主編:《中國歷史大辭典(音序本)》上,第710頁。

年、元初四年東漢政府是不可能有所作爲的。第一個時間"永初元(年)"缺文後"造作"並非祇有"建築""修繕"之意,還有"僞造""蠱惑""發生"等意,如"方陽侯寵及右師譚等,皆造作奸謀,罪及王者骨肉",①"孝哀即位,高昌侯董宏希指求美,造作二統,公手劾之,以定大綱",②"知漸染之易性兮,怨造作之弗思",③"招會群小,造作賦説,以蟲篆小技見寵於時",④"侮慢王室,又造作巡狩封禪之書,惑衆不道"⑤等,永初年間天災人禍不斷,社會上謡言四起,"民訛言相驚,弃捐舊居,老弱相携,窮困道路",⑥這些意思纔與形勢相吻合。而殘留"出塞(近)耳目短也"説明了當時邊防廢弛的情況。

元初以後東漢皇帝年號用至四年者,安帝有延光,順帝有永建、陽嘉、永和,桓帝有延熹,靈帝有建寧、光和、中平,獻帝有初平、建安。這些紀年中,祇有順帝永建四年發生的事情與石刻相符。《後漢書·孝順孝冲孝質帝紀》:

(永建四年)九月,復安定、北地、上郡歸舊土。

李賢於此句下注:"安帝永初五年徙,今復之。"⑦這件事的直接推動者是尚書僕射虞詡,他的奏章對來龍去脉説得非常清楚:

《禹貢》雍州之域,厥田惟上。且沃野千里,穀稼殷積,又有龜兹鹽池以爲民利。水草豐美,土宜産牧,牛馬銜尾,群羊塞道。北阻山河,乘阸據險。因渠以溉,水舂河漕。用功省少,而軍糧饒足。故孝武皇帝及光武築朔方,開西河,置上郡,皆爲此也。而遭元元無妄之灾,衆羌内潰,郡縣兵荒二十餘年。夫弃沃壤之饒,損自然之財,不可謂利;離河山之阻,守無險之處,難以爲固。今三郡未復,園陵單外,而公卿選懦,容頭過身,張解設難,但計所費,不圖其安。宜開聖德,考行所長。⑧

順帝採納了虞詡的建議,使遷出之民回到三郡原來各自所在舊縣,《後漢書·西羌傳》下文即言"繕城郭,置候驛"以監視邊境、加强聯繫之事。

安帝時期羌人叛亂所造成的破壞,至順帝永建年間纔得以恢復。石刻中"四年"所指爲"永建四年",可以確定。碑文以漢武帝、光武帝開疆拓土、鞏固邊防領起,後文所記之事要與

---

① 〔漢〕班固:《漢書》卷四十五,第 2187 頁。
② 〔漢〕班固:《漢書》卷九十九上,第 4054—4055 頁。
③ 〔南朝宋〕范曄:《後漢書》卷二十八下,第 994 頁。
④ 〔南朝宋〕范曄:《後漢書》卷五十四,第 1780 頁。
⑤ 〔南朝宋〕范曄:《後漢書》卷七十七,第 2495 頁。
⑥ 〔南朝宋〕范曄:《後漢書》卷五,第 209 頁。
⑦ 〔南朝宋〕范曄:《後漢書》卷六,第 256—257 頁。
⑧ 〔南朝宋〕范曄:《後漢書》卷八十七,第 2893 頁。

之相匹配：永建四年重建三郡、恢復荒廢設施,文脉相通。

另外,當年東遷時,"百姓戀土,不樂去舊,遂乃刈其禾稼,發徹室屋,夷營壁,破積聚。時連旱蝗飢荒,而驅蹙劫略,流離分散,隨道死亡,或弃捐老弱,或爲人僕妾,喪其太半",①現重回故土,與殘刻第11行"(歡)喜父兄(到)"相合。第10行"徒少士口吏"雖難解,似可推測與重新設置官所、任命官吏有關。

"(復)建武時"前殘字"【武威】太守(隊侯)"中"隊侯"二字無法確定其存在,亦不可解,然而僅憑一方太守之力是無法完成重建三郡這樣的大事的。此處或者與永建元年(126)"夏五月丁丑,詔幽、并、涼州刺史……嚴勅障塞,繕設屯備,立秋之後,簡習戎馬"②有关,或者是河西四郡某位太守做了虞詡一樣的事情。

綜合以上,石刻應刻於永建四五年間,即公元129—130年之間,因爲安置百姓不可能拖延太久,否則容易出現變亂。

鐫刻時間確定,石刻的主體內容也可大體推定：

第一、安帝永初、元初年間羌族叛亂,迫使東漢政府内遷安定、北地、上郡；

第二、順帝永建四年東漢政府把三郡遷回,恢復了統治；

第三、在重建三郡的同時,完繕了北部邊防設施；

第四、除了軍事之外,內容應還涉及聯通河西四郡之事。三郡不通,隔斷了東漢中央政權與河西四郡及以西的聯繫,無論是虞詡奏章還是石刻殘文都强調北地諸郡地理位置的重要性,石刻後半部分也有清晰的"敦煌"字樣。

由於石刻殘損嚴重,導致無論是釋讀還是進一步研究,都基於最初幾行的推斷。全文以"漢武帝排逐匈奴"開始,使文字釋讀局限在漢朝與匈奴關係的圈子裏,第13行補出的"奴"字即是如此；進一步研究以釋文爲依據,也沿着這一綫索展開。

《通湖山摩崖》反映了當時北方民族的興衰消長及由此帶來的與中原王朝關係的變化。長期以來匈奴是漢朝最大的威脅,但北匈奴式微後,其地漸爲鮮卑所有,這時東漢政府面對的北部邊疆問題主要集中在西羌和鮮卑身上。而羌人"果於觸突,以戰死爲吉利,病終爲不祥","性堅剛勇猛",③又"各自爲種,任隨所之",④最爲麻煩。他們叛亂連年不斷,其中大的有三次,發生永初、元初年間的是第一次。另外兩次發生在順帝永和五年(140)至冲帝永嘉元年(145)和桓帝延熹二年(159)至靈帝建寧二年(169)。永和六年(141),東漢政府又將安定、北地内遷。《後漢書》評價第二次叛亂：

　　自永和羌叛,至乎是歲,十餘年間,費用八十餘億。諸將多斷盗牢稟,私自潤入,

①〔南朝宋〕范曄:《後漢書》卷八十七,第2888頁。
②〔南朝宋〕范曄:《後漢書》卷六,第252—253頁。
③〔南朝宋〕范曄:《後漢書》卷八十七,第2869頁。
④〔南朝宋〕范曄:《後漢書》卷八十七,第2876頁。

　　皆以珍寶貨賂左右，上下放縱，不恤軍事，士卒不得其死者，白骨相望於野。[①]

持續數十年對西羌用兵，花費巨大，致使徭役、兵役加重，成爲加速東漢政權滅亡的重要因素。

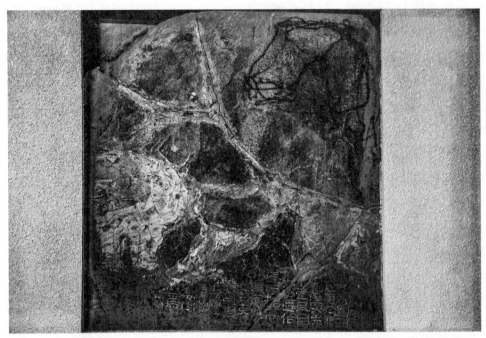

阿照一

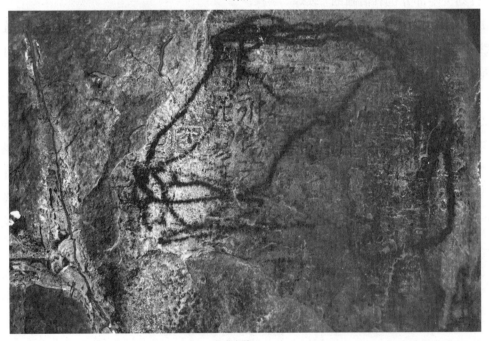

阿照二

---

① 〔南朝宋〕范曄：《後漢書》卷八十七，第 2897 頁。

阿照三

（楊小明，西北師範大學博士研究生）

《固原歷代碑刻選編》校讀記

張存良

[摘　要]《固原歷代碑刻選編》收録固原地區出土歷代碑刻 80 餘件,其中北朝顯貴宇文猛、李賢夫婦、田弘等墓誌尤爲學界屬目,隋唐時期原州望族史射勿、史索巖等大量家族墓誌,更是研究中西交流及民族融合的珍貴史料。宋元時期固原地區是多個政權交相争奪之地,出土碑刻墓誌也生動反映了這一歷史現象。明代於固原設置三邊總制,節制延綏、甘肅、寧夏諸軍事,爲西北邊防之總鎮,故所出明代碑刻爲數尤夥,文獻價值亦高。該書左圖右文,極便參閱,又略加提要説明,可明其形制來歷,頗具史料價值。然該書在迻録釋讀中尚存在諸多明顯舛誤,或文字錯譌,或誤判句讀,或形制描述與實物不侔。筆者對該書所收石刻逐一比勘,尋行數墨,凡校正訂補者近 50 處,權以竹頭木屑,有裨於校讀史籍者。

[關鍵詞]　固原歷代碑刻選編　文字校勘　句讀訂正　史實疏證

　　寧夏固原是古絲綢之路北出長安西通涼州的塞上要衝,乃北方草原文明與中原農耕文明交錯融合的重要地區。漢武帝元鼎三年（前 114）始置安定郡,郡治高平,即今固原原州區。自漢魏以來,“據八郡之肩背,綰三鎮之要膂”,[①]胡騎憑陵,終融合於漢俗;商旅款塞,竟互通於中西。歷代人物間出,胡姓貴種膺任北代勛爵;奇器溢彩,薩珊珍玩頻出原州故地。然求其不朽,傳諸久遠,則無過乎書於竹帛,鏤於金石。於是石刻題銘,往往而有;碑表墓誌,時時間出。誠研習風土之實證,乃校讀史籍之新資。有鑒於此,寧夏固原博物館選編《固原歷代碑刻選編》一書,[②]收録固原地區現存碑刻墓誌 80 餘件,自姚秦以迄清季民國,内容頗爲豐富。該書既刊圖版,亦具録文,左圖右文,裨便稽考。同時編者还標注了石刻的出土收藏情況,又附以簡要叙録,可曉其來歷,能明其形制。該書是固原地區出土歷代石刻文獻的首次較大規模彙輯選編,頗具學術研究價值。

　　筆者平素在研習史籍中,對碑誌文獻略有矚目。近來翻檢《固原歷代碑刻選編》一過,圖文對校,不期竟發現該書文字釋讀和標點斷句等明顯錯譌數十處,於是通校全書,摘其明顯錯譌,略加類例,綴拾成篇。世之校碑讀史者,有以教焉。

---

①　〔清〕顧祖禹撰,賀次君、施和金點校:《讀史方輿紀要》第 6 册,北京:中華書局,2005 年,第 2802 頁。

②　寧夏固原博物館編:《固原歷代碑刻選編》,銀川:寧夏人民出版社,2010 年。

一、録文錯譌而需校正者

1.《前秦梁阿廣墓表》(頁 64):[①]“以其年七月歲在甲辰廿二日丁酉”,“甲辰”釋讀有誤,當爲“庚辰”,此前秦苻堅建元十六年(380),時當東晉孝武帝太元五年。

又“壬去所居青巖川東南卅里”,“壬去”不可解,應爲“正去”。正之古文作“疋”,隸變之後與“壬”形近,遂致譌謬。“正去”謂“恰好相距”云云,與文意正合。

2.《北魏兖岐涇三州刺史新安子負世標墓誌銘》(頁 66):“星寢宵泯,華景盡戾”,“盡戾”誤釋,當爲“盡矣”,原石“矣”字之上部保留篆隸形體,釋讀者誤讀。

3.《西魏原州刺史李賢之妻李輝墓誌銘》(頁 68—69):“子侄稟訓過庭”,“子侄”原石作“子姪”,當是。《説文》“女”部:“姪,兄之女也”,段注改作:“姪,女子謂兄弟之子也”,[②]蓋本諸《爾雅·釋親》。此墓誌傳主爲女性,“子姪”正當其用。

今按,《説文》未見“侄”字,《玉篇》“人”部:“侄,牢也,堅也。”又《廣韻》“質”韻:“侄,堅也。”可見侄、姪形義懸别,不相聯屬。然傳世文獻鮮見“侄”用爲“牢也,堅也”者,蓋字有譌變及通假之故。又按,侄乃“致”之初文,從人從至,至亦聲,會人有所送詣也。金文“侄”之人旁或作[illegible](與“企”近同),小篆省作[illegible]。《説文》“夂”部:“[illegible](致),送詣也。從夂從至。”隸變譌作“致”,遂與“侄”形體漸遠。金文《儹匜》:“則侄女便千㲋𪘏”,侄,讀爲致,施加,執行。《尚書·蔡仲之命》:“乃致辟管叔于商”,孔傳:“致法謂誅殺。”包山楚簡一七〇:“侄命連囂妾”,“侄命”讀爲“致命”。上皆侄、致同字之證。侄又通摯,用爲“兇猛果敢”之義。《厵羌鐘》:“武侄寺力”,讀作“武鷙”,鷙又别作摯。《史記·白起王翦列傳》:“李將軍果勢壯勇,其言是也”,“果勢”不辭,當爲“果摯”之誤,與“武(侄)摯”義相類似。[③]至於以“侄”代“姪”,表親屬稱謂,則是後起“積非爲是”的簡俗用法,小學家多謂之俗字。

又“即遠莫追,幽扃遂密”,“莫追”原石作“莫[illegible]”,**[illegible]**乃“旋”之俗寫,《漢平輿令薛君碑》:“靈柩旋歸”,旋字正作[illegible]。[④]偏旁“方”的草寫與提手旁(扌)經常混譌,於是[illegible]再譌變而爲“**[illegible]**”。“即遠莫旋”謂即刻歸赴幽泉,且莫徘徊久停也。

4.《北周李賢墓誌》(頁 73—75):“瓜竹敦煌,仍專萬里之務”,“瓜竹”不辭,應爲“分竹”。按諸原石,分字乃是草體的楷定寫法,而《發掘簡報》正作“分竹”,[⑤]不誤。今按,“分竹”乃中古常用成語,指封官授任時授予權力象徵之竹使符。顔延之《家傳銘》:“建節中平,分竹黄初。”《北魏豫州刺史司馬悦墓誌》:“分竹二邦,化流民詠。”《北魏李璧墓誌》:“分竹

① 此處頁碼指《固原歷代碑刻選編》一書中之頁碼,下同。

② 〔漢〕許慎撰,〔清〕段玉裁注:《説文解字注》,上海:上海古籍出版社 1981 年影印經韻樓本,第 616 頁上欄。

③ 有關“侄”爲“致”之初文及其考證,詳參黄德寬主編《古文字譜系疏證》“質”部“侄”字條。黄德寬主編:《古文字譜系疏證》第 4 册,北京:商務印書館,2007 年,第 3336 頁。

④ 〔清〕顧南原撰:《隸辨》卷二,北京:中國書店,1982 年影印,第 185 頁。

⑤ 韓兆民:《寧夏固原北周李賢夫婦墓發掘簡報》,《文物》1985 年第 11 期,第 19 頁。

一邦，績輝千里。”皆其用例。

又“褰帷兆嶽，兼總六防之師”，“兆嶽”費解，應爲“北嶽”，即今河北恒山。庾信《北周宇文顯和墓誌》：“北嶽二名，慈河兩本”，蓋用爲地望。“褰帷”喻親近百姓，施行惠政。《後漢書·賈琮傳》：“琮爲冀州刺史。舊典，傳車驂駕，垂赤帷裳，迎於州界。及琮之部，升車言曰：‘刺史當遠視廣聽，糾察美惡，何有反垂帷裳以自掩塞乎？’乃命御者褰之。”① “六防”謂六處防禦要塞。《北史·尉遲運傳》：“（建德）四年，出爲同州刺史，同州、蒲津、潼關等六防諸軍事。”② 新出《尉遲運墓誌》與此小異：“（建德）五年，除同州、蒲津、潼關、楊氏壁、龍門、湀頭六防諸軍事，同州刺史。”③

又“太祖以皇帝春秋實富，齊國公年在幼沖”，“實”字誌石作“寔”，乃“寔”之譌寫。今按，寔，正也，④ 虛詞，“春秋寔富”猶言正當年富力強也。實者，富有也，今言殷實。寔、實形義有別，不宜改字。

5.《北周秦陽郡守大利稽冒頓墓誌銘》（頁 76—77）：“維建德元年歲次壬辰十二月己亥□二十三日辛酉”，所闕之字應爲“朔”。檢諸陳垣《廿二史朔閏表》，北周建德元年（572）十二月正爲“己亥朔”。又“二十三日”，誌磚作“廿三日”，此乃古代紀年序日之通例，無需改字。

又“贈原州刺史、悵□□縣開國子”，“悵□□縣”數字磨滅殘損，筆畫模糊。筆者反復辨析考校，其字迹應爲“愼政縣”，“愼”爲“順”之古文。據《隋書·地理志上》“順政郡”所載，西魏於略陽故地置順政郡，領漢曲（略陽）、靈道（仇池）二縣。隋開皇初郡廢，大業間復置，統四縣：順政（漢曲）、鳴水（落叢）、長舉（盤頭）、修城（廣長）。⑤ 1987 年廣東電白縣唐墓出土《唐故順政郡君許夫人墓誌銘》，墓主乃唐高宗顯慶間中書令許敬宗之女，晉封順政郡君，其夫馮智玳，隋譙國夫人冼夫人之後，唐高州總管馮盎之子，官潘州刺史，爵封順政公。⑥

6.《北周田弘墓誌》（頁 78—80）：“忠泉湧劍，孝水沾纓”，“湧”字誌石作“涌”，湧乃後起字，不必繁化。“忠泉”典出《後漢書·耿恭傳》：“匈奴復來攻恭，恭募先登數千人直馳之，胡騎散走，匈奴遂於城下擁絕澗水。恭於城中穿井十五丈不得水，吏士渴乏，笮馬糞汁而飲之。恭仰歎曰：‘聞昔貳師將軍拔佩刀刺山，飛泉涌出；今漢德神明，豈有窮哉？’乃整衣服向井再拜，爲吏士禱。有頃，水泉奔出，衆皆稱萬歲。”⑦ 孝水古名俞隨水，在今洛陽以西。因流經“臥冰求鯉”的大孝子王祥之墓，故又名孝水。《水經·穀水注》：“穀水又東，俞隨之水

---

① 〔南朝宋〕范曄：《後漢書》卷三十一，北京：中華書局，1965 年，第 1112 頁。

② 〔唐〕李延壽：《北史》卷六十二，北京：中華書局，1974 年，第 2216 頁。

③ 《尉遲運墓誌》全稱“大周使持節上柱國盧國公墓誌”，詳見羅新、葉煒：《新出魏晉南北朝墓誌疏證》，北京：中華書局，2005 年，第 305 頁。

④ 《説文》“宀”部：“寔，止也。”段注改作“正也”，作“止”者，蓋傳鈔之譌。此依段注。〔漢〕許慎撰，〔清〕段玉裁注：《説文解字注》，第 339 頁上欄。

⑤ 〔唐〕魏徵等：《隋書》卷二十九，北京：中華書局，1973 年，第 822 頁。

⑥ 廣東省博物館、茂名市博物館：《廣東電白唐代許夫人墓》，《文物》1990 年第 7 期，第 57—58 頁。

⑦ 〔南朝宋〕范曄：《後漢書》卷十九，第 721 頁。

注之。……世謂之孝水也。潘岳《西征賦》曰：澡孝水以濯纓，嘉美名之在兹。"①

又"高平柏穀，山繞旅松"，"穀"字誌石作"谷"，録文當系繁化致誤。"柏谷"云者，廣植松柏以成蒼翠之地也。

7.《隋史射勿墓誌》（頁86—88）："蹉跎年發，舛此宦途"，"年發"誌石作"年髪"，"髪"同"髮"，録文乃繁化致誤。年髮即年歲與鬢髮，年衰老而鬢髮漸白。庾信《答趙王啟》："但年髮已秋，性靈久竭。"

又"十年正月，從駕幸並州"，"並州"誌石作"并州"。今按，史籍中"并州"從未作"並州"。并州，或作"幷州"，古九州之一。《周禮·職方氏》："乃辨九州之國，使同貫利。……正北曰并州，其山鎮曰恒山，其澤藪曰昭餘祁"，《漢書·地理志》所述略同（然《尚書·禹貢》"禹別九州"，無并州）。漢武帝元封四年（前107）置并州刺史部，爲十三州部之一，領太原、上黨、西河、雲中、定襄、雁門、朔方、五原、上郡等九郡。

8.《唐史索巖墓誌銘》（頁89—91）："陵雲之台，創基於覆簣者也"，"台"字誌石作"臺"。今按，台、臺古不同字，形音義均殊。台，怡之初文，悦懌也，从口目聲，與之切。臺，積土四方謂之臺，徒哀切。宋元之際出現"臺"的俗體"坮"，其後更省作"台"，遂與悦懌之"台（怡）"混而不分。

又"覆簣"，誌石作"覆簀"。今按，簣爲草器，多用於盛物。簀爲竹器，多用於盛土。"覆簀"猶傾倒一筐之土，喻積少以成多。語本《論語·子罕》："譬如平地，雖覆一簣，進，吾往也。"馬融注："加功雖始覆一簣，我不以其功少而薄之。"又《晉書·涼後主李士業傳》："覆簣創元天之基，疏涓開環海之宅。"②

又"自炎歷數極，隋紀告終"，炎歷，誌石作"炎厤"，厤即"曆"之俗寫別體。誌文"炎曆"與"隋紀"對舉，當指隋朝所居五行之火德及其正朔氣數。自戰國時鄒衍創五德終始之説，歷代王朝依其相生相克之理，擇其一德而居之，是爲順承天命。凡言革命者取其相克之運數，如秦滅東周而代之，周居火德，水克火，故秦爲水德，色尚黑。漢取秦而代之，故漢爲火德，色尚紅，故有"炎漢"之稱。凡言禪讓者則取五行相生之運數，如王莽協迫孺子嬰禪位，漢居火德，火生土，則新莽即居土德。曹丕代漢，司馬氏代魏，名義上均是天命禪讓，相應的帝德也是相生相承。隋文帝楊堅逼迫北周静帝禪位，北周居木德，木生火，故隋居火德。③

又"然而代覆道規，家傾鴻范"，范，誌石作"範"，乃"範"之俗寫。今按，"范"多用於姓氏及地名，而"範"爲規模典範，二字不通用。該書所收《唐史道洛墓誌銘》（頁92—94）："辭清稱敏，英規素范。"范，誌石作"範"，均爲繁化致誤。

又"道悠祚短，忽軫歼良之悼。"歼，誌石作"殲"，不必簡化。"殲良"典出《詩經·秦風·

① 〔北魏〕酈道元著、陳橋驛校證：《水經注校證》卷十六，北京：中華書局，2007年，第390頁。
② 〔唐〕房玄齡等：《晉書》卷八十七，北京：中華書局，1974年，第2271頁。
③ 《隋書》卷六〇《崔仲方傳》載崔仲方上表曰："昔爲金行，後魏爲水，周爲木，皇家以火承木，得天之統。"〔唐〕魏徵等：《隋書》，北京：中華書局，1973年，第1448頁。

《黃鳥》:"彼蒼者天,殲我良人。"

又"絶相之哀,复切凉於兹日。"复,誌石作"復","復"之俗寫,此處不當省"復"爲"复"。該書所收《唐史道洛墓誌銘》(頁92—94):"況复察色表明,英規素范(範)","复"字同樣應作"復"。

9.《唐史索巖夫人安氏墓誌銘》(頁95—97):"賦深壑之悠悠,托佳城之郁郁。"郁郁,誌石作"欝欝"。今按,欝,《説文》作"鬱",艸木叢生謂之鬱。鬱之别體甚夥,皆因其筆畫繁多寫刻不易所致,或作鬱、或作欝、或作欎、或作欝、或作欝、或作欝,然"鬱茂"之鬱及"芳鬱"之鬱,均不作"郁"。郁爲地名,《漢書·地理志》右扶風有郁夷縣。[1]《後漢書·劉盆子傳》:"大司徒鄧禹時在長安,遣兵擊之(赤眉)於郁夷,反爲所敗。"[2]即其地也。

10.《唐史鐵棒墓誌銘》(頁98—100):"既齒青襟,爰開縹卷。"縹卷,誌石作"縹袠",不必改"袠"爲卷。袠,通作"袟",頭巾帊幞之類。"縹袠"猶縹囊、縹緗,絲質書囊或書衣,引申爲書卷。梁蕭統《文選序》:"詞人才子,則名溢於縹囊;飛文染翰,則卷盈乎緗帙。"吕向注:"縹,青白色。囊,有底袋也,用以盛書。"[3]北魏楊衒之《洛陽伽藍記·城西開善寺》:"當時四海晏清,八荒率職,縹囊紀慶,玉燭調辰。"[4]

11.《唐史道德墓誌銘》(頁104—106):"君扇馥膏腴,嗣華簪歲。"簪歲,誌石作"簪黻",是。簪黻即"簪紱",冠簪及縷帶,喻指顯貴。本句"膏腴"與"簪黻"對舉,均指富貴顯達人家。《晉書·王國寶傳》:"國寶以中興膏腴之族,惟作吏部,不爲餘曹郎,甚怨望,固辭不拜。"[5]唐王維《韋侍郎山居》詩:"良游盛簪紱,繼迹多夔龍。"[6]

又"倐驚晨露,俄悽夜舟",又"終同逝水,倐若浮雲",此兩句之"倐"字,誌石俱作"倏",乃"倐"之譌俗寫法。録文應該統一,不必歧出。

12.《武周梁元珍墓誌銘》(頁107—109):"柳楊至道,嘆州縣之徒勞;馳騁遁世,適吴越而動詠。"柳楊,誌石作"抑揚",該書録文大謬。今按,"抑揚"即抑揚,此處意爲浮沉、進退,正與下句"馳騁遁世"足意成文。抑,按也,本字作"印",從爪從卩,"爪"即手也。其後疊加手旁爲"抑",俗書譌爲"抑",今"抑"行而"抑"廢。"抑揚至道""馳騁遁世",均指崇尚玄老、澹泊無爲之避世態度,正與下文"早味玄理,夙諧真粹"及"志叶琴書,自放山水"等性格情趣契合。

又"公之係緒,史諜詳焉"(本句中間應讀斷,録文失逗),諜,字書未見。今按,細審墓誌圖版,此字實作"諜",乃"諜"之避諱改字,相沿成爲俗字。諜同牒,譜牒也。史牒爲習見成語,謂史籍並譜牒,亦泛指史册。《晉書·隱逸傳(辛謐)》:"伯夷去國,子推逃賞,皆顯史牒,

① 〔東漢〕班固:《漢書》卷二十八上,北京:中華書局,1964年,第1547頁。
② 〔南朝宋〕范曄:《後漢書》卷十一,第484頁。
③ 〔南朝梁〕蕭統編、〔唐〕李善、吕延濟、吕向等注:《六臣注文選》,北京:中華書局,1987年,第3頁。
④ 〔北魏〕楊衒之著,楊勇校箋:《洛陽伽藍記校箋》卷四,北京:中華書局,2018年,第191頁。
⑤ 〔唐〕房玄齡等:《晉書》卷七十五,第1970頁。
⑥ 〔唐〕王維撰、〔清〕趙殿成箋注:《王右丞集箋注》卷三,上海:上海古籍出版社,1961年,第36頁。

傳之無窮。"①

又"晚年棲晏,篤於釋教",棲晏,誌石作"棲偃",録文釋讀有誤。今按,偃即偃之俗寫異體。顛覆曰仆,仰卧爲偃。"棲偃"猶隱居,唐錢起《罷章陵令山居過中峰道者》(之二):"丘壑趣如此,暮年始棲偃。"②

13.《武周張知運墓誌》(頁110),③"本清河郡高□□隨任巴州長史",高□□,誌磚作"高□羅",筆迹清楚。

又"曾祖,暉祥州録□事參軍",本句標點及録文均有舛誤。録□事參軍,應作"録□□事參軍",中闕二字,不可辨。祥州,乃"牂州"之誤書,隋初置,治所在牂柯縣。本句應讀斷爲:"曾祖暉,祥(牂)州録□□事參軍。"

又"父安唐,任寧州□安縣□且漢□□相不絶衣冠晉國□望侯重興文筆家譜具祥焉",本句釋文多處有誤,且不施句讀,如墜迷陣。今按,"□安縣□"應爲"定安縣令",誌磚筆迹清楚。定安縣即今甘肅慶陽寧縣,北魏太平真君二年(441)置,爲趙興郡治。又"且漢□□相",應爲"且漢留侯丞相","留侯"磨滅不清,而"丞相"清晰可識。因墓主姓張,乃謬托遠祖,寄氏於西漢開國功臣留侯張良。又"晉國□望侯"應爲"晉國博望侯","博"字清晰可辨。漢武帝元朔六年(前123),張騫以出使西域及出擊匈奴有功,受封博望侯,析南陽郡之犨鄉縣地爲其封邑。後張騫獲罪失侯,廢博望侯國爲博望縣。又"重興文筆"應爲"重譽史筆","重譽"謂聲譽崇高,"史筆"謂史册傳記。"重譽史筆"正與上文"不絶衣冠"呼應成文,正好文齊而意足。

又"□君砥節勵行直道屵辭。"按,本句因表敬而提行,"君"前不闕字。"砥節勵行",誌磚作"砥節礪行",録文"礪"作"勵",誤。又,"屵辭"即"正辭","屵"爲武周新字,應括注。

又"門傳草肆,盡八體之奇書,代襲穀城,得六韜之秘册。"門傳草肆,不知所云。細審誌磚,應爲"門傳草隸",蓋"傳"與"傳"、"肆"與"隸"字形相近而致謬讀。門傳草隸,猶家傳書法也。若析言之,則"草隸"指草書及隸書,而唐宋人多以"隸書"指稱楷書;若渾言之,則"草隸"爲書法之代稱,西晉潘岳《楊荆州誄》:"草隸兼善,尺牘必珍。"④

又"有此奇行,冠絶時生。"時生,誌磚作"時埀","埀"爲武周新造"人"字。"時埀"逐録爲"時生",文意大謬。

今按,此《墓誌》文字無多,而該書録文斷句錯譌寔繁,現重作逐録如下(武周新字及別字隨文括注):

大周故將仕郎上柱圀(國)清河張府君之/墓誌。原州平涼縣萬福鄉大義里人。

/君諱知運,朝那埀(人)也。本清河郡高/□羅,隨(隋)任巴州長史。曾祖暉,祥(牂)

① 〔唐〕房玄齡等:《晉書》卷九十四,第2447頁。
② 〔唐〕錢起撰、王定璋校注:《錢起詩集校注》卷二,杭州:浙江古籍出版社,1992年,第55頁。
③ 此墓誌爲青灰色方磚,32×32厘米,墨筆書寫,有界格。
④ 〔南朝梁〕蕭統編、〔唐〕李善、吕延濟、吕向等注:《六臣注文選》,第1046頁。

州録/□□事參軍。父安唐，任寧州定安縣/令。且漢留侯丞相，不絶衣冠；晉圖（國）/博望侯，重譽史筆。家譜具詳焉。/君砥節礪行，直道屰（正）辭。貧富不易/其交，險難豈移其操。又門傳草隸，/盡八體之奇書；代襲穀城，得六韜/之秘册。汪汪焉，洋洋焉。有此奇行，/冠絶時王（人）。君弱冠拜將仕郎。

14.《北宋康定元年銘文磚》（頁 116）："曹氏小歷后，叁佰□拾壹年，昂宿直其年，改爲康定元年。"細審圖版，"曹氏小歷后"應爲"曹氏小曆後"，"叁佰□拾壹年"應爲"叁佰捌拾壹年"。

今按，曹氏小曆是唐德宗建中年間術士曹士蒍所創立的《符天曆》，因其推步簡陋，不爲官方認可，僅流行於下層部分民衆，故謂之"小曆"。《新五代史·司天考》略載其事：

> 初，唐建中時，術者曹士蒍始變古法，以顯慶五年爲上元，雨水爲歲首，號《符天曆》。然世謂之小曆，祇行於民間。[1]

曹氏《符天曆》不用曆法推步中的上元積年，而以唐高宗顯慶五年爲曆元，也不以正月"立春"節爲歲首，而以正月的中氣"雨水"爲歲首。其推步法術雖不合正統曆法，然簡便易操，故得以在民間廣泛流行。其後馬重績作《調元曆》、王處訥作《明玄曆》，都受到《符天曆》的影響。因曹氏《符天曆》以唐顯慶五年（660）爲曆元，故宋仁宗康定元年（1040）正合"曹氏小曆"之 381 年，故録文中所闕之字乃"捌"字無疑。又曆家以二十八宿值年，循環往復。此年所值之宿爲昴，爲西方白虎七宿（奎、婁、胃、昴、畢、觜、參）之第四宿，《詩經·召南·小星》："嘒彼小星，維參與昴"，而該書録文釋作"昂"，大錯。此句録文應校理爲：

> 曹氏小曆後三佰捌拾壹年，昴宿直（值）其年，改爲康定元年。

此磚銘反映出直至北宋康定年間，邊地的"鎮戎軍"還在使用《符天曆》這樣的民間小曆。可見自唐末五代以來，時局板蕩，威權陵夷，即便代表王朝"正朔"與"天命"的曆法也各行其道，紛雜淆亂。有關此磚銘牽涉宋代職官及邊防史地諸問題，已有仇王軍著文考釋，[2]此不贅述。

15.《北宋虎户仇緒墓地契約磚》（頁 117—118）："右件全料。墳□墓田，內外週流一所，四至止定，永没人攔，郊四神具足，八六分明，二十四位週遞。"今按，"墳□"應爲"墳闕"，墓券字迹清晰，不必置疑。"墳闕"即封塋墓園，即墓券所言"墓田"。起土爲墳，立門曰闕，後

---

① 〔宋〕歐陽修：《新五代史》卷五八，北京：中華書局，1974 年，第 670 頁。
② 仇王軍：《寧夏固原市出土宋代"康定銘文磚"小考》，《西夏研究》2022 年第 3 期，第 102—106 頁。

遂以"墳闕"指稱墓地。揚雄《方言》:"冢,秦晉之閒謂之墳。"①

又,墓券録文在"攔""郤"二字之間不能讀斷。"攔郤"是固定用法,文獻多作"忓悏""干悏"或"紇悏",應是"忓悏"在書寫中的不同變體。敦煌文書S.1475v《未年上部落百姓安環清賣地契》:"一賣已後,一任武國子修營佃種。如後有人忓悏識認,一仰安環清割上地佃種與國子。"又P.3394《唐大中六年僧張月光博地契》:"當日郊(交)相分付,一無玄(懸)欠。立契。或有人忓悏薗林舍宅田地等,稱爲主托者,一仰僧張月光子父知當。"

出土河西墓券中也屢見"忓悏"。《西夏乾祐十六年曹鐵驢父買地券》:"故氣精邪,不得忓悏。先有居者,永避萬里。"②《元至元二十六年蒲法先買地券》:"故氣邪精,不得干(忓)悏。"

上引文獻中的"忓悏",都表示干擾、阻攔之意,於是"忓悏"也譌變成了"攔悏""攔郤"。墓券先言"四至止定",然後祈愿"永没人攔郤(忓悏)",這樣就文義貫通,了無疑惑了。該書所收《元陳子玉墓地券》(頁130—131):"故氣精邪,不得干犯。先有居者,永避萬里。"這里的"干犯",與"忓悏"同。

又"八六分明",實是"八穴分明",墓券正作"八穴"。八穴是堪輿陰陽家術語,吉穴之名有老陽、老陰、太陽、太陰、中陽、中陰、少陽、少陰八種。

又,"癸未慶歷三年十一月",慶歷,當作"慶曆",北宋仁宗年號。

16.《元重修英濟王廟三門記》(頁132—134)。今按,此《記》碑額篆書"重修三門之記"非常清楚,而編者在解題中卻説"額題篆字'皇情□□□記'",郢書燕説,不知所據。

又,碑文前有碑名、撰者、書丹、刻工等信息,該書録文盡付闕如,今補録如次:

　　重修顯靈義勇武安英濟王廟三門記
　　　正議大夫山南河北道肅政廉訪使梁遺謨　應理州州學正……六盤山等處怯連
口諸色民匠等户教授都提舉司知事吕頊刻

此碑撰文者梁遺,據清人顧嗣立等編《元詩選》中之介紹,爲"汝州人。至元四年,以正議大夫任嶺南廣西道肅政廉訪使",③有少量詩文傳世。另據《宣統固原州志》所載,此碑書丹者爲李誠,④而《嘉靖固原州志》在收録《重修朝那湫龍神廟記》一文時,署名"學政李誠撰"。⑤《英濟王廟三門記》重修於元統二年(1334),《朝那湫龍神廟記》重修於元統三年,則此碑的書丹者即是《重修朝那湫龍神廟記》的撰文者李誠,其時擔任寧夏府路應理州學正。而此碑的鐫刻者吕頊,在碑陰還有出現(勅授管領六盤山怯連口諸色民……提舉司知事吕

① 〔漢〕揚雄撰、晋郭璞注:《方言》卷十三,北京:中華書局,2016年,第173頁。
② 吴浩軍:《河西墓葬文獻研究》,上海:上海古籍出版社,2019年,第224頁,第231頁。
③ 〔清〕顧嗣立、〔清〕席世臣編,吴申揚點校:《元詩選》癸集上,北京:中華書局,2001年,第761頁。
④ 〔清〕王學伊撰,陳明猷標點:《宣統固原州志》卷八《藝文志》,西安:陝西人民出版社,1992年,第381頁。
⑤ 〔明〕楊經、〔明〕劉敏寬撰,牛達生、牛春生校勘:《嘉靖固原州志》卷二《記》,銀川:寧夏人民出版社,1985年,第87頁。

項），對比校讀，其身份也能確定。

令人費解的是，對照《固原歷代碑刻選編》一書刊布的《重修英濟王廟三門記》碑刻圖版及其錄文，發現二者在文本上差異很大。該書所謂錄文根本不是從碑刻上據實迻録，而是另有所出。馬建民撰文指出，《固原歷代碑刻選編》的所謂錄文，其實是直接轉錄了《宣統固原州志》中《重修英濟王廟碑記》的文字，而《宣統固原州志》在收錄該碑文時做了節略刪改。馬建民根據《固原歷代碑刻選編》所刊照片，結合明修《嘉靖固原州志》和清修《宣統固原州志》兩志中的相關文字，對《重修英濟王廟三門記》石刻正背面的文字都做了重新錄文，并有深入研究。[1]因碑文篇幅較長，此不俱録。

17.《明固原州增修廟學記碑》（頁 157—159）："□□□宿望舊臣光禄大夫柱國太子太保吏部尚書經□官。"今按，前闕之文應爲"奉敕存問"，因"敕"字要提行表敬，故"奉"字獨行。"奉敕存問宿望舊臣"即承蒙皇帝下旨慰問的致仕官員，因是"奉敕存問"，故將此四字置於職官之前。後闕之字爲"筵"，"經筵官"即明朝之經延講官，陪同皇帝講讀經史，一般由翰林院侍讀、侍講學士兼任，并非職事官，亦無品級規定。

又"賜進士□光禄大夫柱國少保兼太子太保吏部尚書"，"進士"與"光禄"之間不闕文，書碑者爲了整齊，字間留空而已。

又"賜進士□□資政大夫南京□□□部"，"進士"與"資政大夫"之間亦不闕文，同樣也是爲了整齊而留空。又"南京□□□部"應爲"南京戶部尚書"。明朝自永樂十九年（1421）遷都北京之後，於南京仍然保留六部衙門及其他中央機構，如海瑞的最後官職即是南京都察院右都御史。

又"俱設學校師儒，教育英才而賓之。"今按，"賓"後闕録"興"字。"賓興"是三代舉賢之法，《周禮·地官·大司徒》："以鄉三物教萬民，而賓興之。"鄭玄注："興，猶舉也。民三事教成，鄉大夫舉其賢者能者，以飲酒之禮賓客之，既則獻其書於王矣。"[2]其後則演變爲科舉時代的鄉試，清戴名世《張驗封傳》："康熙己卯壬午乙酉，當賓興之期，公皆爲分校，所得士最盛，眾論翕然稱之。"[3]

二、原刻文字譌誤而需校正者

1.《北魏兗岐涇三州刺史新安子貟世標墓誌銘》（頁 66—67）："楚莊王之苗裔，石鎮西將軍，五部都統。"今按，"石鎮西將軍"應爲"右鎮西將軍"，原石有誤，應校正。

2.《西魏原州刺史李賢之妻李輝墓誌銘》（頁 68—69）："郡君資性矛静。"矛静，應爲"柔静"。又"舅姑凤逝，不逯恭奉"，"不逯"應爲"不逮"。又"方冀亨万石之遐福"，"冀亨"應

① 馬建民：《元代固原〈重修顯靈義勇武安英濟王廟三門記〉疏證》，《圖書館理論與實踐》2014 年第 7 期，第 88—93 頁。
② 〔漢〕鄭玄注、〔唐〕賈公彦疏：《周禮注疏》卷十，〔清〕阮元校刻《十三注疏》上册，北京：中華書局，1980 年影印，第 707 頁。
③ 〔清〕戴名世：《戴南山集》卷七，上海：上海新文化書社，1934 年，第 19 頁。

爲"冀享"。以上皆書手或刻工致誤,應校正。

3.《北周田弘墓誌》(頁 78—80):"保定三年,都督岷兆二州五防諸軍事、岷州刺史。"岷兆,當爲"岷洮","兆"爲"洮"之省寫譌奪。"岷洮二州"即岷州、洮州,因岷山、洮河而得名,爲西羌故地。秦統一六國後於西戎故地置隴西郡,轄狄道、臨洮、首陽、枹罕、大夏、上邽、成紀、西縣、羌道、襄武等十餘縣,治狄道。北魏孝文帝大統十年(544)於臨洮縣始置岷州,轄境略當今甘肅岷縣、宕昌之境。北周武帝保定元年(561)析岷州始置洮州,轄境略當今甘肅臨潭、卓尼之境。又,下文"兆河""兆岷"之"兆",皆是"洮"之譌寫,録文時宜隨文校正。

又"下車布政,威風歆然。猾吏去官,貪城解印。"今按,"貪城"當爲"貪臣"之音誤。根據中古音的構擬,城爲禪母清韻平聲,臣爲禪母真韻平聲,而中古時期西北方音中真韻[切韻音ĭěn]多讀爲[in],清韻[切韻音ĭɛŋ]多讀爲[en]或[in],二讀多已混同不分,與是臣、城音近不辨,互爲借用。"猾吏"與"貪臣"對舉,"去官"並"解印"互文,正宜説明墓主田弘就任襄州刺史之後的"威風歆然"。

4.《隋閻顯墓誌》(頁 84—85):"以廿年歲次庚申五月己丑廿一日己酉(與)夫人劉氏合葬咸陽歸具廳里費巚山南烏尼川内。"今按,本句中"歸具廳里"費解,"歸具"不辭,應是"歸骨"之譌,骨字別作"骨",與"具"之異寫"具"形體相似,容易混同。"歸骨"猶歸葬故里,史籍多見。《左傳·成公三年》:"以君之靈,纍臣得歸骨於晉。"①《國語·楚語上》椒舉辭曰:"若得歸骨於楚,死且不朽。"②東魏《公孫略墓誌》:"死反□之歸骨,遊客籍以爲家。"③皆其例也。

又"廳里"之"廳",誌石作"厅",應釋作"斥"或"厈(岸)",與"廳"無涉。按,"廳"字簡作"厅",乃是宋元以來通俗小説興起之後纔出現的用字現象。竊疑"厅"即"岸"之俗寫,"岸"之俗寫或作"屵",見《魏比丘道瓊記》。此誌書刻者則直接簡省爲"厅"。"厅里"即"岸里",崖岸墓穴之處,正與下文"費巚山南烏尼川内"文義相屬。

故本句録文應校正爲:"以廿年歲次庚申五月己丑廿一日己酉,(與)夫人劉氏合葬咸陽,歸骨厈(岸)里,費巚山南,烏尼川内。"如此則文通字順,語義豁然。

5.《隋史射勿墓誌》(頁 86—88):"又隨史万歲、羅截奔徒。""奔徒"不辭。今按,徒,誌石作"徒",應是"走"之異體。金文中多見"走"字作"徒"或"徒"者,乃增加形符而成,或作"辵"(見《古文四聲韻·厚韻》),均讀作"走"。"隨某人奔走",則語意明朗。

6.《唐史道洛墓誌銘》(P.92—94):"父射勿盤陀,隨左十二府驃騎將軍、開府儀同三司",本句中"隨"字録文迻寫不誤,然此"隨"字當是隋朝之"隋"。

今按,隋字本作"隨",本義爲隨從。用作地名,先秦時即有隨國、隨縣,漢代屬南陽郡,

① 楊伯峻:《春秋左傳注》(修訂本),北京:中華書局,1990 年,第 813 頁。
② 徐元皓:《國語集解》卷十七上,北京:中華書局,2002 年,第 489 頁。
③ 《公孫略墓誌》全稱爲"魏故使持節侍中都督嬴幽營三州諸軍事驃騎大將軍營州刺史尚書左僕射太尉公清苑縣開國公公孫公墓誌銘",圖版見趙萬里:《漢魏南北朝墓誌集釋》第 6 冊(北京:科學出版社,1956 年,第 389 頁圖版五九〇),釋文見趙超:《漢魏南北朝墓誌彙編》(天津:天津古籍出版社,2008 年,第 333—335 頁)。按,趙超《彙編》誤釋"死反□"爲"死友□",大乖文義,今正。"死反□"與下句"遊客籍"互文見義。

其境即今湖北隨州市。隋文帝楊堅之父楊忠,在北周"位至柱國、大司空、隋國公"。楊堅"出爲隋州刺史",後"襲爵隋國公",再進封爲"隋王",尋受周禪,建國號爲"隋"。凡此之"隋",其地望均指隨國、隨縣、隨州之地。唐修《隋書》《北史》,俱改"隨"爲"隋",而《周書》《資治通鑑》於隋文帝稱帝前書作"隨",稱帝位後則書作"隋"。[1]

隋朝之"隋",乃隋文帝有意改字而成。[2]正史中未載其事,唐末李涪曾譏其荒誕:

> 漢以火德有天下,後漢都洛陽,字旁有水,以水尅火,故就隹。隨以魏、周、齊不遑寧處,文帝惡之,遂去走(辶),單書隋字。故今洛有水有隹(按,有水爲洛,有隹爲雒),隨有走(辶)無走(辶)(按,有辶爲隨,無辶爲隋)。夫文字者,致理之本,豈以漢隨兩朝不經之忌而可法哉?今宜依古文去隹書走(辶)。[3]

李涪譏評統治者隨意改字而導致用字淆亂,是值得肯定的。但是相承日久已被廣泛使用的譌俗之字,如隋朝之隋、高原之原,周至(地名)之至,國的簡化字国、義的簡化字义、僥幸之幸(夲)與幸運之幸(夋)的相混,可謂所在皆是。如因其"不經"而改用原字,既不可行,又徒增紊亂。

南宋人徐曾《能改齋漫錄》亦有類似析辨,此不俱錄。元朝胡三省爲《資治通鑑》作注時,更明確指出:

> 隋,即春秋隨國,爲楚所滅,以爲縣。……楊忠從周太祖,以功封隨國公。子堅襲爵,受周禪,遂以隨爲國號。又以周、齊不遑寧處,去辶作隋,以辶訓走故也。[4]

今稽考出土隋代石刻碑誌,大率以"隋"居多,如《隋橋紹墓誌銘》《李景崇造像記》《隋王曜墓誌銘》《隋呂武墓誌銘》《陳黑闥造像記》《豆盧通造像記》《隋蘇孝慈墓誌銘》,然也有仍作"隨"者,如《隋趙齡墓誌》《開皇十三年吳草某造像記》《開皇十六年馬怜造像記》《隋皇朝將軍李阤墓誌銘》,甚至還有作"陏"者,如現可考知隋代墓誌中年代最早者《隋梁暄墓誌》,《隋渾嵩墓誌》《隋蘇慈墓誌》。由此可知,改"隨"作"隋",以爲國號,雖出自楊堅親自擘劃動議,然執行并不徹底。

又,該書所收《唐史訶耽墓誌銘》(頁 101—103)中隋朝之"隋"凡四見,誌石俱刊作"隨"(○ 11 父陁,隨左領軍;○ 22 隨開皇中,釋褐平原郡中正;○ 33 屬隨祚棟傾,蝟毛俱起;

① 胡阿祥:《吾國與吾名:中國歷代國號與古今名稱研究》,南京:江蘇人民出版社,2018 年,第 137—141 頁。
② 《説文》"肉"部有"隋"字:"裂肉也",祭祀所用肉、食之殘餘,即"隋尸之祭",讀與"墮"同。"隋尸之祭"的"隋"與隋朝之"隋",雖形體相同,但音義均殊。
③ 〔唐〕李涪:《刊誤》卷上,遼陽:遼寧教育出版社,1998 年,第 14 頁。
④ 〔宋〕司馬光著,〔元〕胡三省音注:《資治通鑑》卷一七七《隋紀一》,北京:中華書局,1956 年,第 5503 頁。

○ 44 夫人康氏,……父阿孩,隨上開府),而該書録文中或録作"隋",或録作"隨",前後既不統一,也未括注説明,造成無謂之混亂。

又"南眺崗巒,亙九成之紛糾。"亙,誌石作"亘",誤。録文作"亙",極是。今按,亘字從二從回,回轉盤旋之意。亙字從二從舟,綿亙横貫之意。考諸誌文,"亙九成"與下文"映百雉"互文,正是"九成(城)綿延,百雉輝映"之義。

7.《唐索巖夫人安氏墓誌銘》(P.95—97):"以龍朔元年歲次□丑正月十二日。"今按,唐高宗李治顯慶六年(661)二月,"以益、綿等州皆言龍見",①改元龍朔。龍朔元年爲辛酉年,此年號共用三年,其三年"十二月庚子,詔改來年正月一日爲麟德元年",②其間並無丑年。據前引《唐史索巖墓誌銘》,唐故平涼郡都尉史索巖卒於顯慶元年(656)五月,至顯慶三年十二月"遷神窆於原州城南高平之原",其夫人安氏卒於龍朔元年,由於"卜遠未從,權殯於私第",到麟德元年(664)十一月,"遷神祔於都尉之舊塋"。兩方墓誌紀年不誤,次序釐然,定是志文書寫者誤書干支。

8.《唐史鐵棒墓誌銘》(頁98—100):"既齒青襟,爰開縹卷。"今按,縹卷,誌石作"縹裷",不必改字。裷,通作裷,頭巾帊幞之類。縹裷猶縹囊、縹緗,絲質書囊或書衣,引申爲書卷。梁蕭統《文選序》:"詞人才子,則名溢於縹囊;飛文染翰,則卷盈乎緗帙。"吕向注:"縹,青白色。囊,有底袋也,用以盛書。"北魏楊衒之《洛陽伽藍記·城西開善寺》:"當時四海晏清,八荒率職,縹囊紀慶,玉燭調辰。"

9.《唐史訶耽墓誌銘》(頁101—103):"於是授南陽郡君。而徒催景,玉樹驚秋,飄日忽沉,翻霜遽盡。"今按,"而徒催景"不辭。根據文義,"催景"與"驚秋"對文,則"催景"之前必是和"玉樹"對舉之文辭,如瓊華或瑶林之類。"而"字不誤,"徒"字必是誤書。所以本句的録文應該是:"於是授南陽郡君。而□□催景,玉樹驚秋,飄日忽沉,翻霜遽盡。"

10.《武周梁元珍墓誌》(頁107—109)。此墓誌石刊刻於武周聖曆二年(699),時武周新字已頒行天下,故此《墓誌》多見武周新字,而録文全逕作通行繁體,與其時代特徵多有闕失。今逐字檢出,列表以爲對讀:

武周新字	通行繁體	墓誌文例
𤯔	人	公諱元珎,字元珎,安定朝那𤯔也。
圀	國	周朝命爵,即弘開圀之封
秊	年	以聖曆二秊歲次己亥
𠀠	月	十𠀠壬午朔廿八乙
☉	日	十𠀠壬午朔廿八☉

可能是受到武周新字的影響,此《墓誌》中另有數字還使用了類似古體的字形,如:

---

① 〔後晉〕劉昫等:《舊唐書》卷四《高宗本紀上》,北京:中華書局,1975 年,第 81 頁。
② 〔後晉〕劉昫等:《舊唐書》卷四《高宗本紀上》,第 85 頁。

①夢作寢。寢楹坐奠，識殷禮之必終。《説文》"寢"部："寢，寐而有覺也。從宀從爿，夢聲。"

②前作歬。親土之規，合歬賢之雅志。《説文》"止"部："歬，不行而進謂之歬。從止在舟上。"

③並作竝。范陽盧氏，竝世族高門。《説文》"竝"部："竝，併也。從二立。"

④光作灮。窈窕之質，灮於四鄰。《説文》"火"部："灮，明也。从火在人上，光明意也。"

11.《北宋張文仙墓地契約碑》①（頁 111—113）："第八副指揮使張文仙亡比成氏夫人。"今按，第八，原石刻作"弟八"，弟是"第"之本字，應迻録原字，再作括注爲好。"亡比"即"亡妣"。妣者，殁母也。生曰母，死曰妣。

又"用錢万万九千九百九十九貫文。"今按，錢字，此石刻中凡兩見，均作"矛"形，"錢"的簡俗寫法。錢字的這一俗體寫法，宋元以來通俗小説及世俗文書多見，然其年代似無早於此件石刻者（大宋天禧元年，1017），可備俗字研究及字書編纂者稽考。

又"山頭赤松子領候而攝□記之耳。"今按，"攝"下有一類似重文的符號，實則是倒乙符號。攝而記之，即赤松子代行書契人職責而記之。赤松子別作赤誦子，傳説中上古賢人，道教奉其爲真人之長者。出土魏晉時期的冥間買地券中，赤松子常以"媒人"身份出現，如《前涼建興八年佚名墓券》及《前秦建元十八年高俟妻朱吳宋墓券》等。②

三、斷句標點錯誤而需調整者

1.《北魏兗岐涇三州刺史新安子貟世標墓誌銘》（頁 66—67）："納言則貞，波顯司出，收則純風。再宣匪悟，星寢宵泯，華景盡矣。"標點者不諳駢體四六之法，全按四字讀斷，文義全失，不知所云。本句應讀爲："納言則貞波顯司，出收則純風再宣。匪悟星寢宵泯，華景盡矣。"屬對自然，事義明了，可謂文足意完。

2.《西魏原州刺史李賢之妻李輝墓誌銘》（頁 68—69）："方冀享万石之遐福，終九十之盛儀。而與善無徵，淪芳盛日。春秋卅八，以大統十三年歲次丁卯九月乙未朔廿六日庚申薨於州治。朝廷以夫門功顯，夫人行修，追贈長城郡君。即以其年十二月廿一日葬於高平。即遠莫追，幽扃遂密。鐫石銘志，以備陵谷云。"此段標點可商，逗頓與句讀錯置，文意失聯。應點讀爲："方冀享……淪芳盛日，春秋卅八。以大統十三年……薨於州治，朝廷……追贈長城郡君。即以其年十二月廿一日葬於高平，即遠莫追（旋），幽扃遂密。鐫石銘志，以備陵谷云。"

3.《北周原州刺史宇文猛墓誌銘》（頁 70—72）："十五（年）授使持節、車騎大將軍、儀同三司，尋加驃騎大將軍，開府乃屬。寶曆歸周，以公先朝勳舊，賜姓宇文氏。"本句斷句明

---

① 此件定名有誤，詳下文第四部分"形制描述錯誤及其他"。

② 詳參吳浩軍：《河西墓葬文獻研究》第三章《河西買地券叢考》，第 196—223 頁。

顯有誤,應該讀爲:"十五(年)授使持節、車騎大將軍、儀同三司,尋加驃騎大將軍、開府。乃屬寶曆歸周,以公先朝勳舊,賜姓宇文氏。"按,此處"開府"爲加贈職官名稱,常與"儀司三司""驃騎大將軍"等職官並稱連署,乃"開府置官"之義,當於此處讀斷。"乃屬"爲起承轉接之語,"屬"有接續相承之義,《魏故儀同笱使君墓誌銘》:"加君寧朔將軍、帳內別將,舉仁勇也。乃屬武泰在運,昏后亂政,魏道中微,社稷無主。"① 即其例也。"乃屬寶曆歸周"云者,指北周建國,取北齊而代之,墓主宇文猛歸附北周。"寶曆"指國祚,史籍多見。《梁書·武帝紀上》:"雖寶曆重升,明命有紹,而獨夫醜縱,方煽京邑。"② 又《魏書·世宗紀》:"朕幼承寶曆,艱憂在疚,庶事不親,風化未洽。"③

4.《隋閻顯墓誌》(頁84-85):"丞相、將軍聲高秦漢,備乎史册,可略而言。"按,本句應於"將軍"處讀斷。"丞相""將軍"并舉,不逗亦可。此句言墓主閻姓身份顯赫,秦漢間多有位居丞相將軍者,如《史記·高祖功臣侯者年表》所載閻澤赤,因擊項羽功封故市侯。又如漢平帝時大鴻臚、望鄉侯閻遷,終拜折衝將軍。

又"魏張公城鎮將、霸丘縣令、帶葭道鎮將、都督舉賢良,敕授平高本縣令。"本句如此標點,則史實淆亂,語意難明。應當讀爲:"魏張公城鎮將,霸丘縣令,帶葭道鎮將、都督。舉賢良,敕授平高本縣令。""帶葭道鎮將、都督"之前的職官,都是墓主閻顯在北魏所任之職事,入隋之後則舉賢良,授平高縣令。"舉賢良"是朝廷察舉人才的科品,鎮將都督無權私舉。又"敕授"明爲皇帝制敕任命,亦非鎮將都督所能僭越。

5.《唐史索巖墓誌銘》(頁89—91):"貞觀元年,固陳衰疾,抗表辭滿,夫好榮惡辱,中人之常道,處盈思沖,上智之雅操。公深鑒前載,超然拔俗,至如風清月華之夜,招良友以談玄;芳晨麗景之朝,列子孫而論道。不謂德懋福愆,未卒爲山之業。道悠祚短,忽軫殲良之悼。以顯慶元年五月十三日氣疾暴增,薨於原州萬福里第,春秋七十有八。罷市之痛,更惆悵於昔時。絕相之哀,復切涼於茲日,白日沉彩,景山其頹。"

按,本段句讀雖無明顯錯誤,但由於標點不當,顯得文句支離,層次不明。今重加標點如次:"貞觀元年,固陳衰疾,抗表辭滿。夫好榮惡辱,中人之常道;處盈思沖,上智之雅操。公深鑒前載,超然拔俗。至如風清月華之夜,招良友以談玄;芳晨麗景之朝,列子孫而論道。不謂德懋福愆(愆),未卒爲山之業;道悠祚短,忽軫殲良之悼。以顯慶元年五月十三日氣疾暴增,薨於原州萬福里第,春秋七十有八。罷市之痛,更惆悵於昔時;絕相之哀,復切涼於茲日。白日沉彩,景山其頹。"這樣就文句順暢而義有所安了。

6.《明敕命之寶碑》(頁136—137)。此碑下部有剝泐,部分文字磨滅不存。該書錄文標點多處錯誤,讀來令人不知所云。此碑文字簡短,現參校迻錄如次:

---

① 毛遠明校注:《漢魏六朝碑刻校注》第6册,北京:綫裝書局,2008年,第268頁。
② 〔唐〕姚思廉:《梁書》卷一,北京:中華書局,1973年,第13頁。
③ 〔北齊〕魏收:《魏書》卷八,北京:中華書局,1974年,第193頁。

　　皇帝聖旨：朕體名山/天地保民之心,恭成/皇曾祖考之志,刊印大藏經典,頒/賜天下,用廣流傳。兹以一藏/安置陝西平涼府開城縣圓/光寺,永充供養。聽所有僧官/僧徒看誦讚揚,上爲國家延/釐(禧),下與生民祈福。務希敬奉/守護,不許縱容閒雜之人,私/借觀玩,輕慢褻瀆,致有損壞/遺失。敢有違者必究治之。諭/正統十年二月十五日。^①

　　"皇帝""天地""皇曾祖考"均提行兩格書刻,"正統"提行一格書刻,皆表敬之式。
　　7.《明重修鎮戎城碑記》(頁 140—141):"有陝西苑馬寺長樂監監正王,爲因本處民無保障,申奏朝廷,敕鎮守陝西興安侯徐、左都御史陳、差委右布政使胡、按察司僉事韓、都指揮僉事榮、平涼府太守張、苑馬寺寺丞黨、平涼衛指揮馬、甘,會同監正王,督集各所屬官員、人匠、軍民夫五千余人,於景泰二年七月二十二日興工重行修補。"
　　本段錄文不僅斷句存在問題,而且文本也未忠實於原銘文。細審圖版,此磚刻銘文於每位職守的姓氏之後原有人名,但不知何故,凡人名處已被刻意磨平,致使留下空白。錄文時應照樣逐錄,方不使文義支離破碎。現將此段文字依樣錄出,并重加標點如次:

　　　　有陝西苑馬寺長樂監監正王□,爲因本處民無保障,申奏朝廷。敕鎮守陝西興安侯徐□□,左都御史陳□,差委右布政使胡□,按察司僉事韓□,都指揮僉事榮□□,平涼府太守張□□,苑馬寺寺丞黨□,平涼衛指揮馬□、甘□,會同監正王□,督集各所屬官員、人匠、軍民夫五千余(餘)人,於景泰二年七月二十二日興工重行(新)修補。

　　這樣,人物關系就相對明晰,事件的緣由結果也一目了然。
　　8.《明敕賜禪林碑》(頁 147—149)。此碑內容是明正統朝禮部下發給圓光寺的一件公文。根據《明實錄》記載,正統七年(1442)十二月初七(癸巳日),平涼府開城縣景雲寺住持綽吉汪速晉京朝貢良馬方物,同時奏請御賜寺額。^②次年二月,正統皇帝朱祁鎮恩准,賜名"圓光寺",事下禮部依例施行,禮部則以"函劄"的形式批復綽吉汪速。
　　該書錄文將函劄中的上請、御批、批轉等內容未加分辨,混同一體,且文字逐錄錯譌頻出,讀來使人一頭霧水,難得要領。現按批劄形制依樣錄出,略還舊觀:

　　　　禮部爲求請寺額事

①　碑文中殘闕之字參校了須彌山文物管理所編《須彌山石窟志》一書(銀川:陽光出版社,2016 年,第 98 頁)。是書錄文據甘肅省武威博物館所藏明正統十年《敕賜大藏經聖旨》補足闕字,真實可信。唯末行"違者必究"後仍闕補"治之諭"三字,今再彌合之,裨成完璧。
②　《明英宗實錄》卷九十九,臺北:臺灣"中央研究院"歷史語言研究所,1964 年,第 1989 頁。

於禮科鈔出陝西平涼府開城縣舊景雲寺僧綽吉汪速奏,照得:

本寺原有石碑,係崇寧三十五年九月二十四日敕賜名景雲寺,□□倒塌,見存基址,石佛身長八丈有餘。臣思係古剎,發心將自己□□。蓋佛殿廊廡方丈俱以完備,緣無寺額。如蒙伏望聖恩憐憫,乞賜寺額。俾臣主持,朝暮領衆焚修,祝延聖壽,以圖補報,實爲便宜。

正統八年二月十四日,通政使司官於奉天門奏奉。

聖旨:與他做圓光寺,禮部知道。欽此。

欽遵鈔出到部,參照前事,擬合通行。前云本寺住持恪守戒律,領衆焚修施行。此係欽賜額名寺院,毋容僧俗軍民人等攪擾褻慢,不便須至。

劄付者

禮字貳百叁拾肆號

右劄付圓光寺住持僧綽吉汪速。准此

正統八年二月二十四日對同都吏俞亨

劄付 押 押

(以下立碑人信息從略)

這是一件非常完整的下行批劄式公文,有事由,有轉呈信息,有御批,有執行意見,有下發方式及簽押,包含了整個公文的形成流傳過程。刻碑者爲了節省碑面空間,祇是將"聖恩""聖壽""聖旨"和"欽賜"等尊稱提行表敬,其他内容則前後連綴,未加釐別,致使闇於公文程式者混爲一談,徒增紊亂。

又,景雲寺住持綽吉汪速上奏求賜寺額時説,原寺額爲"崇寧三十五年"敕賜。"崇寧"是宋徽宗第二個年號,行用共五年,不當有"三十五年"之説。細考兩宋皇帝年號,也未有超過三十五年者。如果是"寺僧仍奉趙宋正朔",則崇寧三十五年已時當南宋紹興六年(1136),此時景雲寺所在的北宋鎮戎軍早爲金人所滅,景雲寺也不當冒犯如此風險,跨越國境遠赴南宋求賜寺額。杜建録認爲"崇寧三十五年"必是"崇寧五年"之誤,今從其説。[①]

又按,平涼府開城縣景雲寺,即今固原市原州區須彌山圓光寺,舊址猶存。自明正統八年賜名"圓光寺",一直沿用不替。今須彌山石窟寺藏有明代碑刻數通,皆圓光寺之舊物,説詳下文。

9.《明恭人高母王氏合葬墓誌銘》(頁 165—167):"都闒君赴岷,即迎恭人,養甘旨必竭。"揆諸文義,"養"字當屬前,"即迎恭人養"者,極表都闒君孝養之至情。若"養"字屬下,則"養甘旨必竭",給人以善養於物而不善養於人之感,文意大謬。

又該書録文"于爲遺孤,則育之以成家柱國","于爲"當作"子爲",原刻甚明。前文"夫

① 杜建録:《須彌山〈敕賜禪林〉碑所載崇寧三十五年辨析》,《固原師專學報》1992 年第 4 期,第 52 頁。

爲微官,則相之以晉秩效忠",“夫"指墓主之丈夫高小泉,“子"即墓主養子高都闆。

10.《明王道濟暨宜人張氏合葬墓誌銘》(頁 168—169):“第余自官南京,歷二本兵,與公相齟齬者二十年,所弗克如願。"按,根據誌文記載,墓誌的撰者李楨與墓主王道濟同年鄉試,但其後二十餘年因居官異地而再無交集,所以誌文撰者有“緣慳一面"之憾。本句中“所"字當屬上,表示約數,如《史記·滑稽列傳》:“從弟子女十人所,皆衣繒單衣,立大巫後。"[①]

四、形制描述錯誤及其他

該書在石刻形制及相關特徵的描述方面,顯得力不從心,編寫者既缺乏文物考古方面的專業素養,也就無從準確描述文物形制,更無法揭示其考古內涵。現擇其明顯錯誤數條,並略加糾正:

1.《前秦梁阿廣墓表》(頁 64—65)。

該書描述其形制曰:“圓弧形碑額,方形碑身,長方形底座,有榫卯結構。……圓弧形額頭正中豎陰刻篆意隸書‘墓表'二字,下部陰刻誌文。"今按,就文物形制言,碑之頂端曰碑首,俗稱碑頭,有平首、圓首、圭首及蟠螭首之分。碑首有題銘者曰碑額,或曰額題。額題爲篆文者謂之“篆額",爲隸書者謂之“隸額",楷書則謂之“碑額正書"。書刻碑文的主體部分稱爲碑身,豎行下行,字體有篆、隸、楷、行、草,漢碑多隸書,唐碑多楷書,魏晉間多隸楷過渡字體,今人謂之魏碑體,此其大較也。碑之底座謂之“趺",或有或無,其形制有方趺,有龜趺。碑身插入趺座謂之“嵌"或“鑲嵌",未聞稱“榫卯結構"者。

又,此碑額題“墓表"二字,實爲篆書中之“薤葉篆",其撇捺筆畫有如薤葉倒垂,婀娜綺麗,故名。設若不明篆書之別體花樣(繆篆),統謂之“篆書額題"或“篆額"即可,不必“正中豎陰刻篆意隸書"云云,徒增紛亂。今細察圖版,“墓表"二字明顯爲減地陽刻,非陰刻。該書所收《安藏功德記碑》(頁 127),額題爲懸鍼篆書,也是花體篆文之一種。

又,既定此《墓表》形制爲“碑",則碑身正文不得謂之“誌文",碑、誌畢竟有別。

2.《西魏原州刺史李賢之妻李輝墓誌銘》(頁 68—69)。

該書描述此誌“楷書誌文陰刻格內",扞格不通。今按,石刻正文多用陰刻,此爲通例,無需贅説。筆者寡陋,石刻中唯見《史平公造像》爲陽刻。唯其鳳毛鱗角,故著錄時尤需揭櫫,其餘則不預焉。又,書刻中僅有豎行界綫者謂之“有行無列",橫豎皆有界綫者謂之“界格",施於縑帛者謂之“絲欄"(有烏、朱之分),施於紙張者謂之“界欄"(亦有朱、墨之分)。墓誌中多見橫豎界格,不得謂之“格內"也。

3.《北宋張文仙墓地契約碑》(頁 111—113)。

該書於此件石刻定名有誤。按諸內容,本件乃“鎮戎軍彭陽城弓箭手弟八副指揮使張文

---

① 〔漢〕司馬遷:《史記》卷一百二十六,北京:中華書局,1959 年,第 3212 頁。

仙"爲其"亡比(妣)成氏夫人"所立墓地契約,墓主爲成氏夫人,張文仙爲實際立契人。文獻中契約多稱"券",《說文》"刀"部:"券,契也。從刀券聲。券別之書,以刀判契其旁,故曰契券。"墓葬出土此類文物甚夥,多稱墓別、地券,或稱冥契、幽契,該書所收北宋《趙氏府君地券》(頁122—123),原石有題銘,正作"地券"。若細分材質,有墓券磚(該書所收《北宋虎戶仇緒墓地券》即其類),有墓券石(本件即是),也有書於布瓦或木板之上者。因墓券中多記"用錢幾許買得墓田"云云,故通俗多謂之"買地券"。其動輒豪擲萬萬錢,純屬虛妄,不可看殺。

如是,則此件石刻應定名爲"(北宋)張文仙爲亡母買地券",尤不得謂之"碑"。該書所收《北宋虎戶仇緒墓地契約碑》(頁117—118),定名亦不確,應據改。

4.《明敕命之寶碑》(頁136—137)。

此碑有篆書題額"敕命之寶",而該書却定其爲"隸書額題",大謬。"敕命之寶"四字純用小篆筆法,字形方正,法度謹嚴。

今按,此"敕命之寶"就是皇帝璽印的摹刻上石,并非此碑之確切碑名。碑文所刻乃明正統皇帝頒賜《大藏經》之聖旨,故其定名應爲"(明)敕賜大藏經聖旨碑"。關於碑文文字之迻録校勘,說詳上文。

又,該書別收《明敕賜禪林碑》一通,其文句校理已具上文。今按,此碑定名亦不確,根據碑文所載請賜寺名事,此件宜定名爲"圓光寺御賜寺名碑"。然而問題不止於此。經筆者細勘,該書所謂"敕命之寶碑"及"敕賜禪林碑"二碑,其實是一碑之兩面,其正面爲"敕命之寶碑",其碑陰爲"敕賜禪林碑"。該書將一碑之兩面別作兩碑而著録,造成謬誤流傳,影響不淺。設若稍加追溯,則早在《須彌山石窟》一書中,已分作兩碑而視之。[1]《固原歷代碑刻選編》的編者失於考證,承襲其誤而用之。當然也有明其舊制而不蹈謬誤者,如《須彌山石窟志》一書晚出,而於此碑則著録無誤。[2]另有李進興撰文指出,《敕命之寶碑》與《敕賜禪林碑》實爲一碑之兩面,並細考《敕賜禪林碑》樹碑人之身份關系,對於了解此碑之刊刻經過及人物故實,大有助益。[3]

5.《明重修鎮戎城碑記》(頁140—141)。

按,此件爲磚刻銘文,磚之邊長尚不足40厘米,顯爲因陋湊泊之作,不得謂之"碑"。

6.《明敕賜圓光碑》(頁144—146)。

此碑雖有篆額"敕賜圓光",然並不能以此定名。此碑記叙圓光寺住持陳充進(法號大方)募資修建禪寺及請賜寺名並獲賜《大藏經》諸事,類同"大方和尚功德記",立於明成化四年(1468)。碑文首行明書"圓光禪寺記",宜據此定名。

---

① 寧夏回族自治區文物管理委員會編:《須彌山石窟》,北京:文物出版社,1988年。該書圖版一八八爲《敕賜禪林碑》,圖版一八九爲《敕命之寶碑》,叙録中也未加分別,顯然是視作兩碑而録之。

② 須彌山文物管理所編:《須彌山石窟志》,第98—99頁。

③ 李進興:《固原須彌山石窟寺圓光寺"皇帝聖旨碑"補考》,《寧夏文史》總第57期,銀川:寧夏文史研究館,2022年4月,第54—59頁。此承寧夏師範學院安正發教授見告,謹謝。

又,該書別收《明圓光碑記》一通(頁 138—139),所刻內容全爲人名,有本寺長老、僧人、沙密近二十人,另有居士四人,寶塔寺僧人二三人,還有甘州群牧千戶所十多人,陝西苑馬司二十人,平涼衛右千戶所善士等,前後凡六十餘人,均爲捐資立碑者。按,與前揭"敕命之寶碑"及"敕賜禪林碑"本爲一碑之兩面一樣,所謂"圓光碑記",實是《敕賜圓光碑》之碑陰,並非獨立碑刻。其正面所刻爲《圓光禪寺記》,背面爲出資立碑者名錄,前後相承,正合古碑鐫刻之通例。前修《須彌山石窟》將其作爲一碑之兩面而收錄,然定名又視爲兩品,有失謹嚴。[①] 後出《須彌山石窟志》將其視作一碑而收錄,並定其名爲《敕賜圓光禪寺記》,正所謂"前修未密,後出轉精",宜從其說。[②]

7.《清旌表節婦……墓誌銘》(頁 190—192)。

此墓誌銘實爲墓碑,形制高大(高 174 厘米,寬 67 厘米),圭首,分正背面書刻。正面兩行題銘,並有上下款。背面爲墓誌正文,首行"清旌表節婦王太岳母黃老太君墓誌銘",雖曰"墓誌銘",實則爲墓碑無疑。

又,此碑碑額有篆書"皇清"二字,該書誤識爲"皇情",大錯。

8.《三關口摩崖石刻》(頁 211—212)。

該書收錄三關口摩崖石刻共三件,其中第二件"峭壁奔流"爲草書,而該書著錄爲篆書,可謂謬之千里。又第三件摩崖"山容水韻"亦爲草書,該書亦誤認爲篆書,且將"山容水韻"誤釋爲"山光水韻",可謂既斷其臂,又跀其足,面目全非矣。

9.《清關帝廟碑記》(頁 214—216)。

此碑定名宜從碑文首行"重修三關口關帝廟序"而定,不宜徑取碑額"關帝廟碑記"而簡率具名。且碑額明顯爲隸書字體,而著錄者竟誤判爲楷書,失之遠矣。

10.《海故排長葆榮紀念碑》(頁 270—273)。

此碑民國十七年(1928)立,圓首,有雙龍戲珠淺浮雕。碑額兩行,行四字,字體略小,外有邊框,有如版刻書籍之牌記。額題爲"海故排長紀念碑記",篆書,該書著錄爲"海葆榮紀念碑銘",全憑臆想測度,並未細究篆額。

總之,《固原歷代碑刻選編》一書,收錄了固原地區有代表性的歷代碑刻,具有較高的歷史文獻價值,同時文圖對照,可以相互比勘。然而書中存在大量乖舛錯譌,有些明顯是低級錯誤,失察失校之處可謂觸目皆是。本文雖條分類舉近 50 處,但並不能盡掃落葉,還其本來面目。期望此書將來重印再版時能吸收各家意見,在編排體例、叙錄提要、文字釋讀、文物定名諸方面有明顯提高,方無愧於這些珍貴的出土文物及其承載的歷史和人物。

(張存良,西華師範大學中華檔案文獻研究院研究員)

---

① 寧夏回族自治區文物管理委員會編:《須彌山石窟》。圖版一九〇爲《圓光禪寺記》,標注爲碑陽,圖版一九一爲《圓光禪寺記》,標注爲碑陰。
② 須彌山文物管理所編:《須彌山石窟志》,第 99—100 頁。

"淵明詩寄碑"略考*

王志勇

[摘　要]　陝西省周至縣存藏的舊稱"淵明詩寄碑"的詩碑,與傳世楊奐《還山遺稿》所收相關內容有數處文字差異,經比對分析可知,詩碑內容比較原始,而《還山遺稿》顯然是經過了後人增刪改動過的,與此相關的一些詩選應以詩碑內容爲據。據詩碑內容還可以看出,詩碑的全稱應爲"淵明詩寄陶監使君秀老弟",傳世本刪"老弟"二字,是爲了迎合後人所增的"陶君秀,晉人,嘗爲司竹監使"一段介紹,這些內容詩碑並不存在。詩碑以"淵明詩寄陶監使君秀老弟"爲題,內容也是借淵明事以抒情。詩序中涉及人物頗多,雖難以詳細考查,但可以肯定皆爲與楊奐同時代之人,《還山遺稿》所謂的"陶君秀,晉人"是錯誤的。

[關鍵詞]　淵明詩寄碑　楊奐　還山遺稿

陝西周至縣尚村鎮西岩坊村五柳祠內現存一舊名爲"淵明詩寄碑"的詩碑,碑刻於宋理宗寶祐四年,即1256年。該碑拓片尺寸爲高56釐米、寬56釐米,楷書19行,滿行19字。刊刻了楊奐的五律四首並序。四詩亦見於《還山遺稿》等傳世文獻,但文字略有出入。詩題及序文中也存在一些有爭議的地方,值得討論。

據《元史》卷一五三記載:楊奐(1186—1255),字焕然,號紫陽,乾州奉天(今陝西乾縣)人。金末,舉進士,不中。金亡,居冠氏趙天錫幕府。耶律楚材奏薦之,授河南路徵收課稅所長官,兼廉訪使。在官十年,公私便之。卒謚文憲。所著有《還山集》六十卷、《天興近鑒》三卷、《正統書》六十卷。① 以上三書均不傳,明人宋廷佐輯《還山遺稿》二卷存世。

一、詩碑與傳世《還山遺稿》文字異同考察

"淵明詩寄碑"係陶監使君秀子鉉於"丙辰冬十月二十八日"(即楊奐死後次年,1256年)刻於司竹監署。碑全文如下:

> 淵明詩寄
> 陶監使君秀老弟。向禹城侯先生司竹時,余與扶風張明叔、六曲李仲常、鳳翔董彥材從之學,如白雲樓海棠腔,所謂勝遊也。兵後,吾弟主之,亦西州衣冠之幸。

---

*　本文是陝西省社會科學基金項目"周至碑刻整理研究"(2019GJ002)的階段性成果。
① 〔明〕宋濂,《元史》,北京:中華書局,1976年,第3621、3622頁。

感今慨昔,不能不悯然也。握手一笑,知復何年? 敢先此以爲質,兼示戶亭趙秀才。
奉天楊奂。

　　家世江頭令,風流竹裏仙。海棠烘曉霽,野筍淡春煙。尊俎違今日,弦歌記昔年。
挂冠吾有意,送老白雲邊。

　　違別亦已久,蕭蕭雙鬢絲。自憐多病後,不似早年時。暮雨千山道,春風五柳祠。
剩留溪上竹,到日刻新詩。

　　不見長楊館,人家只翠微。溪流環監署,林影入宮闈。花鴨夜方静,竹鼲秋更肥。
青仙無處問,老淚日沾衣。侯先生舜臣没後,其家人輩夢爲青仙觀管香使。

　　老病鄉心重,艱危世契踈。少年知自立,近日定何如。渭上千叢玉,陂頭半尺鱸。
往來元不惡,容我坐籃輿。"鱸"作"魚"亦得。

　　丙辰冬十月二十八日長男鉉刻石於司竹監署,王□□刊。

此碑文除尾行外亦見於《遺山遺稿》卷下,今有《北京圖書館古籍珍本叢刊》影印明
嘉靖元年宋廷佐刻本(以下簡稱"影印本"。此書原本藏於中國國家圖書館,善本書號:
CBM 1472。另《四庫提要著録叢書》集部 29 所收《遺山遺稿》與此本同),《四庫全書》"別
集類" 1198 册所收《遺山遺稿》據"提要"所言亦來源明刻本,(以下簡稱"《四庫》本"),《適
園叢書》翻刻本所據底本爲明嘉靖刻本(以下簡稱"翻刻本",如《關隴叢書》本、《乾縣新志》
本據此),然三本中关于此詩内容與碑文均有差異,現將影印本《遺山遺稿》卷下所收相關内
容摘録如下,凡有文字差異之處,皆標下劃綫,以便於比較:

　　　　陶君秀,晉人,嘗爲司竹監使。因祖淵明嘗遊五柳莊,爲立五柳祠,在縣東
西原方,見有祠堂詩碑。淵明詩寄陶監使君秀:向禹城侯先生司竹時,與扶風張
明叔、六曲李仲常、鳳翔董彦材從之學,如白雲樓、海棠館,所謂勝遊也。兵後,
吾弟主之,亦西州衣冠之幸。感今慨昔,不能不悯然也。握手一笑,知復何年?
敢先此以爲質,兼示鄂亭趙秀才。

　　家世江頭令,風流竹裏仙。海棠烘曉霽,野筍淡春烟。尊俎違今日,弦歌記昔年。
挂冠吾有意,送老白雲邊。

　　違別亦已久,蕭蕭雙鬢絲。自憐多病後,不似早年時。暮雨千山道,春風五柳祠。
剩留溪上竹,到處刻新詩。

　　不見長楊館,人家只翠微。溪流環監署,林影入宮闈。花鴨夜方静,竹鼲秋更肥。
青仙無處問,老淚日沾衣。侯先生舜臣没後,其家人輩夢爲青仙觀管香使。

　　老病鄉心重,艱厄世契踈。少年知自立,近日定何如。渭上千叢玉,陂頭半尺鱸。
往來元不惡,容我坐籃輿。

鄞縣志。^①

詩碑内容與其他傳世版本有文字差異凡十餘處，現簡要分析如下：

“陶君秀，晉人，嘗爲司竹監使。因祖淵明嘗遊五柳莊，爲立五柳祠，在縣東西原方，見有祠堂詩碑”一段，碑刻無。按：此段文字下接詩題，爲詩作背景介紹，從文意來看，也非出自楊奂筆下，故詩碑無。

“淵明詩寄陶監使君秀老弟”中“老弟”，影印本、翻刻本、《四庫》本無。詩碑有“老弟”二字，明確可知“陶監史君秀”爲楊奂同時人，且下文亦云“兵後，吾弟主之”，此“吾弟”亦指“陶監使君秀”。而傳世本詩前背景介紹認定“陶君秀，晉人”，所以刪“老弟”二字，以避免前後矛盾。

“余”，影印本、翻刻本、《四庫》本無；詩碑有“余”字，清楚表明是作者與張明叔、李仲常、董彥材同向禹城侯先生求學，傳世本無“余”字，雖然不影響文意，但不如詩碑有“余”字表達得清楚。

“明叔”，影印本“叔”字比較模糊，但細看仍是“叔”，翻刻本、《四庫》本作“明叙”，顯然是誤識明刻本所致。

“李仲常”，翻刻本作“季仲常”，“季”爲形訛，影印本、四庫本不誤。

“海棠腔”，影印本、《四庫》本作“海棠館”，翻刻本作“海棠觀”。海棠腔，應爲一種戲曲唱腔，今彝族尚有海棠腔，即楊奂等人向侯舜臣“從之學”者。傳世本作“海棠館”“海棠觀”，應該是考慮到前有“白雲樓”，後有“勝遊”，故認爲作處所爲宜，把“如白雲樓、海棠館”中的“如”視爲動詞“去”。但“如”訓爲“例如”亦可，“勝遊”不只有“遊覽”義，亦有“交遊”義。詩碑作“海棠腔”，前後文意通順，而作“海棠館”“海棠觀”者，應爲後人改易。

“户亭”，影印本、翻刻本、《四庫》本作“鄠亭”。詩碑作“户亭”，可視爲人的字號或地名，後人以爲應爲地名，故改易爲“鄠亭”。

“奉天楊奂”，影印本、翻刻本、《四庫》本無。詩碑據作者手稿或者較原始的文本録入，故保留作者署名，傳世本省略。

“剩留”，影印本、《四庫》本同，翻刻本作“賸留”，當爲翻刻時所改動。

“到日”，影印本、翻刻本、《四庫》本作“到處”。傳世本改爲“到處”，或許是因爲不好解讀詩句文意，其實整首詩先説“違別亦已久”，又言“暮雨千山道”，是説分別已久，後從遠方來訪之意，故“到日”意即所到之日，文意通暢無礙。

“‘鱸’作‘魚’亦得”，影印本、翻刻本、《四庫》本無，另有“鄞縣志”三字。“‘鱸’作‘魚’亦得”與上文“侯先生舜臣没後，其家人輩夢爲青仙觀管香使”一段同爲評注語，在古代詩文集中常見。傳世本缺“‘鱸’作‘魚’亦得”，或爲遺漏，或以此一句爲評語而非注解，故刪之。所加“鄞縣志”三字，爲宋廷佐輯佚時所注引文出處，故另起一行，小字書，置於全篇最末。

---

① 〔元〕楊奂：《還山遺稿》，《北京圖書館古籍珍本叢刊 93 集部·元別集類》，北京：北京圖書館出版社，2000 年，第 785 頁。

今檢〔康熙〕《鄞縣誌》、〔乾隆〕《鄞縣新誌》、〔民國〕《重修鄞縣誌》，均未見收録此四首詩，而是收有楊奐《宿草堂》《和楊飛卿》等見於《還山遺稿》者。宋廷佐於《還山遺稿》卷末云："猶子嘉忠從予遊，蓋亦深知紫陽之學者。嘗於友人家見鼠殘舊書一册，乃寫本《紫陽詩》也。懇求得之，録以寄予，向往可知矣。遂登諸卷。詩凡四十二首，其不註所出者皆是册所載云。廷佐識。"據此，可以推測，"鄞縣志"三字乃《宿草堂》等詩出處，而《淵明詩寄陶監使君秀》四首乃據殘寫本《紫陽詩》而録。

以上所述詩碑與傳世《還山遺稿》的文字差異，可以看出，詩碑更接近作者原稿，更準確，傳世本多少存在錯誤之處。而以傳世本爲底本的各類詩選也因襲了這些錯誤，如顧嗣立《元詩選》二集所收以翻刻本爲底本，[①]楊鐮《全元詩》所收以影印本爲底本。[②]《元代別集叢刊·楊奐集》引此詩據明刻本（即影印本），[③]成乃凡《增編歷代詠竹詩叢》據翻刻本，[④]但又誤將"陶君秀"寫成了"陶群秀"。總之，無論是詩選還是詩文集，皆以傳世本爲據，且目前未見有據詩碑校勘者，如果後來詩選改用詩碑文字爲底本，則更接近於楊奐原作。

二、關於詩題及詩碑内容的一些討論

詩碑"淵明詩寄"四字單列一行，故有些著作以爲此爲詩題，其實不然。下文"陶監使君秀老弟"另起一行，爲書信中表示尊敬的常用格式，此詩題目應爲"淵明詩寄陶監使君秀老弟"。傳世本《還山遺稿》所收此詩"淵明詩寄陶監使君秀"皆小字，以與上下文區別，可見也是認爲此爲詩題。只不過傳世本删了"老弟"二字，前面提到過，是因爲詩題前比詩碑多了"陶君秀，晉人，嘗爲司竹監使。因祖淵明嘗遊五柳莊，爲立五柳祠，在縣東西原方，見有祠堂詩碑"一段介紹文字，與"老弟"互相矛盾，所以傳世本只能删掉"老弟"二字。或有認爲自"淵明詩寄陶監使君秀"以下至"兼示户亭趙秀才"皆爲詩題，長詩題或以題代序不乏其例，傳世本無"奉天楊奐"四字署名，自然没什麽不妥，但若如詩碑有"奉天楊奐"，則顯得不合適。故本詩正確的題目應爲"淵明詩寄陶監使君秀老弟"，所謂"淵明詩"，意思就是緬懷淵明或借淵明事以抒情，至於擬陶、仿陶等説法也有可能，但不易實證。

關於詩序，〔康熙〕《盩厔縣誌》卷二"五柳祠"條云：

> 按石刻爲楊奐寄陶君秀作。舊誌載淵明弟君秀爲司竹監，淵明曾遊此，故立祠，誤矣。夫淵明之時，關中且不屬晉，淵明何自得遊此乎？[⑤]

---

① 〔清〕顧嗣立：《元詩選》二集，北京：中華書局，1987 年，第 157 頁。

② 楊鐮主編：《全元詩》第 1 册，北京：中華書局，2013 年，第 106、107 頁。

③ 〔元〕李俊民、楊奐、楊弘道著，魏崇武等點校：《元代別集叢刊·李俊民集　楊奐集　楊弘道集》，長春：吉林文史出版社，2010 年，第 310、311 頁。

④ 成乃凡編：《增編歷代詠竹詩叢》，太原：山西人民出版社，2010 年，第 613 頁。

⑤ 〔清〕章泰修纂：〔康熙〕《盩厔縣誌》卷二，國家圖書館藏清康熙二十年（1681）刻本，第九頁。

從此段記載可知,康熙縣誌前的"舊誌"確實有云"淵明弟君秀",但康熙縣誌也同時指出此說之誤,並不採用"舊誌"關於五柳祠得名由來的記載。又,國家圖書館藏楊儀修〔乾隆〕《盩厔縣誌》卷十四《拾遺》引《恒州偶録》有一段論述:

> 邑舊志有五柳祠,載淵明弟君秀爲司竹監,淵明遊此,因爲立祠。按名刻云楊奐作《五柳祠作司竹監使陶君秀老弟》,愚謂淵明時關中且不屬晉,其弟何由仕此?淵明又何由遊此?況楊奐元人,稱君秀爲老弟,豈得謂君秀爲淵明弟耶?且五柳祠者,祠名也,如竹枝、梧桐類,楊奐因君秀爲淵明後,故以"五柳"名篇。今讀其祠,皆叙山水之勝、契闊之情,並未道及淵明一語,而誌以爲淵明祠,何也?其爲後人以"詞"誤"祠",遂以五柳詞爲淵明祠,而又强君秀爲淵明之弟,以附會其説爾。①

此段引文亦見於民國任肇新《盩厔縣志》卷八,文中"且五柳祠者,祠名也""今讀其祠"中的"祠"字疑爲"詞"之誤。這段論述中,所謂"並未道及淵明一語",是不成立的。首先,題目便是"淵明詩寄陶監使君秀老弟",上面也提到内容即是借淵明事以抒情,試舉兩例:《九家舊晉書輯本·何法盛晉中興書》卷七:"陶潛爲彭澤令,督郵察縣,縣吏入白當板履而就詣。潛曰:'吾不能爲五斗米,折腰向鄉里小豎。'于是挂冠而去。"②此段正是詩中"挂冠吾有意,送老白雲邊"的用典出處。又,《晉書》卷九四《陶潛傳》云:"弘要之還州,問其所乘,答云:'素有脚疾,向乘籃輿,亦足自反。'"③此自當爲"往來元不惡,容我坐籃輿"句所本。所以事實上四首詩皆與淵明有關,絶非"並未道及淵明一語"。

至於《恒州偶録》所提及的"邑舊志有五柳祠,載淵明弟君秀爲司竹監,淵明遊此,因爲立祠"一段,除《盩厔縣誌》所提的"舊誌"之外,碑文與傳世文獻,皆不曾説"淵明弟君秀爲司竹監",而是稱淵明爲君秀之祖。《恒州偶録》認爲"淵明詩"作"五柳詞",雖無其他文獻佐證,但可備一説。不過也很敏鋭地認識到"楊奐元人,稱君秀爲老弟"這一重要信息,也是厘清碑文中人物關係的關鍵。

碑文所見人物衆多,但除楊奐外,多不可考。陶君秀除《遺山遺稿》外,再無較原始的記載。2011年發現的"終南山重陽遇仙宫于真人碑",楊奐撰文,宣授司竹監使陶或篆額。此陶或或與陶君秀有關係,但難證實爲一人。張明叔、董彦材無記載,李仲常則數見於元人詩作之中,如《元詩選 初集·甲集·遺山先生元好問》所録《高門關》詩後有注云:"許致忠、楊湯臣、申伯勝、李仲常,名宦四家,隱盧氏,時以多田推之。亂後俱不知所在矣。"④至於侯先

① 〔清〕楊儀重修:〔乾隆〕《盩厔縣志》卷十四,國家圖書館藏乾隆五十八年(1793)刻本,第28頁。又,任肇新:《盩厔縣志》卷八,《中國方志叢書》華北地方第二三七號,臺北:成文出版社有限公司,1969年,第682頁。
② 〔清〕湯球輯:《九家舊晉書輯本》,《叢書集成初編》3810,上海:商務印書館,1936年,第434頁。
③ 〔唐〕房玄齡等:《晉書》第8册,北京:中華書局,1974年,第2462頁。
④ 〔清〕顧嗣立編:《元詩選》初集,北京:中華書局,1987年,第30頁。

生舜臣、趙秀才,更無從考稽。碑文篇末有"長男鉉"一人,疑爲陶君秀之子。

　　司竹監,爲古代主管竹的植養採斫官署。《元史》卷九四云:"竹之所產雖不一,而腹裏之河南、懷孟、陝西之京兆、鳳翔,皆有在官竹園。國初,皆立司竹監掌之,每歲令税課所官以時採斫,定其價爲三等,易于民間。"①此專門官署早在漢代時就有設立,歷代皆有沿承,《長安志》云:"司竹監。在縣東南三十里。《穆天子傳》曰:'天子西征,至玄池。奏廣樂三日,是曰"樂池",乃植之竹。'《史記》曰:'渭川千畝竹。'漢謂秦地有鄠、杜竹林。《晉地道記》:'司竹都尉治鄠縣,其園周百里,以供國用。'唐置監丞掌之。隋義寧元年,唐高祖起兵,其第三女平陽公主舉兵於司竹園,號'娘子軍'。"②此略見古代司竹官署之大概。

　　周至的"淵明詩寄碑"所記載的楊奐四首詩及詩序,較傳世《還山遺稿》相關內容更爲原始,經過比勘,可以明確凡是有差異的地方,大都以詩碑爲是,傳世本是經過删減改動的。與此相關的詩選也應該以詩碑文字爲底本,方不爲失真。

(王志勇,陝西省社會科學院古籍整理研究所助理研究員)

---

① 〔明〕宋濂等:《元史》第 8 册,第 2382 頁。

② 〔宋〕宋敏求撰,辛德勇、郎潔點校:《長安志》,西安:三秦出版社,2013 年,第 552 頁。

源流明而真贋別——《校碑隨筆》版本考較與偽作辨析

趙陽陽

[摘　要]　清末方若所撰《校碑隨筆》成書於校碑之學鼎盛之時，故其書三十年間凡印行近十次，諸印本以西泠印社活字本爲最佳，然早期印本亦有所長。民國間華璋書局石印此書時，抄襲葉昌熾《語石》部分條目，僞稱《續校碑隨筆》二卷，附以行世，後來學者不察，多受其誑。

[關鍵詞]　校碑隨筆　印行　續校碑隨筆　作僞

　　《校碑隨筆》爲清末方若（1869—1954）所撰，此書上溯周秦，下迄五代，搜羅海內名碑五百餘種，方若就所見墨本之先後，校訂異同，即便點畫之細微差異亦不放過，藉以考求拓本之新舊與時代。故此書自其初印之後，即爲碑帖收藏家據爲典要。潘景鄭《增訂校碑隨筆序》稱此書：“椎輪之功，自不可没，近百年來，藏家恒奉以爲圭臬。”[①]仲威《碑帖鑒定概論》謂方若“鑒定碑刻用力之勤，爲清代第一人”。[②]可知此書頗有裨於研治金石之學，足以自成一派。梁啟超曾爲葉昌熾《語石》撰跋文一則，對石學研究之派別有扼要的概括，所云五派中即有校碑一派：“近人有顓校存碑之字畫石痕，别拓本之古近者，亦一派也。”[③]此跋據梁氏自述，撰於戊午（1918）正月，時在《校碑隨筆》印行之後，梁氏所謂“近人”，雖未明言是方若，但似已呼之欲出。

　　方若是近代頗有争議的歷史人物，據張同禮《我所知道的方若》一文的記載，方若字藥雨，祖籍浙江鎮海。幼入私塾，精八股文、古文辭，好繪事。19歲時縣試中秀才，錢起病故後，續娶日籍華人之女湯小豹爲妻。1893年至天津充北洋學堂文案，1900年任《國聞報》編輯。後因抨擊朝政，遭通緝而入天津日本領事館，繼任日本領事館所辦《天津日日新聞》社長。後得日人資助，成立利津公司，自任經理，經營房地産，獲利頗豐。在日人卵翼之下，成爲天津巨富，與寄居天津日租界的官僚政客如溥儀、曹汝霖、王揖唐、張弧等多有往來。1945年日本投降後，被國民黨政府逮捕入獄。天津解放後，所持利津公司股份充公。有一女，適北洋政府工商部總長、僞滿洲國駐日大使丁士源子。子方式，娶北洋財政總長張弧第三女。[④]方氏雅好文藝，頗工繪畫，富有收藏。所藏石刻拓本與古錢幣，既多且精。收藏之餘，勤於著

---

① 〔清〕方若著，王壯弘增補：《增補校碑隨筆》（修訂本）卷首，上海：上海書店出版社，2008年。
② 仲威：《碑帖鑒定概論》，上海：上海古籍出版社，2014年，第62頁。
③ 梁啟超：《飲冰室文集》，昆明：雲南教育出版社，2001年，第3703頁。
④ 中國人民政治協商會議天津市委員會、文史資料研究委員會編：《天津文史資料選輯（第18輯）》，1982年，第189頁。此文寫於1979年11月。關於方若的生平事迹，傳聞極多，頗難取擇。據唐石父《方若卒年訂正》（《中國錢幣》1995年第4期，第78頁）云，張同禮乃張弧（字岱杉，曾兩任北洋財政總長）之子，張弧第三女同端嫁方若之子方式，方張兩家爲姻親。故張同禮所載方若生平事迹當可采信。

述，所著《校碑隨筆》《言錢録》《藥雨古化雜詠》《古貨菁華》《舊雨樓錢拓集》等，素爲研治金石、古錢之學者所重。方若的金石交遊中，以王瓘、劉鶚、羅振玉三人最爲默契，其《校碑隨筆》中屢及三人所藏碑拓，對三人之説也多有引用。故《校碑隨筆》一書，是切入晚清金石學的絶佳資料。

此書諸印本多不分卷，唯華璋書局印本釐爲六卷（且附入《續編》二卷）。其不分卷者條目、文字亦有差異，這些差異中哪些是方若本人的修訂？哪些是他人校正？今人往往無從知曉。而當下最通行的王壯弘修訂本，其所據底本爲何？與別本相比，修訂本之底本優劣何在？華璋書局印本附入之《續筆》，究竟是否爲方若所撰？諸如此類妨礙研治與利用此書等問題，似仍有詳辨之必要。

一、《校碑隨筆》諸印本考

《校碑隨筆》問世之時，正值晚清碑學之興盛期，校碑之學成爲碑帖收藏必備的工具性學問。故此書在清末民國年間，即有近十次印行。通過梳理這些印本的印行情況、遞嬗關係，一定程度上可以印證晚清校碑之學的興盛。以下依印行年代爲序，詳考諸印本的刷印經過、底本所據、印本價值等問題。

（一）中東石印局石印本（1898、1910）

據方若宣統二年（1910）所撰《續印增補記》中"付印時光緒二十四年春三月"一語，知《校碑隨筆》的首印本當是光緒二十四年（1898）印本，然此本未見各大圖書館有收藏，是否存世不得而知。

再印本爲宣統二年（1910）五月天津中東書局石印本，[①]每半頁十行，行二十字。再印本及其後之"重校增補"本書前書後皆無序跋。[②]此本後來經杭州古籍書店 1982 年複製印行，較爲通行。

宣統二年印本末附《補遺》，《補遺》之末有方若《續印增補記》，其文曰："予之《隨筆》，本不欲急急刊印以問世，且亦何敢問世。諸友不謂然，以爲碑版專記剥落，未嘗無補於考古家，但搜索求備則前者目見其佚，後者日見其出，書將永無告成之一日。其言良是，乃止於此。付印時光緒二十四年春三月也。《補遺》數則則宣統二年夏五月續印增入之者。若記。"據此可知《隨筆》一書補遺校訂之具體過程。

此本又有"增補重校，改正再版"本，將中東書局石印本中明顯的文字訛誤大體改正。

---

① 牛筱桔主編《中國美術學院圖書館館藏古籍圖録》（杭州：浙江古籍出版社，2017 年，第 273 頁）著録此本，謂"校碑隨筆不分卷，民國間影印本"，實誤"石印"爲"影印"也。

② 哈佛燕京圖書館藏有再印本一種，爲方若友人羅振玉舊藏，此本有大量羅氏批校，筆者曾撰《羅振玉批跋〈校碑隨筆〉研究》（待刊）一文，在輯録羅氏批跋之餘，重點考論方若、羅振玉、王瓘、劉鶚四人的"金石聯盟"活動。

此本之"增補"部分，除有《補遺》附於書末外，正文中尚有部分增補條目與文字。整條增補的，如卷一增補秦"嶧山刻石"條、漢"永元刻石"條、漢"永初畫像戴父母卒日記作二行"條，卷二增補漢"惠安西表摩崖"條、魏"鶴鳴殘碑"條，卷三增補梁"威猛將軍咨議參軍益昌縣開國男宋新巴晉源二郡太守程虔墓誌"，卷三於"兗州刺史鄭羲上下碑摩崖"條之下增方若按語並"附全拓石目"近千字。卷三增補北魏"弘農華陰潼鄉習仙里人楊範墓誌銘""寧遠將軍廣樂太守柏仁男楊宣碑""衛尉少卿震源將軍梁州刺史元演墓誌銘""元颺妻王夫人墓誌銘""燕州刺史元颺墓誌銘""徐州刺史昌國縣開國侯王紹墓誌銘""平東將軍濟州刺史長寧穆胤墓誌銘""持節散騎常侍幽州刺史王遷墓誌銘""涇州刺史齊郡王元祐墓誌銘""宫品一大監劉華仁墓誌""齊郡王祐妃常氏季繁墓誌銘""博陵安平令譚棻墓誌銘"等等。

　　除整條增補外，尚有增補、改動部分文字者，如卷一"嵩山太闕銘太室石闕"原著録年代爲"元初五年"，增補爲"元初五年四月"；"少室石闕"原著録年代爲"延光二年"，增補爲"延光二年三月"；"延光殘碑"原著録年代爲"延光四年"，增補爲"延光四年八月"；"北海相景君碑"原著録年代爲"漢安三年"，增補爲"漢安三年八月"，"魯相乙瑛請置百石卒史碑"原著録年代爲"永興元年"，增補爲"永興元年六月"。此類增補月份處尚多，不一一列舉。另有增補拓本藏地信息者，如卷二"石經《尚書》《論語》殘字"條末增補："孫氏本、黄氏本近俱歸漢陽萬氏，張氏本則歸長白托活洛氏，錢氏本裝作長卷，共有九段，歸合肥劉氏。"卷三"禪國山碑"條末增補："近拓碑尾刻有同治辛未春閏甘澤宣來拓並記十三字，極惡劣。"卷三"馬鳴寺根法師碑"條末增補："又有斷後初拓，用蠟填補，飾作未斷者，但第二行'潤'字下有石花作圓點，且'潤'字'門'泐，中'王'落筆鈍而不銳，此可辨也。"補充了新見的版本信息，亦難能可貴。

　　改動部分也不少，兹舉重要處數例。"西嶽華山廟碑"條方若按語云："予友王孝禹瓘謂郭本闕百五字，鄞縣范氏天一閣本宋元豐題字首一字已損，阮氏據以重刻者也。宋本最完全，宗氏據以重刻者也。較他重刻本爲勝。李芍農文田曾藏闕半之本，墨描致傷，近上海有石影本，即宋本也。印已再版，其初版人亦寶之。"重校增補分改爲："若按，《華山廟碑》所見凡三本，一商丘宋氏本，僅闕十字者；一華陰王氏本，朱竹筠有考證，闕一百五字；一四明范氏本，未剪裝，宋元豐題字第一字已損，後歸長白崇樸山厚，其文孫景賢以贈托活洛端方，闕字與華陰本同。今三本均在托活洛氏，均有石影本，宋本上海先有石影本。此外又有李芍農文田闕半之本，據聞寶應劉氏尚有一本，未見。李本則墨描致傷。又按范本即阮氏據以重刻者，宋本即宗氏據以重刻者，較他重刻本爲勝。王本近有以石影本覆刻，其内贗外跋，俱可亂真。"增補本對《華山廟碑》諸版本的認識更爲深入，且對三本之藏地也有明確的交待。但是却删去了自"予友王孝禹"處聽聞這一信息來源。結合《校碑隨筆》中别處的記載以及羅振玉批跋中對方若此書信息來源的論述，可知方若此書確實受到友朋的直接影響。其卷三"兗州刺史鄭羲上下碑摩崖"條："以上爲雲峰山題刻全拓之二，全拓合益都之北峰山白駒穀題字，凡四十三紙……是刻乾嘉之際始見拓本而未盛行，故王氏《金石萃編》無一及之。迨安吴包慎伯世臣盛稱於其著録中……"重校增補本改爲:"若按,自宋趙氏《金石録》載《鄭羲上下碑》,鄭道昭《登雲峰山詩》、《東堪石室銘》及鄭述祖《重登雲峰山記》《天柱山銘》幾種而後,迄乾嘉之際,未見所謂全拓者,王氏《金石萃編》且無一及之。迨安吳包慎伯世臣盛稱於其著録中,購求固衆,拓仍不全,蓋即就雲峰、太基、天柱三山而論,實無人破工夫遍訪靡遺也。今則學書者無不知且購焉,土人以爲利,日漸發見。自兹以往,再有增加,亦未可知耳。"重校增補本更爲全面,對所謂"全拓"的認識也較爲客觀。

然而並不是所有的改動都是後出專精,如卷三"平州刺史司馬昞墓誌銘"條云:"重刻本第五行胤字、第十四行玄字,避廟諱,姑鑿去之。曾見未鑿去此二字本,相傳以爲原拓,細審墨色紙色皆不舊,是殆別一摹刻也。然而帖估居爲奇貨。""曾見"以下文字,重校增補本改爲:"原拓近有影印本可據。"宣統二年本保留了有關"摹刻本"的信息,對於考察《司馬昞墓誌》的拓片真僞、書法經典化的過程均有史料價值,惜重校增補本删去。

重校增補本在增補之餘,也對宣統二年本作了不少删汰,如卷三"黃石崖元氏法義卅五人造像"條、"王君殘墓誌"條、"秀老率諸邑義五百餘人造像碑"條、"法師惠猛墓誌銘"條、卷四"杜氏造像"條、"張道因、張庚奴造像題名"條、"大般若涅槃經偈"條。其删汰原因未詳,不過從保存史料的角度看,初印本獨有的這些條目尚有其文獻價值。

改動中有一類係藏家的變更導致,如卷四"王瑛□任神奴等題名殘造像"條末云"今歸予",改爲"今歸日本人大倉氏",知此拓本方若後來轉售日人。又同條中云:"未歸予以前拓本,當鳳字處有泐文,而未脱落也。"改爲:"予見以前拓本,當鳳字處有泐文,而未脱落也。"則相應調整了叙述。又卷四"齊昌鎮將乞伏保達墓誌"條:"庚子難後石不明所在。"改爲"後歸長白托活洛氏"。卷四"壺關令李沖墓誌銘"條末云:"歸長白托活洛氏。"改爲"歸天津張氏"。通過兩本的對勘,可知拓本之在清末尤其是宣統二年之後的遞藏源流,對碑帖收藏史的研究有一定的助益。

由於重校增補本增補了不少條目,同時也删去了部分條目,故而造成了條目次序的調整。不過,總的排序原則,仍然是據碑誌的撰寫年月。據前文知,宣統二年印本《補遺》之末有方若《續印增補記》,其末較增補本多出以下文字:"付印時光緒二十四年春三月也。《補遺》數則則宣統二年夏五月續印增入之者。"可見,在宣統二年中東石印本之前,尚有光緒二十四年印本,而《補遺》的撰作則是宣統二年本新增入者。如不參考宣統二年本,恐無法獲知光緒二十四年曾有印本,更無法考知二本之差異與優劣。

增補本在方若《續印增補記》之後有"更正"一則:"前秦廣武將軍□産碑,相傳已佚者不確,或云北魏高植墓誌亦尚在人家也。"此條更正,在隨後的朝記書莊石印本、西泠印社活字本、華璋書局印本等版本的正文中都未加更正。又增補本"僞刻"之末有方若跋語一則,爲宣統二年本和其後西泠印社活字本等諸本所無,跋云:"《張敬墓誌》,正書,係依摹《龍門石窟寺碑》作僞。又《魯普墓誌》,正書,造。《元虔墓誌》,造。《元容墓誌》,正書,直翻《王誦妻志》移易數字。《汝陽王敬字子沖墓誌》,正書,造。《元廣墓誌》,正書,造。《馮君子璨妻孟夫人墓誌》，正書，造，與《元廣》如出一手。此據近日所見拉雜書補。漢殘石尤多，正未可以其寥寥數字而忽之也。"所謂"造"者，作僞之意。據此條跋語，可見方若對這些碑刻的辨僞及其依據，這些均可看作是對碑帖鑒定的有益提示。

（二）上海朝記書莊石印本（1918）

此本不分卷，通行本四册。半頁十三行，行三十二字，小字雙行同。封面爲其時海上名書家王鼎（大錯）所書。牌記署："三樂堂珍藏，戊午（民國七年，1918）春日，唐沱題。"臺灣廣文書局1981年據以影印。其卷首王鼎《校碑隨筆叙》云："金石之學，古無專家，非無專家也，古之纂修家未嘗以專家予之也。故其書録除鄭夾漈《通志》獨破成例外，若歷代《經籍》《藝文》諸志，若《四庫全書》，均不列專門。專考石墨者，更無論矣。惟至有清一代而其學乃大昌，導源於亭林，而全盛於乾嘉之際。其間如全祖望、王昶、翁方綱、孫星衍、阮元、錢大昕、大昭輩，後先踵起，均能倬然樹立，蔚然成家。……然進窺其奥，則考證辨訂，雖衆説朋興，而究其大要，不外二宗：曰考據，曰鑒賞。……從未有精心讎校、別開生面、簡切明瞭、自成家派如此書者也。此書爲定海方藥雨先生所著，搜集秦漢以還歷代碑銘石刻，詳加考校，以闕字之多少，考訂搨本之新舊，雖一字角之漫漶，一波磔之蝕泐，無不語焉獨詳。一開卷披覽，即能示學者以徑途。而於清季出土之碑，如敦煌石室諸作等，皆詳載靡遺，尤爲從來所未有，洵足於二派（陽案，指王昶之考據派、翁方綱之賞鑒派）之外，特樹一金石校勘家之幟，而爲後學之津逮也。"[1]

案，王鼎，字大錯，吳縣（今江蘇蘇州）人。[2]長於稗戲之學，撰《戲考》（大東書局1933鉛印本）凡四十册，所收資料宏富，爲戲曲研究的必備文獻。標點有《新式標點全圖西廂記》（漢文淵書肆1934年石印本）等。爲多種出版物撰寫序言，所撰《西廂記序》（漢文淵書肆1934年排印本）、《古本考證三國志演義序》（上海大衆書局1934年鉛印本）、《才子杜詩解叙》（上海震華書局1919年石印本卷首）等均極富學術價值。王鼎精於書法，民國年間上海出版的不少圖書都有他的題署，[3]他編纂《書法指南》（涵青山房1919年石印本）、《篆法入門》《篆法指南》（二書由天津古籍出版社2002年合印）等，爲學書者提供借鑒。此外，王鼎尚編有

---

① 〔清〕方若：《校碑隨筆》卷首，民國七年（1918）上海朝記書莊印本。

② 署鍾來因整理之金聖歎《杜詩解》，由上海古籍出版社1984年出版，在《整理前言》中整理者認爲吳縣王大錯《才子杜詩解叙》作於康熙十八年，進而誤以王鼎爲康熙間人。鄭逸梅1985年6月3日致蘇州中學教師金德門的信中説："王大錯其人，僅知在民國初年在各種書册上寫封面，乃一書法家也。"（金德門《金聖歎史料辨正》，載朱東潤等主編《中華文史論叢》1986年第3輯）鄭逸梅先生號稱"補白大王"，精於掌故之學。對王大錯其人，僅知其爲書法家，可見王大錯深爲學界所漠視。今特勾稽史料，爲王大錯之生平作一簡要介紹，不負其在小説戲曲研究方面的貢獻。

③ 如《足本丹溪心法附餘》（民國間海左書局石印本）、《中山叢書》（民國間上海大中國印刷館鉛印本）、《太平朝宫闈秘史》（國光書局1923年鉛印本）、《隨園尺牘》（民國間上海校經山房成記書局石印本）、《香豔雜誌》等。其中《香豔雜誌》是民國所出月刊，1914年冬出版，1915年停刊，共出版十二期。由中華圖書館發行，"鴛鴦蝴蝶派"作家王文濡負責編輯。欄目設有圖畫、論説、新形史、名閨片羽、譚藪、譯林、詩文詞選、説部、工藝欄、遊戲欄等。其中"新形史""譚藪""譯林""工藝欄""遊戲欄"等皆爲王鼎所書。

《分類尺牘瀚海》（涵青山房 1920 年石印本）、《民主適用法美刑法律》（中華圖書館 1913 年排印本）等實用書籍。因服務於海上圖書出版行業，王鼎涉獵範圍頗廣，其學問難免駁雜；然從其編纂《戲考》這部巨作，也可見其稗戲之學的精深造詣。

在上揭《校碑隨筆叙》中，王鼎對清代金石學史與金石學研究路徑的梳理總結頗有見地，可見他在金石學方面有很高的修養。此本所據爲中東石印局 1910 年之重校增補本，較之中東本其行款更爲密緻，節約了紙張，降低了印刷成本，新增王鼎序亦富有學術價值，因此更爲通行。然將方若之"更正"、跋語徑行删去，是其闕失之處。

（三）上海朝記書莊原版大成書局印刷本（1920）

此本每半頁十五行，行三十二字。小字雙行同。後爲上海大成書局印刷，校經成記發行（朝記書莊原版），前有"庚申（民國九年，1920）孟冬木公居士"序，爲王大錯以北碑體書之。序云："自《通志》有校讎一略，後世始尚勘訂之學。清代考據家多，斯學尤稱極盛。往往於一字之是非，不惜斷斷論辨，羅列古今同異而附著所見於後，俾讀者知板本之善否，此固校勘名家之通例也。若援此例以觀碑刻，則當以方君是書爲嚆矢。夫前代之著錄金石，由來已久，或則僅列其目，或則兼載其文，大都得諸耳食而非由於目見，搜采縱極廣博，考訂猶多疏舛，亦有羅陳古今，考證同異者，皆囿於一類，未能遍及諸碑。是書所校，由周秦至五代，凡碑碣五百餘通，無字可校者不錄，故不備載全文，亦不獨矜創獲，可謂博而得要，約而能通，其爲益藝林，雖不及校勘書籍者之廣，然碑版流傳既久，剥蝕日多，使無專書紀載，何以征信於來世。是書一出，二善備焉。考訂者獲知摹揭之新舊，收藏者得辨板本之真僞，先生校勘之學，謂與書籍並著可也。"此本序言未用朝記書莊印本卷首之王鼎原序，而改用木公居士序，顯然是緣於"出新"的考慮，然稱"朝記書莊原版"，难免名實不符。木公居士之序較之王鼎《校碑隨筆叙》，略顯籠統，然而通過比較書籍校勘與碑刻校勘的異同，揭示方若此書之價值，亦見其内行。不過説校勘碑刻"以方君是書爲嚆矢"，不免有矜誇之嫌，實際上乾嘉學者翁方綱已多有校碑文字，不過大多散爲題跋、未成專著而已。

（四）上海掃葉山房石印本（1920）

卷首有牌記，署"民國九年石印""總發行所上海北市棋盤街掃葉山房"，中有"掃葉山房"四字瓦當形印章。版心下署"掃葉山房藏版"，蓋模仿雕板版式，實爲石印本也。其書前有木公居士序，王大錯以北碑體書之。

此本每半頁十五行，行三十二字，小字雙行同。單魚尾。版心下方有"掃葉山房藏版"六字。從此本行款與内容來看，當與上海朝記書莊原版、大成書局印刷本完全相同。

（五）吴隱編次《遯盦金石叢書》聚珍本（1921）

此本每半頁十行，行二十字，小字雙行，字數不等。白口，四周單欄，單魚尾。版心有"西泠印社聚珍版山陰吳氏遯盦金石叢書""西泠印社活字本",可見係活字排印而成。全書之末印有"山陰吳氏遯盦金石叢書之十",可見《校碑隨筆》是作爲叢書第十種印行的。通行本分爲六册,已將補遺分置於原書相關部分。其卷末吳隱跋云:"自乾嘉已還,金石家有二派(考據、鑒賞)……藥雨先生《校碑隨筆》之作,於二派之外別開生面,自成一家。考闕字之多少,定拓本之新舊,雖半字及字之一角一畫,或存或泐,或明晰或漫漶,皆在所必詳,是金石學之校勘家也。微特眠賞鑒爲有用,尤可補考據所弗及。於金石書爲創例,作者自藥雨始,猶之賞鑒家之覃谿、考據家之蘭泉也。夫學問之道,以真知灼見爲要歸,如藥雨之校碑,點畫無忽,纖悉靡遺,以言知見,有真灼於是者乎?……吾知藥雨是書有神於金石之學者切摯而精實,雖覃谿、蘭泉復起,亦曰吾無間然已。"吳跋將其與翁方綱、王昶並舉,認爲三人都是金石創例的大家,且不惜用"真灼""切摯而精實"來評價方若此書,可見吳隱對方書的寶重。

西泠本的印行時間,吳隱跋語云"歲在閼逢攝提格日月會於鶉首既旁生霸",考係民國三年(1914)五月十六日。一説此本是民國十年(1921)西泠印社聚珍版排印,[1]實誤。西泠印社活字本末附《校碑隨筆正原誤》,以表格的形式列出方若原本之誤,表格前小序云:"乾嘉已還校勘家之通例,原書誤字概不更改,唯於卷尾作校誤表,備後來之參訂,所以存舊本之真,昭慎重也。校近人所著書,本不必拘此例,唯《校碑隨筆》係考辨碑版姽書,其原書誤字未知是否原碑之誤(漢魏六朝碑間有誤字,北碑誤字尤夥),又不能遍檢原碑而印證之,今用校宋元本之例,原書誤字概不更改,而列校原誤表如左。"此本正文中有兩處"寶鏞案",一見於漢代"畫象孔子等字題字"條(華璋書局本載卷二),末云:"寶鏞案,碑見張氏《金石聚》。"一見於唐代"冠軍大將軍代州都督上柱國許洛仁妻宋氏墓誌"條(華璋書局本載卷六),末云:"寶鏞案,石在臺州宋氏。"案,寶鏞當即楊寶鏞(1869—1917),字序東,號篆盦,江蘇元和(今蘇州)人。擅篆刻,精鑒別,所藏金石書畫甚富,撰有《書畫考略》《篆庵題跋》《群碑舊拓本辨》《古碑孤本録》《漢墓闕神道考》等。與西泠印社創始人葉爲銘、吳隱等交好。[2]吳隱校印此書時特請楊寶鏞校閲,楊氏案語即是這一校閲過程的反映。

此本爲王壯弘《增補校碑隨筆》依據的底本,故在諸印本中流播最廣、影響最大。而用表格的形式校證方若原書之訛誤,又將補遺分置於原書相關部分,是其優長之處。然係活字排印,不免新增一些訛誤,又其所據當爲朝記書莊印本系統,但删去原有序跋,使讀者不明所出,是其不足之處。

---

① 彭衛國、胡建强《民國刻本經眼録》云:"吳隱編次,民國十年(1921)西泠印社聚珍版山陰吳氏遯盦金石叢書本《校碑隨筆》,六册,棉連紙。"(上海:上海遠東出版社,2011年,第191頁)蕭振鳴《魯迅的書法藝術》(桂林:灕江出版社,2014年,第184頁)談及魯迅所藏《校碑隨筆》時云:"《校碑隨筆》內容爲周秦至五代碑碣的五百餘通校勘記,1921年杭州西泠印社出版,此書爲魯迅常用的碑學工具書。"

② 李國鈞主編:《中華書法篆刻大辭典》,長沙:湖南教育出版社,1990年,第996頁;北京大學考古系資料室編:《中國考古學文獻目録(1900—1949)》,北京:文物出版社,1991年,第38頁;葉爲銘:〔民國〕《歙縣金石志·自序》,紫城葉氏家廟刊本,卷首。

（六）民國鉛印本（1921 年以後）

此本未分卷次，每半頁十四行，行三十二字。卷首有王鼎序，與前揭朝記書莊本王鼎序以魏碑體書寫不同，而變以楷體排印，其序文襲自上海朝記書莊石印本無疑。此本中有兩處"寶鏞案"，與西泠活字本同，可見其正文當據活字本。而活字本原有之誤字，則皆已據活字本書末之"校碑隨筆正原誤"表格改正。此鉛印本之印行年代當在 1921 年活字本印行之後。江蘇廣陵古籍刻印社 1997 年曾據此本影印，國内流傳較多。

（七）上海華璋書局石印本（1922）

民國十一年（1922），華璋書局石印《校碑隨筆》，將此書分作六卷（此前諸本不分卷，僅以朝代叙次），更增加《續校碑隨筆》，易名爲《校碑隨筆續集》。①此本每半頁十四行，行二十八字，小字雙行同。正文字體雖與朝記書莊本相近，但行款則不同。應系據朝記書莊本重行抄録，進而石印者。

其書前有序文一篇，署"中華民國十一年華璋書局謹識"，可見其印行時間在 1922 年。序文内容與上引民國九年（1920）孟冬木公居士之序文全同，不過木公居士序係王大錯用魏碑體書之，此則轉爲隸體，且誤"剥蝕"爲"剥融"。此本有日本朋友書局 1975 年之影印本，擴大了此書在域外的流播範圍。

以上諸本中，"寶鏞案"最早出現在西泠印社活字本。此後之民國排印本（江蘇廣陵古籍刻印社影印本）、華璋書局本、王壯弘增補本，正文中皆有"寶鏞案"兩條文字，可見這些版本皆以西泠印社本爲底本。另西泠印社本末附校勘表，校出方若原書訛誤不少，這些訛誤在後出諸本中多已得到改正。

二、《續校碑隨筆》係有意作僞

華璋書局石印本《校碑隨筆》末有《續校碑隨筆》二卷，爲此本所獨有，署爲方若所撰。此後，研究碑帖之學者，多有引據。實則《續筆》二卷，全部抄自葉昌熾之《語石》。馬子雲爲碑帖鑒定大家，所著《碑帖鑒定淺説》影響很大，其"墓誌記事之始"條引及《續校碑隨筆》云："漢魏以前墓石，不獨今所未見，即歐、趙亦無著録，晉有出土已久之《劉韜誌》，新出土之《房宣誌》（此爲僞造——作者案），僅記年月姓名爵里而已。至南北朝始有誌文，後繫以銘，兩石對束，上爲題蓋，蓋如碑額，有篆有隸有真書。"馬氏按語云："此説不盡然，有待補充，因

---

① 案，《續校碑隨筆》之體例與《校碑隨筆》不同，側重通論石刻文獻，觀其卷上標目有"宋元碑難得""總論各省石刻""求碑宜因地""論碑之名義緣起"等，可知與葉昌熾《語石》性質接近。此本日本朋友書店 1975 年影印，臺灣新文豐出版公司《石刻史料新編》第二輯 17 册亦影印收入。本文除《輯考》部分用中東石印局印本外，其他引及《校碑隨筆》者，皆用華璋書局本，因其校勘較精，分卷合理，影響較大。

其時僅限‘劉韜’一誌之故。”①此條末又及《續校碑隨筆》，謂“《續校碑隨筆》謂長篇文字者，至南北朝時始有，然上述西晉數誌證明並非如此”。②雖對其說有所批評，但未明此條文字實出自《語石》則失於考校。另戴南海等著《文物鑒定秘要》亦引及《續校碑隨筆》之“墓誌記事之始”條，③其觀點則全同馬子雲《碑帖鑒定淺說》。此外，顧峰所撰《關於評價〈爨龍顏碑〉的幾個問題》引及“清人方若《續校碑隨筆》”云：“古人撰碑皆自書之，凡無書人名者，撰書即出一人之手。”④黄敏撰《南詔〈德化碑〉文化內涵探究》亦引“方若《續校碑隨筆》”云：“唐時墓誌亦往往不署名，其有著者，撰人多，書人少。”⑤此外引及《續校碑隨筆》者還有不少，可見《續校碑隨筆》之爲僞撰，並非常識，尚需加以論證。且此本有日本朋友書局1975年之影印本，擴大了此書在域外的傳播範圍，僞作之謬種流傳，已溢出本土。

　　雷夢水先生《古書經眼錄》著錄華璋書局本云：“惟其續集則他刊本皆不附，嘗聞東莞容希伯先生云，此續集乃錄《語石》而成，書估作僞可笑。”⑥可見續集作僞一說，首出容庚先生。此後，華人德先生在爲《文獻學辭典》撰寫“《校碑隨筆》”詞條時，續有考辨：“其《續集》上下卷，皆爲選錄葉昌熾《語石》中的有關論述。本書正續集收入《遯庵金石叢書》，有華璋書局1923年石印本。上海書畫出版社1981年出版《增補校碑隨筆》，爲王壯弘在原書基礎上增益而成，體例仍舊。”⑦華先生介紹《校碑隨筆》時稍有闕失：《遯庵金石叢書》所收《校碑隨筆》並無續集，且此叢書爲西泠印社活字印行，與華璋書局無涉；華璋書局石印《校碑隨筆》在1922年，非1923年。另華先生對王壯弘增補本之底本未予考求，僅謂“在原書基礎上增益而成”，稍顯籠統。實際上，增補本之所據爲西泠印社排印之未分卷本。華先生爲人寬宏，認爲《續集》只是“選錄”《語石》有關論述，實則華璋書局本《續校碑隨筆》卷上、卷下之題署，皆爲“定海方若藥雨甫撰”，其作僞之迹昭然，毋庸諱言。

　　以下將《續校碑隨筆》二卷與葉昌熾《語石》相勘，以明確續筆之所從出。

《續校碑隨筆》（民國華璋書局石印本）	《語石》（浙江古籍出版社姚文昌整理本）
卷上	
宋元碑難得	《語石》卷二2.1條“宋元碑難得”
總論各省石刻	《語石》卷二2.2條
求碑宜因地	《語石》卷二2.3條
論碑之名義緣起	《語石》卷三3.1條
碑穿一	《語石》卷三3.2–1條

---

① 馬子雲著：《碑帖鑒定淺說》，北京：紫禁城出版社，1986年，第68頁。
② 馬子雲著：《碑帖鑒定淺說》，第70頁。
③ 戴南海等：《文物鑒定秘要》，貴陽：貴州人民出版社，1994年，第395頁。
④ 顧峰：《古滇藝術新探索》，昆明：雲南教育出版社，1992年，第277頁。
⑤ 黄敏：《南詔〈德化碑〉文化內涵探究》，《雲南師範大學學報》1999年第2期，第32頁。
⑥ 雷夢水：《古書經眼錄》，濟南：齊魯書社，1984年，第75頁。
⑦ 趙國璋、潘樹廣主編：《文獻學辭典》，南昌：江西教育出版社，1991年，第669頁。

續表

《續校碑隨筆》(民國華璋書局石印本)	《語石》(浙江古籍出版社姚文昌整理本)
碑穿二	《語石》卷三 3.2–2 條
碑額一	《語石》卷三 3.3–1(案以下七則抄《語石》卷三 3.3 條,凡七則)
碑額二	《語石》卷三 3.3–2
碑額三	《語石》卷三 3.3–3
碑額四	《語石》卷三 3.3–4
碑額五	《語石》卷三 3.3–5
碑額六	《語石》卷三 3.3–6
碑額七	《語石》卷三 3.3–7
穿中刻字	《語石》卷三 3.6 條
論碑帖之分	《語石》卷三 3.8 條
墓誌一	《語石》卷四 4.2–1 條(案以下三則抄《語石》卷四 4.2 條,《語石》此條凡十八則,此抄其中三則)
墓誌二	《語石》卷四 4.2–3 條
墓誌三	《語石》卷四 4.2–4 條
總論撰書	《語石》卷六 6.1 條
碑版文體一	《語石》卷六 6.2–1 條
碑版文體二	《語石》卷六 6.2–2 條
兩人合撰一碑	《語石》卷六 6.4 條
總論撰書題款一	《語石》卷六 6.10–1 條
總論撰書題款二	《語石》卷六 6.10–2 條
父子撰書	《語石》卷六 6.16 條
兄弟撰書	《語石》卷六 6.17 條
刻字一	《語石》卷六 6.20–1 條
刻字二	《語石》卷六 6.20–2 條
刻字三	《語石》卷六 6.20–3 條
刻字四	《語石》卷六 6.20–4 條
刻字五	《語石》卷六 6.20–5 條
一人兼書篆鐫	《語石》卷六 6.21 條
卷下	
石工	《語石》卷六 6.22 條
施石	《語石》卷六 6.23 條
選石	《語石》卷六 6.24 條
古碑先立後書	《語石》卷六 6.25 條
古碑一刻再刻一	《語石》卷十 10.1–1 條

續表

《續校碑隨筆》（民國華璋書局石印本）	《語石》（浙江古籍出版社姚文昌整理本）
古碑一刻再刻二	《語石》卷十 10.1–2 條
古碑一刻再刻三	《語石》卷十 10.1–3 條
摹本	《語石》卷十 10.2 條
贗本	《語石》卷十 10.3 條
古碑已佚復出	《語石》卷十 10.5 條
碑重舊拓一	《語石》卷十 10.6–1 條
碑重舊拓二	《語石》卷十 10.6–2 條
孤本	《語石》卷十 10.7 條
雙鈎本	《語石》卷十 10.8 條
縮臨本	《語石》卷十 10.9 條
帖架	《語石》卷十 10.14 條
封禁碑文	《語石》卷十 10.15 條
著錄	《語石》卷十 10.16 條
金石圖	《語石》卷十 10.17 條
護惜古碑	《語石》卷十 10.20 條
藏石	《語石》卷十 10.21 條
訪碑圖	《語石》卷十 10.22 條
碑估	《語石》卷十 10.23 條
碑(估)【俗】名	《語石》卷十 10.24 條
隋唐以下金文一	《語石》卷十 10.25–1 條
隋唐以下金文二	《語石》卷十 10.25–2 條
木刻	《語石》卷十 10.26 條
瓷刻	《語石》卷十 10.27 條

由上可知，《續校碑隨筆》全抄自《語石》，而僞署“方若”之名以欺世人。此續編二卷，僅見於華璋書局本，無疑當係該書局僞造。華璋書局本主事者不明，然其題籤者汪仁壽（1875—1936）在上海出版界甚爲有名。汪字爾康，乳名周生，無錫人，出身徽商世家，咸豐年間其父汪伯玉避亂遷居至無錫東鄉嚴家橋，開設“汪萬泰和”南貨店。汪仁壽早入私塾，後隨父學商。酷愛書法，鍾情篆隸，師法楊峴，盡得真傳，一時“周生漢隸”爲書壇矚目，名噪邑中。上海、天津等地許多著名商號，其匾額由汪仁壽題寫。汪氏編有《金石大字典》，1926 年由上海求古齋書局發行；又與友人王鼎合編《説文大字典》，亦由求古齋發行。[1]華璋書局，

---

① 沈沖整理：《著名金石學家汪仁壽》，中國人民政治協商會議無錫市錫山區委員會編：《錫山名人（上）》，南京：鳳凰出版社，2009 年，第 156—161 頁。

爲上海衆多石印書局之一,據許静波《石頭記:上海近代石印書業研究(1843—1956)》中"抗戰前上海石印書業的平穩發展"一節的介紹:"這段時期石印技術門檻繼續降低,小型石印書局大量出現,據筆者經眼,至少有 195 家出版機構在民國時期成立過石印書局……絕大部分都是一些專業的石印書局。"①而華璋書局就在許静波所列的這 195 家之中。這一時期上海的印刷也多受盗印的困擾,許静波説:"盗印也是這一時期出版業(尤其是石印)的最大問題,如梁啟超 1906 年控下負責經銷其所出版書刊的廣智書局因爲盗版問題嚴重没有足够資金進行分紅,被迫向諸股東'派股不派息',焦頭爛額的梁啟超作文解釋原因以期平息衆怒。"②緣此,不妨作一推測:華璋書局石印《校碑隨筆》即是出於盗印,容庚先生所謂"書估作僞",或得其實。如其印行是方若授權的話,則以方若學人的身份決不會抄襲前賢名著以冒充己作。

華璋書局本傳佈頗廣,今人習見之《石刻史料新編》第二輯第 17 册所收即據此本影印。2020 年上海古籍出版社"金石文獻叢刊"中收入《正續校碑隨筆》,用的也是華璋書局石印本,《出版説明》對於續編的作僞未作任何揭示,一定程度上助長了僞作《續校碑隨筆》的流播。

(趙陽陽,西北大學文學院副教授)

---

① 許静波:《石頭記:上海近代石印書業研究(1843—1956)》,蘇州:蘇州大學出版社,2014 年,第 60 頁。
② 許静波:《石頭記:上海近代石印書業研究(1843—1956)》,第 62 頁。

《删補唐詩選脉箋釋會通評林》注析*

丁　放　韓文濤

[摘　要]《删補唐詩選脉箋釋會通評林》是明代篇幅最大而最不受重視的唐詩選本,該書由周敬作於明成化年間,因倭寇犯境,此書未及刊刻傳世。一百多年後,周敬裔孫周珽在家藏廢書篋中得到此書殘本,爲之作增、删、注、評,積二十年之力,於明崇禎初年成書,崇禎八年(1635)刊行。書前收録序文五篇,分別是原作者周敬的"舊序",最終完成者周珽"自序",以及與周珽同時的陳繼儒、陳仁錫、倪元璐之序。這五篇序内容豐富,有一定理論色彩,多用典故,有明顯的掉書袋傾向。對這五篇序加以注析,以期對讀者提供一些幫助。

[關鍵詞]　删補唐詩選脉箋釋會通評林　周敬　周珽　詩脉　唐詩選本

　　《删補唐詩選脉箋釋會通評林》(下簡稱《選脉》)共有五篇序文,作序的目的各有不同。周敬作爲此書的原作者,序文強調"《風》《雅》爲詩教之源",重視"詩脉",即風雅"神理",不滿兩漢六朝"争妍於句字,競麗於篇章",認爲唐詩符合風雅頌傳統,故作此書。陳繼儒、陳仁錫、倪元璐三人,均生活於明末,他們的序文介紹周珽先世的忠烈與氣節、學問,肯定《選脉》的特點,均能實事求是。周珽自序重點介紹自己所做的工作,對本書充滿自信。筆者近年從事《選脉》的校補工作,反復研讀這五篇序,並爲之作了較爲詳細的注釋,從學理上説,作注的目的一是通過注釋,可以更爲詳細地瞭解周敬、周珽的家世與學術,如其祖輩周宣的滿門忠烈,周筆允之恥食元初,周敬、周珽布衣終老,獻身《選脉》的整理工作等,均可通過注釋得到較爲清晰的展現,故有助於知人論世。二是這幾篇序爲明代唐詩學罕見材料,多種明代詩話、詩論選本、詩選目録專書以及明人其他總集、別集均未見收録,甚至《選脉》有的版本亦未收全此五序。故爲之作注,有助於其流傳,爲明代唐詩學增添新的研究素材。三是這幾篇序文作於明代末年,却不爲當時流行的"前後七子""公安派""竟陵派"詩論所局限,能提出一些自己的看法。如周敬論唐詩,肯定沈宋、王孟、李杜、高岑、韋柳,取徑較寬,且認爲他們得風雅頌之正脉,如百川歸海;陳繼儒《序》聯繫唐宋以來的唐詩選本,分析其優劣,對《選脉》的特點作了中肯的評價;陳仁錫、倪元璐則用非常華麗的語言,重點介紹《選脉》注釋之精,取材之富;周珽《自序》着重叙述其增、删、評、注的原則與過程,以及二十年辛勤努力的不易,介紹當時名流對其書的高度評價(現在看來,這種評價或有溢美之嫌)。四是對各家序文作詳細注釋,有助於更爲深入的研究《選脉》。因爲這幾篇序文用典頗多,又多佶屈聱牙之句和僻字冷語,爲之作注,將有助於對文本的理解。然限於水準和客觀條件,如有的字

---

*　本文是國家社科基金後期資助重點項目"《删補唐詩選脉箋釋會通評林》校補"(21FZWA008)的階段性成果。

迹模糊,有的手寫體潦草難辨,對《序》文的理解難免有偏差,注析肯定不有足之處,敬請讀者批評指正。

一、《唐詩選脉會通叙》

《唐詩脉》[1],海寧青羊周公所彙選也[2]。宋時有周仲潢者[3],自始祖司農公扈駕南遷[4],國亡,痛父職方公盡節[5],恥食元禄,遁居海昌洛塘里,至澹齋隱君始選《唐詩脉》一書[6],刻垂成而倭奴掠境上,其書佚不傳。青羊公,澹齋曾孫也,束髮通百家子史,爲嘉興博士弟子員,最有聲,而尤嫻於詩。李本寧、屠緯真諸名公推轂之[7],又與焦弱侯、顧涇陽談"濂洛關閩"之學[8],文章議論,追配古今。一時同舍生先已颺去,青羊公蹭蹬場屋如故也[9]。散帶衡門[10],遊戲寫墨葡萄[11],變化縱横,兼帶篆隸艸書瀍,識者謂温日觀後[12],一人而已。所著《疑夢編》《於止齋》諸集[13],膾炙人口,而《詩脉》則徵搜構集者二十年:曰"删"、曰"補"、曰"注"、曰"評",斷自公一人[14],而繕寫于三郎君之手[15],非特唐詩人之功臣,抑亦澹齋公《詩脉》之孝子也。唐二百八十九年,如《唐詩紀事》凡一千一百五十餘家[16],則臨邛計敏夫所臚列也[17],第人有餘而詩不足;《唐百家詩選》凡一千二百十六首[18],則宋次道所編而王介甫更爲之纂也,恨李、杜、王、韋俱不在選中[19],似又詩有餘而人不足。惟青羊公之《詩脉》出,而詩之多者不厭其太繁,少者不厭其太簡,如百雞蹠[20],如千狐裘[21],如解牛,如相馬,如添頰上毫[22],如點眼中睛[23],如搴翠删毛[24],如擒犀截角[25],如周九章之握算,如漢三尺之持衡[26],而猶未盡此選之妙也。此選直從《素問》《靈樞》中得來,不望氣視色[27],不執古人之僻論禁方[28],而但以精察脉絡爲主,運用于心手工巧之間,鍼砭湯液無所施而不合,詩之脉亦然。《三百篇》《十九首》以還,原有精神血脉,徹表裏相貫通,得青羊公删之而脉愈清,補之而脉愈足,注之而脉愈明,評之而脉愈正,詩苑中秦越人、長桑君也[29]。我聖天子聰明神聖[30],博極古今,群書司理、縣大夫工詩文者,拔入詞林,士子皆欣欣向風,而外吏亦且從錢穀簿書外[31],翹首彈冠[32],願觀天禄石渠之秘籍[33]。今青羊公七十而《詩脉》適成,豈非蘇君之時哉[34]? 故群宗欣然助刻,請懸國門[35],而徵眉道人爲之叙[36]。

崇禎乙亥四月十四日雲間陳繼儒題于青鶴巢[37]

(據清華大學藏明崇禎八年刻本,參安徽師范大學藏明崇禎八年刻本)

校注:

[1]《唐詩脉》:即《删補唐詩選脉箋釋會通評林》的簡稱。

[2]海寧青羊周公:即周珽。周珽生於明嘉靖四十四年(1565),卒於清順治四年(1647)。嘉慶《硤川續志》卷六:"周珽字無瑕,號青羊,(周)敬曾孫,邑諸生,工吟詠,所著有《疑夢編》《唐詩選脉》,善畫葡萄,氣韻生動,尺寸有尋丈之勢。晚輯《廣孝録》,乙酉八月值危疾,夢人攝至冥府,以《廣孝録》未終卷,重得甦,硤方被兵,珽作《自祭文》《自挽詩》,全髮膚祈死,年八十三。"

[3]周仲潢:即周肇胤(一作肇允)。周珽先祖。周廣業《寧志餘聞》曰:"周肇胤字仲潢,先世扈蹕南渡,居錢塘,父宣,仕職方郎中,宋亡,闔門殉節。仲潢避走海昌,年尚幼,既長,痛君父之難,高蹈終身,屢徵不出,

隱居洛塘之方全村,與金仁山、許白雲、程復心爲道義交,著書自娱,年八十餘卒。"乾隆《杭州府志》卷三十載:"高隱周肇允墓在縣東張店。"吴騫《海寧經籍志備考》記載周肇允著有《孝經注》《忠經注》《待清遺稿》等書。

[4]司農公:即周氏遷至海寧的始祖周淵,爲北宋理學家周敦颐後人。

[5]痛父職方公盡節:職方公即周宣。乾隆《杭州府志》卷八十三:"周宣字公猷,錢塘人,仕職方郎中。德祐丙子(1276)元師次皋亭,宣上表請兵禦之,時陳宜中主降,議不報,因自集族黨家丁爲報國計。元兵入臨安,帝后遠狩,宣乃北面泣拜,率衆與戰,身被刀矢,負痛,手格殺數十人,隨遇害,文天祥以詩哭之曰:'孤忠莫克援頹軍,一死名高百戰勳。總恨權奸多異議,難禁玉石不俱焚。殺身却羨君先我,殉國終當我繼君。他日幽魂逢地下,血應化碧氣凝雲。'"乾隆《杭州府志》卷十一"周宣妻趙氏"條引《周氏家傳》曰:"德祐丙子三月,元兵由湧金門入臨安……(周)宣語其妻趙氏曰:'城必破矣,我當死國,長男仕無錫,亦必死,所有二孤尚孩,可携以先走,庶存宗嗣。'趙曰:'君能忠,我獨不能爲義乎?'伺宣出督戰,以二孤托奴安兒收養,自縊而死。及城將破,宣歸,毁屋焚趙氏尸,率衆力戰,身被刃矢,負創手格殺數人,隨遇害。"

[6]澹齋隱君:即周敬。《寧志餘聞》卷七:"明周敬字尚禮,號澹齋,醇謹有學行,景泰三年,與孫大參暐同舉賢良方正,辭不赴,酷嗜吟詠,所著《澹齋迂叟稿》《唐詩選脉》行世。"周敬《唐詩選脉序》作於成化己丑(1469),當爲其《唐詩選脉》成書的時間。原書稿因戰火而損毁,其曾孫周珽在殘稿的基礎上進行加工,成《刪補唐詩選脉箋釋會通評林》一書。又,《硤川續志》卷六:"(周敬)所著有《澹齋迂叟稿》及《唐詩選脉》,其曾孫珽續成之,梓以行世。"周敬還著有《叢桂堂集》。

[7]"李本寧"句:李本寧,即李維楨(1547—1626),字本寧,號翼軒、士安,自署角陵道人、大泌山人,湖廣承天府京山(今屬湖北)人,隆慶二年(1568)進士,選翰林院庶吉士,授編修,後累官至南禮部尚書,天啓六年卒,年八十,崇禎時贈太子少保。維楨以殷士儋、趙貞吉爲師,又結識王世貞兄弟、汪道昆等,詩文大進,在館閣,與許國齊名,後"負重名垂四十年"(《列朝詩集》),王世貞將其與胡應麟、屠隆、魏允中、趙用賢入"末五子"。又與吴國倫、汪道昆稱雄文壇。著述甚富,詩文總集爲《大泌山房集》一三四卷,《明史》卷二八八有傳。屠緯真,即屠隆(1543—1605),字長卿,又字緯真,號赤水等,晚號鴻苞居士,浙江寧波府鄞縣(今寧波)人。家貧而好學,天資過人,萬曆五年(1577)進士,任潁上、青浦知縣,後遷禮部主事,萬曆十二年,爲刑部主事俞顯卿彈劾,削職爲民,遂遍遊吴越、八閩,晚年沉湎仙道,怏怏而卒。屠隆文才出衆,有《白榆集》《由拳集》《鴻苞集》等,《明史》卷二八八有傳。

[8]"又與焦弱侯"句:焦弱侯,焦竑(1540—1619),字弱侯,又字從開,號澹園、漪園,南直應天府江寧(今江蘇南京)人,年輕時屢試不第,萬曆十七年(1589)以第一人進士及第,授翰林編修,與修國史,充皇長子講官,後爲同官忌毁,連續貶官,因辭官歸鄉,居於南京澹園,讀書著述終生,萬曆四十七年卒,年八十。平生既提倡心性之學,又博極群書,傾心考據與史學,故當時頗負通人之望。著有《熙朝名臣實録》二十七卷,《國朝獻征録》一二七卷,《老子翼》三卷,《莊子翼》八卷,《焦氏筆乘》六卷、《續集》八卷,《焦氏澹園集》四十九卷,《澹園續集》二十七卷等,《明史》卷二八八有傳。顧涇陽,顧憲成(1550—1612),字叔時,號涇陽,世稱東林先生,南直常州府無錫(今屬江蘇)人。萬曆八年(1580)進士,除户部廣東司主事,在宦海沉浮多年,非其志。平生有志聖學,既罷歸,携弟允成倡修東林書院,與高攀龍等偕同志講學其中,往往諷刺朝政,裁量人物,士論歸之,海内推之爲山斗,東林之名大振,而忌之者亦衆,士林廟堂互相抨擊,遂成明末黨爭局面,卒年六十三。有《顧端公文集》三十二卷。生平見黄宗羲《明儒學案》卷五八、《明史》卷二三一。濂洛關閩之學:指宋代理學的四個主要學派。濂即濂溪學派,指以北宋周敦颐爲代表的學派,因周氏原居道州營道濂溪,故名。洛即洛學,指以北宋程顥、程颐兄弟爲代表的學派,因其爲洛陽人,故名。關即關學,指以北宋張載爲代表的學派,因張氏講學於陝西關中,故名。閩即閩學,指以南宋朱熹爲代表的學派,因朱氏僑寓並講學於福建(閩)建陽,故名。

[9]蹭蹬場屋:指一生困於科場,没有中第。蹭蹬,失勢的樣子。木華《海賦》:"或乃蹭蹬窮波,陸死鹽

田。"場屋,舊時科舉考試的地方,亦稱科場。

［10］散帶衡門:散帶,儀容不整。《晉書·王羲之傳》附《王徽之傳》:"徽之字子猷,性卓犖不羈,爲大司馬桓温參軍,蓬首散帶,不綜府事。"衡門,横木爲門,喻簡陋的房屋。《詩·陳風·衡門》:"衡門之下,可以棲遲。"

［11］遊戲寫墨葡萄:用温日觀事。趙孟頫有《跋宋僧温日觀墨葡萄圖》,見《全元文》卷五九四。

［12］温日觀:宋代畫家,以畫墨葡萄知名。

［13］《疑夢編》《於止齋》:均爲周珽文集名。

［14］"曰删"二句:指《選脉》的删、補、注、評四項内容,均由周珽獨立完成。

［15］"繕寫"句:指《選脉》的繕寫工作由周珽的三個子侄董完成。

［16］"如《唐詩紀事》"句:《唐詩紀事》,宋人計有功撰,《四庫全書總目》曰:"採摭繁富,於唐一代詩人或録名篇,或紀本事,兼詳其世系爵里,凡一千一百五十家,唐人詩集不傳於世者,多賴是書以存。……其輯録之功,亦不可没也。"

［17］"臨邛計敏夫"二句:臨邛:今屬四川,計有功爲安仁(今大邑縣東南安仁鎮)人,紹興元年(1131)進士。"第人有餘而詩不足",是説《唐詩紀事》録人較多而存詩不足。

［18］"《唐百家詩選》"二句:《唐百家詩選》,王安石撰,其《唐百家詩選序》曰:"余與宋次道同爲三司判官時,次道出其家藏唐詩百餘編,誘余擇其精者,次道因名曰《百家詩選》,廢日力於此,良可悔也。雖然,欲知唐詩者,觀此足矣。"故云"則宋次道所編而王介甫更爲之纂也"。可以理解爲王安石受宋次道委托編撰了此書。

［19］恨李、杜、王、韋俱不在選中:《唐百家詩選》未選一些公認的唐詩名家,如李白、杜甫、王維、韋應物等,宋人劉克莊《後村詩話》續集曰:《唐百家詩選》,李、杜、韓、柳、元、白、劉長卿、劉禹錫、韋應物、杜牧、李商隱、王維諸大家皆一首未收。

［20］百雞蹠:雞蹠,雞足踵。《吕氏春秋·用衆》:"善學者,若齊王之食雞也,必食其跖數千而後足。"跖,一作蹠。

［21］千狐裘:狐裘,用狐腋下的皮毛做成的皮服。《文心雕龍·事類》:"狐腋非一皮能温,雞蹠必數千而飽矣。"

［22］添頰上毫:《晉書·顧愷之傳》,顧愷之"嘗圖裴楷象,頰上加三毛,觀者覺神明殊勝"。

［23］點眼中睛:相傳張僧繇畫龍不點睛,云"點睛飛去"(唐張彦遠《歷代名畫記》卷七)。又,顧愷之畫人,也有不點睛的習慣。

［24］搴翠删毛:釋贊寧《進高僧傳表》:"屬此雍熙之運,伸其貞觀之風,合選兼才,豈當末學?得不擒犀截角,搴翠删毛,精求出類之人,取法表年之史。"楊慎《藥市賦》亦有"擒犀截角,搴翠删毛"之語。

［25］擒犀截角:參見注釋［24］,應當爲佛家用語。

［26］漢三尺之持衡:三尺,指法律。《史記·酷吏列傳》:"周曰:'三尺安出哉?'"裴駰集解引《漢書音義》:"以三尺竹簡書法律也。"

［27］望氣視色:望氣,古代迷信占卜術,以望雲氣附會人事,預言吉凶。或即中醫之望、聞、問、切之類。周密《齊東野語·鍼砭》:"蓋脉絡之會,湯液所不及者,中其俞穴,其效如神。"

［28］僻論禁方:僻,邪,偏離正道。禁方,秘方。《史記·扁鵲列傳》:"(長桑君)乃呼扁鵲私坐,間與語曰:'我有禁方,年老,欲傳與公,公毋泄。'"

［29］秦越人、長桑君:秦越人即戰國時名醫扁鵲;長桑君,傳説中的古代神仙、神醫,參見《史記·扁鵲列傳》。

［30］我聖天子:指明思宗朱由檢,年號爲崇禎。

［31］錢穀簿書:即日常税收、行政管理之類,即所謂俗務。

[32]彈冠：本指彈冠相慶，此處當指正衣冠後方才讀書，表示對學術文化的敬畏。

[33]天禄石渠：並閣名，在未央宫北，漢末宫廷藏秘書之處，亦爲校書處。《後漢書·班彪傳》："又有天禄石渠，典籍之府。"

[34]蘇君之時：《史記·張儀列傳》張儀曰："蘇君之時，儀何敢言。"蘇指蘇秦，儀指張儀。意謂蘇秦在趙國時，張儀不敢勸秦國伐趙。此當爲陳繼儒之謙詞，意謂不敢對周珽與《選脉》品頭論足。

[35]懸國門：吕不韋《吕氏春秋》成，懸於國門，請人提意見。《史記·吕不韋列傳》載吕不韋使門客作《吕氏春秋》二十餘萬言，"布咸陽市門，懸千金其上，延諸侯游士賓客有能增損一字者予千金"。

[36]眉道人：即陳繼儒。

[37]崇禎乙亥：明崇禎八年（1635）。

二、《唐詩選脉會通序》

憶赤水先生之莅青浦也[1]，余方有識，嘗過治《毛詩》，難古今詩籍，謂詩衰於唐而備於唐。衰者，漢魏樂府之聲變也；備者，長古律絶之音全也。顧唐詩有初、盛、中、晚之不同，統而論之，總發源於《三百篇》，爲天地人心元聲之宣洩遞變，至唐始極耳。其間或以才藻勝，或以風神勝，或以格力勝，或主意、主氣、主虚、主寔，或爲大家、名家，正派、旁流，代不一人，人不一調，雖世有汙隆，而風、雅、頌之元脉千載不斷。惟繼唐作者與説詩者，究心羽翼、溯源砥柱[2]，于詩中奥旨玄諦，瞭若觀火，弗使一元聲韻[3]，墮野狐禪[4]，乃爲得脉也。余去此言三十年，所偶得與今白虎、青藜之列[5]，揚榷古今，無忘此議。凡友人過余齋頭談詩，輒誦。海昌青羊周公，幼從赤水先生學詩，而博洽議論，視赤水覺又遠。於四唐詩，多所發明。余從而縱觀之，更離津而上摻渤水之神經[6]，採魑魅之真誥[7]，列紫臺丹洞之册[8]，緯緑简赤箒之記[9]，鑄丹窮山，燃犀重困，《齊諧》所不悉[10]，葛盧所未諳[11]，無不擷奥搜奇，既騰名於江左，將紙湧於長安[12]，則此《會通》一編，亦可稱九流之津梁、六藝之鈐鍵矣。然豈先楠而室哉[13]？青羊若曰：吾曾大父澹齋有《唐詩選脉》，而余不彰明之，或者前之冠切雲[14]、帶寶璐[15]、雜纖羅、垂霧縠[16]、據青琴[17]、治下女[18]，人不免山鬼而猖狂也[19]；前之登赤天[20]、蒸黄雲[21]、杯青海[22]、呵帝虹、游罕漫[23]、倒三峽，人不免榆枋而蹄涔也[24]；前之界震澤、涉層城、歷群玉、入崑崙、窺岣嶁、覽策府[25]，人不免聚沙而秭米也[26]；前之厭雞跖、快幟蹄、搜龍叙、繹龜疇、抉玄宛、獵浮提[27]，人不免買櫝而還珠也。于是獨開手眼，令夫經者神飛，子者驚夢，文者泣鬼，家者稱鳳，玄者笙簧，禪者空洞，托宿者還家，迷真者歸宗，記亡書如安世[28]，對四座如應奉[29]，解疏屬之拘[30]，辨俣囊之疑，識䶂鼠之義[31]，析金根之辨[32]，剖承天之威斗[33]，洞斛斯之錞于[34]，公叔無所遺其冠[35]，五鹿無所折其角[36]，師古無所擅其長[37]，李善無所逞其技[38]。此發明闡揚一大快筆也，雖有九經庫[39]、五總龜[40]，亦爲嚆矢耳[41]。顧其鞭摩歷四朝，臻厥成焉[42]，豈托縠音以自罔[43]，假蠅聲以塗人耶[44]？故始而窺之若沉淵之網、彌山之罝，弋鵬翔、膾鰲樞、摘天斗、探珊瑚，少而沉思，若揞杖之甲蝄，進絲綸于月窟，霏霏兮忽忽，若出兮若没，終而霍然解豁。然瑩若春冰，夜生波、漲玄冥[45]，而沛乎發矇,不令四唐諸名人沾沾下地哉,且不令學者盡識四唐人詩脉所以衰備之故哉! 昔人致慨藍田之譽晚[46],而云"人不可無年",右軍位遇不勝藍田[47],迺又曰"人不可無子",今澹齋翁得青羊公若孫,而所選唐詩重揭宇宙,而青羊又以鶴髮終先志,而使有唐詩脉永昭日月,所謂老漸於聲律細者[48],非耶? 余因廣其説而弁諸首云。

時崇禎庚午季秋上浣之日[49],木天太史氏長洲陳仁錫書於潛確居[50]。

(據清華大學藏明崇禎八年刻本,參安徽師範大學藏明崇禎八年刻本)

校注:

[1]赤水先生:屠隆。青浦:地名,在今上海青浦區。

[2]砥柱:山名,亦名三門山,原在今河南陝縣東北黄河中,今已没入三門峽水庫中。《史記·夏本紀》:"道河積石,至于龍門,南至華陰,東至砥柱,又東至于盟津。"後人喻指堅强不屈。劉禹錫《詠史》:"世道劇積波,我心如砥柱。"參"中流砥柱"。

[3]一元:事物的開始。《漢書·董仲舒傳》:"《春秋》謂一元之意,一者萬物之所從始也,元者辭之所謂大也。謂一爲元者,視大始而欲正本也。"

[4]野狐禪:禪宗對一些妄稱開悟而流入邪僻者的譏刺語。據説從前有一老人談因果,因錯對一字,就五百生投胎爲野狐。後遇百丈禪師點化,始得解脱。(參見《五燈會元·馬祖一禪師法嗣·百丈懷海禪師》)

[5]"所偶得"句:白虎:指漢宫殿名,在今陝西西安。青藜:本指青藜杖,後指夜讀照明的燈燭。《三輔黄圖》:"劉向於成帝之末,校書天禄閣,專精覃思。夜有老人着黄衣,植青藜杖,叩閣而進。見向暗中獨坐誦書,老父乃吹杖端,煙然,因以見向,授五行《洪範》之文。"

[6]"更離津而上"句:"挼",同"搜"。渤水:古水名。《山海經·北山經》:"(單狐之山)逄水出焉,而西流注于泑水。"

[7]魑魅之《真誥》:魑魅,迷信中的山神、鬼怪,語出《左傳》宣公三年。《真誥》,道教著作,南朝梁陶弘景撰。

[8]紫臺丹洞:紫臺,道家稱神仙所居。見《漢武帝内傳》。丹洞,道觀,王勃《尋道觀》詩:"碧壇清桂閾,丹洞蕭松樞。"亦指仙境。劉禹錫《麻姑山》詩:"雲蓋青山龍卧處,日臨丹洞鶴歸時。"

[9]緑筒赤箭:緑筒,一種竹的名稱,王彪之《閩中賦》:"竹則細箸素筍,彤竿緑筒。"赤箭,箭,同筒。赤箭,當指赤色的竹子。

[10]《齊諧》:古書名,一説人名。《莊子·逍遥遊》:"齊諧,志怪者也。"成玄英疏:"姓齊名諧,人姓名也;亦言書名也,齊國有此俳諧之書也。"

[11]葛盧:古人名,善於辨音,《後漢書·蔡邕列傳》:"葛盧辯音於鳴牛。"

[12]"紙湧"句:用左思《三都賦》成,洛陽人競相傳抄,洛陽爲之紙貴事。

[13]先楠而室:用明人盧楠事,見王世貞文,俟詳考。

[14]冠切雲:屈原《楚辭·九章·涉江》:"帶長鋏之陸離兮,冠切雲之崔嵬。"崔嵬,高貌。言戴崔嵬之冠,高切青雲也。五臣注:切雲,冠名。

[15]寶璐:美玉。屈原《楚辭·九章·涉江》:"被明月兮珮寶璐。"

[16]纖羅:細薄透氣的絲織品。《史記·司馬相如列傳》:"於是鄭女曼姬,被阿錫,揄紵縞,雜纖羅,垂霧縠。"顔師古曰:"纖,細也。霧縠者,言其輕靡如霧,非謂縐文。"可見霧縠指輕如薄霧的紗。

[17]青琴:傳説中的女神名:《史記·司馬相如列傳》:"若夫青琴宓妃之徒,絶殊離俗,姣冶嫺都。"

[18]下女:侍女。屈原《楚辭·九歌·湘君》:"采芳洲兮杜若,將以遺兮下女。"

[19]山鬼:此指山神。猶狂:即猖狂,肆意而行。《莊子·在宥》:"浮游不知所求,猖狂不知所往。"

［20］赤天：南方之天，舊謂九天之一，見屈原《楚辭·天問》"九天之際"漢王逸注。

［21］黄雲：祥瑞之氣。

［22］青海：東方之海，也指傳説中的海上仙山。見《淮南子·地形訓》。

［23］游罕漫：即遊汗漫，世外之遊，形容漫遊之遠。《淮南子·道應訓》："吾與汗漫期于九垓之外。"

［24］"人不免"句：榆枋：榆樹與枋樹，比喻狹小的天地。語出《莊子·逍遥遊》。蹄涔：指容量、體積微小。《淮南子·氾論訓》："夫牛蹄之涔，不能生鱣鮪。"

［25］"前之界震澤"句：震澤，湖名，即今江蘇太湖。層城、昆侖，古代神話傳謂昆侖山有城九重，分三級，下曰樊桐，一名板桐；中曰玄圃，一名閬風；上曰層城，一名天庭，爲太帝所居，上有不死之樹。參見《淮南子·地形訓》等。岣嶁，山名，衡山七十二峰之一。古代神話傳説，禹曾在此得金簡玉書。策府，古代帝王藏書之所。《穆天子傳》卷四："天子北征東還，乃循黑水。癸巳，至於群玉之山。……知阿平無險，四徹中繩，先王之所謂策府。"

［26］"人不免"句：聚沙，即聚沙成塔，積少成多。稊米，稊，形似稗，結實如小米。"太倉稊米"，見《莊子·秋水》："計中國之在海内，不似稊米之在大倉乎？"

［27］"前之厭雞蹠"句：雞蹠：雞足踵，古人視爲美味，見《吕氏春秋·用衆》。"幭蹄"，一作"赫蹄"，意爲紅紙。《漢書·孝成趙后傳》："武發篋中有裹藥二枚，赫蹄書。"應劭曰：赫蹄，薄小紙也。晉灼曰：今謂薄小物爲閩蹄。龍叙，陸倕《石闕銘》："受昭華之玉，納龍叙之圖。"注引揚雄《覈靈賦》："大易之始，河序龍馬，雒貢龜書。"龜疇，相傳大禹治水時天賜禹"洪範九疇"，由"神龜負文而出，列於背，有數至於九。禹遂因而第之以成九類常道"。後以"龜疇"指治理天下的大法。玄宛，或即"玄琬"，亦即"玄瑜"，墓石之美稱。《度人上品妙經》卷三十二"北方八天"有"太玄宛室"。浮提，即閻浮提，佛書中地名。《拾遺記》：周靈王時，浮提國獻善書二人，乍老乍少，或隱或現。

［28］"記亡書"句：用張安世事。張安世，西漢大臣，字子孺，張湯之子，昭帝時任右將軍富平侯。昭帝死，與大將軍霍光定策立宣帝，任大司馬。《漢書·張安世傳》："上行幸河東，嘗亡書三篋，詔問莫能知，唯安世識之，(師古曰：'識，記也，音式志反。')具體作事。後購求得書，以相校無所遺失，上奇其材，擢爲尚書令，遷光録大夫。"(出《漢書》卷五十九《張湯傳》)

［29］"對四座"句：用漢人應奉事。漢朝人應奉字世叔，汝南南頓人，少聰明，讀書五行俱下，記憶力特佳。官至武陵太守，司隸校尉。《後漢書·應奉傳》李賢注引謝承《後漢書》：記載應奉過目不忘，回答衆人問題對答如流，"坐中皆驚"事。宋人章如愚《山堂考索》："張安世記亡書三篋，應奉對四座數千。"這兩句是説周珽博聞强記，口才敏捷。

［30］解疏屬之拘：疏屬之拘，難解的桎梏，比喻難懂的典故或詞語。疏屬，山名。張協《七命》："鑽屈轂之瓠，解疏屬之拘，子欲之乎？"疏屬，山名。《山海經》："貳負殺猰貐，帝乃梏之疏屬之山，桎其右足，反縛兩手。與髮，繫之山上木。(吕向曰：而今大夫喻公子入仕，故鑽屈轂之瓠，使其可用也。今公子自苦於窮險之地，而大夫欲以榮貴及於公子，亦如解此疏屬之拘桎梏也。)"

［31］"辨傒囊"二句：傒囊，精怪名，干寶《搜神記》卷十六："諸葛恪爲丹陽太守，出獵，兩山之間，有物如小兒，伸手欲引人。恪令伸之，仍引去故地，去故地即死。既而参佐問其故，以爲神明。恪曰：'此事在《白澤圖》内，曰："兩山之間，其精如小兒，見人則伸手欲引人，名曰傒囊，引去故地則死。"無謂神明而異之，諸君偶未見耳。'衆咸服其博識。"貖鼠，花斑鼠名，又名豹文鼠，身有斑彩。王楙《野客叢書·豹文貖鼠》："讀《後漢·竇攸家傳》，光武宴百僚於雲臺，得豹文之鼠，問群臣，莫知。惟竇攸曰：'此貖鼠也。'詔問所出，曰見《爾雅》。驗之，果然，賜絹百匹。"李一楫《月令采奇》卷四："諸葛恪知傒囊……竇攸知貖鼠。"故知傒囊與識貖鼠，都是博學多識之意。

［32］"析金根"句：金根，即金根車，以黄金爲飾的根車，帝王所乘。唐李綽《尚書故實》："昌黎生者，名父子也。雖教有義方，而性頗闇劣。嘗爲集賢校理，史傳中有説金根車處，皆臆斷之，曰：'豈其誤歟？必金

銀車。'悉改'根'字爲'銀'字。至除拾遺，果爲諫院不受。俄有以故人子憫之者，因辟爲鹿門從事也。"後因以"金根"爲文字謬改之典。

[33]"剖承天"句：《五雜組》："何承天之識威斗也……斛斯徵之識錞于也。"承天，南朝宋思想家、天文學家何承天，以博物著名。威斗，漢王莽所作，以五色藥石及銅鑄成，像北斗，長二尺五寸，出入令司命負之，以立威厭勝衆兵，故名，同時賜給亡故的大臣。見《漢書·王莽傳》。《金樓子》卷六："元嘉中，張永開元武湖，值古冢上有一銅斗，有柄若酒枓，太祖訪之朝士，莫有識者。何承天曰：此亡新威斗。王莽三公亡，皆以賜之。一在冢內，一在冢外。俄而又啟冢內，得一斗，有銘，書稱'大司徒甄邯之墓'。"

[34]"洞斛斯之錞于"句：錞于，軍樂器，即《周禮》之金錞，也作"淳于"。《國語·晉語五》："戰以錞于、丁寧，儆其民也。"形如圓筒，上大下小，頂上多作虎紐形，可懸掛，常與鼓配合使用。《周書·斛斯徵傳》："又樂有錞于者，近代絕無此器，或有自蜀得之，皆莫之識。徵見之曰：'此錞于也。'衆弗之信，徵遂依干寶《周禮注》，以芒筒揲之其聲極振，衆乃嘆服。"

[35]"公叔"句：駱賓王《上兗州刺史啟》："峻曲岸於鶯谷，時遺公叔之冠。"公叔，即漢人朱穆。"公叔遺冠"，見《後漢書·朱樂何列傳》："（朱）穆字公叔，年五歲，便有孝稱，父母有病，輒不飲食，差乃復常。及壯，耽學，銳意講誦，或時思至，不自知亡失衣冠，顛隊坑岸。"

[36]"五鹿"句：漢代經學家五鹿充宗。此指朱雲辯駁五鹿充宗事。《漢書·朱雲傳》："是時，少府五鹿充宗貴幸，爲《梁丘易》，自宣帝時善梁丘氏說，元帝好之，欲考其異同，令充宗與諸《易》家論，充宗乘貴辯口，諸儒莫能與抗，皆稱疾不敢會，有薦雲者，召入，攝衣登室，抗首而請，音動左右，既論難，連拄五鹿君，（師古曰：拄，刺也。）故諸儒爲之語曰：'五鹿嶽嶽，朱雲折其角。'"劉歆《西京雜記》卷上："長安有儒生曰：'惠莊聞朱雲折五鹿充宗之角，乃歎息曰：繭栗犢反能爾耶？'"

[37]師古：唐代經學家顏師古。

[38]李善：唐代學者，曾注《文選》，以博學著稱。

[39]九經庫：貯藏儒家經典的庫房。喻博學。《新唐書·谷那律傳》："（谷那律）魏州昌樂人也，貞觀中，累補國子博士。黃門侍郎褚遂良稱爲'九經庫'。"

[40]五總龜：亦指博學，是賀知章對殷踐猷的稱呼。顏真卿《曹州司法參軍秘書省麗正殿二學士殷君墓碣銘》："（殷踐猷）博覽群言，尤精《史記》、《漢書》、百家氏族之說，至於陰陽、數術、醫方、刑法之流，無不該洞焉。與賀知章、陸象先、我伯父元孫、韋述友善，賀呼君爲五總龜，以龜千年五聚，問無不知也。"

[41]嚆矢：響箭。因發射時聲先於箭而到，故常用以比喻事物的開端，猶言先聲。《莊子·在宥》："焉知曾史之不爲桀蹠嚆矢也。"

[42]"顧其"句：鞭摩，當指揣摩、琢磨。四朝，四載、四年。

[43]鷇音：鷇，待母哺食的幼鳥，其音當嘈雜紛亂。比喻人言紛紜，是非難定。《莊子·齊物論》："其以爲異於鷇音，亦有辯乎？其無辯乎？"

[44]蠅聲：蒼蠅的聲音，比喻低劣的詩文。

[45]"故始而窺之"數句：若沉淵之網（當指捕魚的網），彌山之罝（罝，捕獸的網），弋鵬翔（弋，用帶繩子的箭射），膾鼇樞（膾，細切的肉、魚），摘天斗（天斗，當指天上的星斗，焦林有《天斗記》），探珊瑚，少而沉思，若搰杖之甲蜩（搰杖，搰同搦，意爲握持，即好像握緊了帶有蟬蛻的木杖。有小心翼翼之意。甲蜩，當作蜩甲，蜩蛻皮後之新外殼。用佝僂承蜩的典故），進綸絲於月竀（絲綸：帝王詔書。《禮記·緇衣》："王言如絲，其出如綸。"孔穎達《疏》："王言初出，微細如絲，及其出行於外，言更漸大，如似綸也。"月竀：月亮的歸宿處。）"霏霏兮忽忽，若出兮若沒，終而霍然解豁。然瑩若春冰，夜生波、漲玄冥（玄冥，水神）。"除見於本文外，亦見於王世貞《弇州四部稿》卷一〇三《七叩》（從"若沉淵之網"到"若出兮若沒"）、史繼偕《清秘閣藏書賦》（《歷代賦匯》卷六二）（從"若沉淵之網"至"漲玄冥"），王世貞爲明代著名文學家，生於 1526 年，卒於 1590 年，其文應當是後兩文的源頭；史繼偕是明後期大臣，官至內閣大學士，生卒年爲（1560—1635），比陳仁錫

（1581—1636）年長二十一歲，故陳仁錫此序中上述文字，肯定是從王世貞及史繼偕之文抄來，史繼偕也是從王世貞處抄來。王、史皆作"若枯杖之蜩甲"，是。即以枯杖承蜩之蛻，以其易碎，須小心翼翼。

[46]藍田之譽晚：用王述事。焦竑《澹園集續集》卷二《崇德録序》："昔晉人以藍田之晚譽謂人不可無年，而右軍遇不勝藍田，又云人不可無子。"

[47]"右軍"句：右軍，王羲之，此事見《世説新語·仇隙》："王右軍素輕藍田（即王述），藍田晚節論譽轉重，右軍尤不平。……藍田密令從事數其郡諸不法，以先有隙，令自爲其宜。右軍遂稱疾去郡，以憤慨致終。"

[48]老漸於聲律細者：杜甫《遣悶戲呈路十九曹長》："晚節漸於詩律細，誰家數去酒杯寬。"

[49]"崇禎庚午"句：崇禎庚午，崇禎三年（1630）。季秋，秋末。上浣，每月的第一個十天，猶今言上旬。

[50]木天太史：即陳仁錫。

三、《唐詩選脉會通評林叙》

昔桑悦謂"詩根太極，乾坤毀，日月息，詩乃收聲"[1]，詩固經古緯今不替者哉[2]！而删後無詩，則何説也[3]？一經巨靈之手[4]，《詩》也即經也[5]，《周禮·春官》[6]，大卿掌教六詩[7]，以六德爲本[8]，六音爲律[9]，豈婆娑呦嘯[10]，佶屈咬嘵[11]，瑀硪宮商[12]，瀺灂羽角乎[12]，而傖者盤拏[13]，據石刻劇以爲工[14]，窈窕含風，科削以示異[15]，誇大風之歌[16]，珍垓下之作[17]，程才于煮豆[18]，採技于撒鹽[19]，神矜春草，豔吐庭花[20]，弋蛙翻出闊之辭[21]，羅札闒洪休之句[22]，作者朋興，選者麻立，乘斗是帝[23]，終是桓公堂上之讀[24]；鬼笑鬼哭，不獲阿難耆婆作其總持[25]。青羊周君，詩學元禮也[26]，染煙擘紙[27]，刻燭成聲[28]，詩出何、李上久矣[29]。閔其束運[30]，緣先世唐選，廣爲删補，詳加評陟。夫周君鍾靈洛水之區，耀穎薇山之秀[31]，砥志雲屯[32]，乘潛雨畜[33]，上窮三皇《真誥》[34]，下底百氏稗官[35]，端居多暇，翰墨時拈，獻歲涼年[36]，兼秋歷夏，疏注則死者有知，詮評則前人復起，既開蜀道之天，更近長安之日[37]，同人不妨鶼翰獨解[38]，無虞夔足[39]，不恨我不見古人，可令古人恨不見我[40]。蓋五鳳樓之巨筆[41]，九龍篆之大鏞也[42]。功德如斯，噫！盛矣。並乾坤日月而不替者矣。詩也，即經也。豈唐室諸公有靈，令冥子爲筆硯伻乎[43]？乃論詩又寧易耶？波斯胡拜砥石于道左[44]，吕老識劉郎大鼻婿[45]，華佗窺人膝上巨蟒[46]，皆從世人皆力莫到處，另出巨眼。故云非作之難而知之難，終唐世，首推李、杜，而《湘靈鼓瑟》，錢起先登[47]；"白練""青山"，徐凝作解[48]；少陵短于絶句，而《西宮》《出塞》，獨首昌齡；青蓮豪宕自喜，而《感遇》古風，終遜伯玉；至旗亭聽詠，亦止并州、常侍數輩焉[49]。甚者，臨海遺譏于算士，盈川蒙嘲于點鬼[50]，義山有祭獺之名[51]，守愚來作僕之誚[52]。甚矣，詩選之難也，必博洽如張司空，而劍不埋光[53]；必淹緯如東方待詔，而驪虞不泯其質[54]。周君兹選，有傾崑取琰之能[55]，辨鼠刻魚之覈[56]，非一代巨靈手乎？行將廣歌聖世上下[57]，本朝纂輯，即謂選後無詩，可也，庸作選詩觀耶？愚公移山精在山[58]，商丘開設淵取珍怪以出[59]，精在淵。周君敲取詩髓[60]，精在詩。雅聞大集，不勝垂涎，幸過上城[61]，遍探瑾圃[62]，習句曉窗，魂驚夜夢，不勝大巫之奪也。爰命奚奴繕寫[63]，固擬焚香頂禮,覆以紅氍,藏諸鶴壁[64],而夜光發屋,出公六館[65],咸以吉光木難相吒[66],度十吏難供[67]。付之剞劂[68],殆以是選爲斯世木鐸歟,夫是選而木鐸斯世,則糠粃之咎,余且任之。

時天王之元禩歲當著雍執除古虞鴻寶倪元璐書于玉堂之廡。[69]

(據清華大學藏明崇禎八年刻本)

校注:

[1]"桑悦"句:桑悦(1447—1503),字民懌,號思玄居士,南直蘇州府常熟(今江蘇常熟)人,成化元年(1465)舉人,三試春闈,以乙榜得泰和訓導,遷長沙府通判,改柳州。丁外艱歸,遂不復出。弘治十六年卒。少讀書博覽,負才名,但爲人任誕狂易,信口譏評古人,敢爲大言,著有《思玄集》十六卷,本文所引其論詩之語見明萬曆二年活字印本《思玄集》卷二《庸言》:"吾詩根於太極,天以高之,地以下之,山以峙之,水以流之,庶物以飛潛動植之,日月宣其明,雷霆發其震,雨露發其潤澤,散之則同元氣流行,收之於心,發之於言,被之管弦,則可以感天地,動鬼神,詩之功用大矣哉,乾坤毀,日月息,詩乃收聲,復歸太極,功用始隱。"朱彝尊《静志居詩話》卷八即對其表示不滿:"(桑悦)在長沙著《庸言》,自詡窮究天人之際,非儒者所知。而曰'吾詩根於太極……'。其言大而誇狂也,幾於悖矣。"

[2]"詩固經古緯今"句:經緯,織物的縱綫和横綫,比喻條理秩序。《左傳·昭二十五年》:"禮,上下之紀,天地之經緯也。"

[3]删後無詩:宋代理學家邵雍詩:"須信畫前元有《易》,自從删後更無《詩》",《雙溪類稿·讀易筆記序》:"河南邵氏曰:'畫前有《易》,删後無《詩》。'"此用孔子删詩事,邵雍認爲,孔子删《詩》,對《詩》的保存與傳播傷害甚大,故云"删後無詩"。後人常對邵雍之論提出責難,如桑悦即如此。

[4]巨靈:古代傳説中擘開華山的河神,此處爲比喻性説法,或指删詩之孔子。

[5]《詩》也即經也:經,經典。指《詩》被奉爲儒家經典。

[6]《周禮·春官》:《周禮》,原名《周官》,也稱《周官經》,西漢末列爲經而屬於禮,故有周禮之名。分爲《天官》《地官》《春官》《夏官》《秋官》《冬官》六篇。

[7]大卿掌教六詩:晉摯虞《文章流別論》:"《周禮》太師掌教六詩,曰風,曰賦,曰比,曰興,曰雅,曰頌。"

[8]以六德爲本:古代稱知(智)、仁、聖、義、忠、和爲六德,見《周禮·地官·大司徒》。

[9]六音爲律:即六律。律爲定音器。相傳黄帝時伶倫截竹爲管,以管的長短,分别聲音的高低清濁,樂律有十二,陰陽各六,陽爲律,陰爲吕。六律即黄鐘、太蔟、姑洗、蕤賓、夷則、無射。又,《周礼·春官·大師》:以六德為之本,以六律为之音。

[10]婆娑呦嘷:呦嘷,爲語氣詞,有"嘖嘖"之義。

[11]佶屈咬嘵:嘵,《詩·豳風·鴟鴞》:"予維音嘵嘵。"嘵嘵,懼也。佶屈,也作詰曲,屈曲之意。韓愈《進學解》:"周誥殷盤,佶屈聱牙。"

[12]瑀碬宫商,瀺灂羽角:瑀,玉石,見《禮記·玉藻》。碬,石頭撞擊。瀺灂,水流聲。這兩句説玉石相撞之聲和水流之聲,均自然合於音律。

[13]傖者盤拏:傖,粗野。盤拏,盤曲糾結貌。杜甫《李潮八分小篆歌》:"八分一字直百金,蛟龍盤拏肉屈强。"

[14]據石刻劖:劖,刺傷。

[15]窈窕含風,科削以示異:窈窕,幽深,美妙。科削,雕刻。《韓非子·説林下》:"刻削之道,鼻莫如大,目莫如小。"

［16］誇大風之歌:漢高祖劉邦稱帝後,回到故鄉,召集故人親友,縱酒盡歡,席間,劉邦擊筑作歌曰:"大風起兮雲飛揚,威加海内兮歸故鄉,安得猛士兮守四方。"後人稱此歌爲《大風歌》。

［17］珍垓下之作:漢高祖五年,楚項羽被漢軍圍於垓下,兵少糧盡,夜聞楚歌四起,以爲漢軍已全面佔領楚地,於是起飲帳中,歌曰:"力拔山兮氣蓋世,時不利兮騅不逝。騅不逝兮可奈何,虞兮虞兮奈若何?"

［18］程才于煮豆:《世説新語·文學》:"(魏)文帝嘗令東阿王七步中作詩,不成者行大法。應聲便爲詩曰:'煮豆持作羹,漉菽以爲汁。其在釜下燃,豆在釜中泣。本是同根生,相煎何太急。'帝深有慚色。"後以煮豆燃萁比喻兄弟相殘。

［19］採技于撒鹽:比喻下雪。《世説新語·言語》:"謝太傅(安)寒雪日内集,與兒女講論文義,俄而雪驟。公欣然曰:'白雪紛紛何所似?'兄子胡兒(謝朗)曰:'撒鹽空中差可擬。'兄女(謝道蘊)曰:'未若柳絮因風起。'公大笑樂。"

［20］庭花:當指《玉樹後庭花》,樂府吳聲歌曲,著名豔曲,陳後主所作。歌詞綺豔,男女唱和,其音甚哀,爲不祥之曲。

［21］弋蛙翻出閨之辭:《全宋詩》卷三〇九"偈頌二十九首":"蝦蟆翻出閨,曲蟮草之長。"《隨園詩話》卷七:"蛙翻白出閨,蚓死紫之長。"弋,本指帶繩子的箭射,引申爲取,此用其義,形容俚俗不通之詩。

［22］羅札閨洪休之句:羅,羅列。《古今譚概·古今笑史》第一部分"宋景文修史"條:"宋景文修唐史,好以艱深之辭,文淺易之説。歐公思有以訓之。一日,大書其壁曰:'宵寐匪禎,剳閨洪休。'宋見之,曰:'非"夜夢不祥,題門大吉"耶?何必求異如此?'歐公曰:《李靖傳》云'震霆不暇掩聰',亦是類也。宋公慚而改之。"此用其事,指冷僻的詩句。

［23］乘斗是帝:《易》:"日中見斗。"孔穎達疏:"處日中盛明之時,而斗星顯見。"《雲笈七簽》卷八:"七星者,斗星也。"古代乘斗爲兵象。

［24］桓公堂上之讀:即輪扁與齊桓公關於讀書與斫輪的對話。見《莊子·外篇·天道》。

［25］"鬼笑鬼哭"二句:王世貞《弇州四部稿》卷一二六《與陳户部晦伯》:"僕於文章無所推讓,顧不自憚,以九州之外,六經之表,不得如阿難耆婆者爲之總持。"此襲其語。阿難,釋迦牟尼從弟,侍釋迦二十五年。耆婆,古印度名醫,梵語爲生命、長壽之意。

［26］詩學元禮:元禮指李膺(110—169),漢穎川襄城人。字元禮,初舉孝廉,桓帝時官至司隸校尉。與太學生首領郭泰等相結交,反對宦官專權。太學生稱之爲"天下楷模李元禮",以得其接見者爲"登龍門"。此處係借用"元禮",爲領袖之意。

［27］染煙擘紙:染煙,磨墨,擘紙,裁紙,此指寫字。

［28］刻燭成聲:刻燭,南齊竟陵王蕭子良,曾夜集學士作詩,刻燭計時,作四韻詩,刻燭一寸爲標準。見《南史·王僧孺傳》。

［29］何、李:指明代前七子領袖何景明、李夢陽。

［30］閔其東運:東運,不詳,當指運氣不佳。或指周珽終身未能入仕。

［31］耀穎薇山之秀:《史記·伯夷列傳》:"武王已平殷亂,天下宗周,而伯夷、叔齊恥之,義不食周粟,隱於首陽山,采薇而食之。及餓且死,作歌。其辭曰:'登彼西山兮,采其薇矣。以暴易暴兮,不知其非矣。神農、虞、夏忽焉没兮,我安適歸矣?于嗟徂兮,命之衰矣。'遂餓死於首陽山。"此用其事。

［32］砥志雲屯:《後漢書·袁紹列傳》:"魚儷漢軸,雲屯冀馬。"

［33］乘潛雨畜:《易·乾》:"時乘六龍以御天。"王弼注:"升降無常,隨時而用,處則乘潛龍,出則乘飛龍,故曰'時乘六龍'也。"

［34］上窮三皇《真誥》:《真誥》,道家著作,南朝陶弘景撰,共二十卷,分爲七篇,記神仙降行書寫歌詩,爲後來扶乩迷信方術所本。

［35］下底百氏稗官:百氏,猶言諸子百家,見《漢書·叙傳》。

［36］獻歲：一年之始。《招魂》：“獻歲發春兮，汨吾南征。”

［37］更近長安之日：晉明帝司馬紹數歲時，其父（元帝）問曰：“汝意謂長安何如日遠？”答曰：“日遠，不聞人從日邊來，居然可知。”元帝異之。明日，集群臣宴會，告以此意，更重問之。乃答曰：“日近。”元帝失色，曰：“爾何故異昨日之言邪？”答曰：“舉目見日，不見長安。”（參見《世說新語·夙惠》），後比喻嚮往帝都而不得至。

［38］同人不妨鶺翰獨解：鶺，比翼鳥。翰，鳥羽。

［39］無虞夔足：《呂氏春秋》：傳說堯任命夔為主持音樂的官，一人已足。《韓非子·外儲說左下》：“哀公問於孔子曰：‘吾聞夔一足，信乎？’……堯曰：‘夔一而足矣，使為樂正。’”

［40］“不恨我不見古人”二句：《南史·張融傳》：“不恨我不見古人，所恨古人又不見我。”此用其意。

［41］“五鳳樓之巨筆”二句：方岳《秋崖小稿》卷七：“五鳳樓之巨筆，九龍簨之大鏞。”為此序所引用。《事文類聚·別集》卷十四記載：宋人韓浦、韓洎兄弟都會作古文，洎瞧不起浦，說：“吾兄為文，譬繩樞草舍，聊庇風雨。予之為文，是造五鳳樓手。”浦竊聞其言，偶得蜀箋，以詩贈洎云：“十樣蠻箋出益州，寄來新自浣溪頭。老兄得此全無用，助汝添修五鳳樓。”

［42］九龍簨之大鏞：九龍簨，古代懸掛鐘磬鼓的架子上的橫樑。九龍，指簨上的飾紋。鏞，大鐘，古代的一種樂器。《文獻通考》：“九龍虡，其上為蟠龍。昔吳闔閭伐楚，破九龍之鐘虡。《淮南子》述之，為其不足法後世故也，其楚人之侈心！”

［43］令冥子為筆硯伻：筆硯伻，用上官婉兒事。上官婉兒為中宗昭容，《新唐書》記載婉兒常代帝、后及長寧、安樂二公主作詩，“眾篇並作，而采麗益新。又差第群臣所賦，賜金爵，故朝廷靡然成風。當時屬辭者，大抵雖浮靡，然所得皆有可觀，婉兒力也。……初，（婉兒之母）鄭方妊，夢巨人畀大稱曰：‘持此稱量天下。’婉兒生逾月，母戲曰：‘稱量者豈爾耶？’輒啞然應。後內秉機政，符其夢云”。

［44］波斯胡拜砥石于道左：《太平廣記》卷四〇二“徑寸珠”條：“近世有波斯胡人，至扶風逆旅，見方石，在主人門外盤桓數日，主人問其故，胡云，我欲石擣帛，因以錢二千求買，主人得錢甚悅，以石與之。胡載石出，對眾剖得徑寸珠一枚，以刀破臂腋藏其內，便還本國，隨船泛海，行十餘日，船忽欲沒，舟人知是海神求寶，乃遍索之，無寶與神，因欲溺胡。胡懼，剖腋取珠，舟人咒云：‘若求此珠，當有所領。’海神便出一手，甚大，多毛，捧珠而去。”（出《廣異記》）

［45］呂老識劉郎大鼻婿：《史記·高祖本紀》：“高祖為人，隆準而龍顏，美須髯，左股有七十二黑子。……單父人呂公善沛令，避仇從之客，因家沛焉。沛中豪桀吏聞令有重客，皆往賀。蕭何為主吏，主進，令諸大夫曰：‘進不滿千錢，坐之堂下。’高祖為亭長，素易諸吏，乃紿為謁曰‘賀錢萬’，實不持一錢。謁入，呂公大驚，起，迎之門。呂公者，好相人，見高祖狀貌，因重敬之，引入坐。蕭何曰：‘劉季固多大言，少成事。’高祖因狎侮諸客，遂坐上坐，無所詘。酒闌，呂公因目固留高祖。高祖竟酒，後。呂公曰：‘臣少好相人，相人多矣，無如季相，願季自愛。臣有息女，願為季箕帚妾。’酒罷，呂媼怒呂公曰：‘公始常欲奇此女，與貴人。沛令善公，求之不與，何自妄許與劉季？’呂公曰：‘此非兒女子所知也。’卒與劉季。呂公女乃呂后也，生孝惠帝、魯元公主。”

［46］華佗窺人膝上巨蟒：干寶《搜神記》卷三：“劉勳為河內太守，有女年幾二十，苦腳左膝裏有瘡，癢而不痛。瘡愈，數十日復發。如此七八年。迎（華）佗使視，曰：‘是易治之。當得稻糠黃色犬一頭，好馬二匹。’以繩繫犬頸，使走馬牽犬，馬極輒易。計馬走三十餘里，犬不能行，復令步人拖曳。計向五十里，乃以藥飲女，女即安臥，不知人。因取大刀，斷犬腹近後腳之前，以所斷之處向瘡口，令二三寸停之。須臾，有若蛇者從瘡中出，便以鐵椎橫貫蛇頭。蛇在皮中動搖良久，須臾不動，乃牽出。長三尺許，純是蛇，但有眼處，而無童子，又逆鱗耳。以膏散著瘡中，七日愈。”

［47］《湘靈鼓瑟》，錢起先登：《舊唐書·錢徽傳》：“錢徽字蔚章，吳郡人。父起，天寶十年登進士第。起能五言詩。初從鄉薦，寄家江湖，嘗於客舍月夜獨吟，遽聞人吟於庭曰：‘曲終人不見，江上數峰青。’起愕然，

攝衣視之,無所見矣,以爲鬼怪,而志其一十字。起就試之年,李暐所試《湘靈鼓瑟詩》題中有'青'字,起即以鬼謡十字爲落句,暐深嘉之,稱爲絶唱。是歲登第,釋褐秘書省校書郎。大曆中,與韓翃、李端輩十人,俱以能詩,出入貴遊之門,時號'十才子',形於圖畫。起位終尚書郎。"

[48]"白練""青山",徐凝作解:唐人范攄《雲溪友議》載:白居易爲杭州刺史,詩人徐凝、張祜均求其首薦。白更欣賞徐凝的"今古長如白練飛,一條界破青山色",故徐凝爲首薦,張祜失意而歸。皮日休曾爲張祜抱不平,作《論白居易薦徐凝屈張祜》,又作《登池州九峰樓寄張祜》詩云:"誰人得似張公子,千首詩輕萬户侯。"此事遂成爲唐代文學史上的一椿公案。

[49]至旗亭聽詠,亦止并州、常侍數輩焉:并州即王之涣,常侍即高適。唐人薛用弱《集異記》:"開元中,詩人王昌齡、高適、王涣之齊名,時風塵未偶,而遊處略同。一日,天寒微雪,三詩人共詣旗亭,貰酒小飲,忽有梨園伶官十數人登樓會讌,三詩人因避席隈映,擁爐火以觀。俄有妙妓四輩,尋續而至,奢華艷曳,都冶頗極。旋則奏樂,皆當時之名部也。昌齡等私相約曰:'我輩各擅詩名,每不自定其甲乙。今者可以密觀諸伶所謳,若詩入歌詞之多者則爲優矣。'俄而,一伶拊節而唱,乃曰:'寒雨連江夜入吳,平明送客楚山孤。洛陽親友如相問,一片冰心在玉壺。'昌齡引手畫壁曰:'一絶句。'尋又一伶謳曰:'開篋淚沾臆,見君前日書。夜臺何寂寞?猶是子雲居。'適則引手畫壁曰:'一絶句。'尋又一伶謳之曰:'奉帚平明金殿開,强將團扇共徘徊。玉顔不及寒鴉色,猶帶昭陽日影來。'昌齡則又引手畫壁曰:'二絶句。'涣之自以得名已久,因謂諸人曰:'此輩皆潦倒樂官,所唱皆巴人下俚之詞耳。豈《陽春白雪》之曲,俗物敢近哉!'因指諸妓之中最佳者曰:'待此子所唱,如非我詩,吾即終身不敢與子爭衡矣。脱是吾詩,子等當須列拜床下,奉吾爲師。'因歡笑而俟之。須臾,次至雙鬟發聲,則曰:'黄沙遠上白雲間,一片孤城萬仞山。羌笛何須怨楊柳?春風不度玉門關。'涣之即揶揄二子曰:'田舍奴,我豈妄哉!'因大諧笑。諸伶不喻其故,皆起詣曰:'不知諸郎君何此歡噱?'昌齡等因話其事。諸伶競拜曰:'俗眼不識神仙,乞降清重,俯就筵席。'三子從之,飲醉竟日。"(据《顧氏文房小説》本)

[50]"臨海"二句:臨海即駱賓王,盈川即楊炯。魏慶之《詩人玉屑》卷十一:"王、楊、盧、駱有文名,人議其疵曰:'楊好用古人姓名,謂之點鬼簿;駱好用數對,謂之算博士。'"

[51]義山有祭獺之名:宋吴炯《五總志》:"唐李商隱爲文,多檢閲書史,鱗次堆集左右,時謂爲獺祭魚。"

[52]守愚來作僕之誚:守愚,晚唐詩人鄭谷之字。作僕之誚,魏慶之《詩人玉屑》卷十二:"陳去非嘗謂余言:唐人皆苦思作詩,所謂'吟安一個字,撚斷數莖鬚','句向夜深得,心從天外歸','蟾蜍影裏清吟苦,蚱艋舟中白髮生'之類者是也。故造語皆工,得句皆奇,但韻格不高,故不能參少陵之逸步。後之學詩者,儻能取唐人語而掇入少陵繩墨步驟中,此速肖之術也。余嘗以此語少藴,少藴云:李益詩云:'開門風動竹,疑是故人來。'沈亞之詩云:'徘徊花上月,虚度可憐宵。'皆佳句也。鄭谷掇取而用之,乃云:'睡輕可忍風敲竹,飲散那堪月在花。'真可與李、沈作僕奴。由是論之,作詩者興致先自高遠,則去非之言可用;儻不然,便與鄭都官無異。"

[53]必博洽如張司空,而劍不埋光:《後漢書·杜林傳》:"京師士大夫,咸推其博洽。"張司空,晉人張華,官至司空。張華以博學著稱,著有《博物志》。《太平御覽》卷三四三引《雷焕別傳》:"晉司空張華夜見異氣起牛斗,華問焕見之乎?焕曰:'此謂寶劍氣。'"詳見《晉書·張華傳》。

[54]必淹緯如東方待詔,而騶虞不泯其質:東方待詔,即漢武帝時人東方朔,以滑稽多智著稱。騶虞,傳説中的仁獸。《詩·召南·騶虞》:"彼茁者葭,壹發五豝,於嗟乎騶虞。"《傳》:"騶虞,義獸也。白虎黑文,不食生物,有至信之德則應之。"

[55]傾崑取琰:見《文心雕龍·誇飾》。意謂將昆山翻個個兒,盡取其美玉。《尚書·胤征》:"火炎崑岡,玉石俱焚。"孔《傳》:"昆山出玉。"琰,美玉。

[56]辨鼠刻魚之覈:《竇氏家傳》曰:竇攸治《爾雅》,舉孝廉爲郎,世祖與百寮大會靈臺,得鼠,身如豹文,焚之光澤,世祖異之,問群臣莫知。唯攸對曰,名鼮鼠。詔問何以知之,攸曰,見《爾雅》。詔案視書,如攸

言,賜帛百疋,詔諸侯子弟,從攸受《爾雅》。刻魚,《爾雅翼》:"張華請用蜀桐材刻魚形,扣之,音聞數里。"

[57]行將賡歌聖世上下:《書·益稷》:"乃賡載歌曰:'元首明矣! 股肱良哉,庶事康哉!'"後謂作歌唱和爲賡歌。

[58]愚公移山:事見《列子·湯問》。

[59]"商丘開"句:商丘開,商丘,復姓,開,名。傳説中的仙人,見《列子·黄帝篇》,言其人能蹈水火而身不焦溺,或救覆舟,或才口含水噴出而滅大火。曾從深淵中取出珍寶。

[60]周君敲取詩髓,精在詩:唐人元兢有《詩髓腦》,詩髓,即詩之精華。

[61]幸過上城:城,臺階。班固《西都賦》:"於是左城右平,重軒三階。"《三輔黄图》卷二:"青瑣丹墀,左城右平。"

[62]璚圃:璚,即瓊、玦,詩文中常用來稱神仙的園圃有。

[63]爰命奚奴繕寫:奚奴,奴僕,《周禮·天官叙官》有"奚",無"奚奴",鄭玄《注》曰:"古者從坐男女,没入縣官爲奴,其少才知,以爲奚,今之侍史官婢。或曰:'奚,官女。'"李商隱《李賀小傳》:"恒從小奚奴騎距驢,背一古破錦囊,遇有所得,即書投囊中。"

[64]覆以紅氍,藏諸鶴壁:氍毹,毛織的地毯,舊時演戲時多用來鋪在地上或臺上,因此常用"氍毹"或"紅氍毹"代稱舞臺。鶴壁,本爲地名,在今河南省境内,周朝衛懿公以好養鶴知名,曾在朝歌宫廷西北等處養鶴,鶴壁因"鶴棲南山峭壁"而得名。此處鶴壁,當指山中佳處,"藏諸鶴壁"或有司馬遷"藏之名山,傳之其人"之意。

[65]夜光發屋,出公六館:六館,國子監之別稱。唐制,國子監領國子學、太學、四門、律學、書學、算學,統稱六館。宋元之後,漸加合併,但仍習稱六館。

[66]咸以吉光木難相吒:吉光,傳説中的古代神獸名,一説神馬名。木難,碧色的寶珠。傳説爲金翅鳥沫所化成。曹植《美女篇》:"明珠交玉體,珊瑚間木難。"

[67]度十吏難供:《唐摭言》卷十一"長沙日試萬言條":"王璠,辭學富贍,非積學所致。崔詹事廉問,特表薦之於朝。先是試之於使院,璠請書史十人,皆給硯,璠衫綯押腹,往來口授,十吏筆不停輟。首題《黄河賦》三千字,數刻而成;復爲《鳥散餘花落》詩二十首,援毫而就。時忽風雨暴至,數幅爲迴飆所卷,泥滓沾漬,不勝舒卷。璠曰:'勿取,但將紙來!'復縱筆一揮,斯須復十餘篇矣。時未亭午,已構七千餘言。詹事傳語試官曰:'萬言不在試限,請屈來飲酒。'《黄河賦》復有僻字百餘,請璠對衆朗宣,旁若無人。"

[68]付之剞劂:剞劂,刻刀。《淮南子·俶真訓》:"鏤之以剞劂。"後因泛稱書籍雕版爲剞劂。

[69]"天王之元禩"句:天王之元禩,天王,崇禎帝;元禩,元年。著雍,戊的異名;執除,辰的異名。戊辰年,即崇禎元年(1628)。

四、舊序

名山巨嶽,斷連蠢突,歷平原、逾江河,亘綿無紀,而總發脉于崑崙,黄河之曲折,江湖之浩淼,奔騰橫逸,朝宗巨海,而星宿岷山則其發源之處,故《圖》《書》開文字之祖,而《風》《雅》爲詩教之源[1],至今所以發舒性靈,指陳時事,宣豳皇風,助流政教,孰非寄靈於詩哉?彼其映古今、光宇宙而與世罔極者[2],不徒摘章飾句[3],而直有一脉以神行其際也。顧脉之淵微變幻,政不容易而言矣。披精抉幽,開示蕴奥,其脉邇;悟意私淑,神交千古,其脉遠;氣味識趣,符合印證,其脉顯;迹往象化,傳火流金,其脉微;切理依義,繩尺畫一,其脉正;翻局變體,超格獨詣,其脉奇。自康衢發詠[4],歷虞夏殷周,而風雅頌振響于域中,援引天地,比類庶物,優柔而不傷,婉曲而多致,其妙運真可裁成輔相而參贊化育已[5]。兩漢六朝,名流輩出,騷賦古詞,體裁迭換,無非爭妍于句字,競麗于篇章,而精意消歇[6],孰能登壇主盟,而上符《三百》之旨哉。李唐以詩治世,而學士家以詩爲用,文人墨客,極慮精研,意在筆先,變古爲律,體制愈出而愈奇,若沈、宋之超特奇峭[7],王、孟之神檢渾涵,李、杜之雄偉精粹,高、岑之峻拔婉縟,韋、柳之平淡和雅,其大較也。洗晉、宋之柔靡[8],黜陳、隋之綺麗[9],而溯真脉於風雅頌,洵如泰華之主西崑而江湖之歸東海也。要知勦言拾迹[10],衣冠總非優孟之真[11],聚精會神,征誅可紹揖遜之統[12],唐詩雖沿制于藻繪[13],原有一種神理不可磨之處,斯能跨絶時流,永垂不朽,而周、秦以後,於斯爲盛也。尚論者審之。

時成化己丑年孟春日[14],澹齋逸叟周敬尚禮父識于湖山小隱堂。[15]

(據清華大學藏明崇禎八年刻本)

校注:

[1]"《風》《雅》"句:"詩教"指《詩經》怨而不怒、温柔敦厚的教育作用。《禮記·經解》:"孔子曰:'入其國,其教可知也。其爲人也,温柔敦厚,《詩》教也。'"

[2]罔極:無窮盡。《詩·小雅·蓼莪》:"欲報之德,昊天罔極。"

[3]摛章飾句:義同"摛句繪章"。指雕琢文字章句,增加文采。《新唐書·文藝傳上序》:"唐有天下三百年,文章無慮三變。高祖、太宗,大難始夷,沿江左餘風,摛句繪章,揣合低卬,故王、楊爲之伯。"又作"摛章繪句",見真德秀《謝除翰林學士表》。

[4]"自康衢發詠"三句:《列子·仲尼》:堯治天下五十年,不知天下理亂,堯乃微服遊於康衢,聞兒童謡曰:"立我蒸民,莫匪爾極。不識不知,順帝之則。"堯喜問曰:"誰教爾爲此言?"童兒曰:"我聞之大夫。"問大夫,大夫曰:"古詩也。"堯還宫,召舜,因禪以天下。舜不辭而受之。此指其事。

[5]"裁成"句:裁成輔相,《易·泰·象》:"天地交,泰;后以財成天地之道,輔相天地之宜,以左右民。"化育,化生長育。《禮記·中庸》:"能盡物之性,則可以贊天地之化育。"又可指教化培育。

[6]精意消歇:精意,精心一意,誠意。《國語·周語上》:"精意以享,禋也。"范仲淹《推委臣下論》:"聖帝明王,常精意於求賢。"

[7]"若沈、宋"數句:列舉了唐代著名詩人(或詩人群體)及其主要風格特徵:沈佺期、宋之問"超特奇峭";王維、孟浩然"神檢渾涵";李白、杜甫"雄偉精粹";高適、岑參"峻拔婉縟";韋應物、柳宗元"平淡和雅",所言均極爲精到。

[8]洗晉、宋之柔靡:《文心雕龍》:"晉世群才,稍入輕綺,采縟於正始,力柔於建安。"

[9]黜陳、隋之綺麗:韓愈《薦士》詩:"齊梁及陳隋,衆作等蟬噪。"

[10]"勦言拾迹"二句:即勦拾,抄襲別人的言論以爲之説。《禮記·曲禮上》:"毋勦説,毋雷同。"

[11]衣冠總非優孟之真:用"優孟衣冠"之典。

[12]征誅可紹揖遜之統:《周易·革》:"揖遜者見其德,故稱龍;征誅者見其威,故稱虎。"此用其意。

[13]藻繪:彩色的繡紋,錯雜華麗的色彩。《史記·平準書》:"乃以白鹿皮方尺,緣以藻繢,爲皮幣,直四十萬。"

[14]成化己丑年孟春日:成化,明憲宗朱見深年號,己丑年,公元1469年。

[15]澹齋逸叟:周敬之號。

- ·303· -

五、自叙

詩能窮人[1],久誣風雅,請下一轉語,以人能窮詩,爲風雅白謗。生乏詩才,尤尠詩福。舞象嗜詩[2],幾成子夕之癖,似有詩緣。竊謂鳥啼花落,空虛詩趣;嶰竹桐琴[3],三五詩景;玄鳥雲門[4],南風壤擊[5],聲律勾萌,九叙歌功[6],猶慚頌德,賦詠宗元,會性情之詩,以會夫篇什,而詩脉斯真。詩不本之性情[7],安知今日不經人道之語,不爲陳陳之粟,如敬美所云乎?故曰詩有别才,非關書也[8]。宣父删《詩》而正變悉陳[9],美刺具備,以正人心,蓋千古絶調,百王龜鑑哉!自《三百》,變而《離騷》,而古體,而近體,唐推僞肸以進士法,兼采風法[10],一代文章,亦一代功令,氣運所關,寧可漫言,必與作者嚶鳴[11],乃能羽翼風雅[12],天代聲教,振起雅化,翔洽凡夫,資獻納饗,賓興歌飲,帳奏凱旋。以至鶯花流帳,鴻雲寄想[13],靡不以詩揄揚休美,而卒多吴歈陋習[14],馬上好聲,甚則寶禁佅之音[15],法僧伽之傳[16],讀者如入夜郎王國焉[17]。無論漢、魏、六朝不堪方駕[18],即北地、信陽,難踵後塵。秦王脉絶於舉鼎[19],力不足而徒湧胸中之思,必有絶脉之患。詩之溺也,匪四唐莫砥,選者未易僕數,而鶴截蛇添[20],鍥舟射覆,認摘錦於衲被[21],慕鴛繡爲金針[22],動以大曆之後先分河漢[23],皆從花客裹看花,足窺唐之下駟乎?令人欲投祖龍之炬,用深杞慮,謬爲甲乙,大風揚沙,五色昏眯,繁音嘈雜,五音失倫,傳詩嫡系,若跫然足音,會搜家藏,得先世夙譜于焆朽熠滅之餘,子長遠修重黎之業[24],余何多讓焉。室而弗構,餒鬼興嗟[25],因棄去帖括[26],遵其脉而删補之。昆明應制,沈、宋工力悉敵,而後勁居先[27];黄鶴金陵,崔、李各自爲雄,而千古並立。少陵宗工,彳亍浣花,不獲曲江一席[28],衮鉞之難,等于操觚[29]。大要奪反始之功,折諸體之辨[30]。律絶兼收,風騷互録,有所删而無敢買鄭櫝而還珠,有所補而無敢寶燕石以爲玉[31],夫博洽以資引證,即景不必强符,故思君流水,高臺悲風[32],可補也;而傾奚囊以綴錦[33],罄書簏以蠹文[34],概從删。悲歌可以當泣,長嘯所以舒懷[35],故美人琅玕,秋風團扇[36],可補也;而借衣冠於優孟[37],貌神彩於趙郎[38],概從删。才同楛矢以急張[39],思並朱弦而緩發[40],故子虛百日,古鏡千年[41],可補也;而鬥奇于擊缽[42],逞捷于揮毫,概從删。陽春豔于下里,黄鐘昭於瓦缶[43],故賦讀千首,謡采半詞[44],可補也;而棄腐鼠于元和[45],享千金于敝帚[46],概從删。路蕟出于土鼓[47],篆籒生于鳥迹,故體變興同,調殊理一,可補也;而收柏梁之餘材,貯武昌之剩竹[48],概從删。片言明百意,坐馳役萬景[49],故寫狀目前,含情言外,可補也;而覓奇險于字字,累枝葉于節節,概從删。統期風雅之脉而止,顧陶陰莫辨[50],普晉無分,詩脉之厄,弊獨在選哉。弊中於謏聞而野芊跳脱之識[51],安廣也。弊中於筌蹄,而美人君子之句[52],貴窮也。弊中于黎丘之智,而詩者歌言之教[53],貴通也。弊中于自薾之蠶,而西河考亭之見[54],貴融也。則釋爲鈴鐸,而評乃鼓吹也,聰不徹季子之聽[55],而臨平之石鼓無聲,見不破高叟之固[56],而鵾雞之弦不響[57],神不克晤對于論世,而寶倕斤而認標[58],指胸不能茹,益于多識,而拾餘唾、而索殘羹。爰是廣爲採摭,疏其奥義,徵奇于名宿,抉秘于鉛槧,審雌黄于玄晏[59]，定朱紫于南許[60]，馬練虱輪[61]，皆力盡竭，越二十年而竣業。夫漢人説經，雖天親父子，未嘗苟同[62]，典午著述，爲史家領袖[63]，意逐情生[64]，筆隨人異，余持二法，參印詩眼，亦狐裘而羔袖耳[65]。豈爲郭象注《莊》，皇甫謐評《三都》[66]，足應雞林之求歟[67]？□倪鴻寶、陳明卿、陳眉公三先生見而閲竟[68]，謂余云：子之集如弈秋定譜，又如張湯斷獄，可絕後人而並廢前人之所譜，能翻前案而不爲後人之所翻，譽高黃絹，價貴烏絲[69]，其速爲文信之黝母，作中郎之秘[70]。余曰：是役也，特假先世青本，自揣不成藍深也，昔白香山以酒罍詩篋爲友，一生功課强半在草堂吟詠間[71]，余亦以此作咽食生涯，且也金臺選鱸[72]，膾炙百代，而眉山譏其强作解事[73]，束廣微《補笙詩》[74]，議者以爲失于無聲之元，周郎顧曲誤，更有顧聽曲之誤，方抱突釜之懼，歌于國門[75]，名山參一座乎？三先生固言《春秋》筆削，裁自聖心，猶非孔氏《春秋》，此舉鼻祖《三百》，上續删後之篇，可私自剖腹[76]，令偷兒夜窺其室乎？力强之，勉付殺青。嘻！詩窮人耶，人窮詩耶。聽之和者，庸自爲能乎？夫有所變之也，告成事而已，倘世以不祥訾余，將廢識返聽，退而處于巴人之國。

　　海昌青羊子周珽識于於止齋。[77]

（據清華大學藏明崇禎八年刻本）

校注：

　　[1]詩能窮人，久誣風雅：詩能窮人，是歐陽修對梅堯臣詩的評價，其《梅聖俞詩集序》曰："予聞世謂詩人少達而多窮。夫豈然哉？蓋世所傳詩者，多出於古窮人之辭也。凡士之藴其所有而不得施於世者，多喜自放於山巔水涯，外見蟲魚、草木、風雲、鳥獸之狀類，往往探其奇怪。内有憂思感憤之鬱積，其興於怨刺，以道羈臣、寡婦之所歎，而寫人情之難言，蓋愈窮則愈工。然則非詩之能窮人，殆窮者而後工也。"這就是著名的"詩能窮人"説，周珽則反對此説，認爲其"久誣風雅"。

　　[2]舞象嗜詩，幾成子夕之癖：舞象，古武舞名。《禮記·内則》："成童，舞象，學射御。"成童，謂十五以上。舞象，武舞也。子夕，人名。《國語·楚語上》："屈到嗜芰。""屈到，楚卿屈蕩之子子夕。芰，菱也。"或指此事。此句説自己十來歲時即對詩歌有特别的愛好，如同子夕之嗜食菱。

　　[3]嶰竹桐琴：嶰竹，相傳黃帝命泠綸取嶰谷之竹作樂器，後因泛稱簫笛等樂器爲嶰竹。桐木可制琴瑟，因以桐琴指琴瑟。

　　[4]玄鳥雲門：玄鳥，燕子，因其羽毛黑，故名。《詩·商頌·玄鳥》："天命玄鳥，降而生商。"相傳爲葛天氏樂八篇之一。《吕氏春秋·古樂篇》："昔葛天氏之樂，三人操牛尾，投足以歌八闋，一曰《載民》，二曰《玄鳥》。"雲門，周六舞之一，即《雲門大卷》，大司樂用以教公卿大夫之子弟。相傳爲黃帝時製，又可作爲樂曲之美稱。

　　[5]南風壤擊：南風，古詩名。相傳虞舜作五弦琴，歌《南風》。

　　[6]九叙歌功，猶慚頌德：《書·禹書·大禹謨》：禹曰："於！帝念哉！德惟善政，政在養民。水、火、金、木、土、穀惟修，正德、利用、厚生惟和，九功惟叙，九叙惟歌。"

　　[7]"詩不本之性情"數句：王世懋（字敬美）《藝圃擷餘》："世人厭常喜新之罪，夷于貴耳賤目。自李、何之後，繼以于鱗，海内爲其家言者多，遂蒙刻鶩之厭。驟而一士能爲樂府新聲，倔强無識者，便謂不經人道語，目目上乘，足使耆宿盡廢。不知詩不惟體，顧取諸情性何如耳？不惟情性之求，而但以新聲取異，安知今日不經人道語，不爲異日陳陳之粟乎？"

　　[8]故曰詩有别才，非關書也：嚴羽《滄浪詩話·詩辨》："夫詩有别材，非關書也；詩有别趣，非關理也。"

此用其意。

[9]宣父删《詩》而正變悉陳，美刺具備：《史記·孔子世家》曰："古者詩三千餘篇，及至孔子去其重，取可施於禮義……三百五篇，孔子皆弦歌之，以求合《韶》《武》《雅》《頌》之音。"後人多信其説，但也有不同的聲音，如唐人孔穎達《詩譜序疏》即言："如《史記》之言，則孔子之前，詩篇多矣，案書傳所引之詩，見在者多，亡逸者少，則孔子所録不容十分去九，馬遷言古詩三千餘篇，未可信也。"本文肯定孔子删詩之説。現代學界的基本觀點是，《詩經》可能經過後人整理，至於是否出自孔子一人之手，則在疑似之間。正變，《詩經》的正風、正雅和變風、變雅。美刺，《詩經》具備的歌頌稱美、諷刺規諫等社會功能。《毛詩序》："故詩有六義焉：一曰風，二曰賦，三曰比，四曰興，五曰雅，六曰頌。上以風化下，下以風刺上，主文而譎諫，言之者無罪，聞之者足以戒，故曰風。至于王道衰，禮義廢，政教失，國異政，家殊俗，而變風、變雅作矣。國史明乎得失之迹，傷人倫之廢，哀刑政之苛，吟詠情性，以風其上，達於事變，而懷其舊俗者也。故變風，發乎情，止乎禮義。發乎情，民之性也；止乎禮義，先王之澤也。是以一國之事，繫一人之本，謂之風。言天下之事，形四方之風，謂之雅。雅者，正也，言王政之所由廢興也。政有小大，故有小雅焉，有大雅焉。頌者，美盛德之形容，以其成功，告於神明者也。是謂四始，詩之至也。"

[10]唐推偶胐以進士法，兼采風法：當指唐代以詩賦取士之法。胐，傳佈。

[11]必與作者嚶鳴：嚶鳴，鳥相和鳴。比喻朋友間同聲相應同氣相求。《詩·小雅·伐木》："嚶其鳴矣，求其友聲。"

[12]"乃能羽翼風雅"數句：翔洽，和洽。孔文仲《制科策》："皇帝詔曰：在昔明王之治天下，仁風翔洽，德澤汪濊。"董其昌《少司徒方采山公九十壽序》："今天子久道成化，和氣翔洽。"

[13]以至鶯花流帳，鴻雲寄想：鴻雲寄想：《全北齊文》卷八尹義尚《與徐僕射書》："漳濱江涘，眇若天涯，去雁歸鴻，雲飛難寄。瞻言鄉國，泣珠淚而盈懷，寤寐德音，仰煙霞而疾首。"或爲其出處。

[14]吳歈陋習：吳歈，吳地的歌曲。《招魂》："吳歈蔡謳，奏大吕些。"

[15]馬上好聲，甚則寶禁侏之音：禁侏之音，指古代少數民族的音樂。《公羊》謂夷樂爲禁侏。

[16]法僧伽之傳：僧伽（628—710），唐時西域人，姓何。龍朔初到楚州，後至長安，居薦福寺。李白有《僧伽歌》。參《太平廣記》卷九六引《異僧》。

[17]讀者如入夜郎王國焉：此用夜郎自大之典。夜郎是漢代我國西南地區的一個小國。《史記·西南夷列傳》："滇王與漢使者言曰：'漢孰與我大？'及夜郎侯亦然。以道不通故，各自以爲一州主，不知漢廣大。"後喻指人妄自尊大。

[18]"無論漢、魏、六朝不堪方駕"二句：北地，李夢陽；信陽，何景明。杜甫《戲爲六絶句（其五）》："竊攀屈宋宜方駕，恐與齊梁作後塵。"此反用其意。

[19]秦王脉絶於舉鼎：《史記·秦本紀》云："武王有力好戲，力士任鄙、烏獲、孟説皆至大官。王與孟説舉鼎，絶臏。八月，（按：悼武四年）武王死，族孟説。"烏獲、任鄙皆秦悼武王時人。《孟子·告子下》云："然則舉烏獲之任，是亦爲烏獲而已矣。"趙歧注："烏獲，古之有力人也。"揚雄《法言·淵騫》"君子絶德，小人絶力"注：《秦本紀》："舉鼎絶臏。"《集解》引徐廣曰："一作'脉'。"弘範所據《史記》，字蓋作"脉"，故云"崩中"。《内經·陰陽別論》云："陰虚陽搏謂之崩。"王注云："陰脉不足，陽脉盛搏，則内崩而血流下。"即其義。

[20]鶴截蛇添：鶴截，《莊子·駢拇》："鳧脛雖短，續之則憂；鶴脛雖長，斷之則悲。"

[21]認摘錦於衲被：摘錦，摘取詩文的精華。衲被：僧人之被子，有"百衲"之義，禪家常言"衲被蒙頭萬事休"。

[22]慕鴛繡爲金針：陳應行《吟窗雜録》卷十："白樂天云：'鴛鴦繡了從教看，莫把金鍼度與人。'元好問《論詩詩》：'暈碧裁紅點綴勻，一回拈出一回新。鴛鴦繡了從教看，莫把金鍼度與人。'"此用其意。

[23]動以大曆之後先分河漢：嚴羽《浪浪詩話·詩辨》："論詩如論禪：漢魏晉與盛唐之詩，則第一義也。大曆以還之詩，則小乘禪也，已落第二義矣。晚唐之詩，則聲聞、辟支果也。學漢魏晉與盛唐詩者，臨濟下也。

學大曆以還之詩者,曹洞下也。"《滄浪詩話·詩評》:"大曆以前,分明别是一副言語;晚唐,分明别是一副言語;本朝諸公,分明别是一副言語。"

　　[24]子長遠修重黎之業:子長,即司馬遷。重黎,重與黎,爲羲、和二氏之祖先。《書·吕刑》:"乃命重、黎,絶地天通,罔有降格。"孔疏:"重即羲,黎即和。堯命羲和世掌天地四時之官,使人神不擾,各得其序。"此句説司馬遷繼承了其父司馬談的事業,完成了《史記》這一巨著。

　　[25]室而弗構,餒鬼興嗟:用若敖鬼之事。若敖氏之後代楚國令尹子文,擔心其侄越椒將使左路敖氏滅宗,臨死時聚其族人,泣曰:"鬼猶求食,若敖氏之鬼不其餒而?"後來若敖氏終因椒的叛楚而滅絶。事見《左傳·宣公四年》。

　　[26]因棄去帖括:帖括,本爲唐代科舉考試應試之法,明經科以帖經試士,將經文貼去若干字,令應試者對答。後來泛指科舉應試文章,明清時指八股文。此處或指廢去帖括式、八股式評詩、選詩之法,遵循詩脉而行。

　　[27]昆明應制,沈、宋工力悉敵,而後勁居先:《唐詩紀事》卷三:"中宗正月晦日幸昆明池賦詩,群臣應制百餘篇。帳殿前結彩樓,命昭容選一首爲新翻御製曲。從臣悉集其下,須臾紙落如飛,各認其名而懷之。既進,唯沈、宋二詩不下。又移時,一紙飛墜,競取而觀,乃沈詩也。及聞其評曰:'二詩工力悉敵。沈詩落句云"微臣雕朽質,羞睹豫章材",蓋詞氣已竭。宋詩云"不愁明月盡,自有夜珠來",猶陟健舉。'沈乃伏,不敢復争。"

　　[28]少陵宗工,彳亍浣花,不獲曲江一席:浣花,杜甫於安史之亂中避難成都,得友人幫助,建浣花草堂,此指其事。曲江乃唐朝士子中進士後歡宴之地,習稱"曲江宴",杜甫終身未第,所以無資格參加。

　　[29]袞鉞之難,等於操觚:袞鉞,袞,君王或三公的禮服。鉞,兵器名,像斧子,也可用作儀仗。袞鉞,表示在朝廷身居高位、位極人臣。范祖禹《北京謝上表》:"終叨袞鉞之榮,重被翰垣之寄。"韓元吉《信州新作二浮橋記》:"侯吴越之裔也,家世袞鉞而淡如寒素。"操觚,執簡,謂作文。陸機《文賦》:"或操觚以率爾,或含毫而邈然。"這兩句説想位極人臣或寫出好詩,都是很難做到的。

　　[30]奪反始之功,折諸體之辨:反始,返回本源或根本。《禮記·禮器》:"禮也者,反本脩古,不忘其初者也。"張居正《雜著》:"天下之事,極則必變,變則反始,此造化自然之理也。"

　　[31]寶燕石以爲玉:燕石,燕山所産的一種類似玉的石頭。《山海經·北山經》:"北百二十里,曰燕山,多嬰石。"晉郭璞注:"言石似玉,有符彩嬰帶,所謂燕石者。"後以燕石喻不足珍貴之物。

　　[32]故思君流水,高臺悲風:"思君如流水,既是即目;高臺多悲風,亦惟所見。"語出鍾嶸《詩品》。"高臺多悲風",曹植《雜詩》句。"思君如流水",徐幹《室思》句。

　　[33]傾奚囊以綴錦:《新唐書·李賀傳》:"李賀字長吉,系出鄭王後。七歲能辭章,韓愈、皇甫湜始聞未信,過其家,使賀賦詩,援筆輒就如素構,自目曰《高軒過》,二人大驚,自是有名。爲人纖瘦,通眉,長指爪,能疾書。每旦日出,騎弱馬,從小奚奴,背古錦囊,遇所得,書投囊中。未始先立題然後爲詩,如它人牽合程課者。及暮歸,足成之。非大醉、弔喪日率如此。過亦不甚省。母使婢探囊中,見所書多,即怒曰:'是兒要嘔出心乃已耳。'"

　　[34]罄書簏以蠹文:書簏,本指藏書用的竹箱子,後指讀書多而不解書義之人。《晉書·劉喬傳》附《劉柳傳》:"時右丞傅迪好廣讀書而不解其義,柳唯讀《老子》而已,迪每輕之。柳云:'卿讀書雖多,而無所解,可謂書簏矣。'時人重其言。"蠹文,窮盡書簏以作堆砌、空虚的詩文。

　　[35]悲歌可以當泣,長嘯所以舒懷:《悲歌》:"悲歌可以當泣。"長嘯,用阮籍事。《世説新語·棲逸》:"阮步兵嘯,聞數百步。蘇門山中,忽有真人,樵伐者咸共傳説。阮籍往觀,見其人擁膝岩側,籍登嶺就之,箕踞相對。籍商略終古,上陳黄、農玄寂之道,下考三代盛德之美,以問之,仡然不應。復叙有爲之教,棲神導氣之術以觀之,彼猶如前,凝矚不轉。籍因對之長嘯。良久,乃笑曰:'可更作。'籍復嘯。意盡,退,還半嶺許,聞上唶然有聲,如數部鼓吹,林谷傳響,顧看,乃向人嘯也。"

〔36〕故美人琅玕，秋風團扇：張衡《四愁詩》："美人贈我金琅玕。"漢班婕好《怨歌行》："新裂齊紈素，皎潔如霜雪。裁爲合歡扇，團團似明月。出入君懷袖，動搖微風發。常恐秋節至，涼飆奪炎熱。棄捐篋笥中，恩情中道絕。"

〔37〕而借衣冠於優孟：優孟，春秋楚國的藝人。相傳楚相孫叔敖死後，他的兒子貧困無依，優孟就穿着孫叔敖的衣服，在楚王面前裝扮孫叔敖的樣子，抵掌談語，莊王很感動，叔敖子遂得封。見《史記·滑稽列傳》，後稱一味模仿爲"優孟衣冠"。

〔38〕貌神彩於趙郎：朱景玄《唐朝名畫録》（《美術叢書》本）曰："郭令公婿趙縱侍郎，嘗令韓幹寫真，衆稱其善。後又請周昉長史寫之，二者皆有能名。令公嘗列二真置於坐側，未能定其優劣。因趙夫人歸省，令公問云：'此畫何人？'對曰：'趙郎也。'又云：'何者最似'？對曰：'兩畫皆似，後畫尤佳。'又云：'何以言之？'云：'前畫者空得趙郎狀貌，後畫者兼移其神氣，得趙郎情性笑言之姿。'"

〔39〕才同楛矢以急張：楛矢，用楛木作杆的箭。《國語·魯語下》："於是肅慎氏貢楛矢，石砮，其長尺有咫。"

〔40〕思並朱弦而緩發：朱弦，用熟絲製作的琴弦。《禮記·樂記》："《清廟》之瑟，朱弦而疏越。一倡而三歎，有遺音者矣。"疏越，疏通瑟底之孔，使聲音疏緩。後來指悠揚、雋永。

〔41〕子虛百日，古鏡千年：王世貞《藝苑巵言》卷八："然《鸚鵡》一揮，《子虛》百日，《煮豆》七步，《三都》十年，不妨兼美。"子虛百日，指司馬相如《子虛賦》歷經百日而成。

〔42〕"鬥奇于擊缽"二句：擊缽，即擊缽催詩。南朝齊竟陵王蕭子良，常於夜間邀衆才人學士飲酒賦詩，刻燭限時，規定燭燃一寸，詩成四韻。蕭文琰認爲這並非難事，乃令丘令楷、江洪二人改爲擊銅缽催詩，要求缽聲一止，詩即吟成。見《南史·王僧孺傳》。後以擊缽催詩指限時成詩，喻指詩思敏捷。這兩句說對那些逞才炫技的作品，不予選録。

〔43〕黃鐘昭於瓦缶：《楚辭·卜居》："黃鐘毀棄，瓦釜雷鳴。"五臣注："黃鐘，樂器，喻禮樂之士。""瓦缶"，陶土製的打擊樂器。"瓦釜，喻庸下之人。"

〔44〕故賦讀千首，謠采半詞：《西京雜記》："或問揚雄爲賦，雄曰：'讀賦千首，乃能爲之。'"

〔45〕而棄腐鼠于元和：《莊子·秋水》："惠子相梁，莊子往見之。或謂惠子曰：'莊子來，欲代子相。'於是惠子恐，搜於國中三日三夜。莊子往見之，曰：'南方有鳥，其名鵷鶵，子知之乎？夫鵷鶵，發於南海而飛於北海，非梧桐不止，非練實不食，非醴泉不飲，於是鴟得腐鼠，鵷鶵過之，仰而視之曰："嚇！"今子欲以子之梁國而嚇我邪？'"

〔46〕享千金于敝帚：曹丕《典論》："家有敝帚，享之千金。"

〔47〕"路鼗出于土鼓"二句：唐人獨孤及《唐故左補闕安定皇甫公集序》："當漢魏之間，雖以樸散爲器，作者猶質有餘而文不足，以今揆昔，則有朱弦疏越、太羹遺味之歎。歷千餘歲，至沈詹事、宋考功，始裁成六律，彰施五色，使言之而中倫，歌之而成聲，緣情綺靡之功，至是乃備。雖去雅寖遠，其麗有過於古者。亦猶路鼗出於土鼓，篆籀生於鳥迹也。"路鼗，小鼓著柄者，行軍時用，來源於土鼓，故云。"篆籀生於鳥迹"，許慎《說文序》："古者庖犧氏之王天下也，仰則觀象於天，俯則觀法於地，視鳥獸之文與地之宜，近取諸身，遠取諸物，於是始作《易》八卦，以垂憲象。及神農氏，結繩爲治而統其事，庶業其繁，飾僞萌生。黃帝之史倉頡，見鳥獸蹏迒之迹，知分理之可相別異也，初造書契，百工以乂，萬品以察。"

〔48〕收柏梁之餘材，貯武昌之剩竹：王世懋《藝圃擷餘》："今人作詩，多從中對聯起，往往得聯多而韻不協，勢既不能易韻以就我，又不忍以長物棄之，因就一題，衍爲衆律。然聯雖旁出，意盡聯中，而起結之意，每苦無餘。于是別生支節而傅會，或即一意以支吾，掣衿露肘。浩博之士，猶然架屋疊床，貧儉之才彌窘，所以《秋興》八首，寥寥難繼，不其然乎？每每思之，未得其解。忽悟少陵諸作，多有漫興，時于篇中取題，意興不局，豈非柏梁之餘材，創爲別館，武昌之剩竹，貯作船釘。英雄欺人，頗窺伎倆，有識之士，能無取裁？"柏梁之餘材，當指漢武帝修柏梁殿時剩下的材料。武昌之剩竹，《晉書·陶侃傳》："侃性聰敏，勤於吏職，恭而

近禮,愛好人倫。……時造船,木屑及竹頭悉令舉掌之,咸不解所以。後正會,積雪始晴,聽事前餘雪猶濕,於是以屑布地。及桓温伐蜀,又以侃所貯竹頭作丁裝船。其綜理微密,皆此類也。”

[49]片言明百意,坐馳役萬景:劉禹錫《董氏武陵集紀》:“片言可以明百意,坐馳可以役萬景。工於詩者能之。”坐馳,身坐而神馳。《莊子·人間世》:“瞻彼闋者,虚室生白,吉祥止止。夫且不止,是謂之坐馳。”

[50]“統期”數句:普普無分,倪濤《六藝之一録》卷二五六:“顧云:普音替。郭知玄云:白頭藝苑,不知普普之分。”陶陰莫辨,《史記·穰侯列傳》:“復益封陶。”《集解》徐廣云:“一作陰。”《索隱》:“陶即定陶也。徐廣云作‘陰’,陶陰字本易惑也。”

[51]弊中於諛聞而野苹跳脱之識:諛聞,小有名聲。《禮記·學記》:“發慮憲,求善良,足以諛聞,不足以動衆。”野苹,《詩·小雅·鹿鳴》:“呦呦鹿鳴,食野之苹。我有嘉賓,鼓瑟吹笙。”跳脱,手鐲、腕釧之類的首飾。《太平廣記》引《盧氏雜説》:“又一日問宰臣,古詩云‘輕衫襯跳脱’,跳脱是何物,宰臣未對。上曰:‘即今之腕釧也。’”又有逃脱或跳躍之義。這二句説一旦小有名聲便忘乎所以。

[52]“弊中於筌蹄”二句:筌蹄,《莊子·外物》:“筌者所以在魚,得魚而忘筌;蹄者所以在兔,得兔而忘蹄。”筌,一本作笙,捕魚竹器;蹄,捕魚網。後以筌蹄比喻達到目的的手段或工具。“美人君子”之句,當指王逸《離騷經序》説屈原“爲美人以喻君子”之語。這二句説雖善於摹仿,却未能得魚忘筌,缺少創新。

[53]“弊中于黎丘之智”二句:黎丘之智,《吕氏春秋·疑似》:“梁北有黎丘部,有奇鬼焉,喜效人子侄昆弟之狀。”此指善于摹仿。詩者歌言之教,當即《尚書·舜典》“詩言志歌永言”之意。這二句説雖重形似,但忘記了詩歌的教化功能。

[54]“弊中于自繭之蠶”二句:自繭之蠶,即“作繭自縛”。西河,本爲河名,古稱黄河南北流向的部分爲西河。《書·禹貢》:“黑水西河惟雍州。”《禮記·檀弓上》:“(子夏)退而老於西河之上。”後即以西河爲孔子弟子子夏的代稱。

[55]“聽不徹季子之聽”二句:季子,即春秋時吴王壽夢之季子,又稱季札,封於延陵,故稱延陵季子。魯襄公二十九年,歷聘魯、齊、鄭、衛、晉等國,於魯請觀周樂,當時以多聞著稱。見《左傳》襄十四、二十九年。劉向《異苑》:“晉武帝時,吴郡臨平岸崩,出一石鼓,打之無聲,以問張華。華云,可取蜀中桐材,刻作魚形,扣之則鳴矣。”於是如言,音聞數十里。

[56]“見不破高叟之固”二句:高叟之固,孟子曰:“固哉,高叟之爲詩也。”固,陋也。這是孟子譏諷高叟解詩之固,與悟正相反也。

[57]鶝雞之弦,鶝雞,古代指像鶴的一種鳥。《楚辭·大招》:“鶝鴻群晨。”又鶝雞爲古曲名。見張衡《南都賦》。

[58]寶倕斤而認標:倕,古代傳説中的巧匠名。《莊子·胠篋》:“攦工倕之指,而天下始人有其巧矣。”

[59]審雌黄于玄晏:玄晏,當指皇甫謐。謐幼名静,字士安,自號玄晏先生。此指皇甫謐能判斷文義之是非。

[60]定朱紫于南許:南許,當指南陽許劭,以“月旦評”知名於世。

[61]馬練虱輪:馬練,王冕《送暨陽同知》:“錦衣翩翩馬如練。”練,即熟縑。虱輪,謂視小如大。《列子·湯問》:“紀昌者,又學射於飛衛。……昌以氂懸虱於牖,南面而望之。旬日之間,浸大也。三年之後,如車輪焉。……射之,貫虱之心,而懸不絶。”

[62]夫漢人説經,雖天親父子,未嘗苟同:楊慎《丹鉛續録》卷二:“先鄭後鄭”條:“注疏家所稱先鄭者鄭衆也,後鄭者鄭玄也。觀《周禮》之注,則先鄭與後鄭十異其五;劉向治《春秋》,主公羊;劉歆主《左氏》,故有父子異同之論。由是觀之,漢人説經,雖大親父子不苟同也。”

[63]典午著述,爲史家領袖:典午,司馬的隱語。《三國志·蜀書·譙周傳》:“周語次,因書版示(文)立曰:‘典午忽兮,月酉没兮。’典午者,謂司馬也。”典,即司、掌管。午,在十二時辰中屬馬,故云。此處典午當指司馬遷,謂其《史記》爲諸史之冠,本人爲史學家翹楚。

［64］"意逐情生"數句：二法，即"意逐情生，筆隨人異"的詩法。

［65］狐裘而羔袖：狐皮製衣，羊羔皮作袖。狐皮貴而羊羔皮賤，比喻大體多善，少有不足。《左傳·襄十四年》："右宰穀從而逃歸，衛人將殺之，辭曰：'余不說初矣，余狐裘而羔袖。'乃赦之。"

［66］皇甫謐評《三都》：《世說新語·言語》："左太沖作《三都賦》初成，時人互有譏訾，思意不愜。後示張公(華)。張曰：'此《二京》可三，然君文未重於世，宜以經高名之士。'思乃詢求於皇甫謐。謐見之嗟歎，遂爲作《叙》。於是先相非貳者，莫不斂衽贊述焉。"

［67］足應雞林之求：雞林，古國名。即新羅。東漢時，新羅王夜聞金城西始林間有雞聲，因改國號爲雞林。此當指雞林國人高價求取白居易詩之事。

［68］倪鴻寶、陳明卿、陳眉公三先生：即倪元璐(鴻寶)、陳仁錫(明卿)、陳繼儒(眉公)三人，均爲《選脉》作序、與周珽同時且相熟的知名學者。

［69］譽高黃絹，價貴烏絲：黃絹，見《世說新語·捷悟》："魏武嘗過曹娥碑下，楊修從，碑背上見題作'黃絹幼婦，外孫齏臼'八字。魏武謂修曰：'解不？'答曰：'解。'魏武曰：'卿未可言，待我思之。'行三十里，魏武乃曰：'吾已得。'令修別記所知。修曰：'黃絹，色絲也，於字爲絶。幼婦，少女也。於字爲妙；外孫，女子也，於字爲好。齏臼，受辛也，於字爲辭。所謂"絶妙好辭"也。'魏武亦記之，與修同。乃歎曰：'我才不及卿，乃覺三十里。'"烏絲，即烏絲欄，上下以烏絲(黑色的絲)織成欄，其間用朱墨界行的絹素。後人慣用"譽高黃絹，價貴烏絲"(《觚賸》)之語。

［70］中郎之秘：《三國志·魏書·王粲傳》："王粲字仲宣，山陽高平人也。曾祖父龔，祖父暢，皆爲漢三公。父謙，爲大將軍何進長史。……獻帝西遷，粲徙長安，左中郎將蔡邕見而奇之。時邕才學顯著，貴重朝廷，常車騎填巷，賓客盈坐。聞粲在門，倒屣迎之。粲至，年既幼弱，容狀短小，一坐盡驚。邕曰：'此王公孫也，有異才，吾不如也。吾家書籍文章，盡當與之。'"此即"中郎之秘"。

［71］昔白香山以酒壘詩篋爲友，一生功課强半在草堂吟詠間：《全唐文》卷六八〇白居易《醉吟先生傳》："醉吟先生者，忘其姓字、鄉里、官爵，忽忽不知吾爲誰也。宦遊三十載，將老，退居洛下。所居有池五六畝，竹數千竿，喬木數十株，臺榭舟橋，具體而微，先生安焉。家雖貧，不至寒餒；年雖老，未及昏耄。性嗜酒，耽琴，淫詩，凡酒徒、琴侶、詩客，多與之遊。遊之外，棲心釋氏，通學小中大乘法，與嵩山僧如滿爲空門友，平泉客韋楚爲山水友，彭城劉夢得爲詩友，安定皇甫朗之爲酒友，每一相見，欣然忘歸。洛城內外六七十里間，凡觀寺丘墅有泉石花竹者靡不遊，人家有美酒鳴琴者靡不過，有圖書歌舞者靡不觀。自居守洛川，泊布衣家以宴遊召者，亦時時往。每良辰美景，或雪朝月夕，好事者相遇，必爲之先拂酒壘，次開詩篋，詩酒既酣，乃自援琴，操宮聲弄《秋思》一遍，若興發，命家僮調法部絲竹，合奏《霓裳羽衣》一曲，若歡甚，又命小妓歌《楊柳枝》新詞十數章，放情自娛，酩酊而後已。"此用其事。

［72］金臺選讎：金臺，即黃金臺，燕臺。《太平御覽》卷一七七："燕昭王置千金於臺上，以延天下士，謂之黃金臺。"後人亦將朝廷選士稱爲"金臺選士"。此處當指蕭統編選《昭明文選》，詳下注。

［73］眉山譏其强作解事：蘇軾《題文選》："舟中讀《文選》，恨其編次無法，去取失當。齊、梁文字衰陋，而蕭統尤爲卑弱，《文選引》，斯可見矣。如李陵、蘇武五言，皆僞而不能去。觀淵明集，可喜者甚多，而獨取數首。……淵明《閑情賦》，正所謂'《國風》好色而不淫'，正使不及《周南》，與屈、宋所陳何異，而統大譏之，此乃小兒强作解事者！"

［74］束廣微《補笙詩》：束晳(字廣微)《補笙詩》六首，見《文選》。

［75］"方抱"二句：俟考。

［76］"私自剖腹"二句：俟考。

［77］海昌青羊子周珽識于於止齋：於止齋，周珽書齋名。

六、解析

　　《删補唐詩選脉箋釋會通評林》是成書於明代後期的一個著名唐詩選本,由明人周敬草創(周敬之序署成化己丑年孟春日,1469 年),其曾孫周珽續成於明崇禎八年(1635,據陳繼儒序)。全書精選唐詩 2400 餘首,加上注釋、批語,共約 200 萬字,在歷代的唐詩選本中,其字數是數一數二的。此書在選目上受高棅《唐詩品彙》影響較大,但比前者更加精粹,其注釋之繁複、彙評之羅列衆説,其宏富程度,均爲前代所未有,後世亦罕其匹。但當代學者對此書關注不夠,筆者曾撰《〈删補唐詩選脉箋釋會通評林〉與明代唐詩學》(《文學評論》2017 年第 1 期)、《周珽的唐代五古詩學觀》(《吉林大學社會科學學報》2021 年第 1 期)對此書進行了初步研究。2021 年,筆者又承擔了國家社科基金後期資助重點項目“《删補唐詩選脉箋釋會通評林》校補”,繼續對此書開展研究。此次呈現給大家的,就是對此書序言的注釋,序文原共五篇,序文的作者可分爲兩類,一類是明末的三位著名學者,他們都是《唐詩選脉》的最後完成者、明末學者、詩人周珽的同輩或年輩稍晚的友人,均爲政界或學界名流,另一類是此書的草創者周敬及其曾孫、《選脉》的主要完成者周珽所作。

　　周敬是《唐詩選脉》的原作者,是一位隱居不仕、終生嗜詩的高人。清人周廣業《寧志餘聞》卷七曰:“明周敬字尚禮,號澹齋,醇謹有學行,景泰三年,與孫大參暐同舉賢良方正,辭不赴,篤嗜吟詠,所著有《澹齋迂叟稿》《唐詩選脉》行世。”周敬有《唐詩選脉序》作於成化己丑(1469),原稿因戰火而損毀,其曾孫周珽在殘稿的基礎上進行加工,成《删補唐詩選脉箋釋會通評林》一書。《硤川續志》卷六曰:“(周敬)所著有《澹齋迂叟稿》及《唐詩選脉》,其曾孫珽續成之,梓以行世。”周敬還著有《叢桂堂集》。周敬未竟的事業,在將近兩百年後,由其後輩翹楚周珽完成了。

　　周珽(1565—1647),明末詩人、學者。嘉慶《硤川續志》卷六曰:“周珽字無瑕,號青羊,敬曾孫,邑諸生,工吟詠,所著有《疑夢編》《唐詩選脉》,善畫葡萄,氣韻生動,尺寸有尋丈之勢。……硤方被兵,珽作《自祭文》《自挽詩》,全髮膚祈死,年八十三。”周珽爲“嘉興博士弟子員,最有聲”,但一生“蹭蹬場屋”,没有機會進入仕途,他曾得到李本寧(維楨)、屠隆(緯真)的揄揚,並以屠隆爲師,與焦竑、顧憲成等人談“濓洛關閩之學”。周珽工詩善畫,畫近宋人温日觀,以畫墨葡萄知名,爲當時詩壇名宿。周珽也能詞,有《疑夢詞》。《硤川續志》還收錄了周珽的自祭文與自挽詩,作於明亡後,所謂人之將死,其言也哀:“明季周青羊先生(珽)以時政日非,常求速死。及死復甦,深自畏懼,乙酉,公全髮膚而歿,臨死,自作祭文一章,自挽詩五首,蓋有‘啓予手足’之意焉。”據金生奎教授《明代唐詩選本研究》考證,周珽生於明嘉靖四十四年(1565),卒於清順治四年(1647),享年 83 歲,這個結論是正確的。周珽花費二十年時間,在周敬殘稿的基礎上,編成《删補唐詩選脉箋釋會通評林》這一部巨著,完成了周敬的名山事業。周珽还著有《山居漫録》《廣孝録》《萍社草》《於止齋集》等。

　　《唐詩選脉》成於明末崇禎年間,爲此書作序的陳繼儒、陳仁錫、倪元璐三人,均爲當世文壇名流或朝廷重臣。都是《明史》中有傳的人物,是有份量的文人學者,三人的社會知名度很高,陳繼儒雖未入仕途,却廣泛結交達官貴人與社會名流,廣有聲譽,陳仁錫與倪元璐都是由進士出身而步入仕途的,倪元璐且身居高位,前二人是周珽的同輩人,倪元璐年輩稍晚,三人均與周珽相識,"倪鴻寶、陳明卿、陳眉公三先生見而閱竟,謂余云:子之集如弈秋定譜,又如張湯斷獄,可絶後人而並廢前人之所譜,能翻前案而不爲後人之所翻"。由他們三人爲《唐詩選脉》作序,對提高此書的影響力與知名度,大有好處。這三篇《序》均對《唐詩選脉》交口稱讚,但三人之論似乎各有偏重,並不重複。陳繼儒《序》首先介紹周珽的家世源流,强調周氏祖先爲抗元志士,其後人恥食元禄,從職方公至澹齋公皆隱居不仕,澹齋公周敬閉門著書,草成《唐詩選脉》,書刻垂成而倭寇犯境,故其書不傳。其曾孫周珽通諸子百家,能詩善畫,且與李維楨、屠隆、焦竑、顧憲成爲友,却困於場屋,終生未仕,五十歲時,發願完成其曾祖周敬未著成的《唐詩選脉》,歷二十年,至七十歲時始告功成。對比前代唐詩選本,陳繼儒認爲宋人計有功《唐詩紀事》"人有餘而詩不足",王安石《唐百家詩選》未選李、杜、王、韋,"似又詩有餘而人不足",而《唐詩選脉》則選詩既精,删、補得當,注釋清楚,評語豐富。陳仁錫序指出周珽雖從屠隆學詩,但其博洽議論,早已超過其師,然後又用大量典故來讚揚周珽選詩之恰當,注釋之淵博。這篇序作於崇禎庚午(崇禎三年,1630),比陳繼儒序早了五年。倪元璐序首先引用桑悦之説,反對"删後無詩"之説,一是肯定孔子删詩的真實性與價值,二是肯定《唐詩選脉》選詩的意義,接着説周珽之詩已超過當時詩壇盟主李夢陽、何景明,認爲此選本已盡采唐詩之精華,故云"選後無詩"。

　　以上三人都對周珽之注釋頗爲推崇。《唐詩選脉》的注釋確實頗有特色,既繼承了前輩的注釋又有較大進展,我們將其與元人楊士弘選、明人張震注的《唐音》略作比較,就注釋而言,《選脉》明顯超過《唐音》。試舉對孟浩然、高適詩的注釋爲例。這兩家在明代之前均無全集注,張震爲《唐音》作注,可能是最早爲孟詩作注者,《選脉》的注釋則全面勝過《唐音注》。如孟浩然《題終南翠微寺空上人房》,二書皆選,《唐音》只有"翠微寺"和"嘯"兩條注釋,都爲《選脉》所繼承,《選脉》又注了"終南山""閉關""沉冥""眺""静""異門""暝還""赤城標""風泉有清音"等,或引典故,或引前人詩句,且簡明扼要,對理解全詩大有幫助,當然也有個别注過細,如注"眺"等,這些注釋對讀者是有幫助的。

　　除了《唐音注》,釋圓至《唐三體詩注》《唐詩鼓吹評注》以及宋、元人的李、杜詩集注,均對《選脉》的注釋有一定影響,不過這種影響是有限的,如《唐三體詩注》《唐詩鼓吹評注》選詩皆較偏,能爲《選脉》所用者並不多。《選脉》能融會各家之長,系統全面地爲一流唐詩作注,的確有功後學,嘉惠學林。

　　可見《唐詩選脉》諸序稱讚其注釋,並非虛譽。當然,這幾篇"他序",在討論《唐詩選脉》之注釋時,大量運用典故,有意賣弄學問,有矜奇炫博之嫌,體現了明人浮誇的文風,這是其書的不足之處,也是毋庸諱言的。

　　諸家序文，最突出的見解是對唐詩之脉的重視，如作年最早的周敬序曰："故《圖》《書》開文字之祖，而《風》《雅》爲詩教之源，至今所以發舒性靈，指陳時事，宣邑皇風，助流政教，孰非寄靈於詩哉？彼其映古今、光宇宙而與世罔極者，不徒摘章飾句，而直有一脉以神行其際也。……李唐以詩治世，而學士家以詩爲用，文人墨客，極慮精研，意在筆先，變古爲律，體制愈出而愈奇，若沈、宋之超特奇峭，王、孟之神檢渾涵，李、杜之雄偉精粹，高、岑之峻拔婉綢，韋、柳之平淡和雅，其大較也。洗晉、宋之柔靡，黜陳、隋之綺麗，而溯真脉於風雅頌，洵如泰華之主西崑而江湖之歸東海也。"陳仁錫序也强調"盡識四唐人詩脉"，周珽自叙則重視詩之性情，認爲詩不本之性情，就會陳陳相因，找不到詩之真脉，所以他選詩是"律絶兼收，風騷互録"，且有自己的標準，着重選録出於自然、發自真情、狀目前之景，含情言外之作，删去那些濫用故實、矯揉造作、優孟衣冠、陳陳相因之作。

　　周珽的後輩學者錢光繡曾爲此書作跋，曰："予向讀青羊先生所著《疑夢編》，爰有'讀罷新編香自焚，仙音疑是夢中聞。誰憐半世心精苦，共喜子種姓字芬。遥憶青藜分夜火，從教白帝哭寒雲。於今大雅淪亡久，砥柱狂瀾賴有君'之贈。雖未足扢揚風雅，亦聊寄仰止之思於萬一耳。乃《疑夢編》行世未幾，而《唐詩選脉》復出，蓋是集乃先生所爲含筆腐毫，輟翰驚夢，一生心血，强半銷磨此中，始獲告成於今日者也。視之古心，研京十季，練邑一紀，其精疲力殫，寧不過之。而至於采擇之精，搜核之備，堪與尼山筆削並垂不朽，豈特唐世司衡，抑亦六經羽翼已。予生也晚，猶幸得奉教先生，且喜此書之不終藏名山，以爲後學指南也。故敢跋數語，以當讚歎。古菫錢光繡聖月氏拜題。"（據安徽省圖書館藏明崇禎八年刻本）此跋對《唐詩選脉》的評價也非常高。

（丁放，江蘇師範大學文學院教授；韓文濤，江蘇師範大學文學院講師）

叢書名實演變考論

劉　仁

[摘　要]　叢書經歷了晚唐時期有名無實、南宋晚期有實無名、晚明時期名實相合三個階段。自晚明至晚清，叢書不僅只是一種書籍組織形態上的規定，同時還有對其內容“小品性”的要求。但經過乾嘉考據學的洗禮，“小品性”的内涵及實質已在逐漸淡退。直至《書目答問》的出現，徹底放逐了對叢書“小品性”的限制，因此導致了叢書的泛化，逐漸形成了現代叢書的定義。概念本身時常穿透時間維度被承襲沿用，而其内涵與外延在歷史進程中却不斷演變。在使用某些概念時，我們必須認識到它在各歷史時期所藴含意義的不同及其所指稱範圍的相異。

[關鍵詞]　叢書　小品性　目録　分類　書目答問

一、問題的提出

　　叢書是文獻史上重要的書籍組織形態，然何謂“叢書”？ 叢書的通行工具書《中國叢書綜録》云：“叢書是彙集許多種重要著作，依一定的原則、體例編輯的書。”[①]但這一定義過於寬泛，并未準確概括叢書的特質，因爲“彙集許多種重要著作，依一定的原則、體例編輯的書”不僅可以用來描述叢書，類書、總集、政書（如《文獻通考》）莫不如是。李春光《古籍叢書述論》認爲叢書是“以一種書爲基本單位，依據一定的原則和體例，把兩種以上的多種著作彙編爲一新的書籍集合體，并題以總名”，[②]概括了叢書的兩個特質：一是匯總諸書，二是子目獨立成書。除此之外，程千帆先生認爲，現代意義上的“叢書”，還應當施加一個物質屬性的定義，即“物質形式相同，譬如版面一樣，裝訂一樣”。[③]綜合以上三點，則大致與現代叢書的外延相契合，亦與《中國叢書綜録》所收叢書相符。

　　《中國叢書綜録》在以上定義範圍之内，先以是否跨部類，分叢書爲“彙編”和“類編”兩類。“類編”叢書再以經史子集爲類分爲三級類目，“經部”的比如《十三經注疏》，“史部”的比如《十七史》等等。“彙編”叢書以其作者的身份是否一人，分出“獨撰”叢書，比如《亭林全書》《船山遺書》；是否一族，分出“氏族”叢書，比如《桐城方氏七代遺書》；是否一地，分出“郡邑”叢書，比如《鹽邑志林》。其餘則歸爲“雜纂”叢書，比如《百川學海》。又因爲“雜

---

① 上海圖書館編：《中國叢書綜録》前言，上海：上海古籍出版社，1982 年，第 1 頁。

② 李春光：《古籍叢書述論》，瀋陽：遼瀋書社，1991 年，第 2 頁。

③ 程千帆：《校讎學略説》，杭州：浙江大學出版社，2022 年，第 173 頁。

纂"叢書中"輯佚"叢書内容具有的特殊性,特别獨立出來,比如《二酉堂叢書》。[1]以上即通行的對叢書的認識。

但是,夷考叢書之名實,我們會發現"叢書"中某些類别在目録分類中與其他類目之間的界限并不明晰,如:《歐陽文忠公全集》明清私家書目皆歸爲"别集",《中國古籍總目》則歸爲"獨撰叢書";《中國叢書綜録》"類編叢書"之"集類"下直接收録"總集"。可見,"獨撰叢書"與别集、"集類叢書"與總集之間的界限十分模糊。這種模糊性對於圖書分類來説頗爲不便,而這種現象的形成與叢書名實之演變歷程密切相關,今試考論如下。

二、觀念的力量: 叢書的形成及其"小品性"特質的確立

衆所周知,"叢書"這一概念首次作爲書籍的名稱出現,是晚唐陸龜蒙的《笠澤叢書》,陸氏在序言中對"叢書"的含義進行了解釋,即"叢書者,叢脞之書也。叢脞,猶細碎也。細而不遺大,可知其所容矣"。[2]但是,《笠澤叢書》乃是别集,此時現代意義上的"叢書"尚有其名而無其實。

與叢書之名出現的時間相比,叢書之實的出現要晚一些。現在通常認爲所謂的"叢書之祖",是南宋寧宗嘉泰年間俞鼎孫所編的《儒學警悟》。只是《儒學警悟》長期以抄本形式流傳於世,傳布不廣,至光緒間"有書賈自山西得《儒學警悟》全編六册",[3]售於京師,爲繆荃孫所注及,後又經繆氏校勘、陶湘刊刻,方大行於世,而爲衆所知。在此之前,則多以南宋度宗咸淳間左圭所編《百川學海》爲"叢書之祖"。[4]只是,需要注意的是,宋代人并不視這類書爲"叢書":一是因爲宋人未有將此類書籍命名爲"叢書"的現象,二是目録上未見"叢書"之類名,《宋史・藝文志》將《儒學警悟》入"類事類"是其明證。直至明代晁瑮《寶文堂書目》、焦竑《國史經籍志》仍將《百川學海》入"類書",《四庫全書總目》將類書(如江少虞《事實類苑》)與叢書(如陶宗儀《説郛》)同入"雜家"類"雜纂之屬",都是沿襲這個分類慣例。可見以《儒學警悟》或《百川學海》爲"叢書",都是出於"後見之明"的追認,此時,現代意義上的"叢書"可稱雖有其實而無其名。

那麽,"叢書"名實合一出現於何時呢? 這要以明代萬曆年間《漢魏叢書》《格致叢書》《唐宋叢書》等的出現爲標志,因爲這意味着明代人明確將匯總諸書、子目獨立成書、版面形

---

① 民國間所修《續修四庫全書總目提要》"輯佚"叢書屬"雜叢"的二級類目,《中國叢書綜録》將"輯佚"與"雜纂"并列。

② 〔唐〕陸龜蒙:《唐甫里先生文集》卷十六,何錫光校注:《陸龜蒙全集校注》,南京:鳳凰出版社,2015 年,第 925 頁。

③ 〔清〕繆荃孫:《校刻儒學警悟七集序》,《儒學警悟》卷首,北京:中國書店 2010 年影印陶湘刊本,第 1 頁上欄。

④ 事實上,陶湘雖代繆荃孫刊刻了《儒學警悟》,但對繆荃孫視《儒學警悟》爲"叢書之祖"的觀點則持保留意見,其《百川學海序》云:"自宋俞鼎孫《儒學警悟》一書出意圖遺佚,江陰繆藝風詫爲叢書之祖……平心論之,俞氏雖綜輯諸書,究係專收時代近遠,學派相同之倫,且另編目録,統排卷次,并非各還各書,乃宋儒《鳴道集》合編濂溪、涑水、橫渠諸書之比……與後來叢書不分派别、不限年代者,猶有不同……若求其搜采淵宏,體例完備……開後來匯刻之風,爲後世叢書之祖者,惟左氏《百川學海》,庶幾足以當之。"陶序見《百川學海》卷首,北京:中國書店影印陶湘影宋本,2011 年,第 2 頁上欄。

式一致的書籍組織形態命名爲“叢書”。①

　　明代後期叢書的大量出現，同樣在目録分類上也有所反映，明末祁承爍《澹生堂藏書目》首次在子部下獨立分出“叢書”一類，即是例證。不僅如此，祁氏還交代了其分類的理由，這對我們認識明人的叢書觀念，具有重要的價值。萬曆四十八年（1620）祁氏在對澹生堂藏書進行整理編目後，對其目録分類的思想作了一次系統的説明，即《庚申整書略例》，《略例》中總結了“因”“益”“通”“互”四例，“益”例是指祁氏所增加的類目，其中包括了“叢書”類，文曰：

　　　　叢書之目，不見於古，而冗編之著，叠出於今，既非旁搜博採以成一家之言，復非別類分門以爲考覽之助。合經史而兼有之，採古今而并集焉，如後世所刻《百川學海》《漢魏叢書》《古今逸史》《百名家書》《稗海》《秘笈》之類，斷非類家所可并收，故益以叢書。②

有明一代，以官方藏書目録《文淵閣書目》爲代表的目録分類中，“類書”一類涵蓋極廣，祁氏早有批評。③祁氏在這裏先采取了否定性的定義方式，將“叢書”與“成一家之言”的著述、以及“別類分門以爲考覽之助”的類書相區別。這是因爲叢書固然應當視作一個整體，但是其作爲整體的意義并不超越於其子目的總和。叢書中子目的聚合僅僅是數量的叠加，其間不具有貫穿始終的思想，故而區別於“一家之言”。其子目的排列也没有結構性的意義，所以也與“類書”不同。顯示出祁氏對“叢書”特質的清晰界定。

　　但通過《澹生堂藏書目》之著録及《略例》中對叢書譜系之追述，可以發現祁氏所認爲的“叢書”與現代的“叢書”是有區別的。一則，《澹生堂藏書目》“叢書類”下又分爲所謂“國朝史”“經史子雜”“子匯”等諸種，其中著録則僅有諸如《國朝典故》《漢魏叢書》《顔氏傳書》等書；二則，《略例》中云叢書是“合經史而兼有之，采古今而并集焉”，而其對叢書譜繫的追溯則僅止於《百川學海》《稗海》等書。充類至盡，現代歸屬於叢書的“《十三經注疏》”“十七史”等這些更重要的文獻從形式上來看完全符合祁氏對叢書的界定，但却未見祁氏著録或提及，其原因何在呢？

　　這是因爲，明人的叢書觀念除了形式上的規定之外，還有内容上的約束。謝國楨先生云：

---

① 叢書“有名無實”“有實無名”“名實一致”三個階段的表述，參見程千帆：《校讎學略説》，第 174 頁。
② 〔明〕祁承爍：《澹生堂藏書目》，《明代書目題跋叢刊》，北京：書目文獻出版社 1994 年影印清光緒會稽徐氏刊本，第 926 頁下欄。
③ 祁承爍《藏書訓略》“購書”條論“區別流品”時言及“類固不可以概言也。如《山堂考索》，六經之源委織備詳明，是類而經者也。杜氏《通典》、馬氏《通考》、鄭氏《通志》，歷朝令甲、古今故典實在於此，是類而史者也。又如《藝文類聚》之備載詞賦，《合璧事類》之詳引詩文，是皆類而集矣。又如一人一時偶以見聞雜筆成書，無門類可分，無次第可據，如《野客叢談》《戴氏鼠璞》《夢溪筆談》《丹鉛》諸録、《學圃萱蘇》《焦氏筆乘》之類，既不同於小説，亦難目以類書。”這些問題在《文淵閣書目》中都可以找到。〔明〕祁承爍：《澹生堂讀書記》卷上，鄭誠整理：《澹生堂讀書記　澹生堂藏書目》上册，上海：上海古籍出版社，2015 年，第 24 頁。

“明代刊刻叢書可分二類，一宗《百川學海》，一宗《説郛》。”①這是在形式與體例上做出的區分，若從内容上來看，二者實具有共同之處，即“小品性”。例如，馮可賓《廣百川學海序》云：

> 自聖人之經崇深若海嶽，而百家雜俎，衹見其煙波峭蒨，不足多耳。雖然，彼孔子大聖人，商羊萍實之是采，問官學琴之不遑，慎德積小以高大也。豈必蘂如青蓮不讀非聖之書，可乎？班氏且謂街譚巷議，道聽塗説，言之尤邇者。乃粃糠瓦礫，至道之精，奚弗具焉。矧如近所刻《逸史》《稗乘》，至《五秘笈》，真若萬花谷、多寶林，遠搜粉蠹之遺，近探青緗之秘，其宏鉅足以補正史而裨掌故之闕。②

這段文字雖然是在向正統知識觀念爲叢書争取其合法地位，但也很坦然的承認了叢書不是嚴肅的、經典的著作，其内容僅僅是“補正史而裨掌故之闕”。戴澳《唐宋叢書序》則云：“《檀弓》諸篇不入《禮記》，猶之餖飣小品。《邶》《墉》諸什不載《國風》，視諸軼詩何異？漫置之，皆叢書，精收之，皆經史。”③也是以尋找叢書與經史之間共同之處來構建叢書的合法性，但也明確透露出他眼中的叢書是“漫置之”的“餖飣小品”。關於叢書的“小品性”，清康熙年間張潮與王晫合刻的《檀几叢書》有很好的論述，吴肅公在序文中説：

> 物之生萬有不齊，必有以匯而叢之，使不散亡，而後用之者得取裁焉。武庫者，五兵之所叢也。庖厨者，百味之所叢也。惟書亦然，好古之士，悉其才智之所及，聞見之所摭。或史之緒餘，或子之支分，或九流之副，稗史之遺，山崖屋壁之藏，窮檐陋巷之述，哀譚脞語，非有盈尺之部可以孤行也，是有賴於匯而存之者矣。愚所知叢書，自《漢魏》而外，若《古今逸史》《説郛》《説海》《稗海》《秘笈》《載籍》諸書，不下數十種。④

首先可以看到其對叢書譜繫的追溯與《庚申整書略例》類似，説明他們的叢書觀念大致相同。其次，吴肅公對叢書的“小品性”進行了明確的表述。“小品性”表現爲兩點：一是文本篇幅的短小，即所謂“非有盈尺之部可以孤行”。這不僅體現在有意選擇篇幅短小的文本，還會造成對文本的有意删節。張潮在編輯《檀几叢書》與《昭代叢書》時曾説：“此兩書每部各五十種，截長補短，每種合得十翻，是以至多者不得過三十翻，庶購者梓者皆易爲力。”⑤後人每批評叢書喜删節原文，殊不知這正是在“小品性”觀念影響下，爲降低閲讀難度而做出的選擇

---

① 謝國楨：《叢書刊刻源流考》，見氏著《明清筆記談叢》，上海：上海書店出版社，2004 年，第 149 頁。
② 〔明〕馮可賓：《廣百川學海》卷首序，北京：中國書店影印明刊本，2015 年，第 1 頁上欄。
③ 〔明〕鍾人杰、〔明〕張遂辰編：《唐宋叢書》戴澳序，《中國古籍珍本叢刊·安慶市圖書館卷》第 27 册，北京：國家圖書館出版社影印明刊本，2015 年，第 365 頁下欄。
④ 〔清〕張潮、〔清〕王晫編：《檀几叢書》初集吴肅公序，上海：上海古籍出版社影印清康熙刊本，1992 年，第 2 頁上欄。
⑤ 〔清〕張潮：《尺牘偶存》卷五第 2 札《寄復孔東塘主政》，南京：鳳凰出版社，2022 年，第 673 頁。

與過濾。而其目的,正如何偉然在爲閔景賢所輯《快書》所作的序言中説的:"士行零星兼攝,或删長牘,或抽大凾,端更節次,改易面目,一美可分,雙璧作合,整理素觀,頓延新賞,衆心之快,皆英雄開發之資也已。"[①]乃是使閱讀者得到精神上的愉悦。二是文本的非經典性與非嚴肅性。即"或史之餘緒,或子之支分,九流之副,稗史之遺,山崖屋壁之藏,窮檐陋巷之述"方才被納入叢書的範疇,這正是從内容上來規定叢書的"小品性",而且這一點更爲重要。因爲明末如毛晉《津逮秘書》所刻諸書已不再割裂文本,但《津逮秘書》"率爲藝術、占驗、題跋、小説等類,不盡爲子史要籍,又真僞雜陳,是非莫辨",[②]其所以歸於叢書,内容的非經典與非嚴肅性特質是重要因素。

總之,我們可以看到,在明人的觀念里,叢書不僅僅只有書籍組織形態上的規定,還有内容上"小品性"的限定。"小品性"主要體現在文本的非經典與非嚴肅性、文本篇幅的短小兩個方面,而前者更爲重要。這顯然是《笠澤叢書》的序言"叢書者,叢脞之書也。叢脞,猶細碎也"在發揮着影響,顯示出詞語的内涵對其所指對象的限定。

三、乾嘉考據學與叢書觀念泛化的萌芽

關於叢書"小品性"的界定與認識,并非只存在於明末清初人的觀念之中。乾嘉時期的王鳴盛《蛾術編》云:"取前人零碎著述,難以單行者,匯刻爲叢書。"[③]正是其證。但是經過了乾嘉考據學話語的洗禮之後,"小品性"的内涵發生了微妙的變化。

一方面是文本"非嚴肅性"意味逐漸減弱。叢書内容逐漸由看重其"怡悦性情"的功能轉向其附庸於"經史"的考證功能。匯纂"莊語、諧語、談飲燕"的叢書,如《檀几叢書》《格致叢書》不再被重視和認可,四庫館臣斥責《格致叢書》"雜採諸書,更易名目,古書一經其點竄,并庸惡陋劣,使人厭觀",[④]斥責《檀几叢書》中所收録的内容"多沿明季山人才子之習,務爲纖佻之詞"。[⑤]所以,在實際操作中,叢書的内容雖仍與正經、正史等經典相區别,但"小品性"中"非嚴肅性"的内容則逐漸被捨弃。《知不足齋叢書》作爲乾嘉時期所刊刻叢書之典型,即反映了這一點。王鳴盛爲《知不足齋叢書》所作的序云:

> 今夫經之有傳注訓詁,史之有辨證援據,學問之大者,盡於此矣。而經史之學必有所旁推交通,引伸觸類,以爲之羽翼者,則叢書是也。前明末季,士無實學,專以浮夸相尚,或空談義理,或泛獵華藻,瀾倒波翻,學術之敝壞極矣。我國家行實政,

① 〔明〕閔景賢編:《快書》何偉然序,日本内閣文庫藏明天啓刊本,第8頁b—9頁a。
② 謝國楨:《叢書刊刻源流考》,《明清筆記談叢》,第151頁。
③ 〔清〕王鳴盛:《蛾術編》卷十四,陳文和主編:《嘉定王鳴盛全集》第7册,北京:中華書局,2010年,第301頁。
④ 〔清〕紀昀等:《欽定四庫全書總目》卷一三四,北京:中華書局,1997年,第1763頁。
⑤ 〔清〕紀昀等:《欽定四庫全書總目》卷一三四,1767頁。

崇實學,生其間,一切門户標榜、叫囂營競之陋習,磨揉遷革,鏟刷殆盡,於是乃相率杜門掃軌,平心易氣,以穿穴於傳注訓詁、辨證援據之中,百數十年以來,窮經考史之學,彬彬繼起,而古書埋晦者,傳抄刊板亦日以益衆。當此時,而以文之《叢書》出焉,豈非經學史學之羽翼哉?①

王鳴盛此序雖仍然認爲"經史"所"旁推交通,引申觸類,以爲之羽翼者"才稱爲"叢書",强調叢書的"小品性",但對明末學風的批判可以見出,其重視叢書的原因在於叢書可以作爲考據的資源。盧文弨在其爲《知不足齋叢書》所作的序中也說"自唐以來,說部之流傳於今者,蓋寡矣,安得天下多生鮑君其人,而使前人之著作有所藉而不至漸滅也歟",②認爲《知不足齋叢書》中所刻的内容是"說部"。其實這裏的"說部"應當作"小品"理解,因爲無論是在盧序本身的語境下,還是《知不足齋叢書》實際所刊刻的大量内容,都不能以"說部"來涵蓋,比如盧序中所提到的《風俗通》《方言》,又如《知不足齋叢書》所刊刻的《唐闕史》《兩漢刊誤補遺》等等。所以,盧文弨以"說部"來指稱叢書的内容,主要是針對其小品性而言,只是盧文弨所以重視叢書已在於其"擴充見識""充實學問"③的功能。

　　另一方面,由於考據學的學術範式開始以歷史的眼光來看待古代文獻,故而格外重視文獻的完整性與精確性。《四庫全書總目》常常以"足資考證"或"疏於考證"來評價一部著作是否有價值,就是最好證明。④因此,此前編纂叢書時,出於欣賞的目的對古代文獻進行删節以適應"小品性"這一普遍做法,也從學術的角度遭到了批評。盧文弨《知不足齋叢書序》又云:

　　　　則昔人叢書之刻,爲嘉惠於學者至也。雖然,亦有反以爲病者,真僞不分,雅俗不辨,或删削而非完善,或脱誤而鮮校讎,就數者之中,不完與不校之爲弊更甚。⑤

盧文弨對此前人刊刻叢書不够謹嚴與隨意删削的態度進行批評。既然不能進行内容的删削,自然會導致叢書中子目内容的增長,《知不足齋叢書》中所收録的許多内容都已經遠超張潮所言的"三十翻",可見"小品性"的含義中"篇幅短小"的尺度也逐漸變得寬泛。

　　由上可知,無論從文本内容的"非經典性"還是形式的"篇幅短小"來看,"叢書"的"小品性"雖然仍然被視爲"叢書"的特質,却呈現出弱化的趨勢。故而,有學者將叢書的源頭追

---

① 〔清〕鮑廷博編:《知不足齋叢書》王鳴盛序,天津圖書館藏光緒八年嶺南芸林仙館刊本,第1頁b—2頁a。
② 〔清〕鮑廷博編:《知不足齋叢書》盧文弨序,第3頁a。
③ 〔清〕鮑廷博編:《知不足齋叢書》盧文弨序,第1頁b。
④ 艾爾曼以《四庫全書》工程來論述實證學風的衝擊時,對《四庫全書總目》的評價語言和標準進行了統計後發現,"編者壓倒一切的關注焦點是能否正確運用史料及考證方法"。見氏著《從理學到樸學》第二章,南京:江蘇人民出版社,2012年,第50—51頁。
⑤ 〔清〕鮑廷博編:《知不足齋叢書》盧文弨序,第1頁b。

溯到《詩》《書》《禮》等經典,單炤爲《知不足齋叢書》所作序稱:"子亦知夫叢書之所自乎? 其端蓋肇於孔子。"① 即是例證。而這已隱隱有了叢書泛化的意味。

但是,"小品性"作爲叢書的特質這一觀念,直至晚清仍然未變,繆荃孫在給《積學齋叢書》所作的序言中説:

> 古今經籍之傳,由竹簡而縑素,而楮墨,而槧刻,日趨便易。至叢書之刻,在藝苑已爲末事,然萌於宋,繩於明,極盛於我朝。乾嘉之間,大師耆儒,咸孜孜焉弗倦。校益勤,刻益精,藉以網羅散逸,掇拾叢殘。續先哲之精神,啓後學之塗軌。②

在繆荃孫對叢書歷史的追溯中可以看出,即便是"校益勤,刻益精"的乾嘉時期,叢書仍然是作爲"掇拾叢殘"而存在的,也即其"小品性"的特質仍然存在於人們的觀念之中。"叢書"觀念的傳統始終限制了"小品性"的脱離,而"小品性"則是制約"叢書"概念泛化的關鍵。

四、《書目答問》的影響: 叢書部類的獨立與叢書觀念的泛化

叢書的泛化,是由《書目答問》完成。《書目答問》作爲晚清時期的指導書目,其影響自不待言,魯迅尚言:"我以爲倘要弄舊的呢,倒不如姑且靠着張之洞的《書目答問》去摸門徑去。"③《書目答問》在四部之外另立"叢書",是其目録分類上的功績,後續之書目編纂多沿用之。然其對"叢書"的具體著録,則是導致叢書觀念泛化的"罪魁禍首"。2000 年中華書局影印《儒學警悟》的"影印説明"中即如此認爲,文曰:

> 什麼樣的書是叢書? 向來缺乏一個嚴謹而科學的定義,而始作俑者即爲清末學者張之洞。他在其所編撰的《書目答問》一書中,首次在傳統的經史子集四部之外,另立了叢書部,這從目録學分類的角度來講雖然是一大創舉,但他在叢書部下立了兩個類目,却使叢書的含義含混不清。這兩個類目,一個是"古今人著述合刻叢書",這基本不存在什麼問題。關鍵是第二個類目,即"清代一人著述合刻叢書",這無論從哪個意義上講,都不能算作叢書。因爲若把所謂"一人合刻"算作叢書,那就必然導致天下無書不是叢書的局面。④

以上觀點無疑是正確的,但亦有未盡。因爲"古今人著述合刻叢書"與"清代一人著述合刻

---

① 〔清〕鮑廷博編:《知不足齋叢書》單炤序,第 1 頁 b。
② 〔清〕繆荃孫:《藝風堂文集》卷五,張廷銀、朱玉麒編:《繆荃孫全集·詩文》,南京:鳳凰出版社,2014 年,第 156 頁。
③ 魯迅:《而已集·讀書雜談》,北京: 人民文學出版社,1973 年,第 33 頁。
④ 此文又見曾貽芬、崔文印:《古籍校勘説略》,成都:巴蜀書社,2011 年,第 339 頁。

叢書”同樣導致了叢書觀念的泛化。試看《書目答問》“古今人著述合刻叢書目” 之所著録，其中有《世德堂六子》《通志堂九經解》《周秦十一子》《武經七書》等書，這些書籍已經與 “小品性” 相去甚遠，當叢書失去了内容的制約，而僅僅從書籍組織形態上來論，叢書的泛化自然是不可避免的了。而這種泛化的叢書觀念又隨着《書目答問》的影響而推廣開來，并爲現代學者所接受。

　　所以，以《書目答問》爲界限，事實上出現了兩種叢書觀念：一種兼顧書籍組織形態及其文本内容 “小品性”，另一種只顧及書籍組織形態。兩者的定義既不同，所限定的叢書的範圍自然也有異。只是，這本來具有時間先後維度的兩種觀念常常被混在一起使用，比如《中國叢書綜録》序言本云 “我國最早的叢書是俞鼎孫、俞經的《儒學警悟》”，但數行之下又言 “如果再加上早已存在的以一姓或一人著作合刊的叢書，那末明代所輯的叢書，可以説是各體具備了”，① 前既已言 “最早”，後面又言 “早已存在”，前後分明自相矛盾。其原因也不過是前面采取了自明代以來通行的 “舊” 叢書觀念，而後面則采取了《書目答問》之後産生的 “新” 叢書觀念，由於 “新” 叢書觀念所囊括的叢書範圍比 “舊” 觀念要大，以往不屬叢書的書籍也要被納入進來，所以 “最早” 的叢書的上限也要往上推尋了。

　　《中國叢書綜録》采用泛化的叢書觀念能够盡可能多的納入文獻，提升其作爲工具書的豐富性與便利性，自然無可厚非。但是，這種泛化的叢書觀念確實給目録的圖書著録造成了困境，所以可以看到後續的書目編纂對 “叢書” 外延的縮减，如《中國古籍善本書目》凡例云：“匯刻群書，歸入叢書部，列於四部之後。經、史、子、集四部中，同一部類之書彙編爲叢書者，俱入所屬部類。”② 這是將所謂 “類編叢書” 從 “叢書部” 中提出，重歸四部，雖然在觀念上没有否認 “類編叢書” 的性質，但在實際操作中是縮减了叢書的外延。《中國古籍總目·叢書部》之 “編纂説明” 一方面延續了《中國古籍善本書目》的做法，將 “類編叢書” 歸入本部，同時又言 “彙編合刻個人著作，或歸叢書，或歸集部，前人處理已多不同，本部所收，或未盡洽”，③ 直接承認 “獨撰叢書” 歸類的困境及其與 “别集” 邊界的模糊性。

　　通過上文的考察，可以發現叢書經歷了晚唐時期有名無實、南宋晚期的有實無名、晚明時期名實相合三個階段。自晚明至晚清，叢書不僅只是一種書籍組織形態上的規定，同時還有對其文本内容 “小品性” 的要求。但經過乾嘉考據學的洗禮之後，“小品性” 的内涵及實質已在逐漸淡退。直至《書目答問》的出現，徹底放逐了對叢書 “小品性” 的限制，因此導致了叢書的泛化，逐漸形成了現代叢書的定義。

　　概念本身時常穿透時間維度，被承襲沿用，而其内涵與外延在歷史進程中却不斷演變。叢書這一概念由於其本身邊界的寬泛性，以及演變節點的權威性，使得其歷史差异被掩蓋和

---

① 上海圖書館編：《中國叢書綜録》前言，上海：上海古籍出版社，1982 年，第 1 頁。
② 中國古籍善本書目編纂委員會編：《中國古籍善本書目·經部》，上海：上海古籍出版社，1989 年，第 5 頁。
③ 中國古籍總目編纂委員會編：《中國古籍總目·叢書部》第 1 册，北京：中華書局、上海：上海古籍出版社，2009 年，第 1 頁。

忽視: 一方面, 常"以今例古", 將現代通行的叢書觀念不加分别的套用於各個不同的歷史時期; 另一方面, 在進行叢書源流追溯時, 由不同的觀念所構建的譜繫被交混使用, 以致前後矛盾。因此, 在使用某些概念時, 我們必須認識到它在各歷史時期所藴含意義的不同及其所指稱範圍的相異。

(劉仁, 南京師範大學文學院講師)

《史記》引《論語》不見《里仁》《季氏》考*

楊鴻飛

[摘　要]　太史公創作《史記》文獻來源廣泛,《論語》應是《史記》創作相關篇目的"始源性文本"之一。通過對《史記》引《論語》不見《里仁》《季氏》的分析討論,在"無"的基礎上,探求歷史背後"有"的可能性,以窺太史公著述《史記》的方式、《論語》一書在西漢時期的流傳情況。

[關鍵詞]　史記　論語　里仁　季氏

一、引言

司馬遷承其父志,發奮忘憂,著成《史記》。太史公創作《史記》,除"悉論先人所次舊聞"之外,更多文獻來源於"紬史記石室金匱之書""網羅天下放失舊聞"。從《太史公自序》和前人研究可知,《史記》一書引用了《春秋》《戰國策》《國語》《世本》《楚漢春秋》以及"六藝"等諸多文獻,所涉史料豐富。

漢代儒家地位的確立,進一步推動了儒家經典的傳播發展,《論語》①一書篇幅較短、章節分明、語言簡樸,語録式的文體和内容相對于其他經典更易爲世人所接受,因此在社會各階層中流傳甚廣。由於《論語》的廣泛傳播,《論語》中的諸多篇章名句,已爲漢代人所常用,這一點從《史記》對《論語》的徵引可見一斑。太史公在諸多篇章中引用了《論語》,其中《孔子世家》《仲尼弟子列傳》引述《論語》最多。《仲尼弟子列傳》有言:"太史公曰:……余以弟子名姓文字悉取《論語》弟子問,并次爲篇,疑者闕焉。"②據此可知《仲尼弟子列傳》更是太史公在《論語》的基礎上編寫而成,可見,《論語》對《史記》創作有着深刻的影響。

据《漢書·藝文志》可知,《論語》傳至西漢時,主要有齊《論語》、魯《論語》和古文《論語》三家,張禹又根據魯《論語》和齊《論語》著成"張侯《論》",大行於世,使得其他各家漸漸衰微,③也是今本《論語》的主要源流。但需要指出的是,《漢書·藝文志》將齊、魯、古文三家《論語》區别得涇渭分明,因而掩蓋了此前《論語》的不同文本和解説長期並存和交織互

---

*　本文是江蘇高校哲學社會科學重大項目"海外散藏《史記》古寫本文獻匯輯匯校匯考"(2021 SJZDA 097)的階段性成果。

①　這裏的《論語》特指傳世本《論語》,包括文本内容、篇章分節等,以下或簡稱"今本《論》"。

②　〔漢〕司馬遷:《史記》卷四七《孔子世家》,北京:中華書局,2014 年,第 2703 頁。

③　〔漢〕班固:《漢書》卷八一《匡張孔馬傳》,北京:中華書局,1962 年,第 3352 頁。

動的歷史，①關於這一點，王素在《河北定州出土西漢簡本〈論語〉性質新探》一文中也做過詳細論述。②近年，江西南昌海昏侯劉賀墓出土了大量西漢儒家典籍抄本簡牘，從目前所公佈的部分簡牘内容和學者研究來看，其中出土的《論語》包含今本《論語》所無的《知道》《問王》篇，符合《漢書·藝文志》所載齊《論語》的特徵。由此可知，晚至漢元帝時期，《論語》在文本、篇章上仍存在不同版本，當時的學者在章句劃分、文本選擇和傳經解説時仍有相當的自由性，進而可推斷，至少在太史公所處的時代，加之其坐擁蘭臺之便，完全有可能見到《論語》的不同版本。

二、《史記》引《論語》各篇分佈考

爲更加直觀地了解《史記》引《論語》的狀況，筆者嘗試對《史記》引《論語》進行了數據統計。《史記》引《論語》的類型分類如下：

一是《史記》原文與今本《論語》文本③相同。

如《史記·酷吏列傳》：孔子曰：“導之以政，齊之以刑，民免而無恥。導之以德，齊之以禮，有恥且格。”④

《酷吏列傳》此句出自《論語·爲政》，除了“導”在用字上的差别外（《論語集解》作“道”），兩者文本一致，未作改變。

二是《史記》與《論語》略有差異，但三家注以《論語》或其古注注解《史記》。

如《史記·仲尼弟子列傳》：顏淵問仁，孔子曰：“克己復禮，天下歸仁焉。”⑤

《論語·顏淵第十二》：顏淵問仁。子曰：“克己復禮爲仁。一日克己復禮，天下歸仁焉。”⑥《史記》省去“克己復禮爲仁一日”八字。

三是《史記》未引《論語》，僅引用“《論語》”書名。

如《史記·張丞相列傳》：其人少時好讀書，明於《詩》《論語》。⑦

凡符合上述三點，則視爲《史記》徵引《論語》，均納入統計範圍内，其他情況則隨文説明。今本《論語》共二十篇，筆者依今本《論語》篇章劃分，將《史記》引《論語》的分佈情況整理爲表一、表二，如下：

---

① 朱鳳瀚主編：《海昏簡牘初論》，北京：北京大學出版社，2021 年，第 146 頁。
② 王素：《河北定州出土西漢簡本〈論語〉性質新探》，載中國社會科學院簡帛研究中心編：《簡帛研究》（第三輯），南寧：廣西教育出版社，1998 年，第 463 頁。
③ 這裏的“《論語》文本”指《十三經注疏·論語注疏》中保存的《論語集解》文本。
④ 〔漢〕司馬遷：《史記》卷一二二《酷吏列傳》，第 3803 頁。
⑤ 〔漢〕司馬遷：《史記》卷六七《仲尼弟子列傳》，第 2569 頁。
⑥ 〔魏〕何晏集解，〔宋〕邢昺疏：《十三經注疏·論語注疏》，北京：中華書局，1980 年，第 2502 頁。
⑦ 〔漢〕司馬遷：《史記》卷九六《張丞相列傳》，第 3257 頁。

表一 《史記》引《論語》在《史記》各篇的分佈

卷數	《史記》篇目	《論語》篇目	章數	合計	備註
卷二	夏本紀第二	泰伯第八	1	1	
卷十	孝文本紀第十	子路第十三	2	2	
卷二十三	禮書第一	子路第十三	1	1	
卷二十六	曆書第四	堯曰第二十	1	1	
卷二十八	封禪書第六	八佾第三	2	3	
		陽貨第十七	1		
卷三十八	宋微子世家第八	微子第十八	1	1	
卷四十七	孔子世家第十七	爲政第二	2	54	其中一章引用2次
		八佾第三	4		
		公冶長第五	2		
		雍也第六	1		
		述而第七	12		
		子罕第九	11		
		鄉黨第十	5		
		先進第十一	1		
		顏淵第十二	2		
		子路第十三	3		
		憲問第十四	2		
		衛靈公第十五	2		
		陽貨第十七	2		
		微子第十八	5		
卷六十一	伯夷列傳第一	公冶長第五	1	7	
		雍也第六	1		
		述而第七	2		
		子罕第九	1		
		憲問第十四	1		
		衛靈公第十五	1		
卷六十七	仲尼弟子傳第七	學而第一	4	59	
		爲政第二	2		
		八佾第三	1		
		公冶長第五	9		
		雍也第六	10		
		述而第七	2		

續表

卷數	《史記》篇目	《論語》篇目	章數	合計	備註
卷六十七	仲尼弟子傳第七	子罕第九	1		
		先進第十一	13		
		顏淵第十二	6		
		子路第十三	2		
		憲問第十四	3		其中一章引用 2 次
		衛靈公第十五	2		
		陽貨第十七	3		
		子張第十九	1		
卷九十六	張丞相列傳第三十六		1	1	僅引《論語》書名
卷一百二十二	酷吏列傳第六十二	爲政第二	1	1	
合計				131	

表二　《史記》引《論語》在《論語》各篇的分佈

體例	本紀		書			世家		列傳			合計
篇/卷數	卷二	卷十	卷二十三	卷二十六	卷二十八	卷三十八	卷四十七	卷六十一	卷六十七	卷一百二十二	
篇名	夏本紀第二	孝文本紀第十	禮書第一	曆書第四	封禪書第六	宋微子世家第八	孔子世家第十七	伯夷列傳第一	仲尼弟子列傳第七	酷吏列傳第六十二	
學而第一									4		4
爲政第二							2		2	1	5
八佾第三					2		4		1		7
里仁第四											
公冶長第五							2	1	9		12
雍也第六							1	1	10		12
述而第七							12	2	2		16
泰伯第八	1										1
子罕第九							11	1	1		13
鄉黨第十							5				5
先進第十一							1		13		14
顏淵第十二							2		6		8
子路第十三		2	1				3		2		8
憲問第十四							2	1	3		6
衛靈公第十五							2	1	2		5
季氏第十六											

續表

體例	本紀		書			世家		列傳			合計
篇/卷數	卷二	卷十	卷二十三	卷二十六	卷二十八	卷三十八	卷四十七	卷六十一	卷六十七	卷一百二十二	
篇名	夏本紀第二	孝文本紀第十	禮書第一	曆書第四	封禪書第六	宋微子世家第八	孔子世家第十七	伯夷列傳第一	仲尼弟子列傳第七	酷吏列傳第六十二	
陽貨第十七					1		2		3		6
微子第十八						1	5				6
子張第十九									1		1
堯曰第二十				1							1
合計	1	2	1	1	3	1	54	7	59	1	130①

由表一可知,《史記》引《論語》凡計 131 條(筆者按:1 條引用"《論語》"書名;1 條重複引用,未計入),分佈在《夏本紀》《孝文本紀》《禮書》《曆書》《封禪書》《宋微子世家》《孔子世家》《伯夷列傳》《仲尼弟子列傳》《張丞相列傳》《酷吏列傳》11 篇中。《史記》引《論語》在《論語》各篇的分佈有明顯的離散性,這與今本《論語》的編纂體例有關。其中《孔子世家》《仲尼弟子列傳》引文條數最多,故其在《論語》各篇的分佈也較廣:《孔子世家》引《論語》分佈在《爲政》《八佾》《公冶長》《雍也》《述而》《子罕》《鄉黨》《先進》《顏淵》《子路》《憲問》《衛靈公》《陽貨》《微子》14 篇中,凡計 54 條,約占 41.2%;《仲尼弟子列傳》分佈在《學而》《爲政》《八佾》《公冶長》《雍也》《述而》《子罕》《先進》《顏淵》《子路》《憲問》《衛靈公》《陽貨》《子張》14 篇中,凡計 59 條,約占 45.0%。

由表二可知,《史記》引《論語》除《里仁》《季氏》兩篇外,其餘各篇均有涉及。

三、《史記》史源及所引《論語》舊貌蠡測

學術研究中的"無",對應的是"有",而歷史的諸多細節也往往隱没於"有""無"之間。② 對《史記》引《論語》不見《里仁》《季氏》兩篇的討論,或許能幫助我們蠡測太史公著述《史記》的方式以及《論語》一書在西漢時期的流傳情況。

張舜徽先生在《廣校讎略》中指出古代典籍大致存在三中類型:

載籍極博,無踰三門:蓋有著作,有編述,有鈔纂,三者體製不同,而爲用亦異。

名世間出,智察幽隱,記彼先知,以誘後覺,此之謂著作;前有所因,自爲義例,鎔鑄

---

① 因表一將《張丞相列傳第三十六》引用"《論語》"書名統計在内,故表一合計數爲 131 條,比表二多出 1 條,特此説明。
② 學者胡寶國先生在進行學術研究時,特別注意"無",如《〈史記〉〈漢書〉籍貫書法與區域觀念變動》一文(原載《周一良先生八十生日紀念論文集》,中國社會科學出版社,1993 年),通過對《史記》記籍貫沒有"郡"的現象進行分析,以此推斷隱没於歷史中的從西漢到東漢人們區域觀念的變動。

衆説,歸一家言,此之謂編述；若夫鈔纂之役,則惟比叙舊事,綜録異聞,或訂其訛,或匡其失,校之二科,又其次也。①

數十年後,張舜徽先生又在《中國文獻學》第二章《編述的體例》中,進一步闡釋了“編述”文獻的形成方式：

　　“編述”……乃是將那些來自不同時間和不同空間的資料,經過整理、熔化的工作,使成爲整齊劃一的文體,以嶄新的面貌出現。②

根據張舜徽先生對“編述”的定義,近年有學者將“編述”而來的文獻定義爲“衍生性文本”,“編述”所依據的文獻稱爲“始源性文本”。③如果借此分析《史記》與《論語》兩者的關係,筆者推測《論語》應是《史記》相關文本的“始源性文本”,理由如下：

第一,從《史記》來看,《仲尼弟子列傳》記載：“太史公曰：……余以弟子名姓文字悉取《論語》弟子問,并次爲篇,疑者闕焉。”④可見司馬談、司馬遷父子在創作《仲尼弟子列傳》時,《論語》已經成書,且太史公已從中取材進行《史記》相關篇目創作。

第二,根據前文筆者對《史記》引《論語》各篇的分佈統計數據來看,除《里仁》《季氏》2篇外,《史記》引《論語》涵蓋了今本《論語》20 篇中的 18 篇,占比高達 90%,這在一定程度上可表明,太史公所見的《論語》版本的篇章結構與今本《論語》有較高的相似性。

第三,從《史記》引《論語》文本與今本《論語》文本的比對來看,除用字差別外,兩者絶大部分的文本内容有着高度一致性,相關文本比對具體可參見筆者《〈史記〉三家注引〈論語〉研究》一文,⑤在此僅舉兩例：

例一:《孔子世家》：楚狂接輿歌而過孔子,曰：“鳳兮鳳兮,何德之衰！往者不可諫兮,來者猶可追也！已而已而,今之從政者殆而！”孔子下,欲與之言。趨而去,弗得與之言。⑥

《論語·微子第十八》：楚狂接輿歌而過孔子,曰：“鳳兮鳳兮,何德之衰？往者不可諫,來者猶可追。已而,已而,今之從政者殆而！”孔子下,欲與之言。趨而辟之,不得與之言。⑦

例二:《孔子世家》：子貢曰：“夫子之文章,可得聞也。夫子言天道與性命,弗可得聞也已。”顏淵喟然歎曰：“仰之彌高,鑽之彌堅。瞻之在前,忽焉在後。夫子循循然善誘人,博我以文,約我以禮,欲罷不能。既竭我才,如有所立,卓爾。雖欲從之,蔑由也已。”達巷黨人曰：

---

① 張舜徽：《廣校讎略》,上海：上海古籍出版社,2013 年,第 6 頁。
② 張舜徽：《中國文獻學》,北京：東方出版社,2019 年,第 38 頁。
③ 真大成：《論中古“衍生性文本”的語料意義——以〈世説新語〉爲例》,《中國語文》2020 年第 1 期(總第 394 期)。
④ 〔漢〕司馬遷：《史記》卷六七《仲尼弟子列傳》,第 2703 頁。
⑤ 楊鴻飛：《〈史記〉三家注引〈論語〉研究》,南京師範大學碩士學位論文,南京,2019 年。
⑥ 〔漢〕司馬遷：《史記》卷四七《孔子世家》,第 2340—2341 頁。
⑦ 〔魏〕何晏集解,〔宋〕邢昺疏：《十三經注疏·論語注疏》,第 2529 頁。

"大哉孔子,博學而無所成名。"子聞之曰:"我何執?執御乎?執射乎?我執御矣。"牢曰:"子云'不試,故藝'。"①

《論語·公冶長第五》:子貢曰:"夫子之文章,可得而聞也。夫子之言性與天道,不可得而聞也。"②

《論語·子罕第九》:顏淵喟然歎曰:"仰之彌高,鑽之彌堅。瞻之在前,忽焉在後。夫子循循然善誘人,博我以文,約我以禮,欲罷不能。既竭吾才,如有所立卓爾,雖欲從之,末由也已。"③

《論語·子罕第九》:達巷黨人曰:"大哉孔子!博學而無所成名。"子聞之,謂門弟子曰:"吾何執?執御乎?執射乎?吾執御矣。"④

《子罕第九》:牢曰:"子云:'吾不試,故藝。'"⑤

此外,據鄔可晶《〈孔子家語〉成書考》統計,《史記》約有115段內容見於今本《孔子家語》,同樣集中在《孔子世家》和《仲尼弟子列傳》兩篇。從今本《孔子家語》孔安國《序》"既而諸弟子各自記其所問焉,與《論語》《孝經》並時""弟子取其正實而切事者,別出爲《論語》,其餘則都集録之,名之曰《孔子家語》"來看,《孔子家語》早在戰國時期就已成書。司馬遷師從孔安國,在撰寫《孔子世家》《仲尼弟子列傳》時,如果參考過今本《孔子家語》,應當有所提及,但司馬遷却未曾對此有所交代,因此推測司馬遷撰寫《史記》時,應該沒有看到過今本《孔子家語》。⑥聯繫上述兩點,進而推測,《史記》中關於孔子及其弟子的相關始源性文本,出自《論語》的可能性極大。

有鑒於此,關於《史記》引《論語》不見《里仁》《季氏》兩篇的原因,可推斷如下:

首先,從《論語》來看,《里仁》《季氏》兩篇較爲特別。

《里仁》篇凡26章,多是10字以內的短章,1—25章都是"子曰"引出的語録,第26章是子游語録,僅第15章出現對話,其他均爲格言體語録。

《季氏》篇凡14章,引孔子語録,全用"孔子曰",無一處用"子曰",與《論語》其他篇存在較大差異。

此外,《里仁》《季氏》兩篇多爲總結性的格言,如"君子喻于義,小人喻于利""益者三友,損者三友""益者三樂,損者三樂""君子有三戒"等,語言具有較强的總結性,語言風格較成熟,有可能在《論語》各篇中成型較晚。

根據海昏侯劉賀墓《論語》簡的初步整理,此書當時的形製應爲每篇獨立成卷,且未見

① 〔漢〕司馬遷:《史記》卷四七《孔子世家》,第2349頁。
② 〔魏〕何晏集解,〔宋〕邢昺疏:《十三經注疏·論語注疏》,第2474頁。
③ 〔魏〕何晏集解,〔宋〕邢昺疏:《十三經注疏·論語注疏》,第2490頁。
④ 〔魏〕何晏集解,〔宋〕邢昺疏:《十三經注疏·論語注疏》,第2489頁。
⑤ 〔魏〕何晏集解,〔宋〕邢昺疏:《十三經注疏·論語注疏》,第2490頁。
⑥ 鄔可晶:《〈孔子家語〉成書考》,上海:中西書局,2015年,第222、397頁。

到對應於今本的《鄉黨》《微子》《子張》篇内容,且全書未發現"《論語》"大題書名。① 此外,從學者對定州漢墓竹簡《論語》(二十篇殘本)和平壤貞柏洞漢簡《論語》(《先進》《顏淵》兩篇)的研究來看,司馬談、司馬遷父子所處的時代,《論語》文本面貌尚未穩定,篇章結構仍在不斷變化之中,二十篇尚未被視爲絕對不可分割的整體,每篇可獨立成卷,分別題名,不著篇次,也存在單篇別行的情況。

如《封禪書》:《傳》曰:"三年不爲禮,禮必廢;三年不爲樂,樂必壞。"② 見於今本《論語·陽貨第十七》:宰我問:"三年之喪,期已久矣。君子三年不爲禮,禮必壞;三年不爲樂,樂必崩。舊穀既没,新穀既升,鑽燧改火,期可已矣。"③ 但《史記》稱之爲"《傳》",未稱"《論語》",可推測太史公所見《論語》可能存在不同的版本面貌。

因此,太史公使用的"始源性文本"《論語》,其版本或許與今本《論語》存在差異,其所據《論語》存在未收録今本《里仁》《季氏》兩篇的可能。

其次,從《史記》來看,太史公依照《史記》叙事性文本需求,撮略《論語》語録體形式,對孔子及其弟子事迹進行故事性轉述,但《里仁》《季氏》進行叙事性轉述的難度較大。

如《史記·孔子世家》:曰:"夏禮吾能言之,杞不足徵也。殷禮吾能言之,宋不足徵也。足,則吾能徵之矣。"觀殷夏所損益,曰:"後雖百世可知也,以一文一質。周監二代,郁郁乎文哉。吾從周。"④

與《史記》此句對應的《論語》文本,則爲:

《論語·八佾第三》:子曰:"夏禮,吾能言之,杞不足徵也。殷禮,吾能言之,宋不足徵也。文獻不足故也。足,則吾能徵之矣。"⑤

《論語·爲政第二》:子張問:"十世可知也?"子曰:"殷因於夏禮,所損益,可知也;周因於殷禮,所損益,可知也。其或繼周者,雖百世,可知也。"⑥

《論語·八佾第三》:子曰:"周監於二代,郁郁乎文哉!吾從周。"⑦

從這幾處《論語》的文本我們可以判斷,《論語》編者在編寫這三章時應有所本,當是依據不同史料編述而成,因此分佈在《論語》的不同篇章,呈現出明顯的離散狀。《史記》此句疑是將《論語》的這三章糅合成了一句。由此可推斷《史記》中的部分史料來源於《論語》,太史公在行文時進行了轉述,從而造成文本差異。

又如《史記·孔子世家》:魯哀公問政,對曰:"政在選臣。"季康子問政,曰:"舉直錯諸枉,則枉者直。"康子患盗,孔子曰:"苟子之不欲,雖賞之不竊。"然魯終不能用孔子,孔子亦不求

---

① 朱鳳瀚主編:《海昏簡牘初論》,第 143 頁。
② 〔漢〕司馬遷:《史記》卷二八《封禪書》,北京:中華書局,2014 年,第 1631 頁。
③ 〔魏〕何晏集解,〔宋〕邢昺疏:《十三經注疏·論語注疏》,北京:中華書局,1980 年,第 2526 頁。
④ 〔漢〕司馬遷:《史記》卷四七《孔子世家》,北京:中華書局,2014 年,第 2344 頁。
⑤ 〔魏〕何晏集解,〔宋〕邢昺疏:《十三經注疏·論語注疏》,第 2466 頁。
⑥ 〔魏〕何晏集解,〔宋〕邢昺疏:《十三經注疏·論語注疏》,第 2463 頁。
⑦ 〔魏〕何晏集解,〔宋〕邢昺疏:《十三經注疏·論語注疏》,第 2467 頁。

仕。①

與《史記》此句對應的《論語》文本,則爲:

《論語·爲政第二》:哀公問曰:"何爲則民服?"孔子對曰:"舉直錯諸枉,則民服;舉枉錯諸直,則民不服。"②

《論語·顏淵第十二》:季康子患盜,問於孔子。孔子對曰:"苟子之不欲,雖賞之不竊。"③

《論語·顏淵第十二》:季康子問政於孔子。孔子對曰:"政者,正也。子帥以正,孰敢不正!"④

此處《史記》與《論語》文本明顯有異,司馬貞在《索隱》中也指出:"今此初論康子問政,未合以孔子答哀公使人服,蓋太史公撮略《論語》爲文而失事實。"⑤司馬貞認爲是太史公在"撮略"《論語》的行文過程中出現失誤,造成了與今本《論語》的差異。

從《里仁》《季氏》兩篇內容來看,今本《里仁》26 章中的 24 章均爲孔子格言,不涉及與弟子或他人的對話;《季氏》14 章,除第 1 章(孔子與冉有、季路)、第 13 章(陳亢與伯魚)爲對話體,其餘各章均爲孔子格言。作爲叙事性較强的《史記》,太史公也許難以對《里仁》《季氏》進行叙事轉述,故未引用。

綜上所述,從《史記》引《論語》不見《里仁》《季氏》篇這一現象來分析,筆者大膽蠡測《里仁》《季氏》篇可能屬於《論語》各篇中成型較晚的篇目,風格特殊,太史公所見的《論語》版本不排除未收錄今本《里仁》《季氏》的可能。

(楊鴻飛,南京師範大學文學院講師)

---

① 〔漢〕司馬遷:《史記》卷四七《孔子世家》,第 2343 頁。
② 〔魏〕何晏集解,〔宋〕邢昺疏:《十三經注疏·論語注疏》,第 2462—2463 頁。
③ 〔魏〕何晏集解,〔宋〕邢昺疏:《十三經注疏·論語注疏》,第 2504 頁。
④ 〔魏〕何晏集解,〔宋〕邢昺疏:《十三經注疏·論語注疏》,第 2504 頁。
⑤ 〔漢〕司馬遷:《史記》卷四七《孔子世家》,第 2343 頁。

《史記評林》凌刻本考辨*

李月辰

［摘　要］《史記評林》爲明代凌稚隆輯評之書,有兩種凌刻本存世,即萬曆二年至四年初刻本與萬曆五年修訂本。五年本在文字的準確性和評點資料的豐富性上都要更勝一籌,是研究《評林》的最佳依據。萬曆間熊氏種德堂刻李光縉增補本對評語和正文、三家注都有改竄,已經無法代表《評林》原貌。

［關鍵詞］　凌稚隆　史記評林　凌刻本　增補本

　　《史記評林》（以下簡稱《評林》）是明代萬曆年間凌稚隆輯録的《史記》輯評之書,歷來受到學者的重視。目前學界對《評林》的研究集中於對評語内容的探析,對其版本尚未展開系統探討,這就導致書目對此書版本的著録存在訛誤,學者研究時選用的版本也常有失當。

　　訛誤和失當主要體現在兩個方面,一是將萬曆二年（1574）至四年凌氏刻本（以下簡稱初刻本）與萬曆五年凌氏刻本（以下簡稱五年本）混淆。此類訛誤主要體現於書目解題中,如《天禄琳瑯書目後編》《史記研究書目解題》《普林斯頓大學圖書館藏中文善本書目》等誤將五年本當做初刻本著録,[①]而《故宫善本書目》《上海圖書館善本書目》《福建省圖書館善本書目第一輯》等書目將兩種版本不加區分地著録爲"萬曆刻本"。[②]二是忽略萬曆間熊氏種德堂刻李光縉增補（以下簡稱增補本）對凌氏兩刻本的改竄,將未標記"增"字的評點和下欄内容全部當作凌刻本使用。最典型的是清代張文虎校勘金陵書局本《史記》誤用增補本《評林》爲參校本之一,這就導致其校勘成果《校刊史記集解索隱正義札記》中所謂"凌本作某"

---

*　本文是陝西省社會科學基金項目"凌稚隆《漢書纂》點校整理"（2021 GJ 001）的階段性成果。

①　《天禄琳瑯書目後編》云："刻於萬曆戊子,暨丙子冬始成。前有王世貞、茅坤、徐中行三序。"〔（清）彭元瑞等:《天禄琳瑯書目後編》,上海：上海古籍出版社,2007 年,第 694 頁。〕《史記研究書目解題》云："明吴興凌稚隆輯校,萬曆四年（1576）刊本,……王世貞《史記評林叙》。茅坤萬曆四年丙子冬十二月朔《刻史記評序》。徐中行萬曆五年《史記評林序》。"（〔日〕池田四郎次郎、池田英雄:《史記研究書目解題》,東京：長年堂,1981 年,第 108 頁。）《普林斯頓大學圖書館藏中文善本書目》云："明萬曆丙子（四年,1576）凌稚隆本。……明萬曆四年茅坤《刻史記評序》。萬曆五年（1577）徐中行《史記評林序》。"（美國普林斯頓大學東亞圖書館:《普林斯頓大學圖書館藏中文善本書目》,北京：國家圖書館出版社,2017 年,第 155 頁。）案：以上三條解題中所謂"刻於萬曆戊子,暨丙子冬始成"與"萬曆四年"均是初刻本的刊刻時間,而前有王世貞、茅坤、徐中行三序的當爲五年本。

②　《故宫善本書目》云："明凌稚隆撰。萬曆刊本,五十册。"（北平故宫博物院:《故宫善本書目》,《故宫藏書目録彙編》本,北京：綫裝書局,2004 年,上册,第 2213 頁。）《上海圖書館善本書目》云："漢司馬遷撰,明凌稚隆輯評。明萬曆刻本。清錢泰吉朱墨校並跋。"（上海圖書館:《上海圖書館善本書目》,《明清以來公藏書目彙刊》本,北京：北京圖書館出版社,2008 年,第二十八册,第 639 頁。）《福建省圖書館善本書目第一輯》云："明凌稚隆輯。明萬曆刻本,十九册。"（福建省圖書館:《福建省圖書館善本書目第一輯》,《明清以來公藏書目彙刊》本,北京：北京圖書館出版社,2008 年,第五十三册,第 454 頁。）案：以上三條解題只著録編纂者凌稚隆姓名,而未提增補者,所指當爲凌氏刻本,但均未說明是初刻本還是五年本。

的校勘記常與凌刻本文字不符。[①]還有一些學術論文將增補本補入的評點作爲凌稚隆之評引用,以論證凌氏的評點思想,所得結論必然有失準確。[②]鑒於此,筆者不揣淺陋,對《評林》凌氏刻本進行考證,以就正於方家。

一、初刻本與五年本概貌

初刻本卷首有王世貞《史記評林叙》、茅坤《刻史記評林序》、凌稚隆題識、所輯評家姓氏、引用書目等。凌稚隆題識云:"古歙汪氏、維揚張氏咸稱好事,遂各捐資付梓,肇於萬曆甲戌,訖於丙子冬。"[③]可知其刊刻時間爲萬曆二年(1574)至四年(1576)。該本半頁十行,行十九字,小字雙行同,白口,左右雙邊,單黑魚尾,版心魚尾上方刻"史記卷幾",魚尾下方刻篇名及頁碼,頁碼下刻寫樣者及刻工姓名,如"長洲顧檟寫同邑沈玄易刊""古吴錢世傑寫沈玄易刻"等,也有只刻刻工姓名的,如"錢世英刻""陳子文"等,也有刻刻工的簡稱或別稱的,如"余六""徐二""戴""鄭"等,還有在刻工姓名之上記録本頁所刻字數的,如"大二百十三小七百〇五錢世英""大二百五十七二百六十三徐光祖"等。正文部分爲兩截版,眉欄鐫評,下欄刻《史記》正文及三家注,行間鐫句讀及旁批。每卷首行題"史記評林卷之幾",下題"吴興凌稚隆輯校",次行下一字題篇名,卷尾題"史記評林卷之幾終"。此版字體俊秀美觀,並非明代中後期所流行的匠體字,版面闊大舒朗,紙張厚實堅韌,無論從内容價值還是從刻印品質上來看,都經過一番精心設計,絶非粗製濫造,堪稱明代坊刻本的傑出代表,歷來學者皆以善本視之。

五年本行格、版心、字體、刻工姓名均與初刻本完全相同,卷首增入一篇序文,即徐中行《史記評林序》。徐序落款時間爲"萬曆五年歲丁丑八月之吉",學界據此將其定爲萬曆五年刻本。除增加兩篇序文之外,五年本卷首的《史記評林姓氏》(以下簡稱《姓氏》)相較初刻本也有變化。《姓氏》以朝代爲序,依次羅列《評林》所收評家姓名。初刻本《姓氏》出現了明顯的訛誤,即將唐代史學家劉知幾誤作宋人。五年本做出訂正,將劉知幾歸入唐代。另外,五年本對明代評家也有調整,即將初刻本中的"高岱"替換爲"薛應旂"、"尤瑛"替換爲"王世貞",將末位"陸瑞家"替換爲"吴鼎",又在其後補充尤瑛、高岱二位評家之名。初刻本與五年本《姓氏》之下均用小字説明:"以上諸名家字里無考者闕。猶有不及載姓氏者,以所評

---

① 李月辰:《張文虎〈校刊史記集解索隱正義札記〉指瑕》,《北京大學中國古文獻研究中心集刊》第二十二輯,北京:北京大學出版社,2021年,第83—90頁。

② 陳民裕《凌稚隆〈史記評林〉研究》中引用增補本卷二八《封禪書》眉批按語:"按:觀書後有'天子至梁父祠地主'之句,則此八神名,當在'主'字爲句矣。"以此論證凌稚隆的句讀之法,(參見陳民裕:《凌稚隆〈史記評林〉研究》,高雄師範大學博士學位論文,高雄,2007年,第189頁。)而此條按語不見於凌氏兩刻本,當出自於熊氏書坊之手,不能代表凌氏的觀點。陳氏在緒論中提及選用增補本爲所據版本的原因是"李光縉增補的眉評,都刻在上欄原先凌輯本的空白處,若將李光縉所增輯之眉評删之,即是凌氏原本之式矣"。(參見陳民裕:《凌稚隆〈史記評林〉研究》,第11頁。)可見陳氏没有認識到增補本對凌氏刻本的改竄。

③ 〔明〕凌稚隆:《史記評林》卷首,明萬曆二年至四年凌氏刻本。

僅得一二節，故不敢概録于此云。"可見《姓氏》只羅列所録評語較多的評家姓名，增删評家姓名也就意味着書中評語進行了相應的改動。

二、五年本對評語的增删

眉批數量和内容的不同是兩個版本最大的區別，五年本對初刻本的改動有四種類型。

一是在初刻本眉欄空白處新增評語。增補最多的是王世貞之評，如卷三一《吴太伯世家》，五年本眉批有："王世貞曰：'札聽樂而辨六國之興衰，獨不知吴之將亡而默無一救乎？彼不欲以其身殉鴟夷也。'"① 而初刻本無此條。再如卷六六《伍子胥列傳》，五年本有眉批："王世貞曰：'伍員，俠客之雄也，重在伸志；范蠡，謀客之雄也，重在全身。員，勇勝智；蠡，智勝勇。'"② "王世貞曰：'哭秦庭而救楚者，《左傳》以爲申包胥，《戰國策》以爲棼冒勃蘇。此非二人，《戰國策》之誤也。'"③ 這些評點均摘自《弇州四部稿》。五年本還增入不少凌稚隆本人的按語，如卷六七《仲尼弟子列傳》："按：《韓非子·難言篇》'宰我不免于田常'，則在其時已記之矣。闞止之誤何庸疑？"④ 卷六九《蘇秦列傳》："按：史魚將卒，以在朝不能進蘧伯玉、退彌子瑕，命其子置尸牖下以諫。於是靈公弔而問之，遂進伯玉而退子瑕，此以尸行其忠者也。若蘇秦之殉市正與吴起伏王尸之意同，此以尸行其詐者也。嗚呼，可畏哉！"⑤ 五年本增補的不乏名家之評，卷六七《仲尼弟子列傳》從《史通》摘録出的劉知幾之評："孔門弟子聖人品藻已詳，門徒臧否又定。如有若者，名不隸于四科，譽無偕於十哲。逮尼父既没，方取爲師，以不答所問，始令避坐。同稱達者，何見事之晚乎？"⑥ 此外，陳傅良、楊慎、何孟春、歸有光、薛應旂等評家的評語亦有補入。

二是將初刻本眉批删除。此類中以删除凌稚隆按語最爲常見，僅卷六九《張儀列傳》中，就有"説燕文侯"⑦ "説趙肅侯"⑧ "説魏襄王"⑨ "説齊宣王"⑩ "説楚威王"⑪ 五條之多。還有卷六二《管晏列傳》"楚蔡之與國，故因而伐之"、⑫ 劉辰翁、吴寬、王鏊、陸粲、邵寶、王維楨、王九思、余有丁、張之象、董份等十數位評家的評語也有被删除的情況，如初刻本卷九六《張丞相

---

① 〔明〕凌稚隆：《史記評林》卷三一《吴太伯世家》，明萬曆五年凌氏刻本，第 6 頁 ab。
② 〔明〕凌稚隆：《史記評林》卷六六《伍子胥列傳》，明萬曆五年刻本，第 1 頁 a。
③ 〔明〕凌稚隆：《史記評林》卷六六《伍子胥列傳》，明萬曆五年刻本，第 6 頁 a。
④ 〔明〕凌稚隆：《史記評林》卷六七《仲尼弟子列傳》，明萬曆五年刻本，第 7 頁 b。
⑤ 〔明〕凌稚隆：《史記評林》卷六九《蘇秦列傳》，明萬曆五年刻本，第 21 頁 a。
⑥ 〔明〕凌稚隆：《史記評林》卷六七《仲尼弟子列傳》，明萬曆五年刻本，第 20 頁 b。
⑦ 〔明〕凌稚隆：《史記評林》卷六九《蘇秦列傳》，明萬曆二年至四年刻本，第 2 頁 b。
⑧ 〔明〕凌稚隆：《史記評林》卷六九《蘇秦列傳》，明萬曆二年至四年刻本，第 4 頁 a。
⑨ 〔明〕凌稚隆：《史記評林》卷六九《蘇秦列傳》，明萬曆二年至四年刻本，第 10 頁 b。
⑩ 〔明〕凌稚隆：《史記評林》卷六九《蘇秦列傳》，明萬曆二年至四年刻本，第 13 頁 a。
⑪ 〔明〕凌稚隆：《史記評林》卷六九《蘇秦列傳》，明萬曆二年至四年刻本，第 14 頁 b。
⑫ 〔明〕凌稚隆：《史記評林》卷六二《管晏列傳》，明萬曆二年至四年刻本，第 2 頁 b。

列傳》凌約言之評:"此卒言張蒼之終,文字錯綜變化不拘,此傳可見。"①卷一〇二《張釋之馮唐列傳》黃震之評:"張釋之結轍與張良之納履類也。"②卷一四《十二諸侯年表》蘇洵之評:"遷表十二諸侯,首魯迄吳,實十三國,而越不與焉。夫以十二名篇,而載國十三,何也?不數吳也。皆諸侯耳,獨不數吳,何也?用夷禮也。不數而載之,何也?周裔而霸盟上國也,此其所以雖不數而猶獲載也。若越區區于南夷,豺狼狐狸之與居,不與中國會盟以觀華風,而用夷俗之名以赴。故君子即其自稱以罪之,苟遷舉而措之諸侯之末,則西戎、獫狁亦或庶乎其間。是以絕而棄之,將使後之人君觀之曰不知中國禮樂,雖勾踐之賢猶不免乎絕與棄。則其賤夷也,不亦簡而明乎?"③

三是將初刻本原有的眉批挖改,替換爲新的內容。茲舉數例:卷三一《吳太伯世家》初刻本原有王鏊眉批曰:"非孫武不能爲此言。"④五年本將此條挖去,補入王世貞的一條長評:"季札蓋智人也,得老氏之精而用之。夫以諸樊之爲長焉而讓,夷祭、夷昧之爲仲、爲叔焉而讓,即中人亦勉能之。夷昧沒而猶讓,則非中人所能也。彼見夫吳之俗,狠戾而好戰,日尋楚之干戈。而僚以貪愎躁勇之性,光以狡悍忍訹之資左右焉。其人目睊而齒擊,蓋未嘗一日而忘乎王位也。札欲以禮息鬭而不能,以義割恩而不忍,其身之不恤而何有於國,故孰計而舍之,非得已也。彼二人者,感札之予位而不忮,安札之無欲而不疑,以其屬尊而不之逼,而札始得爲札矣。吾故曰季札智人也,得老氏之精而用之者也。"⑤卷一〇二《張釋之馮唐列傳》初刻本原有評語:"按:此見魏尚與李牧同。"⑥五年本挖改爲:"按:'軍市租'二句與上'軍市租'二句應,'匈奴遠避'五句與上'北逐單于'五句應,'士卒盡家人子'等句與上'賞賜決于外'七句反說相形,見所以不能用頗、牧之故。"⑦

五年本的挖改中有兩處比較獨特,並不是整條移除替換,而是將一條評語中一部分文字保留,另一部分改動。其中一處在卷四七《孔子世家》,初刻本有黃省曾之評:"仲尼者,執周之禮,秉天子之法,而議乎諸侯大夫。問其位,則仲尼,匹夫也。考其書,則所執者,宗伯之禮;所秉者,大司寇之法;所筆削者,太史之職;所仗義而執言者,方伯連帥之權也。使周王者取此以討乎諸侯大夫之罪,則此書者可以爲誓爲辭者也。"此條起自該卷28b頁,自"天子"二字之下在29a頁。五年本將28b頁的內容保留,29a頁上的文字全部刪去,替換爲:"王世貞曰:'《春秋》成而獲麟也,瑞應歟?曰弗必也。獲麟而後作《春秋》,以比於河圖洛書也?曰不然也。《春秋》之作久矣,獲麟聖人之所托而悲者耶?曰奚悲也當其時,而春秋之事既也可以止矣。'"也就是說,五年本挖改之時將28b頁的"黃省曾曰仲尼者執周之禮秉"數字遺漏,

① 〔明〕凌稚隆:《史記評林》卷九六《張丞相列傳》,明萬曆二年至四年凌氏刻本,第5頁b。
② 〔明〕凌稚隆:《史記評林》卷一〇二《張釋之馮唐列傳》,明萬曆二年至四年凌氏刻本,第5頁a。
③ 〔明〕凌稚隆:《史記評林》卷一四《十二諸侯年表》,明萬曆二年至四年凌氏刻本,第2頁ab。
④ 〔明〕凌稚隆:《史記評林》卷三一《吳太伯世家》,明萬曆二年至四年凌氏刻本,第14頁b。
⑤ 〔明〕凌稚隆:《史記評林》卷三一《吳太伯世家》,明萬曆二年至四年凌氏刻本,第14頁b-第15頁a。
⑥ 〔明〕凌稚隆:《史記評林》卷一〇二《張釋之馮唐列傳》,明萬曆二年至四年刻本,第7頁b。
⑦ 〔明〕凌稚隆:《史記評林》卷一〇二《張釋之馮唐列傳》,明萬曆五年刻本,第7頁b。

未作處理。另一處有所不同,只是將中間一句改動,没有替换爲他人之評。卷六五《孫子吳起列傳》初刻本凌稚隆按語云:"通篇以'兵法'二字作骨。首次武以兵法見吳王,卒斬二姬爲名將。後次臏與龐涓俱學兵法,而臏竟以兵法爲齊威王師,卒以兵法死龐涓而顯當時、傳後世者皆此也。篇終結'兵法'二字與首句相應。"五年本將"竟以兵法爲齊威王師卒以兵法死龐涓而顯當時傳後世者皆此也"二十七字改爲"爲齊威王師及死龐涓顯當時傳後世者皆兵法也",餘皆不變。①

　　四是改换評家姓名。五年本有一定數量的眉批内容與初刻本基本相同,而評家却不是同一人。可分爲兩類,其一是將初刻本的評語改换爲凌稚隆的按語。如卷一二二《酷吏列傳》眉欄,初刻本原有相鄰的兩條評語:"田汝成曰:'以寧成、郅都並列酷吏,則都寬哉!'"②"康海曰:''歸家'數語,陋哉!視郅都自稱之詞不逮遠矣,乃以並列《酷吏傳》,何也?"③五年本將田汝成之評挖去,在同樣的位置補入凌稚隆按語:"按:寧成不特廉,弗如都。即其'歸家'數語,視都自稱之詞,又遠甚矣。乃以並列酷吏,則都寬哉!"④同時又將康海之評删去。凌氏按語與田汝成、康海之評用詞相似,意義相同。凌氏兩刻本書前引用書目中列有田汝成《田叔禾稿》與康海《康對山集》,然而遍檢兩書,未見初刻本所録二人之評。故而這兩條評語很可能出自凌稚隆之手,初刻本誤入田汝成、康海名下,五年本重新修訂爲凌稚隆按語。

　　相似的例子還有卷一〇二《張釋之馮唐列傳》,初刻本中有評語:"凌約言曰:'王生令釋之結襪,蓋黄老催剛爲柔之旨。'"⑤五年本將"凌約言"三字替换爲"按",又在結尾略加幾字。這樣一來,凌約言就成爲凌稚隆的按語:"按:王生令釋之結襪,蓋黄老催剛爲柔之旨,與圯上納履事同。"⑥凌約言爲凌稚隆之父,號藻泉,引用書目中著録有《凌藻泉史記評抄》一書,此書已散佚,故而無法考證此條評語是否爲約言所撰,也無從知曉五年本的修改是否正確。

　　還存在一種相反的情况,即五年本將凌氏的按語冠以他人之名。典型的一例在卷九九《劉敬叔孫通列傳》中,初刻本有凌氏按語曰:"按:備胡、都關中二事,結案在此。"⑦在五年本相同的位置僅把"按"字替换爲"唐順之",其餘文字皆同。兩種版本卷首的引用書目中均出現了唐順之《史記選要》一書。唐順之現存有《唐荆川先生精選批點史記漢書》,明萬曆十二年(1584)重刻國家圖書館藏本有刊刻者毛在的題識曰"初以《史漢選》發司校刻",可見此即引用書目所謂《史記選要》。該書卷五選録劉敬、叔孫通等人之傳,却不見"備胡、都關中二事,結案在此"一條評語。由此推知,此條評語不應出自唐順之之手,當爲凌稚隆所撰,

---

① 〔明〕凌稚隆:《史記評林》卷六五《孫子吳起列傳》,明萬曆五年刻本,第 1 頁 ab。
② 〔明〕凌稚隆:《史記評林》卷一二二《酷吏列傳》,明萬曆二年至四年刻本,第 3 頁 b。
③ 〔明〕凌稚隆:《史記評林》卷一二二《酷吏列傳》,明萬曆二年至四年刻本,第 4 頁 a。
④ 〔明〕凌稚隆:《史記評林》卷一二二《酷吏列傳》,明萬曆五年刻本,第 3 頁 b。
⑤ 〔明〕凌稚隆:《史記評林》卷一〇二《張釋之馮唐列傳》,明萬曆二年至四年刻本,第 5 頁 a。
⑥ 〔明〕凌稚隆:《史記評林》卷一〇二《張釋之馮唐列傳》,明萬曆五年刻本,第 5 頁 a。
⑦ 〔明〕凌稚隆:《史記評林》卷九九《劉敬叔孫通列傳》,明萬曆五年刻本,第 5 頁 a。

五年本中將"按"字替換爲"唐順之"當屬訛誤。此種改動雖然涉及文字不多，但因"按"字與"凌約言""唐順之"等人名字數不同，所占空間也有大小之别，所以五年本無法在初刻書版上直接增删文字，仍是將整條評語挖改撤换。

　　五年本也改正了評家姓名中的訛字。初刻本卷七一《樗里子甘茂列傳》有眉批："唐唐曰：'古称得道至人能知城邑宫殿從何福業生，此非虛語也。凡物成就，本非一生之所能爲；至其變滅，亦非一時之所能廢。業凝而成，既泮而敗，其所由來遠矣。世無至人，故莫識其所從也。若樗里子者，豈足名得道哉？彼不過以數知之耳。蓋萬物本于道，故道能知之；不外于數，故數亦能知之。戰國之士大抵皆深於數，故知來事如此。至詰其所從來，彼亦不能知也。'"按此條評語見於《眉山唐先生文集》卷八《游越王臺記》，作者爲北宋眉州人唐庚，故"唐唐"當爲"唐庚"之訛，五年本將下"唐"字更正爲"庚"。

　　另外，五年本還增補了一些尾評，這些新增的尾評也多出自王世貞之手。此外，在卷六六《伍子胥列傳》卷末增補了一條何孟春的長評："子胥掘平王墓，鞭其尸，父讎報矣。故楚太子建，子胥父子皆事之，固嘗以爲君矣。鄭殺其君，而子胥不一問，彼豈其勢之不可耶？則伐楚之師，威疊乎遐邇，子胥誠當此時，反旆而西，鼓其伐楚之師，而爲問鄭之舉，則我於君父之讎，可脱腕而兩報之矣，而何子胥其不此計也。張良之從沛公，蓋欲爲韓報仇也。子嬰誅而成王立，則復辭漢而歸韓，萬世之下，稱其有不忘故主之義，而功名次之。子胥能是，則可以塞囂之口，却屬鏤之劍於夫差之世矣。豈但申包胥之無辭，而秦哀王之不加兵哉？子胥既死，建之子勝欲伐鄭而不克，殺令尹子西而遂大亂，卒之自刎於山林，棄骸無掩，痛哉！"[①]

三、五年本對文字的改動

　　五年本對三家注文字的改動有些是爲了糾正初刻本的謬誤，例如卷一《五帝本紀》正文"軒轅之時神農氏世衰"之下《索隱》，初刻本作："世衰，謂神農氏後代子孫道德衰薄，非指炎帝之身，即班固所謂參虛。"[②]五年本"參虛"作"參盧"，中華書局點校本二十四史修訂本《史記》（以下簡稱修訂本《史記》）與五年本同。[③]正文"藝五種"之下《索隱》，初刻本曰"藝音藝"，[④]上下兩"藝"字相同。五年本將下"藝"改爲"蓺"。正文"西至于流沙"之下有《正義》引《括地志》，初刻本作："號延海，南甘州張掖縣東北千六十四里，是。"[⑤]此句之上有《集

① 〔明〕凌稚隆：《史記評林》卷六六《伍子胥列傳》，明萬曆五年刻本，第12頁b。
② 〔明〕凌稚隆：《史記評林》卷一《五帝本紀》，明萬曆二年至四年刻本，第3頁b。
③ 〔漢〕司馬遷著，〔南朝宋〕裴駰集解，〔唐〕司馬貞索隱，〔唐〕張守節正義：《史記》卷一《五帝本紀》，北京：中華書局，2014年，第4頁。
④ 〔明〕凌稚隆：《史記評林》卷一《五帝本紀》，明萬曆二年至四年刻本，第4頁b。
⑤ 〔明〕凌稚隆：《史記評林》卷一《五帝本紀》，明萬曆二年至四年刻本，第10頁b。

解》引《地理志》云：“流沙在張掖居延縣。”① 又修訂本《史記》“號延海”作“居延海”，② 可見初刻本“號延”乃爲“居延”之訛，五年本改“號”爲“居”。正文“帝嚳娶陳鋒氏女”之下《正義》，初刻本作“后稷次妃有娍氏女曰簡狄”，③ 五年本“娍”作“娀”。按《史記》“有娍氏”作“有娀氏”，④ 又卷三《殷本紀》云“殷契母曰簡狄，有娀氏之女”，⑤ 可知初刻本誤，五年本不誤。

五年本還會將初刻本三家注文字改爲兩通的異文，如初刻本同卷正文“帝嚳高辛者”之下《索隱》云：“宋衷曰：‘高辛，地名，因以爲號。’”⑥ 五年本將“宋衷曰”改爲“宋衷云”。⑦ 五年本還將初刻本三家注中的文字改爲異體字，如初刻本同卷正文“帝顓頊生子曰窮蟬”之下《索隱》曰：“《系本》作‘窮繫’。”⑧ 五年本將“繫”改爲“係”。⑨

五年本對初刻本上欄評語的改動約有二百處，占所有評語的十之一二。五年本對初刻本下欄文字的改動較少，一般數頁之中偶見一例。五年本改動之處所在頁面的其他文字與版式與初刻本毫無差別，由此可知，五年本未撤換初刻本的版片，更不是重新刻版，而是在初刻本的版片上增刻、挖改而成，當爲初刻本的修訂本。

筆者認爲五年本質量優於初刻本，理由如下：一，五年本修正了初刻本文字之訛誤，更接近校勘性善本。在卷首題識中凌稚隆説到“兹刻以宋本與汪本，字字詳對，間有不合者，又以他善本參之，反覆讎校，庶免亥豕魚魯之弊云”，可見對校勘的重視，後世學者也常把《評林》視爲《史記》的一種版本用於校勘。文字相對準確的五年本既能體現凌氏的校勘學成就，也更適合用於學術研究。二，五年本的評語豐富，出處更加準確，文獻價值較高。五年本凌氏所增評語數量較多，且大多出於名家之手，觀點深刻，能够代表相應時代的研究特點和研究水平，其出處也與卷首引用書目吻合。雖然五年本的改動删去了少量有價值的名家之評，也造成了一處評語的斷裂缺失，但從整體來看，五年本無論是文字的準確性還是材料的豐富性都更勝一籌，更適合作爲凌稚隆《評林》研究的依據對象。

四、餘論

除了對初刻本和五年本不加區分之外，當今學界還存在一個誤區，即以增補本爲依據研究凌稚隆《評林》。這是由於增補本是凌氏兩刻本的仿刻本，三者之間行格一致，版式相近，

① 〔明〕凌稚隆：《史記評林》卷一《五帝本紀》，明萬曆二年至四年刻本，第 10 頁 b。
② 〔漢〕司馬遷著，〔南朝宋〕裴駰集解，〔唐〕司馬貞索隱，〔唐〕張守節正義：《史記》卷一《五帝本紀》，第 15 頁。
③ 〔明〕凌稚隆：《史記評林》卷一《五帝本紀》，明萬曆五年刻本，第 12 頁 a。
④ 〔漢〕司馬遷著，〔南朝宋〕裴駰集解，〔唐〕司馬貞索隱，〔唐〕張守節正義：《史記》卷一《五帝本紀》，第 17 頁。
⑤ 〔明〕凌稚隆：《史記評林》卷三《殷本紀》，明萬曆二年至四年刻本，第 1 頁 a。
⑥ 〔明〕凌稚隆：《史記評林》卷一《五帝本紀》，明萬曆二年至四年刻本，第 11 頁 a。
⑦ 〔明〕凌稚隆：《史記評林》卷一《五帝本紀》，明萬曆五年刻本，第 11 頁 a。
⑧ 〔明〕凌稚隆：《史記評林》卷一《五帝本紀》，明萬曆二年至四年刻本，第 10 頁 b。
⑨ 〔明〕凌稚隆：《史記評林》卷一《五帝本紀》，明萬曆五年刻本，第 10 頁 b。

若不仔細校勘,很難發現其中差別。且天津古籍出版社在 1998 年將增補本影印出版,研究者易於購得。而筆者認爲增補本不能代表凌稚隆所編刊的《評林》,有三點原因:首先是增補本改竄了凌刻本的評語。雖然增補者李光縉在卷首題識中説,對於新增評點"每段冠一'增'字示別",對於自己的按語"漫著'光縉曰'三字,與凌評并云",然而却没有完全遵守這個體例,一些新增的評語没有相應標識。另外,由於增補內容較多,凌刻本眉欄空白空間有限,所以常將凌刻本原有眉批删去,爲新增評語讓位。典型的一例是初刻本與五年本卷八二《田單列傳》四 b 頁眉欄均有評語:"董份曰:'觀所叙王蠋事,則是以齊存亡繫一布衣,其推蠋至矣,孰謂太史公退節義耶?'"①增補本在四 a 頁補入了焦竑之評,由於文字較多,爲了創造足夠的空間,增補本將凌刻本四 a 頁焦竑之前的評語前移三行,將四 b 頁原有的董份之評删除。②其次是增補本改竄了凌刻本下欄《史記》正文及三家注的文字。如卷四○《楚世家》正文,凌刻二本作:"乃望祭群神,請神決之,使主社稷,而陰與巴姬,埋璧於室内。"③而增補本"巴姬"作"己姬"。④再次增補本對旁批也有增删。如增補本卷八二《田單列傳》正文"齊亡大夫聞之""求諸子立爲襄王"兩句之側分別新增旁批"聯絡""了前案"。⑤凌氏兩刻本卷九七《酈生陸賈列傳》正文"平原君不見"之側的旁批"重叙此,應上'不敢見'"⑥不見於增補本。⑦因此,增補本已脱離凌刻本原貌,所代表的是增補者李光縉的輯評思想,而非凌稚隆之思想。

綜上,雖然增補本保存了萬曆五年之後的材料,對於探討萬曆間《史記》評點和建陽熊氏書坊刻書有一定價值,但已與凌刻本原貌相距較遠。在凌氏兩刻本中,五年本後出轉精,在校勘和輯評兩方面均可代表凌稚隆書籍編刊的思想和水準,可作爲研究《評林》的最佳依據。

（李月辰,西安外國語大學中國語言文學學院講師）

---

① 〔明〕凌稚隆:《史記評林》卷八二《田單列傳》,明萬曆二年至四年凌氏刻本、明萬曆五凌氏刻本,第 4 頁 b。

② 〔明〕凌稚隆輯,〔明〕李光縉增補:《史記評林》卷八二《田單列傳》,天津:天津古籍出版社,1998 年,第 5 册,第 493—495 頁。

③ 〔明〕凌稚隆:《史記評林》卷四○《楚世家》,明萬曆二年至四年凌氏刻本、明萬曆五凌氏刻本,第 15 頁 a。

④ 〔明〕凌稚隆輯,〔明〕李光縉增補:《史記評林》卷四○《楚世家》,第 4 册,第 151 頁。

⑤ 〔明〕凌稚隆輯,〔明〕李光縉增補:《史記評林》卷八二《田單列傳》,第 5 册,第 494 頁。

⑥ （明）凌稚隆:《史記評林》卷九七《酈生陸賈列傳》,明萬曆二年至四年凌氏刻本、明萬曆五凌氏刻本,第 11 頁 a。

⑦ 〔明〕凌稚隆輯,〔明〕李光縉增補:《史記評林》卷九七《酈生陸賈列傳》,第 5 册,第 905 頁。

國家圖書館、臺北故宮博物院所藏兩種《唐大詔令集》抄本考*

張 雯

[摘 要] 《唐大詔令集》存世最早版本僅爲明抄本，國家圖書館藏翁同龢校本與臺北故宮博物院所藏居敬堂本雖爲清抄本，但與明抄本系統關係密切。翁同龢校本、居敬堂本與明抄本系統的鐵琴銅劍樓本、涵芬樓本均屬同一版本系統。翁同龢校本源出鐵琴銅劍樓本一系，但又有其獨特價值。居敬堂本所據底本雖已不存，但據書中闕文可以反推出居敬堂本抄寫時所據底本的關鍵信息，其底本存在破損且與明抄本系統的涵芬樓本、鐵琴銅劍樓本行款一致。

[關鍵詞] 唐大詔令集 抄本 版本源流 翁同龢 居敬堂

《唐大詔令集》存世最早的版本僅爲明抄本，明抄本系統的相關研究詳見拙文《明抄本系統〈唐大詔令集〉考——兼論此書闕卷緣由及通行本之失》。[①]國圖所藏翁同龢校本及臺北故宮博物院所藏三山陳氏居敬堂本，李豪在其博論《〈唐大詔令集〉研究》[②]以及《〈中國古籍總目〉"唐大詔令集"條訂補》[③]中已做過略述。但翁同龢校本、三山陳氏居敬堂本與明抄本系統的淵源還未有詳細考察，故本文在學界已有的研究基礎上，對以上兩部抄本的詳細情況及版本源流進行梳理與研究。

版本概況

版本	時代	基本情況	收藏地	著録
翁同龢校本	清初	存 6 册，99 卷。存卷 7–13、25–86、99–118、121–130。	國圖	《中國古籍總目》《中國古籍善本書目》《北京圖書館古籍善本書目》
居敬堂本	清初	存 16 册，107 卷。	臺圖	《中國古籍總目》《"國立中央圖書館"善本書目》《中國善本書提要補編》

一、翁同龢校本（國家圖書館藏）

此本因闕卷一至六，故書前藏印不存。半葉 15 行，行 25 字左右。不避宋諱，避"玄"不

---

* 本文是中國博士後科學基金第 70 批面上項目《唐代詔令文獻的文本與史源研究》（2021 M 700818）的階段性成果。感謝復旦大學夏婧老師在本文寫作過程中提供的寶貴意見！

① 張雯：《明抄本系統〈唐大詔令集〉考——兼論此書闕卷緣由及通行本之失》，《文史》2021 年第 2 期，第 121—142 頁。
② 李豪：《〈唐大詔令集〉研究》，南京大學博士論文，南京，2015 年，第 51—53 頁。
③ 李豪：《〈中國古籍總目〉"唐大詔令集"條訂補》，《圖書館研究》2016 年第 3 期，第 121—124 頁。

避"弘"字,應爲清初抄本。

《中國古籍總目》載此本爲四庫底本、清翁同龢校注。[①]《北京圖書館古籍善本書目》記作翁同龢校注本。[②]李豪認爲此本與翁同龢無關,因朱筠藏書爲翁同龢之父翁心存所得,後又捐贈北京圖書館,故被誤作翁同龢校注本,又因此本校勘成果多爲四庫本所收,所以李豪認爲此本爲四庫本底本,即朱筠家藏本。但由於《編修朱交出書目》中記載朱筠藏本 8 册,與此本 6 册之數不合,存疑。[③]

實際上,此本確實爲四庫底本,亦有翁同龢校注。如卷四五徐安貞《裴耀卿張九齡平章事制》上有四庫館臣校語"借疑賜"後題"龢按,借是"即翁氏校注,類似按語又見於卷七四《令嗣許王瓘祭東嶽敕》。而有關四庫底本的情況,還可詳細考察,因此本不僅爲四庫文淵閣本所利用,文淵閣本上呈以後,四庫館臣還繼續對此本進行校改,這部分校改被晚於文淵閣本上呈的四庫文津閣本所採納,致使文淵閣與文津閣本存在諸多異文。

首先,關於此本今存 6 册不合朱筠家藏本 8 册之數的問題,是因此本在闕卷 1—6 後又經重新裝訂。《四庫全書總目》中朱筠家藏本《提要》載此本存 107 卷:"其書世無刊本。輾轉鈔傳、訛誤頗甚。中闕卷第十四至二十四、八十七至九十八、凡二十三卷。參校諸本皆同。其脱佚蓋已久矣。"[④]今 6 册本僅存 99 卷,存卷七至一三、二五至八六、九九至一一八、一二一至一三〇。每册外封"《唐大詔令》一"至"《唐大詔令》六"題簽均完整。由於此本卷一至六亡佚,書前藏印不存,版本遞藏信息無從知曉,故此本應於後期經過了重新裝訂,册數也從 8 册變爲 6 册。

其次,此本與四庫文淵閣本頗有淵源。據文淵閣本《唐大詔令集》提要可知文淵閣本於乾隆四十四年(1779)九月校上。[⑤]文淵閣本詳校官編修范來宗,編修裴謙覆勘,總校官爲編修倉聖脉。卷一至二七校對官爲學正常循、謄録爲舉人徐元衮,卷二八至六二和一〇一至一三〇校對官爲學正常循、謄録爲監生寧汝櫞,卷六三至六九和七六至八四校對官爲助教羅萬選、謄録爲監生劉家瑛,卷七〇至七五校對官爲編修沈清藻、謄録爲監生陶鳴珂,卷八五至一〇〇校對官爲學正常循和助教羅萬選、謄録爲監生寧汝櫞和監生劉家瑛。而翁同龢校本中卷二六、五九、一一〇有署名常循簽,常循爲武英殿繕寫校正《四庫全書》分校官。[⑥]卷二六、二七有寧汝櫞簽,此本中凡署名常循與寧汝櫞的校記,文淵閣本《唐大詔令集》均收入。經過考校,書中大部分校記爲四庫館臣所寫,有"從史改""史作""史無"等字樣,是館臣據《舊唐書》改。此外據書中校改還可見館臣亦參考過《册府元龜》,如卷六八《天寶十載南郊赦》有校記"此應補《天寶六載南郊赦》,在《册府元龜》。"又有據上下文內證而改,如卷三九目錄中《降

① 中國古籍總目編纂委員會編:《中國古籍總目(史部)》,上海:上海古籍出版社,2009 年,第 3537—3538 頁。

② 北京圖書館編:《北京圖書館古籍善本書目》,北京:書目文獻出版社,1989 年,371 頁。

③ 李豪:《〈中國古籍總目〉"唐大詔令"條訂補》,《圖書館研究》2016 年第 3 期,第 121—124 頁。

④〔清〕永瑢等:《四庫全書總目》卷五五,北京:中華書局,1965 年,第 495 頁。

⑤〔清〕永瑢等:《景印文淵閣四庫全書》史部 426 册,臺北:臺灣商務印書館,2008 年,第 2 頁。

⑥ 張升:《四庫全書館研究》,北京:北京師範大學出版社,2012 年,第 217、369、377 頁。

魏王恭東萊郡王詔》有校語 "魏王恭,史作魏王泰,考宗室有名孝恭於魏王爲舛,不應相同,且後有《上〈括地志〉文》亦作泰,其誤無疑。" 又如卷五三《崔鉉淮南節度平章事制》有校記作 "《目》作崔鈜"。卷四一末有 "寫訖" 字樣,卷一〇四末有 "凡訛處照簽改正"。此本中還存有有多處校改簽條,亦有被撕掉的簽條痕迹,以上校改和粘簽均爲館臣校勘時所留。

再次,雖然翁同龢校本爲四庫底本,但其與文淵閣本在文字上多有出入。主要分爲兩種情況:

第一種情況是翁同龢校本中有校改,但未收入文淵閣本。這類校改可以按時間劃分爲兩類:一是校改在四庫文淵閣本上呈以後,故不可能被文淵閣本利用。但這些校改可以確定依然是四庫館臣所爲,因爲此本中很多未收入文淵閣本的校改,却被四庫文津閣本採納。據文津閣本《唐大詔令集》書前《提要》可知,文津閣本於乾隆四十九年(1784)三月校上,比文淵閣本晚了近 5 年。翁同龢校本中很多未收入文淵閣本的校改,均收入文津閣本,這就導致今存文津閣本與文淵閣本在文字上存在一定的差異。如,翁同龢校本卷一二《懿宗遺詔》中作 "冀清之爲理",書中校補 "和" 字,作 "冀清和之爲理"。但這處校改四庫本文淵閣本未收,作 "冀清静之爲理",與翁同龢校本異,但與《舊唐書》《全唐文》同。文津閣本作 "冀清和之爲理",與翁同龢校本校改後文字一致。又如卷一二《睿宗遺誥》篇前,翁同龢校本天頭有一處增加 "遺誥" 類目的增補(見圖一)。這處校改四庫文淵閣本未收(見圖二),但被四庫文津閣採納(見圖三),可見此處校改應在文淵閣上呈以後,文津閣上呈之前。又如卷二九《元和四年册皇太子赦》,此本作 "莊敬好禮(闕一行)君親之誠" 校者以連綴符號把前後文連接起來,文淵閣本作 "莊敬好禮。服典謨之誼,一君親之誠",但翁同龢校本中的校改後格式被文津閣本沿襲。翁同龢校本與文淵閣本在詔令系年上也有異文。卷二七、二八、三二均有 "朱鈐" 簽條,朱鈐曾任薈要處分校、複校,乾隆四十七年(1782)七月前丁憂離館。卷二七《立忠王爲皇太子制》翁同龢校本原作 "開元年",此篇天頭有署名朱鈐的校改:"'開元年'應做'開元二十六年六月三日'。" 與《册府元龜》卷二五七及《文苑英華》卷四四三同。但文淵閣本作 "開元四年十月十四日",與翁同龢校本和朱鈐校改均不同,文淵閣本應有所據,或爲館臣參考了其他進呈的抄本,朱鈐這處系年校改亦被文津閣本採用。二是可以明確爲文淵閣上呈以前四庫館臣所校,但未收入文淵閣與文津閣抄本。如翁同龢校本卷二六《齊王謚承天皇帝制》天頭有五處校改,分別爲:(1)十五行 "敬" 改 "承";(2)四行 "明" 改 "名";(3)八行 "在" 作 "載";(4)九行 "原",《舊唐書》作 "厚";(5)十四行 "以" 史作 "與",張氏下有 "宜" 字。以上五處,筆迹完全一致,校改體例相同,可明確爲同一人同時期所校勘。前四處校改均被文淵閣、文津閣本採納,惟第五處 "張氏下有'宜'字" 一處校改與今文淵閣、文津閣本不同。兩本 "張氏" 後均接 "冥婚" 二字。"張氏" 後作 "宜" 應據《册府元龜》卷二九六,[①] 而後接 "冥婚" 與《舊唐書》卷一一六及《全唐文》卷四六同。可見,校勘與最後的審定謄録之間應該還有其他考訂,也許因那些已被撕去的簽條而無從得知。

---

① 〔宋〕王欽若等編纂,周勛初等校訂:《册府元龜》卷二九六,南京:鳳凰出版社,2006 年,第 3340 頁。

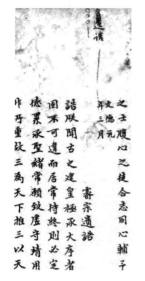

翁同龢校本天頭校改（圖一）　　　文淵閣本（圖二）　　　文津閣本（圖三）

第二種情況是翁同龢校本無校改，但文淵閣本文字與翁同龢校本存在異文。產生這種情況的原因應是利用了其他參校本。除朱筠家藏本以外，據《四庫采進書目》所載還有其他六種：一爲兩淮商人馬裕家呈送《唐大詔令集》8本。二爲浙江省第五次范懋柱家呈送《唐大詔令[集]》12本。三爲安徽省呈送《唐大詔令》34本。四爲總裁于交出《唐大詔令》12本。五爲浙江採集遺書《唐大詔令集》（寫本）。六爲編修朱交出《唐大詔令》八本。[①]

此本除翁校外，還被後世收藏者繼續校改。《四庫全書》於乾隆三十八年（1773）二月二十一日正式開始編修，乾隆三十八年（1773）二月底四庫館正式開館，前四部《四庫》修成時間是在乾隆四十九年（1784）十一月，約於乾隆五十年（1785）正月四庫館正式閉館。[②]《全唐文》始修於嘉慶十三年（1808），並於嘉慶十九年（1814）閏二月修成奏進。[③]因《全唐文》撰修晚於《四庫全書》，故此本中據《全唐文》校改處，不可能爲四庫館臣所爲。如卷五一《張説監修國史等制》校者補“主者施行”。同卷《宋璟蘇頲修國史制》“餘故”改作“餘各如故”，並補“主者施行”。同卷《蕭嵩集賢院學士修國史制》補“餘並如故，主者施行。”以上校改據《全唐文》補，文淵閣本亦未收。但系《宋璟蘇頲修國史制》於“先天六年十月七日”，不知據何而改，且先天並無六年，疑誤。又如卷三一《册皇太子韋妃文》上有校語“韋妃文，元宗集內及蘇頲、張九齡、孫逖集內俱無此文。”以當時而言，玄宗、蘇頲、孫逖並無單行文集，所以此校亦據《全唐文》。《全唐文》頒刻於嘉慶年間，皇帝親撰《御制〈全唐文〉》詩，在當時看來代表一代盛世。這就可以理解爲當時選取《全唐文》對校，而不選取文獻來源更早的新舊《唐書》《文苑英華》《册府元龜》或唐人文集，此一代風氣所致，而非基於學術的選擇。

① 〔清〕吳慰祖校訂：《四庫采進書目》，北京：商務印書館，1960年，第67、109、143、172、185、250頁。
② 張升：《四庫館開、閉館時間考》，《圖書館雜誌》2011年第12期，第74—78頁。
③ 陳尚君：《述〈全唐文〉成書經過》，《復旦學報(社會科學版)》1995年第3期，第210頁。

此本在流傳中存在抄補情況。卷一二五《平徐州制》文中"重康黎庶,疇庸之典,在絲發以無私,懋賞之時……餘並一切不問,應舊軍將官吏,節級所由",這正反整一葉與前後字迹截然不同,應爲後來抄補,增補整一葉。除了字迹不同以外,對比涵芬樓本、鐵琴銅劍樓本、居敬堂本同篇文章可見補抄葉與其他版本文字差別極小,僅有一處異文和兩處脱文,正常葉與其他版本異文較多。又如,同卷《平孫儒德音》結尾部分"才獎用,其鄉閭父老,八十以上……咸使聞知。景福元年八月。"以及下篇《平楊守亮等敕》全篇直到卷末,也與前後字迹不同。從卷一二六《誅劉辟敕》一直到卷一二七結束亦如是。

綜上可見,此本不僅爲編修《四庫全書》時的底本,被四庫館臣所利用,又經翁同龢以及後世收藏家校藏,後歸北京圖書館,今藏國家圖書館。卷一至六亡佚,書前藏印不存,現僅存"北京圖書館藏"印,故此書卷一至六、一一九至一二〇闕卷應在翁同龢校藏後,北京圖書館收藏前。

二、居敬堂本（臺北故宮博物院藏）

此本卷首依次鈐有"三山陳氏居敬堂圖書""延古堂李氏藏珍""永清朱樨之玖珊藏書之印""玖珊三十年精力所聚""國立北平圖書館收藏"印。

據"三山陳氏居敬堂圖書"印可知,此本最初爲乾嘉時閩縣螺洲陳若霖及其後代藏書。陳若霖(1759—1832),字宗覲,一字望坡,藏書處名居敬堂,曾參與校勘《四庫全書》。其子陳景亮(1810—1884)、其孫陳承裘(1827—1895)、曾孫陳寶琛(1848—1935)均爲著名藏書家。陳寶琛曾先後建藏書五樓收藏陳氏藏書。[1]

此本從陳若霖後人手中流出後,歸永清朱樨之(1859—1911 或 1916)所有。北京大學圖書館藏明刻本《弇州山人續稿》載其兩方藏印:"永清朱樨之字淹頌號九丹玖珊一號琴客又號皋亭行四居仁和里叢碧簃所蓄經籍金石書畫印信""永清朱玖珊珍藏金石經籍書畫記"。第一方印清楚的對印主籍貫、姓名、字型大小、別號、排行、居里、宅名以及藏書種類作了説明,從中可知朱樨之字淹頌,號九丹、玖珊,一號琴客,又號皋亭,排行第四,居仁和里,藏書齋名叢碧簃。《河北藏書家朱樨之事迹鉤沉》載朱樨之生於咸豐九年(1859)。[2]關於其藏書可考的最晚一條材料是"民國三年(1914)十二月十五日,抄怡墨堂求售之朱九丹書目。"[3]怡墨堂是北京琉璃廠一家書店,1914 年曾售賣朱樨之藏書,此後事迹失考。[4]從"玖珊三十年精力所聚"印可知此本爲朱樨之中晚年收藏。

① 張天祿主編,福州市地方誌編纂委員會編:《福州人名志》,福州:海潮攝影藝術出版社,2007 年,第 207 頁。何葉芳:《陳寶琛及其螺洲陳氏藏書研究》,福建師範大學碩士論文,福州,2008 年,第 5、26 頁。張愛華:《陳寶琛家族書齋金石圈個案研究》,《中國書法》2016 年第 5 期,第 191 頁。

② 史廣超:《河北藏書家朱樨之事迹鉤沉》,《蘭臺世界》2012 年 5 月下,第 57—58 頁。

③ 鍾姝娟:《武强賀氏藏書刻書述略》,《山東圖書館學刊》2005 年第 2 期,第 99 頁。

④ 馬季凡:《清華大學藏"滂喜堂"甲骨的來源與朱樨之其人》,《南方文物》2017 年第 4 期,第 139 頁。

　　居敬堂本此後收藏於李氏延古堂,延古堂爲清代天津重要的藏書樓。從李大綸寓居天津,已設有延古堂藏書樓,至其曾孫李春城(1826—1872),以鹽鐵起家後成天津巨富,到玄孫李士銘(1849—1925)、李士鉁(1851—1926)、李士鈺、李士锜一代,已頗具規模,藏書甚富。二十世紀三十年代,李家衰落,李典臣(李士鉁子)將一部分藏書贈與南開大學木齋圖書館,其餘大部分以六萬元售予北平圖書館,北平圖書館接收的部分多記録在《中國善本書目提要》中。傅振倫《中國善本書提要補編·前言》提及整理出版王重民《中國善本書提要》時,史部手稿多已散佚,後其夫人在舊寓最高壁櫥書堆中發現了史部書手稿七册,是爲《中國善本書提要補編》,①《補編》中即收録有三山陳氏居敬堂本《唐大詔令集》,此本當時被李典臣賣給了北平圖書館。

　　居敬堂本半葉 13 行,行 21 至 31 字不等。闕卷一四至二四、六七前半部分、八七至九八。書前無宋敏求序。原藏國立北平圖書館,現藏臺北故宮博物院,據《“國立中央”圖書館善本書目》甲編卷二載“舊鈔本,十六册。”②此本膠片標籤題“二十册、兩夾版”。已影印收入中國國家圖書館編《原國立北平圖書館甲庫善本叢書》第 199 册。避宋諱極不嚴格,下限至仁宗“禎”,不避“敬、殷”,避“玄、弘”,“胤”改字或闕筆,不避“禛”。結合此本最早爲乾嘉時陳氏“居敬堂”藏書,故應爲清初抄本。

　　全書抄寫粗率,由多名抄手抄寫而成,文字脱漏較多。如卷四六首篇脱篇名“《齊抗平章事制》權德輿”,此篇内容誤署在目録最後一篇《裴度平章事制》後。甚至有脱漏整篇制敕的情況,如卷一〇《寶曆元年册尊號敕》僅存篇名,名下内容爲《會昌二年册尊號赦》。

　　居敬堂本校改較少,多爲文字正誤性質的校改。此外,此本校改有“丘”改作“邱”的情況,雍正三年(1725)十二月二十七日後,因避孔丘諱,詔“丘”改作“邱”。又有“弘道”改作“宏道”,乾隆時避“弘曆”諱,皆改作“宏歷”,所以此本的校改時間大約在乾隆以後。

三、版本源流考

(一)翁同龢校本之特殊價值以及對文淵閣本的影響

　　翁同龢校本相較於明抄本系統又有其特殊價值。明抄本系統的謙牧堂本、鐵琴銅劍樓本、涵芬樓本全部錯簡處,翁同龢校本雖有闕文,但並未錯簡,避免了沿襲明抄本系統的重大訛誤。且由於翁同龢校本與四庫文淵閣本的淵源,文淵閣本沿襲了翁同龢校本的闕文也避免了錯簡。如卷五六《裴胤鄂嶽觀察使制》,翁同龢校本的抄手可能發現底本錯簡,故把題目和正文之間空了兩三行,使得此篇前部全闕,而後接“特進行門下侍郎兼兵部尚書同中書門

① 王重民:《中國善本書提要補編·前言》,北京: 北京圖書館出版社,1997 年,第 2 頁。
② “國立中央圖書館” 編輯:《“國立中央” 圖書館善本書目》甲編卷二,中華叢書委員會印行,1957 年,第 113 頁。

下平章事監修國史上柱國裴胤……"。對比明抄本系統的謙牧堂本、鐵琴銅劍樓本、涵芬樓本以及清抄居敬堂本發現,以上幾部抄本此處均發生錯簡。卷五六《裴胤鄂嶽觀察使制》"咸推上相之尤"後接"須示典章,用息騰沸,尚居列郡,式重大臣,可貶梧州刺史。景福二年九月。"此句實爲卷五八《杜讓能梧州刺史制》篇尾。卷五六之後的幾篇也連續錯簡爲卷五八的《孫偓南州司馬制》《王博工部侍郎制》以及《朱樸郴州司户制》前部。翁同龢校本卷五六《裴胤鄂嶽觀察使制》雖有闕文,但可能抄手發現了錯簡,故以連綴符號接續之。翁同龢校本這處闕文被四庫文淵閣本沿襲,作"原闕",避免了沿襲明抄本系統的錯簡而導致訛誤。

（二）居敬堂本所據底本考

居敬堂本卷一《太宗即位册文》中有四處脱文,分別脱漏三、三、四、四字,共十四字(見圖四)。同卷《肅宗即位册文》和《德宗即位册文》也分別脱漏四處(見圖五)。對校居敬堂本、涵芬樓本、鐵琴銅劍樓本可見,卷一《太宗即位册文》中有四處脱文,集中在涵芬樓本下方,且對稱分佈(見圖六)。同理,《肅宗即位册文》與《德宗即位册文》中的四處脱文,也集中連續幾行的同一對稱位置(見圖六)。這些看似偶然的闕文實際蘊含了居敬堂本所據底本的版本信息,即居敬堂本所據底本有破損且行款與涵芬樓本、鐵琴銅劍樓本同。只是由於居敬堂本在抄寫時,未遵循底本的行款,故導致闕文沒有規律的分散在抄本各處。此非偶然,居敬堂本卷二六多篇存在闕文,把闕文處與涵芬樓本、鐵琴銅劍樓本比對所闕文字正好爲連續幾頁的中縫處,可見居敬堂本所據底本在卷二六連續幾頁的紙張中縫處也出現了缺損。雖然居敬堂本所據底本已不存,但可推知居敬堂本所據底本與明抄本系統的涵芬樓本、鐵琴銅劍樓本行款一致,應源出一系。

居敬堂本卷一各處闕文(圖四)

居敬堂本卷一各處闕文（圖五）

居敬堂本卷一闕文在涵芬樓本卷一中所處位置（圖六）

（三）翁同龢校本、居敬堂本與明抄本系統之關係

筆者在《明抄本系統〈唐大詔令集〉考——兼論此書闕卷緣由及通行本之失》一文中曾

提到《唐大詔令集》卷七七、七八是否存在錯簡是判斷抄本源流的一個重要綫索，即卷七七《謁五陵赦》"邠王守"後纂入的卷七八《上聖祖大道玄元皇帝號並五聖加謚制》的文字。明抄本系統中，廣東省立中山圖書館藏明抄謙牧堂本此處無錯簡，而國圖所藏涵芬樓本與鐵琴銅劍樓本均於此處錯簡。[①] 上文提到居敬堂本所據底本與國圖所藏涵芬樓本、鐵琴銅劍樓本應爲一系，校對發現居敬堂本此處亦沿襲涵芬樓本、鐵琴銅劍樓本錯簡。王重民《中國善本書提要補編》所載居敬堂本《唐大詔令集》也曾注意到這個問題："今有《適園叢書》稱據三明抄本校刻，闕卷亦相同。惟於卷七十七、七十八錯簡，則據《思適齋集》移正。按顧説見《思適齋集》卷六《與劉金門宫保書》及《與吳山尊學士書》。此本錯簡仍舊，則以諸本同一來源，原本固若是也。"[②]

翁同龢校本此處亦錯簡。涵芬樓本、鐵琴銅劍樓本錯簡爲完整的一葉，但翁同龢校本行款與涵芬樓本、鐵琴銅劍樓本不同，所以此處的錯簡是由於所據底本錯簡所致，綜上可見翁同龢校本亦屬於涵芬樓本、鐵琴銅劍樓本一系。翁同龢校本此處不僅錯簡，又誤抄《上聖祖大道玄元皇帝號並五聖加謚制》於卷七八卷首，應是因校者發現卷七八此篇目與目録不符，故本想於卷七八目録中補入，但僅題"上聖祖云云"即發現此篇目已經在目録追尊祖先的第三篇，故在第三篇上做了一個標記（見圖七）。校者另附紙重新抄寫了《上聖祖大道玄元皇帝號並五聖加謚制》覆蓋在原來的部分，但補抄的依然是錯簡的文字。

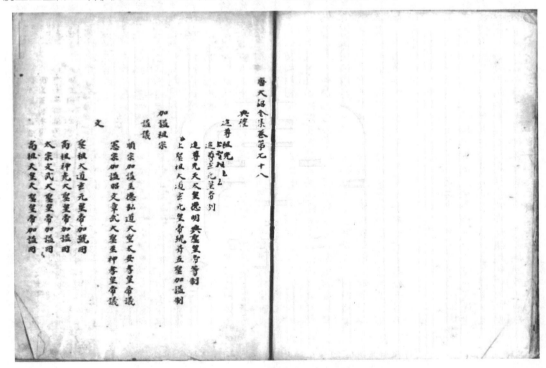

翁同龢校本卷七十八目録（圖七）

① 張雯：《明抄本系統〈唐大詔令集〉考———兼論此書闕卷緣由及通行本之失》，《文史》2021 年第 2 期，第 121—142 頁。
② 王重民：《中國善本書提要補編》，北京：北京圖書館出版社，1997 年，第 41 頁。

　　鐵琴銅劍樓本在卷七四的一處錯簡導致文本產生嚴重訛誤。蘇頲《封華嶽神爲金王天制》下頁接《令嗣許王瓘祭東嶽敕》後半部分，系前後兩葉顛倒而致。翁同龢校本沿襲了鐵琴銅劍樓本的訛誤，但涵芬樓本與居敬堂本無誤。鐵琴銅劍樓本錯簡爲完整的一葉，而翁同龢校本由於行款與鐵琴銅劍樓本不同，導致這處錯簡混雜在原文中，致使《封華嶽神爲金王天制》後直接抄録爲《令嗣許王瓘祭東嶽敕》的後半部分。也許鐵琴銅劍樓本與翁同龢校本之間可能還存在其他中間抄本，但鐵琴銅劍樓本這處錯簡被翁同龢校本直接或間接的沿襲下來。

　　雖然翁同龢校本與明抄本系統頗具淵源，但其與明抄本系統之間應還存在的中間層級的抄本，由於抄本文字的變動性遠大於刻本，故在傳抄過程中，不斷的校改，也不斷的產生新訛誤，是翁同龢校本與明抄本系統存在頗多異文的重要原因。如卷一二五《平徐州制》，詳見下表：

涵芬樓本	鐵琴銅劍樓本	翁同龢校本	居敬堂本
既絕意於苑圃……休征罔應，沴氣潛生。南蠻將罷於戰爭……虐暴滋深……輒恣兇殘，不畏神祇，自貽覆滅……爰集甲兵，用救塗炭……懲亂臣賊子之奸謀……不得令有欠闕……當令存撫……並令長吏便放歸本管……用示殊恩，地經載伐，又率流亡，閭裏既已歸還，征賦先宜蠲免……及諸色差科色役……餘側近州縣。爲賊燒刼處……交功饑餓者拾逆從順……更子細重分析聞奏……還鄉休役，務令優容……尚禁樵蘇，寧傷丘隴。應有先賢墳墓碑記……有素懷忠義，不助凶徒……郡邑皆罷攻刼……回日具利害分析聞奏。於戲。	既絕意於苑圃……休征罔應，沴氣潛生。南蠻將罷於戰爭……虐暴滋深……輒恣兇殘，不畏神祇，自貽覆滅……爰集甲兵，用救塗炭……懲亂臣賊子之奸謀……不得令有欠闕……常令存撫……並令長吏便放歸本管……用示殊恩，地經載伐，又率流亡，閭裏既已歸還，征賦先宜蠲免……及諸色差科色役……餘側近州縣。爲賊燒刼處……交功饑餓者拾逆從順……更子細重分析聞奏……還鄉休役，務令優容……尚禁樵蘇，寧傷丘隴……有素懷忠義，不助凶徒……郡邑皆罷攻刼……回日具利害分析聞奏。於戲。	既絕意於圃……休征罔因，沴氣潛生。南蠻漸罷於戰爭……虐暴深……輒咨兇殘，不畏神祇，自夷覆滅……爰聚甲兵，用拯塗炭……亂臣賊子之奸謀……不得欠闕……常令存息……並長吏便放歸本管……用事示殊恩，地經載伐，又率流戶，閭巷既已歸還，徵稅先宜蠲免……及諸色差料色役……餘則近州縣。爲賊燒刼者……舍逆從順……更仔細重分析聞奏……還鄉休役，合優容……尚禁樵蘇，寧傷隴丘……有素忠義，不取凶徒……郡邑皆罷切刼……回日具羽害分析聞奏。嗚呼。	既絕意於苑圃……休征罔應，沴氣潛生。南蠻將罷於戰爭……虐暴滋深……輒恣兇殘，不畏神祇，自貽覆滅……爰集甲兵，用救塗炭……懲亂臣賊子之奸謀……不得令有欠闕……常令存撫……並令長吏便放歸本管……用示殊恩，地經載伐，又率流亡，閭裏既已歸還，征賦先宜蠲免……及諸色差科色役……餘側近州縣。爲賊燒刼處……交功饑餓者拾逆從順……更子細重分析聞奏……還鄉休役，務令優容……尚禁樵蘇，寧傷丘隴……有素懷忠義，不助凶徒……郡邑皆罷竊刼……回日具羽害分析聞奏。於戲。

　　由於晚出的翁同龢校本吸收了前人校改成果，導致翁同龢校本的文字在一定程度上相較明抄本系統的鐵琴銅劍樓本、涵芬樓本反而更爲完整。如卷四一《昌樂公主文》，鐵琴銅劍樓本、涵芬樓本以及居敬堂本存在多處闕文，翁同龢校本不闕。卷四二《冊嘉成公主出降文》翁同龢校本作“維貞元二年歲次乙丑六月甲子朔十二日”，鐵琴銅劍樓本、涵芬樓本以及居敬堂本作“維貞元二年歲次□□六月□□朔十二日”，闕干支。此外，抄本源流的判定在一定程度上會因缺失中間層級的抄本或無法得見中間抄本的校改而產生很多無法明確解釋的問題。如，雖然翁同龢校本與居敬堂本源出於明抄本系統，但兩個抄本中間應還有其他中間抄本及校勘者的參與，只是由於中間抄本的亡佚，導致翁同龢校本文字與居敬堂本更相近而與明抄本系統

存在異文的情况。如卷九《天寶七載册尊號赦》,涵芬樓本與鐵琴銅劍樓本均作"祖母見在,准母例處分",而翁同龢校本作"祖母見在,□□側處分",居敬堂本作"祖母見在,佳母側處分"。又如卷二六《靖德太子諡奉天皇帝制》,居敬堂本題名作《端德太子□□□八皇帝制》,"八"爲"天"之下半部字形,可見居敬堂本所據底本於此篇題名處破損,且"天"字僅存下半部字形,故被居敬堂本抄手抄作"八"。此外,居敬堂本題名與正文"靖德"均訛爲"端德",而正文處涵芬樓本與鐵琴銅劍樓本亦訛,是居敬堂本沿襲了明抄本系統而致誤。又,此篇詔令明抄本系統時間均系於"元年建寅月",《舊唐書》同,[①]但翁同龢校本與居敬堂本均作"九年建寅月",可見不是偶然抄錯。但明抄本系統與翁同龢校本或與居敬堂本之間肯定又存在中間層級的抄本,故翁同龢校本與居敬堂本呈現出既源出明抄本,又與明抄本存在異文的特點。如卷四二《册壽光公主出降文》,涵芬樓本作"景戌"、鐵琴銅劍樓本與居敬堂本均作"景戍",而翁同龢校本作"庚戌";涵芬樓本、鐵琴銅劍樓本作"資性純懿",翁同龢校本與居敬堂本作"資性純諮";涵芬樓本、鐵琴銅劍樓本作"煒兹彤史",翁同龢校本作"輝兹彤史",居敬堂本作"煒兹彤史";涵芬樓本、鐵琴銅劍樓本作"既稟敬於中閫",翁同龢校本與居敬堂本作"既稟教於中閫"。

四、結語

中國國家圖書館所藏翁同龢校本爲清初抄本。内有多處四庫館臣簽條,是四庫文津閣與文淵閣本的底本,又經翁同龢校勘且被後世收藏家校藏,最後歸北京圖書館,今國家圖書館藏。在翁同龢校藏後,北京圖書館收藏前,此本卷一至六、一一九至一二○已闕卷,且此本已經過重新裝訂。翁同龢校本的的特殊之處在於抄手抄寫時發現了底本錯簡的問題,故以闕文代替了錯簡部分,從而避免了沿襲明抄本系統而致誤,並最終影響了四庫文淵閣本的面貌。

居敬堂本爲清初抄本,抄寫較粗率,校改不多,校改時間至少在乾隆以後。居敬堂本最初爲乾嘉時陳若霖"居敬堂"藏書,後歷永清朱樫之、天津李家延古堂收藏,最後售予北平圖書館,現藏臺北故宫博物院。此抄本的底本雖已不存,但從抄本中闕文可以反推出此本底本存在破損,且底本與明抄本系統的涵芬樓本、鐵琴銅劍樓本源出一系且行款一致。

綜合以上,翁同龢校本、居敬堂本與明抄本系統的鐵琴銅劍樓本、涵芬樓本均屬同一版本系統。且翁同龢校本、居敬堂本均源出已經錯簡的鐵琴銅劍樓本和涵芬樓本系統,是晚出於鐵琴銅劍樓本與涵芬樓本的抄本。但翁同龢校本、居敬堂本並非直接抄自明抄本系統,還存在中間層級的抄本。由於晚出的翁同龢校本、居敬堂本吸收了中間層級抄本的校改成果,而使得與明抄本系統產生了大量異文,甚至有晚出的抄本比明抄本系統抄本文字更爲完整的情况。

(張雯,華東師範大學中文系古籍研究所講師)

---

① 〔五代〕劉昫等撰,中華書局編輯部點校:《舊唐書》卷一○七《靖德太子琮傳》,北京:中華書局,1975年,第3258頁。

陳仁子東山書院刻書考*

羅 琴 武思思

[摘 要] 宋末元初，茶陵陳仁子的東山書院集讀書、講學、藏書、刻書多種功能於一體。陳氏在1283年之前已創立書院，《古迂精舍書目》爲其藏書目録。陳氏刻過《春秋繁露》《謝宣城集》《余忞文稿》《申鑒》《牧萊胜語》《文選補遺》等書。其書版歷經元末兵火和明初胡惟庸案，毁壞不存。所刻《夢溪筆談》用紙可能是當時的高麗皮紙。陳氏刻書主流板式：板框較小，十行十七字，細黑口，左右雙邊，雙黑對魚尾，正文首葉上魚尾下方有菱形標記，版心最下鐫字數。從《文選》、《尹文子》到《夢溪筆談》部分葉面，字體從典型南宋福建式顏體字變爲典型元代福建式字體。茶陵比福建刻書字體滯後二三十年。江西是福建和茶陵刻書之間的紐帶，陳氏刻書風格深受江西影響。

[關鍵詞] 陳仁子 東山書院 茶陵本 書院刻書

書院刻書是傳統刻書的重要組成部類，宋末元初位於湖南茶陵的陳仁子東山書院刻書，爲其中重要代表。陳氏元大德九年（1305）所刻《夢溪筆談》，蝴蝶裝，開本大而板框小，歷來受人追捧。過去對陳仁子東山書院（又稱古迂書院）的研究，或者從陳仁子的著述入手，比如陳仁子輯《文選補遺》；或者籠統叙述陳氏刻書情況，而對陳氏刻書諸多具體情況，缺乏深入研究。本文嘗試將文獻記録與現存陳氏刻書的實物結合起來作對比，對東山書院刻書加以深入探討。

一、陳仁子生卒年考

陳仁子，字同俌，號古迂，湖南茶陵腰陂人，宋咸淳十年（1274）漕試第一，王夢應爲陳氏文集《牧萊胜語》作序云：“咸淳天子在位之十年，故左丞相江文忠公以湘帥賓具鄉漕士，得公甫、道甫、同甫。”①江文忠公指江萬里（1198—1275），字子遠，號古心，南康軍都昌（今江西都昌）人，官至左丞相兼樞密使。創辦白鷺洲書院。德祐元年（1275），元兵破饒州，江萬里投水殉國。陳仁子與文天祥（1236—1283）也有交往，其《上提刑侍郎文山先生書（天祥）》，②作於剛中漕選第一之後。宋亡後，陳氏隱居不仕，以講學、著述、刻書終老。

---

* 本文是國家社科基金重大項目“東亞漢籍版本學史”（22&ZD331）的階段性成果。
① 〔元〕陳仁子：《牧萊胜語》卷首，《續修四庫全書》第1320册，上海：上海古籍出版社2002年影印清初影元鈔本，第252頁。
② 〔元〕陳仁子：《牧萊胜語》卷五，第280—281頁。

關於陳氏生年，張珊老師用《牧萊脞語》兩條材料，一是《上提刑侍郎文山先生書（天祥）》"某生也後先生十六年"；二是作於德祐乙亥（1275）上元前六日《牧萊少年稿自序》"年幾二十四"，以虛歲記，皆證陳氏生於淳祐十二年（1252）。[1]但《酴醿賦》注"此辛未（1271）作也，時予年十九矣"，[2]若以虛歲計，則生于 1253 年，此處或指實歲。陳氏卒年不詳，其文集《牧萊脞語》二十卷二稿八卷中有明確紀年最晚者爲《永州重修路學記》，提到"大德丙午春余甥譚紹烈錄學事"，即大德十年（1306）陳氏尚在世。其自我認識見《寫真自贊》：

身軀弗長，貌寢弗揚。辯舌建瓴，義氣凌霜。謂爲田舍村叟，胸中差有數點之墨。謂爲當權貴介，腰圍尚無數寸之黃。可酒可詩，若癡若狂。求予者其將在柴桑松菊之逕，抑在玄真蓑笠之鄉。[3]

又如《用拙齋記》："（余）寧拙於身毋拙於心，寧拙於時毋拙於學，寧拙於富貴毋拙於聖賢。"[4]皆可見陳氏爲人與所求。

二、東山書院建立時間及其性質

東山書院，又稱古迁書院。關於其建立時間，目前的研究還有探討空間。清乾隆間陳上慶《重刻古迁公文選補遺跋》："炎宋仁子公號古迁，自幼講學家庭，元太德八年創東山書院。"[5]太德八年，當爲大德八年（1304）。陽衛國認爲："元大德八年（1304），罄其家資創建東山書院，因號古迁，故又稱東山書院爲古迁書院，並將家中田產 360 畝撥入書院爲學產。"[6]但楊氏並未標文獻來源。不知陳上慶所據，是否爲陳安兆乾隆二年（1737）《重刻古迁公文選補遺序》："若公之晦迹含貞、典垂著述，徵諸譜牒，在太德八年。如金沙玉璞，惟讀者之所識。"[7]但安兆原文，與建立書院無直接關係。且"古迁書院"（即東山書院）一名，早在大德三年（1299）已經出現。陳仁子刻《增補六臣註文選》六十卷附《諸儒議論》一卷，其元刻本《諸儒議論》後鐫"大德己亥冬茶陵古迁陳仁子書"跋，末有牌記"茶陵東山陳氏古迁書院刊行"。明代明洪梗覆刻茶陵本上也有以上記錄。《族雲樓記》："余族序蕃，卜父叔講習地，創書院，率族子共海內豪俊日夕肄業，潛探聖賢之賾。復度迁樂園，西畎市衢，構麗譙五間，爲聚族都

① 張珊：《陳仁子〈文選補遺〉考論》，《中國文學研究》2018 年第 4 期，第 78—86 頁。
② 〔元〕陳仁子：《牧萊脞語》卷二，第 271 頁。
③ 〔元〕陳仁子：《牧萊脞語》卷十四，第 370 頁。
④ 〔元〕陳仁子：《牧萊脞語》二稿卷二，第 405 頁。
⑤ 〔元〕陳仁子：《文選補遺》卷末，復旦大學圖書館藏清乾隆間陳文煜刻本。
⑥ 陽衛國：《茶陵書院研究》，湖南大學碩士學位論文，長沙，2006 年，第 27 頁。
⑦ 〔元〕陳仁子：《文選補遺》卷首。

會。”①表明陳仁子曾創辦書院。寫於甲申（至元二十一年，1284）三月的《迁樂園記》載“癸未秋再市鄰茀居夷爲小圃”，可知“迁樂園”建於至元二十年（1283）。上文“復度迁樂園”在“創書院”之後，可知在至元二十年（1283）以前，陳氏已經創立了書院，只是當時是否即用“東山書院”一名待考。因此大德八年（1304）才創立東山書院的説法，可能過於保守。

　　關於東山書院的性質，學界目前主流將其歸入私家書院，但有學者認爲“陳仁子并未建書院，以讀書之所號爲書院而已，刻書自應屬家刻，与其在明代真正成爲書院以後的刻書性質不同”。②東山書院爲私家書院，所刻書属于家刻（私刻）没有問題。但前所引《族雲樓記》表明，陳仁子確實創辦了書院，教授對象不僅有家族後輩，還有家族以外的“海内豪俊”。所以東山書院不祇是陳氏讀書之所或者家族私塾而已，且是向社會招生的私家書院。以下材料均是其證。《雲陽小隱記》：“（余）舊家雲陽山東，構書閣，續道脉，以衣鉢授同志，就取平生癪言綺語，庋閣以藏。”③《用拙齋記》：“（余）老猶耽書，建精舍，與英俊講學，爲世間畸人。”④《闡儒堂記》：“吾老矣，尚不忍捐素業，暇日肆餘力，創學宫，析壞市書，廩海内學子，窮年講貫，庶幾爽籍。”⑤趙文《陳氏文選補序》云：“余友陳同俌少講學家庭，閱《文選》即以網漏吞舟爲恨。”⑥《六義堂銘》第一義爲“建義學”。⑦東山書院在元代培養了大量人才，據陽衛國統計：⑧

姓名	籍貫	中榜時間	主要任職
李元奎	高隴	延祐元年（1314）	湘陰縣金判
陳奎		延祐二年（1315）	湘鄉州判官
李朝瑞	高隴	延祐三年（1316）	新安知縣
陳彦倫		延祐五年（1318）	湘潭判官
劉朝端		延祐間詔選翰林學士	翰林學士
李熹		泰定元年（1324）	翰林左丞學士
陳真孫		泰定元年（1324）	瑞金縣尹
劉耕孫	腰陂	至順元年（1330）	寧國路總管
李祁	高隴	元統元年（1333）	浙江提舉
陳熙		至正五年（1345）	
陳光禄	火田	至正七年（1347）	蜀左長史

---

① 〔元〕陳仁子：《牧萊脞語》二稿卷二，第413—414頁。
② 吳國武：《宋元書院本杂考——以〈書林清話〉著録爲中心》，《湖南大學學報（社會科學版）》2011年第6期，第28頁。
③ 〔元〕陳仁子：《牧萊脞語》二稿卷二，第403頁。
④ 〔元〕陳仁子：《牧萊脞語》二稿卷二，第404頁。
⑤ 〔元〕陳仁子：《牧萊脞語》二稿卷二，第410頁。
⑥ 〔元〕陳仁子：《文選補遺》卷首。
⑦ 〔元〕陳仁子：《牧萊脞語》二稿卷八，第477頁。
⑧ 陽衛國：《茶陵書院研究》，第31—32頁。

續表

姓名	籍貫	中榜時間	主要任職
陳光薦	火田	至正七年（1347）	常德學正
劉三吾	腰陂	至正年間	廣西儒學副提舉、翰林大學士

陳仁子在自家書院講學以外，還在州學、郡學及其他書院講學。如《牧萊脞語》卷十九存《丙申十二月朔州學講義》（1296）、《丁酉五月朔州學講義》（1297）、《乙未五月朔郡學拈講》（1295）、《丁酉十月朔郡學講義》（1297）、《戊戌七月朔郡學講義》（1298）、《乙未十月朔紫微書院講義》（1295），均可爲證。

書院本有官方書院和私家書院之別，二者都是以講學爲中心的教育機構，那麼不管是官方書院刻書還是私家書院刻書，都應該算入"書院刻書"範疇，而且是核心意義上的"書院刻書"。

三、東山書院刻書考

陳仁子東山書院以刻書知名。其刻書來源，除陳氏著述和其他來源而外，還有一部分是陳氏藏書。陳仁子《古迂精舍書目序》（1283）云：

> 書目者何？纂粹經史子百氏之名也……課畢即抽架上先秦漢晉書一通，倚樹陰朗誦……兵爐頻年，文帙零亂。東西行客，踵門鬻書，即倒屣傾囷市之。遠方鄰郡有藏本者，躧履徑造書所假抄。積稍富，嗜竟不置。……遂彙集庋閣所藏本若干卷，標爲《古迂書目》，將走四方博雅君子求之……癸未冬至日書。①

可見陳氏之嗜書，其藏書來源除購買以外，還有借鈔。而陳氏藏書，亦是其刻書重要來源。《六義堂銘》之"建義學"："邴原無資，匡衡無書。經籍四庫，廩稍一區。"②陳氏書目很可能以四部分類。《萬侯求書序》：

> 詩書千古之事，富貴一時之榮。……顧此方帙，字迹離離，千古聖賢傳心之秘，具在吾處……（書）捐而不愛，愛而不求，吾不知何心……（萬侯）今守茶陵……其後且探求四方奇文古書、唐碑晉帖，將構萬卷堂於金臺之側……古書未有摹刻，轉相傳寫……先輩求書良苦。數百年來，文治蝟興，書籍版行，蔓衍人間世，不至如歐、蘇所歎，而奈何置而不求。愛而不求，愚也。求而不與，吝也。③

---

① 〔元〕陳仁子：《牧萊脞語》卷七，第 303 頁。
② 〔元〕陳仁子：《牧萊脞語》二稿卷八，第 477 頁。
③ 〔元〕陳仁子：《牧萊脞語》二稿卷七，第 465—466 頁。

由此序,可見陳氏以爲書需"愛而求","求而與",對流通態度比較通達。而"書籍版行,蔓衍人間世",亦可緩解讀書人求書之難。

張珊注意到"由《牧萊脞語》及二稿的書序與題跋的文體,可以猜測他的讀書與刻書情況",[①]並列舉卷七和二稿卷五、卷六、卷七、卷八的相關篇名三十餘。《牧萊脞語》的這些篇目對瞭解東山書院刻書,有重要意義,其中有很大部分,尤其是爲前代典籍所作序,很可能是陳氏爲東山書院刻書所作。陳仁子《董仲舒春秋繁露序》：

> 今射策廢矣……更數年,幾種古書若九共稿飫並名忘去。……予性癖耽奇,懼先秦漢晉書日湮淪,攟摭《繁露》百氏書版行人間。[②]

陳仁子對先秦漢魏晉書特別重視,擔心科舉不行以後,書籍散亡,因此刊刻"《繁露》百氏書版行人間",可知他刊刻過許多前代典籍,只是今存實物有限。《玄暉宣城集序》"亟刊此編,願與學詩者,以陶詩並讀",[③]表明陳氏刻過此書。同在卷七的《太玄經序》(1296)、《放翁劍南集序》(1296)、《溫公易説序》、《溫公潛虛圖序》、《后山集序》、《賈誼新書序》、《沈佺期集序》、《玄暉宣城集序》、《唐詩序》爲前代著述而作,序中雖未提及刻書事,但結合《春秋繁露》和《宣城集》看,其中有很多應該是爲陳氏刻書而作。二稿卷八《跋沈存中筆談》沒有提及刊刻事,但今存元大德間陳氏刻《夢溪筆談》並附此跋。另外,今存陳仁子刻元本《尹文子》《葉先生詩話》無序跋,在今存陳氏文集中也無相關序跋。可見陳氏雖刻書,但不一定作相關序跋；即便作了相關序跋,也不一定提及本次刻書事。另《秋山余按察文稿序(恁)》"哀金鋟梓以永其傳"[④](1291),陳氏還刊刻同時代人余恁的文集。《劉竹閒詩序》"公嗣道傳類公稿,鋟版行世",[⑤]知此書由劉氏子刊刻。《李氏九思翁詩序》"嗣子尹未纂集得詩樂章凡二百三十首",[⑥]知此書由李氏子編輯。可見陳氏所作序跋也並不全爲自己刊刻書籍而作。另陳仁子《申鑒序攟文》"荀悦《申鑒》,范曄漢史概纂其略。今所刊乃川漢全本也",[⑦]知陳仁子還刻過《申鑒》。

陳氏著述,據譚紹烈《文選補遺識語》：

> 翁著述甚富,《牧萊脞語》三十卷,已刊墨本。今再取所編《文選續補》四十卷刊成,並前昭明所纂《文選》六十卷,共計一百卷行世。外有所輯《韻史》三百卷、《迁

---

① 張珊：《陳仁子〈文選補遺〉考論》,第81頁。
② 〔元〕陳仁子：《牧萊脞語》卷七,第307頁。
③ 〔元〕陳仁子：《牧萊脞語》卷七,第308頁。
④ 〔元〕陳仁子：《牧萊脞語》卷七,第298頁。
⑤ 〔元〕陳仁子：《牧萊脞語》二稿卷六,第460頁。
⑥ 〔元〕陳仁子：《牧萊脞語》二稿卷六,第462頁。
⑦ 〔清〕趙國宣、〔清〕彭康：〔嘉慶〕《茶陵州志》卷二十,清嘉慶十八年刻本。

褚燕説》三十卷、《唐史厄言》三十卷，續用工刻梓，以求知好古君子云。春仲甥零陵郡學録譚紹烈謹識。①

今存《牧萊脞語》二十卷二稿八卷，非譚氏所云三十卷元刊本。元刊本已亡佚，僅存清影元鈔本，鈔本上影鈔"東山書院"牌記，可見出自元本。《文選續補》即《文選補遺》四十卷，元本不存，存明刻本、明鈔本、清刻本。其他如《韻史》三百卷、《迁褚燕説》三十卷、《唐史厄言》三十卷今皆不存，刊刻與否存疑。同時代趙文《陳氏文選補序》：

> 同備好學有志之士，既成是書，又將取蕭統以後迄於今，作《文選續》以廣《文粹》《文鑑》之未備。書成，尚當以余托君不朽。②

《文選續》收文時段不同於《文選補遺》。成化十四年（1478）《附前明何方伯（諱喬新）原碑》：

> （陳仁子）著述甚富，所輯《文選補遺》四十卷，《續文選》若干卷，其甥譚紹烈刊板流傳。元末屢經兵火，以致散佚。③

何喬新明確記載譚紹烈刻《續文選》，但成化距陳仁子的時代已經約兩百年，何氏並未見《續文選》，當是從譚識推測刊刻一事。此書成書、刊刻與否均存疑，今不存。

陳氏著述及刻書書版藏於東山書院，但因爲元末兵火，加之明初胡惟庸案的牽連，板片被毀，許多書籍隨之亡佚。陳上慶《重刻古迂公文選補遺跋》載：

> 著述薈成數百卷，板藏書院，盛行域中。揚扢正學，厥功懋哉。元末兵燹，益以明初胡黨株連御史寧公之難，原板戕滅，書院亦廢，僅存此書四十卷傳。④

今尚存陳仁子東山書院元刻本者，包括《增補六臣註文選》六十卷附《諸儒議論》一卷、《尹文子》二卷、《葉先生詩話》三卷、《夢溪筆談》二十六卷，以上四種經眼。另，《説苑》二十卷，元大德陳仁子刻本，國圖藏，存八卷（卷一至八），尚未經眼。以下分別簡介經眼書目。

《增補六臣註文選》六十卷附《諸儒議論》一卷。國圖藏。元大德三年（1299）陳仁子東山書院刻本。存九卷，卷二十二、三十三、三十四、三十七、三十八、四十一、四十二、四十九、

---

① 〔元〕陳仁子：《文選補遺》卷末。
② 〔元〕陳仁子：《文選補遺》卷首。
③ 〔元〕陳仁子：《文選補遺》卷末。
④ 〔元〕陳仁子：《文選補遺》卷末。

五十。框高 20.5 釐米，廣 13.1 釐米。①蝴蝶裝。每半葉十行，每行大字十八字，小字雙行二十三字。左右雙邊間有四周單邊。細黑口，雙黑對魚尾，正文首葉上魚尾下方有菱形圖案，下魚尾下方刻字數。正文第三行題"茶陵前進士古迁陳仁子校補"。《諸儒議論》鎸"大德己亥冬茶陵古迁陳仁子書"跋語（三年，1299），後有牌記"茶陵東山陳氏古迁書院刊行"。字體爲典型南宋福建刻書顏體樣式。

　　《尹文子》二卷。國圖藏。元初古迁陳氏家塾刻本。《中華再造善本》已影印。板框高 14.9 釐米，寬 10.7 釐米。左右雙邊。白口，雙黑對魚尾，正文首葉上魚尾下方有菱形圖案，正文其他葉兩魚尾中間刻書名卷數、葉碼，版心最下刻字數。每半葉十行，行十七字。首有序，但僅存末一行"試條次撰定爲上下篇，亦未能究其詳也"，次正文二卷。卷端第一行鎸"古迁陳氏家塾尹文子卷上"，第二行鎸"周人尹文子著"。卷一末鎸"古迁陳氏家塾尹文子卷上"。卷二末鎸"古迁陳氏家塾尹文子卷下"。字體基本同《文選》，爲典型南宋福建刻書顏體樣式。

　　《葉先生詩話》上中下三卷。國圖藏。《中華再造善本》已影印。元初古迁陳仁子刻本。板框高 14.2 釐米，寬 10.9 釐米。板框小而開本大。每半葉十行，行十七字。細黑口，雙黑對魚尾，左右雙邊。兩魚尾之間刻卷數葉數。卷一末鎸"葉先生詩話卷上"。無序跋，正文三卷。正文卷端次"石林葉夢得少蘊述"，次行"古迁陳仁子同俌校正"。士禮居舊藏。字體偏長方，是另一種不太典型的南宋福建本樣式，起筆收筆少棱角波折。

　　《夢溪筆談》二十六卷。國圖藏。《中華再造善本》已影印。筆者另見原書原色掃描件。元大德九年（1305）茶陵陳仁子東山書院刻本。板框高 15.5 釐米，寬 10.1 釐米，但開本極大，蝴蝶裝。左右雙邊，細黑口，雙黑對魚尾。每半葉十行，行十七字。正文首葉上魚尾下方有福建式的菱形圖案。其他葉面魚尾中間刻書名卷數、葉碼，下魚尾下方刻字數。首沈括《夢溪筆談序》，次陳仁子序，陳序亦見《牧萊脞語》二稿，書序比文集序多寫作時間"大德乙巳春茶陵古迁陳仁子刊於東山書院"。次乾道二年六月日左迪功郎充揚州州學教授湯修年跋。次目錄。目錄末有牌記"茶陵東山書院刊"。次正文二十六卷。卷端第一行鎸"古迁陳氏家藏夢溪筆談卷一"，第二行鎸"沈括存中述"。在卷二十六最末一行鎸"古迁陳氏家藏夢溪筆談卷二十六終"。倒數第二行鎸"廬陵黃剛中書琰"。汪士鐘舊藏。字體：目錄、卷一葉一葉二字體比較具有元代福建本風格，豎劃起筆有濃重的彎鈎，但其他葉面又是長方字體，和《葉先生詩話》字體相似，但起筆收筆有棱角波折。關於《夢溪筆談》用紙，李致忠先生談到：

　　　　據有關造紙的同志专門鑒定分析，認爲此書是用皮紙印造……至今宛如新印，毫无霉蠹現象。②

①　本人所見爲國圖縮微膠片，板框數據據陳紅彥《元本》，南京：鳳凰出版社，2002 年，第 98 頁。
②　李致忠、徐自强：《在周總理關懷下北京圖書館入藏的一批善本書》，《文獻》1979 年第 1 期，第 79 頁。

筆者所見原書掃描彩色件,所用爲皮紙,紙張纖維清晰可見。陳氏有《題高麗紙》一文:"此紙瑩潤亦可人,記唐高麗曾求經史,不知贗本曾用此紙否? 文軌一家,把玩不釋手。"[1]不知《夢溪筆談》所用紙張,是否即高麗皮紙。

從以上所存四種陳仁子東山書院刻本,大致可以總結刻書特徵如下:

項目 \ 書名	《六臣註文選》	《尹文子》	《葉先生詩話》	《夢溪筆談》
板框(釐米)	20.5 × 13.1	14.9 × 10.7	14.2 × 10.9	15.5 × 10.1
邊框	左右雙邊	左右雙邊	左右雙邊	左右雙邊
黑白口	細黑口	白口	細黑口	細黑口
魚尾	雙黑對魚尾	雙黑對魚尾	雙黑對魚尾	雙黑對魚尾
正文首葉版心菱形圖案	有	有	破損難辨識	有
版心下刻字數	有	有	有	有
行款	十行十八字,小字二十三	十行十七字	十行十七字	十行十七字
字體	南宋福建式顏體	南宋福建式顏體	一種不典型的南宋建本樣式,少棱角波折,長方字	目錄、正文葉一葉二元代建本樣式,其他類似《葉先生詩話》的長方體字,但有棱角波折
刊印時間	元大德三年(1299)	元	元	元大德九年(1305)

從板框大小來看,除《文選》算普通大小板框以外,其他三種都板框都偏小,高 14.2 至 15.5 釐米,寬 10.1 至 10.9 釐米。原裝都該是蝴蝶裝,今存《夢溪筆談》《葉先生詩話》開本極大,因此觀賞性較強。陳刻茶陵本《文選》屬六臣本系統,從贛州本出,在板框大小上尚且保留贛州本特徵。

除《尹文子》白口以外,其他三種均細黑口。四種書魚尾均雙黑對魚尾,版心下方刻字數,魚尾之間刻書名省稱、卷數、葉數。除《葉先生詩話》破損看不清以外,其他三種正文首葉上魚尾下方均刻菱形圖案,這是福建本的典型特徵之一。行款除《文選》十行十八字外,其餘三種均是十行十七字。《文選》刻印最早,在板式上尚未形成東山書院刻書風格,而後面三種,不管是從板框大小還是板式上,都比較一致。而從字體風格上講,這四種書也在發生變化。大德三年(1299)刊刻的《文選》,字體是典型的南宋建本顏體樣式,和南宋建陽黃善夫本《史記》很像。《尹文子》字體也與之相似。《葉先生詩話》字體則是另一種不太典型的南宋建本樣式,其筆劃起筆收筆被拉伸,字體偏長方。到元大德九年刊刻的《夢溪筆談》,目錄和卷一葉一葉二的字體已是典型的元代福建本風格,豎劃起筆有濃重的彎鈎。但其他葉面又是長方字體,和《葉先生詩歌》字體相似,但比之葉本,有的起筆收筆又有波折棱角。

---

[1] 〔元〕陳仁子:《牧萊脞語》卷十三,第 362 頁。

從左至右：《文選》，《尹文子》，《葉先生詩話》，《夢溪筆談》卷二、卷一

從左至右：《文選》，《尹文子》，《葉先生詩話》，《夢溪筆談》卷二、卷一

　　刻書字體的傳播和演變具有時代性和地域性。元至元十八年（1281）福建日新書堂刻《朱文公校昌黎先生文集》四十卷，[①]已經是典型的元代福建系統風格，和《夢溪筆談》（1305）卷一葉一葉二風格一致。但處在湖南茶陵的陳氏刻書到大德三年（1299）還是典型南宋福建本顏體的樣式，直到大德九年（1305）才跟上了福建地區元代刻書的風格。其字體發展相較於福建地區滯後了二三十年。茶陵與福建相隔距離較遠，地緣原因，兩地區之間的紐帶實則爲江西。江西刻書直接受到福建和浙江的影響，尤其是福建的影響。《史證類大觀本草》三十一卷，[②]元大德六年（1302）宗文書院刻本，在現存江西刻本中較早具備典型元代福建本風格，但時間也與福建本有二十年差距，僅略早於《夢溪筆談》（1305）三年而已。其字體傳播路綫應該是福建影響江西，江西影響湖南茶陵。陳仁子刻書與江西的聯繫，從陳仁子的文集和刊刻書籍中都能找到痕迹。東山書院刻本《夢溪筆談》卷二十六倒數第二行鎸“廬陵黃剛中書

---

① 《珍貴古籍名録圖録》編號 01048。
② 《珍貴古籍名録圖録》編號 00635。

琰"，表明此書刻工爲江西廬陵人黄剛中。《牧萊脞語》元東山書院刻本雖不存，但現存本爲清初影元抄本，書中影抄"東山書院"牌記，卷十一卷尾影抄"廬陵黄剛中書琰"，同《夢溪筆談》刻工。《牧萊脞語》中也多見陳仁子與江西的聯繫。《送采詩彭丙翁序》："（丙翁）首廬陵過喻，沅湘重趼數百舍……持歸求證於須溪劉先生，點勘而刻以傳。"① 此人不僅來往於廬陵茶陵之間，而且還從事校勘刊刻活動。《誠貴堂記》：

> 永清張侯肖齋……家儲書數萬卷，暨古帖名畫鼎匜清玩之器甚富。辛巳秋
> （1281），總戎來吾邦……別五年（1286），余洊會侯祝融下。別又十六年（1302），
> 侯復訪余東山上……今年春，侯過廬陵，攎拾奇書，携鶴雁自隨，歸經吾里，小憩信
> 宿。②

此人有數萬卷藏書，對書籍頗有研究，與陳仁子也有二十多年的交情，此次張氏從江西廬陵來，並帶來"奇書"，拜訪陳氏。陳氏可以從張氏那裏了解到江西書籍的情況。《送李山長任撫州臨汝序》："外弟李仲恕三筮仕皆長西江書舍，初山房，次鷺洲，今洊調臨汝。"③ 知陳氏姻親在江西書院任職情況，陳氏也可以通過李氏了解接觸江西刻書。再如卷七《書琴譜後》，受贈者閔君爲南昌人；二稿卷六《劉竹閒詩序》，劉氏爲廬陵人，其子"道傳類公稿，鋟版行世"，陳氏爲之作序；再如卷七《送牛問翔歸廬陵序》（1294）等等，都與江西有關。可見東山書院刻書，應該直接受到江西影響。

總之，陳仁子的東山書院集讀書、講學、藏書、刻書多種功能於一體，私家書院刻書應該和官辦書院刻書一樣，作爲書院刻書的核心。通過對陳氏文集《牧萊脞語》細讀可知，大約1283年時，陳仁子已經創立了書院，到大德三年（1299）陳氏刻書已經使用"古迂書院"牌記，大德八年創立東山書院的説法可能相對保守。《牧萊脞語》一書保存關於陳氏的大量一手文獻，值得仔細研究。陳氏的藏書來源，除了購買，還有借鈔。他本人對書籍流通態度比較通達，並且深知書籍刊刻對知識傳播的重要性。他爲自己的藏書編過目錄，該書目很可能用四部分類法，今存《古迂精舍書目序》可供參考。目前明確知道陳氏刻過《春秋繁露》《謝宣城集》《余恁文稿》《申鑒》《牧萊脞語》《文選補遺》（以上陳氏元刻本皆不存），《説苑》《文選》《尹文子》《葉先生詩話》《夢溪筆談》（以上存陳氏元刻本）。陳仁子刻書書版歷經元末兵火和明初胡惟庸案，毀壞不存。東山書院本《夢溪筆談》所用皮紙，有可能是當時的高麗皮紙。除《文選》版框略大、十行十八字以外，《尹文子》《葉先生詩話》《夢溪筆談》板框都很小，十行十七字。四種本子基本是細黑口（《尹文子》白口），左右雙邊，雙黑對魚尾，

---

① 〔元〕陳仁子：《牧萊脞語》卷七，第 303 頁。
② 〔元〕陳仁子：《牧萊脞語》二稿卷四，第 437 頁。
③ 〔元〕陳仁子：《牧萊脞語》二稿卷五，第 452 頁。

正文首葉上魚尾下方有菱形標記（《葉先生詩話》破損難辨），版心最下鐫字數，板式比較一致。從字體上看，《文選》《尹文子》是典型的宋代福建顔體樣式，而《葉先生詩話》是另一種宋代福建本非典型樣式，字體長方，起筆收筆少波折棱角。《夢溪筆談》目録、卷一葉一葉二爲典型的元代福建本字體風格，其他葉面則與《葉先生詩話》字體有些類似，但收筆多棱角和波折。茶陵比福建的字體滯後二三十年。實物和文字證據表明，福建刻書影響江西，江西又影響茶陵，陳仁子常用刻工黄剛中爲江西廬陵人，《牧萊脞語》中也有大量證據顯示陳氏與江西的密切聯繫。

（羅琴，湖南大學嶽麓書院副教授；武思思，湖南大學嶽麓書院碩士研究生）

《千頃堂書目》集部著録訂誤

李鶴麗

[摘　要]《千頃堂書目》是研究明代著述最重要的書目文獻，今之通行本即瞿鳳起、潘景鄭二先生的點校本。但由於歷史原因，點校本對底本的選擇及參校本的使用方面尚有一些遺憾，而以録存異文爲主的校勘方式也爲進一步整理此書留下了較大的空間，加之《千頃堂書目》本身成書、流傳的複雜性，導致該本仍有諸多可議之處。筆者此前對經部、史部、子部條目均有所訂誤，今復采衆本，並參校日本京都大學藏《明史藝文志》殘卷、舊題萬斯同《明史·藝文志》等同源文獻，對勘點校本《千頃堂書目》集部各類，得其異文約千條，可訂補其著録闕誤者若干，今擇其要者三十條，董理成文，以期完善此本。

[關鍵詞]　千頃堂書目　集部　訂誤　吳騫手校本　京大藏《明志》

　　黄虞稷《千頃堂書目》著録有明一代文獻，並附以宋遼金元四朝藝文，存書一萬三千餘種，著録書名、卷數、作者，並附作者小傳，其中多有《明史》及其他傳記不載者，爲學者所大量引用，具有很高的文獻價值，是研究明代人物與著述的一把鑰匙。但《千頃堂書目》久無善本，清代皆以抄本流傳，民國張鈞衡輯刊《適園叢書》（第二輯）收入《千頃堂書目》，始有刻本問世。①今之通行本即由瞿鳳起、潘景鄭二先生以《適園叢書》增訂本爲底本，參校王振聲過録吳騫校本、舊抄本及其他材料點校完成，歷時近三十年，1990 年由上海古籍出版社出版。②但由於歷史原因，點校本底本、參校本之選擇尚有遺憾，以存異文爲主的校勘原則也爲進一步整理此書留下了較大的空間，再加上《千頃堂書目》本身刻印、流傳的複雜性，導致該本仍有諸多可議之處。筆者此前對經部、史部、子部條目均有所訂誤，今復采衆本，以《千頃堂書目》吳騫手校本（簡稱"吳校本"）、③鮑廷博抄本（簡稱"鮑本"）、④適園藏吳騫手校本之過録本（簡稱"過録吳

---

① 〔民國〕張鈞衡輯刊《適園叢書》本，民國二年（1913）初刻（簡稱"初印本"），民國九年（1920）增訂重印（簡稱"增訂本"）。

② 〔清〕黄虞稷撰，瞿鳳起、潘景鄭整理：《千頃堂書目》，上海：上海古籍出版社，1990 年初版、2001 年新版。本文校訂用 2001 年新版，簡稱"《千目》"。

③ 吳騫手校本，底本即杭世駿家藏本（實即杭世駿校補本），吳氏校訂並過録盧文弨校本（以朱文游藏《明史藝文志稿》校盧氏手抄《千目》），今藏臺灣故宮博物院，又收入中國國家圖書館編《原國立北平圖書館甲庫善本叢書》（北京：國家圖書館出版社，2013 年）。本文所據即此《善本叢書》影印本。

④ 鮑廷博抄本，藏於上海圖書館，善本書號：790302－13。此本有鮑廷博及盧文弨識語。後爲王振聲所得，分別用朱筆和墨筆迻録盧文弨、吳騫二家校語。

本"）、①文淵閣《四庫全書》本（簡稱"四庫本"）、②陳鱣抄校本（簡稱"陳校本"）、③八千卷樓藏
舊抄本（簡稱"八千卷樓本"）、④王國維手校本（簡稱"王校本"）、⑤《適園叢書》本（簡稱"《適
園》本"），以及日本京都大學藏《明史藝文志》殘抄本（簡稱"京大《志稿》"）、⑥舊題萬斯同
《明史·藝文志》（簡稱"《萬志》"）、⑦《明史·藝文志》（簡稱"《明志》"）⑧等材料，對勘點校本
《千頃堂書目》集部各類，得其異文約千條，可訂補其著録闕誤者若干，今擇其要者三十條（各
條被校文字以粗體加着重號爲識），⑨董理成文，以求完善此本，並就教於方家。

　　1. 鎮平恭定王有燉《德善齋詩集》一卷，又《植花百咏》一卷，又《道統論》。（卷一七《別
集類》，第 443 頁）

　　按："恭定王"，吳校本、鮑本、過録吳本、陳校本、王校本、京大本、《萬志》皆作"恭靖王"，
是。朱有燉是周定王朱橚第八子，謚號爲恭靖，明代載籍多有記載。如《國朝獻徵録》卷一

---

① 適園藏吳騫手校本之過録本，今藏中國國家圖書館，善本書號：15068，本文所用爲中國國家數字圖書館影像版。卷首《明
史藝文志序》前依次鈐有"擇是居"朱文橢圓印、"荭圃收藏"朱文長方印、"張鈞衡印"朱文白印、"石銘收藏"朱文方印，
目録頁首行有"張芹伯"朱文方印，"經部總目"行有"兔牀經眼"朱文方印，卷末鈐"吳興張氏適園收藏圖書"朱文方印，
並有"乾隆甲午立秋後一日拜經樓校畢"之語，知其曾經吳騫、張鈞衡及其子乃熊先後遞藏。此本即張氏《適園叢書》增
訂本所據之吳騫校本。張鈞衡跋《千頃堂書目補遺》（寫樣本）云："今又得吳兔牀先生手校本，硃墨累累，視各傳鈔本特
詳。以之勘對前刻，增多五百四十餘條。"張氏視此爲吳騫手校本，但與臺灣故宮博物院藏鮑吳騫手校本相較，此本缺集部
卷二五以後，正文與盧校、吳校皆爲同一人字迹，且有部分盧校改入正文，知此實爲吳校本之過録本，張氏誤判。
② 文淵閣《四庫全書》本，本文所用爲《景印文淵閣四庫全書》本，臺北：臺灣商務印書館，1986 年。
③ 陳鱣抄校本，遞經況周頤、張鈞衡及其子乃熊收藏，後入北平圖書館，今藏臺灣故宮博物院，又收入中國國家圖書館編
《原國立北平圖書館甲庫善本叢書》。卷首正文首行書名下鈐有"仲魚過目"朱文方印、"況周頤印"白文方印、"張乃熊"
朱文方印。卷末鈐"玉梅詞人"朱文方印，並有況周頤民國七年戊午（1918）跋。因此本正文誤字與過録吳本同而與
吳氏手校本異，知此本之底本爲一個過録本，但盧校、吳校一般都改入正文，別有零星校語，則爲況周頤據《適園叢書》
初印本所作。此本又多有超出吳校本之文字，往往與王振聲過録吳本同，知其必有淵源關係。此本異文往往與《適園》
增訂本之補改一致，又見藏於適園，知張氏庚申修訂曾參校此本。
④ 八千卷樓舊抄本，藏南京圖書館，書號：110433。卷首空頁有丁丙手跋，此跋後收入《善本藏書室藏書志》。卷首"經
部總目"下鈐有"八千卷樓藏書印""錢塘丁氏藏書"朱文方印。文中有零星校記，書於原文之旁。此本正文誤字及校
語多與《適園叢書》初印本一致，故推測其與後者之底本，即漢唐齋抄本有一定的淵源關係。
⑤ 王國維手校本，藏中國國家圖書館，善本書號：A03987，本文所用爲中國國家數字圖書館影像版。此本底本即《適園叢
書》初印本，卷末有王國維跋語二則，一云："此本卷十三、十四及卷廿三至卅二共十二卷與陳本同源，餘卷則別據一本，
故校陳本種數頗少。陳本今抄於盧、吳諸家增補之後，故最備耳。觀堂記。壬戌閏五月廿五日陳仲魚鈔本校畢，國維。"
又云："是歲六月十一日以《明史·藝文志》校一過，凡以朱筆標出者，《明志》也。觀翁又記。"是王氏於民國十一年
（1922）先後兩校《千目》，初校以陳鱣抄本，再校以《明史·藝文志》。因此本校語多與《適園》增訂本文字一致，故筆者
在《〈千頃堂書目〉經部著録訂誤》中誤以此本爲《適園》增訂本之稿本，特此更正。
⑥ 日本京都大學藏《明史藝文志》殘抄本，圖書號"貴 96—1"，此爲影像版。原題《明史藝文志》寫本，存史部三册，子
部三册，集部二册，缺經部及集部的後半部分，有朱筆校改文字及符號，各類中著録有"補遼宋金元"部分，日人井上進、
張雲等學者認爲此即黃虞稷《明史藝文志稿》之原貌，故又稱作"《明史藝文志稿》"。筆者按：此本實爲黃氏《志稿》
後來史官之修訂本，文中簡稱"京大《志稿》"。與《千目》相較，此本集部各類順序與《千目》有異，缺《千目》卷三一《騷
賦類》以後內容。
⑦ 舊題〔清〕萬斯同《明史·藝文志》，《續修四庫全書》本，上海：上海古籍出版社，2002 年。按：據朱瑞強、衣若蘭、王宣
標等學者考證，此即康熙四十一年（1702）熊賜履進呈本。有學者認爲此《志》即黃虞稷《明史藝文志稿》之明代部分，
筆者認爲此《志》雖本之於黃氏《志稿》，但其後史官又有所修訂。
⑧ 〔清〕張廷玉等：《明史·藝文志》，北京：中華書局，1974 年。
⑨ 凡屬缺載表字、籍貫、科第及仕履等內容者，因涉及《千頃堂書目》之性質及其與《明史藝文志稿》關係之討論，故本文
暫不收入，整條著録缺載者，亦不收入。

《鎮平恭靖王有爌》載："鎮平恭靖王有爌，周定王第八子也。"①《弇山堂別集》卷三四《郡王》載："鎮平恭靖王有爌，定第八子。王攻習書翰并騎射、毬毬、繪畫，諸藝各臻其妙。"②《續文獻通考》卷一四九《謚法考》載："周鎮平王有廣（當作'爌'），成化中謚恭靖。"③是當作恭靖無誤。《適園》初印本不誤，增訂本作"恭定"，蓋據陳校本誤改。陳校本天頭有注文云："按《明史》有爌爲周定王橚第八子，謚恭定。恭定，永樂初封。"但《明史》卷一一六《鎮平王有爌》載："鎮平王有爌，定王第八子，嗜學，工詩，作《道統論》數萬言。"④又萬斯同《明史》卷一五二《朱睦㮮傳》明確記載有爌爲恭靖王："宗正睦㮮，字灌甫，鎮平恭靖王有爌之玄孫，而定王之五世孫也。定王之子憲王及恭靖最賢。定王雖數罹于過，而憲王及恭靖皆有道甚文，克蓋前愆，故周之子孫多以文行著稱者，然獨恭靖之後爲尤盛。"⑤並不見有陳鱣所云"謚恭定"之文，知此爲陳氏疏誤，張鈞衡未及細考而據此誤改。

又按：植花，當作"楳花"，即梅花。吳校本、過録吳本、陳校本、京大本、《萬志》正作"梅花"。朱睦㮮《萬卷堂書目》卷四《宗室》載："《梅花百詠》一卷，鎮平王。"⑥因作者爲有爌之玄孫，是爲確證。其兄有燉同有《誠齋梅花百詠》，其序云："聖朝儒林中，亦有賡和本公之詩韻者，尤多高妙，蓋因同用一韻而成百篇，頗以意匠經營爲奇耳。……宣德五年十一月長至日書。"⑦亦可知二人用同一韻成百篇梅花詩。

2. 朱善《一齋集》十卷，又《遼海集》五卷，又《廣游集》一卷（在元時作），又《瀂峰精舍文集》一册（字隆萬，豐城人。洪武初，官至文淵閣大學士，卒謚文恪）。（卷一七《別集類》，第 449 頁）

按："隆萬"，吳校本、鮑本、過録吳本、四庫本、陳校本皆作"備萬"，是。朱善乃明初文淵閣大學士，明代文獻多載其表字。如《國朝列卿紀》卷七《開國侍臣殿閣大學士行實》載："朱善，字備萬，江西南昌府豐城縣人。"⑧《翰林記》卷一七《正官題名·待詔》、⑨《本朝分省人物考》卷五七《朱善》、⑩《國朝獻徵録》卷一二《文淵閣大學士朱公善》均稱"朱善，字備萬"。⑪又《秋坡先生集》卷八《附録》載朱善《金陵贈別序送彦晦先生南歸》一篇，末署"江西豐城

---

① 〔明〕焦竑：《國朝獻徵録》卷一《鎮平恭靖王有爌》，明萬曆四十四年（1616）徐象橒曼山館刻本。

② 〔明〕王世貞：《弇山堂別集》卷三四《郡王》，《景印文淵閣四庫全書》本，第 409 册第 438 頁。

③ 〔明〕王圻：《續文獻通考》卷一四九《謚法考》，明萬曆三十年（1602）松江府刻本。

④ 〔清〕張廷玉等：《明史》卷一一六《鎮平王有爌傳》，第 3568 頁。

⑤ 舊題〔清〕萬斯同：《明史》卷一五二《朱睦㮮傳》，《續修四庫全書》本，第 327 册第 150 頁。

⑥ 〔明〕朱睦㮮：《萬卷堂書目》卷四《宗室》，馮惠民、李萬建等編：《明代書目題跋叢刊》本，書目文獻出版社，1994 年，第 1103 頁。

⑦ 〔明〕周有燉《誠齋梅花百詠》卷首《誠齋梅花百詠詩序》，明嘉靖十二年（1533）刻本，藏於中國國家圖書館，善本書號：04464。

⑧ 〔明〕雷禮輯：《國朝列卿紀》卷七《開國侍臣殿閣大學士行實》，明萬曆徐鑑刻本。

⑨ 〔明〕黃佐：《翰林記》卷一七《待詔》，明崇禎刻本。

⑩ 〔明〕過庭訓：《本朝分省人物考》卷五七《朱善》，明天啟刻本。

⑪ 〔明〕焦竑：《國朝獻徵録》卷一二《文淵閣大學士朱公善》，明萬曆四十四年（1616）徐象橒曼山館刻本。

朱善備萬甫書"，①尤爲確證。《適園》本作"隆萬"，蓋形近而誤，當據正。

3. 申屠衡《叩角集》(字仲權，大梁人，徙居長洲，自號樹屋傭。洪武三年徵至京，草諭蜀文稱旨，授翰林院修撰，謫徙濠州)。(卷一七《別集類》，第 450 頁)

按："叩角集"，吳校本過録盧校、過録吳本、京大本、《萬志》皆作"扣角集"，是。《扣角集》今不傳，但存有申氏好友貝瓊序，其《清江貝先生文集》卷二八《扣角集記》云:"《扣角集》者，前翰林修撰、姑蘇申屠仲權之所著也。仲權與予同學於鐵厓楊公門……復謫濠上，治田之暇，輒肆意文辭，前後凡若干卷，酒酣誦之，扣角以爲節云。八年春，予分教中都生，手其編來見，且言:……'惟子知吾久，子盍序吾集乎?'予愛而閲之累日。"②《吳中人物志》卷七亦稱申屠衡"所著名《扣角集》"。③"叩角"與"扣角"，音義相同，前人多混用，但申屠集名原作"扣角"無疑。然檢《(正德)姑蘇志》卷五四《申屠衡》，書名已寫作"叩角"，④比較黄氏注文，蓋即本於該志，故《千目》系統之吳校本、四庫本、陳校本、八千卷樓本、《適園》本均襲作"叩角集"，後之整理者可存其異。

4. 李公紀《栖白齋集》(字仲修，龍泉人，龍鳳元年同葉子奇薦起，累官應天府治中)。(卷一七《別集類》，第 467 頁)

按:"李公紀"當作"季公紀"。季氏史料記載甚少，《(萬曆)括蒼縣志》卷六《選舉表》明洪武辟舉下有"葉子奇""季公紀"之名。⑤又卷一三《藝文紀》載:"《棲白齋集》，元季公紀著。"⑥《(順治)龍泉縣志》卷六《人物志》有季公紀傳，⑦其文云:"季公紀，字仲修，號索行。龍鳳八年，同葉子奇、張剛大、張原深薦授常州、無錫縣知縣。歷官應天府治中，階奉議大夫，卒于官。有《棲白齋集》。"(《〔乾隆〕龍泉縣志》卷一〇《人物志》同⑧)可證。《(順治)龍泉縣志》卷七《文翰》收録明王禕《披雲橋記》篇，頗可爲證，其文云:"龍泉縣萬壽宮北舊有橋曰披雲橋，實爲通閩入浙之路，歲久傾圮不支。庚子春……宫之真士季道崇實相其役，勤篤不怠，夙興夜寐，手足爲之胼胝……始於洪武癸丑秋九月，⑨迄于丙辰歲，始克就緒。真士宋故侍郎陵之裔孫，號一山……其宗人知無錫縣季公紀具其本末，來請予嘉其事，遂書之以著其烈。"⑩此《記》爲王禕受季公紀所請而作，則二人相識，且公紀之宗人名季道崇，道崇爲宋户部侍郎季陵之裔孫，⑪知公紀姓氏作"季"不作"李"，絶無疑義。季公紀與葉子奇同鄉並

① 〔明〕黎貞:《秫坡先生集》卷八《附録》，清光緒元年(1875)重刻本。
② 〔明〕貝瓊:《清江貝先生文集》卷二八《扣角集記》，《四部叢刊》景清趙氏亦有生齋本。
③ 〔明〕張景明:《吳中人物志》卷七《國朝》，明隆慶張鳳翼、張燕翼刻本。
④ 〔明〕王鏊纂:《(正德)姑蘇志》卷五四《申屠衡》，明正德元年(1506)刻本。
⑤ 〔明〕熊子臣修，何鏜纂:《(萬曆)括蒼縣志》卷六《選舉表》，明萬曆七年(1579)刻本。
⑥ 〔明〕熊子臣修，何鏜纂:《(萬曆)括蒼縣志》卷一三《藝文紀》，明萬曆七年(1579)刻本。
⑦ 〔清〕徐可先修，胡世定、傅夢籲纂:《(順治)龍泉縣志》卷六《人物志》，清順治十二年(1655)刻本。
⑧ 〔清〕杜一鴻修，周壙纂:《(乾隆)龍泉縣志》卷一〇《人物志》，清乾隆三十六年(1771)刻本。
⑨ 按:"洪武癸丑秋九月"，原作"己丑秋□月"，洪武無乙丑年，此據《(乾隆)龍泉縣志》卷一〇《人物志》(清乾隆三十六〔1771〕年刻本)補改。
⑩ 〔清〕徐可先修，胡世定纂:《(順治)龍泉縣志》卷七《文翰》，清順治十二年(1655)刻本，第 27—29 上頁。
⑪ 〔宋〕汪藻《浮溪集》卷一四有《新除户部侍郎季陵辭免恩命不允詔》，《武英殿聚珍版叢書》本，第 10 上頁。

一同薦起，但葉氏《草木子》卷四《談藪篇》載有公紀小傳，却誤作"李"氏，[①]明張萱《疑耀》引《草木子》亦作"李公紀"，[②]《千目》"李公紀"之誤蓋本於此。

又"龍鳳元年"當作"龍鳳八年"。上文順治、乾隆《龍泉縣志》皆載季公紀、葉子奇於龍鳳八年薦授官。又《（萬曆）括蒼彙紀》卷一二《往哲紀》有葉子奇傳載："龍鳳八年，浙江行中書省以學行薦廷試，中試，授岳州巴陵簿，尋致仕。"[③]龍鳳爲元末起義軍小明王韓林兒的年號，龍鳳八年即至正二十二年（1362），此時朱元璋爲吳國公，佔有了江左和浙右等地，葉子奇、季公紀二人在此期間被行中書省舉薦。《千目》卷一一《儒家類》"葉子奇《太玄本旨》"條亦載："（葉子奇）字世傑，一名錡，龍泉人，至正庚寅署縣事府判，葉景淵薦試方州，中第四人，退居不仕。龍鳳八年，浙江行中書省以學行薦，遣君子衛官仁壽，[④]趣裝上道，廷試中式，授岳州巴陵簿。尋致仕，卒，自號静齋。"[⑤]同書載同一人事迹，知黄氏書葉子奇被薦時間無誤，此"龍鳳元年"當是後人傳寫誤"八"作"元"。京大本、《萬志》此處皆作"龍飛八年"，此"八年"亦可證黄氏原文當作"八年"，但史官不解"龍鳳"之義，故改作"龍飛"，取皇帝即位之意。然朱元璋此時尚未封王，更未稱帝，不得稱作"龍飛"，亦不可如學者所稱，指朱元璋最初起事之至正十二年。[⑥]明清人稱朱元璋龍飛某年，未有從其投奔紅巾軍之年算者。當據正。

5.高穀《高文義公集》十卷（字克用，興化人，少傅兼太子太傅，工部尚書，謹身殿大學士，贈太保，諡文毅）。（卷一八《別集類》，第 484 頁）

按："文毅"當作"文義"。吳校本、過録吳本、《適園》本、京大本、《萬志》著録其文集皆作"《高文義公集》"（鮑本、陳校本、八千卷樓本誤據諡號將書名改作《高文毅公集》），《國史經籍志》卷五《別集》所載亦同。[⑦]據書名推斷，其諡號當作"文義"。高穀諡"文義"，明代文獻多有記載，如《熙朝名臣實録》卷一〇《太保高文義公》載："高穀，字世用，揚州興化人，永樂十三年進士。"[⑧]知其當諡"文義"。《皇明通紀法傳全録》卷二二、[⑨]《明臣諡考》卷上[⑩]亦載高穀諡"文義"。《明諡紀彙編》卷二五《考誤》云："大學士高穀，按國史閣籍諡文義，釋義具存，《大政紀》誤作'文毅'。"[⑪]知明代已有誤作"諡文毅"者。《千目》諸本皆作"文毅"，蓋黄氏原本如此。

① 〔明〕葉子奇：《草木子》卷四《談藪篇》，乾隆五十一年（1786）刻本。
② 〔明〕張萱：《疑耀》卷五《國初乘驢》，清伍崇耀《嶺南遺書》本。
③ 〔明〕熊子臣修，何鐘纂：《（萬曆）括蒼彙紀》卷一二《往哲紀》，明萬曆七年（1579）刻本。
④ "衛官仁壽"，四庫本"衛官"下有小注"缺"字，《（順治）龍泉縣志》卷六《葉子奇傳》作"衛官漆仁壽"，《張大剛傳》作"衛舍人漆仁壽"。是"仁壽"上當據補"漆"字。
⑤ 〔清〕黄虞稷：《千頃堂書目》卷一一《儒家類》，第 298 頁。
⑥ 〔日〕井上進撰，楊永政譯：《〈千頃堂書目〉與〈明史藝文志稿〉》，《古典文獻研究》第二十二輯上卷，南京：鳳凰出版社，2019 年，第 239 頁注釋〇 22。
⑦ 〔明〕焦竑：《國史經籍志》卷五《別集》，馮惠民、李萬健等選編：《明代書目題跋叢刊》本，第 420 頁。
⑧ 〔明〕焦竑輯：《熙朝名臣實録》卷一〇《太保高文義公》，明末刻本。
⑨ 〔明〕陳建：《皇明通紀法傳全録》卷二二，明崇禎九年（1636）刻本。
⑩ 〔明〕鮑応鰲：《明臣諡考》卷上，《景印文淵閣四庫全書》本，第 651 册第 431 頁。
⑪ 〔明〕郭良翰：《明諡紀彙編》卷二五《考誤》，《景印文淵閣四庫全書》本，第 651 册第 602 頁。

6.陳道曾《吴下集》,又《筠陽稿》又《濡須稿》(字端試,晉江人,無爲州學正)。(卷一九《别集類》,第 485 頁)

按:"端試",吴校本、過録吴本、陳校本作"瑞誠"(旁注"端"),鮑本、京大本、《萬志》皆作"端誠",是。明清傳記、地方志皆載其字作"端誠"。《本朝分省人物考》卷七一《陳道曾》載:"陳道曾,字端誠,晉江人,章應之孫……所著有《吴下集》《筠陽》《濡須》等稿。"①《東越文苑》卷六、②《閩中理學淵源考》卷五七《泉南明初諸先生學派》、③《(弘治)八閩通志》卷六七《人物·泉州府》、④《(正德)瑞州府志》卷七《秩官志·名宦》、⑤《(崇禎)吴縣志》卷三一《教諭》⑥載其字皆作"端誠"。四庫本作"瑞試",八千卷樓本、《適園》本作"端試",蓋皆傳寫致誤,當據正。

7.薛瑄《敬軒集》四十卷,又《河汾詩集》八卷(字德温,河南人,庚子解元,禮部左侍郎兼文淵閣大學士,謚文清,從祀孔廟)。(卷一八《别集類》,第 486 頁)

按:"河南",吴校本、鮑本、過録吴本、四庫本、陳校本、八千卷樓本皆作"河津",是。薛氏籍貫爲山西平阳府蒲州河津縣,明代文獻多有記載。如《國朝歷科題名碑録初集·明洪武至崇禎各科附·明永樂十九年進士題名碑録辛丑科》:"賜進士出身第二甲四十九名:薛瑄,山西平陽府蒲州河津縣人。"⑦明俞憲《皇明進士登科考》卷三《永樂十九年辛丑》:"第二甲四十九名賜進士出身:(第十四名)薛瑄,山東蒲州人。"⑧明张朝瑞《皇明貢舉考》卷三《永樂十九年》:"第二甲四十九名賜進士出身:薛瑄,山西河津縣。"⑨《(萬曆)開封府志》卷二五《游寓》載:"(國朝)薛瑄,字德温,山西河津人……庚子河南鄉試第一,明年登進士。"⑩此外尚有明王鴻《薛文清公行實録》,其中收録薛瑄像讚、行狀、神道碑、事實等,皆載其爲山西河津人,書中祭文、詩文集序跋等提及其籍貫爲河津則不勝數,是爲確證。⑪《適園》本作"河南",蓋傳寫疏誤,當據正。

8.胡儼《頤庵集》三十卷(字若思,南昌人,洪武末會試乙未科,授華亭教諭。永樂初,擢翰林檢討,同解縉等直内閣,尋遷國子監祭酒。洪熙元年,加太子賓客,致仕)。(卷一八《别集類》,第 487 頁)

按:"乙未科",吴校本、鮑本、過録吴本、陳校本、八千卷樓本、京大本、《萬志》皆作"乙

① 〔明〕過庭訓:《本朝分省人物考》卷七一《陳道曾》,明天啟刻本。
② 〔明〕陳鳴鶴:《東越文苑》卷六《明東越文苑列傳》,清同治十二年(1873)刻本。
③ 〔清〕李清馥:《閩中理學淵源考》卷五七《泉南明初諸先生學派》,《景印文淵閣四庫全書》本,第 460 册第 571 頁。
④ 〔明〕陳道修,黄仲昭纂:《八閩通志》卷六七《人物·泉州府》,明弘治四年(1491)刻本。
⑤ 〔明〕鄺璠、熊相纂修:《(正德)瑞州府志》卷七《秩官志·名宦》,明正德刻本。
⑥ 〔明〕牛若麟修,王焕如纂:《(崇禎)吴縣志》卷三一《教諭》,明崇禎刻本。
⑦ 《國朝歷科題名碑録初集·明洪武至崇禎各科附·明永樂十九年進士題名碑録辛丑科》,第 158 頁。
⑧ 〔明〕俞憲輯:《皇明進士登科考》卷一二《嘉靖二十九年庚戌》,明抄本。
⑨ 〔明〕張朝瑞:《皇明貢舉考》卷三《永樂十九年》,明萬曆刻本。
⑩ 〔明〕朱睦㮮纂:《(萬曆)開封府志》卷二五《游寓》,明萬曆十三年(1585)刻本。
⑪ 〔明〕王鴻輯:《薛文清公行實録》,明刻本。

科”,是。四庫本誤作“一科”,亦可見原無“未”字。會試“乙科”即明清進士正卷録取（甲科）之外的副榜,又稱“備榜”,不參加殿試。胡儼以進士副榜授官,明代文獻多有記載。如《熙朝名臣實録》卷一〇《太子賓客胡公》載:“胡儼,字若思,南昌縣人。以書經中洪武丁卯鄉試第二。明年會試,中副榜,授華亭教諭。”①《本朝分省人物考》卷五七《胡儼》、②《名山藏》卷五九《臣林記》、③《南廱志》卷一九《胡儼傳》④皆載胡儼戊辰乙榜（副榜）授官,是爲確證。《適園》本作“乙未科”,疑因不明“乙科”副榜之義而妄補。但洪武進士無乙未科,又不知其從何而補,當據刪。

9.姚綬《可聞集》（字廷章,嘉興人）。（卷一八《別集類》,第 489 頁）

按:“可聞”,吳校本、鮑本、過録吳本作“可閒”,是。清倪濤《六藝之一録存》卷三六五《歷朝畫譜》引錢溥《松雲姚處士志銘》,⑤清彭蘊璨《歷代畫史彙傳》卷一九引姚氏世刻錢溥《松雲姚處士志銘》⑥皆載:“人以可閒先生稱之。”姚綬今有《可閒先生逸稿》一卷傳世,明嘉靖三十七年[1558]）姚垶刻本,藏南京圖書館,卷端題“明松雲居士嘉興姚綬廷章手墨,不肖玄孫姚垶謹拓”,是爲確證。四庫本、陳校本作“可間”,二字通用;八千卷樓本、《適園》本作“可聞”,則爲傳寫形誤,當據正。

10.徐旭《玉堂集》（字孟紹,樂平人,國子監祭酒,降翰林院修撰）。（卷一八《別集類》,第 490 頁）

按:“孟紹”,吳校本、鮑本、過録吳本、陳校本作“孟昭”,是。《國朝列卿紀》卷一五八《國初國子監祭酒行實》載:“徐旭,字孟昭,江西饒州府樂平縣人。”⑦《國朝獻徵録》卷二一《修撰徐公旭傳》載:“公諱旭,字孟昭,姓徐氏,饒之樂平人。其先南昌人也。”⑧《本朝分省人物考》卷五九《徐旭》載:“徐旭,字孟昭,饒州府樂平縣人。”⑨是其字當作“孟昭”無誤。檢四庫本、八千卷樓本、京大本、《萬志》皆誤作“孟紹”,《適園》本作“孟紹”,蓋襲底本之誤,當據正。

11.趙友同《存軒集》一卷（字彦如,金華人,洪武間辟爲華亭校官）。（卷一八《別集類》,第 490 頁）

按:“存軒集”,吳校本過録盧校、過録吳本過録盧校、鮑本、陳校本、京大本、《萬志》皆作“存齋集”,是。明朱大韶編《皇明名臣墓銘》載廬陵楊士奇撰《太醫院御醫存齋趙公墓志銘》

① 〔明〕焦竑:《熙朝名臣實録》卷一〇《太子賓客胡公》,明末刻本。
② 〔明〕過庭訓:《本朝分省人物考》卷五七《胡儼》,明天啓刻本。
③ 〔明〕何喬遠:《名山藏》卷五九《臣林記》,明崇禎刻本。
④ 〔明〕黃佐:《南廱志》卷一九《胡儼傳》,民國景明嘉靖二十三年(1544)刻增修本。
⑤ 〔清〕倪濤:《六藝之一録存》卷三六五《歷朝畫譜》,《景印文淵閣四庫全書》本,第 837 册第 752 頁。
⑥ 〔清〕彭蘊璨:《歷代畫史彙傳》卷一九引姚氏世刻錢溥《松雲姚處士志銘》,掃葉山房叢抄本。
⑦ 〔明〕雷禮輯:《國朝列卿紀》卷一五八《國初國子監祭酒行實》,明萬曆徐鑑刻本。
⑧ 〔明〕焦竑:《國朝獻徵録》卷二一《修撰徐公旭傳》,明萬曆四十四年(1616)徐象橒曼山館刻本。
⑨ 〔明〕過庭訓:《本朝分省人物考》卷五九《徐旭》,明天啓刻本。

云:"太醫院御醫趙友同,字彦如。……所著有存齋若干卷藏於家",①標題、正文兩見"存齋",可證。吳校本、過録吳本、四庫本、八千卷樓本、《適園》本作"存軒集",蓋"軒""齋"二字皆爲書齋所常用,傳寫不慎訛混,當據改。

12. 丘陵《芸庵集》三十卷(字志高,蘭陽人,解元,陝西右布政使)。(卷一九《別集類》,第495頁)

按:"陝西",吳校本、四庫本、《適園》初印本作"山西",是。明王偁《思軒文集》卷一四《山西左布政使丘公墓碑銘》載:"成化十五年二月十二日,山西左布政使致仕蘭陽丘公以疾終于家,壽七十有六。"②又《國朝獻徵録》卷九七收入朱睦㮮所撰寫《山西左布政使丘公陵傳》曰:"丘陵,字志高,蘭陽人也。……累擢山西左布政使。"③《本朝分省人物考》卷八五《丘陵》、④《明三元考》卷三《宣德元年丙午科解元》⑤並稱其"累擢山西左布政使"。萬斯同《明史》卷二一一《丘陵傳》亦稱"陵旋稱擢湖廣右布政使,改山西爲左",並可證。檢吳校本過録盧校、過録吳本、鮑本、陳校本、京大本、《萬志》皆作"陝西",當是史官傳寫音誤,後之傳本因襲不察,而《適園》增訂本作"陝西"則當是張鈞衡據過録吳本及陳鱣本誤改,當據正。又"右布政使",據上引墓志及傳記當作"左布政使",諸本皆誤,蓋黃氏原本如此。

13. 李學曾《鶴林詩選》二卷(字宗魯,茂州人,吏科都給事中)。(卷二一《別集類》,第539頁)

按:"茂州",吳校本、鮑本、過録吳本、陳校本、八千卷樓本、《適園》初印本、京大本、《萬志》皆作"茂名",是。茂州明代屬成都府,在四川;而茂名明代屬高州府,在廣東。明代科舉文獻均載李氏爲"茂名人",如《弘治十五年進士登科録》:"第三甲一百九十九名賜同進士出身:李學曾,貫廣東高州府茂名縣,民籍。國子生。……廣東鄉試第六名,會試第一百六十六名。"⑥《明弘治十五年進士題名碑録壬戌科》、⑦明俞憲《皇明進士登科考》卷九《弘治十五年壬戌》、⑧明張朝瑞《皇明貢舉考》卷五《弘治十五年》⑨所載皆同。又《徐氏家藏書目》載:"李學曾《鶴林詩選》二卷,字宗魯,茂名人,弘治壬戌進士,吏科都給事中。"⑩其文與《千目》高度一致,當爲其史源。四庫本作"茂州",蓋傳寫偶誤,而《適園》增訂本改作"茂州",則失之輕率,當據正。

---

① 〔明〕朱大韶編:《皇明名臣墓銘·太醫院御醫存齋趙公墓志銘》,《明代傳記叢刊》本,臺北:明文書局,1991年,第58册第99—100頁。
② 〔明〕王偁:《思軒文集》卷一四《山西左布政使丘公墓碑銘》,明弘治刻本。
③ 〔明〕焦竑:《國朝獻徵録》卷九七《山西左布政使丘公陵傳》,明萬曆四十四年(1616)徐象橒曼山館刻本。
④ 〔明〕過庭訓:《本朝分省人物考》卷八五《丘陵》,明天啟刻本。
⑤ 〔明〕張弘道:《皇明三元考》卷三《宣德元年丙午科解元》,明刻本。
⑥ 龔延明主編,毛曉陽點校:《天一閣藏明代科舉録選刊·登科録中·弘治十五年進士登科録》,浙江:寧波出版社,2016年,第123頁。
⑦ 《國朝歷科進士題名碑録初集·明洪武至崇禎各科附·明弘治十五年進士題名碑録壬戌科》,第504頁。
⑧ 〔明〕俞憲輯:《皇明進士登科考》卷九《弘治十五年壬戌》,明抄本。
⑨ 〔明〕張朝瑞:《皇明貢舉考》卷五《弘治十五年》,明萬曆刻本。
⑩ 〔明〕徐㷿:《新輯紅雨樓題記 徐氏家藏書目》,上海:上海古籍出版社,2014年,第470頁。

14. 李汎《鏡山稿》十三卷（字彥夫，祁門人，思恩知府）。（卷二一《別集類》，第 543 頁）

按："李汎"，吳校本、鮑本、過録吳本、京大本、《萬志》皆作"李汎"，是。《千目》著録是書撰人列於"弘治乙丑科（十八年）"下。檢明代科舉文獻，載弘治十八年（1505）中進士第者之名皆爲"李汎"，如《弘治十八年進士登科録》："第二甲九十五名賜進士出身：李汎，貫直隷□□□□□□縣。民籍。國子生。治《□經》。……應天府鄉試第四名，會試第二百三十一名。"① 又《明弘治十八年進士題名碑録乙丑科》、明俞憲《皇明進士登科考》卷九《弘治十八年乙丑》、② 明張朝瑞《皇明貢舉考》卷六《弘治十八年》③ 皆作"李汎"，是爲確證。明程敏政《篁墩文集》卷末有李汎《篁墩集後序》，末署"門人承德郎南京工部主事祁門鏡山李汎謹序"，④ 全文行楷，當是李汎手書，尤爲切證。檢四庫本、陳校本、八千卷樓本、《適園》本作"李汎"，蓋相沿承襲而誤，當據正。

15. 邵銳《端峰存稿》二卷（字思抑，仁和人，大理卿，贈副都御史，謚康僖）。（卷二二《別集類》，第 547 頁）

按："大理卿"，吳校本、八千卷樓本、《適園》初印本作"太僕卿"，吳校本過録盧校、四庫本、陳校本、《萬志》皆作"太僕寺卿"，是。《明世宗實録》卷一七六載："（嘉靖十四年六月甲寅）太僕寺卿邵銳卒，賜祭葬，贈都察院右副都御史，謚康僖。銳，浙江仁和縣人。由正德三年進士改庶吉士，授翰林院編修，調寧國府推官，升南京吏部主事、禮部員外郎，江西提學僉事，福建提學副使，湖廣右參政，河南按察使，廣東、山東左右布政使，至今官，引疾歸。"⑤《（嘉靖）南安府志》卷二七《宦迹傳》載："邵銳，字思抑，仁和人。由進士任翰林編修，改南京吏部員外郎，升江西按察司僉事，提督學校……累升太僕寺卿。引疾致仕。"⑥《（嘉靖）浙江通志》卷四七《人物志》載："邵銳，字士抑，仁和人。正德三年舉禮部第一，登進士，改翰林庶吉士……歷湖廣參政，河南按察使，廣東、山東左右布政使。咸有惠政，進爲太僕卿，引疾告歸。"⑦ 又《國朝獻徵録》卷七二《太僕寺卿邵銳傳實録》⑧ 及《本朝分省人物考》卷四三《邵銳》⑨ 皆載其爲"太僕寺卿"，而無一文獻提及其曾任大理寺卿一職，是爲確證。過録吳本誤作"大理寺卿"，張鈞衡校改作"大理卿"，當據正。

16. 汪玉《敝篋留稿》二卷（字汝成，鄞縣人，巡撫順天，右僉都御史）。（卷二二《別集類》，

① 龔延明主編，毛曉陽點校：《天一閣藏明代科舉録選刊·登科録下·弘治十八年進士登科録》，第 159 頁。
② 〔明〕俞憲輯：《皇明進士登科考》卷九《弘治十八年乙丑》，明抄本。
③ 〔明〕張朝瑞：《皇明貢舉考》卷六《弘治十八年》，明萬曆刻本。
④ 〔明〕程敏政：《篁墩程先生文集》，明正德二年（1507）何歆、程曾刻本。
⑤ 《明世宗實録》卷一七六《嘉靖十四年六月甲寅》，《明實録》，臺北："中央研究院歷史語言研究所"校印本，1962 年，第 3809 頁。
⑥ 〔明〕劉節纂修：《（嘉靖）南安府志》卷二七《宦迹傳》，明嘉靖十五年（1536）刻本。
⑦ 〔明〕胡宗憲修，薛應旂等纂：《（嘉靖）浙江通志》卷四七《人物志》，明嘉靖四十年（1561）刻本。
⑧ 〔明〕焦竑：《國朝獻徵録》卷二〇《翰林學士劉三吾傳》，明萬曆四十四年（1616）徐象橒曼山館刻本。
⑨ 〔明〕過庭訓：《本朝分省人物考》卷四三《邵銳》，明天啟刻本。

第 547 頁）

按："敝篋"，不詞，吳校本、鮑本、過録吳本、四庫本、陳校本作"敝篋"，是。《國朝獻徵録》卷六三《都察院》載張邦奇撰《都察院右僉都御史汪公玉墓志銘》云："公諱玉，字汝成……所著有二書《碎義書經存疑録雜記》《敝篋留稿》，凡若干卷，藏於家。"①《國朝列卿紀》卷一一七《整飭薊州邊備兼巡撫順天等府行實》、②《本朝分省人物考》卷四八《汪玉》③皆載書名作"敝篋留稿"，是爲確證。八千卷樓本、《適園》本作"敝篋"，蓋傳寫之誤，當據改。

17.吳鵬《飛鴻堂稿》二十卷（字萬里，秀水人，太子太保吏部尚書）。（卷二三《别集類》，第 566 頁）

按："飛鴻堂"，吳校本、鮑本、過録吳本、四庫本、八千卷樓本、《萬志》皆作"飛鴻亭"，是。《四庫全書總目》卷一七七《别集類存目》載："《飛鴻亭集》二十卷（兩淮鹽政採進本），明吳鵬撰。鵬字萬里，秀水人，嘉靖癸未進士，官至吏部尚書。飛鴻亭者，鵬謝事娱老之所，因以名集。"④《飛鴻亭集》（二十卷）有明萬曆二十二年（1594）吳惟貞刻本，今藏於國圖（善本書號：00685），卷首載王錫爵《吳宮保飛鴻亭稿序》，卷端或云"《飛鴻亭集》卷之某，秀水吳鵬萬里父著，長孫惟貞校梓"，是爲確證。檢吳校本"飛鴻亭"旁注"堂"字，過録吳本亦旁注"堂"字，陳校本、《適園》本作"飛鴻堂"，疑吳騫從他本注"堂"字，而張鈞衡刻《適園》則據之誤改，當據正。

18.葛本《恤刑疏草》缺卷（四册，刑部郎中恤刑江西時題奏）。（卷三〇《表奏類》，第 744 頁）

按："葛本"，吳校本、四庫本、八千卷樓本、京大本、《萬志》皆作"葛木"，是。《内閣藏書目録》卷五《奏疏部》載："《恤刑疏草》四册，全，刑部郎中葛木録囚江西題稿。"⑤明唐龍《漁石集》卷二有《恤刑疏草序》，稱"葛子木居刑曹凡八年，祥刑之理審矣，録囚江右，多所平反"，⑥皆可證。此書今存嘉靖九年（1530）刻本，藏於上海圖書館，撰人正題"葛木"，是無疑異。鮑本、陳校本、《適園》本皆作"葛本"，蓋傳寫偶誤，當據正。又按：葛木爲正德嘉靖朝人，此書嘉靖刻本當即初刻本，凡八卷，可補此處"闕卷"。蓋黄氏未見原書，僅據《内閣藏書目録》作四册而卷數從闕。

19.王德完《王峀泉先生歷代奏議》十二卷。（卷三〇《表奏類》，第 746 頁）

按："王峀泉"，吳校本、鮑本、四庫本、陳校本、八千卷樓本、京大本、《萬志》作"王希泉"，是。明葉向高《蒼霞餘草》卷一〇《明通議大夫户部右侍郎希泉王公墓志銘》載："王公諱某，

① 〔明〕焦竑：《國朝獻徵録》卷六三《都察院右僉都御史汪公玉墓志銘》，明萬曆四十四年（1616）徐象橒曼山館刻本。
② 〔明〕雷禮輯：《國朝列卿紀》卷一一七《整飭薊州邊備兼巡撫順天等府行實》，明萬曆徐鑑刻本。
③ 〔明〕過庭訓：《本朝分省人物考》卷四八《汪玉》，明天啟刻本。
④ 〔清〕永瑢等：《四庫全書總目》卷一七七《别集類存目四·〈飛鴻亭集〉二十卷》，北京：中華書局，1965 年，第 1581 頁。
⑤ 〔明〕張萱、孫能傳：《内閣藏書目録》卷五《奏疏部》，清遲雲樓抄本。
⑥ 〔明〕唐龍：《漁石集》卷二《恤刑疏草序》，明嘉靖刻本。

字子醇,別號希泉,蜀之廣安人。"①王德完字子醇,見萬斯同《明史》卷三三七、②《明史》卷二三五本傳。③又《本朝分省人物考》卷一〇八《王德完》載:"王德完,號希泉,四川廣安州人,萬曆丙戌進士。"④《萬曆野獲編》卷九《内閣·言官論人》、卷二〇《言事·又先佞後忠》則兩稱"給事王希泉德完",⑤皆可證。《適園》本作"王崇泉",乃傳寫偶誤,當據正。

20.孫傳庭《撫奏疏草》,又《督師奏議》,又《謀國集》。(卷三〇《表奏類》,第748頁)

按:"撫奏",鮑本、四庫本、陳校本、八千卷樓本、京大本、《萬志》皆作"撫秦",是。孫傳庭是明末著名將領,《撫秦疏草》即孫氏平定秦地時所作的奏疏。孫傳庭《白谷集》附錄載李因篤爲孫氏所作傳記即稱孫傳庭"當其撫秦時,秦寇平矣"。⑥而附錄所載牛應徵撰孫氏《行狀》則徑稱:"公所著有《撫秦疏草》《督師奏議》《謀國集》《風雅堂詩稿》,藏於家。"⑦又載周漢傑所撰孫氏《墓志銘》亦云:"崇禎十有六年十月丙寅,逆賊李自成陷潼關,督師孫公死。……公所著有《撫秦疏草》《督師奏議》《謀國集》《風雅堂詩稿》若干卷藏於家。"⑧今有《孫忠靖公全集》傳世,其卷一至卷三即《撫秦疏草》,⑨是爲確證。吳校本、《適園》本作"撫奏",蓋形近而誤,當據正。

21.丁奉《虞卿三賦》一卷。(卷三一《騷賦類》,第754頁)

按:"虞卿",吳校本、鮑本、四庫本、陳校本、八千卷樓本、京大本、《萬志》皆作"虞鄉",是。《國史經籍志》卷五《賦頌》著錄此書即作"《虞鄉三賦》一卷,丁奉"。⑩丁奉,字獻之,號南湖,蘇州常熟人,致仕後居常熟虞山尚湖之濱以詩酒自娱。明太史昆山方鵬《南湖留稿序》云:"今常熟之虞山巉嶪,尚湖淳泓,爲揚域擅美,厥惟舊矣。而南湖丁公寔挺生其間。公以明經舉進士,歷官詮曹,既迺遯于湖上,結樓居以面山水。"⑪常熟爲漢魏吳縣虞鄉之地,虞鄉即指常熟。⑫丁氏《南湖先生文選》有《虞山賦》《尚湖賦》《三角亭賦》等,推測當爲《虞鄉三賦》之内容。《適園》本作"虞卿",蓋形近而誤,當據正。

22.沈朝瑛《抱膝長吟賦》一卷(字伯含,仁和人,萬曆壬辰進士,福建參政)。(卷三一《騷賦類》,第754頁)

按:"沈朝瑛",吳校本、鮑本、四庫本、陳校本、八千卷樓本、京大本、《萬志》皆作"沈朝

---

① 〔明〕葉向高:《蒼霞餘草》卷一〇《明通議大夫户部右侍郎希泉王公墓志銘》,明萬曆刻本。

② 舊題〔清〕萬斯同:《明史》卷三三七《王德完傳》,《續修四庫全書本》,第330册第84頁。

③ 〔清〕張廷玉等:《明史》卷二三五《王德完傳》,第6131頁。

④ 〔明〕過庭訓:《本朝分省人物考》卷一〇八《王德完》,明天啟刻本。

⑤ 〔明〕沈德符:《萬曆野獲編》卷九《内閣·言官論人》、卷二〇《言事·又先佞後忠》,北京:中華書局,第234、510頁。

⑥ 〔明〕孫傳庭:《白谷集》卷六《附錄·原傳》,《景印文津閣四庫全書》本,北京:商務印書館,第433册第68頁。

⑦ 〔明〕孫傳庭:《白谷集》卷六《附錄·行狀》,《景印文津閣四庫全書》本,第433册第64頁。

⑧ 〔明〕孫傳庭:《白谷集》卷六《附錄·墓志銘》,《景印文津閣四庫全書》本,第433册第66頁。

⑨ 〔明〕孫傳庭撰,王欣欣點校:《孫忠靖公全集》,上海:上海古籍出版社,2018年。

⑩ 〔明〕焦竑:《國史經籍志》卷五《賦頌》,《明代書目題跋叢刊》本,第395頁。

⑪ 〔明〕丁奉撰,梅守箕選:《南湖先生文選》,明萬曆三十一年(1603)刻本,中國國家圖書館,善本書號:02500。

⑫ 〔宋〕孫應時修,鮑謙增補:《(寶祐)重修琴川志》卷一《縣叙》云:"漢會稽郡吳縣有虞鄉,乃縣地也。"(清阮元輯《宛委別藏》本)

焕",是。《澹生堂藏書目》卷一二《辭賦》載:"《抱膝長吟賦》一册一卷,沈朝焕。"①又卷一四《别集》載:"《沈伯含集》十册,二十七卷,沈朝焕。"下注集内二十七卷内容,其一即"《抱膝長吟賦》一卷"。②《千目》卷二五《别集類》亦載:"沈朝焕《沈伯含集》二十七卷。"③所注二十七卷内容亦有"《抱膝長吟賦》一卷"(黄氏此條當本於祁氏《書目》)。《沈伯含集》今有明萬曆刻本傳世,每卷首署"錢唐沈朝焕伯含父著",④是字伯含者名"朝焕"無疑。《適園》本作"朝瑛",蓋形近致誤,當據正。

23.張士㳆《國朝文纂》五十卷(字心甫,崑山人)。(卷三一《總集類》,第758頁)

按:"張士㳆",吴校本、四庫本、八千卷樓本、《萬志》作"張士瀹",是。《國史經籍志》卷五《總集》載:"《國朝文纂》五十卷,張士瀹。"⑤又《崑山人物傳》卷九《皇明崑山人物傳》載:"張士瀹,字心父,敏穎兼人……公著書甚多,有《張氏嘉靖集》二十卷、《皇明文纂》五十卷,尤所矜秘,世不盡傳。"⑥皆可證。《國朝文纂》今有明活字印本藏於國圖、上圖等,有其自序,落款曰"嘉靖四十三年既望大梁張士瀹心父謹序",每卷首題"大梁張士瀹纂",⑦是爲確證。鮑本、陳校本、《適園》本作"張士㳆",蓋形近致誤,當據正。

24.求漁《越山鍾秀集》(字宗尚,鄞縣人)。(卷三一《總集類》,第774頁)

按:"鄞縣",吴校本、鮑本、四庫本、陳校本、八千卷樓本皆作"嵊縣",是。《(萬曆)紹興府志》卷四五《人物志》載:"求漁、求澧,嵊人。"⑧嵊縣屬紹興府。又《(雍正)浙江通志》卷二五四《經籍·兩浙志乘下》著録"《越山鍾秀集》其下注曰:'《嵊縣志》,求漁宗尚輯。'"⑨並可證。其所編總集名"越山","越"即指紹興,古爲越國都城,是求漁所輯乃鄉邦文獻。《適園》本作"鄞縣",蓋傳寫偶誤,當據正。

25.《明中州詩選》二十二卷(李空同、何大復、王子衡、薛君采、張助甫、謝茂榛、趙微生)。(卷三一《總集類》,第774頁)

按:"謝茂榛",吴校本、四庫本、八千卷樓本、《萬志》皆作"謝茂秦",是。《澹生堂藏書目》卷一二《總集》載:"《皇明中州詩選》十册,二十三卷。李獻吉五卷,何仲默五卷,王之衡二卷,薛君采二卷,張助甫三卷,謝茂秦五卷,趙微生一卷。"⑩謝茂秦即謝榛,明代"後七子"之一,《明史》卷二八七有傳。⑪今國圖藏有《明三家詩選》,所選詩爲明趙彦復《趙微生詩選》

① 〔明〕祁承爜:《澹生堂藏書目》卷一二《辭賦》,《明代書目題跋叢刊》本,第1038頁。
② 〔明〕祁承爜:《澹生堂藏書目》卷一四《别集》,《明代書目題跋叢刊》本,第1056頁。
③ 〔清〕黄虞稷:《千頃堂書目》卷二五《别集類》,第634頁。
④ 〔明〕沈朝焕:《沈伯含集》,明萬曆刻本,中國國家圖書館,善本書號:A01728。此本不見《抱膝長吟賦》一卷,蓋有脱漏。
⑤ 〔明〕焦竑:《國史經籍志》卷五《總集》,《明代書目題跋叢刊》本,第429頁。
⑥ 〔明〕張大復:《崑山人物傳》卷九《皇明崑山人物傳》,明刻清雍正二年(1724)重修本。
⑦ 〔明〕張士瀹:《國朝文纂》,中國國家圖書館,善本書號:17384。
⑧ 〔明〕涇縣蕭良幹修,山陰張元忭等纂:《(萬曆)紹興府志》卷四五《人物志》,明萬曆刻本。
⑨ 〔清〕嵇曾筠、李衛等修,沈翼機、傅王露等纂,蔣攸銛校改:《(雍正)浙江通志》卷二五四《經籍·兩浙志乘下》,《景印文淵閣四庫全書》本,第525册第765頁。
⑩ 〔明〕祁承爜:《澹生堂藏書目》卷一二《續收·總集》,《明代書目題跋叢刊》本,第1043頁。
⑪ 〔清〕張廷玉等:《明史》卷二八七《謝榛傳》,第7375頁。

一卷、謝榛《謝茂秦詩選》五卷、張九一《張助甫詩選》三卷,與《中州詩選》中三家相應,亦可爲證。鮑本、陳校本、《適園》本作"茂榛",蓋涉謝榛之名而誤,當據改。

26.《雲間三詩翁詩》七卷(王良佐、成韶、張冕)。(卷三一《總集類》,第 775 頁)

按:"成韶",吳校本、鮑本、四庫本、八千卷樓本、《適園》初印本、《萬志》皆作"戚韶",是。《雲間三詩翁詩》明代文獻多有記載,如《澹生堂藏書目》載:《三詩翁集》二册,六卷,王良佐、戚韻(當作'韶')、張一桂。"①《國史經籍志》卷五《總集》載:"《雲間三詩翁集》七卷,王良佐、戚韶、張冕。"②又明孫承恩《文簡集》卷三四《書三詩翁集後》載:"予既爲《三詩翁詩集序》,俟刻梓以傳。或問予曰:'子之論三翁似矣,然但以三翁窮而工詩,王許其高古,戚許其矯拔,張許其質任……'予曰:……'戚翁妄意自高,囂然鄙世之顯達者,謂莫己若。'"③明張鼐《寶日堂初集》卷二三《先進舊聞》載:"時又有王鶴坡先生良佐居華亭之洙涇……同里者有戚龍淵韶、張一桂冕,孫文簡公(按:即孫承恩)合爲《三詩翁集》。"④並可證。檢陳校本作"成",《適園》增訂本據之誤改,當據正。

27.張鐵《南皋詩話》。(卷三二《文史類》,第 778 頁)

按:"張鐵",吳校本、鮑本、四庫本、《萬志》皆作"張鈇",是。張鈇爲明代詩人,著有《碧溪詩集》《南皋詩話》等著作。《(雍正)浙江通志》卷一八〇《人物·張鈇》引《(天啟)慈谿縣志》云:"字子威,……所著有《碧溪詩集》《南皋詩話》《郭外農談》(當作'郊外農談')《詠史百絕》等稿。"⑤《碧溪詩集》《詠史百絕》《郊外農談》,《千目》皆載,作者爲"張鈇"⑥(《萬志》同),可知作者名"張鈇"無誤。《碧溪詩集》有明嘉靖張堯年刻本,藏於美國普林斯頓大學葛思德圖書館,卷端題"慈溪張鈇子威著",亦可証。陳校本、八千卷樓本作"張鈇",是形近而誤,《適園》本更作"張鐵",今據正。

28.劉世漳《過庭詩話》二卷。(卷三二《文史類》,第 780 頁)

按:"劉世漳",吳校本、陳校本、《適園》初印本皆作"劉世偉",是。《四庫全書總目》卷一九七《詩文評類存目》載:"《過庭詩話》二卷(浙江范懋柱家天一閣藏本),明劉世偉撰。世偉有《厭次瑣談》,已著錄。是書卷首有嘉靖丁巳閣新恩序,稱世偉之父爲寧國君冷菴翁,故所著詩話名曰過庭。"⑦(《千目》卷一二《小說類》亦著錄有"劉世偉《厭次瑣語》")此書今存明嘉靖間刻本,藏於中國國家圖書館(善本書號:A00774),每卷首皆題"齊人劉世偉著",是爲確證。《適園》增訂本作"劉世漳",蓋傳寫之誤,當據正。

---

① 〔明〕祁承爜:《澹生堂藏書目》卷一三《別集上·續收·國朝分省諸公詩文集》,《明代書目題跋叢刊》本,第 1052 頁
② 〔明〕焦竑:《國史經籍志》卷五《總集》,《明代書目題跋叢刊》本,第 432 頁。
③ 〔明〕孫承恩:《文簡集》卷三四《書三詩翁集後》,《景印文淵閣四庫全書》本,第 1271 册第 465 頁。
④ 〔明〕張鼐:《寶日堂初集》卷二三《先進舊聞》,明崇禎二年(1629)刻本。
⑤ 〔清〕嵇曾筠、李衛等修,沈翼機、傅王露等纂,蔣攸銛校改:《(雍正)浙江通志》卷一八〇《人物·張鈇》,《景印文淵閣四庫全書》本,第 524 册第 45 頁。
⑥ 〔清〕黃虞稷:《千頃堂書目》卷二〇《別集類》,第 527 頁;卷一二《小說類》,第 334 頁。
⑦ 〔清〕永瑢等:《四庫全書總目》卷一九七《詩文評類存目·過庭詩話二卷》,第 1801 頁。

29.張綖《杜律本意》二卷。(卷三二《文史類》,第781頁)

按:"張綖",吳校本、四庫本、八千卷樓本、《萬志》皆作"張綖",是。清杜詩注本多引張綖此書文字,如清楊倫《杜詩鏡銓》、浦起龙《讀杜心解》、仇兆鰲《杜詩詳注》皆引"張綖曰""張綖注""張綖謂"等。《杜工部七言律詩本義》(即《杜律本意》)有明嘉靖十九年(1540)高郵張氏刻本,今藏於臺灣"中央"圖書館,作者正作"張綖"。張綖又有《杜工部詩通》,今存明隆慶六年(1572)張守中刻本,藏於國圖、上圖等,亦可證。陳校本、《適園》本作"張綖",蓋傳寫之誤,當據正。

30.陳耀文《花草粹編》十二卷(字晦伯,碻山人,嘉靖丙辰進士,陝西行太僕寺卿)。(卷三二《詞曲類》,第786頁)

按:"丙辰",當作"庚戌"。《千目》卷一二《雜家類》載:"陳耀文《學圃萱蘇》六卷(碻山人,嘉靖庚戌進士,陝西行太僕寺卿)。"①(《萬志》卷一三五同)《本朝分省人物考》卷九三《陈耀文》載:"陳耀文,字晦伯,碻山人。生而穎異,日記千言,目視數行俱下,鄉里號爲神童。十二補邑庠生,登嘉靖庚戌進士,授中書舍人。"②明代科舉文獻亦均載陳氏爲嘉靖二十九年庚戌科進士。《嘉靖二十九年進士登科録》載:"第三甲二百二十二名賜同進士出身:陳耀文,貫河南汝寧府碻山縣,軍籍。國子生。治《易經》。字晦伯。"③明俞憲輯《皇明進士登科考》卷一二《嘉靖二十九年庚戌》:"第三甲二百二十二名賜同进士出身:陳耀文,河南碻山縣人。"④明张朝瑞《皇明貢舉考》卷七《嘉靖二十九年》載:"第三甲二百二十二名賜同進士出身:陳耀文,河南碻山縣。"⑤皆其證。是吳校本、鮑本、《萬志》因地支相同而誤作"丙戌",《適園》本又因形近轉誤作"丙辰"。

(李鶴麗,南京大學文學院博士後)

---

① 〔清〕黃虞稷:《千頃堂書目》卷一二《雜家類》,第325頁。

② 〔明〕過庭訓:《本朝分省人物考》卷九三《陈耀文》,明天啟刻本。

③ 龔延明主編,毛曉陽點校:《天一閣藏明代科舉録選刊·登科録下·嘉靖二十九年進士登科録》,第93頁。

④ 〔明〕俞憲輯:《皇明進士登科考》卷一二《嘉靖二十九年庚戌》,明抄本。

⑤ 〔明〕張朝瑞:《皇明貢舉考》卷七《嘉靖二十九年》,明萬曆刻本。

《宋名臣言行録》在日本德川時期的流播

張曉霏

[摘　要]《宋名臣言行録》在中世傳入日本，在德川時期得到了較爲廣泛的傳播。不僅有各種版本從朝鮮和中國傳入，同時日本本土還刊刻了《宋名臣言行録》，形成了“和刻本”，而和刻本基本只翻刻朱熹獨著本，直到德川末期才出現李幼武增補的版本。在德川時期《宋名臣言行録》的研究本和模仿本都有一定數量的出現，表明在該時期日本人對於《宋名臣言行録》已經不再局限於閱讀和學習，而是有了獨立的思考和創作，即《宋名臣言行録》開始真正受容於日本社會。德川時期出版了《宋名臣言行録》的注釋本、糾錯本、評論本、模仿本等，但未有和譯本。將《宋名臣言行録》作爲教材的德川漢學塾比較少見，且主要集中在德川後期。

[关键词]　宋名臣言行录　德川时期　版本　教材　漢學塾

引　言

朱熹（1130—1200）於宋孝宗乾道八年（1172）編成《宋名臣言行録》（此版後文稱爲“朱熹獨著本”），分爲《五朝名臣言行録》（十卷）録宋太祖、太宗、真宗、仁宗、英宗五朝六十位名臣言行以及《三朝名臣言行録》（十四卷）録神宗、哲宗、徽宗三朝四十四位名臣言行，總稱《八朝名臣言行録》，也稱《宋朝名臣言行録》《朱子名臣言行録》，而《五朝名臣言行録》和《三朝名臣言行録》分別被稱爲“前集”和“後集”。朱熹在其序言中非常清晰地表明了編《宋朝名臣言行録》的緣由，即有感於當時的實録國史失實嚴重，要保存當時有用文獻“補於世教”。朱熹編書所擇取材料主要是當時的文集、行狀、碑銘、語録等資料，所涉範圍非常廣泛。據葉建華統計，參考五種以上材料寫成的傳記有五十八篇，占 55.7%，十種以上的有十五篇，占 14.3%;其中最多的一篇參考書竟達十九種之多。[①] 朱熹外孫李幼武於南宋（1127—1279）末年續編《皇朝名臣言行續録》八卷、《四朝名臣言行録》上下各十三卷、《皇朝道學名臣言行外録》十七卷，由此與朱熹的《宋朝名臣言行録》合爲《宋名臣言行録》（後文稱爲“朱李合本”），總計七十五卷。自南宋末朱熹和李幼武的著作合本刊行以來，凡稱《宋名臣言行録》大多是指朱李合本，而朱熹獨著本亦同合本並行流傳於後世。[②] 本文探討的《宋名臣言

---

① 葉建華：《朱熹〈宋八朝名臣言行録〉初探》，《史學月刊》1988 年 06 期，第 24 頁。
② 李瑾明：《〈宋名臣言行録〉的編纂與後世流傳》，葛志毅主編：《中國古代社會與思想文化研究論集》第三輯，哈爾濱：黑龍江人民出版社，2008 年，第 269—270 頁。

行録》既包括朱熹獨著本也包括朱李合本。

《宋名臣言行録》自成書以來即流布於世,後世對其評價高低不一,但當代以來學者對此史學著作多有褒獎。葉建華認爲"朱熹評價歷史人物,從不全盤肯定或否定,而是一分爲二,在讚美時不忘其過,批評時不忘其善……"[①]《宋名臣言行録》"爲北宋(960—1127)當代史人物傳記資料彙編。是書採披浩博,取捨精審,内容豐富,價值很高"。[②]束景南認爲:"真正還能體現他(朱熹)的求實的史學精神而不被他的理學義理扭曲的著作,却是在乾道八年編成的《八朝名臣言行録》。"[③]王德毅也認爲該書優點在於"直録原文,瑕瑜互見",其史料價值高於《通鑑綱目》。[④]但國内外關於《宋朝名臣言行録》的研究不算豐富,至今主要有李偉國、葉建華、鄭騫、裴汝誠、顧宏義、李瑾朝、王海賓、梅原郁、野木將典等學者對其進行了相關探討。如李偉國對朱熹《八朝名臣言行録》問世之後的爭議進行了仔細的梳理,認爲朱熹的編纂宗旨和實踐並無矛盾和不妥,只是後人的理解不同,而且有些人的理解產生嚴重偏差,有的學問過於粗疏。[⑤]總體而言,學者們的探討主要集中在《宋名臣言行録》編撰緣由、體例、文獻價值、在中國國内的版本變遷等情況。

《宋名臣言行録》隨着東亞的"書籍之路"傳播到日本等地,同程朱理學的集大成者朱熹的名聲結爲一體,在以中國爲首的東亞社會廣爲流傳,形成極大影響。[⑥]那麼它何時以何種版本傳入日本,在日本的境遇如何? 關於這些問題至今未有相關專門研究。葉建華在論文《朱熹〈宋八朝名臣言行録〉初探》的結尾處有一段關於《宋八朝名臣言行録》流傳至日本的情況,主要論及近藤元隆(1793—1826)的《宋八朝名臣言行録輯釋》。[⑦]王海賓的《〈八朝名臣言行録〉文獻學研究》是國内第一本關於《八朝名臣言行録》的研究專著,在文中曾提及"張采本甚至傳入日本,日本據其重刻,即'和刻本'"。[⑧]野木將典認爲,《宋名臣言行録》在日本被翻刻的最早年份是寬文七年(1667),但是真正開始被廣泛閱讀是在文運大開的文政、文化年代以降,並認爲吉田松陰(1830—1859)、橋本左内(1834—1859)、伊藤博文(1841—1909)、明治天皇(1852—1912)都非常喜愛閱讀此書。[⑨]梅原郁在編譯《宋名臣言行録》(築摩書房,1972年)的《解説》中提到《宋名臣言行録》的前後集在日本的和刻本很多,注釋本也有一兩種,但是李幼武的別、外、續集在幕末才有和刻本,而且發行數量必定不多。[⑩]但

① 葉建華:《朱熹評王安石——兼論朱熹對歷史人物的評價》,《朱子學刊》1995年00期,第129頁。
② 葉建華:《朱熹〈宋八朝名臣言行録〉初探》,第23頁。
③ 束景南:《朱子大傳》,福州:福建人民出版社,1992年,第319頁。
④ 王德毅:《朱熹〈五朝及三朝名臣言行録〉的史料價值》,王德毅:《宋史研究論集》第二輯,臺北:臺灣鼎文書局,1972年,第65—70頁。
⑤ 李偉國:《朱熹〈名臣言行録〉八百年歷史公案》,《學術月刊》2002年12期,第89—99頁。
⑥ 李瑾明:《〈宋名臣言行録〉的編纂與後世流傳》,第269頁。
⑦ 葉建華:《朱熹〈宋八朝名臣言行録〉初探》,第24頁。
⑧ 王海賓:《〈八朝名臣言行録〉文獻學研究》,吉林大學博士論文,長春,2021年,第116頁。
⑨ 〔日〕野木將典:《宋名臣言行録》,《國士舘大學武德紀要》1993年第9號,第2—3頁。
⑩ 〔宋〕朱熹編,梅原郁編譯:《宋名臣言行録》,東京:築摩書房,1972年,第27頁。

是,這些"驚鴻一瞥"式的論述不足以說明上文筆者所提的問題。本文聚焦於日本德川時期（1603—1868）,着力探討《宋名臣言行録》在德川時期的流播情況,並且對於其作爲漢學塾教材的使用情況做一些具體的分析,以期對相關領域研究有所貢獻。

一、《宋名臣言行録》在中世傳入日本

關於《宋名臣言行録》何時傳入日本,至今不可考。1241 年,日本禪僧圓爾辯圓（1202—1280,聖一國師）從中國帶回數千卷經籍,收藏於京都東福寺的普門院,1535 年大道一以編成《普門院經論章疏語録儒書等目録》,著録當時實存於該寺廟的漢籍外典合計一百零二種。[①]其中包括朱熹的諸多著述,如《晦庵集注孟子》《晦庵大學》《晦庵中庸或問》等,但遍覽該書目,未發現《宋名臣言行録》。翻閱可能記載中世漢籍傳入記録的《真福寺善本目録》《真福寺善本目録續輯》以及《金沢文庫古書目録》,都未曾發現《宋名臣言行録》的踪跡。其中尤其值得一提的是金澤文庫大致由北條即時於 1275 年（日本建治元年）在稱名寺内始創,收藏的是北條一系及稱名寺等的舊藏,主要包括宋元刊本、明代初期的刊本與同時代的手寫本,以及這一時期日本的"和刊本"和"和寫本"。[②]《金澤文庫舊藏書目》漢籍史學類下包含《漢書》《南史》《唐書》《貞觀政要》《漢雋》《太平寰宇記》《兩京新記》《帝王略論》,未收入《宋名臣言行録》。[③]筆者發現,中世與金澤文庫齊名的漢籍藏書機構足利學校的《足利學校藏書目録》中收録了《宋名臣言行録》,"朝鮮版,全十六册,前後續別外各集皆備"。[④]但因缺乏其他具體信息,不知該書何時爲足利學校所收藏。

日記體文獻也給出了有力的綫索。據東福寺僧人太極正易（1421—?）的日記《碧山日録》第 1 卷（寫本,國立公文書館藏,無頁碼）記載:"（長禄三年八月）九日戊午、偶覽《皇朝名臣言行録》吳敏之傳……"長禄三年即 1459 年,吳敏之爲李幼武《皇朝名臣言行録》中的傳記人物。可以斷言,最晚 1459 年李幼武的《皇朝名臣言行録》已傳至日本。

那麽,又是什麽人將《皇朝名臣言行録》引入日本? 大庭修認爲在這一時期致力於宋書傳入日本的主要是宋商及禪宗的入宋僧侶。[⑤]這個説法有道理。筆者認爲,將《宋名臣言行録》傳至日本的最大可能是中世來往於中日最爲頻繁的禪僧。在紛亂顛沛的戰亂中世,寺廟是難得的安靜之所,延續日本學脉之任務就主要落在了寺廟僧侶身上。至德川之前,中日兩國文化交流、漢籍東傳的主要完成者毋庸置疑也是禪宗僧侶。[⑥]而且因爲宋學與禪宗的交融

① 嚴紹璗:《漢籍在日本的流布研究》,南京:江蘇古籍出版社,2000 年,第 43—45 頁。
② 嚴紹璗:《日本藏漢籍善本研究》,北京:北京大學出版社,2021 年,第 204—206 頁。
③ 〔日〕金澤文庫編:《金沢文庫古書目録》,東京:岩松堂書店,1939 年,第 64—65 頁。
④ 〔日〕新樂定編:《足利學校藏書目録》,寫本,1797 年,藏于早稻田大學圖書館,無頁碼。
⑤ 〔日〕大庭修著,戚印平、王勇、王寶平譯:《江户時代中國典籍流播日本之研究》,杭州:杭州大學出版社,1998 年,第 13 頁。
⑥ 嚴紹璗:《漢籍在日本的流布研究》,第 48 頁。

關係,中世到中國學習禪宗的僧侶也多携帶程朱理學之書回日本。如 1211 年日本僧侶俊芿(1166—1227)從中國歸日,據《泉涌寺不可棄法師傳》記載,在他帶回的典籍中有外典漢籍七百十九卷,包括朱熹《四書集注》的初刊本。[①]故而禪僧將朱熹相關的《宋名臣言行録》一併帶回日本的可能性是比較高的。

二、《宋名臣言行録》在德川的舶來本

《宋名朝言行録》雖在中世即傳入日本,但真正流傳仍是在德川時代。據筆者調查並參考各類相關書目,包括《日藏漢籍善本書録》《市橋長昭献納本リスト》《昌平叢書彙刻書目》《正斋書籍考》等等,認爲在德川時代《宋名臣言行録》相關書目主要可以分爲以下四種:舶来本、和刻本、模仿本以及研究本。

所謂“舶來本”,即通過不同途徑從外輸入日本的《宋名臣言行録》版本。這裏的“外”不單單指中國,因爲在調查中發現,德川時期流傳有幾種《宋名臣言行録》的“朝鮮本”。據陳國代考證得知“朝鮮顯宗七年(1666)刻朱熹纂《宋朱晦庵先生名臣言行録前集》10 卷《後集》14 卷本,版式爲 12 行 23 字,白口,四周單邊,雙魚尾。中國國家圖書館有藏本。”[②]但筆者並未發現該版本傳至日本的記録。據筆者考察,德川時期傳入的朝鮮版《宋名臣言行録》有以下四種版本:(1)朝鮮弘治十五年(1502)清道郡刊本,朱李合本,原爲昌平阪學校所藏,現藏國立公文書館;(2)乾隆朝(1736—1796)朝鮮本,朱李合本,現爲宮内廳書陵部所藏;(3)朝鮮憲宗十一年(1845)根據張采本刊刻的版本,朱李合本,現藏於東京都立中央圖書館和東大總圖書館;(4)未知具體年份的朝鮮刊本,朱李合本,原爲林羅山舊藏,現藏於國立公文書館。關於未知具體年份的朝鮮刊本,卷首有題詩《讀宋名臣言行録》:“前編後編忠義詳,續別外集德功彰。有宋名臣言行録,可觀聖主得賢良。——國子祭酒林信言子恭父識。”卷末有“國子祭酒林信言子恭閱畢”“祭酒林信言閱畢”等字,且書中常有朱筆,或圈或點或劃緣。林信言(1721—1774),即林鳳谷,信言爲其號,乃林羅山曾孫,吉宗時期曾接待朝鮮使,繼承家業成爲大學頭。另外卷首有“林氏藏書”“太學藏書”,卷尾有“昌平阪學問所”印章,可知該本確爲林氏所藏,後收入昌平阪學校。

表 1　德川時期流行的《宋名臣言行録》朝鮮“舶來本”

書名	版本	卷數	舊藏	現藏
《五朝名臣言行録》	朝鮮弘治十五年(1502)清道郡刊本	前集 10 卷,後集 14 卷,續集 8 卷,別集 26 卷,外集 17 卷	昌平阪學校	國立公文書館
《五朝名臣言行録》		前集 10 卷,後集 14 卷,續集 8 卷,別集 26 卷,外集 17 卷	林羅山	國立公文書館

① 嚴紹璗:《漢籍在日本的流布研究》,第 43 頁。
② 陳國代:《文獻家朱熹:朱熹著述活動及其著作版本考察》,北京:北京大學出版社,2015 年,第 204 頁。

續表

書名	版本	卷數	舊藏	現藏
《宋名臣言行録》	乾隆朝朝鮮本			宮内廳書陵部
《宋朱晦菴先生名臣言行録》	朝鮮憲宗十一（1845）根據張采本刊刻的版本	前集 10 卷,後集 14 卷,續集 8卷,別集 26 卷,外集 17 卷		東京都立中央圖書館、東大總圖書館

　　"朝鮮本"之外,德川時期還有諸多中國出版的《宋名臣言行録》流播於世。德川時期流布最早的版本是原近江西大陸藩主市橋長昭于文化五年(1808)獻納給昌平阪學校的元刊本《宋名臣言行録》,現爲國立公文書館所藏。卷首寫有"黄雪山人審定","黄雪山人"者,正是市橋長昭的雅號。卷末有署名"下總守市橋長昭謹志"的《寄藏文廟宋元刻書跋》,寫明當時"虔以宋元槧三十種爲獻"。與《宋名臣言行録》同時被獻上的還有宋版《吕氏家塾讀詩記》《東坡集》等等。除此之外,德川時代流傳的《宋名臣言行録》舶來本還包括明代建昌郡齋校刊本、明崇禎十一年(1638)張采刊本、明代鄭汝璧校刊本、明張鼇山刻本、清翻張采評點本、道光元年(1821)顧廣圻覆校洪瑩重校刊本、清道光二十二年(1848)顧廣圻覆校洪瑩重校包良訓本等,參見表 2。而其中尤以張采本和洪瑩本流行最廣,且基本爲朱李合本。

表 2　德川時期流行的《宋名臣言行録》中國"舶來本"

書名	版本	卷數	舊藏	現藏
《五朝名臣言行録》	元刊,近江西大陸藩主市橋長昭 1804 獻上本	前集 10 卷,後集 9 卷(欠卷 10—14),續集 8 卷,別集 26 卷,外集 17 卷(12—17 卷後人補寫)	近江西大陸藩主市橋長昭	國立公文書館
《五朝名臣言行録》	明建昌郡齋校刊本	前集 10 卷,後集 14 卷	林家、近藤正齋	國立公文書館
《五朝名臣言行録》[①]	明張鼇山刻本(正德嘉靖年間 1506—1566)	前集 10 卷,後集 14 卷,續集 8 卷,別集 26 卷,外集 17 卷	伊藤仁齋家、德富蘇峰成簣堂	天理圖書館古義堂文庫、御茶之水圖書館
《五朝名臣言行録》	明代鄭汝璧(1546—1607)校刊本	前集 10 卷,後集 14 卷,續集 8 卷,別集 26 卷,外集 17 卷	紅葉山文庫	國立公文書館
《宋朱晦菴先生名臣言行録》[②]	明崇禎六年(1633)序古吳聚錦堂刊本	前集 10 卷,後集 14 卷,續集 8 卷,別集 13 卷,外集 17 卷	東亞同問會霞山會	愛知大學霞山文庫
《宋朱晦菴先生名臣言行録》	明崇禎十一年(1638)張采校刻本	前集 10 卷,後集 14 卷,續集 8 卷,別集 26 卷,外集 17 卷	昌平阪學問所	國立公文書館
《重刊宋名臣言行録》	清道光元年(1821)顧廣圻覆校洪瑩重校刊本	前集 10 卷,後集 14 卷,續集 8 卷,別集 26 卷,外集 17 卷,坿道統傳授之圖一卷		東大總圖書館、關西大學、愛媛大學

① 嚴紹璗:《日藏漢籍善本書録》上册,北京:中華書局,2007 年,第 515 頁。
② 嚴紹璗:《日藏漢籍善本書録》上册,北京:中華書局,2007 年,第 516 頁。

續表

書名	版本	卷數	舊藏	現藏
《重刊宋名臣言行録》	清道光 22 年③（1842）顧廣圻覆校洪瑩重校包良訓本	前集 10 卷，後集 14 卷，續集 8 卷，別集 26 卷，外集 17 卷	紅葉山文庫、山内本	國立公文書館、宮内廳書陵部

據嚴紹璗先生考證，1783、1786、1805、1843、1844、1845、1847、1850 年都有《宋名臣言行録》通過商船傳入日本的記録。（參見表 3）④

表 3　德川時期《宋名臣言行録》通過商船傳入日本的部分記録

年份	數量	船號	資料來源
天明三年 1783	《宋名臣言行録》前後集一部	"曾字號" 中國商船	《商舶載來書目》
天明六年 1786	《宋名臣言行録》前後集一部四册	寅十番船	《寅十番持渡改書目録寫》
天明六年 1786	《宋名臣言行録》一部六册	寅十番船	《寅十番持渡改書目録寫》
文化二年 1805	《宋名臣言行録》一部	丑三番船	《丑三番船書籍目録》
天保十四年 1843	《五朝名臣言行録》二部各六册		《漢籍発売投標記録》
天保十五年 1844	《宋名臣言行録》三部		《漢籍発売投標記録》
天保十五年 1844	《宋名臣言行録》四部各二包		《會所進貨書籍見帳》
弘化二年 1845	《宋名臣言行録》三部		《書籍元帳》
弘化二年 1845	《宋名臣言行録》三部		《漢籍発売投標記録》
弘化四年 1847	《五朝名臣言行録》一部二帙	午三番船	《書籍元帳》
嘉永三年 1850	《宋名臣言行録》一部二帙	酉五蕃	《書籍元帳》

資料來源：嚴紹璗：《日藏漢籍善本書録》上册，北京：中華書局，2007 年，第 514—515 頁。

三、《宋名臣言行録》在德川的和刻本

進入德川時代之後，隨着社會逐漸穩定，文化、學習需求不斷上升，《宋名臣言行録》逐漸進入日本出版商的視綫，就此 "和刻板"《宋名臣言行録》應運而生。現在可知最早的和刻本《宋名臣言行録》當爲寬文七年（1667）的《宋朱晦菴先生名臣言行録》，⑤該版本採用明張采評閲版爲底板，鵜飼真泰訓點，但只刻印朱熹前後集及補遺正誤一卷，並未收入李幼武的後篇、續篇及別篇，由京都村上勘兵衛、風月莊左衛門等聯合發行。和刊漢籍目録《倭版書籍考》

③　此處國立同文書館網站録入爲 "道光 26 年"，即 1846 年，實爲有誤。因爲該版本次頁即書："道光歲次壬寅丹徒包氏重修"，道光壬寅爲 1842 年。
④　嚴紹璗：《日藏漢籍善本書録》上册，第 514—515 頁。
⑤　〔日〕野木將典：《宋名臣言行録》，第 3 頁。

（1702）卷四記録，和刻朱熹的二十四卷，應即爲此版本。①寬文七年版發行之後還被多次重印，早稻田大學現藏有兩版翻刻寬文七年的文本：（1）四書堂合梓本；（2）前川文榮堂發行本，但兩者出版年皆不詳。國内文獻中提到和刻本《宋名臣言行録》也基本指寬文七年版。之後，天保十二年（1841）京都風月莊刊刻李幼武《皇朝名臣言行續録》題"宋李幼武撰，齋藤鶯江校"。京都風月莊等又於嘉永元年（1848）翻刻洪瑩覆刻本《名臣言行録》，此次是朱李合本。從和刻本的情況可看出，直到德川末期的翻刻中才加入李幼武的續外别集，之前一直沿用朱熹獨著本。這與中國在朱李合本面世之後即與朱熹獨著本同行流傳的情況有所不同。可知，德川人還是認可朱熹原著，而對李幼武之續作不甚感興趣。和刻本的出現一般表明漢籍逐漸進入日本書籍市場，爲更大範圍的民衆所接受和熟悉。1667 年即出現和刻本，説明《宋名臣言行録》在德川早期已有一定的市場需求。

表 4　德川時期《宋名臣言行録》和刻本

書名	發行時間	版本	出版商	内容	現藏地
《宋朱晦菴先生名臣言行録》	1667 年	明張采評閱版本	風月莊左衛門等聯合出版	朱熹獨著本	宮内廳書陵部、蓬左文庫、國立公文書館
《宋朱晦菴先生名臣言行録》		寬文七年版覆刻本	四書堂合梓	朱熹獨著本	早稻田大學圖書館
《宋朱晦菴先生名臣言行録》		寬文七年覆刻本	前川文榮堂發行	朱熹獨著本	九州大學圖書館、早稻田大學圖書館
《皇朝名臣言行續録》	1841 年		京都風月莊出版	李幼武續本	宮内廳書陵部
《名臣言行録》	1848 年	洪瑩覆刻本	京都風月莊等出版	朱李合本	宮内廳書陵部、東洋文庫

四、《宋名臣言行録》在德川的模仿本

"言行録"自朱熹之後漸成一種特殊的列傳史體，國内後世模仿者衆多。②《宋名臣言行録》自隨"書籍之路"傳入日本之後，在德川時代也出現了模仿之作，可見其影響之大。其中主要有人見竹洞（1638—1696）的《君臣言行録》和梅澤西郊的《本朝名臣言行録》。人見竹洞，名節，字一名，通稱又七郎、友元、號竹洞、鶴山等，曾學于林羅山，參與編纂《續本朝通鑑》，接待朝鮮通信使，著有《武家諸法度》等。他的《君臣言行録》（寫本），現藏國立公文書館，記録了御三家明君良臣言行。作者在卷首就列出引用之書包括《東武實録》《岡崎物語》

---

① 嚴紹璗：《日藏漢籍善本書録》上册，第 515 頁。
② 葉建華擇要列舉了諸如元蘇天爵《元朝名臣事略》、明沈庭奎《名臣言行録新編》等 24 種模仿之作。參見葉建華：《朱熹〈宋八朝名臣言行録〉初探》，第 28 頁。

《駿河日記》《御公参記》等五十五種文獻。[①]梅澤西郊,字惟肅,號西郊,通稱與十郎,江户四谷人,於安永五年(1776)出版《本朝名臣言行録》(一册兩卷),該書"乃采累朝名臣言行,施之當時既致其效,載之後世可以爲法者,録爲一編"。[②]而且作者在凡例中記明:"此書所引,多出於《武野燭談》《落穗集》《古諺記》《永日記》《直清確言記》《發智記》《智囊》《花菱記》《嚴秘録》《駿臺雜話》《寬延奇談》等書,其他故老之所傳,輯録之,其名疑者,以仕籍正之,二名難裁者,標揭之所以備參考。"

表5　日本德川時期《宋名臣言行録》模仿本

書名	發行時間	作者	版本	現藏地
《君臣言行録》	不詳	人見竹洞	寫本	國立公文書館
《本朝名臣言行録》	1776年	梅澤西郊	刊本	國立公文書館

五、《宋名臣言行録》在德川的研究本

"研究本"指的是德川學者在《宋名臣言行録》基礎上有所研究和創新的版本,包括評論本、注釋本、糾誤本等。研究本的出現表明德川時代的《宋名臣言行録》的流播進入一個更高水準的階段,不再只限於被動的閱讀和學習,而是有創意的輸出。

德川時代《宋名臣言行録》的研究本始於帆足萬里(1778—1852)。帆足萬里出身於德川時期後豐國日出藩一個上級武士家庭,通稱里吉,字鵬鄉、號愚亭、諱萬里,曾學于中井竹山(1730—1804)、龜井南冥(1743—1814)和皆川淇園(1735—1807)。帆足萬里不僅是著名的儒學家也是自然科學家,著有《窮理通》等。《言行録評》是帆足萬里評論《宋名臣言行録》的著述,收録於《帆足萬里全集》上卷(帆足紀念館,1926年出版),但是該評論具體的寫作時間不詳。帆足萬里選取朱熹《宋名臣言行録》中包括趙普、李迪、吕夷簡、晏殊、范仲淹、狄青等在内四十七位(朱熹原著中一共一百零六位)宋代名臣的一些言行進行再評論。以首位趙普爲例,朱熹原文引用《玉壺清話》:"李繼遷擾邊,太宗用普計,封趙保忠守夏台,故地令滅之,保忠反與繼遷合謀大爲邊患。"帆足萬里《言行録評》對此如此評論:"趙保忠是保塞外蠻夷,若欲用之,宜爲不可叛者,而後任用,保忠背德,是處置空疏耳。"[③]

之後,近藤元隆,字公盛,通稱大作,號棠軒、敬齋,於文政二年(1819)出版《宋八朝名臣言行録輯釋》(大阪文榮堂發行)。在卷首清水正德爲該書所作的序言中可知近藤元隆的著書目的:"蓋文公撰此書,其意深矣,後世學者,豈可以供一時話説,而不興起其儀刑之志哉。

---

① 國立公文館現藏有兩個版本的《君臣言行録》:(1)九册本,原藏於昌平本學校,第一册書的封面上有"德川家達獻本"字樣,此版所録書目爲五十五種;(2)八册本,原藏於教部省,此版所録書目爲五十四種,兩者比較之後,發現八册本缺少《同提要》一書。

② 〔日〕井上金峨:《本朝名臣言行録題言》,〔日〕梅澤西郊:《本朝名臣言行録》,無出版社,1776年,第1頁。

③ 〔日〕帆足萬里:《帆足萬里全集》上卷,速見郡:帆足紀念圖書館,1926年,第507頁。

且其書采蒐既博,制度名物,往往難徵,學者以爲恨焉。近藤公盛講經餘暇,好讀《言行錄》,爲之著輯釋。余嘗得而閱之,其考證博而有要,簡而不漏,不惟其制度名物可因是而通曉焉,且旁訂脱誤、疏疑義,皆確有證左,其用意亦勤矣,謂之文公忠臣,豈不可哉!"該書對朱熹獨著本中的一些條目進行輯釋。如關於趙普,近藤元隆就考證了諸如配享、范蜀公《蒙求》、李筠、蒼生、兵革、陛下、生死而肉骨也等諸多詞目。關於"生死而肉骨也",近藤元隆考證曰:"《左傳》昭二十五年,魯季平子謂叔孫昭子曰:'苟使意如得改事君,所謂生死而肉骨也。'"[①]近藤元隆在輯釋朱熹的《宋名臣言行錄》之時考證詳細,對日本後世閱讀該書多有裨益。

川路聖謨(1801—1868)著《宋名臣言行餘論稿》(寫本)。川路聖謨,號敬齋,爲代官所官吏内藤吉兵衛之子,曾任勘定吟味役、大阪町奉行、奈良奉行等職,常與外人談判簽訂條約,是一位政治實幹家,德川城開城之日飲彈自殺。川路聖謨採用的方式是抄取《宋名臣言行錄》中的一些段落,然後對此進行個人評論。值得注意的是川路聖謨評論的段落也皆來自朱熹獨著本,並不涉及李幼武的别外續集。川路聖謨對《宋名臣言行錄》十分看重,根據《川路聖謨逸事二十條》記載,聖謨所愛讀書包括《萬葉集》《古事記》《日本紀》《日本外史》《日本政記》《尚書》《論語》《孟子》《伊川擊壤録》《資治通鑑》《小學》《近思録》《宋名臣言行録》《讀書録》《傳習録》。[②]並且他還曾"獻《宋名臣言行録》於正弘副以書曰:昔者宋主和睦反取敗喪,頃攘夷黨引此以論與洋人戰之急,然今之日本與宋時異,宜主和睦以行互市也"。[③]

再者,帆足萬里弟子米良石操,號觀水堂主人,受其師帆足萬里影響,對《名臣言行録》也非常喜愛和看重,中村敬宇(1832—1891)稱其爲"寢食此書",[④]著有《宋名臣言行録正誤》和《宋名臣言行録定釈》兩本相關著作。《宋名臣言行録正誤》明治十一(1878)年出版,篇幅較短,總計十四頁,對當時坊間流行刻本的一些錯漏進行糾正。石操門人後豐佐佐木高知在出版序中就曾言明:

　　《宋名臣言行録》行于世尚矣。然坊間刻本多謬誤,字句倒錯,旁訓和詁之失漫者比比皆是,先生大患之,欲爲校訂,因爲之解。以中間從於官途,未遑脱稿,小子等責成不止於是,摘摭其訛誤,著《正誤》一篇,以爲本注之前驅,將使小子講讀之際,無蹟垤之憂。讀舊本者先據此書,察其誤繆,而後求其義理,有不待辨而明者也。亦唯舉大略膳録,既充數十楮。若夫本注尋將上梓,大方勿咎其多遺略。[⑤]

① 〔日〕近藤元隆:《宋八朝名臣言行録輯釈》卷一,大阪:文榮堂,1819 年,第 2 頁。
② 〔日〕塚本松之助:《川路聖謨逸事二十條》,〔日〕雅文會編:《大正詩文》第五十七輯,東京:雅文會,1920 年,第 25 頁。
③ 〔日〕塚本松之助:《川路聖謨逸事二十條》,第 23 頁。
④ 〔日〕中村敬宇:《宋名臣言行録定釈序》,〔日〕米良石操譯:《增補宋名臣言行録前集定釈》,和泉屋市兵衛等出版,1878—1879 年,第 1 頁。
⑤ 〔日〕佐佐木高知:《宋名臣言行録正誤序》,載〔日〕米良石操:《宋名臣言行録正誤》,米良石操出版,1878 年,無頁碼。

明治十二年(1879)出版的《宋名臣言行録定釋》是石操較爲成熟和完整的著作。該書不僅包括對朱熹《名臣言行録》前後集的注釋考證,還包括石操獨創的《書籍考》《職官考》《禄令序》《年表序》,以便後世學者閱讀和理解《宋名臣言行録》,同時該書還包括帆足萬里對《宋名臣言行録》的評論,石操在《題言》中寫道:"帆足先生病間讀《言行録》,時有攷評隲,今取叙諸評語,雖非全璧,亦足以觀博碩採擇之所存,覽者無咎其多遺闕也。"① 中村敬宇在該書序言中詳細説明了石操著此書的背景、過程及歷史貢獻。

> 諸葛讀書唯觀大略,陶令讀書不求甚解,是皆達人之事也。如初學則宜精細熟復,不令一字放過,方可看得義理,領略精神矣。所謂食不厭精、膾不厭細者,蓋亦孔子之讀書法也。夫既欲精細熟復,則由注釋以求明解,是勢之必然者也。吾觀今世公私學校,課生徒多以《十八史略》《文章軌範》等書,故爲之注釋者日月加多,而如《宋名臣言行録》朱子所輯,乃措而不問,豈不以坊刻疏謬,難充課書之用耶? 豐後日出人米良石操君寢食此書,爲注解,藩侯喜之,至手寫藏之。近又與其兄文靖君討論删補,遂成《定釋》一書,於是乎如掃雲霧而見青天,紫陽之精神,躍躍乎出焉。自非用心之精且細,曷能臻於是乎? 夫今日公私學校之設非不盛也,所缺者課書之未完耳。今此書出而補其闕乏,則生徒苟能精細讀之,非啻由是通文理,更大有禆於身心。他日發爲言行,小而儀型一家,大而輝光邦國者,庶而可得而期歟! 君介奧子紹,需余一言,余嘉其沾惠後人,功非淺尠,因不辭而書之。②

雖然《宋名臣言行録定釋》出版時間是在明治十二年,但是從該文的幾篇序言中可清楚得知,米良石操在德川時期就已對朱熹的《宋名臣言行録》進行注解,而且還深爲其藩侯(文獻侯)所喜愛,但由於當時國家動盪,多爲公事所忙,未能成稿,後與石操兄文靖君多加討論,删補之後定成此書。而且《宋名臣言行録正誤》也是石操還在爲官之時的著述,後由弟子門人集結成書,出版發行。所以考慮到石操這兩本《宋名朝言行録》相關著作的靈感、知識儲備、草稿本產生都在德川時代,故而雖然兩書出版年份確實是明治時期,但也作爲德川時代的研究本在此一併討論。

如果將《宋名臣言行録》在德川時代的流播分成幾個階段的話,舶來本是第一階段,和刻本是第二階段,模仿本是第三階段,研究本是第四階段。隨着時間推移,日本關於《宋名臣言行録》的獨創性在不斷增加,《宋名臣言行録》這本漢籍正通過不同的方式"内化"於日本社會。也正因此,幕末維新期出現了很多知名人士關於《宋名臣言行録》的記録。如幕末明治時期漢詩人森春濤(1819—1889)也曾寫下《讀宋名臣言行録》漢詩三首分別評論趙普、

① 〔日〕米良石操:《增補宋名臣言行録前集定釈》凡例,第4頁。
② 〔日〕中村敬宇:《宋名臣言行録定釈序》,第1—2頁。

曹彬和范質。①大槻盤溪（1801—1878）在其《昨夢詩曆》中有詩用到"獨擊鶻"，作者確認是引自《宋名臣言行録》："獨擊鶻好典故何處得來？ 崇云：王素奏事，論列是非，得旨方退，目爲獨擊鶻，見《宋名臣言行録》。"②

表 6　德川時期《宋名臣言行録》研究本

書名	作者	刊行時間	出版商
《言行録評》	帆足萬里	不詳	收録於《帆足萬里全集》上卷（帆足紀念館出版）
《宋名臣言行餘論稿》	川路聖謨	不詳	寫本（無具體出版商）
《宋名臣言行録正誤》	米良石操	1878	米良石操
《宋名臣言行録定釈》	米良石操	1879	和泉屋市兵衛等

六、《宋名臣言行録》在德川漢學塾中作爲"教材"的使用情況

德川時代是日本教育大爆發時代，這一點早已是學界共識。該時期教育機構主要有寺子屋、私塾、昌平阪學問所、藩校及鄉校。私塾包含很多種類，比較常見的有漢學塾、國學塾、蘭學塾等。其中漢學塾即以漢學爲主要教學内容的私塾所占比重最大，是德川時代私塾的絶對核心。在漢學塾中中國的詩歌、歷史、書法、思想、文章、道德等通過日本老師傳授給日本各個階層的求學者，其本身承載着中日之間文化交流的天然使命。漢學塾是德川時代漢學教育、尤其是庶民漢學教育的重鎮，不僅培養出了諸多英才，催生了數量衆多的學術著作，繁榮了德川時代的文化，也給日本留下寶貴的文化財富。

德川漢學塾中史學類的主要教材包括《史記》《漢書》《資治通鑑》《戰國策》以及《國語》，《宋名臣言行録》雖在中世時期傳入日本，並在 1667 年已有和刻本，但是直到德川末期都並未成爲漢學塾常用的教材。考察德川早期較爲著名的伊藤仁齋（1670—1736）古義堂和荻生徂徠（1666—1728）蘐園塾，都未曾發現使用《宋名臣言行録》的記録。根據仁齋的日記，其古義堂中的主要教材爲：《論語》《孟子》《中庸》《春秋》《尚書》《性理字義》《唐宋八大家文》《朱子家禮》《資治通鑑綱目》《語孟字義》《中庸発揮》。③伊藤東涯（1730）的《作文眞訣》（早稻田大學藏，寫本，年份不詳）中推薦的史學書目包括：《史記》《漢書》《後漢書》《國語》《國策》《資治通鑑》《通鑑綱目》，並説道："若范氏《唐鑒》、胡氏《管見》尤不可不見焉。"④也並未提及《宋名臣言行録》。另外，在荻生徂徠弟子平義質執筆的《経子史要覽》中記録了徂徠曾親口傳授的史學類漢籍，包括《左傳》《國語》《史記》和《漢書》。其中不僅没有《宋

① 〔日〕森春濤：《讀宋名臣言行録》，〔日〕森春濤著、〔日〕森川鍵藏編：《春濤詩鈔》卷之八，本莊市：文會堂，1912 年，第 19 頁。

② 〔日〕大槻磐溪：《昨夢詩曆》下，東京：玉山堂，1871 年，第 11 頁。

③ 〔日〕山本正身：《伊藤仁斎の生涯と教育活動に関する素描》，《哲學》2004 年 111 期，第 120 頁。

④ 〔日〕伊藤東涯：《作文真訣》，早稻田大學藏，寫本，無年份，無頁碼。

名臣言行録》,連朱熹的《資治通鑑綱目》也未曾納入教學體系。這與荻生徂徠的萱園塾作爲其古文辭學派的大本營,向來重視《六經》而排斥程朱學派有密切關聯。

佐藤一齋(1772—1859)於天保三年(1852)著《初學課業次第》,著書緣由在書尾有記:"往年爲弘前侯索録初學課蒙次第,後又謂諸生續記必讀書目,然至於真學問則不必在於此也,姑舉當今儒流所爲耳。"可見,書中所録的教學方法以及書目爲當時儒家之常用,書中記録的史學類書籍包括《二十二史》《通鑑綱目條記》《契丹國史》《浙江通志》等諸多漢籍,但未有《宋名臣言行録》。由此可推斷,《宋名臣言行録》即使在佐藤一齋時期也並未進入主流的儒學教育圈。

但即使如此,漢學塾作爲自由的漢學教育場所,多樣性是其主要特徵之一。每個漢學塾因其塾主的偏好,在教材的選擇上都會存在或多或少的不同。筆者發現一些幕末漢學塾使用《宋名臣言行録》作爲教材,比較典型的有帆足萬里的萬里塾和廣瀨淡窗的咸宜園。以下依次分析其具體情況。

帆足萬里的萬里塾

根據上文可知,帆足萬里及其弟子米良石操分別著有研究《宋名臣言行録》的《言行録評》及《宋名臣言行録正誤》《宋名臣言行録定釋》,可見萬里師門對《宋名臣言行録》的看重與喜愛。《宋名臣言行録定釋》出版前,米良石操同門岡松甕毅(1820—1895)爲其作序,其中寫道:"廼文簡先生亦嘗爲諸生講之,時有評隲,皆微顯闡幽,最有裨世教者。"[1]並表明寫此推薦序一部分原因也是"嘉文簡先生之教"。[2]文簡先生即爲帆足萬里謚號。根據《帆足萬里先生年譜》記載:"天保六年(1835)乙未,五十八歲,(萬里)辭去家老之職,移居中之町的舊宅,開設家塾。"[3]直到1852年去世,萬里先生的漢學塾教育持續了十八年,培養了衆多優秀弟子,如上文所説的米良石操、岡松瓷毅等。在帆足萬里的漢學塾教育中,《宋名臣言行録》是不可或缺的一部分,而且對塾中門人產生了深遠影響。

廣瀨淡窗的咸宜園

廣瀨淡窗(1782—1856)生於日本九州一個商人之家,曾師從龜井南冥、昭陽(1773—1836)父子。淡窗的儒學成就在德川時期並不突出,思想流派歸屬也不甚明顯。但淡窗創辦的咸宜園在當時廣受歡迎,許多學生不遠千里前來求學。據記載,該塾學生人數在最高峰時曾達到兩百多人,從1817年開塾到1897年閉塾的80年間,接受過該塾培養的人數總計高達四千餘人,生源地輻射範圍也極廣,占到當時68藩中的66藩。因此,咸宜園被後代日本

---

① 〔日〕岡松甕毅:《增補宋名臣言行録前集定釈序》,〔日〕米良石操編:《增補宋名臣言行録前集定釈》,和泉屋市兵衛等出版,1878—1879年,第3頁。

② 〔日〕岡松甕毅:《增補宋名臣言行録前集定釈序》,第4頁。

③ 《帆足萬里先生年譜》,載於《帆足萬里全集》上卷,第7頁。

學者奉爲"日本近世最大的私塾""近代學校的先驅"。①咸宜園實行分級教學制,根據學生的學習水準分成若干等級,而不同等級的課程教本也有所區別。從表7中可知咸宜園中的教材絕大部分爲漢籍,包羅經史子集,其中八級以上的學生可以學習《名臣言行録》。可見在咸宜園《名臣言行録》是作爲較高層次的教材使用。而且考慮到上文所説的咸宜園生源衆多,其教育影響輻射極廣,作爲咸宜園教材的《宋名臣言行録》也因此在日本獲得了較大程度的傳播。

廣瀬旭莊(1807—1863),名謙,字吉甫,梅墩、旭莊皆其號,廣瀬淡窗幼弟,後過繼給淡窗作子嗣,淡窗之後繼承咸宜園,在大阪、江户(今東京)也都開辦過自己的私塾。旭莊和淡窗一樣也是德川後期有名的漢詩人、儒學家、教育家,著有《梅墩詩鈔》《明史小批》等。在《梅墩詩鈔》中收録有旭莊《讀宋名臣言行録》詩一首,②對朱熹《宋名臣言行録》後集第七卷中司馬光改新法事件進行評論。可以想見,旭莊也曾熟讀《宋名臣言行録》。

筆者還注意到由德島縣教育委員會所編的《德島県教育沿革史》中記録該地區德川時期私塾教育教材包括: 四書五經、《小學》《近思録》《古文前後集》《文選》《十八史略》《元明史略》《國史略》《蒙求》《日本外史》《文章軌範》《唐鑒》《左傳》《大日本史》《史記》《漢書》《後漢書》《國語》《戰國策》《莊子》《韓非子》《資治通鑑》《資治通鑑綱目》《二十一史》《六國史》《大學衍義》《貞觀政要》《宋名臣言行録》《九經談》《日本書紀》《令義解》《三代実録》《唐宋八大家文》。③其中包含《宋名臣言行録》,可知在德島縣的私塾中該書曾作爲教材使用。但是因爲資料缺乏,並不清楚在德島縣的哪些漢學塾中使用了《宋名臣言行録》。

表 7　咸宜園分級課程教材表

等　級	課程及教材
九級上	文五十篇、詩五篇
九級下	《傳習録》《近思録》《管子》《墨子》《淡窗六種》
八級上	《資治通鑑》後半部分、《世説》《荀子》《名臣言行録》《文中子》
八級下	《八大家文》《資治通鑑》前半部分,《莊子》
七級上	《漢書》講義、《書經》講義、《遠思樓詩鈔》講義
七級下	《史記》講義、《詩經》講義
六級上	《左傳》後半部分講義、《國語》講義
六級下	《文範》講義、《左傳》前半部分講義
五級上	《孟子》講義、《孔子家語》講義

① 〔日〕中島市三郎:《教聖・広瀬淡窗の研究》,東京: 第一出版協會,1935 年,第 254—255 頁。
② "君實改新法,後世仰大賢。如何元祐政,曾不能數年。吾嘗窮源委,公亦不無偏。舒王雖不善,法成難俄遷。一開更法緒,上者失其權。後人藉口實,一一欲仿前。温荆左右祖,趙主不與焉。章蔡援先帝,勢之所必然。善人執惡法,有術成安便。惡人執良法,猶教瞽控弦。所以宰相職,求人以爲先。求人不變法,吾服范忠宣。"載於〔日〕廣瀬旭莊:《梅墩詩鈔》三編三卷,河内屋茂兵衛等出版,1856 年,第 5 頁。
③ 〔日〕德島縣教育會編:《德島県教育沿革史》,德島市: 德島縣教育會,1920 年,第 268 頁。

續表

等　級	課程及教材
五級下	《日本外史》講義、《論語》講義
四級上	《十八史略》背誦、《蒙求》背誦、《中庸》講義
四級下	《十八史略》拔萃、《大學》講義
三級上	《孝經》講義、《國史略》講義
三級下	《書經》素讀、《詩經》素讀、《易經》素讀
二級上	《春秋》素讀、《禮記》素讀
二級下	《孟子》素讀、《小學》素讀
一級上	《孝經》素讀、《論語》素讀
一級下	《大學》素讀、《中庸》素讀

資料来源:［日］中島市三郎:《教聖・広瀬淡窓の研究》,東京: 第一出版協會,1935 年,第 254 頁。

　　筆者能力範圍發現的只有以上兩所漢學塾以及德島縣私塾有使用《宋名臣言行録》作爲教材的記録,這與朱熹其他著作《朱子語類》《資治通鑑綱目》《近思録》等被作爲漢學塾教材的使用頻率不可同日而語,而且《宋名臣言行録》作爲教材的使用情況都集中在德川後期。據此可以推測,《宋名臣言行録》在整個德川時代都未曾作爲常用的漢學塾教材,大體只零星出現在一些德川後期的漢學塾中。

結　語

　　《宋名臣言行録》在日本的流播是一部生動有趣的歷史,關於它的研究不僅能加深我們對於《宋名臣言行録》在日本的流播情況的認知,而且也能一定程度上豐富我國漢籍東傳的相關研究。小文只關注了筆者較爲熟悉的德川時代,尚未對德川之後的流播史進行進一步的討論。明治維新之後,日本社會政治制度發生巨大轉變,在這一時代大背景之下,《宋名臣言行録》在日本的流播發生了怎樣的變化? 與德川時期有何不同? 這些都值得筆者在將來繼續探討和分析。

（張曉霏,浙江大學文學院博士研究生）

關於編寫《榮巷歷史文化街區志》的若干思考

李蘇華

[摘　要]　以"志"爲體例的著作,歷史悠久,數量甚多,體例較爲成熟。但以歷史文化爲主題的"街區志"的編撰近年才出現,它的體例既與傳統志、史編寫有聯繫,但也有其特殊的情況。在總結前人編志理論、方法的基礎上,以《榮巷歷史文化街區志》爲中心,就編撰"街區志"的有關問題提出一些思考。

[关键词]　無錫　榮巷　歷史文化街區志　地方志

中國是世界上少有的歷史悠久的國家,這既表現在歷史演變的綿延不斷,更在於史學著作的層出不窮。"志"作爲歷史著作的重要載體,歷來爲史家所重視,雖然它與史的糾纏、分合、異同多有爭議,但却是反映歷史觀照下的局部史的重要史書體例,是國家歷史的一部分,是歷史的一側面,也是市、區、街道局部史的主體,在存史的過程中扮演着特殊的重要角色。本文就承擔《榮巷歷史文化街區志》[①]編撰所作的思考,提出一些不成熟的觀點。

一、對"志"的認識

"志"是中國史書體裁中重要的組成部分,比起宏大的國史,以記載微觀的"地方"史爲主要對象。

(一)作爲史書"志"的概念

梁啓超認爲"注意方志之編纂方法,實自乾隆中葉始",而"方志學之成立,實自實齋始"。[②]被封爲方志學鼻祖的章學誠(字實齋)曾提出了"志乃史體""志乃史裁""志屬信史""方志爲國史要刪""部府縣志,一國之史也",這些經典的史學觀點均從理論上對"志"的價值作了説明,[③]廣澤後學,一直影響到當代繁榮的史書編寫。

作爲國家意志的《中華人民共和國史志法》,也强調史、志并重。一些學者認爲:"地方史和地方志是記述一個地區歷史和地情的著述,自漢朝以來,每一個地區的歷史記載,都是

---

①　2022 年 8 月 23 日,無錫市制定發布《無錫市"十四五"地方志事業發展規劃》(錫政辦發〔2022〕74 號),確定編寫四部志:即啓動編纂《清名橋歷史文化街區志》《小婁巷歷史文化街區志》《榮巷歷史文化街區志》《惠山古鎮歷史文化街區志》等城區四個省級歷史文化街區志。

②　梁啓超著,俞國林校:《中國近三百年學術史》,北京:中華書局,2020 年,第 497 頁。

③　邱新立:《近代對章學誠方志基本理論的揚棄》,《廣西地方志》2003 年第 5 期,第 3 頁。

史與志同時并存,相互滲透,形成互補,志中有史,史中有志,既有相同之處,又有區別。"①強調志與史的聯繫,共同承擔傳承文明的使命。更有學者認爲"志中有史是地方志發展的必然"。②

這些觀點均是强調志與史兩種體裁的聯繫,但就本文討論的主題而言,既然選擇以"志"作爲著作的體例標籤,理應要更多地梳理出它的特徵,即突出强調"志"的特點來展開討論。

《無錫縣志·叙例》中指出:"史遠而志近,史通而志專。"清晰地明確了"志"與"史"在時間縱軸上的關係。有學者在闡述了志與史諸多相同之處後,概況了兩者的五方面不同,即"對象和任務""體例""所用資料重點""寫法""參與人員",③從實踐的角度做出了回應。

(二)"志"式著作的實踐類型

"志"作爲中國傳統史學著作的一種體例,曾經産生了大量優秀的著作,如較早的《華陽國志》即是典範之作。

無錫古代到近代也留下不少這樣的著作,如《無錫縣志》《金匱縣志》《無錫富安鄉志》《無錫開化鄉志》《無錫光復志》《馬迹山志》等,在"志"書體例關照下作出了有益的探索。當然也有如《無錫唐保謙先生傳志》,雖内容僅包括了人物簡傳及哀啓,内容與體例并不匹配,卻反映了對志書體例的認同。

改革開放以來,隨着党和政府對方志工作的重視,"志"的編撰無論從數量到品質均獲得空前的發展和提高,這完全可以稱爲是中國歷史上第五次修志的高潮。④在三輪修志的背景下,僅以無錫爲例,呈現的志書種類繁多。稍作分類,舉例如下:

行政區域志,市級有兩套《無錫市志》,縣有《無錫縣志》等,區有《崇安區志》《北塘區志》《南長區志》《無錫郊區志》等,鄉(鎮、街道)有《洛社鎮志》《無錫市馬山志》《榮巷街道志》《胡埭鎮志》等,村(社區)有《無錫村志》《無錫謝村志》《許舍志略》等,這一類志書數量不少,自上而下,呈金字塔狀,可視爲傳統志書在當代得到傳承的體現。

行業志有《無錫紡織工業志》《無錫糧食志》《無錫電信志》《無錫港務志》《無錫電力工業志》《無錫郵電志》《無錫教育志》《無錫市土地志》《無錫市金融志》《無錫市水利志》《無錫市財政志》《無錫市民政志》《無錫市審計志》《無錫房地産志》《無錫園林志》《無錫五金行業志》《無錫蔬菜行業志》《無錫市旅游志》《無錫縣金融志》《無錫市物價志》《無錫縣交通志》《無錫縣農業志》《無錫縣工業志》《無錫縣衛生志》《無錫縣電業志》《無錫縣物資志》等,這一類志書,幾乎覆蓋了社會的各個方面,是現代編志的創新方面,讓志書與中國社會各

---

① 蔡天新:《論編寫現代地方史志的異同點》,《江南大學學報》2010 年第 9 卷第 4 期,第 72 頁。
② 杜春鵬:《試論續志與史體裁結合的優勢》,《廣西地方志》2003 年第 4 期,第 27 頁。
③ 趙毅:《略論地方史與地方志的關係》,《西南師範大學學報》1992 年第 1 期,第 84—85 頁。
④ 韓章訓曾把中國修志歷史成果列爲四次高潮。參見《論修志史上的四次高潮和兩次變革》,《上海地方志》2017 年第 3 期,第 34—37 頁。

個各方面緊密結合,構成了國家史書的基石。

其他還有如有無錫地方政府、司法等部門機構編撰的專題志,有《無錫宣傳志》《無錫律師志》《無錫檢察志》《無錫市工會志》《無錫縣工會志》《無錫縣血防志》等;工商企業志有《無錫輕工大學志》《無錫鋼廠志》《無錫市太湖耐火材料廠志》《國營無錫市第七針織廠志》《無錫動力機廠志》《無錫市惠山油酥食品廠志》《國營無錫醬品廠廠志》《無錫幸福食品廠廠志》《無錫市第四棉紡織廠廠志》《無錫市百貨公司行業志》《無錫蔬菜行業志》《無錫市出租車公司志》《周信昌零剪百貨店志》等;文教單位志有《東林書院志》《南菁書院志》《無錫輕工大學志》《無錫市中醫醫院志》《無錫市傳染病醫院院志》《無錫市第一人民醫院院志》《無錫祥符禪院志》等;另有如山水、風物、藝文等相關的:《無錫惠山志》《無錫運河志》《無錫風物志》《無錫縣土壤志》《無錫藝文志》《無錫曲藝志》《無錫服裝志》等。它們大多是以某社會機構、單位、團體爲對象,或以一山一水、一事一物内容爲核心的記述,反映社會更爲細小的實體狀況,可以補行政志、專業志的不足。

以上志書均是基於某些行政區轄、政府部門,社會行業、單位組織資料編撰形成的。而以"歷史文化街區"爲對象的志書絶無僅有,可見以歷史街區爲對象的撰志是一個新課題。

(三)"志"式著作的成績與問題

近年來,地方志著作數量呈現井噴式發展的態勢,這得益以於各級黨委政府的積極倡導,也得益於相關職能部門幹部的責任擔當,更得益於中國盛世修志的傳統文化氛圍。總體來看,所呈現的編撰成果,在傳承舊有編撰體例的前提下,結合當下社會經濟文化發展中呈現的新格局、新成就,開展了積極的探索,無論在編撰理論,還是在實際方面,均取得了長足的進步,尤其在理論上達成了某些共識,成爲指導編志實踐約定俗成的行爲規範。

就志與史的關係上,認爲"史志同源、殊途同歸、志存於史、史古志今、史宏志微、史專志全"等,還有"史主論述,志著廣徵","史是一條綫,志是一大片","史記善惡,志重表揚","志經史緯"等,[①]認爲"存真求實""橫分縱述""述而不論""生不立傳""越界不書""超時不記""詳今略古""執簡馭繁"等;[②]在編寫體例上,認爲"縱不斷主綫,橫不缺要項",一般分編、章、節、目四個層次等;在編撰體裁上,認爲可以采用述、記、志、傳、圖、表、録多種形式,均是重要的共識。

但是,從實踐層面看,對照這些編撰原則或方法,不容諱言,所見不少志書,還普遍存在不少問題:如:一、理論的探索與實踐的效果還不甚一致。二、做事的決心與做事的力量還不夠匹配。三、遵循志式體例與結合内容特點,融會貫通地處理資料的能力不强。四、固守體例有餘,創新體例不足。五、裝幀蠻横、配圖灰暗,影響閱讀的親和力,等等。即如邱新立

---

① 陳慶明:《關於地方志和地方史問題的幾點思考》,《2018 年地方志與地方史理論研討會論文彙編》,第 30 頁。
② 段柄仁:《方志理論概念體系梳理》,《史志學刊》2016 年第 2 期,第 67 頁。

先生所言,總體品質有待提高。①這絕不是僅在肯定成績後的敷衍,正説明了近年志書編撰的尷尬。

二、"歷史文化街區志"的現狀

梁啓超認爲,史有通史和專史之分,而專史有人的專史、事的專史、文物的專史、地方的專史和斷代的專史五種,并稱"地方的專史就是方志的變相"。②志書也是如此,細分可有多種類型,除了傳統的行政區域志,行業、部門、社團等的專業志,還有其他如山水、人物、著述等專題志。而新興的"歷史文化街區志"可以歸類於其中專題志的一種新的支脉。

(一)街區

街區是一個近年從西方引進的規劃概念,對應的英文爲city block、urban block或block。它是城市設計中的一個重要因素。且人們通常提到的街區,爲城市街區,爲城市結構中的基本組成部分,由道路、河流等框定,常與商業有關,更借助過去形成的某些特徵,而成爲收容、展示、嫁接歷史文化的城市空間範圍。比起歷史形成的自然區域,它更多地是體現現代規劃政策的切割。

由此可見,要編撰一部以街區爲空間範圍的志書,其內容就必然與以傳統意義上行政區劃爲範圍的志書有所區別,也必須强調它與專業志書承擔不同的責任。應該是專題志,因此以街區爲對象編撰的志書,應該更寬容其有一些個性化體例的探索,去突破傳統志式編寫的模式。

(二)歷史文化

歷史文化是一個主題、也是一個專題,是具有區域特色的社會生活縮影,包括的環境、遷徙、家族、婚姻、道德、信仰、風俗、勞作、交易、服飾、飲食、居住、出行、通訊、生計、教化、文書、交往、節慶、運動等等,應該包容生老病死、衣食住行、喜怒哀樂等日常生活,內容可以十分豐富。通過"志"式的體例加以凝固一個特定歷史時期的文化存在,其歷史時間的框定傾向十分明顯,即其中的"歷史"就成爲十分關鍵的因素,它不是傳統的"現今""當下",是要叙述距現在已經有一段時間間隔的"昨天"的事情。這也更有理由,容許以它爲內容的志書的撰寫,應該獲得更多編撰體例、方式的探索空間。

---

① 中國地方志指導小組辦公室副主任邱新立曾在2018年指出:"比如篇目設計雷同、缺乏地域特色,等等。地方志强調地方特徵、時代特徵、專業特徵等幾大特徵都要突出,但是現在翻開不同地方的志書,除了具體内容之外,體例、模式基本趨同,這是一個亟待解決的問題。再比如資料方面,地方志是資料性文獻,但是很多數字資料不夠翔實、具體,只見樹木不見森林,還有大量内容記述平面化,資料的處理樣式單一、圖表使用不合規範,著述性較差。"參見《地方志理論研究的新進展與新特點——在2018年地方志與地方史理論研討會上的講話》,《上海地方志》2018年第4期,第8頁。

② 梁啓超:《梁啓超　中國歷史研究法補編》,長春:吉林出版集團股份有限公司,2017年,第32頁。

(三)歷史文化街區志編撰的情況

就手頭收集,關於涉及歷史文化街區著作的數量不多,類似的如有:《蘇州古城：平江歷史街區》《長春歷史街區》《歷史街區：豐華鼓樓》《廣東省歷史文化街區》《南昌歷史街區及居民研究》《東昌府歷史街區民間故事》《一個歷史街區的文化記憶》《揚州南河下歷史文化街區》《湖北省歷史文化街區》《江門廠堤歷史街區》《歷史文化街區曇華林》《大連歷史街區與建築》《漢口歷史風貌街區》《紹興歷史街區》《宜賓城街區圖志》《黃沙街區志》,包括無錫地方編撰的《清明橋歷史文化街區》等,這一類著作,有的僅介紹區域内的建築,有的類似於行政區域志,更有的僅是圖册而已,大多數缺乏上述"志""史"的嚴格體例,屬於介紹宣傳的通俗讀本而已。

所見比較接近理想"歷史文化街區志"狀態的,僅有《平江路志》一書,頗有點"街區志"的精神。標題雖貌似是叙述一條路的故事,而實際是全面反映一個"平江路區域"的"萬寶全書"。[①]

由此可見歷史文化街區志,作爲一種新型的志書,可探索的空間頗大。

三、編撰《榮巷歷史文化街區志》的思考

既然街區志是一種新型志書,成功而可供參考的作品不多。因此,編寫《榮巷歷史文化街區志》,不能輕易落筆,需要在全面收集史料的同時,結合"工商文化"的特殊含義,研究理論,理清思路,借鑒經驗,擇善從之,進而形成合適的編撰體例、原則、方法。

(一)榮巷的歷史文化

本文所講的榮巷位於現江蘇省無錫市濱湖區榮巷街道範圍,由榮姓族人聚居而成,它北靠惠山,南瀕梁溪河。歷史上,榮氏祖籍在山東汶上,傳說爲孔子 72 弟子之一榮子祈(一作祺、旗)的後代。在明朝正德年間,榮清率三子及家族人員遷居於此,被尊爲梁溪支始遷祖。該族在 500 餘年時間裏,聚居繁衍,村落範圍不斷擴大,人口數量過百逾千,至晚清民國時期,該地走出了一大批以榮宗敬、榮德生爲代表的工商企業家,形成了著名的榮家企業集團,榮德生之子榮毅仁更出任共和國政府副主席,以此延伸開去,他們開辦學校、創設圖書館、修橋鋪路、建築園林等等,事業興旺,潤澤一方,形成了令人矚目和公認的"榮氏工商文化",榮巷也因此被稱爲"榮氏故里"。[②]本世紀初,無錫市與濱湖區政府,又將榮巷規劃爲"榮氏歷史文化街區",歷經三次規劃調整,目前尚在實施新一輪更新的過程之中。編撰《榮巷歷史文

---

① 《序》《凡例》,平江路志編纂委員會編:《平江路志》,蘇州：古吴軒出版社,2023 年。
② 無錫市濱湖區榮巷街道志編纂委員會編:《榮巷街道志》,南京：鳳凰出版社,2011 年,第 567—592 頁。

化街區志》,也是用史書的形式凝固街區文化的重大決策。

(二)編撰《榮巷歷史文化街區志》的若干思考

1.在空間範圍上,要理清榮氏工商文化的規劃範圍 "榮巷歷史街區",與歷史演變自然涉及的 "榮巷歷史文化" 概念範圍之間的關係,可以把它視作三個同心圓。

其一是規劃 "街區" 的範圍:2007 年無錫市規劃設計院受委托編製《無錫榮巷歷史街區保護規劃》,由無錫市規劃局牽頭論證,報無錫市政府批准,這也是榮巷街區的由來。該規劃測定榮巷歷史街區面積爲 43 公頃,其範圍東至鴻橋路,南至梁清路,西至部隊圍牆,北至梁溪路。後來在分期實施過程中雖有微調,但大抵框定在該範圍之內。[①]可見這是一個行政規劃形成的片區,用以展示榮氏工商文化。

其二是 "榮巷歷史文化" 的無錫範圍:東西以大池路、梁溪路(開原路、錫宜公路)、梁清路、梁溪河,南北以錢榮路(開原北路)、環湖路、隱秀路、公益路、鴻橋路、東浜、西浜諸道路、河道發散聯結的榮氏事業散布點:榮宗敬墓、梅園、豁然洞讀書處、榮德生墓、水濂公墓、公益中學、公益小學、競化女學、育紅小學、榮家頭、長清里、水濂街、水濂庵、聽莊、天元麻紡廠、開原機器廠、蠡橋、申新三廠、振新紗廠、茂新第一麵粉廠、茂新第二麵粉廠、茂新第三麵粉廠、旗杆下榮氏女學、通惠路、火車站新仁堆棧、大公橋、寶界橋、錦園、老江南大學、鴻橋、張巷、李國偉宅等,這是榮氏工商文化在晚清到民國自然生成,在無錫地方所及的範圍。

其三是 "榮家企業文化" 的外地延伸範圍:廣東肇慶、三水河,上海福新、申新及總公司各企業、吳淞港、福利墾植公司,常州紡織廠,泰州溱潼麥莊,濟南茂四,武漢申四福五,以及重慶、寶雞、天水、鎮江、常熟支塘等地,還有港臺、國外等地。這是榮氏工商文化所及的廣闊舞臺。

在《榮巷歷史文化街區志》的編撰中,考慮到志書體例,應該堅持以 "榮巷歷史街區" 規劃空間範圍爲主,兼顧 "榮巷歷史文化" 更大空間範圍的内容。初步考慮可以在章節設計上,一級目錄堅守 "街區",二級目錄兼顧無錫範圍,三級目錄及段落内容在必要的前提下,可以涉及更廣的範圍。

2.在時間範圍上,針對 "榮巷歷史文化" 的概念,充分認識不是常規編志 "當今" 的設定,要突出其中 "歷史" 的定性,不能局限傳統志書 "志今" 的慣例,要完整反映榮巷工商歷史文化演變的歷程,故應該把時間框定在晚清民國時期爲宜。具體覆蓋起止時間是從明朝正德年間榮氏遷錫定居起,到 1949 年無錫解放止。對涉及工商文化、街區規劃等相關内容,則可適當向後延伸。

3.在内容選擇上,要注意相關概念聯繫與區別的關係。

---

① 張嬌:《無錫榮巷歷史文化街區保護與改造規劃研究》,《中國歷史文獻研究會第 44 屆年會暨 2023 年無錫濱湖歷史文獻學術研討會議手冊及論文彙編之二:欣欣向榮——工商史料與地方社會演變》,2023 年,第 37—46 頁。

其一是要特別重視榮氏工商文化、榮家企業文化、榮巷歷史文化街區等諸多概念的區別與聯繫,準確選准街區志內容的覆蓋定位。這一考慮是與上述所述的空間範圍不能完全局限於"規劃範圍"的出發點是一致的。

其二是準確定位"工商文化"的主題。坊間一般口語稱: 榮巷是無錫近代工商業的發祥地。一些學者也有所附和,很不准確。榮巷不是工商業的誕生地、發祥地,因爲在那裏沒有創辦過一家近代企業,榮氏家族開辦如此多的紡織、麵粉等企業,沒有一家是在榮巷的。因此,比較準確的表述應該是: 榮巷是無錫工商文化的孕育地,是誕生近代企業家的搖籃,是企業家日常生活的休憩地、後花園。我們在之前編纂《濱湖文庫》時,就以此原則來定位,曾獲得專家的肯定。

其三是要突出工商企業家在榮巷故里生成的前因以及生活的滋養,在充分叙述榮宗敬、榮德生兄弟創業事迹的同時,要花更大力氣挖掘展示整個梁溪榮氏家族圍繞工商文化生成的歷史原貌,以呈現榮氏家族整體的文化,切忌用個別替代整體,用片面遮陰全面。

其四是對人物、事件的介紹,要確立"在榮巷"的概念。所見各種志書均設有"人物"篇章,但普遍問題大多只是簡單的人物傳記,大多數人物僅是因籍貫而入選,內容貌似全面,却與志書所記的行政區域範圍的互動少之又少。故我們提出人物"在榮巷"的概念,希望《榮巷歷史文化街區志》更多地反映地方培育人物、地方滋養人物,人物介於推動地方發展的互動互應內容。把四平八穩,全面的人物傳記的寫作任務交給其他著作去完成。同樣,對建築的介紹也要注重其中蘊藏、承載的故事,而不是僅呈現一個生硬的磚石堆砌。

4.在體例定位上,要在堅持傳統編志理論、原則、方法的同時,切合"街區志"的新特點,探索擺脱出傳統"行政志""專業志"寫法的束縛,生成專題"街區志"的新面貌。因爲上述已經提到"街區志"在時空範圍與傳統的區域行政志,與部門、行業、單位的專業志有較大的區別,切合這一特點,在街區志體例構建上自應有所創新,不能完成被傳統編志原則、方法所制約。

5.在資料收集上,要擺脱簡單的爲編書而收集的舊思路,依托和最大可能地發揮責任者——濱湖區檔案史志館、濱湖區國投兩家單位的專業職能,實施新一輪對榮巷歷史情况的大調查,在收集資料爲編撰本書服務的同時,更爲後續充實豐富館藏資料、街區專題館的布展創造有利的條件,也爲以後的進一步的專題研究打下基礎。

主要方法一是普查文獻資料,二是網路收羅報刊、文物等資料,三是走訪榮巷老先生。這些方法雖無新意,但要點是務實,如走訪老人,要選取出生於上世紀四十年代,現今 80 歲上下,長期居住在榮巷,社會閱歷較廣,文化水準較高的長者,上門拜訪,建立信任,以此獲得物品及口述的資料。法國歷史哲學家保羅·利科在討論《歷史認識中的真理》的一篇文章中曾經説過:"以歷史方式的交流完全不同於與一個朋友的交流: ……歷史交流的特點是單方面的;歷史是主體間性的這個環節,在那裏,相互關係是不可能的,因爲我沒有看到過去的人的實際存在，僅僅看到他們的痕跡。"①我們要采取各種力所能及的辦法，盡最大可能把那些"痕跡"查尋出來。

從目前所見資料還是十分豐富的，如已知資料有《榮氏宗譜》《洞泉詩鈔》《無錫之將來》《繩武樓叢刊》《江蘇無錫縣農村經濟調查（第一集第四區）》《江蘇省無錫縣農村實態調查報告書》《無錫雜志·梅園專號》《杖鄉導游錄》《樂農自訂行年紀事》《六十九年行年紀事手稿本》《思庵行年隨錄》《榮梅春訃告》《王嫂榮卓靄女士訃告》《榮錫麞訃告》《榮德生訃告》《理財芻議》《茂新福新麵粉公司申新紡織公司會計規則目錄》《工廠設計及管理》《論輕重紗之調節法》《大牽伸》《1947年茂新麵粉公司第一廠籌備處工作報告書》《承攬據》《中國財政史輯要》《私立公益第一小學校三十周紀念刊》《工科畢業刊》《公益工商中學商科第一屆畢業刊》《無錫公益商業中學第二屆畢業刊》《無錫私立公益工商中學校一覽》《講演參觀筆記合刊》《商兌》《無錫私立公益初級中學校校友會一覽》《公益初三八級畢業紀念刊》《豁然洞讀書處文存》《梅園豁然洞讀書處同鄉會會刊》《平面幾何學》《立體幾何學》《復興高級中學教科書》《唐文治先生八德詮釋》《五德箴》《人道須知》《大公圖書館藏書目錄》《榮德生先生贈書目錄》《大公圖書館藏書作者考》《叙文彙編》《無錫族益會會務彙報》《榮氏續修宗譜賬略》《錫山榮公喪薄》《東游記》《東游瑣記》《蘭言居遺稿》《錫山榮氏繩武樓叢刊》《湖上閑思錄》《榮氏事業設計圖》《榮本達日記》《榮隱君傳》《薰風》等。著作有《榮氏宗譜考》《榮家企業史料》《無錫茂新麵粉廠發展史》《梁溪榮氏家族史》《梁溪榮氏人物傳》《濱湖文庫》《無錫史志·榮巷古鎮》《濱湖古鎮》《榮巷街道志》《榮巷古鎮民居掠影》《榮巷古鎮牆門大全》等。

6.在技術運用上，在堅持以傳統文獻呈現方式的同時，依據著作內容，充分選擇現代信息數字技術的多種方法，使內容更豐富可親。第一是加大圖片運用的數量，以更直觀的形式展示內容，圖片包括規劃地圖、航拍全景圖、局部平面圖，新舊人物、場景照片等。二是選用視頻，三維掃描街巷、河道、建築的面貌，留下歷史的橫斷面。三是采用二維碼等方式展現長者口述、區域語言等以前難以展現的資料內容。這種數字技術的采用，切忌零碎、隨意，而要結合志書內容，實行全面、系統地考慮安排。

總體而論，編撰《榮巷歷史文化街區志》是一個新的課題，充滿挑戰。我們想努力呈現一部反映榮巷工商文化、區域社會變遷完整過程的著作，反映一個家族從封閉到開放，從日常聚居到孕育工商爲世人矚目的歷史，反映一個地方從村落到名鎮演變的史詩般過程。更爲編撰歷史街區志在理論、體例、方法探索出一些經驗。

（李蘇華，無錫市濱湖區檔案史志館政工師）

① 〔法〕保羅·利科著，姜志輝譯：《歷史與真理》，上海：上海譯文出版社，2015年，第54頁。

中國歷史文獻研究會第 44 屆年會暨
2023 年無錫濱湖歷史文獻學研討會綜述

高中正

2023 年 5 月 10 日上午，由中國歷史文獻研究會主辦，中共無錫市濱湖區委員會、無錫市濱湖區人民政府、無錫市檔案史志館、江南大學承辦的“中國歷史文獻研究會第 44 屆年會暨 2023 年無錫濱湖歷史文獻學術研討會”在無錫濱湖隆重召開。

開幕式上，無錫市濱湖區委副書記高揚先生、中國歷史文獻研究會會長趙生群教授分別致辭。江蘇省地方志辦公室副主任牟國義先生、中國歷史文獻研究會會長趙生群教授爲落地濱湖的“中國歷史文獻研究會資料館”揭牌，市區委副書記賈效兵先生、市檔案史志館館長張曙峰先生向捐贈著作的中國歷史文獻研究會會員代表頒發捐贈證書。

大會報告由中國歷史文獻研究會副會長顧宏義教授主持，北京師範大學歷史學院周少川教授、南京師範大學文學院江慶柏研究員、無錫市濱湖區政協錢江先生、杭州師範大學人文學院王晶波教授分別以《創新理論：推動古籍事業與古文獻學科的發展》《宫殿疏、正統、香嚴詞——政治因素制約下的稿本〈四庫全書總目〉修改》《二十五史與無錫地方教育史——讀史札記之一》《〈靈棋經〉原注、原序的流傳與消亡——以敦煌本爲中心的考察》爲題進行了學術報告。

2023 年 5 月 10 日下午至 5 月 11 日下午，來自全國各地的專家學者，就經學文獻研究、史部子部文獻與四庫學研究、文學文獻與古籍整理、江南文獻與文化研究、域外文獻和版本目錄與數字人文研究等五大專題進行分組研討。下面予以綜述，以見梗概。

一、經學文獻研究

本組共收到文章 44 篇，不僅有先秦經典及學術史研究，禮學文獻與禮制、名物考察等，也有集中在小學文獻及詞彙領域的專題研討，呈現豐富而廣泛的研究取向。

（一）《周易》《尚書》研究

任利偉《明初〈周易傳義大全〉的纂修與價值簡論》一文，認爲《周易傳義大全》作爲明初經學和易學研究的代表，是推尊程朱的宏觀體現。陳開林《〈讀易述〉之史源學考辨》，對《讀易述》一書價值及問題進行史源學探究。李偉强《清儒汪琬的“卦對”規則與今本〈易〉卦序新探》一文，表彰清儒汪琬的易學貢獻。朱玉霞《宋代科舉與〈尚書〉學》，認爲宋代熙寧間科舉改制,促進了《尚書》學作者群體擴展、文獻衍生及義理化。林相《張居正〈書經直解〉與申時行〈書經講義會編〉關係考辨》,通過多層面分析,認爲《書經講義會編》承襲自張居正《書經直解》。余康《章太炎〈尚書〉學史研究述評》,分別梳理章太炎《尚書》學研究觀點,指出價值。張濤《唐文治易學思想探微》,探討唐文治易學思想,分析唐文治學術思想與成就。

(二)《詩經》及清代學術史

郝桂敏《論〈詩經〉比喻的文化特色》,認爲《詩經》以比喻表達"美刺"情感。劉立志《〈清代《詩經》著述考〉序言》,認爲全面梳理考述清代《詩經》文獻之作迄今尚付闕如,有鑒於此,作者爬梳二十載,撰編完成《清代〈詩經〉著述考》一書,著錄凡傳世者1111種、散佚者1276種,輯集其作者、版本、館藏及内容價值,爲《詩經》乃至中國傳統文化研究提供助益。于浩《〈毛詩稽古編〉的傳抄、批校與清代學術》,廣泛考察《毛詩稽古編》抄、刻本,考訂《稽古編》的定稿時間、諸本差異等,揭示其中反映的獨特傳抄與批校文化。王悦《陳壽祺與阮元交游所見乾嘉學術演變考論》,通過考察《左海文集》中所涉陳壽祺與阮元交遊信札,揭示《左海文集》在清代學術思想史研究中的重要價值。劉冬穎《先秦詩樂之教與"君子"人格的建構》一文,探討在先秦君子人格培養中,以《詩經》禮樂教化爲核心的"詩樂之教"重要作用。

(三)禮學文獻研究

朱震《略論〈周禮〉"五禮"次序及後世改造》,考察《周禮·大宗伯》"五禮"次序及後世改造所反映的禮制理念變化。林秀富《論鄭玄〈公食大夫禮〉授几之儀省略説》,對鄭玄《公食大夫禮》有無的省略説,進行探究。李學辰《毛本〈禮記注疏〉校刻考》則考察毛本《禮記注疏》具體校刻細節。井超《凌曙〈禮論〉考略》,對凌曙《禮論》成書年代及兩種選本價值進行考察。葉静燕《〈周禮·大司徒〉地中方案"闕略"辨疑——兼論"日影定地中"可行》,指出《大司徒》通過確立測影時間,消除日影方向上的偏斜,使日影長短成爲地中的唯一決定因素,地中方案思路科學,可通用於黄河流域;而注疏則挖掘出經書特殊表達而隱匿的時間,得經文之意。

(四)禮制名物研究

曾軍《人倫的凸顯:魏晉"後妻子爲前母服議"再探》,認爲從人情之禮到人倫之法的轉換,爲晉代納禮入法"准五服以制罪"奠定了基礎。張琪《北宋禮制局考》,認爲禮制局作爲北宋臨時修禮機構,完成了改造祭器的歷史使命,使得當時國家禮器更接近先秦禮器原貌,實踐了宋代"追風三代"的國家戰略。趙海麗《郵傳名物制度之辨析》,對"郵""傳""亭""驛""置"等郵傳名物制度加以考察。

(五)《左傳》《國語》研究

趙生群《〈左傳〉校讀札記(二)》一文,在作者即將出版的《左傳詳注》撰寫修訂過程中,對《左傳》校勘、注釋進行進一步考察的成果,值得注意。吳柱《〈春秋左傳〉"涖盟"考》,認爲春秋時期涖盟是兩國通好的手段和程式,是事先商定、僅限於兩國之間的邦交活動。朱秋虹《〈左傳杜林合注〉纂修述略》,對《左傳杜林合注》進行梳理研究,辨析價值。蘇芃《淺談唐文治先生的〈左傳〉教學》一文,分析唐文治《左傳》教學内容,指出現實意義。劉偉《經史分離視域中的東漢〈國語〉訓釋考論》,認爲東漢《國語》之注,因經學興盛與經史疏離而開始獨立發展,爲韋昭注等《國語》學興盛打下基礎。

(六)詞彙與小學文獻研究

楊新勛《説"待價而沽"》,指出"待價而沽"可溯源至《論語・子罕》之"有美玉于斯"章,此章"求善賈而沽諸""我待賈者也"之"賈"字都應作商賈解,受"沽"字"衒賣"義影響,"待價而沽"的產生要晚于"待賈"或"待價"。寇志强《陸德明〈莊子音義〉中李軌、李頤注混淆現象研究》,認爲今本《莊子音義》中李軌、李頤注混淆現象,或是北宋景德年間校訂《莊子音義》導致。王雅琪《魏晉南北朝隋唐小學書輯佚綜述》,指出當下魏晉南北朝隋唐小學書輯佚問題,提示今後研究方法與方向。霍寧宇《試論〈廣韵〉釋義與原本〈玉篇〉的關聯》,將《廣韵》與《篆隸萬象名義》《新撰字鏡》比對,指出《廣韵》釋義與原本《玉篇》存在的關聯。

本組文章對經學文獻研究,既有立足於本體的考察,也有針對不同時代學術史發展的研究,呈現出不同層次的多元研究取徑。對經典本體的研究論文裏,部分文章考證扎實,立論較爲嚴謹,頗有能發前人未發之處,值得重視。

二、史部、子部文獻與四庫學研究

本組參會文章共 35 篇,研究除史部、子部文獻、四庫學等專題研究外,也包含地方文獻、簡帛研究等,涉及廣泛,富有新意。

(一)史部文獻與歷史考證

劉國宣《沈欽韓〈三國志補注〉考論》,認爲《三國志補注》國圖本來自上圖本,在揭示《補注》體例外,亦認爲沈欽韓有意超越古注。劉進寶《敦煌學對中古史研究的新貢獻》,考察百年敦煌文獻整理與敦煌學研究,對歷史研究發展的積極意義,填補河西歷史研究空白。亦從個人整理敦煌史部文獻經歷,對研究方法取向中的匯通與專門進行反思。劉向培《唐李德裕〈大和辨謗略〉再探》,認爲此前岑仲勉對《大和辨謗略》性質誤解,並對此書流傳及影響加以剖析。盧慶輝《〈通鑑〉學源流及思考》，系統梳理"通鑑"學源流，並對未來研究方向進行思考。黃愛平《顧祖禹〈讀史方輿紀要〉與明末清初的經世史學》，指出顧氏家族學風和個人經歷對《讀史方輿紀要》成書具有影響，認爲該書具備濃厚的軍事地理色彩、深切的人文關懷以及可貴的辯證思想。田孟龍《清初莊氏史案流人考》，介紹清初莊廷鑨《明史》案的發展及演變過程，辨析因此事蒙難的文士及難屬流人情況。楊緒敏《論潘柽章與史學考據》，考察因莊廷鑨《明史》案牽連蒙難的青年史家潘柽章遺著《松陵文獻》，揭示是書的學術成就，表彰其治史精神。

（二）交遊世係研究

韓傑、王芳《顧野王行年及著述考》，對顧野王行年及著述加以梳理。嚴寅春《顏真卿〈陳至墓志銘〉考釋——兼補宰相陳叔達、陳希烈世係》，通過顏真卿撰《陳至墓志銘》，考察玄宗朝宰相陳希烈家世情況，補充史傳不足。賈芳芳《陸遊教育經歷考——兼及兩宋基層士人受教育的若干路徑》，考證陸遊入家塾、鄉校時間地點，辨析陸遊早年師承，以個案研究呈現兩宋基層士人教育路徑。邵妍《"海岱儒宗"李汝桂遺事及貢獻》，對明代理學明儒李汝桂進行考察。閻慧《明末山西理學家辛全名實考》，認爲理學家辛全在明清兩代評價的變化，與程朱與陽明之爭、漢學宋學之爭有關。錢寅《冷淡生涯愛日長——彭紹升生平考述》，從彭紹升相關著述及文獻記載入手，考述彭紹升生平學行。張淑婧《清末泰州籍官員陳文田交遊考》，對清代的泰州官員陳文田交遊進行考述。

（三）石刻文獻研究

孟祥娟《墓誌所見挽郎略考》通過全面考察墓誌材料，對"挽郎"職任進行梳理。王志勇《淵明詩寄碑略考》，將舊稱"淵明詩寄碑"詩碑與傳世版本對勘，並對碑名重加定名、剖析內容。徐華《與宋代泉州市舶司相關三方石刻的文獻解讀》，通過考察三方石刻，補充文獻中北宋泉州市舶司記載之不足。楊棟《漢畫像石大禹傳說圖像敘事與文本書寫的多層互動》，對漢畫像石中的大禹傳說圖像進行類型區分，以此呈現圖像敘事與文本書寫的互動關係。楊小明《石刻文獻反映的古代北方民族的中華民族共同體意識》，梳理石刻文獻中北方民族對民族共同體的認識。趙之劼《作爲中間形態的金石錄文——述常熟圖書館藏葉石君〈金石文隨錄〉稿本》，考察明清之際藏書家葉萬《金石文隨錄》的學術價值及其流傳，補充著者生平。李如冰《〈全宋文〉補目：藍田呂氏家族墓出土墓志及器銘輯考》，以藍田呂氏家族代表學者的著、文輯錄爲中心，補充《全宋文》收錄不足。

（四）地方文獻研究

高文智《宋蜀刻本〈新刊經進詳注昌黎先生文〉徵引吳地方志文獻考》，對《新刊經進詳注昌黎先生文》注文所引宋代以前的吳地方志文獻進行考察，揭示價值。孫靖、王媛《清劉文淇、劉毓崧地理方志校勘述評——以〈宋元鎮江志校勘記〉〈輿地紀勝校勘記〉爲例》,對劉文淇、毓崧父子的兩部方志校勘著作,進行梳理評價。唐光榮《〈古今圖書集成〉如何徵引方志文獻——以康熙〈夔州府志〉爲例》,通過《古今圖書集成》徵引《夔州府志》個案,指出前者採録文獻的方法及原則。蔡丹《〈小方壺齋輿地叢鈔〉西藏史地文獻解題》,考察晚清學者王錫祺《小方壺齋輿地叢鈔》對研究清代西藏史地的價值。周曉豔《近代涉藏遊記與多民族交往交流交融研究》,對近代涉藏游記加以梳理,根據游記作者身份及進藏緣由等進行分類詳述。

(五)簡帛文獻研究

范春義《出土文學文獻前後兩期異同論》,將出土文獻以唐代爲界劃分兩期,考察前後共性及差異性。許富宏《銀雀山漢簡〈黃帝伐赤帝〉及其與〈吳孫子兵法〉之間的關係》,認爲銀雀山漢簡《黃帝伐赤帝》一章,屬於《吳孫子兵法》而非《孫子》佚文。高中正《阜陽漢簡〈春秋事語〉所見楚國"京公"與京地》,對阜陽漢簡所見戰國時楚之"京"地進行考察。王娜、華建光《基于安大簡〈詩經〉異文"彼其之子"再分析》,根據安大簡《詩》所提示異文,對"彼其之子"句式結構重加分析,提出新見。

(六)四庫學研究

方向東《論〈四庫全書〉本〈經典釋文〉的得失》,將四庫本《經典釋文》與其他版本進行比對,揭示四庫本得失及價值。林久貴、王唐夢影《論〈四庫全書總目〉以情志爲重的詩歌批評觀》,考察《總目》以"情志"爲中心的詩歌批評觀念,以此反映清中葉經世致用的學術指向。柳燕、楊豪華《〈四庫全書總目〉詩文評類存目書目採進及選定探析》,將《總目》詩文評類存目書目與進呈書目之間差異加以分析,嘗試説明這類圖書的採進、選定過程。蔣學威、馬學良《四庫館臣對明代敕撰修圖書的態度與評價特點探析》一文,通過爬梳四庫館臣對明代敕撰修圖書評價的類型,對《提要》中關于明代敕撰修圖書的態度進行辨析,分析其中所涉政治因素。

本組文章,既有史部、子部文獻考證、學術史考察,也有地方文獻、出土文獻的研究,反映不同學科基於歷史文獻學的不同研究類別。其中地方文獻研究,特別是邊疆文獻的研究,擴大了歷史文獻研究的外延,亦有相當的現實意義,值得重視。

三、文學文獻與古籍整理

本組共收到文章 41 篇,既有傳統文獻範式下的古籍校訂、編纂刊刻、接受傳播等,也有近年值得注意的書籍史、文化史等新的研究進路。

（一）古籍校訂

呂友仁《〈漢書〉暗引經文因顏注未注而導致今人點校失誤舉例》一文，對《漢書》暗引經文而今人點校注釋失察者，加以考察，共 33 例。王永吉《中華書局點校本〈漢書〉校札》及丁建軍《點校本〈續資治通鑑長編〉校勘拾遺二十五條》，分別對中華書局點校本《漢書》以及宋李燾《續資治通鑑長編》存在的校勘問題進行辨證，多有新見。張鑫龍《兩種〈揅經室集〉整理本指瑕——以引號斷限問題爲例》，分析兩種阮元《揅經室集》存在問題，選擇其中引號斷限問題加以指正。劉顯《〈中華道藏〉所錄敦煌道經誤例考辨》，指出《中華道藏》所涉敦煌道經錄文問題。

（二）古籍編纂刊刻

馬新廣《〈圖畫見聞志〉三題》，認爲《圖畫見聞志》所載北宋汴京相國寺的阿育王變相壁畫，當本自《阿育王經》所載征伐德叉尸羅國戰爭，是宋太宗刻意詔命創制，旨在宣揚阿育王與己之共同的轉輪聖王身份特徵，宣示帝位神聖性。張升《〈永樂大典〉引〈文子纘義〉考》，通過對永樂大典本《文子纘義》考察，揭示其研究《大典》編纂以及校正《文子纘義》《文子》價值，指出《文子纘義》原書應包括舊注，大典本《文子纘義》可能爲殘本，爲《永樂大典》研究提供了新思路。朱志先、張霞《國圖鄭振鐸藏本朱廷立〈兩厓集〉的編纂特點及其價值》，分析國圖藏明刻本《兩厓集》的編纂價值。祝福《〈南邦黎獻集〉的文本形態與編纂策略》，認爲清鄂爾泰通過《南邦黎獻集》的編纂與相關的文學活動，試圖建構起江南地區寒士、耆宿與藩使相呼應的盛世文化圖景。

（三）文學文獻研究

張覓《論歸有光與清初桐城文學之關係》，認爲桐城派推崇歸有光，更深層原因是桐城文人基於自身遺民話語體系建構的自覺選擇。南江濤《論揚州學派的〈文選〉批校及其特點》一文，在梳理揚州學派選學專著與批校本基礎上，探討作爲"學派"的治選特點及學術價值。馮尉斌《桐城派與乾嘉時文演進》探討桐城派與乾嘉時文演進的不同面向。丹珍草《〈格薩爾〉史詩文獻整理與研究》，重點關注《格薩爾》在書面和口頭之間的大量中間形態、過渡形態的文獻資料。閆雪瑩《家鉉翁佚文輯考》及郝潤華、高雲飛《明代作家秦金研究三題》兩文，分別補輯南宋末年士大夫家鉉翁佚文、佚詩以及明代秦金散錄詩文。張宗友《"誰爲辨異同，復遵傳箋語"：朱彝尊〈齋中讀書〉詩第五首讀解》，認爲《齋中讀書》詩第五首以《詩經》學爲論域，是朱彝尊關於詩序見解的詩化表達，朱彝尊重視《毛詩序》的傳承問題，主張正視《詩序》文本的生成與傳承，恢復既有的毛傳、鄭箋的解詩取徑。任群《新見顧太清佚文〈有此廬詩鈔序〉考釋》對顧太清佚文《有此廬詩鈔序》加以考察。

(四)書籍史與藏書文化

顧宏義《宋人志傳中的"行于世"與"藏于家"》一文,關注宋人神道碑、墓誌與傳記中叙述墓(傳)主著述情况時常用之"行於世"或"藏於家"語,對其所對應之現象舉例辨析,指出不少志傳中所謂"藏於家"者事屬存疑。葉瑋松《"明人刻書而書亡"説芻議——以明刊〈韓非子〉文獻爲考述中心》,以《韓非子》刊刻個案,就明代刻書精疏之辨進行分析。何朝暉《"日用類書"的非日用性:晚明綜合性通俗日用類書的知識體系及其性質》,通過考察晚明綜合性通俗日用類書的内容特點和編排方式,認爲除指導生活實踐之外,也有增長見聞功用,晚明的大衆讀者通過閱讀此類書,得以窺探自身生活世界之外的廣闊天地,進入其他階層和群體的精神世界。晚明書商是綜合性通俗日用類書知識體系的構建者,商業出版對晚明新型大衆文化的形成和傳播起到了重要的推動作用。胡晨光《〈涉江采珍録〉與許瀚的書籍消費》,通過分析清代許瀚《涉江采珍録》一書所呈現的書籍消費,對清代城市書業格局加以研究。敖坤、周挺啓、范釓君《建國初三十年(1949—1979)古籍版本學回顧:古籍版本學學術體系初步完成》一文,對 1949—1979 年的古籍版本學進行回顧。劉仁《叢書名實演變考論》,認爲自晚明至晚清,叢書不僅只是一種書籍組織形態上的規定,同時還有對其内容"小品性"的要求。但經過乾嘉考據學的洗禮之後,"小品性"的内涵及實質已在逐漸淡退。直至《書目答問》的出現,徹底放逐了對叢書"小品性"的限制,因此導致了叢書的泛化,逐漸形成了現代叢書的定義。

(五)文學文化史研究

張居三、范清芳《先秦小説與小説家探微》,考察先秦小説和先秦小説家源流、特點,認爲先秦小説從初民所創神話發展而來,小説家則爲寬泛籠統的群體。聶濟冬、宮玉松《〈鹽鐵論〉文風特色及士風影響》,認爲《鹽鐵論》雄辯文風的形成,不僅源于霍光支持,更源自漢昭宣時代士人群體政治勇氣和亢直不撓、憤切時政、能言善辯的士風。

本組論文,不僅有較扎實的的古籍校訂、古書編纂研究,也有以書籍史、文化史視角觀照文獻的歷史發展脉絡與社會文化變遷,反映了歷史文獻學研究的守正與創新態勢。

四、江南文獻與文化研究

本組共收到文章 38 篇。除無錫與江南文化研究外,亦有關於書院、宗教、宋明理學等文獻文化的研討。

(一)無錫與江南文化研究

王鍔《無錫市圖書館讀書記》一文,是作者 2007 年參加《清人文集篇目分類索引全編》

項目之餘,查閱無錫市圖書館數十種清人文集,所記經眼的詩文集書名、卷册數、作者及内容,於研究清代學術,多有助益。袁成、張旭《談修〈比璞山房罪言〉初探》對無錫市圖書館所藏孤本《比璞山房罪言》加以考察。李素潔《〈無錫國學專修館演講集初編〉成文考略》,通過對《無錫國學專修館演講集初編》梳理,考察無錫國專初創期之經歷。李佩《薛明劍〈無錫指南〉探析》,從編輯者、版本情况、内容特點、蘊涵價值等方面對《無錫指南》進行全面分析。諸偉奇、李緯怡《吳應箕的〈東林本末〉》,考察該書版本、刊刻和傳播以及對記述東林黨議的史料價值。賴玉芹《明末江南士大夫的文化責任探析——以祁彪佳爲例》一文,考察明末江南文人祁彪佳經世學問、教民化俗、戲曲園林藝術及忠君愛國等方面的責任意識。郭康松、李明欣《康熙南巡簡拔舉貢生監對御製文獻編纂及文治的貢獻》,對康熙朝江南舉貢生監參與修書的影響及意義加以研討。

（二）書院及家族文化

李春燕《皇權與教化:宋代太學校舍建置布局、原因與文化意涵考論》一文,對南北宋太學之功用進行分析。劉敏《洪邁對書院的看法:兼論宋代書院的定位》,通過考察洪邁對書院態度,分析時人對於書院的普遍定位。徐道彬《從東林書院到紫陽書院:錢穆先生的"徽學"觀》,通過對錢穆所論"徽學"概念及其思想史的溯源,考察"徽學"名義中所蘊含的内涵和思想。王紅梅《夫權之外的詩性空間:以盛清泰州仲氏家族閨秀爲例》,通過考察乾嘉時期泰州仲氏家族仲蓮慶、仲振宜、仲振宜等閨秀對婚姻中暴力、苦難、疾病、死亡的書寫,展現遊離於夫權之外的文學空間。

（三）宗教文獻研究

徐漢杰《〈提謂波利經〉與北朝佛教》一文,對北魏《提謂波利經》在推動北朝判教學說發展、構建儒釋道"三教一致"思想及規範民間社邑活動等方面作用進行考察。朱學博《崇佛公案與游酢歷史地位的解構——兼論"程門罪人"說》從宋代程門弟子游酢文集的編纂入手,辨證游酢沉溺佛學記載之是非。郭琳《元代編年體佛教通史〈佛祖歷代通載〉價值略述》,對元代禪僧釋念常所撰《佛祖歷代通載》佛教史價值進行揭示。安大偉《山岳與佛教的融合:晚明佛教山志纂修考》,認爲佛教山志是中國古代史學與佛教信仰相結合的産物,山嶽史與佛教史的融合、信仰與史實的統一,是佛教山志編修的最大特點。

（四）宋明理學研究

江鎏渤《明中葉朱子學與心學的話語權争奪》一文對明代"丘、陳之争"進行思想史考察,認爲具有重現明中葉朱子學與心學的話語權争奪的意義。萬宏强《宗朱攝王:論李光地的學術宗尚》,對李光地的理學觀念加以分析。

（五）現代學術史

單曉娜、塗耀威《何以自處：抗戰時期錢基博的精神世界與儒學實踐》，對錢基博在抗戰時期精神層面的多元面向，以及在特殊歷史時期的儒學精神進行探討。郭萬青《徐復先生邊疆時期的學術研究》，對 1938—1948 年間徐復先生在四川巴縣界石場邊疆學校從事學術研究過程中，以民族語文爲參照，對傳統典籍疑詁、漢字來源、守温三十字母來源等研究爲例，認爲具有引領風氣和開拓法式的作用。趙玉龍《蔡倫造紙術研究的百年回顧與前瞻》，對造紙術與蔡倫關係的百年學術史進行回顧探討。

地方文獻對區域文化研究、學術群體等的探討，具有極爲重要之意義。本組文章，除了紹介新材料外，亦有深入研討專門文獻所呈現專門問題的文章，力圖呈現問題的不同面向，令人耳目一新。

五、域外文獻、版本目録與數字人文研究

本組共收到文章 32 篇，内容涉及域外文獻與文化、版本目録及數字人文等方面。

（一）域外文獻文化研究

師海軍《日本内閣文庫藏楊一清〈石淙文稿〉的學術價值》一文，對日本内閣文庫藏《石淙文稿》的校勘、考史等方面價值進行分析。程水龍、曹潔《朝鮮、日本〈近思録〉文獻本土化特色及學術意義》，認爲朝鮮、日本本土化《近思録》文獻解決了其本土無性理之學文獻可依從的困境，爲朱子理學在史上東亞的傳播和影響提供了可據的實證。郭帥《日藏金澤本〈春秋經傳集解〉卷旁校記新探》認爲金澤本《春秋經傳集解》是融合了宋刊本的日本抄卷，其卷旁校記是由清原家歷代學者層累匯集而成，校勘所用的宋刊本質量優劣不一。孟凡港《東京書道博物館藏〈李延齡墓志銘〉考釋》一文，對東京書道博物館藏北魏孝昌元年（525）《李延齡墓志》進行考釋。楊淑穎、鄧洪波《朝鮮早期書院的設院與祭享争議——以〈迎鳳志〉爲中心的討論》以及賴明珠、鄧洪波《依遵華制：朝鮮對中國書院制度的最初實踐——以〈竹溪志〉爲中心的考察》分别利用《迎鳳志》《竹溪志》等文獻，對朝鮮早期書院相關問題進行考察。

（二）數字人文研究

侯婕《基于明内府刻本〈大明集禮〉OCR 識别、自動標點成效談談禮學文獻的智能整理》，通過《大明集禮》OCR 識别、自動標點的個案研究，爲禮學文獻的數字化整理，提出建議。提示我們在專門文獻的智能整理領域，由相關研究者的參與，更可爲數字化功能提升提供支持。

（三）版本研究

陳才《上海博物館藏宋元古籍綜論》一文對上海博物館藏宋元古籍版本、學術及審美價值進行梳理。趙昱《北京大學李盛鐸舊藏日本版〈論語〉文獻四種述論》，對李盛鐸舊藏日本版《論語》文獻價值加以研討。鄭利鋒《〈輿地紀勝〉版本流傳考》，認爲《輿地紀勝》整理校勘，當以道光二十九年懼盈齋刻本或咸豐十年粤雅堂重刻本爲底本，再輔以今見最早的華希閔藏本來整理最佳。封樹芬《〈忠義集〉汲古閣兩手校本價值考略》，對毛本《忠義集》版本價值進行揭示。項旋《〈清史稿〉北京初印本刊行始末》，通過全面爬梳《清史稿》校刻負責者如袁金鎧、金梁、朱師轍等人有關刊印所涉資料，認爲北京初印本的刊印工作始于 1927 年 5 月，采取隨修隨刻、隨刻隨發的發刊方式，至 1928 年 6 月完成全部工作。董政《國圖藏徐乾學〈讀禮通考〉稿本考述》對國圖所藏徐乾學《讀禮通考》稿本價值進行探析。韓松岐《再論阮刻本〈儀禮注疏〉底本問題》，對阮刻本《儀禮注疏》版刻特徵、段落順序，盧宣旬等人摘録校勘記的方式，進行考察。王雨非、蔡蒙《明慎獨齋刻〈史記集解索隱〉始末》認爲《史記書録》所謂正德間“三種《史記集解索隱》”實際可分爲正德九年慎獨齋初刻本與正德十三年後建寧府校正慎獨齋改刊本，並考察各版本異同。

（四）目録學研究

張固也《唐代譜牒補考》補唐代譜牒類著作五十七種。林日波《〈宋史·藝文志〉經部宋人四家佚著考述》，對薛季宣等四人經學佚著進行考述。李兵《宋國史藝文志趙士煒輯本平議》認爲民國時趙士煒輯本類目及其排序並非宋國史藝文志原貌，而至少經過馬端臨和趙士煒兩次調整。

在會議各項研討圓滿完成後。2023 年 5 月 12 日上午，由中國歷史文獻研究會副會長郝潤華主持閉幕式。第一項內容，南京師範大學井超副教授、山東大學高中正教授、安徽師範大學任群副教授、鳳凰出版社韓鳳冉副總編輯、北京師範大學項旋副教授，作爲五組參會代表，分別對各組研討情況進行學術總結。第二項內容，中國歷史文獻研究會數字文獻分會洪濤會長，就古籍智能化利用的方向與展望、古籍數字化建設和利用等情況向大會進行了彙報。第三項內容，中國歷史文獻研究會秘書長王鍔教授，作中國歷史文獻研究會 2023 年度（1—4 月）的工作彙報。第四項內容，由中國歷史文獻研究會副會長曹書杰教授爲大會閉幕式致辭，無錫市濱湖區委副書記賈效兵先生致答謝辭。第五項內容，由下一屆年會主辦方浙江海洋大學師範學院院長韓偉表教授向學會會員發出誠摯邀請。最後，郝潤華教授宣布會議圓滿閉幕。

本次大會選題內容豐富，涉及範圍廣，不少研究不僅可見深厚的考證功底，亦具備良好理論素養。總的來看，年輕學者多注重細部的考證，而成名學者則基于多年專題研究，以呈現更廣闊的歷史圖景。歷史文獻研究如何兼備考證與義理，來展示研究對象的歷史價值與歷史意義,仍是值得反復思考的問題。不同學科的研究,彼此如何溝通研究範式,獲得學理認同與價值認可,本次大會,爲不同取向的學術交流,提供了良好的討論平臺。此外,一些文章或涉及重要區域地方文獻,或利用石刻、出土等資料,呈現由邊緣看中心的獨特視角,值得注意。作爲與會者,我們也期待有更多的同道能够關注作爲共同體的"中國"文獻,擴大作爲研究對象的"中國歷史文獻"的内涵空間。

(高中正,山東大學文學院教授)